浙江文化艺术发展基金资助项目
浙江省新型重点专业智库杭州国际城市学研究中心
浙江省城市治理研究中心成果

浙江智库
ZHEJIANG
THINK TANK

王国平 总主编

徐吉军 本册主编

第 2 册

南宋全书

南宋文献集成

南宋方志集刊（二）

杭州出版社

南宋全书编纂指导委员会

主　任：王国平

副主任：马时雍　黄书元　包伟民　史金波
　　　　王　巍

委　员：(以姓氏笔画为序)
　　　　王其煌　江山舞　杜正贤　何　俊
　　　　何忠礼　应雪林　陈　波　陈文锦
　　　　庞学铨　娜　拉　徐吉军　曹家齐
　　　　曹锦炎　龚延明　褚超孚

南宋全书编辑委员会

总主编：王国平

编　委：(以姓氏笔画为序)

《南宋全书》总序

王国平

  2007年12月22日，举世瞩目的我国南宋商船"南海一号"在广东阳江海域打捞出水。根据探测情况估计，整船金、银、铜、铁、瓷器等文物可能达到6万—8万件，据说皆为稀世珍宝。迄今为止，除了中国，全世界都未曾发现过如此巨大的千年古船。"南海一号"的发现，在世界航海史上堪称一大奇迹，也填补与复原了南宋海上"丝绸之路"历史的一些空白。^① 不少专家认为"南海一号"的价值和影响力将不亚于西安秦始皇兵马俑。这艘沉船虽然出现在广东海域，但反映了整个南宋经济、文化的繁荣，标志着南宋社会的开放，也表明当时南宋引领着世界经济的发展。作为南宋政治、经济、文化、科技中心的都城临安（浙江杭州），则是南宋社会繁华与开放的代表。从某种意义上讲，没有以临安为代表的南宋的繁荣与开放，就会有今日"南海一号"的发现；而"南海一号"的发现，也为我们重新审视与评价南宋，带来了最好的注解、最硬的实证。

  提起南宋，往往众说纷纭，莫衷一是。长期以来，不少人把"山外青山楼外楼，西湖歌舞几时休？暖风熏得游人醉，直把杭州作汴州"^②这首曾写在临安城一家旅店墙上的诗，当作当时南宋王朝的真实写照。虽然近现代已有海内外学者开始重新认识南宋，但相当一部分人仍认为南宋军事上妥协投降、苟且偷安，政治上腐败成风、奸相专权，经济上积贫积弱、民不聊生，生活上纸醉金迷、纵情声色，总

---

  ① 见《"南海一号"成功出水》一文，载《人民日报》2007年12月23日。

  ② （南宋）林升：《题临安邸》，转引自田汝成：《西湖游览志余》卷二《帝王都会》，上海古籍出版社1980年版，第14页。

之,把南宋王朝视为一个只图享受、不思进取的偏安小朝廷。导致这种历史误解的原因,在很大程度上是人们对患有"恐金病"的宋高宗和权相秦桧一伙倒行逆施的义愤,这是可以理解的。但是,我们决不能坐在历史的成见之上人云亦云。只要我们以对历史负责、对时代负责、对未来负责的精神和科学求实的态度,以科学发展观为指导,对南宋进行全面、深入、系统的研究,将南宋放到当时的历史发展阶段中,放到中国社会发展的历史长河中,放到整个世界的文明进程中考察,就不难发现南宋在经济政治、思想文化、科学技术、国计民生等方面所取得的成就,就不难发现南宋对中华文明产生的巨大影响,以此对南宋做出科学、客观、公正的评价,"还原一个真实的南宋"。

宋钦宗靖康元年(1126)闰十一月,金军攻陷北宋京城开封。次年三月,金军俘徽、钦二帝北去,北宋灭亡。同年五月,宋徽宗第九子、钦宗之弟赵构,在应天府(河南商丘)即位,是为高宗,改元建炎,重建赵宋王朝。建炎三年(1129)二月,高宗来到杭州,改州治为行宫,七月升杭州为临安府。此时起,杭州实际上已成为南宋的都城。绍兴八年(1138),南宋宣布临安府为"行在所",正式定都临安。自建炎元年(1127)赵构重建宋室,至祥兴二年(1279)帝昺蹈海灭亡,历时153年,史称"南宋"。

我们认为,研究与评价南宋,不应当仅仅以王朝政权的强弱为依据,而应当坚持"以人为本"理念,以人们生存与生活状态的改善作为社会进步的根本标准。许多人评价南宋,往往把南宋朝廷作为对象,我们认为所谓"南宋",不仅仅是一个历史王朝的称谓,而主要是指一个特定的历史阶段和历史时期。在马克思主义看来,历史的进步是社会发展和人的发展相统一的过程,"人们的社会历史始终只是他们的个体发展的历史",①未来理想社会"以每个人的全面而自由的发展为基本原则"。② 人是社会发展的主体,人的自由与全面发展是社会进步的最高目标。这就要坚持"以人为本"的科学发展观,将人的生存与全面发展作为评价一个历史阶段的根本依据。南宋时期,虽说尚处在中国封建社会的中期,人的自由与发展受到封建集权思想与皇权统治的严重束缚,但与宋代以前漫长的封建历史时期相比,这一时期出现的对人的生存与生活的关注度以及南宋人的生活质量和创造活力达到的高度都是前所未有的。

① 《马克思恩格斯选集》第4卷,人民出版社1995年版,第321页。
② 《马克思恩格斯选集》第23卷,人民出版社1995年版,第649页。

研究与评价南宋,不应当仅仅以军事力量的大小作为评价依据,还应当以其社会经济、文化整体状况与发展水平的高低作为重要依据。我们评判一个朝代,不仅要考察其军事力量的大小,更要看其在经济、文化、科技、社会等各方面取得的成就。两宋立国 320 年,虽不及汉唐、明清国土辽阔,却以在封建社会中无可比拟的繁荣和社会发展的高度,跻身于中国古代最辉煌的历史时期之列。无论文化教育的普及、文学艺术的繁荣、学术思想的活跃、科学技术的进步,还是社会生活的丰富多彩,南宋都达到了前所未有的程度,在当时世界上也都处于领先地位。著名史学家邓广铭认为"宋代的文化,在中国封建社会历史时期之内,截至明清之际西学东渐的时期为止,可以说,已经达到了登峰造极的高度"[①]。研究与评价南宋,不能仅仅以某些研究的成果或所谓的"历史定论"为依据,而应当以其在人类文明进步中扮演的角色,以及对后世的影响作为重要标准。宋朝是中国封建社会里国祚最长的朝代,也是封建文化发展最为辉煌的时期。南宋虽然国土面积只有北宋的 3/5 左右,却维持了长达 153 年(1127—1279)的统治。南宋不但对中国境内同时代的少数民族政权和周边国家产生了积极影响,而且对后世中华文化产生了巨大影响。正如近代著名思想家严复认为:"中国所以成于今日现象者,为善为恶,姑不具论,而为宋人所造就,什八九可断言也。"[②]近代史学大师陈寅恪先生也曾经指出:"华夏民族之文化,历数千载之演进,造极于赵宋之世。"[③]因此,我们既要看到南宋王朝负面的影响,更要充分肯定南宋的历史地位与历史影响,只有这样,才能"还原一个真实的南宋"。

一、在政治上,不但要看到南宋王朝外患深重、苟且偷安的一面,更要看到爱国志士精忠报国、南宋政权注重内治的一面

南宋时期民族矛盾异常尖锐,外患严重之至,前期受到北方金朝的军事讹诈和骚扰掠夺,后期又受到蒙元的野蛮侵略。这些矛盾长期威胁着南宋政权的生存与发展。在此情形下,南宋初期朝廷中以宋高宗为首的主和派,积极议和,向女真贵族纳贡称臣。南宋王朝确实存在消极抗战、苟且偷安的一面,但也要承认南宋王朝大多君王始终怀有收复中原的愿望。南宋将杭州作为"行在所",视作"临安"而非"长安",也表现了南宋统治集团不忘收复中原的意愿。我们更应该看到南宋 153 年中,涌现了以岳飞、文天祥为代表的一

---

① 邓广铭:《宋代文化的高度发展与宋王朝的文化政策》,《历史研究》1990 年第 1 期。
② 严复:《严几道与熊纯如书札节钞》,江苏古籍出版社 1999 年影印本,载《学衡》第 13 期。
③ 《陈寅恪先生文集》第 2 卷,上海古籍出版社 1980 年版,第 245 页。

大批爱国将领和数百名爱国仁人志士。这是中国古代任何一个朝代都难以比拟的。

同时,南宋政权也十分注重内治,在加强中央集权制度,推行"崇尚文治"政策,倡导科举不分门第等方面均有重大建树。其主要表现在以下几方面。

1. 从军事斗争上看,南宋是造就爱国志士、民族英雄的时代

南宋王朝长期处于外族入侵的严重威胁中,为此南宋军民进行了100多年艰苦卓绝的抵抗斗争,涌现了无数气壮山河、可歌可泣的爱国事迹和民族英雄。因而,南宋是面对强敌、英勇抗争的时代。众所周知,金朝是中国历史上继匈奴、突厥、契丹以后一个十分强大的少数民族政权,并非昔日汉唐时期的匈奴、突厥与之后明清时期的蒙古可比。金军先后灭亡了辽朝和北宋,南侵之势简直锐不可当,但南宋军民浴血奋战,虽屡经挫折,终于抵挡住了南侵金军一次又一次的进攻,使南宋在外患深重的困境中站稳了脚跟。在持久的宋金战争中,南宋的军事力量不但没有削弱,反而逐渐壮大起来。南宋后期的蒙元军队则更为强大,竟然以20年左右的时间横扫欧亚大陆,使全世界都谈"蒙"色变。南宋的军事力量尽管相对弱小,又面对当时世界上最为强大的蒙元军队,但广大军民同仇敌忾,顽强抵抗了整整45年之久,这不能不说是世界抗击蒙元战争史上的一个奇迹。①

南宋是呼唤英雄、造就英雄的时代。在旷日持久的宋金战争中,造就了以宗泽、韩世忠、岳飞、刘锜、吴玠吴璘兄弟为代表的一批南宋爱国将领。特别是民族英雄岳飞率领的岳家军,更使金军闻风丧胆。在南宋抗击蒙元的悲壮战争中,前有孟珙、王坚等杰出爱国将领,后有文天祥、谢枋得、陆秀夫、张世杰等抗元英雄。其中民族英雄文天祥领导的抗元斗争,更是可歌可泣,彪炳史册。

南宋是激发爱国热忱、孕育仁人志士的时代。仅《宋史·忠义列传》就收录有爱国志士277人,其中大部分是南宋人。② 南宋初期,宗泽力主抗金,并屡败金兵,因不能收复北宋失地而死不瞑目,临终时连呼3次"过河";洪皓出使金朝,被流放冷山,历尽艰辛,终不屈服,被比作宋代的苏武;陆游"死去元知万事空,但悲不见九州同"的诗句,表达了他渴望祖国统一的遗愿;辛弃疾的词则抒发了盼望祖国统一和反对主和误国的激情。因此,我们认为,南宋

---

① 参见何忠礼《论南宋定都杭州对当地经济文化的重大影响》,载《杭州研究》2007年第2期。
② 俞兆鹏:《南宋人才之盛及其原因》,《杭州日报》2005年11月14日。

不但是造就民族英雄的时代,也是孕育爱国政治家、军事家、文学家和思想家的沃土。

2. 从政治制度上看,南宋是宋代继续加强中央集权、"干强枝弱"的时期

宋朝在建国之初,鉴于前朝藩镇割据、皇权削弱的经验教训,通过采取"强干弱枝"政策,不断加强中央集权统治。这一政策在南宋时得到了进一步强化。北宋王朝在中央权力上,实行军政、民政、财政"三权分立",削弱宰相的权力与地位;在地方权力上,中央派遣知州、知县等地方官,将原节度使兼领的"支郡"收归中央直接管辖;在官僚机构上,实行官(官品)、职(头衔)、差遣(实权)三者分离制度;在财权上,设置转运使掌管各路财赋,将原藩镇把持的地方财权收归中央;在司法权上,设置县尉等职,将方镇节度使掌握的地方司法权收归中央;在军权上,实行禁军"三衙分掌",使握兵权与调兵权分离、兵与将分离,将各州军权牢牢地控制在中央手里,从而加强了中央对政权、财权、军权等方面的全面控制。南宋继承了北宋加强中央集权的这一系列措施,为维护国家内部统一、社会稳定和经济发展提供了良好的国内环境。尽管多次出现权相政治,但皇权仍旧稳定如故。

3. 从用人制度上看,南宋是所谓"皇帝与士大夫共治天下"的时代

两宋统治集团始终崇尚文治,尊重知识分子,重用文臣,提倡教育和养士,优待知识分子。与秦代"焚书坑儒"、汉代"罢黜百家"、明清"文字狱"相比,两宋时期可谓封建社会思想文化环境最为宽松的时期,客观上对经济、社会、文化发展起到了积极的促进作用。[①]

推行"崇尚文治"政策。宋王朝对文人士大夫采取了较为宽松宽容的态度,"欲以文化成天下",对士大夫待之以礼,"不得杀士大夫及上书言事人",[②]确立了"兴文教,抑武事"[③]的"崇文抑武"大政方针。两宋政权将"右文"定为国策。在这种政治氛围下,知识分子的思想十分活跃,参政议政的热情空前高涨,在一定程度上出现了"皇帝与士大夫共治天下"的局面,从而有力地推动了宋代思想、学术、文化的大发展。正由于两宋重用文士、优待文士,不杀文臣,因而南宋时常有正直大臣敢于上疏直谏,甚至批评朝政乃至皇帝的缺点,这与隋唐、明清时期动辄诛杀士大夫的政治状况大不相同。

采取"寒门入仕"政策。为了吸收不同阶层的知识分子参加政权,两宋对

---

① 参见郭学信《试论两宋文化发展的历史特色》,载《江西社会科学》2003年第5期。

② 陶宗仪:《说郛》卷三九上,《景印文渊阁四库全书》,台湾商务印书馆,1986年版。

③ 李焘:《续资治通鉴长编》卷一八,"太平兴国二年正月丙寅"条,中华书局2004年版,第392页。

选才用人的科举制度进行了改革,消除了魏晋以来士族门阀造成的影响。两宋科举取士几乎面向社会各个阶层,再加上科举取士的名额不断增加,在社会各阶层中形成了"学而优则仕"之风。南宋时期,取士更不受出身门第的限制,只要不是重刑罪犯,即使工商、杂类、僧道、农民,甚至是杀猪宰牛的屠户,都可以应试授官。南宋的科举登第者多数为平民,如在宝祐四年(1256)登科的 601 名进士中,平民出身者就占了 70%。①

二、在经济上,不但要看到南宋连年岁贡不断、赋税沉重的状况,更要看到整个南宋生产发展、经济繁荣的一面

人们历来有一种误解,认为南宋从立国之日起,就存在着从北宋带来的"积贫积弱"老毛病。确实,南宋王朝由于长期处于前金后蒙的威胁之下,迫使其不得不以加强皇权统治作为核心利益,在对外关系上,以牺牲本国的经济利益为代价,采取称臣、割地、赔款等手段来换取王朝政权的安定。正因为庞大的兵力和连年向金朝贡,加重了南宋王朝财政负担和民众经济负担,也一定程度上影响了南宋的经济发展。但在另一方面,我们更应当看到,南宋时期,由于北方人口的大量南下,给南宋的经济发展带来了充足的劳动力、先进的生产技术和丰富的生产经验,再加上统治者出台一些积极措施,南宋在农业、手工业、商业、外贸等方面都取得了突出成就。南宋经济繁荣主要体现在:

1. 从农业生产看,南宋出现了古代中国南粮北调的新格局

由于南宋政府十分注重兴修水利,并采取鼓励垦荒的措施,加上北方人口大量南移和广大农民辛勤劳动,促进了流民复业和荒地开垦。人稠地少的两浙等平原地带,垦辟了众多的水田、圩田、梯田。曾经"几无人迹"的淮南地区也出现了"田野加辟""阡陌相望"的繁荣景象。南宋时期,农作物单位面积产量比唐代提高了两三倍,总体发展水平大大超过了唐代,有学者甚至将宋代农作物单位面积产量的大幅提高称为"农业革命"。②"苏湖熟,天下足"的谚语就出现在南宋。③ 元初,江浙行省虽然只是元代 10 个行省中的一个,岁粮收入却占了全国的 37.10%,④江浙地区成了中国农业最为发达的地区,并出现了中国南粮北调的新格局。

---

① 俞兆鹏:《南宋人才之盛及其原因》,《杭州日报》2005 年 11 月 14 日。
② 张邦炜:《瞻前顾后看宋代》,《河北学刊》2006 年第 5 期。
③ (宋)范成大:《吴郡志》卷五〇《杂志》,《宋元方志丛刊》本,中华书局 1990 年版。
④ (元)脱脱:《元史》卷九三《食货一·税粮》,中华书局 2005 年版,第 2361 页。

2.从手工业生产看,南宋达到了中国古代手工业发展的新高峰

南宋时期,随着北方手工业者大批南下和先进生产技术传入,南方的手工业生产迈上了一个新台阶。一是纺织业规模和技术都大大超过了同时代的金朝,南方自此成了中国丝织业最发达的地区。二是瓷器制造业中心从北方移至江南地区。景德镇生产的青白瓷造型优美,有"饶玉"之称;临安官窑所造青瓷极其精美,为此杭州现在官窑原址建立了官窑博物馆,将这些精美的青瓷展现给世人;龙泉青瓷达到了烧制技术的新高峰,并大量出口。三是造船业空前发展。漕船、商船、游船、渔船,数量庞大,打造奇巧,富有创造性;海船采用的多根桅杆,为前代所无;战船种类众多,功用齐全,在抗金和抗蒙元的战争中发挥了重要作用。

3.从商业发展看,南宋开创了古代中国商品经济发展的新时代

虽然宋代主导性的经济仍然是自然经济,但由于两宋时期冲破了历朝统治者奉行的"重农抑商"观念的束缚,确立了"农商并重"的国策,采取了惠商、恤商政策措施,使社会各阶层纷纷从事商业经营,商品经济呈现划时代的发展变化,进入一个新的历史发展阶段。一是四通八达的商业网络。随着商品贸易发展,出现了临安、建康(江苏南京)、成都等全国性的著名商业大都市,当时临安已达 16 万户,人口最多时有 150 万—160 万人,[1]同时,还出现了 50 多个 10 万户以上的商业大城市,并涌现出一大批草市、墟市等定期集市和商业集镇,形成了"中心城市—市镇集市—边境贸易—海外市场"的通达商业网络。[2] 二是"市坊合一"的商业格局。两宋时期由于城市商业繁荣,冲破了长期以来作为商业贸易区的"市"与作为居民住宅区的"坊"分离的封闭式市坊制度,出现了住宅与店肆混合的"市坊合一"商业格局,街坊商家店铺林立,酒肆茶楼面街而立。从《梦粱录》和《武林旧事》的记载来看,南宋临安城内商业繁荣,甚至出现了夜市刚刚结束,早市又告兴起的繁荣景象。三是规模庞大的商品交易。南宋商品的交易量虽难考证,但从商税收入可窥见一斑。淳熙年间(1174—1189)全国正赋收入 6530 万缗,占全国总收入 30% 以上。据此

---

① 杨宽先生在《中国古代都城制度史》一书中认为,南宋末年咸淳年间,临安府所属九县,按户籍,主客户共三十九万一千多户,一百二十四万多口;附郭的钱塘、仁和两县主客户共十八万六千多户,四十三万二千多口,占全府人口的三分之一。宋朝的"口"是男丁数,每户平均以五人计,约九十多万人。所驻屯的军队及其家属,估计有二十万人以上,总人口当在一百二十万人左右,包括城外郊区十万人和乡村十万人。

② 陈杰林:《南宋商业发展:特点与成因》,《安庆师范学院学报》2003 年第 4 期。

推测,南宋商品交易额在 20000 万缗以上。可见商品交易量之巨大。[1] 南宋商税加专卖收益超过农业税的收入,改变了宋以前历代王朝农业税赋占主要地位的局面。

4.从海外贸易看,南宋开辟了古代中国东西方交流的新纪元

两宋期间,由于陆上"丝绸之路"隔断,东南方向海路成为海上对外贸易的唯一通道,海外贸易成为中外经济文化交流的主要通道。南宋海外贸易繁荣表现在:一是对外贸易港口众多。广州、泉州、临安、明州(浙江宁波)等大型海港相继兴起,与外洋通商的港口已近 20 个,还兴起了一大批港口城镇,形成了北起淮南、东海,中经杭州湾和福、漳、泉金三角,南到广州湾和琼州海峡的南宋万余里海岸线上全面开放的新格局。这种盛况不仅唐代未见,就是明清亦未能再现。[2] 二是贸易范围大为扩展。宋前,与我国通商的海外国家和地区约 20 个,主要集中在中南半岛和印尼群岛,而与南宋有外贸关系的国家和地区增至 60 个以上,范围从南洋(今南海)、西洋(今印度洋)直至波斯湾、地中海和东非海岸。三是出口商品附加值高。宋代不但外贸范围扩大、出口商品数量增加,而且进口商品以原材料与初级制品为主,而出口商品则以手工业制成品为主,附加值高。用附加值高的制成品交换附加值低的初级产品,表明宋代外向型经济在发展程度上高于其外贸伙伴。[3]

三、在文化上,不但要看到封闭保守、颓废安逸的一面,更要看到南宋"百家争鸣、百花齐放"的繁荣局面

由于以宋高宗为首的妥协派大多患有"恐金病",加之南宋要想收复北方失地在军事上和经济上确实存在着许多困难,收复中原失地的战争,也几度受到挫折,因此在南宋统治集团中,往往笼罩着悲观失望、颓废偷安的情绪。一些皇亲贵族,只要不是兵荒马乱,就热衷于享受山水之乐和口腹之欲,出现了软弱不争、贪图享受、胸无大志、意志消沉的"颓唐之风"。反映在一些文人士大夫的文化生活中,就是"一勺西湖水。渡江来,百年歌舞,百年醄醉"的华丽浮靡之风。但是,这并不能掩盖两宋文化的历史地位与影响。宋代是中国古代文化最为光辉灿烂的时期之一。近代的中国文化,其实皆脱胎于两宋文化。著名史学家邓广铭认为:"宋代文化发展所能达到的高度,在从十世纪后

---

① 陈杰林:《南宋商业发展:特点与成因》,《安庆师范学院学报》2003 年第 4 期。
② 葛金芳:《南宋:走向开放型市场的重大转折》,《杭州研究》2007 年第 2 期。
③ 葛金芳:《南宋:走向开放型市场的重大转折》,《杭州研究》2007 年第 2 期。

半期到十三世纪中叶这一历史时期内,是居于全世界的领先地位的。"①日本学者则将宋代称为"东方的文艺复兴时代"。② 著名华裔学者刘子健认为:"此后中国近八百年来的文化,是以南宋文化为模式,以江浙一带为重点,形成了更加富有中国气派、中国风格的文化。"③

1. 南宋是古代中国学术思想的巅峰时期

王国维指出:"宋代学术,方面最多,进步亦最著","近世学术多发端于宋人"。宋学作为宋型文化的精神内核,是中国古代学术思想的巅峰。宋学流派纷呈,各臻其妙,大师迭出,群星璀璨,使南宋的思想文化呈现一派勃勃生机和前所未有的活跃局面。

理学思想形成。两宋统治者以文治国、以名利劝学的政策,对当时的思想、学术及教育产生了重要影响,最明显的一个结果是新儒学——理学思想诞生。南宋是儒学各派互争雄长的时期,各学派互相论辩、互相补充,共同构筑起中国儒学发展史上一个新的阶段。作为程朱理学集大成者的朱熹,是继孔孟以来最杰出的儒家学者。理学思想倡导国家至上、百姓至上的精神,与孟子的"君轻民贵"思想是一脉相承的。同时,两宋还倡导在儒家思想主导下的"儒佛道三教同设并行",就是在"尊孔崇儒"的同时,对佛、道两教也持尊奉的态度。理学各家出入佛老;佛门也在学理上融合儒道;道教则从佛教中汲取养分,将其融入自身的养生思想,并吸纳佛教"因果轮回"思想与儒家"纲常伦理"学说。普通百姓"读儒书、拜佛祖、做斋醮"更是习以为常。两宋"三教合流"的文化策略迎合了时代需要,使宋代儒生不同于以往之"终信一家、死守一经",从而使得南宋在思想、文化领域均有重大突破与重大建树。

思想学术界学派林立。学派林立是南宋学术思想发展的突出表现,也是当时学术界新流派勃兴的标志。在儒学复兴的思潮激荡下,尤其是在鼓励直言、自由议论的政策下,先后形成了以朱熹为代表的道学,以陆九渊为代表的心学,以叶适为代表的永嘉事功之学,以吕祖谦、陈亮为代表的永康之学等主要学派,开创了浙东学派的先河。南宋时期学派间互争雄长和欣欣向荣的景象,维持了近百年之久,形成了继春秋战国之后中国历史上第二次"百家争

① 邓广铭:《国际宋史研讨会开幕词》,载《国际宋史研讨论文选集》,河北大学出版社 1992 年版,第 1 页。

② [日]宫崎市定:《宫崎市定论文选集》下册,商务印书馆 1963 年版。

③ 刘子健:《代序——略论南宋的重要性》,载黄宽重主编《南宋史研究集》,台湾新文丰出版公司 1985 年版。

9

鸣"的盛况,为推动南宋经济文化发展起到了积极作用。尤其是浙东事功学派极力推崇义利统一,强调"商藉农而立,农赖商而行",认为只有农商并重,才能富民强国,实现国家中兴统一的目的。功利主义思想反映了当时人们希望发展南宋经济和收复北方失地的强烈愿望。

2.南宋是古代中国文学艺术的鼎盛时期

近代国学大师王国维认为"天水一朝人智之活动与文化之多方面,前之汉唐、后之元明皆所不逮也"。[1] 南宋文学艺术繁荣的主要表现,一是宋词兴盛。宋代创造性地发展了"词"这一富有时代特征的文学形式。词的繁荣起始于北宋,鼎盛于南宋。南宋词不仅在内容上有所开拓,而且艺术上更趋于成熟。辛弃疾是南宋最伟大的爱国词人,豪放词派的最高代表,也是南宋词坛第一人,与北宋词人苏东坡一样,同为宋词成就最杰出的代表。李清照是婉约词派的代表人物,形成了别具一格的"易安体",对后世影响很大。陆游既是著名的爱国诗人,也是南宋词坛的巨匠。他的词充满了奔放激昂的爱国主义感情,与辛弃疾一起把宋词推向了艺术高峰。二是宋诗繁荣。宋诗在唐诗之后另辟蹊径,开拓了宋诗新境界,其影响直到清末民初。宋诗完全有资格在中国诗史上与唐诗双峰并峙,两水并流。三是话本兴起。南宋话本小说出现,在中国文学史上是一件极有意义的大事,标志着中国小说的发展已进入一个新阶段。宋代话本为中国小说的发展注入了新鲜活力,迎来了明清小说的繁荣局面。南宋还出现了以《沧浪诗话》为代表的具有现代审美特征的开创性的文学理论著作。四是南戏的出现。南宋初年,出现了具有很强的现实性和感染力的"戏文",统称"南戏"。南宋戏文是元代杂剧的先驱,它的出现标志着中国古代戏曲艺术的成熟,为我国戏剧发展奠定了雄厚基础。[2] 五是绘画的高峰。宋代是中国绘画史上的鼎盛时期,标志我国古代时期绘画高峰的出现。有研究者认为"吾国画法,至宋而始全"。[3] 宋代画家多达千人左右,以李唐、刘松年、马远、夏圭等人为代表的南宋著名画家,他们的作品在画坛至今仍享有崇高地位。此外,南宋的多位皇帝和后妃也都是绘画高手。南宋绘画题材多样,山水、人物、花鸟画等并盛于世,尤以山水画最为突出,对后世影响极大。南宋画家称西湖景色最奇者有十,这就是著名的"西湖十景"的由来。宋代工艺美术造型、装饰与总体效果堪称中国工艺史上的典范,为明

---

[1] 王国维:《静庵文集续编·宋代之金石学》,载《王国维遗书》第5册,上海古籍出版社1983年版。

[2] 参见何忠礼、徐吉军《南宋史稿》,杭州大学出版社1999年版,第657页。

[3] 潘天寿:《中国绘画史》,上海人民美术出版社1983年版,第158页。

清工艺美术争相效仿的对象。此外,南宋的书法、雕塑、音乐、歌舞等艺术门类也都有长足的发展。

3. 南宋是古代中国文化教育的兴盛时期

宋代统治者大力倡导学校教育,将"崇经办学"作为立国之本,使宋代的教育体制较之汉唐更加完备和发达。南宋官私学盛,彻底打破了长期以来士族地主垄断教育的局面,使文化教育下移,教育更加大众化,适应了平民百姓对文化教育的需求,推动了文化大普及,提高了全社会的文化素质,促进了南宋社会文化事业进步和发展。在科举考试推动下,南宋的中央官学、地方官学、书院和私塾村校并存,各类学校都获得了蓬勃的发展。南宋各州县普遍设立了公立学校,其规模、条件、办学水平,较之北宋有了更大发展。由于理学家的竭力提倡和科举考试的需要,南宋地方书院得到了大发展。宋代共有书院 397 所,其中南宋占 310 所。① 南宋私塾村校遍及全国各地,学校教育由城镇延伸到乡村,南宋教育达到前所未有的普及程度。

4. 南宋是古代中国史学的繁荣时期

南宋以"尊重和提倡"的形式,鼓励知识分子重视历史,研究历史,"思考历代治乱之迹"。陈寅恪先生指出:"中国史学莫盛于宋。"② 南宋史学家袁枢的《通鉴纪事本末》,创立了以重大历史事件为主体,分别立目,完整记载历史事件的纪事本末体;朱熹的《资治通鉴纲目》创立了纲目体;朱熹的《伊洛渊源录》则开启了记述学术宗派史的学案体之先河。南宋在历史上第一次提出了"经世致用"的修史思想。南宋史学家不仅重视当代史的研究,而且力主把历史与现实结合起来,从历史上寻找兴衰之源,以史培养爱国、有用的人才。这些都对后代的史学家有很大的启迪和教益。

四、在科技上,既要看到整个宋代在中国古代科技史上的地位,也要看到南宋对古代中国科学技术的杰出贡献

宋代统治集团对在科学技术上有重要发明及创造、创新之人给予物质和精神奖励,为宋代科技发展与进步注入了前所未有的强大动力。宋朝是当时世界上发明创造最多的国家,也是古代中国为世界科技发展贡献最大的时期。英国学者李约瑟说:"每当人们在中国的文献中查找一种具体的科技史料时,往往会发现它的焦点在宋代,不管在应用科学方面或纯粹科学方面都

---

① 何忠礼:《论南宋定都杭州对当地经济文化的重大影响》,《杭州研究》2007 年第 2 期。

② 陈寅恪:《陈垣〈明季滇黔佛教考〉序》《陈垣〈元西域人华化考〉序》,载《金明馆丛稿二编》,上海古籍出版社 1980 年版,第 238、240 页。

是如此。"①中国历史上的重要发明,一半以上都出现在宋朝。宋代的不少科技发明不仅在中国科技史上,而且在世界科技史上也号称第一。《梦溪笔谈》的作者沈括、活字版印刷术的发明者毕昇这两位钱塘(浙江杭州)人,都是中外公认的中国古代伟大科学巨匠。南宋的科技在北宋基础上进一步得到发展,其科技成就在很多方面居于世界领先地位。

1. 南宋对中国古代"三大发明"的贡献

活字印刷术、指南针与火药三大发明,在南宋时期获得进一步的完善和发展,并开始了大规模的实际应用。指南针在航海上的应用,始见于北宋末期,南宋时的指南针已从简单的指针,发展成为比较简易的罗盘针,并被应用于航海上,是一项具有世界意义的重大发明。李约瑟指出,指南针在航海中的应用,是"航海技艺方面的巨大改革","预示计量航海时代的来临"。中国古代火药和火药武器的大规模使用和推广也始自南宋。南宋出现的管形火器,是世界兵器史上十分重要的大事,近代的枪炮就是在这种原始的管形火器基础上发展起来的。此外,南宋还广泛使用威力巨大的火炮作战,充分反映了南宋火器制造技术的巨大进步。南宋开始推广使用活字印刷术,出现了目前世界上第一部活字印本。此外,南宋的造纸技术更为发达,生产规模大为扩展,品种繁多,质量之高,近代也多不及。

2. 南宋在农业技术理论上的重大突破

南宋陈旉所著《陈旉农书》是我国现存最早的有关南方农业生产技术与经营的农学著作。他是中国农学史上第一个提出土地利用规划技术的人。陈旉在《农书》中首先提出了土壤肥力论等多种土地的利用和改造之法,并对搞好农业经营管理提出了卓越的见解。稻麦两熟制、水旱轮作制、"耕耙耖"耕作制,在南宋境内都得到了较好的推广。植物谱录在南宋也大量涌现。《橘录》是我国最早的柑橘专著;《菌谱》是世界历史上最早的菌类专著;《全芳备祖》是世界最早的植物学辞典,比欧洲要早300多年;《梅谱》是我国最早的有关梅花的专著。

3. 南宋在制造技术上的高度成

就宋代冶金技术居世界最高水平,南宋对此作出了卓越贡献。在有色金属开采与冶炼方面,南宋发明了"冶银吹灰法"和"铜合金铁"冶炼法;在煤炭开发利用上,南宋开始使用焦煤炼铁(而欧洲人是在18世纪时才采用焦煤炼

---

① 〔英〕李约瑟:《李约瑟文集》,辽宁科技出版社1986年版,第115页。

铁的),是我国冶金史上具有重大意义的里程碑。南宋是我国纺织技术高度发展时期,特别是蚕桑丝绸生产,已形成了一整套从栽桑到成衣的过程,生产工具丰富,为明清的丝绸生产技术奠定了基础。南宋的丝纺织品、织造和染色技术在前代的基础上达到了一个新水平。南宋瓷器无论在胎质、釉料,还是在制作技术上,都达到了新的高度。同时,南宋的造船、建筑、酿酒、地学、水利、天文历法、军器制造等方面技术水平,也都比过去有很大的进步。如南宋绍熙元年绘制、淳祐七年刻石的"宋淳祐天文图"(又称苏州石刻天文图)是世界上现存年代最早、存星最多的石刻天文图,绘于南宋绍定二年(1229)的石刻《平江图》,是我国现存最古老、最完整的城市规划图,至今仍完好地保存在苏州碑刻博物馆。

4. 南宋在数学领域的巨大贡献

南宋数学不仅在中国数学史上,而且在世界数学史上取得了极为辉煌的成就。南宋杰出的数学家秦九韶撰写的《数书九章》提出的"正负开方术",与现代求数学方程正根的方法基本一致,比西方早 500 多年。另一位杰出的数学家杨辉,编撰有《详解九章算法》《日用算法》《乘除通变本末》《田亩比类乘除捷法》《续古摘奇算法》(《乘除通变本末》《田亩比类乘除捷法》《续古摘奇算法》三者合称为《杨辉算法》)等十余种数学著作,收录了不少我国现已失传的数学著作中的算题和算法。杨辉对二阶等差级数求和的论述,使之成为继沈括之后世界上最早研究高阶等差级数的人。杨辉发明的"九归口诀",不仅提高了运算速度和精确度,而且还对我国珠算的发明起到了重要作用。李约瑟把宋代称为"伟大的代数学家的时代",认为"中国的代数学在宋代达到最高峰"。[①]

5. 南宋在医药领域的重要贡献

南宋是中国法医学正式形成的时期。宋慈的《洗冤集录》是世界上第一部法医学专著,比西方早 350 余年。它不仅奠定了我国古代法医学的基础,而且被奉为我国古代"官司检验"的"金科玉律",并对世界法医学产生了广泛影响。南宋是中国针灸医学的极盛时期。王执中的《针灸资生经》和闻人耆年《备急灸法》两书,皆集历代针灸学知识之大全,反映了当时针灸学的最高水平。南宋腧穴针灸铜人是针灸学上第一具教学、临床用的实物模型。陈自明著的《外科精要》一书对指导外科的临床应用具有重要意义。陈自明的《妇

---

① 参见《中国科学技术史》第 1 卷第 1 册,科学出版社 1975 年版,第 273、284、287、292 页。

人大全良方》是著名的妇产科著作,直到明清时期仍被妇科医生奉为经典。朱瑞章的《卫生家宝产科方》,被称为"产科之荟萃,医家之指南"。无名氏的《小儿卫生总微论方》和刘昉的《幼幼新书》,汇集了宋以前在儿科学方面所取得的成就,是我国历史上较早的一部比较系统、全面的儿科学著作。许叔微的《普济本事方》是中国古代一部比较完备的方剂专书。

五、在社会上,不但要看到南宋一些富豪官绅生活奢华、挥霍淫乐的一面,更要看到南宋政府关注民生、注重民生保障的一面

南宋社会生活的奢侈之风,既是南宋官僚地主腐朽的集中反映,也是南宋经济文化空前繁荣的缩影。我们不但看到南宋一些富豪官绅纵情声色、恣意挥霍的社会现象,更要看到南宋政府倡导善举、关注民生、同情民苦的客观事实。[①] 两宋社会保障制度,在中国古代救助史上占有重要地位,并为宋后社会保障制度的建立奠定了基础。有学者认为,中国古代真正意义上的社会保障事业是从两宋开始的。同时,两宋时期随着土地依附关系逐步解除和门阀制度崩溃,逐渐冲破了以前士族地主一统天下的局面。两宋社会结构开始调整重组,出现了各阶层之间经济地位升降更替、社会等级界限松动的现象,各阶层的价值取向趋近,促进社会各阶层融合,平民化、世俗化、人文化趋势明显。两宋社会平民化,不仅体现在科举面向社会各个阶层,取士不受出身门第限制,而且体现在官民身份可以相互转化,可以由贵而贱,由贱而贵;贫富之间既可以由富而贫,也可以由贫而富。[②]

1. 南宋农民获得了更多的人身自由

两宋时期,租佃制普遍发展,这是古代专制社会中生产关系的一次重大调整。在租佃制下,地主招募客户耕种土地,客户只向地主缴纳地租,而不必承担其他义务。客户契约期满后有退佃起移的权利,且受到政府保护,人身依附关系大为减弱。按照宋朝的户籍制度,客户直接编入国家户籍,成为国家的正式编户,并承担国家某些赋役,而不再是地主的"私属",因而获得了一定的人身自由。两宋农民在法律上可以自由迁徙,这是历史的一大进步。[③]南宋时期随着商品经济发展,农民获得了更多的自由,可以自由地离土离乡,转向城市从事手工业或商业活动。

---

① 邓小南:《宋代历史再认识》,《河北学刊》2006 年第 5 期。
② 郭学信:《宋代俗文化发展探源》,《西北师范大学学报》2005 年第 3 期。
③ 郭学信、张素音:《宋代商品经济发展特征及原因析论》,《聊城大学学报》2006 年第 5 期。

2. 南宋商人社会地位得到了提高

宋前历朝一直奉行"重农轻商"政策,士、农、工、商,商人居"四民"之末,受到社会歧视。宋代商业已被视同农业,均为创造社会财富的源泉,"士、农、工、商,皆百姓之本业"①成为社会共识,使两宋商人的社会地位得到前所未有的提高。随着工商业的发展,在南宋手工业作坊中,工匠主和工匠之间形成了雇佣与被雇佣关系。南宋手工业作坊中的雇佣制度,代替了原来带有强制性的指派和差人应役招募制度,雇佣劳动与强制性的劳役比较,工匠的人身束缚大为松弛,新的经济关系推动了南宋手工业经济发展,又促进了资本主义生产关系萌芽。

3. 南宋市民阶层登上了历史舞台

"坊郭户"是城市中的非农业人口。随着工商业的日益发展,宋政府将"坊郭户"单独"列籍定等"。"坊郭户"作为法定户名在两宋时期出现,标志着城市"市民阶层"形成,市民阶层开始作为一个独立群体正式登上了历史舞台,成为不可忽视的社会力量。② 南宋时期,还实行了募兵制,人们服役大多出于自愿,从而有效保障了城乡劳力稳定和社会安定,与唐代苛重的兵役相比,显然是一个进步。

4. 南宋社会保障制度更为完善

南宋的社会保障体系主要表现在:一是"荒政"制度。就是由政府无偿向灾民提供钱粮和衣物,或由政府将钱粮贷给灾民,或由政府将灾民暂时迁移到丰收区,或将粮食调拨到灾区,或动员富豪平价售粮,并在各州县较普遍地设置了"义仓",以解决暂时的粮食短缺问题。同时,遇丰收之年,政府酌量提高谷价,大量收籴,以避免谷贱伤农;遇荒饥之年,政府低价将存粮大量粜出,以照顾灾民。二是"养恤"制度。在临安等城市中,南宋政府针对不同对象设立了不同的养恤机构。有赈济流落街头的老弱病残或贫穷潦倒乞丐的福田院,有收养孤寡等贫穷不能自存者的居养院,有收养并医治鳏寡孤独贫病不能自存之人的安济院,有收养社会弃子弃婴的慈幼局,等等。三是"义庄"制度。义庄主要由一些科举入仕的士大夫用其秩禄买田置办,义田一般出租,租金则用于赈养族人的生活。虽然义庄设置的最初动机在于为本宗族之私,但义庄的设置在一定范围保障了族人的经济生活,对两宋官方的社会保障起

---

① (宋)陈耆卿:《嘉定赤城志》卷三七《风土》,《宋元方志丛刊》本,中华书局 1990 年版。
② 郭学信:《宋代俗文化发展探源》,《西北师范大学学报》2005 年第 3 期。

到了重要的辅助作用。南宋的社会保障政策与措施对倡导善举、缓和社会矛盾、维护社会稳定等发挥了积极作用。[①]

六、在历史地位上,既要看到南宋在当时国际国内的地位,又要看到南宋对后世中国和世界的影响

1. 南宋对东亚"儒学文化圈"和世界文明进程之影响

两宋的成就居于当时世界发展的顶峰,对周边国家和世界均产生了巨大影响。如南宋对东亚"儒学文化圈"的影响。南宋朱子学对东亚"儒学文化圈"各国文化产生了广泛而深刻的影响,至今仍然积淀在东亚各民族的文化心理中,对东亚现代化起着重要作用。在文化输入上,这些周边邻国对唐代文化主要是制度文化的模仿,而对两宋文化则侧重于精神文化的摄取,尤其是对南宋儒学、宗教、文学、艺术、政治制度的借鉴。南宋儒学文化传至东亚各国,与各国的学术思想和民族文化相融合,产生了朝鲜儒学、日本儒学、越南儒学等东亚儒学,形成了东亚"儒学文化圈"。这表明南宋儒学文化在东亚民族之间的文化交流和传播中,对高丽、日本、越南等国学术文化与东亚文明发展历史产生了重大影响,这可以说是东亚文明发展中的一大奇观。[②] 同时,南宋儒学文化中的优秀成分和合理精神,在现代东亚社会的政治经济、思想文化、社会生活、家庭关系等方面仍然发挥重要影响和作用。如南宋儒学中的"信义""忠诚""中庸""和""义利并取"等价值观念,在现代东亚经济社会中的积极作用显而易见。

南宋对世界经济发展的影响。随着南宋海外贸易发展,与我国通商的海外国家与地区从宋前的 20 余个增至 60 个以上。海外贸易范围从宋前中南半岛和印尼群岛,扩大到西洋(今印度洋至红海)、波斯湾、地中海和东非海岸,使雄踞于太平洋西岸的南宋帝国与印度洋地区北岸的阿拉伯帝国一起,构成了当时世界贸易圈的两大轴心。海上"丝绸之路"取代了陆上"丝绸之路",成为中外经济文化交流的主要通道。鉴于此,美籍学者马润潮把宋代视为"世界伟大海洋贸易史上的第一个时期"。同时,随着商品经济的发展,北宋出现了世界上最早的纸币——交子。至南宋时,纸币开始在全国普遍使用。有学者将纸币的产生与大规模流通称为"金融革命"。[③] 纸币流通的意

[①] 参见杜伟《略述两宋社会保障制度》,载《沙洋师范高等专科学校学报》2004 年第 1 期;陈国灿《南宋江南城市的公共事业与社会保障》,载《学术月刊》2002 年第 6 期。

[②] 葛金芳:《南宋:走向开放型市场的重大转折》,《杭州研究》2007 年第 2 期。

[③] 参见张邦炜《瞻前顾后看宋代》,载《河北学刊》2006 年第 5 期。

义远在金属铸币之上,表明我国在货币领域发展已走在世界前列。

两宋对世界文明进程的影响。宋代文化对世界文化的影响,主要表现在两宋的活字印刷术、火药、指南针的西传上。培根指出:"这三种发明已经在世界范围内把事物的全部面貌和情况都改变了:第一种是在学术方面,第二种是在战事方面,第三种是在航行方面;由此产生了无数的变化,这种变化是如此巨大,以至没有一个帝国,没有一个教派,没有一个赫赫有名的人物,能比得上这三种机械发明。"①马克思的评价则更高:"火药、指南针、印刷术——这是预告资产阶级到来的三大发明。火药把骑士阶层炸得粉碎,指南针打开了世界市场并建立了殖民地,而印刷术则变成了新教的工具和科学复兴的手段,变成对精神发展创造必要前提的强大杠杆。"②两宋"三大发明"对世界文明的决定性作用是毋庸赘言的。两宋科举考试制度也对法、美、英等西方国家选拔官吏的政治制度产生了直接作用和重要影响,被人誉为"中国的第五大发明"。

2. 南宋对中国古代与近代历史发展之影响

中外学者普遍认为:"这时的文化直至 20 世纪初都是中国的典型文化。其中许多东西在以后的一千年中是中国最典型的东西,至少在唐代后期开始萌芽,而在宋代开始繁荣。"③

南宋促进了中国市民阶层的形成。随着商品经济的繁荣,两宋时期不仅出现了一大批大、中、小商业城市与集镇,而且形成了杭州、开封、成都等全国著名商业大都市,第一次出现了城市平民阶层,呈现了中国古代社会前所未有的时代开放性。南宋市民阶层的出现,世俗文化与世俗经济的形成与繁荣,意味中国市民阶层已具雏形,开启了中国社会平民化进程。正由于两宋时期出现了欧洲近代前夜的一些特征,如大城市兴起、市民阶层形成、手工业发展、商业经济繁荣、对外贸易发达、流通纸币出现、文官制度成熟等现象,美国、日本学者普遍把宋代中国称为"近代初期"。④

南宋促成了中国经济重心南移。由于南宋商品经济空前发展,有些学者甚至断言,宋代已经产生了资本主义萌芽。西方有学者认为南宋已处在"经济革命时代"。随着宋室南下,南宋经济的发展与繁荣,使江南成为全国经济

---

① ［英］培根:《新工具》,商务印书馆 1984 年版,第 103 页。
② ［德］马克思:《机械、自然力和科学应用》,人民出版社 1978 年版,第 67 页。
③ ［美］费正清、赖肖尔:《中国:传统与变革》,江苏人民出版社 1995 年版,第 118—119 页。
④ 张晓淮:《两宋文化转型的新诠释》,《学海》2002 年第 4 期。

最为发达的地区。南宋时期,全国经济重心完成了由黄河流域向长江流域的历史性转移,我国经济形态自此逐渐从自然经济转向商品经济,从封闭经济走向开放经济,从内陆型经济转向海陆型经济。这是中国传统社会发展中具有路标性意义的重大转折。① 如果没有明清的海禁和极端专制的封建统治,中国的近代化社会也许会更早地到来。

南宋推进了中华民族大融合。南宋时期,中国社会出现了第三次民族大融合。宋王朝虽然先后被同时代的女真、蒙古民族征服,但无论前金还是后蒙,在其思想文化上,都被南宋代表的先进文化折服,融入中华民族大家庭之中。10—13 世纪,中原王朝与北方游牧民族时战时和、时分时合,使以农耕文化为载体的两宋文化迅速向北扩散播迁,女真、蒙古政权深受南宋代表的先进政治制度、社会经济和思想文化影响,表示出对南宋文化认同、追随、仿效与移植,自觉不自觉地接受了先进的南宋文化,使其从文字到思想、从典章制度到风俗习惯均呈现出汉化趋势。② 南宋文化改变了这些民族的文化构成,提高了其文化层位,加速了这些民族由落后走向进步的进程,从而在整体上提高了中国北部地区少数民族的文明程度。

南宋奠定了理学在封建正统思想中的主导地位。理学的形成与发展,是南宋文化对中国古代思想文化的重大贡献。南宋理宗朝时,理学被钦定为封建正统思想和官方哲学,确立了程朱理学的独尊地位,并一直垄断元、明、清三代的思想和学术领域长达 700 余年,其影响之深广,在古代中国没有其他思想可以与之匹敌。③ 同时,两宋时期开创了中国古代儒、佛、道"三教合流"的文化格局。与汉武帝"罢黜百家、独尊儒术"不同,南宋在大兴儒学的前提下,加大了对佛、道两教的扶持,出现了"以佛修心,以道养生,以儒治世"的"三教合一"的格局。自宋后,古代中国社会基本延续了以儒学为主体,以佛、道为辅翼的文化格局。

两宋对中国后世王朝政权稳定的影响。两宋王朝虽然国土面积前不及汉唐,后不如元明清,却是中国封建史上立国时间最长的王朝之一。两宋王朝之所以在外患深重的威胁下保持长治局面,很大程度上取决于两宋精于内治,形成了一系列的中央集权制度和民族认同感,因此,自宋朝后,中华民族"大一统"思想深入人心,中国历史上再也没有出现过地方严重分裂割据的

---

① 参见葛金芳《南宋:走向开放型市场的重大转折》,载《杭州研究》2007 年第 2 期。
② 参见虞云国《略论宋代文化的时代特点与历史地位》,载《浙江社会科学》2006 年第 3 期。
③ 参见何忠礼《论南宋在中国历史上的地位和影响》,载《杭州研究》2007 年第 2 期。

局面。

3.南宋对杭州城市发展之影响

正是南宋经济、文化、社会各方面的高度发展,促成京城临安极度繁荣,成为12—13世纪最为繁华的世界大都会,也正是南宋带来民族文化大交流、生活方式大融合、思想观念大碰撞,形成了京城临安市民独特的生活观念、生活方式、性格特征、语言习惯。直到今天,杭州人独有的文化特质、社会习俗、生活理念,都深深地烙上了南宋社会的历史印迹。

京城临安,一座巍峨壮丽的世界级"华贵之城"。南宋朝廷立临安为行都,使杭州的城市性质与等级发生了根本性的巨大变化。从州府上升为国都,这是杭州城市发展的里程碑,杭州由此进入历史上最辉煌的时期。南宋统治者对临安城建设倾注了大量心血,并倾全国之人力、物力、财力加以精心营造。经过南宋诸帝持续的扩建和改建,南宋皇城布满了金碧辉煌、巍峨壮丽的宫殿,足可与北宋的汴京城媲美。南宋对临安府大规模地改造和扩建的杰出代表便是御街。南宋都城临安,经过100多年的精心营建,已发展成为百万以上人口的大城市,成为当时亚洲各国经济文化的交流中心,城市规模已名列12—13世纪时世界的首位。当时的杭州被意大利著名旅行家马可·波罗称赞为"世界上最美丽华贵之天城"。而12世纪时,美洲和大洋洲尚未被殖民者发现,非洲处于自生自灭状态,欧洲现有主要国家尚未完全形成,罗马内部四分五裂,北欧海盗肆虐,基辅大公国(俄罗斯)刚刚形成。[1] 到了南宋后期(即13世纪中叶)临安人口曾达到150万—160万人,此时,西方最大最繁华的城市威尼斯也只有10万人口,作为世界最著名的大都会伦敦、巴黎,直至14世纪的文艺复兴时期,其人口也不过4万—6万人。[2] 仅从城市人口规模看,800年前的杭州就已遥遥领先于世界各大城市。

京城临安,一座繁荣繁华的"地上天宫"。临安是全国最大的手工业生产中心。南宋临安工商业发达,手工业门类齐、制作精、分工细、规模大、档次高,造船、陶瓷、纺织、印刷、造纸等行业都建有大规模的手工业作坊,并有"四百一十四行"之说。临安是全国商业最为繁华的城市。临安城内城外集市与商行遍布,天街两侧商铺林立,早市夜市通宵达旦;城北运河樯橹相接、昼夜不舍,城南钱江两岸各地商贾海舶云集、桅杆林立。临安是璀璨夺目的文化

---

① 参见何亮亮《从"南海"一号看中华复兴》,载《文汇报》2008年1月6日。

② 参见何忠礼《论南宋在中国历史上的地位和影响》,载《杭州研究》2007年第2期。

名城。京城内先后集聚了李清照、朱熹、尤袤、陆游、杨万里、范成大、辛弃疾、陈起等一批南宋著名的文化人。临安雕版印刷为全国之冠,杭刻书籍为我国宋版书之精华。城内设有全国最高的学府——太学,规模最为宏阔,与武学、宗学合称"三学"。临安的教育事业空前繁荣。城内文化娱乐业发达,瓦子数量、百戏名目、艺人人数、娱乐项目和场所设施等方面,也都是其他城市无法比拟的。临安不但是全国政治中心,也是全国经济中心和文化中心。今日杭州之所以能成为"人间天堂",成为全国历史文化名城,成为我国七大古都之一,很大程度上就是得益于南宋定都临安,得益于南宋经济文化的高度繁荣。

京城临安,一座南北荟萃、精致和谐的生活城市。北方人口的优势,使南下的中原文化全面渗透到本土的吴越文化之中,形成了临安独特的社会生活习俗,并影响至今。临安的社会是本地居民与外来人员和谐相处的社会,临安的文化是南北文化交融、中外文化交流的结晶,临安的生活是中原风俗与江南民俗相互融合的产物。总之,南宋临安是一座兼容并蓄、精致和谐的生活城市。其表现为:一是南北交融的语言。经过100多年流行,北方话逐渐融合到吴越方言之中,形成了南北交融的"南宋官话"。有学者指出:"越中方言受了北方话的影响,明显地反映在今日带有'官话'色彩的杭州话里。"[①]二是南北荟萃的饮食。自南宋起,杭人饮食结构发生了变化,从以稻米为主,发展到米、面皆食。"南料北烹"美食佳肴,结合西湖文采,形成了具有鲜明特色的"杭帮菜系",而成为中国古代菜肴一个新高峰。丰富美味的饮食,致使临安人形成追求美食美味的饮食之风。三是精致精美的物产。南宋时期,在临安无论建筑寺观,还是园林别墅、亭台楼阁和小桥流水,无不体现了江南的精细精致,更有陶瓷、丝绸、扇子、剪刀、雨伞等工艺产品,做工讲究、小巧精致。四是休闲安逸的生活。城市的繁华与西湖的秀美,使大多临安人沉醉于歌舞升平与湖山之乐中,在辛劳之后讲究吃喝玩乐、神聊闲谈、琴棋书画、花鸟鱼虫,体现了临安人求精致、讲安逸、会休闲的生活特点,也反映了临安市民注重生活与劳作结合的城市生活特色,反映了临安文化的生活化与世俗化,并融入今日杭州人的生活观念中。

4.借鉴南宋"体恤民生"的某些仁义之举,努力将今天的杭州建设成为一个全民共享的"生活品质之城"

南宋社会关注民生、同情民苦的仁义之举,尤其是针对不同人群建立较

---

① 参见徐吉军《论南宋定都杭州对当地经济文化的重大影响》,载《杭州研究》2007年第2期。

为完备的社会保障体系,在构建社会主义和谐社会,建设覆盖城乡、全民共享的"生活品质之城"的今天,有着特别重要的现实意义。建设覆盖城乡、全民共享的"生活品质之城",既是一项长期的历史任务,又是一个重大的现实课题。要使"发展为人民、发展靠人民、发展成果由人民共享、发展成效让人民检验"理念落到实处,就必须把老百姓的小事当作党委、政府的大事,以群众呼声为第一信号,以群众利益为第一追求,以群众满意为第一标准,树立起"亲民党委""民本政府"的良好形象。要始终坚持以人为本、以民为先的理念,既要关注城市居民,又要关注农村居民;既要关注本地居民,又要关注外来创业务工人员;既要关注全体市民生活品质的整体提高,更要特别关注困难群众、弱势群体、低收入阶层生活品质的明显改善。要始终关注老百姓的衣食住行、安危冷暖、生老病死,让老百姓能就业、有保障,行得便捷、住得宽敞,买得放心、用得舒心,办得了事、办得好事,拥有安全感、安居又乐业,让全体市民共创生活品质、共享品质生活。

5. 整合南宋"安逸闲适"的环境资源,推进杭州"东方休闲之都"和国际旅游休闲中心建设

杭州得天独厚的自然山水环境,经过南宋 100 多年来固江堤、疏西湖、治内河、凿新井、建宫城、造御街、设瓦子、引百戏等多方面的措施,形成都城左江(钱塘江)右湖(西湖)、内河(市区河道)外河(京杭运河)的格局,使杭州的生态环境、旅游环境、休闲环境大为改观,极大丰富了杭州的旅游资源。南宋不但为我们留下一块"南宋古都"的"金字招牌",还留下了安逸闲适的休闲环境和休闲氛围。在"三面云山一面城"的独特环境里,集中了江、河、湖、溪与西湖群山,出现了大批观光游览景点,并形成著名的"西湖十景"。沿湖、沿河、沿街的茶肆酒楼,鳞次栉比、生意兴隆;官私酒楼、大小餐馆充满"南料北烹"的杭帮菜肴和各地名肴;大街小巷布满大小馆舍旅店,是外地游客与应考士子的休息场所。同时,临安娱乐活动丰富多彩,节庆活动繁多。独特的自然山水、休闲的环境氛围,使临安人注重生活环境、讲究生活质量、追求生活乐趣。不但皇亲国戚、达官贵人纵情山水、赏花品茗,过着高贵奢华的休闲生活,而且文人士大夫交结士朋、寄情适趣,热衷高雅脱俗的休闲生活;就是普通百姓也会带妻携子泛舟游湖,享受人伦亲情及山水之乐。

今天的杭州人懂生活、会休闲,讲究生活质量,追求生活品质,都可以从南宋临安人闲情逸致的生活态度中找到印迹。今天的杭州正在推进新城建设、老城更新、环境保护、街区改善等工程,都可以从南宋临安对左江右湖、内

河外河的治理和皇城街坊、园林建筑的建设中得到有益的启示。杭州要打造"东方休闲之都",共建共享"生活品质之城",建设国际旅游休闲中心,就必须重振"南宋古都"品牌,充分挖掘南宋文化遗产,珍惜杭州为数不多的地上南宋遗迹。进一步实施好西湖、西溪、运河、市区河道综合保护工程;推进"南宋御街"——中山路有机更新,以展示杭州自南宋以来的传统商业文化;加强对南宋"八卦田"景区的保护与利用,以展示南宋皇帝"与民同耕"的怀古场景;加强对南宋官窑遗址的保护与利用,以展示南宋杭州物产的精致与精美;加强对南宋皇城遗址和太庙遗址的保护与利用,以展示昔日南宋京城的繁荣与辉煌。进入21世纪的杭州,不但要保护利用好南宋留下的"三面云山一面城"的"西湖时代",更要以"大气开放"的宏大气魄,努力建设好"一主三副六组团六条生态带"的大都市空间格局,形成"一江春水穿城过"的"钱塘江时代",实现具有千年古都神韵的文化名城与具有大都市风采的现代化新城同城辉映。

南宋文献集成第 2 册目录

嘉泰吴兴志

〔宋〕谈 钥 纂

王瘦梅 点校

《嘉泰吴兴志》目录^①

---

① 本目录为《南宋文献集成》编者编。

《嘉泰吴兴志》卷三

《嘉泰吴兴志》卷四

《嘉泰吴兴志》卷五

《嘉泰吴兴志》卷六

《嘉泰吴兴志》卷七

《嘉泰吴兴志》卷八

《嘉泰吴兴志》卷九

《嘉泰吴兴志》卷十

《嘉泰吴兴志》卷十四

《嘉泰吴兴志》卷十五

《嘉泰吴兴志》卷十六

《嘉泰吴兴志》卷十七

《嘉泰吴兴志》卷十八

《嘉泰吴兴志》卷十九

---

①　"州治"目名为《南宋文献集成》编者加。

《嘉泰吴兴志》卷二十

《嘉泰吴兴志》附录

《嘉泰吴兴志》整理说明

  《嘉泰吴兴志》,初修于南宋宁宗嘉泰元年(1201),由知州李景和主修,谈钥重纂。谈钥(生卒年未详),字元时,安吉州归安(今浙江湖州)人。淳熙八年(1181)进士,官枢密院编修。以史学见长,注意乡邦文献搜罗,被当时学者誉为"博物君子""诚史良才"。及受聘,慨然允诺。嘉泰年间书成后,继任知州富珤和归安周氏共同捐资付刻,书前有嘉泰改元郡丞傅兆敬序。

  吴兴为中国历史上的一个县名,今属浙江湖州。历史上曾有多部志书,如韦昭《吴兴录》、张玄之《吴兴山墟名》、顾长生《三吴土地记》、颜真卿《石柱记》等。谈钥对见前人著作门类皆不齐全,乃反复排比,加以整理。他遵循"据事直书""志属信史"原则,记而不议,叙而不论,横排门类,成《嘉泰吴兴志》二十卷。此书分设建置、沿革、分野、城池、坊巷、乡里、山川、官制、公廨、邮驿、学校、军营、祠庙、寺院、郡守题名、古迹、著姓、烈妇、贤贵事实、释道、风俗、物产、土贡等六十个门类。此志网罗古今旧闻,采核当时情况,分门别类,厘然成编,对本邑城郭、坊巷、山川、物产、古迹、掌故的叙述博洽,引证精核,门类齐全,体例划一,为研究当地历史提供了珍贵资料。湖州历史上曾修撰多部志书,但《嘉泰吴兴志》无疑是其中的翘楚,这也是湖州现存最早、最完整的一部官方编修的地方志。

  《嘉泰吴兴志》曾被辑入《永乐大典》,明嘉靖时徐长谷撰《吴兴掌故集》犹及见之,但这个宋刊本后来不传。清乾隆开四库馆时,馆臣从《永乐大典》中辑出,长期以来在民间传抄。民国三年(1914),南浔嘉业堂刘承干校刻出版《吴兴丛书》,这本嘉业堂本《嘉泰吴兴志》是留存至今唯一的、也是最完整的刻本。遗憾的是,刘氏刊本未加详勘校雠,舛误甚多,"鲁鱼亥豕,触目皆是"。为了保护地方文化典籍,湖州市地方志办公室挖掘地方文化资源,发挥地方文化价值,历经一年多的努力完成了《嘉泰吴兴志》的点校出版工作,并于1990年交由中华书局出版。

《嘉泰吴兴志》序

唐人权载之序《正元十道录》谓"言地理者独魏公"，且因许其经济远大之业。及观魏公所论《六典》，地域之差次，四方贡赋之名物，与夫州郡废置、山川险阻，无一不备；然后知载之不妄许可。今州县之编，虽与并载寰宇者不类，条目纤悉亦岂易为？苟非其人，则详略勿当，是非杂糅，何以信后？吴兴东南最盛处，于今为股肱郡。山水清远，人物贤贵，宜有大手笔以志其实。左文质《统记》，或谓失之猥，并李宗谔所上《图经》，谞于此者又未免简脱之病。顾方欲请于郡，一日，太守李公郎中偶自言及是，且谓郡有博物君子谈君监簿，慨然以此自任。今书成，以锓木之资属归安周令。未几，李公诏还，富公寺正来继，又捐金以竟之。甚盛事也！兆于谈君，乃同年进士，喜是编出其手。因从周令假观，始知郎中除日，已属意乎此。大概本旧志，参正史，补遗，纠误，无一不满人意。列二十卷，卷各有目。数千百年间事，了然不疑，《三辅黄图》，殆不是过。盖尝谓人之笔力，根于天性，充于学问，犹运舟挽钩，力有分量，弗可勉强。绍兴以来，亦有好事者续图经，续编志，非不尽力。如震州、荻塘之辨，卒亦听讹而止。吁，谈君诚良史才，奚可多得。会将推平素学，献华夷编，经理中原，如指诸掌。兆浅学寡闻，非敢自齿于权载之列，谈君事业当超出乎唐魏公之上。于以见是编更数君子而后定，历二贤守而后传，是岂无待而然哉！嘉泰改元腊月，郡丞、广信傅兆敬序。

《嘉泰吴兴志》卷一

建置沿革

湖　州

上，湖州，吴兴郡，昭庆军节度，治乌程、归安二县。见熙宁《九域志》。实《禹贡》、周《职方》扬州之域。《尚书·禹贡》：震泽底定。孔安国注曰：震泽，吴南太湖名。《周官·职方氏》：扬州，其薮泽具区，其浸五湖。郑氏注曰：具区、五湖在吴南。防风氏国在焉。《国语》：汪芒氏之君守封隅之山。注：封隅山在吴郡永安县。《史记》注：汪罔氏即防封氏国，今在武康。兼见《通典》。后属句吴。《史记·吴世家》：太伯奔荆蛮自号句吴。《皇览》曰：太伯冢在梅里聚。《左传·襄公三年》：楚子重伐吴，至衡山。杜预注曰：衡山在吴兴乌程县南。吴亡入越。越灭入楚。《史记·越世家》：楚威王杀越王无彊，尽取故吴□地，至浙江。徐广曰："当周显王四十六年。"秦并诸国，罢封建，为郡县，及定荆并越置会稽郡，又以其地置县曰乌程，隶会稽；曰故鄣，隶鄣郡。《史记》：秦始皇二十五年，定荆江南，降越郡，置会稽郡。二十六年，李斯议曰："今海内一统，皆为郡县，置诸侯不便。"始皇是之，遂分天下为三十六郡。杜佑谓"鄣、吴兴郡之西境，会稽、吴兴郡之东境"，是也。汉高祖平秦，取楚，六年统建荆国，十二年，更名吴。《汉书》：高祖六年正月，以故东阳郡、吴郡、鄣郡立刘贾为荆王。注：吴郡本会稽也。十一年贾为英布所杀，十二年以三郡立濞为吴王。景帝三年，濞反，诛，国除。景帝四年，以属江都，国废隶郡仍秦。《汉书》：江都易王非，景帝前二年立为汝南王，击吴，吴破徙王江都，治故吴国。元狩二年，子建谋反，自杀，国除。《传》云"地入汉，为广陵郡"，非也。广陵止得江都等四县尔。元封二年，更鄣郡曰丹杨。见《汉志》，《后汉》作阳。《晋志》作杨，以山多赤柳也。永建元年，分会稽浙江以西为吴郡。《后汉志》。三国分汉，孙氏霸有江南。皓侯乌程入嗣吴统，吴主皓以永兴元年十月封为乌程侯。宝鼎元年，适明陵有寇，皓以吴郡之永安、余杭、临水、阳羡，

17

丹阳之故鄣、安吉、原乡、於潜《汉书》作瞀。诸县之水悉注乌程，乃合九县为郡，而以乌程为治所，名曰吴兴，镇山越，藩陵邑，且志所自起也。《吴志》：皓即阼，谥父和文皇帝，改葬明陵。《吴兴统记》云：明陵在州西一里。《吴志》：宝鼎元年十月，永安山贼施但等聚众数千人劫皓庶弟谦，出乌程取孙和陵上鼓吹曲盖，丁固等讨败之，分吴、丹杨为吴兴郡。诏曰：“古者分土建国，因事制宜。今吴郡阳羡、永安、余杭、临水及丹阳故鄣、安吉、原乡、於潜诸县，地势水流之便悉注乌程，既宜立郡以镇山越，且以藩卫明陵，奉承大祭。其丞分此九县为吴兴郡，治乌程。”《南史·沈约传》云：宝鼎二年。误也。又按：《汉志》及《通典》，乌程、阳羡、故鄣、於潜，本秦旧县。永安，汉初平中分乌程置。临水，吴时分余杭置；晋武帝更名临安。安吉、原乡，汉中平年，分故鄣置。吴兴之郡昉于此矣。晋太康元年，平吴。三年，析乌程西乡为长城，东乡为东迁。见《舆地志》。按：《晋志》，吴兴郡统县十，有东迁、长城，无阳羡。旧图经云：晋平吴，加领东迁、长城二县。又改永安为武康。见《旧唐志》。《沈约传》云：太康三年。永兴元年，割阳羡及长城之北乡为义兴郡。《晋书》。宋复分故鄣置绥安县。《旧唐志》：绥安，唐改为广德。齐因之。梁置震州。旧图经、《统记》诸书据《通典》、《元和郡县志》皆曰：梁改为震州，陈后为吴兴郡。绍兴中《续图经》辨之曰：自秦置郡至陈，未尝改革。隋氏一统始改郡为州。太守为刺史。按：《梁书·杜龛传》：龛为震州刺史、吴兴太守，遂后以郡兵拒陈文帝军。是梁分浙西数郡为震州始，吴兴非改郡也。其说亦未审。自秦置郡，汉元封中，已分十三州，置刺史。至梁天监十年，有州二十三、郡三百五十、县千二十二。后又恢拓土宇，以旧州退阔，多有析置。大同中有州一百七，郡县亦称此，谓隋始改郡，非也。以《隋志》考之，自梁以来，往往以郡为州，以县为郡，又别置诸郡，纷纷不一。始，同安郡置豫州，而属县宿松为高堪郡，怀宁为晋熙郡，望江后为大雷郡，同安为枞夏侯，诸州所置大率如此。故自钦天监置官多兼领，如火领直为司州刺史领安陆太守，马道根为豫州刺史领汝阴太守。据《隋志》：安陆郡梁置南司州，安陆县旧置安陆郡，庐江郡梁置南豫州，合肥梁置汝阴郡，即此可见。盖当时以吴兴郡为震州，而乌程为吴兴郡，初未尝废郡名也。《旧唐志》曰：梁置震州，取震泽为名，是矣。又《统记》云：梁敬帝置震州，陈高祖废。按：敬帝在位才三年，而陈高祖得之。故震州自杜龛外不闻。陈废州名。隋开皇三年，罢天下诸郡。九年，平陈，大加并省，乃以余杭、临安、晋改临水曰临安。於潜又并武康，隶杭州。并故鄣、安吉、原乡入绥安，隶宣州。以东迁、长城复入乌程，隶苏州。而郡废。《隋志》：平陈后吴兴郡废，并东迁入焉。又废长城、武康，又并故鄣、安吉、原乡入绥安，属宣州。以东迁、长城复入乌程，隶苏州。而郡废。《隋志》：平陈后，吴兴郡废，并东迁入焉。又废长城、武康，又并故鄣、安吉、原乡入绥安，属宣州。仁寿二年，置武康，割乌程又分长城，为湖州。《隋志》：仁寿中置湖州，又武康、长城并仁寿二年后置。取太湖为名也。湖州之名昉乎此。《旧唐书·郡国志》：五湖之表，州以为名。大业二年，州复废，三县仍属苏州。《通典》云：炀帝初废湖州，其地入余杭，入吴郡。唐高祖取隋，武德四年复置湖州，领乌程一县，仅存州名而已。又以豪杰来归，权创州县就拜守宰以宠之，而武康、长城、安吉皆自为州。《唐志》：湖州，武德四年置。又是年，长城置雉州，安吉置桃州，武康仍为武州,湖州领乌程一县。六年,复没于辅公祏。七年,平贼复置。《统记》云:大业末,沈法兴值隋乱,引兵守江上,于旧州立吴兴郡。唐武德三年,为李子通所陷。四年,杜伏威平之,复置湖州。六年,又为辅公祏所陷。七年,李孝恭为刺史,复置州。参考诸传,沈法兴大业初为吴兴太守,复为李子通所败,自后别无更置。又《唐会要》云:湖州,开元七年置,及置乌程县。误也。七年,太宗即位,州县权置者并省略尽,始以武康、长城来属,又并安吉、原乡入长城。《唐志》:武德七年,废武州,以武康来属。又省雉州及原乡并入长城来属。又废桃州,以安吉入长城。麟德元年,复置安吉。天授二年,析武康东乡置武源,定为五县。天宝元年,又改州为吴兴郡,武源再改为德清。《唐志》:武源,景云二年改临溪;天宝元年又改为德清县。乾元元年,复州名。旧志。乾宁二年,以钱镠为镇海镇东军节度使,兼领二浙。三年,赐军号忠国,升节度镇使以授刺史李师悦。《唐方镇表》:文德元年,置忠国军节度使,治湖州。《续图经》云:据《师悦神道碑》以为丙辰年,当乾宁三年。按:《统记》:李师悦,光启元年授;大德元年,加检校右仆射;景福二年,加防御使;乾宁三年,加忠国军节度使。表误。州于是始为节镇。梁开平元年,封镠为吴越王。四年,镠始以钱镖为刺史。《五代史·吴越世家》:乾宁二年,镠为镇海镇东军节度使,兼有二浙。光启三年,取苏、常。《唐刺史题名》云:乾宁四年,高彦授招讨使;天祐四年,卒官,其子澶袭。七年,为众所逐。镠至州安抚,以钱镖为刺史,是镠虽在乾宁中领二浙,其刺史尚是唐置。至高澶见逐,始以其亲为之,据有其地。按:《唐纪》:天祐四年,逊于梁,梁太祖改元开平,是时后唐李克用、存勖仍唐年号称天祐。至十九年。《题名》盖仍唐年号,称天祐七年,即梁开平四年也。梁太祖即位,封钱镠为吴越王。镠受其封,合用梁开平号。后割武康隶杭州,《五代史·职方》:考武康故属湖州,梁割隶杭州。改长城为长兴。淳熙中《郡庠志》、旧编云:吴越避朱梁太祖父讳也。按:《五代史》:梁太祖之父讳诚,镠尝受梁吴越王封,故避。周显德四年,改忠国军为宣德,以钱俶为节度使。俶,《唐韵》音湛,湛然齐整。宋混一区宇,僭伪毕臣。太平兴国三年,吴越王钱俶纳土。四年,复以武康来属。七年,析乌程置归安。景祐元年二月,宣德军改为昭庆军。旧编载:景祐元年京城昭庆门灾,上问天下郡国水多处,近臣以本军对,命易其名,遂以宣德名门,昭庆名军。按:《续通鉴长编》:明道元年六月壬戌,大内火延燔崇德、长春等八殿。癸亥移御延福宫。十一月甲戌,修内成,大赦改元。二年十一月甲寅,改正阳门曰宣德,明年为景祐元年。二月,改宣德军为昭庆军。事不相属。又按:大内南三门,中曰宣德,东西门曰左右长庆。宣德门,本梁建国门。兴国七年,改丹凤门。祥符八年,改正阳门。景祐初,改宣德。是正阳门改宣德谓两易其名。非也。但修内之后,延燔八殿名悉更改。次年又改端明殿曰延和,改继昭堂曰继圣,恐是火灾之后以湖郡多水,用其军额为门名以厌火祥。既为门名,军额虑更改,未可知也。俟考。军于是始名昭庆。自秦始皇二十五年,岁在己卯。初置郡县,越四百八十八年为吴宝鼎元年,岁在丙戌。始为吴兴郡。又三百二十六年为隋仁寿六年,岁在壬戌。始为湖州。又二百四十九年为唐乾宁三年,岁在乙卯。始为节镇。由宝鼎元年至庆元六年,岁在庚申。凡九百三十五年,一为震州,再为吴兴郡,三为湖州,节镇之名亦三易。州郡所隶,晋分天下为十九部,隶扬州,《晋志》。隋初隶扬州行台,大业末隶徐州总管,见《统记》。唐分道置使,属江南东道。《唐志》:太宗元年,分天下为十道,八曰江南。开元二十一年,置十五道采访使,江南分东西道。今为县六,属两浙西路云。吴初置郡领县九,乌程、永安、余杭、临水、阳羡、故鄣、安吉、原乡、於潜。晋析乌程置长城、东迁,为县十一。后以阳羡置义兴郡,为县十。宋以故鄣属丹阳,历齐梁陈仍九县。隋平陈,郡废,县或并省,各他属。详见创置沿革下。仁寿二年以武康、晋改永安。乌程、长城三县置湖州,未几复废。唐武德四年复置湖州,止领乌程一县。七年,始以武康、长城来属,又并安吉、原乡入长城。麟德中复置安吉。天授中析武康置武源。天宝中更名德清。终唐之世凡五县。梁开平中,割武康属杭州,又损其一。宋太平兴国四年复武康,七年析为乌程置归安。今为县六:望乌程、望归安、望安吉、望长兴、上武康、紧德清。废县四:菰城,《郡国志》云:春申君立菰城县,在郡南二十五里。秦改为乌程。至今有城因山,每岁为牧马所。东迁,在乌程县东四十里。《舆地志》云:晋太康元年,分乌程东乡置,隋平陈并入乌程。原乡,汉中平年,分故鄣置。武德七年,并入长城。吴兴太平兴国七年转运使高冕奏云:“古吴兴郡倚郭管吴兴、乌程两县。”今为归安。旧图经、《统记》并云:高冕所奏未知何从得之? 据《唐书·沈伯宜传》云:湖州吴兴人。伯仪仕武后朝,则是时有吴兴县。但史失书废置年月。所由自耳。县旧隶本州,今隶别州者五:於潜、余杭、临水,即临安。右三县隋析置杭州,属临安府;阳羡,晋置义兴郡,今属常州;故鄣,晋以属丹阳,今属广德军。

乌程县

望,乌程县,见《九域志》:唐县分七等,赤、畿、望、紧、上、中、下。乌程,旧为紧,大历十二年始升望。见颜真卿《石柱记》。据《唐会要》:乌程,大历十二年二月二十一日升望,本县有《升望记》,大历中尉陈苤撰。又据武德令,五千户以上为上县,开元十八年增千户,其畿、赤、望、紧不限户数,并为上县。宋建隆九年十月诏应,天下县除畿赤外,四千户以上为望。三代扬州之域。战国属楚时已为县,曰菰城,即春申君黄歇封邑也。《郡国志》云:春申君立菰城县,在郡国南二十五里。秦改为乌程。《左传》:宣公十一年,楚子陈。注:灭陈为楚县也。楚已有县矣。城面溪泽,菰草弥望,故名。秦既并楚改曰乌程,属会稽郡。以乌巾、程林二氏所居也。古者因生赐姓,后之郡县乃多因姓而命名,二姓以善酿雄其乡,音又相协,秦尚富强,一时更革,至今仍其名也。旧图经载《越绝书外传》云:始皇至会稽,徙大越之人于乌程。《郡国志》云:古乌氏居此能酝酒,因以为名。《统记》载:

顾长生《三吴土地记》云：县有乌林氏。秦时程林、乌巾二家能酿美酒。始皇二十六年，改菰城县为乌程县，属会稽郡。县有乌亭，即古之乌禾乡，乌氏所居乡也。汉梁孝王兔园会，招文士邹、枚、司马赋乌乡酒。张景阳《七命》曰：酒则荆南、乌程。是也。又秦尚富强，如乌氏嬴以牧畜致富，始皇令比封君与朝请。巴寡妇清家擅丹穴，始皇客之，为筑女怀清台。则以二姓善酿名县，亦此意也。汉兴，参置侯国，属荆，属吴，属江都。江都国废复隶会稽。永建中属吴郡。三国属吴。孙权分县之余不乡为永安。后为侯国，孙皓以侯居焉。皓即阼，宝鼎元年以吴郡之永安、余杭、临水、阳羡，丹阳之故鄣、安吉、原乡、於潜水悉注此，乃合九县即其地置吴兴郡。自是始为郡治所。晋析其西乡为长城，东乡为东迁。梁以郡置震州，乃以县为吴兴郡。《隋志》、乌程旧志：吴兴郡。隋平陈郡废，并东迁、长城复入而属苏州。仁寿二年，复分长城立湖州。大业二年，州又废。唐武德四年，复置湖州。自梁以来，州有废置更革，县未尝变也。宋太平兴国七年，始析县之东南十五乡置归安，分治郡城之东，而县之治所在州治之西一里。由今准古，为县始于楚，制名自于秦，置郡由于吴，治所创于晋。其属湖州则肇于隋，定于唐。境界分划则自宋太平兴国以后云。

归安县

望，归安县，宋太平兴国七年，分乌程县置。据旧图经载：转运使高冕奏云："古吴兴郡倚郭管乌程吴兴两县，今乌程境太广，请分置一县。"从之。时吴越钱氏初归命，故以归安为名。见旧图经、《统记》。析乌程之东南十五乡隶焉，置县治于州治之东一百二十步。《统记》云：西北至州一百二十步，在于迎春桥之东。与乌程对治为倚郭。旧图经云：高冕言：吴兴县倚郭不知何从得之。按：《唐书·沈伯仪传》云：湖州吴兴人，伯仪当武后时，则武后时有吴兴县矣。又《统记》载：《南封记》一卷云：齐吴兴县丘灵鞠撰。考《统记》所载撰述类，首载郡官，所著文集甚多，恐是吴兴县令。但本传止云乌程人。《统记》之言必须有证，则齐有吴兴县未可知也。特齐梁郡县纷更至众，史多略之，无可稽考。又《续图经》云：晋太康中析乌程东乡为东迁县，隋复并入。今县东四十五里尚以东迁名其地，盖县治也。且晋初析乌程西乡为长城，即今长兴县也。东乡为东迁，即今东迁也，长兴地界在乌程之西乡数十里，则东迁县亦当在东迁不远。今归安县界乃自城中与乌程县分界对治，北自后石桥，南至小市巷，过仪凤桥至甘棠桥以路及溪中分为界。城门外以迎春门运河之南、定安门余不溪之北为界。非东迁旧界明矣。

长兴县

望，长兴县，见《唐地理志》及《元丰九域志》。详见乌程县下。本乌程之西乡，晋太康三年始分其地以置,属吴兴郡,名曰长城。见《舆地志》。又旧图经云:晋平吴加领长城县。《舆地志》又云:吴夫概于吴西筑城狭而长,因有长城之号。旧图经云:县因长城取名。因其地有吴夫概城狭而长也。永兴元年割其北乡为义兴郡。见《晋地志》。隋开皇九年平陈,以其地并入乌程,隶苏州。《隋志》:平陈,复废吴兴郡,又废长城入乌程,隶苏州。仁寿二年,复分长城,再置湖州。见《隋地志》。大业三年复废,县仍属苏。见《隋志》及《通典》。十四年,沈法兴伪置长州。唐武德四年,更置绥州,又更名雉州。并置原乡县隶焉。《唐志》:长城,大业末,沈法兴置长州。武德四年,更置绥州,因古绥安县之名。又更名雉州,并置原乡县。《统记》云:大业十四年,吴兴太守沈法兴守江左,于长城县置长州。武德四年,土人张硕于长州西严山上立岩州,于长州置绥州,以古绥安县为名,寻又为改雉州。《旧经》曰:取县界雉山为名也。七年,始省雉州及原乡,复置长城县,属湖州,又废桃州以安吉入焉。并见《唐志》。《统记》云:武德七年,废宣州,原乡、绥安、故鄣三县入长兴也。按:绥安,宋分故鄣置。《旧唐志》云:绥安,唐改为广德。《隋志》:宣州绥安县,平陈,省故鄣、安吉、原乡入焉。唐置宣州。广德,本绥州,七年,以县来属。则绥安未尝并入长城也。缘平陈后,尝并故鄣、安吉、原乡入绥安,隶宣州。今则复析宣州绥安县之原乡、安吉入长城。故讹舛并言绥安耳。故鄣、绥安实未尝并入长城也。麟德元年,复析为安吉。天宝元年,州仍为郡。乾元元年,郡复州名,而县之所隶如故。吴越当梁时,避梁讳乃改今名。按:《五代史》吴越王钱镠受梁之王封,梁太祖之父名诚,故为之避。自晋太康元年至今,废者一,隋开皇。名易再,为州者三,一属震州,梁时事,见郡沿革下。再属苏州,属湖州、吴兴郡者各三焉。此县沿革废置之大略也。

武康县

上,武康县,古防风氏国汪芒氏之守也。《国语》:汪芒氏之君守封隅之山。注:封隅山在吴郡永安县。《史记》注:汪芒氏即防风氏国,今在武康。又见《通典》。汉为乌程、余杭之境,初平中始分二邑置县,名曰永安,属吴郡。按:《后汉志》及《通典》并云:汉初平中置永安县。《南史·沈约传》云:灵帝中平五年置。《祥符图经》载汉末童谣云:天下当兴东南三余之间。吴大帝黄武元年乃改会稽之余暨为永兴,分乌程余不乡合余杭之境置永安县。《余英志》以沈约博综群书,世居武康,自吴至梁历年未远,以约之言为正。旧编则援《图经》之言。《统记》亦谓吴黄武元年置。今以年代考之,灵帝中平七年为献帝之初平元年,当魏黄初二年。沈约虽号博综,而自叙乡里族系多与正史差舛。又黄武为年号,使其为黄武元年,则《汉史》不当载。今以《汉志》《通典》二书之言为定。吴宝鼎元年始置吴兴郡,以永安属焉。见《嘉泰吴兴志》。而《余英志》以为宝鼎二年者,亦据沈约之言也。晋平吴,改曰永康。后又改曰武康。《余英志》曰:晋太康三年平吴,以平阳郡有永安县,改曰永康。惠帝永元九年改元,永康以与年号同,始改曰武康。《统记》作太康三年改武康。隋平陈,废吴兴郡，入并县境入余杭，隶杭州。仁寿二年，复置武康县，又割乌程分长城，立湖州。大业二年，废湖州，县仍属杭。唐武德初，贼李子通攻陷郡县，以武康为安州，又改曰武州。四年贼平，复置湖州，而武康仍为武州。《统记》载：大业十四年，江南元帅沈法兴复于湖州置吴兴郡，县又属焉。唐武德三年，李子通贼攻陷郡县，以武康置安州，取古永安为义也。四年七月，以安吉人施世英使持节安州诸军事安州刺史，征子通，未行。其年八月，吴王杜伏威遣其将王雄诞平子通，施世英改杭州刺史，改安州为武州，以武康为义也。六年冬，郡县又为辅公祐所陷。七年春，赵郡王李孝恭废武州，又于旧吴兴郡立湖州，县仍属焉。《余英志》曰：大业十三年，复置吴兴郡，武康又属焉。唐武德四年，贼李子通攻陷郡县，以武康置安州，又改曰武州。子通平，唐因之。七年，州废，县复隶湖州。按：《唐志》：湖州，武德四年置，又是年武康仍为武州。七年州废，复为县，隶湖州。天授三年，析东十七乡置武源县。《统记》：天授二年七月，百姓戴德永等上疏言：武康东界一十七乡，枕临溪泽，有舟楫之利，请析置武源县。敕从之。梁复割隶杭州。宋太平兴国四年，复隶湖州。窃尝考之：县始置始于汉之初平，而武康之名由于晋，自吴至今更属于湖州、杭州者凡七，而定于太平兴国之四年。今之邑境即天授之旧。唐初扰攘，虽再立为州，不数年而复为县云。

德清县

紧，德清县，见《九域志》：县初曰上。余见乌程县下。本武康县之东境，乌程县之余不乡也。吴属永安县。晋改永安为武康县。唐天授二年，县民戴德永奏："武康东界十七乡，枕溪泽有舟楫之利，请析置一县。"以界内有武承塘，遂置武源县。县东十八里临大溪，有武承塘，东为石塘，西境联接数里。敕依所请。景云元年，敕天下州县自天授以来改为武字者并复旧文。新置者，议而改焉。二年，改武源为临溪县。天宝元年，改今名，隶湖州。天宝六年，改乌山为德清山。宋因之。

安吉县

望，安吉县，见《九域志》：县初曰上，会昌四年十一月三日初改为紧。望县，详见乌程县上下。本汉丹阳郡故鄣县之南境，初平中张角作乱北乡，守险助国，朝廷嘉之，分故鄣郡南乡别为一县，因名之为安吉。见《吴兴记》及《统记》。吴宝鼎元年以丹阳郡之安吉等九县立吴兴郡。隋开皇元年，废入广德县，隶杭州。仁寿二年，仍旧吴兴郡置湖州，广德县隶焉。大业二年，广德隶宣州，以安吉入武康，复隶杭州。义宁二年，沈法兴据湖州，复置县。唐武德四年，以广德县置桃州，安吉仍隶杭州。七年,并省入长城。麟德元年,复置,隶湖州。以上参考《吴兴图经》并《统记》之书所载。自汉中平至今废者三,一属丹阳,二属吴兴,三属杭州,两属湖州。此县沿革废置之大略也。

分 野

言分野者权舆于《周官》,而纷纭于汉儒。自汉以后,说盖繁矣。然周有九州,春秋有十二诸侯,汉有一百三郡国,故论分野于震泽巨区之间者,于辰曰丑,次曰星纪,宿曰斗牛女,州曰扬,国曰吴越,郡曰会稽、丹阳而已。故旧图经据《禹贡》:扬州有震泽,《周官·职方》:扬州有具区,《尔雅》具区数在吴越之间,且援《汉志》云:斗牛野也。《续图经》第曰:次为星纪。《统记》第曰:星属斗牛,至旧编乃悉载历代地志及国史志谓"二浙当南斗须女之分",亦未尝辨诸说之不同也。窃考保章氏有九州分星之说,郑氏注援《纬书》云:牵牛流为扬州,分为越国。《汉志》言:斗江湖牵牛婺女。又言:斗为吴会稽也。《晋志》载《星统》班固言:"自斗十二度至女七度。"费直《周易》说:起斗十度。蔡邕《月令章句》:起斗六度。陈卓、谯周等《郡国宿度》:丹阳入斗十六,会稽入牛一。又曰:范蠡、鬼谷子、张良、诸葛亮、谯周、京房、张衡并云。载《大衍历》:起斗九度,中斗二十四,终女四,得汉会稽、丹阳等郡。又曰:斗在云汉间,当淮海下流为吴分;牛去南度河浸远,自豫章迄会稽,南逾岭为徼越分。窃谓:吴兴在汉为乌程、故鄣,乌程属会稽,故鄣属丹阳,丹阳为吴,会稽为越,参吴越二境,则分野在斗牛之间。而众说入宿不同者,一行有言曰"古今辰次与节次相系,各据当时历数与岁差,迁徙不同也。"汉《太初历》:冬至在牵牛初、星纪斗十度。贾直据此。《四分历》:冬至在斗二十一度、星纪起斗六度。蔡邕据此。班固起十二度,用《三统历数》也。唐《一行历》以虚九度为元枵中,故星纪起十九度。又古历系星度于节岁。至虞喜乃立岁差法,《大衍历》用之。今历星纪入斗四度,史官见周《统天历》起虚七度,比《大衍历》用本差二度,而入斗宿差三度者,一行星距南斗二十六度,牵牛八度,须女十二度。本朝崇宁中,历官姚舜辅星距度斗二十五、牛七、女十一少。盖牵牛、一行距上星,舜辅距中星,须女、一行距第一星,舜辅距第一星星距又有三度之差,所以差五度也。在五星为荧惑,在北斗为衡,而占以丁巳日云。《后汉志》刘昭注:引《星经》云:荧惑主扬州。又云:斗主衡第五星属扬州。属扬州当以丁巳日候之。丁巳占吴郡、会稽。

《嘉泰吴兴志》卷二

城　池

湖　州

罗城　东西一十里,南北一十四里。《统记》云:一十九里三十步,折二十四里。唐武德四年,越郡王孝恭所筑。景福二年,刺史李师悦重加版干之功。见旧图经。《统记》云:有记,现存,绍兴三十一年,知州事陈之茂修。有记在墨妙亭。城上旧有白露舍,太平兴国三年,奉敕同子城皆拆毁。

子城　《统记》云:旧当秦时,为项王故城。《吴兴记》云:郡廨署旧有乌程县治。旧编云:旧传晋郭璞欲移郡于东迁,每立标辄为飞鸟衔去。其女亦善地里,启璞无徙,因旧趾损益之可以永无残破之虞。璞从之。其女今号迁城小娘子,从璞庙食。《续图经》云:郡置于吴,而璞当晋惠怀之际避地东南,事不相类。乃于菰城云:"秦改县为乌程,至晋始移治于苕霅之上,乌程县治即古郡治。"又自相抵牾。切详:乌程治所当秦汉间已徙于今之郡中,故吴宝鼎置郡诏谓"永安、故鄣等水悉注于乌程",若在菰城岂得云?故知在吴以前已在今处。既以县为郡,则必即县治为郡治,而县治多徙矣。璞随元帝渡江,仕为尚书郎,损益古城之制,相阴阳,审向背,庸有是理也。况江南诸郡城多传郭璞所迁,当亦有按图而定者矣。今罗城之内,苕水入西门,余不水入南门至江渚汇合流为霅水以出北门趋太湖。西南诸山回环拱揖,屏列于前,北有卞峰以踞于后,子城居中,面二水之冲,挹众山之秀,又四面多大溪广泽,故立郡以来无兵革之患,意非璞不能定,不必引飞鸟以神其事也。

城门立湖州牌,绍兴十六年,知州事王铁以郡密拱行都,增崇基宇,挟以朵观,规模宏丽。乾道初,火延燔靡遗,知州事王时升重建,颇不逮昔。东门,俗称衙东门,有楼曰东楼。西门,俗称衙西门,有楼曰西楼。《统记》云:子城上有石楼。清风之类,附见于郡治下。

子城壕分雪溪支流自两平桥入,桥之西隅有柱石存。旧可通舟楫,市鱼虾菱藕者集焉。谯门前覆以长石,衙东门城隍庙亦有桥以便行者,其他为民居浮檐所蔽。郡岁时督厢吏浚治云。

城门旧有九所。放生池侧有阓门。唐李词置,阓门又有楼。《统记》载东阓门楼云:正元十五年,李词造跨河楼三间,挟楼三间,下有颜真卿《放生池碑》。会昌三年,张文规开拓东向一百五十步仍建造,今废。颜公放生池东南城上有遗迹尚存。安定门东西各有瓮门,并废。城面各有雍塞处。今为门六,内清源、临湖止有水门,余四门水陆各一。东曰迎春门,有楼三间,淳熙二年,知州事赵师夔修。嘉泰元年,知州事李景和重修。西曰清源门,绍兴三十二年,知州事陈之茂因修城创为屋。南曰定安门,三十二年,陈之茂修。见《修城记》。北曰奉胜门,门有项王庙,俗呼霸王门,旧有楼。《统记》云:宝应中,刺史崔元亮改旧栅造门楼一间两厦,跨路门屋一间。旧编云:正元十五年。误矣。楼今不存。东北曰临湖门,绍兴三十二年,陈之茂创建瓦屋。西北曰迎禧门,俗呼清塘门。以上六门嘉泰元年,李景和并重修。罗城壕周匝城外,唐武德四年,李孝恭筑城时所筑。孟子曰:凿斯池也,筑斯城也。盖筑城则必凿堑,而以其土为之。故有城则有壕,既可为重险增守御之备,且事之相因也。广德四年,刺史独孤问俗重开。《统记》云:问俗所开。非也。岂有筑城许时,至是方开堑。旧编云:问俗重开。是也。自清源门沿城至迎禧门,又至奉胜门,又至临湖门,自古苕水入太湖之溪也,城内仪凤桥下一带漕渎,晋始开。阔数十丈,深不可测,实为天险。西壕自定安门至清源门。南壕自迎春门至定安门。北壕自临湖门至迎春门。或假人力开凿,然西壕受西南诸山之水,南壕受余不众溪之水,东壕兼受运河之水,皆成溪泽。而东壕又为二重,曰外壕,曰里壕。大抵诸壕之水遇春夏水生,浩漾汹涌湍激迅驶,而西南二水互胜交流,余不水盛则浸淫入于苕溪,苕溪水涨亦弥漫混于余不,而众壕交受以入于湖,尤为深阔。极乐城在六客堂前子城上,旧名挽翠亭。庆元六年,知州事李景和改名极乐城,殿院陈说书额。放生池在湖州府能仁寺东,周回数十亩,东北距罗城有阓门遗迹。唐乾元二年,诏洋州、山南、剑南、黔中、荆南、岭南、江西、浙西诸道各置放生池,凡八十一所。明年春,颜真卿撰记。大历七年,真卿来为刺史,次年秋,追建碑刻。颜公祠今在池上,池内皆红蕖,遇祝圣寿放生,释罩舍鳞,彻笼纵羽,并就此处。芙蓉池在湖州府,有千叶莲,即杨汉公开浚蘋洲二池之一也。今废。名见墨妙亭断碑。旧经言:白蘋洲有池,池有千叶莲。

乌程县

县治,即《郡国志》所谓春申君置菰城县也。见旧图经。城内又有子城。见旧编。重城屹然,工役甚固。又《续图经》云:春申君始建城,距今千余岁,重城屹然,略不陨毁。则知当时工役之兴不苟矣。后徙治于今州之子城。吴宝鼎中,置吴兴郡寓治焉。晋义熙六年,徙于今所,在郡治西一里,环以墙而已。吴宝鼎中置郡,今安吉、永安等九邑水悉注于乌程,则已是今处。《续图经》云:晋始移治苕霅之上。非也,盖移今治所耳。

长兴县

晋初置县,在今富陂村,距今县治东南二十里。成帝咸康元年徙苕溪北,在今县治东二里,重光宫其故基也。隋大业十一年,又徙于吴大概废城,距今县治东南二里百六十步。至唐武德七年,始移于今处,在郡治西北七十一里,内有子城,外有六门。东曰朝宗门,南曰长城门,西曰宜兴门,东南曰迎恩门,西南曰广德门,东北曰茹菇门。以上并见旧编。

饮马池在长兴县东南三十一里。《山墟名》云:卞山有项王走马埒、饮马池。上池在长兴县西二十五里。相传昔陈武帝别墅,今上池村是也。

武康县

隋仁寿二年,中使苏伦徙于汉南。唐广德元年袁晁作乱,浙右县人朱泚、沈皓举亡命之徒以应之,分守两洞,攻陷城垒,县郭室庐变为灰烬。二年,刺史独孤问俗使将军辛敬顺于金鹅山筑城守其寇路,沈皓杀洞中贼党以降。左卫兵曹参军庆澄兼武康德清二县令,舆瓦砾,伐榛莽,复于溪北古城筑之。铜岘之水三面环绕,浚为壕堑,今之县城是也。见《统记》、旧编。在州西南一百七里,有四门。东曰抚耘门,南曰朝恩门,西曰怀安门,北曰平远门。右四门并绍兴中尉赵公廪创建,为屋六楹,挟以西厢。放生池在武康县水安潭证道寺之南。

安吉县

古来梵路屋址犹存。今县在故鄣城之南,号鄣南,面大溪,望天目,浮玉群峰直去五十余里,左苕溪,右玉磬岩。县无城郭,有六门,惟西北二门有名,余皆无名。西曰齐云门,北曰迎恩门。邸阁池在县北三十里,周回二顷二十亩。《吴兴记》云:邸阁池水灌田五十余顷,鳞羽涵泳,芰荷交蔚。唐圣历元年,县令钳耳知命修邸阁路。

坊　巷

州　治

　　旧图经、《统记》:坊十有六,多名存而无表识。嘉定癸未,太守宋济既新消暑,葺清风二楼名。于是邦人相帅各于其居请表坊名,务称守意。乡有名存而识不立者,亦复置焉。合为五十有一坊,而首尾俱见者八道,为六十四处。非惟征人客子过是邦者得以知巷陌之名,阛阓通衢新题华表璀璨相望,亦足为吴兴壮观。故复编次之。

　　和乐坊

　　平康坊

　　仁政坊

　　乌氏坊

　　程氏坊以二姓善酿居此。在乌程县南街。

　　苕阳坊水北曰阳,在浮玉亭街西。

　　桃李坊在德政西。以上四坊属乌程界。

　　车骑坊旧图经云:城东北二里,有晋车骑将军谢玄宅。在衙东门投北大街。

　　章后坊旧经云:天宁寺在章后坊。天宁今曰光孝,本章后宅,舍为寺。坊在寺之前面。

　　德本坊旧有德本寺,在前后石桥之间,有牌坊近寺。以上七坊属归安。

　　白华坊以潘综纯孝居此。

　　吴歈坊《文选》有"吴歈越吟"。以上二坊,未详所在。

　　　右,旧图经有其名而无其识。

　　清通坊在子城南投北迁善坊相对。无古名。

　　德政坊在乌程县前街东。古名。

　　苕阴坊在绍熙桥南投西。

　　中书坊在子城后投西直至猎场桥。元古名。

　　前溪坊在城南大街投东入前溪汇。元古名。

　　采蘋坊在仓桥直至白蘋亭街。古名。

吴兴坊在归安县前。古名。

仁依坊在城东仁依桥。古名。

　　右,苕阴,以贾安宅更名状元,有其识,他比亡焉。今复立。

宣化坊在谯楼西宣诏亭侧至都醋库前街东。今立二处。

保宁坊在都醋库侧入跨街楼。

永安坊在州治前大街永安楼北,投东入鱼行至子城壕两平桥西堍。照《图经》武康亦有是坊。

昇平坊在骆驼桥西街投西至子城壕两平桥东堍。

熙春坊在州治大街投西入黄沙路。

通津坊在市街东会仙楼相对入杨娄航船步。

乐众坊在市街和丰楼西入瓦子巷。

近市坊在小市巷平康坊相对入跨街楼。

丰乐坊在市街太平楼入东堤下。

迎恩坊在市门街南绍熙桥直至定安门。

戒民坊在市门街绍熙桥相对直至黄沙路。市曹在焉,立二处。

里仁坊在州治西楼街投南至竹木巷黄沙路街,立二处。

政平坊在州治西楼街投北直至言巷。

寿昌坊在令捷辔北投西直至鸿禧寺街。

仁域坊在子城后投东至太平桥投西至中书坊二处。

泰和坊在骆驼桥北太和楼前直街至奉胜门。

东溪坊在骆驼桥侧斜桥直至临湖门。

阜安坊在城隍桥直至柴巷口。

太平坊在太平桥巷。

集庆坊在报恩光孝寺相对。

丛桂坊旧名仁政坊,在隆兴桥直至郭尚书庙,华表对峙。太师忠惠观文赵公府第在焉。忠惠积庆流芳钟于令子。今江阴太守孟奎先诸兄擢丙辰第。咸淳乙丑,少监孟坼、运干孟至、机帅孟昼一榜同登。先是太师国公希怿、监簿公与恕、都承公与勤、忠惠公与蕙、世科济美,奕叶相传,方来未艾。礼宜柱表,用改今名。请于郡者摄归安令。陈阜郡牒学改入《图经》。

天庆坊在隆兴桥相对入天庆观街直至吴家巷相对。立二处。

清华坊在城北吴家巷直至教场桥。

兴贤坊在隆兴桥相对入天庆观街直至吴家巷相对。立二处。

种德坊在城北雄节营巷直至亭子巷。

贤福坊在城北飞英寺前。

嘉庆坊在城北汤家桥。

和裕坊在城北徐家桥。

集贤坊在城北盛家巷。

天圣坊在城北天圣寺巷。

朝岳坊在广化寺桥堍投北直至迎禧门通岳观。

观文坊在城西州学乌程县侧。

拥旌坊在城西,旧名曹家巷。今秀邸环列于后。

登瀛坊在城西白塔巷口,古有望仙桥。

浮玉坊在乌程县前浮玉亭街西。

元善坊在开元寺相对直至洗马步街北。立二处。

余庆坊在洗马步巷。

富民坊在绍熙桥南东都税务街。

贵泾坊在城南大街投东入小景德寺贵泾桥。

听履坊在城南大街大宵寺相对沈尚书宅前。

熙和坊在城南大街投西入祝家巷。

忠贤坊在城东颜鲁公堂巷。

闻礼坊在城东无星桥。

仁寿坊在城东望州桥。

月河在城东证通寺南

　　右,四十八所并前清通、德政、中书、前溪、采蘋、吴兴、仁依皆今重立,共五十有五焉。

　　坊名乡地久废,官司乡贯止以界称。今为界十七,分属四厢。

南门界在州治前至两平桥,接崇节界。

崇节界在隆兴桥北至霸王门,接飞英界。

飞英界在飞英寺前至临湖门,接报恩界。

报恩界在郭尚书庙前至陶家巷,接崇新界。以上四界左一厢管。

崇新界骆驼桥北至子城东口,接崇节界。

归安界马军营至能仁寺,接中界。

中界花楼桥至月河口,接迎春界。

迎春界迎春门至八大巷,接南市界。以上四界左二厢管。

南市界横塘至西岸史家巷,接鹅行界。

鹅行界定安门至状元坊,接石鼎界。

石鼎界旱渎桥至祥符寺。

鱼楼界甘棠桥至仪凤桥南埂,接西市界。以上四界右一厢管。

西市界市门至眺谷桥县桥,接乌程界。

乌程界本县前至浮玉亭,接仓场界。

仓场界清源门至猎场桥,接济川界。

济川界曹公庙至骆家巷,接中书界。

中书界张王庙前至广化桥,接仓场界。以上五界右二厢管。

又有巷名出于俚俗,或以寺观,或以名物,或以姓氏,第为识别,多非驯雅,循习岁久遂为通称,如鲁有五父衢见《左传》,又《礼记》。汉有华阳街、章台街、藁街见《刘屈氂张敞陈汤传》。之类,载在史传,故地理录亦宜存而不废。今以旧编所录差次附于后。

自定安门直北至仪凤街:史家巷、天宁巷、曲尺巷、仁杏木巷、姚家巷、庙巷、坊巷。

自仪凤桥之南埂直西至祥符寺街:油车巷、高巷。

自仪凤桥之北埂直西至清源门街:西提子巷、宋家巷、竹木巷、社庙巷、曹狮子巷、养济院巷、西营巷、白塔巷、家巷。

自衙西门直西转北众路:漆器巷、小宫巷、西泥巷、庙巷、红车栏巷、大营巷、吴草巷、营巷、骆家巷、石灰巷、亭子巷、盛家巷。

自乌程县桥直北至迎禧门路:郏家巷、猎场巷、石皮巷、范家巷、曹家巷。以上属乌程。

自仪凤桥之南埂直东至甘棠桥及横塘路:李家巷、庙巷、证通巷、八丈巷。

自仪凤桥之北埂直东转北至州治前街:东提子巷、花巷、小市巷、打银巷、瓦子巷、堂子巷。

自衙东门转北又西众街:沈家巷、姚家巷、陶家巷、承园巷、天圣巷。

自迎春门直西至骆驼桥街:能仁里、县巷、马军营巷。

自骆驼桥之西埂转北过斜桥至临湖门:打绳巷、李长马巷、太平巷、草场巷、飞英巷、报平巷。以上属归安。

长兴县

旧编载坊九:吴概坊、程氏坊、箬溪坊、英才坊、昼溪坊、忻湖坊、报德坊、陵阳坊、回溪坊。本县《图经》所载十三坊:长乐、尊贤、赞善、习善、□□、宣风、劝善、归化、儒化、崇化、延风、仁知、德化,与此不同。

旧编又载巷十二,皆俚俗所称,袁巷、蒋巷、施巷、霍巷、盛漊巷、包巷、阙巷、韦巷、麒麟巷、陈巷、因巷、泥巷,不足录云。

武康县

据旧编所载坊七:风溪坊、永安坊、千秋坊、前溪坊、余英坊、乌回坊、砂井坊。《余英志》止载其二:曰杏坛坊、在懋德里;桂子坊在文会里。桂枝坊,绍兴十三年知县范普初建。其他又率因其里名或溪井之名也。

旧编又载巷九:市东巷、市西巷、大慈巷、前溪巷、后溪巷、唐家巷、船坊巷、墙后巷、宫前巷。俚俗所称,本不足录。

德清县

旧编载坊七:武源坊、新门坊、前溪坊、武善坊、通高坊、儒津坊、吴山坊。又有巷八,市保巷、乡亭巷、赵家巷、丁家巷、坊门巷、梁家巷、盖家巷、戴家巷。皆不足纪。窃考:余不乡有博陆里余乌村,盖沈约自叙云尔。其余乌村,县有乌山即其地也。所谓博陆里,今不详何所云。

安吉县

旧编载坊十二:临苕坊、施兴坊、明义坊、修业坊、通阅坊、凌云坊、临期坊、显亲坊、懋迁坊、货殖坊、修善坊。又有巷十三:阛庆巷、毛家巷、镇下巷、范家巷、后街巷、城南巷、水巷、方家巷、金家巷、照春巷、姚尚书巷、罗汉寺巷、朱家巷。皆俚俗所称,不足录云。

《嘉泰吴兴志》卷三

乡　里

乌程县

唐管乡四十,里二百。见颜真卿《石柱记》。

国初为乡三十一。见旧图经并《统记》。乡三十:行山、丰乐、仁风、白鹤、雪水、临苕、崇礼、孝行、至孝、广德、永新、德政、龙亭、澄静、灵寿、震泽、太元、福增、万岁、保安、崇孝、常乐、琅琊、欧亭、九原、三碑、顺德、移风、稔泽、乐俗。

太平兴国中,割十有五乡置归安县,为乡十六。后又并其三,景德中,管十三乡。见李宗谔《图经》。今列于后。比《统记》所载参归安,现管乡无行山、丰乐、临苕、孝行、保安、欧亭、顺德、稔泽凡八名。

永新乡　管里十四:义安里、至建里、城山里、永定里、石头里、午山里、游仙里、永新里、上荣里、吉昌里、建安里、金山里、上千里、温泉里。

三碑乡　管里七:太原里、车盖里、城山里、饮德里、富洋里、梅城里、崇仁里。

澄静乡　管里六:光化里、偓林里、袭仁里、孝偓里、敏德里、元石里。

九原乡　管里七:金斗里、长源里、太极里、石渚里、望溪里、官塘里、白鹤里。

雪水乡　管里三:敦篁里、楚亭里、招宝里。

灵寿乡　管里三:开化里、元泽里、洞庭里。

德政乡　管里三:新兴里、仁义里、乌山里。

常乐乡　管里三:孺山里、后林里、至德里。

震泽乡　管里四:新城里、西余里、吴南里、孺山里。

移风乡　管里六:崇化里、旗亭里、崇仁里、北场里、新仁里、北仁里。

崇孝乡　管里四:新兴里、南旗亭里、南仁里、崇仁里。

白鹤乡　管里一:昇山里。

乐俗乡　管里六:醴泉里、山阳里、紫涧里、宣化里、黄兴里、黄城里。

县之乡见于史传者,古有乌禾乡,古乌氏所居乡也。见县沿革注。宋有纯孝乡,宋潘综以死救父,遂旌其里为纯孝。见《宋书》。唐有茂德乡,唐沈聘累征不起,县令韦承庆改其所居乡为茂德乡。见《先贤传》。今俱无之。旧图经载乡距县里数,如雪水乡在县西一十五里,今县治即系雪水。澄静乡在县西南五十里,今西南至乡界不十里,其乡分亦多有改易,今不录。

熙宁中,管乡十一。见王存《九域志·乡比》,景德无白鹤、乐俗。今分震泽为上下扇,为十二乡,共五十六都。

雪水乡三都副,一都独。

九原乡三都副。

三碑乡三都副。

澄静乡三都副。

德政乡五都副。

永新乡五都副,一都独。

灵寿乡四都副。

崇孝乡五都副。

震泽乡上扇五都副,一都独。

震泽乡下扇五都副,一都独。

移风乡四都副,一都独。

常乐乡五都副,一都独。

归安县

县初置时析乌程之十五乡。大中祥符间已省其四,管十一乡四十八里。后又并顺德一乡于松亭,里仍旧也。今管十乡。

琅邪乡　管里五:清风里、开化里、含山里、风头里、古山里。

太原乡　管里五:开元里、含阳里、吴兴里、迎信里、永明里。

含山乡　管里四:千金里、清化里、吴泽里、平乐里。

松亭乡　管里十:旧经有龙亭,无松亭,盖改也。元管长超以下五里,而乌山以下五里为顺德乡。今并为十。乌山里、安仁里、修政里、临苕里、松亭里、长超里、太平里、仁化里、衡山里、逍遥里。

福增乡　管里五:王安里、善政里、龙华里、太平里、广福里。

崇礼乡 管里五：进贤里、千金里、崇礼里、建平里、信仪里。旧经千金作千秋，建平作建龙。

长寿乡 管里二十：旧经有万岁乡，无长寿乡，即后所改也。新兴里、东林里、长寿里、新城里、常平里、延年里、长平里、杨城里、马林里、驰塘里、千秋里、清化里、永乐里、丰乐里、龙相里、旍亭里、碧溪里、元先里、都亭里、长沙里。

广德乡 管里十五：能仁里、上沃里、安仁里、施渚里、武安里、龙泉里、卜城里、积善里、孝廉里、孝德里、黄成里、兼义里、招德里、卜高里、清泉里。

至孝乡 管里五：兼山里、上强里、栖仙里、开德里、白石里。

长兴县

按：旧图经七十二乡。《统记》所载管乡三十。今所存者十有五：苕阳、四安、凤亭、长安、灵芝、临泽、箬水、和平、青山、西湖、至德、九龙、卞山、天授、合溪，凡十五乡不存。若淳化后邑境无增损而乡损其半者，必并合尔。管里七十五。按：《南史》，陈武帝下箬里人。《统记》载：汉钱林元始中隐于平望乡陵门里。则乡与里名其来远矣。

至德乡 管里五：旧名永昌乡。周宏让、裴子野旧宅，亦名永昌乡。以地里考之，或恐未必然。上日里、金塘里、司宁里、卞阴里、至德里。

惟新乡 管里五：顾亭里、龙松里、湖西里、太和里、塘东里。

嘉会乡 管里五：吴城里、村亭里、长招里、高阳里、徐村里。

荆溪乡 管里五。

晏子乡 管里五。

顺灵乡 管里六：上万里、太周里、湖塘里、新丰里、鱼陂里、故岑里。

方山乡 管里四：长平里、白石里、四安里、石灵里。

谢公乡 管里四：旧名万安乡。会光里、新安里、义良里、建安里。

清泉乡 管里五：西安里、午山里、临城里、景灵里、清泉里。

平辽乡 管里六：仙岩里、常乐里、神蔡里、常平里、常安里、光天里。

尚吴乡 管里四：会昌里、太义里、上盛里、西明里。

吉祥乡 管里五：旧名平望乡。陵门里(汉钱林居)、长安里、如源里、仙山里、金山里。

白乌乡 管里五：上善里、重光里、下箬里(陈武帝居)、长安里、陆安里。

嘉瑞乡 管里五：太平里、高明里、蠡塘里、苕源里、独山里。

长兴乡 管里五：上箬里、成弯里、金轮里、时邑里、金渠里。

武康县

自汉末以来,境界阔远,唐天授析置武源之后,尚管二十乡。《开元图经》载:旧管二十乡:敬让、负郭、安乐、武都、武义、太原、桃源、永安、信义、旄亭、至孝、城山、前溪、风渚、封禺、风山、永平、武昌、崇仁、太平。据《余英志》云:天授二年,邑人戴德永上疏言,武康二十乡,其十五乡枕临溪泽,有舟楫之利,请以其地置武源县。天宝元年,改为德清,而武康之境止五乡。窃考,《统记》云:天授二年,百姓戴德永等上表称,武康东界十七乡,枕临溪泽,有舟楫之利,请析置武源县。《图经》所载亦止曰:百姓状称,武康东界有舟楫之利,请析置县。初无二十乡、十五乡之文也。未知《余英志》何所考据?使天授时于二十乡中已析去十五乡,缘何《开元图经》尚载二十乡耶?《统记》云:十七乡。恐二十乡之外别有诸乡,未可知也。今据《统记》,德清县管乡十七,武康县管乡二十,则《余英志》之考证近乎符合而不详始末矣。梁开平中钱氏据有,并为十三。《统记》云:武康管乡二十。梁开平四年,钱氏并为十三:武都、武昌、旄亭、永安、崇仁、安政、义宁、封禺、义安、至孝、风渚、怀德、太原。宋朝以来又加并合,大中祥符间止管五乡,曰永安、曰至孝、曰崇仁、曰太原、曰武都,而里凡七十。见大中祥符《图经》。后又并至孝、永安为一,改曰庆安。今为都乡四,管里则如祥符之旧云。

崇仁乡 管里二十:相溪里、嵩山里、青泉里、下温里、义安里、临溪里、兴教里、陆海里、开化里、至孝里、风山里、南亩里、柯田里、杜桥里、慈德里、龙山里、上渚里、下陌里、昭明里、上陌里。

武都乡 管里一十:临湘里、主俗里、临津里、静林里、城山里、武成里、乌回里、兄友里、芝田里、邑内里。

庆安乡 管里二十:正信里、永昌里、永安里、清穆里、永乐里、太仓里、前溪里、旄亭里、清化里、文会里、安乐里、崇福里、清风里、高梁里、怀仁里、温泉里、玦渠里、福田里、上温里、新兴里。

太原乡 管里二十:永安里、弟恭里、芳泽里、东作里、赤岸里、沈璧里、文成里、永丰里、怀德里、永仁里、东海里、永定里、上施里、方山里、砂荷里、风山里、乐成里、余福里、父义里、上贲里。

德清县

《统记》管乡十七,今六乡,为一十管。旧有龙山乡、太平乡、今有永宁乡。按:《余英志》云:武康县东界十五乡,有舟楫之利,请置一县。非也。《统记》云:

武康东界十七乡。是矣。

永和乡 管里二十：武源里永和管，雅词里、仁智里、周漳里、惠图里、金泉里、长乐里、潎澜里、长寿里、吴羌里龟迴管，艻亭里、后溪里、孔印里、前溪里、武信里武源管，武德里、武功里、武溪里、武城里。

千秋乡 管里五：千秋里、文林里、小山里、乐成里、授记里。

荫宗乡 管里十：凤山里、永全里、积谷里、兴平里、乌山里、塘径里余不管，永忻里、□恩里、余富里、崇信里。

金鹅乡 管里二十：清溪里、四会里、新丰里、玉城里、白玉里、嘉育里庆平管，永丰里、栎林里、体德里、常乐里、五袴里来苏管，席羊里、遗犊里、安居里、两岐里、至德里孺山管，永昌里、高安里、新兴里、阳里里。

遵教乡 管里十五：永安里、旐亭里、华溪里、清风里、德化里、梅林里凤山管，新亭里、龙亭里、张亭里、辅国里、仙石里安仁管，句城里、桂阳里、信义里、明德里。

永宁乡 管里五：至孝里、进贤里、灵芝里、永和里、常乐里。

安吉县

据《统记》，管乡二十五，有龙山乡、怀德乡、广邑乡、孝子乡、灵泉乡。而旧图经云：所管二十，有永安乡、龙池乡、安乐乡、苔溪乡、安上乡、尚礼乡。管里一百。今为乡十六，管里八十。今有顺安乡，旧图经所无。

顺安乡 即永安乡是也。管里五：昆山里、引济里、定福里、马鞍里、尚义里。

安福乡 管里五：洪桃里、帅阁里、太和里、安寿里、永太里。

定福乡 管里五：招贤里、宝成里、安邑里、宋成里、永和里。

鱼池乡 管里五：皎仁里、西茂里、龙化里、永昌里、孝和里。

灵奕乡 管里五：仁化里、五白里、里荣里、景和里、回平里。

铜山乡 管里五：桃源里、深谷里、临泉里、修竹里、铜山里。

凤亭乡 管里五：沈珠里、陶源里、清宾里、慈政里、永宁里。

太平乡 管里五：光顺里、幽西里、庆善里、上宝里、国昌里。

金石乡 管里五：永安里、天目里、大顺里、潼想里。①

梅溪乡 管里五：瑞竹里、东午里、温泉里、泉永里、新丰里。

昆山乡 管里五：仙涧里、苔水里、候溪里、三山里、合川里。

移风乡 管里五：清泉里、武泰里、嘉祥里、白杨里、崇仁里。

---

① 缺一里，底本如此，《南宋文献集成》编者注。

孝丰乡　　管里五:芝草里、曲禄里、孝弟里、尚仁里、修仁里。

天目乡　　管里五:仙溪里、安吉里、苕水里、苕元里、公平里。

广苕乡　　管里五:苕上里、太平里、青泉里、吴山里、青山里。

浮玉乡　　管里五:碧嵓里、广福里、灵嵓里、仁丰里、静丰里。

《嘉泰吴兴志》卷四

山

乌程县

卞山 张元之《吴兴山墟名》曰：卞山峻极，非清秋爽月不见其顶。顾长生《三吴地记》按：卞和于荆山采玉，今山中有似玉之石，土人谓之瑶琨，故以卞名之耳。《吴都赋》曰：其琛赂则瑶琨之阜是也。盖徐陵《孝义寺碑》云：高卞苍苍，遥闻天语。颜真卿《石柱记》：唐刺史韦明扬有《登卞山题法华寺诗》皆作卞字。《续图经》曰：周处作弁，虽似有理，但古今诗书皆作卞，不必穿凿取新意也。

毗山 《山海经》云：浮玉之山，北望具区，东望诸毗。郭璞注云：诸毗水名也。《统记》、旧经云：浮玉山在安吉县，苕水发源也。言东望溇浦槎牙相毗，并注于太湖。故云。《续图经》云：浮玉西北，毗山在东北与《山海经》协，璞殆不知此山耳。山最近城，或与城相毗而得名。梁吴均有《同柳吴兴毗山集诗》曰：平湖旷复远，高木峻而危。状其景也。柳恽尝建亭其上。

衡山 《左传》：襄公三年楚子重伐吴，克鸠兹至于衡山。杜预注：衡山在吴兴乌程县南。山谦之《吴兴记》曰：衡山一名横山。今俗亦呼横山。颜真卿《石柱记》云：上有颛顼冢、春秋鸠兹城。《统记》云：《吴兴记》云，晋初衡山崩，见颛顼冢，中有营丘图，九首鸠兹。杜注云：吴邑在丹阳芜湖县东，今皋夷也。颜公所书或恐有据。

道场山 昔讷和尚辞师出巡礼，师曰："逢道即止。"讷经此山，遂留。后建寺，山顶有塔，下有笑月亭、爱山亭。

何山 沈括《地志》云：何山亦曰金盖山，晋何楷居此习儒业。楷后为吴兴太守，改金盖山为何山。山口有次山曰金口山，今曰何口山。梁吴均有《同柳吴兴何山集送刘余杭诗)。颜真卿《石柱记》云:金盖山有何氏书堂。《续图经》曰:推本而言。旧编云:山与道场山相接,最为吴兴胜游。然道场山胜在山顶,何山之胜在山下。苏东坡诗有"道场山顶何山麓"之句。内翰汪藻云:游道场者,如入王侯之家,过何山如造高人隐士之庐。

西余山 在县东十八里。《舆地志》云:汉文帝封东海王摇之子为顾余侯,即山。后坐酎金失国。《史记》:越王无疆灭,七世至闽君摇位诸侯。平秦,汉高帝以摇为越王,以奉越后。世表及《汉书》诸侯,不载顾余侯事。高十二年诏曰:南武侯织,亦粤之世也,立以为南海王。山有弄云亭。枢密胡宿有记。

杼山 在县西南三十里。陆羽旧记云:山高三百尺,周回一千二百步,昔夏后杼巡狩之所。今山下有夏王村,西北有夏驾山。颜真卿《杼山碑》又载。《山墟名》云:旧名东张,游者忘归,号稽留山。有黄檗涧、黄浦桥、黄浦亭、何楷钓台、避宅城、招隐院、草堂温阁。真卿又立三癸亭、以癸丑岁、癸卯朔、癸亥日立也。三桂棚、产丹青紫三桂。御史径。观察判官侍御史袁高尝至此也。有谢临川写真堂,梁周兴嗣《登杼山览古》诗,齐沙门宝月《途次杼山》等诗。

孺山 在县东三十八里。《三吴土地记》云:后汉徐孺子哭友人冀州刺史姚元起于此。时九江何子翼嘲之曰:"南州孺子吊生哭死,前慰林宗后伤元起。"山有孺子祠,绍兴中郡侯撤淫祠,士人按《图经》为言,祠得不废。二十二年,晋陵丞唐法为记,近又得古刻于水滨。

岘山 在县南二里,本名显山。晋太守殷康筑亭其上,名显亭,唐以庙讳改也。天宝刺史韦景先创五花亭,又有李适之石樽。山顶有塔。

法华山 在县西北十里,有寺曰法华寺。刺史崔元亮、张文规、卢幼平俱有诗。东有石坞,吴太史慈所葬。《太平寰宇记》谓之石斗山。晋王羲之尝来,顾谓亲友曰:"百岁之后,谁知我曾游此。"

仁王山 在县西北九里,旧名凤凰山,以山形似凤也。故老相传"秦始皇以山有王气凿其颈"。今通舟,为山河。山之首在南,号粝山。

垄山 在县东北五里。山谦之《吴兴记》云:垄山有紫石英。其山东临大溪,西带长渎,山上有亭,临望虚旷,号垄山亭。

车盖山 在县南九里。《舆地志》云:形如车盖,因名。上有车盖亭,晋太守殷康所造。

白鹤山 在县西北二十六里。《吴兴记》云:昔乌程西乡人姚绍化白鹤游此,因名。山石精好,可为碑版。《江东记》云:员丘山石精好,不谢吴兴。即此也。张王居白鹤山。又曰:二妃、白鹤山人。见灵济庙下。

别鲜山 在县东十三里。别、孤秀不相连属,因名焉。唐高士沈聘、沈徵君居之。《尔雅》曰：小山别大山为鲜。郭璞注云：不相连也。《续图经》云：此山名合古义，非俚俗所能为也。

西陵山 在县北二十一里。《吴兴记》云：吴太子和葬乌程北山，子皓即阼，追尊文皇帝陵曰"明陵"，陵在山西，故名。

吴嫽山 在县西南六十里。《吴兴记》云：嫽，烧田也。昔有吴氏烧山为田，因名。嫽，《玉篇》力周切，田不耕烧种也。《广韵》同。

石城山 在县西南三十里。《山墟名》云：昔乌程人严白虎于此累石为城，与吕蒙战。至今山上有弩台、烽火楼、走马垾，基犹存。

黄檗山 在县西南三十五里。梁光禄卿江淹有诗。有洞曰黄檗洞。

九乳山 在县西南三十一里。张元之《山墟名》云：山有九峰，状似乳形。

泽山 在县东七十五里。《吴兴记》云：因震泽为名。

温山 在县西北二十里。《吴兴记》云：温山出御荈。

小雷山 在县北。周处《风俗记》云：太湖中有大雷、小雷二山，相距六十里。其中曰雷泽，即舜所渔者也。周处记又云：浙东有余杭县，上虞江是舜本土。按：《韩诗外传》：舜，东夷之人也。《统记》云：雷泽在兖州北，周处误也。盖以震泽中有小大二雷山故俗名之。旧编又云：小雷山，所谓洞庭东山也，属乌程。大雷山，所谓洞庭西山也，属长兴。两山多美石，唐白居易作《奇章公记》，以太湖石为第一。

三山 在县东北七十二里。《山墟名》云：三山在太湖中，白波四合，三点黛色。陆士龙赠顾彦先诗曰："我家五湖阴，君住三山阳。"

包山 在县北。《舆地志》云：即古夫椒山也。《史记》：越王句践栖吴王夫差于夫椒之上。《吴都赋》云：指包山而为期，集洞庭而淹留。自泽山以下诸山，并在太湖中。

白石山 在县。《统记》云：多出白石。

葛仙山 在县南五十里。晋葛洪尝隐居此山。今有炼丹灶、捣药臼存。《职方图志》：葛仙炼丹之处，天下十有三，乌程居其一。绍兴中，侍郎葛立方作祠为记。

菁山 在县，与葛仙山相连。旧传葛洪种黄菁于此，至今山多黄菁。秀安僖王墓园在焉。

石西南葱翠森郁，绵延衍迤，皆山也。或高或下，或巨或细。问其名，则更仆未易悉数。东北近湖皆平畴，土状间，有山率特出，亦各有名。而其著于古书者，曰毗、曰衡，皆突兀于水滨之一陇耳。岂挺特而生者钟秀为多耶？或景必近人则美而易彰耶？物必待人而后显，则其名之垂泯固不容无幸不幸耶？夫昔之《山经》或五百里或三百二百里始载一山，乌程一邑而见于列记者已如此，未为不幸也。故乌程诸山，参诸地志略著者，悉不没其名。虽未能尽胜践，庶穷谢公之屐者，可为问津之考。

归安县

县境西南广德、至孝两乡，北接乌程，南接安吉界，并是冈岭延袤，林木森蔚之处。其余八乡，如含山、沈长山、东林山之属，皆特生于平原中。今载如右。旧志诸书所载亦有差误，如厥山载在乌程，三山却载在归安。盖归安界不近太湖，今是正之。

含山　在县东南一百八里。张元之《山墟名》云：震泽东望，苍然荧苇，烟蔚之中，高丘卓绝，因以名焉。山有净慈院，其巅有浮屠。

厥山　在县东南七十里。吴均《入东记》云：吴有陆厥，尝家于此。旧经、《统记》属乌程。旧编属归安。

湖趺山　在县东南二十五里。《统记》云：汉蓟子训隐于余不乡，卒葬乌程县湖趺山。今属归安。新添。

沈长山　在县东南八里。

施山　在县东五里。

潘山　在县东六里。

砺山　在县西南六十三里。宋鲍照有《自砺山东望震泽诗》五韵。

方山　在县西南一百一十五里。《统记》云：张元之《山墟名》云：以其顶方，故名。《梁典》云：绍泰元年十一月，陈文帝为信武将军，自长兴遣二千人投京，夜下方山津。即此处也。山北属长兴。《统记》载在长兴县四十里。

莫干山　在县西南一百五十里。《余英志》云：上有铸剑池，水常清澈，水旱祷焉。侧有磨剑石，世传吴王铸剑所也。按《吴越春秋》：干将，吴人，吴王阖闾使造二剑，一曰干将，一曰镆耶。镆耶，干将之妻也。今铁工造刀剑，磨以山之石，淬以池之水，则铦利倍常。山北属武康，去武康县治二十五里。余英即武康也，故载在《余英志》。

铜山　在县西南九十五里，高三百尺。《括地志》云"吴采郭山之铜"，即此山也。山西属安吉，去安吉县治三十里。《统记》载在安吉。旧编云：山与武康、安吉分野。详见二县志。

余安山　在县东南一十五里。

灵山　在县东南八十五里。

狮子山　在县西南一百五里。又属武康，在武康东北七里。《余英志》云：首枕大溪,冈陇盘踞如狻猊形。

廉山　在县西南七十五里。

顶山　在县西南七十四里。

马鞍山　在县西南七十六里。

母潭山　在县西南七十七里。

凤山　在县南七十三里。

候石山　在县南六十里。

东林山　在县西南五十四里,突兀于菰蒲溪泊之中,峰峦翁秀,上有祇园寺,顶有浮图。见旧编。

见山　在县南七十四里。

浮玉山　在县岘山漾中,俗传其水随山低昂,旱潦如一,上有丛萑,旧有小亭,今不存。《太平寰宇记》防风山,在归安县东一十八里,先名封嵎山,唐天宝六年敕改焉。其一名风公山,一名风渚山,古防风氏之国。风公者,以其上有风公祠,风渚者,以其下有风渚水,封山者,以其禁采樵渔猎也。上东南二里有嵎山,禹十二代孙帝嵎所居也。吴伐越堕会稽,得骨节专车,使问仲尼曰:"禹致群臣于会稽,防风氏后至,禹杀而戮之,其骨专车,此为大矣。"客曰:"防风氏何守?"仲尼曰:"汪芒氏之君,守封嵎山。"言防风治此二山也。

石城山　在县西南三里,汉末赤眉之乱,邑人于山上累石为城,因以为名。《宋书》云:沈道虔居县北石山下,县令庾肃之迎出县南凤头里,为立宅临溪,征员外散骑侍郎,不就。山上有汉青州刺史姚恢墓。

金鹅山　在县东二十里。《山墟名》云:汉海昏侯沈戎葬于此。上有池深五尺,其水冬夏不竭。时吴帝见山上金鹅翔集。或风清雨霁,樵夫耕父闻山上鹅鸣。

武康山　在县西十五里,名铜官山,唐天宝六年敕改焉。《舆地志》云:铜官山下有两坎,深数丈,方圆百丈,古采铜所。

响山　在县西八里,山下有水,谓之响潭。《吴兴记》云:有人经响山,语无大小,响则随声曲折应之,洪纤一无所失。

天泉山　在县西北三十五里。《吴兴记》云:山上有长流泉,谓之天泉,傍多沃壤,可耕殖。今按:有水田五亩。一名唐锤山也。

几山　在县北一十五里。《山墟名》云:几山形如几,因为名焉。亦作己山。

计筹山　在县东南三十五里。《吴兴统记》云:计筹山昔越大夫计然多才智,筹算于此山。按:其地复与余杭县分界,谓之界头山。盖筹、头声相应也。

三山　在县西八十三里。《山墟名》云:三山在太湖中,白波四合,三点黛色。

长兴县

尧市山　在县东北三十六里,高五千四百尺。《山墟名》云:尧时洪水,居民于此山作市。今山上有池可广一亩。《统记》。唐僧皎然诗曰"尧市人稀紫笋多",皮日休诗云"门寻尧市山",即此。

夏驾山　在县东南三十六里,高一千尺。张元之《山墟名》云:帝杼南巡至此,因而名之。《舆地志》:夏少康封庶子杼于会稽,兼得吴兴之乌程,有杼山。梁吴均有《登夏驾山寻朱思之》诗。《太平寰宇记》:山上有石鼓高一丈,下有盘石为足。谚云:"石鼓鸣则三吴有兵。"《括地志》云:石鼓作金鼓鸣,亦为零陵郡石鼓之类。《吴兴记》云:《五行记》并同此记。

大雷山　在县东北太湖中。《太平寰宇记》:东北七十里,高一百二十丈。周处《风土记》云:太湖中有大雷小雷二山,相距六十里。其间即雷泽,舜所渔处也。《尚书释言》云:在震泽。

飞云山　在县西二十里,高三百五十尺。《山墟名》云:山南有风穴,故云雾不得霭郁于其间。宋元徽五年置飞云寺,有石泉、沙渚、松门、苦竹岩。

乌瞻山　在县北五十里,高四百尺。《山墟名》云:昔有青乌子瞻望此山,曰:"此山可以避难养道。"隐者所居,故名。

凤亭山　在县西北五十里,高一千丈。《山墟名》云:昔有凤栖。山上多产栲栎。

白石山　在县东南三十八里。山谦之《吴兴记》云:出白矾。

义乡山　在县北六十里,高千二百尺。晋太守周玘举义兵平石冰、陈敏等贼,割长城西乡立义乡县,于阳羡县置义兴郡。

吕山　在县东南二十里,高五百尺,旧名程山,《山墟名》云:吴将吕蒙筑营于此山,因名。

吴山　在县南四十三里,高六百尺。《山墟名》云:吴王送女至此。梁吴均卜宅。唐吴筠复居之。荆溪至吴山有吴王送女潮。

青山　在县南六十里,高二百尺。《山墟名》云:山有石窦通洞庭,冬夏常暖,山如黛色。因名。吴均诗云:"家住青山下,时向青山上。"

艺香山　在县北十五里,高四百五十尺。一名湖陵山。《山墟名》云:西施种香之所。

雉山　在县北五十里,高五百尺。《山墟名》云:以山形类雉。《梁陈故事》云:梁武帝时有童谣曰"鸟山出天子",江表以鸟名山皆凿,惟此山不凿。陈高祖此山人也。上有追赠山。

戍山 在县西三里,高四百五十尺。一名夫概山。《山墟名》云:吴夫概于此筑戍城。山多产青松、白茅。即梁太守张嵊与沈浚筑戍以捍侯景之地。

岩山 在县西五十里,高二百五十尺。《山墟名》云:以岩阴为名。吴王阖闾时有白鹿见,一名鹿山。

方山 在县西南四十里,高四千尺。《山墟名》云:以其顶方名之。《梁典》云:陈文帝为信武将军,自长兴县遣二千人投京师,夜下方山津。即此地也。

四安山 在县西南八十三里,高一千尺。《山墟名》云:以其山四面平广也。

菹中山 在县西北二十五里,在忻湖西。《山墟名》云:菹,淹藏菜也。昔吴王于山中种蔬菜为军人冬食之备。

赭石山 在县西北六十一里,多产刺榆、贡茗。

悬臼山 在县西北六十里。《山墟名》云:山有悬石若臼形。

西噎山 在县西北六十一里。《山墟名》云:涧泉北流而西向峻狭,以其鸣咽而名。

五峰山 在县西一里五十步。《括地志》云:仙人姚绍所居。陈国子博士虞寄《报德寺碑》云:四鹤齐飞,五峰相映。

南屿山 在县西南一百二十里。《山墟名》云:西施种香之所,上有兰苣畹。旧经云:百六十里。

银山 在县南三十里,出银。

玉井山 在县东南三十二里。

天井山 在县南三十里。

石楼山 在县东南二十七里。

罗浮山 在县东二十五里。

穿石山 在县东南三十里。

金山 在县西四十里。见金泽下。

顾渚山 在县。见顾渚下。

官山 在县顾渚之侧。林木深秀,未尝采伐,故名有大官山、小官山。大官山顶有虎头岩,状如呀啸,下有石门,可往来。张文规诗曰:谁信隼旟吏,长对虎头岩。

石城山 在县南五十里,与乌程接界。见乌程志山下。

梓山 在县西与戍山相连,汉钱林所居。详见郡志贤贵事实下。

灵山 在县西七里,故相章惇葬于此。

八座山 在县南四十五里,唐吴琠、吴顼、吴崧、皮光业、林哲、罗隐、韩必、何肃居此山,号八友。后人因名。见《太平寰宇记》。

梅溪山 在县。《续图经》云:吴兴故鄣县东三十里有梅溪山。山根直竖一石,可高百丈,至青而圆,如两屋大,四面陡绝,仰之于云外,无登陟之理。其上复有盘石,正圆如车盖,常转如磨,声若风雨。土人号为石磨。石磨转驶则年丰,迟则岁月俭,候之无失。

九龙山 在县西一百二十里,一名郭山,一名章山。张元之《山墟名》云:九龙山其山有九陇,悉作龙形,山顶有古石城,城西北角有石窦,因名。

石郭山 《吴兴记》云:石郭山在故鄣南五里,产杨梅贡御。《舆地志》云:石郭山昔吴采鄣山铜以铸钱,即此山。

西顾山 一名吴望山,在县北四十九里,高一千尺。张元之《山墟名》云:西顾山昔吴王阖闾登姑苏望五湖,望见此山,因名山。《括地志》所载西顾乃作牢固之固,未详也。

武康县

封山 《家语》载,防风氏之守曰"守封禺之山"。《余英志》云:汪芒氏守封嵎两山之间。

禺山 《余英志》云:按《史记》,禹十二世帝廑立。而《旧图经》云:帝禹居此山。当是帝廑之兄弟分封此邦。《统记》:防风山东南二里曰禺山。及旧编:东南二十里。《统记·禺山》又云:在县东南三十里。《余英志》亦云:三十里。

石城山 旧编云:山四旁出面如一。《余英志》云:夜有神光,其大如毂,往来山腰倏隐倏见。山巅平坦,有洗马池。《统记》云:宋沈道虔隐居于此。上有汉青州刺史姚恢墓。

凤凰山 邑有三。一在县北五里,首枕郭林溪,为凤咮;一在县东北十八里怀德里,为凤翅;一在县东南十五里千佛寺侧,为凤尾。

天泉山 在县西北三十五里。《吴兴记》云:山有长流水,谓之天泉,傍多沃壤,可以耕植。故名。

武康山 在县西十五里,本名铜官山,唐天宝六年敕改今名。《余英志》云:六年。本名武康山,天宝六年改名铜官山。山下两坎,深数丈,方圆百丈,古采铜之所。见《舆地志》。旧编云:山下有铜官湖,汉吴王濞铸钱处。《余英志》云:山下有两坎号铜井。

金鹅山 在县东二十里。《统记》载《山墟名》云:汉海昏侯沈戎葬此山。山上有池深五尺,其水冬夏不竭。吴帝见山上有金鹅翔集。或风清雨霁,樵夫耕父闻山上有金鹅鸣,故名。《余英志》云:山与德清交界。山枕溪流,时有金鹅出没。事又见德清县金鹅山。

金山　在县。《旧图经》、旧编、《统记》,俱在武康县北十五里。《余英志》云在县南三十里。耆旧相传,昔有人夜见山顶有光如镫,凿之得金数百斤。《余英志》云:一名金车顶,其土赤埴,山岩有泉,产鱼有金色。

铜岘山　在县西南四十九里。《山墟名》云:铜岘山前溪之发源,吴王采铜之所,俗号铜岭。此即安吉界,又与归安接界。

响应山　在县西八里。《吴兴记》云:经此山语,响随声应,洪纤一无所失。今人称大响、小响。《余英志》云:有龙湫在山下,水色正碧,名玉石响,又名大响。岩泉有小泓,名小响。贞元中,于顿改玉石响为碧玉潭。定光僧院栖岩腹,中有小池,池上有濯缨亭。又有一鏊轩院后,缘石磴抵谷中,有断崖,瀑泉二十余丈,下有漱玉亭。旧编云:大响峭壁倚空,有瀑布高三十余丈,阔二十余丈,飞注苍崖乳石间,虽亢旱不竭。分流入碧玉潭,潭水湛碧清洌,莫穷其底,有龙居其中,旱潦祈祷辄应。小响在大响东北百余步,石壁森然,旧洞峭拔,下有湫,方丈许,名玉石响,相传与碧玉潭通,湫中水流入前溪。石上有于顿题刻,葛公胜仲尝游,有长篇。

崵山　在县西二十七里。《山墟名》云:昔有崵氏居此山。

几山　在县北五里。《山墟名》云:山形如几。

覆船山　在县西南二十五里。古老相传,邑人数于山上穿土得大竹笮,若今之船缆,或掘得败木,若船片,故云:山旧为海,尝覆舟。见《统记》,又旧编。或云"山有巨石横亘,状如覆船"。见《余英志》。隋龙州刺史沈愻昔结庐读书其中,有遗址,一名马头坞。晋咸和七年石勒将韩雍寇吴兴,诏遣西中郎将赵引攻之于马头坞,即此也。

计岘山　在县西北二十五里。《山墟名》云:范蠡之师计然居此,因名。又与乌程分界,亦曰界岘。

深岘山　在县西三十里。《山墟名》云:山下有水,深数十丈。因名。

箸岘山　在县西南三十五里。《山墟名》云:山多产箭箸,俗呼箸岭。

黄陇山　在县东北二十五里。《山墟名》云:昔黄初平得道之所。《统记》作皇岭,云:岭下有紫华庙。旧编云:今俗呼皇母山,山上有仙台。

石峤山　在县西南七里,一名七里峤,一名石头山。《山墟名》云:山顶有石峤,长一丈六尺,阔八尺,甚峻滑。山下有石峤村。

马鞍山　在县北十二里。

狮山　在县东北七里。

乌回山　在县北三里。山在平田间突起一峰,旧名登高山,古人登高处有遗址存。《余英志》云:或以群乌翔集名山;或以山势纡回,故名。

银山　在县西五里,亦曰永安山。

石山　在县西北二十里。《齐书》云:沈道虔隐居于县北石山精庐。

沈璧山　在县东北十五里。山有九峰,迤逦相接,沈氏自东阳居此。故名。

郭林山　在县北十五里。晋郭文所隐也。文居山时,一日有虎至,张口向文。文视其咽中有横骨,为探取之。后于所居日获一死鹿。盖虎之报。见《括地志》。

白鹄山　在县西十里,地名鹄村。《余英志》云:与青山,见《隋地理志》,为郡山之望。

青山　在县北十五里,地名青山坑。

独苍山　在县东北三十里沙村。《余英志》云:阴阳家有《寻山捉龙歌》言,吴兴郡主山惟苍与卞。苍即此地,卞在郡城北。此山冈来自鄣南天目山,故老相传,郡城造永宁仓,岁有水患,虽增筑不能御。有异人告主者"取武康苍山土筑之,吉"。因凿山取土,土流血而仓始基,迄今无水患,山色苍赤,殷然如血。

仙台山　在县东北十八里,世传黄初平炼丹处。山顶有台。台北有逍遥堂旧址,望湖杭境,具在目前。

羊没山　在仙台山之北。《神仙传》言:黄初平尝牧羊于此,伤山之草木,叱羊化为石。俗讹为杨梅山。

招贤山　在县西北七里。郭文隐居之地。

独孤山　在县几山之东。唐独孤及尝宰是邑,作亭其上。因名。亭有故址。

德清县

吴羌山　在县东南一里。吴均《入东记》云:昔汉高士吴羌避王莽之乱隐居此山。后人名焉。又宋沈麟士居于此讲经教授,从学数千百人,时为之语曰:"吴羌山中有贤士,开门教授若城市。"

东主山　在县东北三里。《陈书》云:侯景围台城,右军将军沈恪为东主山主,昼夜拒战,以功封东兴侯,而名之。今呼为百寮山。山之东有五子石,故老相传,有仙人尝弄石于此。

吴憾山　一名城山,在德清县西南二百步。吴均《入东记》云:昔吴王夫差憾越王伤父之足,进军征之,于此筑垒。又唐李光弼偏将军辛孜又筑城于此,以平朱潭、姚廷等贼,号将军城。吴越王又筑于此屯戍,号奉国城。故今隔溪号城南,界首号奉国。

洛山　在县南二十九里。《入东记》云:晋怀帝永嘉中,有洛人过江,升此以望洛。一名望洛山。

下坦山　在县北八里。《山墟名》云:以其山平坦也。

德清山　在县东四里,一名乌山。《山墟名》云:昔有乌巾者,其家善酿美酒,居此山。鲍昭有《高乌山》诗。至唐天宝六年改为德清山。

敢三山　在县东北二十一里。《山墟名》云:敢三山者,以其三峰在敢村,南则吴丞相阚泽所居也。

市亭山　在县西南二百步。《吴兴记》云:市亭山,王逸少为郡,欲于此立宅,以其面溪背山也。山出铜器,大者容三十石,小者容二十石,名曰碅。《续图经》云:古者十里一亭,所以寓止宾旅。后人因以名之。

葛山　在县东北一十八里。《入东记》云:葛仙翁得仙之所。上有葛公坛。

茅山　在县东北一十五里。《入东记》云:昔三茅君隐于此。见《统记》。

囚女山　在县东北三十五里,高千丈,周回十五里。《入东记》云:后汉青州刺史姚恢与海昏侯沈戎卜居柯田山,恢女密报戎。戎先居之。姚氏囚女于此山,三世不复养女。后人名之。

金鹅山　在县西北五里。后汉海昏侯沈戎葬其上,尝有金鹅飞集此山,三鸣而去。其后沈氏通显,故邑人云:"金鹅鸣,沈氏兴。"今山南有三村,号上初鸣、中初鸣、下初鸣。有梁沈麟士《述祖碑》。见碑碣。

蠡山　在县东北十五里。旧传范蠡之旧居。

方山　在县西北十二里。有石狮坞,博士墓焉。

紫金山　在县北十八里。山旧名金紫,郡城丁氏葬于此山,其后赠金紫光禄大夫。

安吉县

天目山　《老子说》云:欲度难及避水灾天目,海陵山最为第一。萧翙《天目山铭》曰:"于维天目,信其高矣。列岳霞上,标峰雾里。"复有虚一赋诗云:"昨日云生玉井东,春来一雨几日风。林花并逐溪流下,欲上龙池涌不通。"山多灵舞藤,亦可作杖节,似筇竹弱而有力。今山间多道流庵宇,稑种甚盛,亦有田亩池塘。山本产吴术,今亦种附子。《遁斋闲览》云:昔有人登天目山,遇暑雨,见云雾皆在山腰,闻雷声但似婴儿声。

浮玉山　《山海经》云:句余山东五百里至浮玉山,即此山也。山又出长蚑,状如猴,四耳、虎身、牛尾,音如犬吠。

金石山　在县西南七十里。高一万八千尺。《吴兴记》云:金石山上石悉作金色,其出蒲柳及苦竹。

白杨山　在县东南二十二里,高一千一百二十尺。《括地志》云:白杨山峻极千霄,上有两穴,古采锡之所。

五山 在县西南四十六里,高三千六百尺。《括地志》云:山有五峰,昔乡民姚绐尝居此山采樵,忽见二人弈棋,绐坐斧柯观之,不觉其久。二人谓云:"汝可还去,汝家今日为汝祥矣。"绐所坐之斧其柯已烂。及还家,因入瓮中隐身,谓家人云:"七日勿开。"限日未至,家人开之,绐化为白鹤飞向五山。《吴兴记》云:五山一名弈山。

玉磬山 在县西北三里,高五百尺。《高僧传》云:释昙谛姓康氏,吴兴人,出家居吴虎丘山,后入故鄣之昆山,每夜闻有声,寻其发声之所掘之,得磬。因以为名。颜鲁公作《石柱记》时,此磬犹存。

东晋山 在县东北二里,高一百二十六尺。《入东记》云:东晋时欲于此山立城邑,因以为名。

廪山 在县东二十五里,高一千八十七尺。《江表传》云:吴长沙桓王攻刘繇之,尽得邸阁粮谷贮于此山。《舆地志》云:吴大帝于此山起仓。因以为名。

邸阁山 在县东北二十五里,高二百七十六尺。《吴志》云:吴大帝遣从弟孙琼修故鄣邸阁。盖吴王起邸阁于此。

铜岘山 在县东三十里,高一千三百尺。《括地志》云:吴采鄣山之铜。即此山也。

苦岘山 在县西六十五里,高三千尺。《吴兴记》云:苦岘山峻极,游者苦之。亦见《括地志》。

佛子山 在县西一百二十里,高六百尺。《吴兴记》云:山上有石室,室中有小石俨然若佛。

柴山 在县西南一百二十里,高七百二十尺。见《括地志》。

南屿山 在县南六十二里,高三万六千尺。《括地志》云:南屿山一名白水山,山上有湖,其水色白。《太平寰宇记》云:昔西施种香之处,上有兰畹。

三山 在县东南六十里。

桃花山 在县西南九十五里。

郭公山 在县西北一十里,有郭先生祠。按:郭文居此山,尝见一虎张口向文,视其咽中有横骨,文乃探去之。后所居前,日获一死鹿,盖虎之报也。

石榑山 在县。故鄣县北山上有石榑,多生杨梅。《吴兴风俗记》云:张茂生所谓地名石榑,故生杨梅也。

梅溪山 在县之梅溪镇,山之秀石如门,产石耳。梅溪见颜鲁公《石柱记》。

凤凰山 在县东铜山乡横溪南。上有吴越王吴妃许夫人坟。山下有玉带水,早晚两潮,高尺许。

岭

悬脚岭 在长兴县西北七十里,高三百一十尺。《山墟名》云:以岭脚下悬为名,多产箭竹、茶茗,一名芳岩,箬水出焉。旧编云:有涧萦回八十一盘,山多漆木。

啄木岭 在县北五十里,高二千四百尺。《山墟名》云:其山万木丛薄,多鸟,故名啄木。

池子岭 在县西北五十里,高三百尺。《山墟名》云:岭上有小池,虽焦草烁石之时水不耗竭。

白岘岭 在县西北八十里。《山墟名》云:多产楮茗箭箬,仨霜停雪蔼然不凋。

胭脂岭 在县上概村西。唐天师吴筠炼丹之处,至今土色如胭脂。故名。

苍云岭 在县西北六十四里。其山松木翳荫,状如苍云,故名。合溪之源出于此山。

余英岭 在武康县西十五里,岑岭之西。世传,梁沈氏族居之地。后有五峰耸峻如屏,俗讹为夷羊岭。

大壮岭 在德清县西北九里。以上见旧编。

纯孝岭 在安吉县梅溪。唐末黄巢之乱,邑人石昂藏母于此。昂性纯孝,因以得名。

冈

牧马冈 在长兴县西南四十里。《人东记》云:吴王牧马之所。

三鸦冈 在县西南六十五里。有晋谢安墓。冈中有断处,梁朝有童谣"鸟山出天子",故凿焉。

岘

箬岘 在长兴县西南三十二里,高二千九百尺。《山墟名》云:多产箭箬。

佛子岘 在县西六十五里,高二千一百尺。《山墟名》云:昔传其上尝有白光,人谓有金宝,掘之得石佛子长数寸,因以名焉。

龙目岘 在县西一百里,高五尺。《山墟名》云:岘上石岩间有二目,光彩照人,谓之龙目。

峡

明月峡 在长兴县顾渚侧,二山相对,壁立峻峭,大涧中流,巨石飞走。断崖乱石之间茶茗丛生,最为绝品。张文规诗曰:"明月峡中茶已生。"石上多唐人刻字,颜真卿所书但存仿佛。

洞 坞

黄龙洞 在乌程县卞山,石壁峭立,岩窦阴沈,莫穷其底。旁有龙王祠、祥应宫,郡有水旱祷焉。知州事苏轼有刻。

古浮石洞 在安吉县西南五十里。绍兴初有僧智光洗岩得龙牙、龙骨,结庵于此,名曰不朽,又名其洞曰龙牙。

烟霞坞 在武康县东北地名石胁,又谓之丁墓㠉撞字去声。山。山下多梅,绵亘十余里。故邑人有云:碧玉潭中千尺水,烟霞坞里万株梅。见旧编。又云:坞有大石如龟,号龟岩,有瀑布。《余英志》云:刘颖士别墅龟岩上有亭曰藏春,瀑布有桥亭名挂云。淳熙中,知县程九万屡游,有留题。

《嘉泰吴兴志》卷五

河　渎

州　治

　　府以湖名,近五湖也。中有霅溪,合四水也。众水群凑而太湖虚受,坎流而不盈,习险而无泛滥,此郡所以立也。旧书悉以太湖与四水分隶诸邑,殊失古者建都之意。今首敷叙以运河,漕渎给郡计而供公上次之,其他潭、汇、洲、浦、池塘在城者鳞附焉。支流旁渎止系逐邑者,系之各邑下。震泽者,水常震动之象。或曰:震东方,泽在东也。具区者,大为之防。五湖者,张勃《吴录》云:太湖之别名,以其舟行五百余里也。《吴郡图经》:有小五湖,悉属太湖,贡湖、游湖、胥湖、梅湖、梁湖、金鼎湖也。旧编谓固湖、游湖、胥湖、菱湖。

　　太湖　纵横数百里,苕霅众水入焉。《越绝书》云:周三万三千顷,其二万顷为乌程。颜公《石柱记》云:四万八千顷。《统记》云:纵广二百八十三里,兼接苏、宣、常州之界,临安、广德之水亦入焉。《吴兴郡图经》云:接苏、常、秀州之境。按:秀州之境不濒湖。《统记》云:连德清、武康、长城、临平、余杭、义兴、晋陵、无锡、江阴、吴县、常熟、昆山、华亭、嘉兴、海盐十五县水入焉。旧编亦从此记。非也。江阴自陷五泻堰,昆山、常熟在吴江下流,华亭、海盐水竟自入海,不入太湖也。《新唐志》云:古湖、宣、苏、常四州境。为是。东为松江,又东流二百余里《吴郡图经》:二百六十里。以入于海。旧沿湖之堤多为溇,溇有斗门,制以巨木,甚固,门各有插版,遇旱则闭之以防溪水之走泻,有东北风亦闭之防湖水之暴涨。舟行且有所舣泊。官主其事,为利浩博,不详事始。今旧插有刻元丰年号者,则知其来远矣。后渐湮废,颇为郡害。按:旧编云:今所有者止二十五。今以乌程县图经考之,自外姐村至太湖村一带有二十六溇皆有名,曰诸溇、比溇、上水溇、罗溇、张港溇、新泾溇、幻湖溇、金溇、赵溇、潘溇、许溇、王溇、谢溇、义高溇、陈溇、薄溇、五浦溇、蒋溇、钱溇、新浦溇、石桥溇、汤溇、成溇、宋溇、乔溇、胡溇。绍熙中,《修胡溇记》云:湖溇三十六,其九属吴江,其二十七属乌程者,兼纪家港而言也。此溇近溪而阔,独不置插。又二十六名有阳家溇,无上水溇,幻湖作官湖。绍熙二年,知州事王回修之,又改二十七溇名,曰:丰、登、稔、熟、康、宁、安、乐、瑞、庆、福、禧、和、裕、阜、通、惠、泽、吉、利、泰、兴、富、足、固、益、济,皆冠以常字。如常丰港即纪家港之类。桥插覆柱皆易以石,其插钥付近溇多田之家。宝文阁直学士程大昌撰记,敷文阁待制沈枢书,敷文阁待制贾选题盖。

雪溪 起州治之南兴寺前今为景德寺。江子汇,以其合四水为一溪,故曰雪溪。四水者,旧谓一自安吉浮玉山曰苕溪,一自武康铜岘山曰前溪,一自临安府临安县天目山经德清之县曰余不溪,一自德清县前曰北流水。《寰宇记》、旧图经、《统记》所载并同。至江子汇而合,直北至会溪亭今归安主簿衙。会运河水,同过骆驼桥,出临湖门,北经毗山,入于太湖。按:《唐韵》曰:雪,水众流之声雪雪然。顾长生《三吴土地记》云:乌程东有雪溪水至深处。徐陵《孝义寺碑》云:清雪弥弥,深穷地根。又《地书》:雪者四水击射之声。故徐仲谋诗曰:四水交流雪雪声。《续图经》云:尝考自清源门入曰苕溪,其流浊;自定安门入曰雪溪,其流清,不过二溪耳。余不与苕溪皆出自天目山,苕溪出其西,余不出其东。前溪虽出铜岘山,然至德清县东,已与余不溪合,而北流至定安门外,通谓之雪溪,不待与余不溪合然后名之也。雪者,以众流合集为义,而旧经按字为四水激射之声,以其源则前溪与余不溪合其水尚小,以其流,则未与雪溪合者已名为雪矣。安得有四水激射声乎?唐李直方《白蘋洲记》曰:五溪尽流。而雪其气记者,谓四水并雪水而五也。郑戬《浮玉亭记》云:曰雪水合四水,则四水为雪有自来矣。古今名称多有差互。《统记》云:兴国寺在雪溪馆西。雪溪馆今双溪亭是也,在乌程县南浮玉亭,旧名雪水堂。县西有雪水乡二处,所临□是苕水。今余杭乃有苕溪馆,定安门内有四水亭,皆相承之误。《郡县志》

运河,湖州府入迎春门,过望州,至人依桥,至骆驼桥南会雪水者也,东接上塘官河。其水自平望桥直西至震泽,又西至浔溪,又西至旧馆,东迁、昇山,以入迎春门。旧本州界平望驿官塘,北至吴江县界二里,南至嘉兴县界二十六里,元和五年,刺史范传正奉敕重开。见《统记》。又《唐地志》乌程下亦载此塘。及旧编诸书并载。今以浔溪为界,即不系本州界分。

官河 在乌程县东一百二十二里,唐元和五年,太守范传正重开。

月河 在湖州府贡院东前溪,支流环绕,形如初月。

漕渎 在府州治南。《寰宇记》、旧编云:在乌程县南五十步。即今仪凤桥下溪。晋咸和中,都督郄鉴开。按:《晋书》本传:苏峻反,及陶侃为盟主,遣鉴都督扬州八郡军事。

乌程县

官渎 在乌程县西二十七里。晋咸和中,都督郄鉴开。《统记》作五年。旧经作元年。按：郡鉴以三年都督扬州八郡军事。旧经误。

归安县

旱渎　在归安县西南一里三步,亦在乌程界仪凤桥西及。旧编载余不溪、荻塘、白蘋洲,各见郡志下。

长兴县

杨渎　在长兴县东五里,分苕溪北流二十里合余渔浦。
防渎　在县西北六十二里,一名范渎。
盛渎　在县东五里。
乔渎　在县东四十里。

武康县

五官渎　在武康县北二十里。吴五官郎中沈衍居之,因名。《余英志》云：今厎淤。
横渎　在县东南十八里。

德清县

内河　在德清县南三里。余不溪之支流也。
马厄河　在县西南一里,亦余不溪之支流。吴越王乘马过此而失,因以为名。
三文渎　在德清县东二十里。
大麻渎　在县东六十七里。

安吉县

浑水渎　在安吉县安福乡,去乡东北二十里。余水皆清,此水独浊,故名。

湖

乌程县

凡常湖　在县西二十七里。

归安县

菱湖　在归安县东南四十五里。唐崔元亮开,即凌波塘也。其地产菱,居人采而焙干之,以备凶年,号菱米。见旧编。

长兴县

包洋湖　在长兴县北一十五里。

忻湖　在县东北一里,《图经》云:一十五里。周回十二里。《山墟名》云:分溪带峰,莲菱之下鸳鸿所集,可以游泳,写人忧恨,故名。

西湖　在县西南五里,周回七十里。《山墟名》云:一名吴城湖。傍溉三万顷,有水门二十四所,引方山源注焉。湖见《统记》、《图经》、旧编。《山墟名》云:昔吴阖闾筑吴城,使百姓辇土于此,浸而为湖。阖闾弟夫概因而创之。《吴兴记》云:夫概所立。《吴志》云:孙皓封乌程侯,就国,有西湖人景养相皓当大贵。养此地人也。湖中出佳莼,尝贡。塘高一丈五尺,唐刺史于頔修,亦呼于公塘。后李词立于公塘碑。元和中范传正复令县令权逢吉去塘内田及决堰以复古迹。咸通中刺史源重重建。县令满虔重修。见旧编。又《新唐志》云:西湖溉田三十顷,其后埋废,贞元十一年刺史于頔复之,人赖其利。

武康县

风渚湖　在武康县东南一十七里,一名巽渚,一名封渚,一名九里湖,一名下渚湖。《余英志》云:以防风氏得名,故名风渚。在封禺之两间,故曰封渚。在东南隅,故曰巽渚。其广九里,故曰九里湖。湖左有上渚,故曰下渚。《统记》云:封渚者,前代禁采捕也。旧编载九里渚云:亦号鄱阳汀。按:《图经》诸书别出鄱阳汀,不当合为一。县令毛滂游下渚湖诗有"春渚达天阔,春风夹岸香。飞花渡水急,垂柳向人长。远岫分苍紫,遥波寄渺茫"之句。

渚旁土粘埴,陶户皆居之,浙右陶器多出于此。

安吉县

杨子湖 在安吉县北二十八里,舟楫不通。《吴兴记》云:杨子湖出丹阳湖,下共邸阁水分流合于苕水。以其统杨子湖为名也。

五湖 在县东南七里,曰五龙湖;在西南三里,曰姚湖;在南九里,曰获湖;在北二里,曰西亩湖;在东二里,曰四龙湖,皆有灌溉之功。四龙在龙清观后,吴越武王以望气者言山有王气,使人凿之,忽有四鸽飞起,烟云潏然,化为四龙。因以名湖。

潭

州　治

苏公潭 在湖州府。自贵泾东流三百五十步。见旧经。又《统记》云:在霅溪东二百五步,至骆驼桥下。开元初,苏瑰子苏颋为乌程尉,坠此溪水间,直至潭底。《统记》云:因醉。旧经云:因督县事。闻水中有人语云:"扶出苏公。"俄出水上。有记述其事。颋后袭封许国公,开元初同紫微黄门平章事。《唐书》:颋初调乌程尉,至骆驼桥下曰:"苏公潭,此水不可测,中有蛟螭,代为人患。"

长兴县

白马潭 在长兴县西四十三里。《梁陈故事》云:有白马见于此潭,故名。

龙潭 在县东南三十一里下山。

碧潭 在县和平镇东。《吴兴记》云:其水碧也,伊洛相类。今呼天潭。

金潭 在县西一十里。《山墟名》云:金潭、金山、金塘、金渠,皆汉楼船将军曼倩之居,故名。

武康县

永安潭 在武康县证道寺之南,去县治三百步。

碧玉潭 在武康县西十里响应山之下,本名响潭,《统记》云:响潭在县八里。

《山墟名》:山清虚洞澈,每有声响,必随应,故为名。清泉怪石、茂林修竹,为邑中佳景。元和七年五月不雨至于七月,时刺史裴君合祭名山溪洞,县令利沴以此潭灵异,遂率僚属祷,应时甘雨雾霏,稼穑皆稔。耆老谒贺,请附图籍。八年符下,从之。又名玉石响。《余英志》云:响应山下有龙湫,水色正碧,旧传山有二玉,应人如谷之答响,名玉石响。贞元十六年,刺史于頔以陂湖庲淤,行县至是,因改今名。唐人有诗刻岩上云:水面平铺映碧空,夜深明月照龙宫。猿啼未响潭先响,一树花开两树红。

石马潭 在县西十八里,中有石马,一名湛潭。

德清县

仙潭 在德清县东南新市镇。隋道士陆修静尝自此潭没,数月乃出,故以为名。宋葛书思尝监镇,有《仙潭杂咏》,刻石在墨妙亭。

溪

乌程县

苕溪 《山海经·南山次二经》之首,句余之山又东五百里曰浮玉之山,苕水出于阴,北流注于具区。以今考之,溪有二源。西南一源发自天目山之阴金石乡、灵夹乡,东至安吉县治南之邵渡,又自县东南至章渡,又北至丘渡东南;一源自独松岭西,聚众山水并浮玉山水,折旋亦至丘渡。二源合而东至倪渡,折而西,复折而东,北至梅溪镇,又至吴山北,经彭汇入凡常湖,又合长兴之南、乌程之西众山之水至城下。一自清源门入,经漕渎至江子汇为霅水,一自清源门外径趋钓鱼湾,沿壕经迎禧门,又经奉胜门,合霅水以入太湖。

余不溪 在湖州府,出天目山之阳。旧图经云:其水深澈,余水则不,故名。不,平声读。经临安县,又经余杭县,又东至安溪,又东至奉口经德清县折而东北至苎溪漾、敢山、牛坽、戈亭,又后林村,又东北为菱湖,又东北至湖跌漾,经获冈寺东直北,折而西为大湾,又西北会前溪水入岘山漾,入定安门至江子汇为霅溪。汉沈戎居余不乡。晋孔愉封余不亭侯。《寰宇记》:在归安县东二十四里。《晋中兴书》:孔愉字敬康,少时曾买得一龟放余不溪中,龟入流数反顾。及愉封余不亭侯,铸印而印组龟首左顾,更铸亦然,印工以告愉,愉悟昔放龟事,乃取佩。

前溪 在湖州府,出武康之铜岘山,合东小流南注,折而东至庆安乡宁境庙静林寺,又折而东,又东至武康县治前之千秋桥,名前溪,又东至县学前,分为二派。其一北流经太原乡黄垄山之东至沙村,号沙溪,与德清县前北流水合以入定安门,经前溪汇至江子汇,为霅溪;其一东流经崇仁乡下渚湖之南以入余不溪。《统记》云:前溪者古永安县前之溪也。晋车骑将军沈充家于此。乐府有《前溪曲》,充自制词云:当曙与未曙,百鸟啼匆匆。后宋少帝续为七曲,其一云:忧思出门户,逢郎前溪渡。刘长卿诗云:白云千里万里,明月前溪后溪。武康县有后溪。今慈感寺西之溪湾曰前溪汇。

车溪 《续图经》诸书并载在乌程县东南一百一十九里。《吴兴记》:平望有车溪。车溪谚云:"曲阿不食,平望不羹,谓之失味。"旧经云:二百十九里。误。盖界至平望止一百三十二里耳。今界七十二里。今为吴江县界。吴兴诸塘及商浦当接归安县界仙潭。旧经、《统记》云:在县东百里。隋道士陆修静尝自此潭没,数月始出,俗因谓仙潭。

浔溪 在乌程县东七十二里,有水自德清、嘉兴来,与震泽莺脰湖接焉。

霅溪 在县东南一里,自定安门入,西合苕溪,北入于太湖。旧经云:但凡四水合为一溪。自浮玉山曰苕溪,自铜岘山曰前溪,自天目山曰余不溪,自德清县前至州曰霅溪。误矣。自清源门入曰苕溪,其流浊,自定安门入曰霅溪,其流清,不过二溪耳。其余不溪与苕溪皆出天目山,前溪虽出铜岘山,然至德清县东已与余不溪合为北流,至定安门外乃谓之霅溪,不待与苕溪合然后名之也。霅者,以众流合集为义,而旧经按字书为四水激射之声,亦非也。

归安县

东溪 在归安县东南一百六十里。又四至,东至秀州嘉兴县一百六十三里。以东溪水中分为界。

小溪 即施渚溪,在县西北五十四里,源出上强山东,北会北流水。

宝溪 在县东南四十五里,即射村也。太守葛胜仲卜居,以昔有渔者每见溪上有光,伺之见大蚌乘风而光从中出,逐之即沉,因以为名。

思溪 在县东南三十五里。见旧编。

练溪 在县东南七十五里,即琏市也。见旧编。

长兴县

罨画溪 在长兴县西八里,广二十五弓,古木夹岸,丛篆翳其下,朱藤施其上,如是者十里,花时游人竞集。溪半有罨画亭,唐郑谷诗云:顾渚山边郡,溪将罨画通。崇观间刘焘诗云:欲识人间罨画处,朱藤倒影入清溪。

合溪 本名合涧,《统记》《图经》皆作合涧。在县西北六十里。源出苍云岭,至山半分为二道。绕孺狮坞南合为一,因名。经尚吴乡至县西南门名箬溪。

箬溪 在县东五十步,一名顾渚口,一名赵渎,即合溪之下流也。又一源出悬脚岭,《统记》:悬脚岭,《山墟名》云箬水出焉。至县东南门折而南,分为二。其正流名上箬,又折而东,循卞山至郡城西北角,沿城外入太湖而远。其分流名下箬,东经至德一名赵渎。入太湖而近。顾野王《舆地志》云:夹岸丛生箭箬,南岸曰上箬,北岸曰下箬,二箬皆村名,村人取下箬水酿酒,醇美胜于云阳,俗称下箬酒。详见郡志酒下。《括地志》云:县前大溪亦名箬溪,相同为名也。《统记》云:四时胜载二百石。

荆溪 在县西南六十一里。源出荆山,东流横入大溪,自安吉梅溪至吴山北,总名荆溪,即苕溪之流也。李宗谔《续图经》云:荆溪至吴山下,每日潮高三尺,倒流十七里,云是吴王送女潮。今溪无是潮。荆山者,《山墟名》云:汉荆王刘贾尝登此山。张协《七命》曰:酒则荆南乌程。即是溪之南耳。《统记》云:乌程去荆州三千六百里,非荆州之南。明矣。

四安山溪 在县南四十三里,一名周渎。见旧编。源出四安山,过清泉乡,又过维新乡,经本山下会苕溪。

余罶溪 在县东南二十三里。《舆地志》云:长城南乡有余罶水,以余罶封为名。《梁陈故事》云:梁武帝时童谣云:太子之居在三余。武帝于余干、余姚、余杭为厌胜之法。其时吴兴有余干山、余罶水,余鱼浦,主陈高祖当之。

邸阁溪 在县东南一百三里,与安吉邸阁山分界。详见安吉县邸阁山。

武康县

邑境在群山之间,涧水交流,聚而为溪。环乡邑治载诸图志者六,曰前溪、曰余英、曰后溪、曰阮公溪、曰封溪、曰砂溪。率皆清浅湍濑,仅通小艇。及东会余不溪,北至砂村溪,始通大舟。故疏凿之利为邑要务。《余英志》又载新溪、长安溪、大林皆脉络相贯,因地及事两名尔。至于港、渎、洲、渚、潭、井、塘、堰,或以泄水,或以防水,具附于下。

前溪 即武康县前之溪也。

余英溪 在县西十三里,见《统记》。旧编云:十七里,即前溪上流,沈行宗族所居之旁也。《山墟名》云:每春夹岸花开,落英满道,通夏不歇,因以为名。《余英志》云:余英溪在县治南,源出铜岘山,东四十九里至县,古号前溪,是合前溪与余英溪为一也。窃详:本邑之水皆相连贯,而余英之水发源最长,在县前者人谓之前溪,在县后者人谓之后溪,流为风渚湖曰封溪,地多砂石曰砂溪。况《图经》《统记》皆别前溪余英溪为二耶。

后溪 在县东北一里,即县后之溪也。其源自乌回众山流出,过龙尾桥,又通丰桥东注于前溪之北流。庆元六年,知县丁大声以其庶淤,不利舟楫,募民浚治,自龙尾桥至狮子山下,长一千二百丈,公私便之。广五丈,役工一万六千八百有奇,五旬而毕。邑人周祐为记。

封溪 在县东一百步,源出于前溪,潴为风渚湖,古所谓风渚也。《统记》及诸书云:在县东一百步。见《封溪注》:封溪,在县东三百里。误也。

阮公溪 在县西十七里,接余英溪,亦前溪上流也。《梁陈故事》云:石灵宝本会稽余姚人,《统记》:上虞人。寓居武康。生女有姿容。天监元年,选为辂乘采女,生元帝,为修容,赐姓阮氏,拜其父为朝请。时人因名其所居之溪曰阮公溪。溪中有大青石,俗谓之美人石。

砂溪 在县东三里,以沙羡为名也。《统记》云:合溪边有沙村。旧为两溪之支流,其水清浅,多砂石。今涨淤,多为圭田。

新溪 在县东三里,自后溪东注。淳熙三年,知县蔡霖以砂碛涨塞,舟楫不通,自汉溪口废旧港徙水道东,北注五里合长安大溪。邑人便之,号蔡公溪。

长安溪 在县东北十二里,合众流东注砂村溪,东北汇余不溪,北流水入于郡。

涧

伏翼涧 在长兴县西三十九里。《山墟名》云:涧中多产伏翼,有素翼、赤腹,千载倒挂者。

紫花涧 在县西北三十里。《山墟名》云:两岸荒芜之中出紫花,长薄之下出朱藤,至三月紫花满涧,一名花濑涧。唐陆龟蒙诗云:花濑濛濛紫气昏。即此也。紫花、赭石涧与合溪同涧而异名。

赭石涧 在县西北六十一里。《山墟名》云:崖岸砺砾,望之艳然,游者皆若升绛霄。

洲　浦

白蘋洲 在湖州府雪溪东南。梁太守柳恽《江南曲》:汀洲采白蘋,日暮江南春。后人因以名洲。《续图经》云:柳恽于此赋《江南曲》。徐仲谋《会景楼记》曰:洞庭潇湘,三岁童子皆知其所,是不为吴兴而作明矣。唐大历十年,刺史颜真卿始剪榛导流,作八角亭,又为茅亭,书恽诗于上。贞元十五年,刺史李锜作大亭一、小亭二,名曰白蘋。开成三年,刺史杨汉公复疏四渠,浚二池,立三园,建五亭以还颜公之旧。白居易为记。《续图经》云:白居易记云:"柳守滥觞之,颜公推输之,杨公绩素之。"贞元中李词作白蘋亭而不及者,居易据汉公书作也。尝以李直方记考之曰:邦伯李公曰己卯,不书年及人名。后又题元和元年。王澹获观此作,以历永泰元年以前年己卯岁,贞元十五年也。《唐刺史题名》:贞元十二年至十五年为李锜,后迁本道观察使,于六年乃李言年,记不应书曰后事。锜巨节不终,宜乐天辈删而不书,记则微词而俟考也。或曰《统记》载唐刺史贞元十五年为李词,《续图经》之言不为无据。是不然,《唐刺史题名》李词自续,不应自刻其到罢月日。若使是李词白公何为黜其名,李直方辈何必隐其年。又《统记》是国初人作,载唐刺史岁月多与《题名》差误。当以《题名》所书为正。杜牧之有《题白蘋洲》诗,至中和五年五亭二沼不复存,刺史孙储又因蘋建亭剪茅作室,浚渠疏沼。光启中,刺史李师悦始即其地增土筑仓,惟余白蘋一亭。余见白蘋亭下。

明月洲 在武康县庠门外,大溪之南。

贵泾浦 在雪溪西南岸。旧图经云:梁时乌程有苏氏女于此遇道士,遗以五彩龟,曰:后汝女夫贵,三年当有征。后适章氏,生陈武宣皇后,因以名浦。《统记》亦载。按:《南史》:章氏母苏氏尝遇道士以小龟遗之,光彩五色,曰:"三年有征。"及期后生,紫光满室,因失龟所在。永定元年立为皇后,拜母苏氏安吉县君。旧图经、《统记》诸书云:高祖即位追赠安吉夫人。

章浦 独《统记》载:在乌程县东南一百二十五步。其中多生重台荷花。识者云:"主生美人。"后果生章皇后,因得名。

青塘 在县三里迎禧门外,吴时开。旧经等书并据《吴梁记》云:吴景帝钮皇后父葬卞山,令百姓兼丁三十人开之。按:《吴志》:孙休,谥景皇帝,夫人朱据女。休即阼,立为皇后,休卒尊为皇太后,别无钮皇后。但颜鲁公《石柱记》:乌程县有吴景帝钮皇后陵。而《吴兴记·陵墓》亦无之,止有吴中书令钮淑墓在县西十里,御史中丞钮滔墓云在县东十里,咸属亦不载。故未知各何所据。梁太守柳恽重浚,亦名柳塘,又名法华塘,自城入法华山寺路也。

黄浦 一名黄檗涧,在乌程县西南二十八里。其源出黄檗山。《吴兴记》云:春申君黄歇于吴墟西南立菰城县,起青楼,延十里。后汉司隶校尉黄向于此筑陂溉田。宋鲍照有《黄浦亭黄浦桥送别诗》。《括地志》云:亦名庚浦,即康浦也。左右有上康下康村。晋殷康为太守,百姓避其名改康为庚。又《续图经》谓:以黄檗涧名。颜真卿《妙喜寺碑》文已详著,不必取数义。盖旧地记并载,合存。

掩浦 在乌程县东北一十六里,一名项浦。顾长生《三吴土地志》云:昔项羽观秦皇舆大言,梁掩其口处。因名。按:旧志,子城为项羽故城,卞山有项王洗马池,项王庙。《嘉泰吴兴志》所载亦合。存之。

郆浦 在长兴县东五里。县图经载浦溇二十四。余鱼浦、柳浦、前周浦、前荻浦、后荻浦、鱼余浦、鸡笼浦、陈溇浦、石祁前浦、石祁后浦、彭城前浦、彭城后浦、新塘浦、阴寒浦、金浦、石漠浦、道界浦、白茆浦、吴渎浦、广浦、张娄浦、松公浦,①并沿太湖。

郜浦 在德清县东北四十七里。右见《统记》。

《太平寰宇记》:余渔浦,在长兴县东北四十二里。周处《风俗记》云:余渔浦一名余吾浦,溪即阳羡之东乡也。吴越之间,渔吾同音,舜渔于大小雷,此乡之人舜时化之,昔捕鱼之人来居此浦,名之。

川

佛川 在长兴县南八十里。吴均《入东记》云:昔宋元嘉元年有石佛自川涌出,因创精舍以佛川名之。

涌川 在安吉县广苕乡,去县南九十里。

水

北流水 在德清县前。其水分派于余不溪,自清和石桥下北流至沙村,与武康前溪水合,又北至岘山漾,与余不溪水合,共入定安门,至江子汇为雪溪。右雪水及苕水以下四分为五溪。见唐人《白蘋亭记》。旧编云:天目山南来之水,自临安余杭至郡南门二百六十余里,又地多湫泊,故其势缓而流清。北来之水自安吉至郡西门一百四十里,又岸多山迫,故其势急而流浊。故司漏者权其重轻,独取南来水。但西溪有七十二湾,水势微杀,不为郡城害。每遇久雨激湍,尚可畏也。又有韭溪,旧图经、《统记》诸书并载云:在乌程县东南一百六十步,以岸多野韭,故名。今不详所在。经以在县东一百六十步言之,当在城中。《统记》又载,韭溪桥,言莳韭,溪因作今名。今仪凤甘棠之间,皆居宇矣。

石圻水 在长兴县北四十里。《山墟名》云:圻水岸以其多石。故名。又有卢圻,其土黑。

苕水 在安吉县治南七十五里,至唐福堡九十五里峻浅不通船。从唐福来四十五里。《山海经》云:句余山东五百里曰浮玉山,苕水出其阴,北流至于具区。郡县志:发源天目山,经郡城入太湖。《山海经》:出浮玉山。误也。

南屿水 一名白水,在安吉县南二百八十里一十四步。东北窟行七十里,峻浅不通船,至下升馆入于苕水。

董岭水 在安吉县西南六十里。岭上有水源分东西流,东流入江东宁国县,西流者入本县。唐周朴赋诗云:湖州安吉县,门与白云齐。禹力不到处,河声流

---

① 此列名者 22 个,底本如此。《南宋文献集成》编者注。

向西。

汇

江子汇 在湖州治南,即四水会合处。江,《统记》作岗。又云:旧传夏夜蚊自道人马自然泊舟后至今无之。钱信《平望憎蚊诗》云:安得神仙术,试为施康济。使此平望村,如吾江子汇。

前溪汇 在府慈感寺西之溪湾也。详见前溪下。

湾

盛湾 在长兴县东一里。相传:梁南台御史尚书令盛聪所居。

骆湾 在县南六里。相传:梁安成王田曹参军骆秘道所居。

钓鱼湾 在乌程县十七都。相传:为张志和钓鱼处。

蒋湾 在德清县东南三里,大溪之湾。

戴湾 在县东二里,亦大溪之湾。以上见旧编。窃详:余不之上流,即余杭之水也。由是而上至奉口,其去都下不过九十里,士大夫乐居之,饮食之物养费,而田土之处比他处亦高,盖所不惮也。

漕湾 在安吉县顺安乡,去县东南二里。

漾

苎溪漾 在德清县东二十五里,阔数百顷。《山墟名》云:以贡苎得名。南岸有蔺相如庙,北岸有青州刺史姚恢囚女城。

湖跃漾 在归安县西南二十五里。《统记》云:蓟子训卒,葬湖跃山,即其旁山也。旧编云:广二百顷。

岘山漾 在县南定安门一里。德清余不溪、北流溪、武康前溪水所会处也。俗呼鳖卵湖。以后见旧编。

洛舍漾 在县南八十里。产金莲子。

马林漾 在县南四十五里。多陶户为砖瓦。见旧编。

泾

梅泾 一名东梅堰,在乌程县西南六十里,以古梅亭为名。

渚

顾渚 在长兴县西北三十里。《山墟名》云：昔吴夫概顾其渚次原隰平衍，可为都邑之地。今崖谷之中多生茶茗，以充岁贡。《新唐志》云：顾渚有茶以供贡。详见贡茶院下。郡县志：茶生石上，谓之紫笋，最为上品。唐置贡茶院于中川，配造贵进。会昌中加至一万八千四百斤。

仙人渚 在武康县西四十里。俗传沈义登仙之地。上有石盘，名曰石胡梯。

钱渚 在县西一百三十步。《余英志》云：今廞淤。《统记》、旧编云：在县东。非也。以钱氏所居著。

费渚 在县西一百四十步。《余英志》云：今廞淤。《统记》、旧编云在县东。非也。以费氏所居为名。

右溪、渚、川、渎。《余英志》云：县四围皆山，独东北隅小缺。自绍兴以来，民之匿户避役者，多假道流之名家于山中，垦开岩谷，尽其地力。每遇霖潦，则洗涤沙石下注溪港，以致旧图经所载渚渎廞淤者八九，名存实亡。

小白濑 在长兴县东南三里，一名白露湍。以上并见《续图经》并《统记》。

无胥淹 在长兴县嘉会乡无胥村，东西阔四里，南北五里，淹内有堆曰郭转堆。

湛星港 在武康县东南十里，与风渚湖通，中有水一泓常涌泡沫，一名李港。

乌山港 在德清县东南三里，亦余不溪之支流，往新市乌墩水路。

孔愉泽 在德清县西南二百步天宝桥西。晋孔愉字敬康，微时经余不溪上，见渔者笼一白龟，买而放之，龟于水中左顾数四。后以功封余不亭侯，铸印纽，龟左顾，更铸亦然，工以告愉，愉乃悟，遂取而佩之。后人因以名焉。

鄱阳汀 在武康县北十五里。宋鄱阳太守沈雍之开。《余英志》云：今廞淤。旧编即以为九里渚下渚湖。非也。

《嘉泰吴兴志》卷六

宫　观

州　治

祥应宫　在黄龙洞。颜真卿《石柱记》所载金井洞是也。吴越王时丙子岁，《续图经》作梁祯明二年。遣将军吴承裕与道士邹守冲赍龙简投于洞，有龙现洞中，因置宫于侧。久废。旧图经、《续图经》皆作今废。乾道初重建。

佑圣宫　在城西弁山南。已废。今邑人即其址惟建玄武祠。绍兴初，道士沈无礙结庵此处，恍惚见真武像，命工图写刻石奉事。既而庵前石洞有一龟一蛇相随而出。自是昼出夜藏，人加归向，因建祠宇，移德清元峰观废额揭之。后请于朝，赐今额。

天申介福宫　在归安县东林。乾道中神霄道士蔡大象建，高宗皇帝御书额赐。

道观在城二所，皆因梁大同之旧。梁武帝非惟好佛，又崇老氏之教矣。立国以名分为先，而爵赏所以驾驭群臣也。释老之教，弃人伦，绝势利，一以清静寂灭为本。盖山林遁世之士以独善其身耳，彼固不祈乎人主之好尚也。人主尚之，则自无以为国。宋观宇第为崇奉香火之地，无所增繁，深得道家清静之本意。

天庆观　在子城一百五十步。梁大同二年建。旧名玄风观，唐神龙二年改为龙兴，天宝元年，改开元。国初，改玄道。大中祥符元年，以天书降诏天下置天庆观，郡以此观应，改赐今额。四年，诏即观内建圣祖殿，凡官吏到任及岁时长吏率官属朝谒，著于令。庆元六年，知州事李景和修归雁亭，苏东坡为道士宗说，石在观内。

报恩光孝观　在子城西北一百二十步。梁大同二年建。本名习善，唐开元二十六年,改为龙清后以居女道士。见旧图经、《统记》。熙宁中废。元丰元年,知州事鞠宜卿命居道士。崇宁三年,改崇宁万岁观,仍赐御书"天保之殿"四字,续改赐"景命万岁之殿"六字。政和二年,改天宁万寿观。绍兴七年,改报恩广孝观,十二年,以广孝字同太祖徽号,改今名。

乌程县

普照观 在乌程县南四十五里菁山。齐永明元年,潘刺史舍宅为观,名灵寿宫。本朝治平二年,改今额。有葛仙翁祠。见《图经》。

归安县

常清观 在施渚镇。梁大同四年,施肩吾舍宅建,号清虚宫。寻废。晋天福四年,施元德重建。本朝治平二年,改今额。后又废。绍兴中,和义郡工杨存中请其额于坟庵。乾道初复还。

元通观 在渔林。庆元四年,邑人卜元圭请移本州废额建。

长兴县

冲真观 在县东二里。晋武帝咸康元年作。唐高宗麟德三年正月一日,泰山月有重轮,敕天下郡各置观一所,以重光为额,遂立为重光宫。治平二年,改今名。见《统记》、旧编。

武康县

延真观 在县西北隅崇福里。齐永明二年置,号崇福。本朝治平四年,改赐今额。神仙沈羲故居也。观北极殿东有环翠堂,西有翠屏轩,东庑有灵庇真君道院。事见郡志神仙下。观西有东岳行宫,大中祥符元年建。

升元报德观 在县东南禺山之麓。绍兴二十六年,和王杨存中建,本移施渚玄真观废额,后高宗御书赐今名。绍兴初,又建普照观于北。

德清县

东岳行宫　西南面大溪,枕城山。新市镇亦有之。见旧编。

紫极观　在县西十里文墅山。梁大同七年建。东宫直沈文仲表云:"曾祖吴兴太守道思少好玄默,以祖父故宅舍为观,请以太玄名之。"坛三级,唐中岳道士沈法谦舍钱五亿造铜钟及醮坛,绕坛有古柏十九株,棕榈三株。治平二年,改今额。

安吉县

东岳行宫　在安吉县龙清观左。经始于元符庚辰,落成于政和壬辰。初营殿基得圆石浑如天成,上有七星列若斗柄,其次二星如先后而拱于上,其四星两两相比,人皆异之。记文宣德郎彭修撰。

集仙宫　在县西二十八里。齐永明二年三月置。梁大同三年十月废。今不存。

昭明宫　在县南四十里。梁天监十年置。永宁元年九月废。今不存。

紫阳观　在天目山。梁武帝大同年间置。昭明太子勒碑记当时恩奖之盛。旁有石室,可容数百人。葛将仲诗云:萧公老寺主,亦复知寻真。大同筑精舍,招贤羽衣宾。又云:伟哉古石室,空洞容千人。凡十一韵。

严真观　在安吉县西北。世传:古白鹤宫基。崇宁中复建为真君观。政和八年,赐额。内有圣祖殿,又有横碧轩,尽见四面安吉、长兴诸山。

龙清观　在安吉县东,过丘渡依四龙湖山。政和中移本州天宁观旧额建。

坛　壝

州　治

社稷坛　在清源门外祥符寺东。

政和元年四月,敕旨颁社稷坛壝式图,知州事章援按图重建,刻石立于斋厅。淳熙三年,知州事巩湘重修。《统记》云:社稷坛二所,一在乌程县西一里,一在太湖。坛在乌程县东北三十里。今废。每遇春秋二社,祠于县西社坛,即今处也。又《括地志》云:乌程县东一里孙皓宅,前有大社树。今眺谷桥北有社庙巷。

乌程县

社坛　在县治南一里。见《续图经》。今在县西南二里高巷。

归安县

社坛　在县东一里望舟桥下。
邑厉坛　倚郭县不设,附郡厉坛同祭。

长兴县

社坛　在县西二里南瞰箬溪上。

武康县

社坛　在县西一里余英溪上。

德清县

社坛　在县西南一百五十步市亭山之阳。

安吉县

社坛　在县西南一里石磬岩东。

《嘉泰吴兴志》卷七

官　制

　　昭庆军有节度使,又有承宣使,观察使。节度使,始置于唐景云中。唐制掌总军旅专诛杀。辞日赐双旌双节,行则建于节立六纛。入境州县筑节楼,迎以鼓角。视事之日判三案。其后有持节为节度副大使知节度事者,正节度也。诸王拜节度大使者,皆留京师。本朝节度使政和间始正名,率领遥不预政。今惟奏状及系朝省文字则列衔。属官,唐制有判官、支使、掌书记、推官、巡官衔等。今惟置判官、掌书记。

　　承宣使,本唐节度留后,政和七年始改为节度使。

　　观察使,始置于唐至德中。今监司之职其权甚重,行部所过,刺史始见皆戎服趋庭致礼。本朝用为武臣遥带本州,有观察使印,郡文书雍并与州印并行用。属官亦同节度使。今惟置支使。与书记不并置,有出身带书记,无出身带支使。

　　吴兴郡有爵封,宋食邑千户封郡侯,二千户封郡公,皇之近属尊行封郡王,若王子出阁亦封郡王。

　　上,湖州,唐武德令三万户以上为上州,永徽令损万户,显庆仍前。开元十八年增为四万,雄望等同。上州刺史一人从三品,职同尹牧,掌宣德化行县录囚恤鳏寡。本朝艺祖开基,革五代藩镇之患,召诸镇率赐第留京师,分遣朝臣出守列郡,号知军州事兼兵民之政焉。州自唐末为节镇,遴选守臣。高宗龙渡遂为辅郡,非位通显才望相副者不授,服色未赐紫者借紫,服绿者隔借。

　　通判军州事,唐制上州有别驾一人,为上佐。本朝乾德初始置州通判,以二郡藩府,或置二员。小郡或不置。本州今二员,内一员添差。

　　签书节度判官,节度掌书记,观察支使,号两使职官。书记以下皆选人授。惟节度判官旧制以京官以上充,故曰签书。日入郡之签厅治事焉。签判本一员,今添差一员。书记、支使不并置。

州学教授,唐初郡置经学博士,德宗时曰文学。元和中废,上州置助教一人。本朝庆历中始诏诸郡立学,委转运使及长吏于州县内奏选为教授。若少文学可差,即令本处学举行义之人在学。见《实录》。至熙宁中始专置教授官,郡学初建,以胡安定先生主之。庆历四年,以试大理评事授州学教授,有诰在学。秘书丞致仕朱临继之。主学于后率用他官兼领。崇宁初行舍法,州置教授自王昇始。

录事参军,掌正违失莅符印;司理参军,掌刑狱;司户参军,掌账籍;司法参军,掌丽法。总曰曹官。宋循习唐制,上州各置一员。特改司士曰司理,而司功、司仓、司田、司兵不置也。录事多兼右院。开宝初,诏诸州置司寇参军,以新进士及选人资序相当者注授。又诏诸州三万户以上置录事、司户、司法各一员。一万户以上,司户兼司法。五千户以上,司户兼知录事。《实录》:唐志所载州官,别驾以下,有长史、司马、司功、司户、司仓、司田、司兵、司法、司士、市令各一人,录事三人,下参四人,兵十七人,开元大典制也。大历八年颜真卿为刺史,撰《御书题天下放生池额恩赦批答》,碑阴载州官姓名,别驾、司户、司法各四人,长史、司马、录事、司士各三人,司田二人,司功、司兵、司仓、参军各一人,共三十人。邑官称是。五邑令有一员者,丞有四员者,簿有二员者,尉有六员者,别驾、长史、司马、司户、司法之数若此之多。盖自太宗定制之后,已有员外置,后又有特置,同正员之类。肃代之际,兵兴多故,铨法素坏,官员益滥。若今添差及不厘务之类,在唐时悉著阶伍,所以若此。

右文官自知州事以下

两浙西路副总管钤辖本朝总管旧曰部署,避英宗讳改,其副总管以观察使钤辖,亦本朝置。诸路帅臣或带都钤辖,或以都钤辖兼知州。余官为副与副总管,但以资历差本州。非屯驻重兵之地,其驻扎官,随时特差,或不厘务,皆不常置。

监湖州驻扎,分都监一员,州钤辖一员,兵马都监、监押共三员。大使臣以上为都,小使臣为监押。

右武官

监都酒务、监户部赡军库,文武各一员。

监都税务,文武官各一员。本朝重监当,率以京朝官为之。盖当全盛时,财赋易办且有优赏。今遂为繁难猥冗之职,惟铨法京官初任人必注授,及到官后,往往为缘故差出及经营摄易。独武官或选人急禄与考第者,始安于职任。排岸司官二员。

右文武官通差

乌程县

知县事,汉曰令、长,本秦官,掌治其县。万户以上为令,减万户为长。自吴以来见于史传者皆曰乌程令,则万户以上也。汉令秩千石至六百石。魏分九品。唐《六典》诸州上县令从六品上,国初因之。建隆三年始以出朝官知县事,近制从正郎以下为令,从事郎以上为知县事。乌程为壮县,隆兴中在四十大县之数,知县事皆堂除。政绩显著者,召赴都堂审察以阶云,院六察云。吏额曹司十六名、四名有请,贴司二十名,卿司十二名,厅司十四名、六名有请,手力五十名。

丞,汉有之。《百官表》谓:县皆有丞尉,秩四百石,主二百石。《前汉·黄霸传》有丞许如淳。曰许县丞也。后汉张玄定武中为陈仓县丞是也。唐制,上县丞一人从八品下。大历八年颜鲁公《放生池碑阴记》内有乌程丞吉佶、徐彦云、李抱虚凡三人。而淳化中无之。旧图中止有县令、主簿、尉廨。近制、京官以上曰知县丞。

主簿,自汉置,本朝因之。后汉缪彤为任县主簿,仇览为考城主簿是也。唐上县主簿人正九品下,唐大历中有李翼,国初有陆东。

尉,自汉有之。唐上县置二员,从九品下。开元中上县万户以上增一人,分主六曹事。大历中,颜鲁公《放生池碑》有顾察、薛希镐、吕遥、杨使四人。《升望碑》载尉三人。今置一员,管弓手一百二十五人。

监乌青墩镇税兼烟火公事一员,多差文臣京官。

大钱管界巡检一员,多差武臣、大使臣、正副使。

归安县

知县事一员,吏部尚左注京官以上人。吏额押书、录事二名,司曹十七名,贴司十一名,免役常平案二名,手力节级厅子七名,长行四十三名。

丞一员,京官曰知县丞。

主簿一员。

尉一员。管弓手十,将一百四十五名。

施渚镇监官一员,系文官。管专栏三名。

湖、秀两界巡检一员,系武官,寨在射村。管士军九十名。

长兴县

知县事一员。

丞一员。

主簿一员。

尉一员。

监县郭酒税务一员。

监四安镇一员。_{左选。}

四安管界巡检一员。

监合溪犒赏酒库一员。

监和平犒赏酒库一员。

本县史额管典押二名,印典二名,长行九名,共十四名。乡书手十五名,诸色役人管手力四十五名,弓手九十名,杂职六名,县镇所由四名,栏头四名,保正一百五名,承帖人一百五名。

武康县

武康县邑官知县事一员。自秦曰令,唐上县令从六品上。国初始命朝官知县事。近制以京官以上注选人亦破格注授,从政郎以下曰县令。

丞一员。唐上县丞一人,从八品下。大历中有时尚素、郑若水、汤延祚三员。京官以上曰知县丞。

主簿一员。唐上县主簿一人,正九品下。大历中有孙泌、叶迅二员。《余英志》云:县旧不置丞、簿。本朝崇宁二年始命邑无大小皆置丞,以丞兼簿。大观四年例省。政和六年复置丞兼簿,既而罢丞、簿复归尉。建炎初始命县满万户置丞,余并罢。绍兴五年始命置簿。

尉一员。唐上县置二员,从九品下。大历中有陈演、长孙瑀、杜重英、吕液四员。监规务一员,监酒库一员。

德清县

知县事一员。

丞一员。唐有丞陆造、钱箕两员。

主簿一员。

尉一员。唐有尉孙演、李光之、桂林三员。

监税务一员。

监新市镇一员。

下塘巡检一员。

安吉县

知县事一员。以京官以上，注选人亦破格授。唐杨宥、曹友谌二员并注。

丞一员。京官以上曰知县丞。唐时有摄丞杨齐先、康造。

主簿一员。唐时有卢胜。详见武康县下。

尉一员，唐时有杜轸、程希俊、马伯珍、卢弼、李湮、包审。

监税务一员。

监梅溪酒税一员。

幽岭巡检一员。

《嘉泰吴兴志》卷八

公 廨

州 治

州治　在子城内正北。唐武德七年李孝恭筑罗城时所迁也。弘道中,武太冲尝以厅前湫窄,增其栋宇。《统记》云:孝恭以子城湫窄,更筑罗城,迁刺史宅于子城内。其道西孔子庙迁溪南,以其地起椽廨。《统记》又云:唐沛郡武太冲为吴兴太守,以旧廨前湫窄,乃增其栋宇。既就,有大白蛇长数丈横于厅前。有筮者曰:"此项王神也。不宜损,宜祀之。"太冲以为:正以胜邪,吾以子养百姓,蛇何能为! 有顷,蛇遂死也。按《唐刺史题名》,武太冲以弘道二年授。

厅事　梁乾化二年,检校少保钱传璙建,梁有题识,左正佐国功臣制置都指挥使检校少保前平婺州刺史钱传璙,奉吴越王命建。现存。旧传:子城为项王故城,晋宋齐梁间,皆云其神居郡厅事。孔靖晋末为吴兴太守,先是吴兴频丧太守,皆言"项羽神为卞山主,居郡事,二千石当避之"。靖居厅事终无害。梁萧琛天监初为吴兴太守,郡有项王庙,土人名为愤王,颇灵验。遂于郡厅事安床置幕为神坐,公私请祷。前后二千石晨昏于厅拜祠,以轭下牛充祭,而避居他室。琛至,著履登厅事,闻空中有叱声,琛厉色曰:"生不能与汉高争天下,死据此厅事何也?"因迁之于庙,又禁杀牛解祀,以脯代肉。

仪门　准制列戟十二。旧编云:旧尝揭湖州碑以下。崇宁间刘给事焘为吴偶作志曰:谯门旧揭军额于上,而以州名榜于下。尝讶吾乡山水秀丽,举子不为第一,雅或缘是。太守王曾以为然,取州额榜仪门。是岁偶魁南省,次举贾安宅遂廷试魁天下。后因重建仪门,仍迁州名于额下。

沙墀　在厅事前,方广约三丈,周以栏楯,中实沙土,立戒石亭于上。

　　架阁楼　在谯门内仪门外之东西偏。元祐七年知州事张询建,凡三十间,上为八库,下为八司局房。签判朱振为记。乾道初火。今不存。西北为添差通判厅事。据旧图云:有敕书楼在州衙内西偏。今亦不存。

　　浙西道院　在郡厅西,即旧吏隐堂也。知州事徐仲谋记曰:词讼清简,称吏隐堂之号。宣和中,知州事葛胜仲易今名。

　　昼锦堂　在郡宅东。颜鲁公《干禄字碑跋》云:大历九年正月七日于湖州刺史宅东厅书院。即其所也。后改为燕堂。乾道九年,知州事赵师夒改今名。

　　讼稀斋　在西厅之西廊,旧名静胜。庆元六年,知州事李景和易今名。

　　无倦斋　在郡厅侧,旧号山斋。后易以秀。知州事陈之茂易今名,有记刻石。

　　通判军州事厅　在子城内州治西偏。治平三年,张太宁《重建记》载作新廨门。联属回廊十有六间,又建丽泽、爱山二亭,清心小轩。淳熙二年,万俟致中重修。《题名记》,嘉祐六年章衡作,追书前政二十八人,而参政王疇、枢密王尧臣、内翰胥偃在焉。太宁摹勒前刻龛于壁。《题名记》曰:通判置。自国初至嘉祐三年章衡始立题名,追录自咸平四年何敏中而下,其后相续,至政和三年尹材卿,凡五十四人。后缺而不录。建炎二年张焘追书之,才得六人,尚缺其到罢岁月。至今又二十九人刻于左方。何敏中、张格、刘志宁、任巽、胥偃、欧阳彪、汪白、王疇、章若讷、丁诵、丁文熙、崔育林、边调、王尧臣、梁吉甫、李荆、贾昌言、赵成一、向绎、韦觉、刘涛、薛长儒、郎洁、郑戬、程琰、吴伸、滕甫、周延隽、章衡、胥元衡、谢检、张太宁、麻公绰、褚理、杨松、常干能、胡湘、彭敏行、鄞祐甫、富威、张世英、王公约、曹永逸、余中、刘琯、王璧、王益谦、郭茂伦、毛经、黄炎、林虚、何镇、赵演、尹卿材、熊佃、求移治、陈能千、徐明达、张维、施迈、郑待问、冯熙绩、张焘、章元崇、李孝恭、陆时雍、杨可久、曾兴、吴德兴、仲并、李杼、胡浩、郑信臣、陈辉、张好问、俞毕、贾廷佐、尹躬、虞翔、安葵、张杼、米翔、徐植、贾安礼、袁祖忠、万俟致中、张端友、王济、周世修、常珠、梁李秘、李宗大、史溥、朱僕、李友直、翟畯、王公万、唐介寿、傅兆。

　　添差通判厅　在谯门内西偏,旧司法之廨也。绍兴七年始为今厅,题名有记。添差通判始于绍兴初赵名彦,秀安僖王继之。至淳熙八年赵亮夫凡二十人,有石刻,今亦列于左方。赵名彦、秀安僖王继之、董长年、向子昌、李杼、胡浩、赵善长、张喻、白彦旸、张子华、王守道、韩髦、叶猍、赵不韦、赵师严、林仁、徐发胄、曾师回、张第、赵亮、赵充、曾綮、徐纲。

　　金判东厅　载旧编云:在州大厅前,今在衙门内。天圣中章佽作《厅壁记》。治平中状元许将建亭城上,知州事徐仲谋名之曰桂香。

　　教授厅　在州学之西,东有澹轩,政和七年冯晋立。淳熙三年虞俦重建。今厅壁有《题名记》。《题名记》曰:州学始建时,安定先生主之。其后常用他官兼领,故题名不立。崇宁初广舍法于天下州置教授。自王昇至淳熙壬寅凡三十人,到罢岁月俱刻之石。今录于后。王昇、何播然、顾文、林景渊、蒋用行、冯晋、程滂、强公谅、刘若虚、汪处厚、洪兴祖、元盥、吴元美、关注、姜绍、曹崇、唐尧封、郑溧、越敦临、张洙、王盼、程叔达、张恪、杨起、沈揆、王明发、李知己、虞俦、何武仲、周世南、柴必胜、姚瀛、戴溪、刘宓子、唐尧卿、陈洪。

添差金判西厅　建在子城外之西，旧税官廨也。淳熙中赵师皋始居之。居赵善临创厅事，郑镇葺弊添造许，关仲启为之记。

节度掌书记厅无出身曰观察支使。　在金判厅西，有集虚堂，元丰三年陈师锡为之，有记。

录事参军厅　旧经曰：在州门内西偏。今在子城外之西，面南。州院在焉。

司理参军厅　在子城外之西，面东。司理院在焉。

司法参军厅　宝元初李惟甫请于郡，建于子城西偏，刘异为记。今为添倅厅，徙军资库北。

司户参军厅　在司理院南，有二轩。王三恕为记。

兵马钤辖厅　寓鸿禧寺。

路分都监厅　在添差金判厅西，旧兵马司也。兵马司，在路分厅南，兵马都监寓焉。兵马押监舍，一寓小景德寺，一寓南庙。睦宗院，在南景德寺西廊，绍兴中立。

永宁仓　唐刺史李师悦增白蘋洲土建，名曰永盈。见《师悦神道碑》。后更今名，即省仓也。嘉祐七年知州事鲍轲重修。见旧图经。淳熙八年知州事胡南逢重建，参议萧德藻为记。

军资库　在昭庆门内旧架阁楼之东。唐咸通十五年刺史张拎重建。题梁现在。中为受输厅，厅北有泉宝楼，上以受币帛，下藏镪焉。嘉祐中知州事张田重修。徐仲谋为记。遂刻石于库门。

转取行都，本局熟药货卖。储米曰仓，贮钱曰库，茶盐曰场，酒税曰务，皆取诸民而资公家之用者也。然取必有予，古者有鳏寡孤独之养，有穷困疾病之饩，所以为惠也。今郡之惠民者有四焉。曰义仓，以给贫窭乞丐之有籍者；曰安济坊，以养老疾病之无归者；曰养遗弃小儿，所以收婴孩妄弃之弗育者；曰太平惠民局，则转取行都本局之药以货焉，虽以钱得之，而药材分剂则可倚仗。今故表而出之。

户部赡军酒库　在子城东南。

常平库　在子城内。

甲仗库　在仪门内之东北隅。嘉祐中知州事张田建。有唐《纪功碑述》《元和中辛秘击李锜功》二石在焉。《统记》云：有库楼。

公使库　在甲仗库北。

都税务　在雪溪南。淳化中潘金庭记云：宋朝平一六合，泉货委积，思所以息末崇本，始命州县城市悉置商税务以为定式。盖欲随其俗以便民也。吴兴初以市物之值一万则税五百,盖二十而取一。岁入以二十万,实为钱二万贯。今征商五十而取一,岁入则十倍而赢。岂民物之富,商贾之夥,非曩时比乎。

都酒务　在骆驼桥东北。庆元间知州事李景和重建屋百十八间及筑周围墙。

回易库　附都税务。

抽解库　附都税务。

西仓　在清源门内北岸,临溪。旧图经载云:贮义仓米。合内茶场,《旧经》云:在州衙,今在清源门南岸。

醋库　在子城西南隅,有旧厅三间,即古烟雨亭也。

造船场　嘉祐七年知州事鲍轲新创排岸司于白蘋洲东岸。今附铜官庙。

铁作院　今附铜官庙。

义仓　令人户纳苗带纳义仓米储在此仓,以给乞丐人之有籍者。以收受老癃或病患无家可归者。其屋同门异户,男居左,女处右,颇为宽洁。后废,其地佃为民居,其巷尚名养济院。按《唐会要》会昌五年十一月动悲田养病坊,缘僧尼还俗无人主持,恐残病无以取给,两京量给寺田,振济诸州府七项至于十项,合于本贯。选老寿一人管当,以充粥科人。开元十七年有养病坊碑,邵闰之撰。见《金石录》。今乞丐人所居,犹呼悲田坊。未详其处。绍兴三年知州事王回复置,在奉胜门内霸王庙旁,为屋二十一楹,号利济院,即慈感旧名也。拨置田亩,岁收租养赡。差僧行各一名主管收支。绍兴三年王检正任内,牒委教授根括孤病贫乏老病之人,于城北霸王庙侧建屋存养,拨置田亩,岁收租米二百九十石养赡。差僧行各一名主掌收支簿书,月给钱五百文,米六斗。见管老幼四十来名。庆元中通判曾筑积三岁圭租,置田六十四亩有奇,岁收租米三十三石,足付院添助养赡田之步亩。契书刻之于石。散收养遗弃小儿钱米所,旧在州学斋馆厅西。隆兴二年知州事郑作肃以遇岁歉,贫民有生子不举弃之道路者,募乳妪收养之,月给米一石,七岁而止。续又命医二人治其疾病,条具事目立石于学,委教授董其事。收养遗弃婴儿事,自湖州知通判厅访闻:本州贫民生男女或有不能养,即于是夜人静之候遗弃在寺院观门廊及仪凤骆驼两桥内。至晓冻饿死亡。灾伤年分尤甚。郡中曾有长者,遇夜策杖亲至诸处收养,存活甚多。近岁无人接之举行,遂至枉坏性命,深可怜悯。今措置下项事目、立石于学,庶几永久可以施行。一请州学教授专切提点应于事件。一合于都副孔目官六名内,指差两名营干,及轮流躬亲寻访,遇有上件遗弃婴儿,即时依后项收养,仍置籍拘上。如所差人出职杂役,即仰于六名内别申明接续管干。一合于责厢巡知委常切常巡,察知本地分内有遗弃婴儿,即时报所委人吏收取。其厢巡每报到有遗弃婴儿一名,支给钱百文。其钱亦仰所委人吏具状申州支给,并出榜晓谕诸色人。如遇有遗弃婴儿,即时径于州学教授所取覆教授收取,赴州亦支上件赏钱。一合预行劝谕有乳之家十人,每名先支与钱一贯文,作浴儿钱。后有收到遗弃男女,付之乳养,每名别给钱一贯文、米五斗。候养给一月更支米一石。置历请至七岁,勿给,仍令乳母每月抱所乳婴儿赴州呈验讫,即行文请行米。其乳母所养婴儿虽年至七岁勿给月米。若乳母愿收养为自己男女者听,一候收养遗弃婴儿将及小人每添。劝谕有乳母之家准备乳,常令有乳母空闲等待乳养。一所养遗弃婴儿如有民户愿取为义子孙收养者,许其具状陈乞,当议给付。一合支钱于公使库,支米于本州,收籴军粮出剩米内支给。数内依条支义仓米一石。续又契勘所养遗弃小儿医药一节,元失讲究。自淳熙四年正月始,中使府差委医官二员遇病治疗,从公库依掌上等例,月各给酒三瓶,三大节各给碧酒五瓶,以补药饵之费。淳熙五年六月,提举常平事张体仁行部,捐米五百石付学添助收养。又取在官闲田六百余亩,使学岁收租以给焉。见给事。今郡学以钱收支涉嫌,转属司法厅掌管,颇失创置之本意。

乌程县

知县厅事　唐时建。乾宁三年令李蟾修。本朝大中祥符间令薛耀卿重修,皆有记。敕书楼,在县中间,亦唐时建。生明轩、制锦堂、桃露亭、松桂堂、清阁亭、相国池,并在廨内。大历中,令李晤生相国绅于县廨。学弈之岁坠此池。逾数刻,若有物扶持而出。既显,邑人因名曰相国池。见李蟾《修廨舍记》。

丞厅　在县治东。唐时本尉公仓厅,至今厅有唐尉陆求《修功德厅碑》。咸通以来为主簿厅,后置丞,始为丞厅。

主簿厅　在县治南。旧在丞厅后,无定止。绍兴中寓普宁院。见《续图经》。今在浮玉亭。

尉厅　唐尉功仓厅,即今丞厅也。按丞厅有唐文林郎尉陆求咸通中撰《乌程县再修功仓厅壁记》云:县有三尉,分辖六司。是厅所在,曰功、曰仓,唐主簿陆求书其后,言功仓厅,当时尉署之一也。旧编云:颜真卿《放生池碑》列诸县尉姓名,或五六人,而乌程县四人。《升望记》:乌程县亦三人。赵明诚言:唐县尉不应如是之多,盖不尝见《唐志》及此记也。《续图经》云:唐制,上县尉二人。户逾万者三人。按颜公《放生池碑》阴,列乌程县尉顾察、薛希镐、吕遥、杨使。唐《升望碑》:大历中府陈褒撰,尉亦三人。《唐新志》:上县尉二人。又云:武德元年改书佐曰县尉。寻改曰正士。县正四人。七年正复曰尉。开元上县万户以上,增尉一人。凡县有司功佐、司食佐、司户佐、司兵佐、司法佐、司士佐。灭祁县有司功,上县有司户、司法而已。旧志:正县尉二人,司户、司法佐各四人,史各八人。则所谓大曹者,功仓之外有户、兵、法、士也。左史则尉分辖者也。新旧志往往述开元任仕之制,湖州为县五,而开元管户七万余,乌程县万户以上必矣,宜其尉有三也。大历中颜公所载之多者,盖是时官制正冗滥,有置同正员之类,皆系阶云云。按欧阳詹《韩城县西尉厅壁记》云:县亦六曹,尉二人,一制有户、士、仓,其署曰东厅,一判兵、法、士,其署曰西厅。贞元十五年间作也。后徙在定安门外。旧有水亭。苏东坡有《赋得长字韵诗》。靖康初尝徙入门内。绍兴初复旧。

乌墩镇税务　在本镇。每宇月合发一千七百七贯文经,系本镇团纲起发赴州库。旧图经云:商税务一在县东南九十里。上林坊、石渚坊、谢村坊、浔溪坊、旧馆坊、五浦坊、里山坊、丁遥坊、於塔坊、轧村坊、石桥坊,以上十一坊系民户买扑,每月半纳坊名课钱。东迁坊系州郡自开卖。乌墩坊、妙嘉坊、前卢坊、虞涣坊,以上四坊系户部差官监造。

归安县

知县厅事 在子城东一里。宣和四年县令钱耕重建。敕书楼,在大门上。手诏亭,在敕书楼前。溪光亭,对敕书楼,前临运河,开禧二年邑宰郑昭先重修。县廨内,有虚心堂,今改曰敬临;东轩,今改曰弦歌;岁寒堂,今改曰拙斋。拙斋之偏曰双桂堂。邑宰王宁有《秋夜赏桂诗》曰:秋风吹天香,先著桂枝里。更把月露清,芬馥唤睡起。揽衣夜未央,众喧不入耳。有来蕊珠仙,黄袂翠盖底。岂无碧云腴,为君一启齿。醉卧金粟间,绝胜佩兰芷。

丞厅 在县治南采蘋桥东。见县图经。坠钗桥在西。旧有舞绡堂,不知何人所建,乾道中添倅齐庆胄作记。嘉泰中颓圮,濡须王栐以俸重建,其广高倍于旧。又于堂相对创蟾桂亭,饶于荷池修竹,其西曰来清轩,廨宇焕然一新。旧图经有县令主簿廨,无丞廨。乌程亦然。盖国初各县未置丞耳。

主簿厅 旧编云:在子城东。是置时自有廨舍与县相接。县今在丞厅西白蘋洲上,淳熙乙未主簿喻璁创建。

尉厅 在迎春门外运河之南,旧迎春碧堂址也。太守徐仲谋有诗。内有水积楼,后人改曰水云乡。向池,池中有舞台,殊为胜境。靖康中以兵,入迎春门内。绍兴十七年始复旧处。今楼不存,有亭仍曰水云乡,舞台惟故址在焉。

图经载场务一,商税、卖茶、盐场,在施渚镇。惟税场、渚税务。旧编云:额五千二百八十五贯。省仓、常平、义仓附州仓。省库常平库在县治。酒房七处,琏市坊、西吴坊、思溪坊、施渚坊、史吴坊、东林坊、长寿坊。据县图经皆系置扑坊,本县管催课名钱。旧琏市、西吴、施渚三处系买扑,东林、思溪、千金、东吴,并系户部差官监造,酒息钱径经本部。

长兴县

邑治在县城内西北隅。敕书楼,在子城上。

知县厅事 开宝六年建。有天圣三年县令张合碑记在焉。后经兵火。绍兴五年令张琮重建。无讼堂,在小厅。安安堂,在宅堂后。吏隐堂,在厅之西。含辉阁,在厅后。共赋亭、逍遥亭,在后圃。玉方亭、振彩亭,在后圃池上。凉槛亭,在子城北。

丞厅　在县城东南。

主簿厅　在丞厅东。

尉厅　在主簿厅东,有顾曲堂、积春亭、直钓轩。

监酒税厅　在尉厅西南。

武康县

知县厅　在旧武康县余英溪北。隋仁寿六年徙溪南。唐广德元年袁晁作乱,荡为丘墟,二年复移治溪北。建炎中更兵火,又成煨烬。绍兴二年县令钟燮始复营造。敕书楼,在武康县中门,钟燮建。手诏亭,在武康县治前。衙门,钟燮建,淳熙二年知县蔡霖更造。东堂,在武康县,本尽心堂。嘉祐三年县令王震建。绍圣五年县令毛滂作新之。《毛东堂集》载诗词甚多。绍兴初钟燮重建。二十三年曾恺复加增葺。公生明轩,在武康县厅事东,钟燮建。岩桂堂,在武康县东堂后。先春堂,在武康县厅西。淳熙三年知县丁大声于其北作双桂亭、裛香阁,下瞰荷花池。二柳亭,在武康县圃。寒秀亭,在武康县,有古松。毛滂有《寒秀亭诗》。钓鱼台,在武康县圃东北池上。毛滂叙云:叠石为渔矶,在北池上。画舫斋,在武康县圃西池中。毛滂为斋,名画舫。庆元三年,知县丁大声于此作亭,名岁寒。清心堂,在武康县西园池上,钟燮建。阳春亭,在武康县。毛滂有诗。潜玉庵,在武康县,毛滂造,有诗。淳熙十二年,知县程九万于庵聚石之上植松,种竹,作亭于其上,名松桂林。《余英志》云:据《毛泽民集》,县治有东园,又有西园。今堂宇所占地仅十分之三。盖县旧无教场,绍兴初知县燮始析其东为阅武之所,实毛滂今望远楼之旧址。

丞厅　在武康县治东。淳熙二年丞赵彦缙重修。

主簿厅　在武康县丞厅东。旧寓萧寺,淳熙十二年,主簿赵师诂始买民地创建。

尉厅　在武康县丞厅西。乾道三年尉周粹中毁淫祠以其材重建。毛泽民有《尉圃观梅》词。

监税廨　在武康县主簿厅之南。淳熙十三年,知县程九万筑,僧外舍建。

税务　在武康县千秋桥西税亭。庆元五年,知县丁大声、监税李留文重建。省仓常平仓,在武康县治门外之西。省库常平库,在武康县治门内东庑。赡军酒务,在武康县千秋桥西南。酒库旧系居民买扑,乾道七年始归之户部。下渚坊,在武康县下渚,名钱,属本县拘催发纳。砂村,在武康县砂村。上陌坊,在武康县上陌,系户部差官监造,酒息钱径纳户部。教场,在武康县治之东,中有射亭。医院,在武康县赡军酒库东。知县丁大声奉漕檄置,仿郡中居养院。漏泽园,在武康县西乌回山密严寺之东。

德清县

知县厅事 宣和初县令赵嵋建,郑知几为记。敕书楼,在县门。手诏亭,在县东前。松竹堂,在大厅西,旧名宜堂醉花堂,芍药甚盛。浮疏堂,梅花最多。纵云台,在松竹堂后。县令沈造同、沈长卿、陈祖安常觞咏于上。取韩退之"释峤孤云纵"易今名。刘一止为记,刻石台上。山堂,在纵云台西,旧名秀远。四照亭,尽见四面山。香风亭,临荷花池。香雪亭,酴醾甚盛。

丞厅 在县治东。

主簿厅 在丞厅西。

尉厅 在县厅东。

监税厅 在县西。

下塘巡检 在县南十八里。绍兴二十七年置,管士军六十人,隶临安府并本州。

省仓 在天宝桥南。省库常平库,在县治内。酒库,在县西南。教场,在尉司前。历阳张祁有记题其上云:浩荡秋光里,扁舟过德清。楼台占山影,鹅鸭乱滩声。小饮经年别,清歌一邑惊。娟娟照人月,还忆谢宣城。

安吉县

知县厅事 绍兴十六年吕靖重建。敕书楼,在安吉县中门。手诏亭,在安吉县前。燕堂,在厅事后。览云亭,四畔种花。清淑亭,前种海棠。静凉亭,前瞰大池。三角亭,旧在县治,邑人俞退翁有"春无四面花,夜欠一檐雨"之句。

丞厅 在安吉县门南。

主簿厅 在安吉县门西。旧经云:在县门南。

尉厅 在主簿厅西。旧经云:在县门外。

税官厅 在酒务西。

省仓常平仓 并在县治东。省库常平库在县治内。

酒税务 在城隍庙北。醋库,在城隍庙南。教场,在尉司后。

《嘉泰吴兴志》卷九

邮　驿

州　治

　　周有路室候馆,汉有驿,置国章通道,皆有驿舍,郡县主之。凡使命往来及官吏以公事行者,率给驿券,又古者委积之意。吴兴自昔号僻冷郡,白乐天诗曰:云溪殊冷僻。宾客非特有事于其地者,不至焉。见东坡《墨妙亭记》名。故旧图经、《统记》诸书所载郡境馆驿,已俱不存,舣泊亭宇,废改略尽。每监司、巡按或重客经从,迎劳燕饯,东于迎春亭,南于濯缨亭,西则寓于祥符寺。至授馆,惟白蘋、叠翠、三汇、双溪四亭。废驿三:

　　迎恩驿　旧经云:在子城西南。今废,驿程给券尚以其名。其地今为赡军酒库。

　　西驿　旧图经云:在子城西北。今废。

　　集轩驿　《统记》云:在集芳亭,亭在白蘋洲,为五亭之一。今废。

　　《统记》又有平里驿。今不在本州界。

乌程县

　　旧图经载,驿四所:升山馆,在县东二十四里;东迁馆,在县东四十里;震泽馆,在县东九十一里;平望驿,在县东一百三十里。并云:今废。则其废久矣。又平望今不在县界。今管邮递如后:

　　九里铺

　　横山铺

石头铺

里山铺

下黄铺南唐路也。

升山铺

东迁铺

横馆铺

浔溪铺东门路也。

归安县

长兴县

箬溪亭　在尉南厅。后改名按节。

南浦亭　在冲真观东。以上在县治,皆迎饯过客之所。

画溪亭　在罨画溪。今废。

五劝亭　在回溪桥西南。皇祐中县令许尊建。今废。

木瓜堂　在金砂泉上。

枕流亭

自躬亭

忘归亭

金砂亭以上见《统记》,云:亭堂并废。

披云亭

仰高亭

境会亭以上三亭见旧编,云:仰高亭,在顾渚山顶,披云亭在官山上,境会亭在啄木岭,唐刺史于頔建,取白居易《寄贾常州崔湖州诗》题其上。

广德铺

周渎铺

白羊铺

钮店铺

四安铺

武康县

远光亭 在县东北一里后溪之上,宾至馆焉。宣和三年知县朱容建,邑人刘士英记,有石刻。庆元六年知县丁大声改筑,前轩俯流,后寝临郊,颇为整洁。旧编云:亭名取诗言远而有光华之义。

秀叙亭 在县学之东。旧名仁智。毛滂改今名。《余英志》载崇宁初,陈公瓘来游留题,及绍兴初张公祁留题绝句。

余英馆 在县西南余英溪上。毛滂诗云:故国园林改,遗亭壁户新。垂虹一桥月,来绣两堤春。即沈约宗族所居之地。馆南有双鸳沼,旧编云:旧尼寺基地。张子野乐府之"双鸳沼池水溶溶,南北小桡通",即此处。今废,基尚存。

和丰亭 在旧教场门前。今废。《余英志》云:地当阛阓,跨街结栋。盖邑民交易之地。

右亭馆四,而废者二。《余英志》云:县设远光亭以待西北之客,而秀叙亭则以待东南来者。南溪涨塞,舟楫不利,故亭亦随废云。

铺二:

县下铺

砂村铺

德清县

成顾亭 在天宝桥南,前对吴羌山,即孔愉放龟之所也。今余不溪亦号龟溪。

西亭 在德清县西,前临通衢,后枕北流。唐有诗云:送客莫辞秋晚,龟溪好处西关。

邮铺四:

香亭铺

导望铺

杨湾铺

宫巷铺

安吉县

升慈馆 在县南,旧名下升馆。

安吉马驿　在南门外。

独松马驿　在独松岭下。

迎恩门官亭　在县北。

蒙泉　在西山,其上有亭,水味甘冷。俞退翁有"井遗德不改,蒙以养为功"之句。

得助亭　在丞厅之右。詹事沈枢有"沽酒频留客,围棋不计功"之句。

邮铺五:

尹家铺

郎家铺

钮家铺

独松铺

西门铺

《嘉泰吴兴志》卷十

管　镇

州　治

　　《统记》云：管镇二十四，八所已废，名不复存。现存而可纪者，施渚、大钱、东林、乌墩、东迁、市山、巡莫、安吉、长兴、德清、武康、新市、四安、梅溪、水口、合溪，凡十有六。《统记》作于景德初元年。序云：太岁甲辰。当景德元年。是当时，所管之数已损其三之一矣。本朝熙丰间，王存修《九域志》所载止存其六。乌墩，归安有施渚，安吉有梅溪，长兴有四安、水口，德清有新市，余悉罢废。后复废水口置和平。今为镇六：乌墩、施渚、梅溪、四安、新市、和平。属长兴。窃考镇戍置将起于后魏，唐高祖尝为金门镇将是也。后齐以来，列为四品，制刺每五百人为上镇，三百人为中，不及三百人为下，置将副掌捍御。又置仓曹、兵曹，掌仓库戎器之类。自藩镇势强，镇参军将之权渐重。宪宗时，李锜反，至令管下五郡镇将杀五郡太守。辛秘等先能杀镇将然后能发兵，而苏州刺史反为镇将所执，即此可见。自是之后以至五代，为弊益甚，兵权分裂，聚敛无艺，故兵主于镇将，而财赋器甲则主于参军。镇将又率用亲随，烦苛刻剥无所不至，民不聊生。县官虽掌民事，束手委听而已，人至以长官为戏。置镇繁多，而每县又有镇者以此。如安吉县有安吉镇，德清县有德清镇。他郡亦然，如吴江县有吴江镇之类。本朝平定诸国，收藩镇权，县之有兵者，知县带都监或监押。升朝官带都监，今京以下带监押。财赋则参丞贰，诸镇省罢略尽。所以存者，特曰监镇，主烟火兼征商。至于离县稍远者，则有巡检寨。为万世良法。

乌程县

唐至吴越,县之镇戍多矣。本朝景德中止管镇二,曰乌墩、曰大钱。戍一,曰平望。见旧图经。后平望拨入平江界,熙宁中止存乌墩一镇。见《九域志》。今镇寨各一:

乌墩镇 在县东南九十里。

大钱巡检寨 在县北十八里。

归安县

长兴县

《图经》载镇四所:四安,在县西南九十里;和平,在县南五十四里;水口,在县北三十里;合溪,在县西北二十五里。《统记》所载,四安、水口、合溪之外,又有长兴镇。而《九域志》止有四安、水口,旧编止有四安、和平,各二镇而已。窃考:长兴之废久矣。《图经》又云:合溪今废,熙丰以后水口又废,近者和平又废,止存四安一镇。今镇寨各一:

四安镇 在县西南九十里。

四安管界巡检寨 在县南三十三里。旧曰吕山巡检寨,在吕山。

武康县

德清县

安吉县

据旧图经云:有镇二:安吉镇,在县北;梅溪镇,在县东北。续据《九域志》云:有梅溪一镇。则安吉镇之废久矣。今有镇寨各一:

梅溪镇 在县东北三十里。

幽岭巡检寨 在县南六十里。

《嘉泰吴兴志》卷十一

学　校

州　治

府学　在府治西一里。唐初有孔子庙在霅溪南,学附焉。《统记》云:郡初有孔子庙,武德中李孝恭迁于霅溪南。《唐志》高祖初制郡学,县各置生员。贞观四年,诏州县学皆作孔子庙。又旧图经:孔子庙在子城南一百一十步。州学亦曰在州城南一百一十步,乃知祥符以前学附于庙。

学置经学博士,助教,生员六十员。《唐志》:武德初郡置县学博士,助教,学生。又曰:上郡学置生六十员。湖为上郡。天宝中,州助教、博士及学徒会食师资,诏废,惟留州补助教一人,学生二人,备春秋二社岁赋乡饮酒而已。见旧图经。大历五年,刺史萧定加助教二人,学生二十员。后又废。见旧图经。本朝宝元二年,知州事滕宗谅表请于朝,建学今废处。明年四月,敕书至,锡名州学,仍锡田五夫。六月学成,重门广殿,讲堂、书阁、斋舍、庖湢皆具,为屋百二十楹。张方平为记。蔡襄大书勒石,石曼卿又书敕建州学额揭于仪门。延安定胡瑗主学,四方之士云集受业。学初为十八斋环建,有亭,曰观德。时朝旨令赐第进士习射,上亲阅于殿廷,赏赐有差。故郡置圃,取孔子矍相之义。

祠堂　始立曰三先生祠,安定胡瑗、太守滕宗谅、秘丞朱临也。后教授赵临以枢密胡宿墓志言,治湖郡时立祠于学,教授沈揆以知州事鲍轲增置学田,图形附焉,曰五先生祠。后又以知州事颜真卿、苏轼、王十朋豫其间,凡八人。绍兴元年,始以安定自为祠,塑像于明伦堂左偏,其右为七贤祠。见《纪事》。学中有官书,淳化二年二月,敕赐九经,共六十一卷,他书莫知。淳化年月岁久,散失不全,知州事张澈置书四百二十四卷,又补写不全书,合新旧书凡二百六十五部,一千四百四十八卷,司书掌之,有籍以严出纳。

斋馆 在学之左,郡守释奠斋宿之所。

《赡学田记》:宝元间建学,朝旨赐田五百亩。后以其田濒湖多潦,岁入无几,养士不给。嘉祐七年,知州事鲍轲闻秀州松杨泾有民讼田,连年不决者,官将两夺之,乃贻书恳转运史,贷钱六十万得之,计七顷一十九亩有奇。是岁秋成得租米三百二石。田当沃壤,无旱潦患。其后又箱益僦屋缗钱,岁入倍增。岁久屋多摧毁,田亦多湮没,旧有经界宽,剩田仅二顷隶岁崇德者。绍兴中,黠胥诡献为营田。乾道,即庙旁用学廪售薛氏、余氏地为之后。七年,罢舍法,日就颓毁,自是而后,诏下兴贤,莫有定所。乾道三年,知州事王十朋率卿大夫出财重建,为屋百十六楹。状元张孝祥书额,郡人大谏刘度为记,司业芮烨书。宣和五年后,进士举与计偕者八百人,时终场举人八百有三。石刻在广化寺斋堂。绍兴三十六年,朝旨均诸郡皆额增二人。后并流寓又增一人。自是解发十一名,而终场进士四五倍于宣和间矣。庆元六年,知州事李景和又辟铜官庙后堂地添屋二十五间,别为一门,以乡邦士子日盛,旧屋窄狭,每遇科举,旋搭席屋,且布有风雨沾湿之患,又入院拥并,有蹂践之虑故也。

乌程县

唐初郡县皆有学,本郡旧有孔子庙,郡学在焉,县学未闻也。本朝崇宁中行三舍法,县学在州学之东。后附州学东偏池上。又迁在斋馆东廊。又迁在礼象阁下东序。□后复迁于池之东。

归安县

崇宁中附学,见《续图经》。后附州学东偏池上。后又移州学置斋馆西廊。后在礼象阁下西序。今复移池之东。

长兴县

五年,邑室闻人观国、观时,遵其父武经君颐遗命,遣作大成殿先圣睟容及先师十哲像,揭徽宗御书殿额。郡之人萧德藻作记,具载颠末。命教堂,在大成殿后,博文、约礼、志道、依仁四斋分列两庑。书籍库,在殿之东。荣祭器库,在殿之西。荣斋馆,在堂之东偏。学长位,在堂之西偏。众职事位,在门左右。视郡庠具体而微,视诸邑为胜。

有毛、刘二先生祠堂,在命教堂东偏。毛,即毛滂;刘,即邑人死节刘公士英也。

德清县

旧学在德清县南一百二十步。至圣文宣王殿,在县学。本朝旧有故相陈尧佐所撰碑。康定元年,命天下州县建学,遂因庙为之。建炎中,经兵火。绍兴中,县令杨铩重修,有大成殿,讲堂后有职事位,两廊分四斋。故参政沈与求撰记刻石。淳熙中,县令沈杞复加葺治;额,吴兴郡公李彦颖书。

安吉县

故基不存。绍兴初县令冯康始建今学。后吕靖创大成殿,模刻徽宗皇帝御书榜在讲堂。分四斋,置赡学田二百亩。学牌靖所书。徐良能重修。见《续图经》。

《嘉泰吴兴志》卷十二

军　营

州　治

郡有军额，以防卫不然也。唐自中叶，尾大不掉，权归藩镇，支郡之守兵赋亦得而专之。至于五代，偏方割据，民被其毒惨矣。太祖皇帝悉收天下之兵权归于朝廷，选天下骁锐萃于京师，以弱州郡之势。太宗皇帝混一寰海，遵守宏谟，州之军营见于李宗谔《图经》者、三所而已。所曰屯驻、曰崇节、曰水军。其后渐加增置，今为营八。

威果营　在子城西南，第六十三指挥，元额四百人。今管数足。

雄节　在子城西北，第十一指挥，元额四千八百四十人。今管数足。

全捷营　在子城西，第十九指挥，元额四百人。今管三百六十四人。

龙骑　在牢城营，元无额，以杂记加役人拣充。现管九十二人。

右禁军四。

崇节营　在子城北，第十七指挥，元额二百人，今管三百二十九人。第十八指挥，元额三百人。今管二百三十九人。

壮城营　在子城西南，元额三百人。今管三百三人。

水军营　在子城北，开江第四指挥，元额二百人。今管一百六人。

牢城营　在子城北，元无额，系杂记加役人，现管一百九十四。指挥元额二百人。

右厢军四。

废营三：屯驻营、按旧图经云：在子城西。庐州宁海指挥，元有额，今无管。其地已改充全捷营。、开江营旧图经有之。旧经云：名水军营。马军营。旧编云：在骆驼桥北。今废，地为民居，其基尚存。

教场 在郡治西北。厅宇,淳熙八年,知州事胡南逢重建,榜曰正己亭。

唐有射堂,在白蘋洲西。贞元十六年,刺史李词建,堂五间,西北东西廊及厨亭共七十间。栋宇敞豁,檐廊窈窕。春秋二教及习射悉于此。今废。颜真卿有《射堂记》,碑在墨妙亭。

古　迹

唐开元中李适之为湖州别驾,南岘山有石觞可贮五斗酒,适之每携其所亲友登山酣饮望帝乡,时以一醉,士民呼为李相石樽。颜真卿及门生弟侄多携酒舣楫以游,作《李相石樽宴集联句》叙云:因积溜潊石嵌为樽形,公注酒其中,结宇环饮之处。

吴孙皓父陵 在乌程县之西陵山,号为明陵,相连下山。

墨妙亭 本朝熙宁间孙觉曾建此亭,东坡苏轼为记,有云:熙宁四年十一月,高邮孙莘老自广德移吴兴。其明年二月,作墨妙亭于府第之北,逍遥堂之东,取凡境内自汉以来古文遗刻以实之。吴兴自东晋以来为善地,号为山水清远。其民足于鱼稻蒲莲之利,寡求而不争。宾客非特有事于其地者,不至焉。故凡守郡者率以风流啸咏投壶饮酒为事。自莘老之至,而岁适大水,上田皆不登。湖人大饥,将相率云去。莘老大振廪劝分,躬自拊循劳来,出于至诚。富有余者,皆出谷以佐官,所活至不可胜记。当是时,朝廷方更化立法,使者旁午,以为莘老当日夜治文书赴期会,不能复从容自得如故事。而莘老益喜宾客赋诗饮酒为乐。又以其余暇、网罗遗逸,得前人赋咏数百篇,为《吴兴新集》,其刻画尚存,而僵仆断缺于荒陂野草之间者,又皆集于此亭。是岁十二月,余以事至湖,周览叹息,而莘老求文为记。

故安州 在武康县。《唐志》云:李子通立安州。后废。

故东迁州 在乌程县东四十一里。《舆地志》云:晋太康元年,分乌程县东乡置。隋平陈,并入乌程。

精舍禅院 在归安施渚。清州刺史管叙舍宅为寺。白乐天寄题诗云:惯游山水住南州,行尽天台及虎丘。惟有上强精舍寺,最堪游处未曾游。《夷坚志》云:壁间有诗云:昔作梁朝相,今为普静神。千年英魄在,代代护僧人。

尧氏庙 在尧市。皮日休《茶坞诗》云:今有尧氏庙。

吴夫概王庙 在吴兴。

大帝庙 在罗城内。吴赤乌五年所建。有碑。

孟郊祠 在武康县西一里。即唐孟郊旧居。

上下箬　在州西溪上,生箭箬。南岸曰上箬,北岸曰下箬。二箬皆村名。士人取下箬水酿酒,醇美胜于云阳,俗称下箬酒。韦昭《吴录》云:箬下酒有名。又《吴兴记》云:上箬、下箬并出美酒。白乐天诗云:劳将下箬忘忧物,寄与江城爱酒翁。又刘梦得诗云:鹦鹉杯中箬下春。

陈高祖台　在州西北三十里,陈高祖微时垂钓之所。其上有池,名曰高祖磨剑池。

陈高祖圣井　在州东广惠院。高祖初生,井泉涌出,家人汲以浴之,后名圣井。

晏子城　在长兴西南一百二十里晏子乡。《吴地志》云:齐晏子娶吴王女,筑此城。

故长城县废城　《地理志》云:在长兴县东南之十八里,晋太康中,分乌程置长城县于富陂村。

贡茶院　在西四十五里。唐贞元十七年,刺史李词置,以吉祥院东廊为院。

吴夫概王城　即长兴廊。下缺。

陵　墓

乌程县

古帝颛顼冢在乌程县衡山。见颜真卿《石柱记》。

汉大司马丘腾墓在乌程县西一十八里。

太尉施延墓在乌程县南二十四里。

广平侯吴超墓在乌程县北四里。

大尚书吴奋墓在乌程县城北四里。

吴文帝明陵在乌程县北西陵山。

中书令钮淑墓在乌程县西十三里。

丹阳太守芜湖侯太史慈墓在乌程县西十七里。

晋黄门侍郎潘尼墓在乌程县西七里。

宋晋陵太守丘杰墓在乌程县西十八里。

尚书丞丘泉之①墓在乌程县西北一十三里。

都廷侯吴建墓在乌程县东北一十七里。

---

①　陵墓至尚书丘泉之,底本作原缺,此为《嘉泰吴兴志》标点者增补。

齐宣城太守丘灵鞠墓在乌程县。见颜真卿《石柱记》。

吏部尚书殷融墓旧经云：在乌程县西南六十九里。

梁黄门侍郎丘迟墓在乌程县南十六里。《石柱记》云：中书侍郎。

历阳太守吴铄墓在乌程县西北五十九里。

陈五兵尚书康宗墓在乌程县西北十四里。

黄门侍郎康旦墓在乌程县北十八里。

原乡侯章道勇墓在乌程县南一百里。

中书舍人管斌墓在乌程县南五十九里。

隋吴兴太守沈法兴墓在乌程县东南八十六里。

陈郡太守王法表墓在乌程县西南二十七里。

唐丞相李绅墓在乌程县南里山，乾宁三年，立墓碑。

本朝吏部郎中张先墓在乌程县卞山多宝寺西。

宗正卿姚舜仁墓在乌程县澄静乡赵村。

给事刘一止墓在乌程县澄静乡。

秀安僖王墓在乌程县菁山。

嗣秀王墓在乌程县菁山。

邢越王墓在乌程县华严山。

尚书左仆射沈该墓在乌程县后董。

右丞相葛邲墓在乌程县栅岭。

尚书左丞相叶梦得墓在乌程县卞山。

尚书右仆射朱胜非墓在乌程县澄静乡王村。

归安县

旧图经所载坟墓十有五，悉与乌程并载。又吴文帝明陵，在县西北十一里。吴超、吴奋墓，在县北四里。钮淑墓，在县西十三里。潘尼墓，在县北十里。县界西至乌程县止一里，其北至亦不三里，帝颛顼冢在乌程之横山。以上六墓不在县界明矣。旧编止载四所，程普墓在县东南十九里，姚志墓在县南十四里，丘珍孙墓在县南十八里。是矣。乃又载县北十里之潘尼墓，则又自失。今姑以旧经所载在县之东南者凡九所列于后，虽未审其确，然以地势考之，则近之矣。

吴九江太守姚渠墓在归安县南六十里。

大将军朱治墓在归安县南十二里。《统记》作：县北。又见《石柱记》。

左大司马当阳侯施绩墓在归安县南十六里。《统记》云：六十里。

荡寇将军程普墓<small>在归安县东南一十九里。</small>

宋南郡太守丘道护墓<small>在归安县南十八里。</small>

御史中丞钮滔墓<small>在归安县东南一十九里。</small>

梁青史董知达墓<small>在归安县南六十里。</small>

泰州刺史姚志墓<small>在归安县南十四里。旧编云:吴无泰州。《统记》云:在州南郭外十四里。</small>

宣城太守丘珍孙墓<small>在归安县南十八里。旧编云:吴无宣城。盖旧经所书年多舛错,未必二人为吴人也。</small>

长兴县

陈瑞陵<small>在长兴县治西北五里,陈景帝陵,高祖之父也。按:《陈高祖记》追尊皇考曰景皇帝,尊景帝陵曰瑞陵。</small>

嘉陵<small>在长兴县北五里,陈高皇后钱氏陵,高祖之前夫人也。按《陈高祖记》,尊前夫人钱氏为昭皇后,陵曰嘉陵。《统记》以为高祖追尊前夫人钱氏为昭皇后。旧编承讹以为高祖母钱氏,非也。</small>

明陵<small>在长兴县西北五里,文帝父始兴昭烈王陵,高祖兄也。</small>

寿陵<small>在长兴县下箬寺西,齐太常卿陈道巨之墓,高祖之祖也。陵西南有小渍曰石人娄,以石人仆其下也。释皎然《下箬寺诗》曰:碑残飞南岭,井翳渚龙宅。坏寺邻寿陵,古坛留础石。</small>

汉祠部郎钱敞墓<small>在长兴县雉山西南,彭祖四十五代孙墓,柱题名:汉祠部郎钱府君之神道。</small>

武康县[①]

旍门博士沈洙墓<small>在武康县北二十五里。</small>

司徒左长史沈子春墓<small>在武康县北二十里西阳山。</small>

陈尚书左丞沈不害墓<small>在武康县北三十里。</small>

庐陵王长史沈觊墓<small>在武康县北十五里。《统记》云:在吴头山。《余英志》、旧编地缺。</small>

吏部尚书姚察墓<small>在武康县南三里。</small>

积射将军沈绍墓<small>在武康县凤凰山。</small>

辅国大将军戴泇墓<small>在武康县北六里。</small>

蜀王司马姚最墓<small>在武康县石城山。</small>

---

① 底本无武康县一目,旍门博士沈洙墓接排在汉祠部郎钱敞墓之后。此为《南宋文献集成》编者加。

后周开府仪同三司姚僧垣墓在武康县南三里。

唐秘书少监姚思聪墓在武康县南三里。　右坟墓自汉至唐凡三十所。《统记》、旧编、《余英志》各载二十九所。《统记》无沈不害,旧编、《余英志》不载沈景故耳。《统记》姚恢皓信墓云:碑碣现存。而《余英志》云:皆丘垄不存。见统表。识者:《统记》作于景德,历二百余年,存者亦复湮没,可胜叹哉。

本朝朝议大夫刘士英衣冠墓公死节,在武康县北十五里马鞍山。

直秘阁鄂岳安抚使成无玷墓在武康县北五里烟坞村。

和王杨存中墓在武康县东三十里禺山上。

参政知事文安郡侯施钜墓在武康县北二十五里荆子山。　右四所《余英志》所载。

德清县

后汉述善侯沈戎墓在德清县东二十三里金鹅山。戎初过江,居吴兴乌程县余不乡永仁里,则此地也。

尚书令沈礼墓在德清县。

荆州刺史沈彦墓在德清县。

河门相沈景墓以上并在德清县金鹅山。《后汉书》各有列传。

梁吏部尚书特进沈约墓在德清县东五十八里。

陈侍中特进金紫光禄大夫沈恪墓在德清县北十五里。

齐征士沈麟士墓在德清县南吴羌山下。

大中大夫朱安期墓在德清县东南新市镇。

晋镇国大将军朱泗墓在德清县东南新市镇。

骠骑将军余不亭侯孔愉墓在德清县西南城山下。

安吉县

后汉骠骑将军万豪墓在安吉县南五十五里。

吴扬州别驾偏将军朱纪墓在安吉县西八里。

晋黄门侍郎万先墓在安吉县北十里。

晋高僧昙法师两生墓在安吉县东北二十里。昙师姓康,前弘觉法师,与姚苌讲法华;后生为昙谛,居县昆山寺,两生葬于此地。

《嘉泰吴兴志》卷十三

宫　室

销暑楼　在谯门东。唐贞元十五年,李词建,有诗四韵,给事中韦某等诗六首。开成中,刺史杨汉公重修,毕工在中秋日,有诗四首。大中间,刺史苏时有销暑楼八韵。杜牧、顾况亦有诗。

会景楼　在清风之下,销暑之上。旧未有名,治平中,知州事徐仲谋以为高下得所,景物群会,取今名。有记。

清风楼　在会景楼东。贞元十三年,刺史王浦重建,宏壮于旧。见《统记》。上有张文规诗云:清风楼下草初出,明月峡中茶始生。谓此也。徐仲谋诗曰:郡城重叠耸危楼,最爱清风景物优。说者谓"此楼与销暑、会景栋宇相接如修廊,盛暑无畏日,而清风常有",因得名。

卞苍楼　在子城北。本名天王楼,有毗沙门天王在焉。曰卞苍者,取徐陵碑"高卞苍苍"为义。

右四楼并建郡圃。徐仲谋《会景楼记》曰:吴兴郡环子城有十楼,除消暑、清风、会景、卞苍现存外,余并不存。清风、销暑二楼,溪山环列,俯视万井,为一郡登览胜地。自唐杨汉公再葺,至后元祐吕温卿复增辟,今又百三十有余年。岁月悠久,清风虽敧侧尚可支,惟销暑风雨摧剥榱栋已腐。嘉定癸未,郡守宋济即故址累土为台,撤而新之。规模宏敞,与清风、会景并加葺治,稍复旧观。

明月楼　在子城西南隅。知州事徐仲谋《会景楼记》云:由台门而西至明月楼,建已久矣。自谯门火,止存旧址。旧编载唐人范传正《正月十五夜玩月诗》有"风凄城上楼,月满庾公楼,夕照下西楼"之句,指言此楼。盖杨汉公《八月十五日夜销暑楼玩月》有"人在虚空月在溪,溪上玉楼楼上月",沈城上十楼未有确据也。又云:旧传郡治大厅居中,谯门翼其前,卞苍拥其后,清风、会景、销暑蜿蜒于左,有青龙象,明月一楼独峙西南隅,为虎踞之形,合阴阳家之说。

赏春楼、望阙楼、玩景楼、映溪楼、照霞楼　并开成中造,在子城上及四隅。今无可考。或云:今清风、明月等楼,或易旧名。未可知也。外又有三楼,亦废。

韵海楼　唐大历八年,刺史颜真卿建。真卿在郡著《韵海镜源》三百六十卷,因以为名。今废。见旧经编。

镇湖楼　徐仲谋诗云:湖上风涛或泛浮,城南因立镇湖楼。今不存。见旧编。

鱼脯楼　旧编云:在仪凤桥南堍东首。岁贡鱼脯就此楼修制。楼屋至今雄壮,析为民居。今有鱼楼界,尚存旧名。

镇云楼　旧编曰:销暑。销暑与清风、会景为三楼,鼎峙于子城之东南隅。旧编:郡治、谯门翼前,卞苍拥后,而三楼蜿蜒于左,有青龙象,为郡伟观。宝庆丁亥秋飓风,楼俱坏。淳祐壬子知州事高衡孙营旧址建二楼。销暑改曰镇雪。清风为复阁、仍旧名,而更为东西向。囊之会景楼则为修廊,使相联属。二楼虽因唐旧,而规模宏丽则远过之。镇雪取义关系于形势,尤重而有体。郡人陈振孙为之记。

六客堂　在湖州府郡圃中。熙宁中,知州事李常作《六客词》。元祐中知州事张询为六客之集,作《六客词》,序曰:昔李公择为此郡,张子野、刘孝叔在焉,而杨元素、苏子瞻、陈令举过之,会于碧澜堂。子野作《六客词》传于四方。今仆守是郡,子瞻与曹子方、刘景文、苏伯固、张秉道来过,与仆为六,而向之六客,独子瞻在,复继前作。子野为《前六客词》,子瞻为《后六客词》,与赓和篇并刻墨妙亭。后人歆艳,遂以名堂。

逍遥堂　在六客堂右。知州事唐询重建。徐仲谋诗曰:安寝有时延皓月,闭门无处不清风。栋宇甲于郡圃。

熙堂　在逍遥堂北。嘉定三年,知州事魏大中修,名思政。四年,知州杨长孺改浙西道院。

四贤堂　在镇雪楼之下。知州高衡孙因建楼,即楼北虚地为小圃,立四贤祠于堂。所以景仰先哲,垂训后来也。四贤乃内史王公、太傅谢公、忠烈颜公、文忠苏公,皆郡之贤守云。

碧澜堂　在子城南一百步,雪溪之西岸。唐大中四年,刺史杜牧建。中和五年刺史孙储记云:牧去后,郡人望所建碧澜堂若视甘棠。本朝漕使陈尧佐、张逸俱有诗及他篇咏刻石墨妙亭。庆历八年,知州事唐询修。绍兴十年,知州事萧振重修。乾道初居民遗火延燎,知州事王时升重建,人谓不如旧制宏壮。岁久复不葺。嘉定三年,知州事魏大中重修,且即堂后增创水阁,榜为水晶胜境。

水堂　在汀风阁北。旧编云：旧名南堂。梁太守柳恽与主簿吴均常赋诗，故均有《夜发南塘诗》。唐大历中，刺史裴清重修，改今名。刺史颜真卿有《水堂送文士诗》。刺史张文规有《水堂晚眺诗》。堂北有迎恩驿，建炎中，郡增置此较务，遂并汀风阁与驿为之也。今亦赡军等酒库。

苕溪馆　旧图经曰：嘉祐二年，知州事杨纮建。今为转运提刑司。　按：苕溪在仪凤桥，故旧编云：在湖州府子城西南，亦不详所在。

雪溪馆　《统记》云：在府南二百步，本名白蘋馆。旧编云：在白蘋洲西南，梁太守萧琛置。唐开元二十四年，刺史韦明扬改为开政馆。大历九年，刺史颜真卿改今名，以其临雪溪也。刺史杜牧之有《得替后移居雪溪馆诗》四韵。自洲为仓，县废其址，即今双溪亭。《统记》以为钱氏改为碧澜堂。误也。城外又有谢堂馆，在谢塘。见谢塘下。

昇山馆　在府城东一十八里。贞元十年刺史于頔置。

东迁馆　在府东四十里。本名太湖馆。开元二十九年，刺史张景遵置。大历九年，刺史颜真卿易今名，以其在晋东迁县故地也。贞元十年，刺史于頔以其近昇山馆，移向东二十里严村置之。

震泽馆　在德清县东九十里。开元二十九年，刺史张景遵置，取震泽名。

余不馆　在德清县南二百步。唐天授二年置，以临余不溪也，近市亭山。并废。

汀风阁　在碧澜堂北。《统记》云：在府南一百步，或使命至，泊于此。今为赡军酒库。

苑　囿

郡有苑囿，所以为郡侯燕衎、邦人游息之地也。士大夫从官自公鞅掌之余，亦欲舒豫，乃人之至情。方春百卉敷腴，居人士女竞出游赏，亦四方风土所同也。故郡必有苑囿与民同乐。囿为亭观，又欲使燕者款，行者憩也。故亭堂楼台之在园囿者，宜附见焉。吴兴水山清远，城据其会，骚人墨客状其景者，曰水晶宫、曰水云乡、曰极乐城。杨汉公诗曰：溪上玉楼楼上月，清光合作水晶宫。景祐中，王惟正《送叶参知乡郡诗》曰：云溪水云乡。元祐中，知州事林希因《上地图诗》云：绕郭芙渠拍岸平，花深荡桨不闻声。万家笑语荷香里，知是人间极乐城。一城之内，触处见山，洛阳民居见山，出见山钱。触处可以引溪流，故凡为苑囿，必景物幽雅，虽近市，如在云岩江村，所以为贵也。唐开成中，白蘋洲有三园。钱氏时，清源门内有芳菲园。宋宝元中，定安门内有南园，今者是园废为庾廪矣，为居宅矣，为招提矣。园之亭馆自白蘋外，俱不可见。乡老寓公多为芳圃，亭宇相望，沼沚旁联，花木蓊茂，游者争眩。物故不能两盛也。城北旧有俞安抚园、向安抚园，今有赵太师园、叶左司园。城南旧有沈尚书园，今有万侍郎南园；月河有莫郎中园。其他未易悉数。郡圃在郡治之后。

亭

清樾亭　在墨妙亭南。今废。

墨妙亭　在清樾亭北。熙宁中，知州事孙觉建。苏轼记云：凡境内自汉以来古文遗刻取以实之。又有诗。一时名公相继有作。旧刻不存，蒋璨复书于石。嘉定四年，知州事魏大中重建。

芳菲亭　在墨妙亭之前。

快哉亭　在子城上东北隅。

挽翠亭　旧在了城东北角。庆元六年，知州事李景和重修于六客堂北。

八角亭　唐大历中，刺史颜真卿始剪榛棘疏溪流以建。茅亭，亦颜公建，书柳恽《江南曲》于上。后杨汉公作五亭，有记。因列茅亭及旧址于碑。

迎春亭　在东门内。唐刺史杜牧造。孙储《白蘋亭记》云：杜公遗爱所建迎春亭，郡人视之犹甘棠。后尝改为驿。今复亭名。

濯缨亭　在南门内。绍兴初，知州事朱胜非建。瞰余不溪清水，故以濯缨为名。

白蘋亭　在白蘋洲北。唐贞元中，建。后刺史杨汉公重葺。白居易记曰：以其架大溪，跨长汀者，谓之白蘋亭。蘋州诸亭自筑仓后，惟此独存。绍兴中郡以假寓公，遂致废坏。庆元六年，知州事李景和重建，殿中侍御史陈谠书额。又修石桥及桥亭廊庑，又于亭相对创后屋三间，丹雘一新，复还旧观。

叠翠亭　在白蘋亭北小桥之外，临水面南山一带，故名叠翠。庆元六年，知州事李景和重修，知州赵师夔书额。

双溪亭　在洲西南，即雪溪馆旧址，以二水名。淳熙二年，知州事赵师夔修。

三汇亭　在叠翠亭北，以众溪所会名亭。以为公廨者二。

会溪亭　在白蘋亭北，近运河水会雪溪处，故名。今为归安主簿廨舍。乾道中主簿沈与求请建。

浮玉亭　在乌程县南，临苕溪。旧编按：《颜鲁公集》有柳恽《西亭记》云：湖州乌程县南水亭，即柳恽西亭也。又引吴均《入东记》云：恽为郡起西亭、毗山二亭。悉有诗。又引陆羽《图记》云：西亭在城西南二里，乌程县南六十步，跨苕溪为之。天监十六年所建。以其在郡治西,故名。或曰:即柳恽亭也。恽初作亭,尝与吴均赋诗。后尝名雪水堂,唐隋州刺史刘长卿有《题乌程李明府雪水堂诗》。又名水楼,监察御史皇甫曾有《乌程水楼留别诗》。本朝天圣中县令方仲弓重修。以亭临苕溪,水来自浮玉山,故为易今名。判官郑戬为记。今为乌程主簿廨舍。

东亭 《统记》云:在东门外三里临获塘。

西亭 在西门外,临溪。柳恽有《造西亭诗》五韵。旧为迎送客处,今不存。

舣舟亭 在白蘋馆北。旧经云:临雪溪。

烟雨亭 在府西南八十六步。旧图经云:唐乌程令李何建,亭宇并敞棚六间。咸通五年,刺史姜源重再修,自为《烟雨亭记》。今醋库即遗址。

四水亭 在安定门内马公桥南。宣和中,知州事葛胜仲建。今废。

六客亭 在郡圃中。元祐中,张询复作序曰:昔李公择为此郡,张子野、刘孝叔在焉,而杨元、苏子瞻、陈令举过之,会于碧澜堂。子野作《六客词》,传于四方。今仆守是邦,子瞻与曹子方、刘景文、苏伯固、张秉道来过,与仆为六。而向之六客,独子瞻在,复继前作。子野为《前六客词》,而子瞻为《后六客词》。

岁寒台 倚子城东壁。旁有古松,系郡圃经游之所。

毗山亭 在毗山。梁吴兴太守柳恽所创。恽与郡主簿吴均有毗山亭赠答诗。今废。

祠 庙

州 治

古者法施于民,以劳定国,以死勤事;御大灾、捍大患者,系祀典。郡邑之间,亦有阴佑一方,英灵赫著,受封额于朝廷,垂声华于竹帛者,各庙食于其地,尸而祝之,孰曰非宜?非此族也,而舞巫觋、列牲酒,谓之淫祀。吴兴风俗,人每以尚淫祀言。今考据《图经》、《统记》、旧编所载,详核事始,著之于后。子不语怪,而《统记》载防风庙巨人垂足,蒋帝庙飞蝗入耳,铜官庙巫卧高柯,梓庙华乌啄令目,语尤怪诞。盖郡邑有祠,所以为民水旱疾疫之祷,其系祀典、载图志,阴佑斯土,庙食岁久者固不可废,正不必援神怪以诗诬于无知之氓也。今故存其事而刊其词。

城隍庙 所在州县皆有之,莫详事始。唐杜牧为黄州刺史有《祭城隍庙祈雨文》二首,则郡之有是祀其来久矣。州旧有庙,绍兴十八年知州事赵叔岑重建,庙宇装饰殊严整。

吴文皇帝庙　在仪凤桥南。本名吴太子和庙,在州西陵旁。皓嗣位后,别创于今处。隋季庙毁,唐初重立,以和曾封南阳王,曰孙王庙。大历十年,刺史颜真卿以尝追尊立庙,改为吴文皇帝庙。大和八年,敬昕重修。有碑,胡季良撰。旧图经云:吴赤乌五年建。《续图经》云:皓嗣位始创祠今处。庙之建安得在孙权时赤乌年?诬也。《统记》云:在州南一里五十步。《括地志》云:乌程县南有吴太子和庙,初在州西山陵侧。庙高一丈二尺,周回二百一十步。耆老以其县有文皇帝陵,又孙皓尝封乌程侯,乃于今处别创祠宇。旧编云:太子和以罪废,居故郫死。永安元年,皓封乌程县侯,始创祠于骆驼桥东荻塘上。及嗣位,追尊帝号,移置今处。皓尝遣使至庙下迎其神主来建业,仪物甚缛。庙有碑。按:《吴志》:孙和,赤乌元年立为太子,后以谗间徙故郫。大元二年,封南阳王,遣之长沙。权薨,和徙新都赐死。孙休立,封子皓为乌程侯,始自新都之本国。皓即祚,追谥文皇帝,改葬明陵。宝鼎二年,遣孟仁等以灵舆法驾迎神于明陵。旧编所载亦未详审。

郭尚书庙　神讳璞,晋元帝时为尚书郎。旧传:城之初立,璞相视阴阳,俾无兵革患,故得血食。女预其议,因以从祀。旧祠在临湖门外,至国朝端拱中知州事郑建始建置今处。有记存。《续图经》云:以《晋史》考之,郭于吴兴无功绩。旧传迁城置郡在宝鼎元年,璞当晋惠怀后避地东南,事不相类,故郑记但述其文学。迁城事辨,详见城池下。

忠烈庙　绍兴三年,敕赐庙额。神即唐颜鲁公真卿也。公大历间为刺史,遗迹不一。见郡守事迹下。忠烈言行犹可想见。嘉祐中郡人建神祠,通判章衡遂塑鲁公像于中。其后知州事张田增葺。给事元绛、必学王琪,俱有诗刻。又移公所书《干禄字碑》《放生池碑》《项王碑》《射堂碑》列于两庑。后又附以《乞米》等帖。宣和中知州事葛胜仲临池建堂,榜曰怀忠。绍兴初,知州事汪藻以事上于朝,始赐今额,仍新庙貌。乾道四年,郡人以赵子璘祠附于右。淳熙九年,又以苏轼祠附焉。二公皆旧为刺史,苏公之忠国,赵公之捍城,亦邦人所仰云。

灵祐庙　在子城北。宣和中,敕赐庙额,封神昭应侯。神姓曹,讳清,乌程人。父尝杀人系狱,自诬手刃,代受重辟。既殁殊显灵异,有祈辄应。初寓祀于灵济祠,宣和初盗起清溪,犯歙及杭近郊,复有陆盗千余人目及城下。知州事王倚见神于梦,已而守城者夜睹异人冠服华侈,往来雉堞间,转相告语,知神阴助。贼平,州上其事,遂有封额之赐,及度地建庙,为屋七十楹。郡人刘焘为记并书。碑在庙。庙有井,遇岁大疫,饮者辄渐愈。

灵济庙　在子城西北报恩观之右。广德祠山张王也。有敕赐庙额,累封王爵。王后汉人,初居郡之白鹤山,唐颜真卿碑载其事。乾宁中,邑人避宣城乱,寓居卞山,立草堂祀神。时李师悦为守,梦神丐授馆,乃建祠于卞山之隅。《显灵集》云:王讳澂,姓张,后汉时人,初居苕溪之白鹤山。注云:其事见湖州碑。大历九年刺史颜真卿书重立,徐浩题额。碑载:新室之乱,野火毁其祠。本朝大观丁亥岁,知广德军张竞辰得之,摭其残缺之余,刻石于庙。今旧碑不复存。又载湖州刺史李师悦记丏授馆事。又《统记》云:旧传王之柳赵二姬实白鹤山之人。建中靖国初,知州事徐铎创今庙,为屋三十四楹,曰行庙。有碑、□络撰。碑在庙,额题为行庙,以卞山下有庙也。今卞山庙废,定安门外又创别祠。

德贶庙 在吴文皇帝庙之左。崇宁初敕赐庙额。神姓沈讳约,宋时人。沈为吴兴著姓,约在宋以文名,官至左仆射特进。俗号吴兴地主。不详创庙之始。

西楚霸王庙 在北二里。旧项王庙在子城西北内隅,以其地为项王城也。自后汉以来有之,宋永初中废。《统云记》云:子城内,地为项籍故城,有古项王庙。以永初二年中废,后又兴庙于楚帝寺。又云:当后汉、吴、晋时,有二庙。一在卞山,一在子城内。宋永初二年并废。寻以其灵验,置于州北二里,今项王寺也。旧图经云:在乌程东北四里。《南齐书》曰:李安人为吴兴太守,旧方伯到郡者,皆杀轭下牛祭项籍神,然后方上。安人不信,牛无故自死。埋于庙侧,号李公牛冢。《梁典》云:萧琛为吴兴太守,移神归庙。事见郡守事迹下。陈高祖永定二年于旧庙西北一里更立新庙,遣中书舍人韦鼎册拜神为楚帝。唐颜真卿于碑阴述"王与叔父梁避仇吴中,盖今湖州也"。灵应事迹颇多,陆羽《图经》亦具载。《南史》临汝侯萧猷为太守,与楚王神交,饮至一斛。每酬祀尽欢,猷醉,神形亦有酒色,祈祷必从。后为益州刺史,齐苟儿反,众十万攻州城,猷兵粮俱尽,乃遥祷请救。是日田父有逢二骑衣铁从东方来,俄有数百骑如风,一骑过请饮。田父问:"为谁?"曰:"吴兴楚王来救临汝侯。"当此时,庙中祈请无验。十余日乃见侍卫土偶皆泥湿如汗者。又《统记》载:唐狄仁杰承制应天下神庙非典礼者悉除,父老以项王庙为请。仁杰试斋宿于庙,中夜见伟人曰:"吾西楚霸王也。自国家起义兵及征辽,吾常以阴兵佐之。今以功获焚,奈何?"仁杰许其完葺,至晓以牢酒祭奠。其庙至今存。

通灵王庙 在甘棠桥,与桥相直。旧谓之铜官山赵监庙。见旧图经、《统记》。今俗呼铜官庙。汉吴王令监督胥靡凿山采铜,不忍虐用其民,山覆而死。因以立庙。《吴兴录》、顾野王《舆地志》及《寰宇记》皆不载其名。唐同光中敕为通灵王。清泰二年加封福善。

保仁王庙 本在武康县铜官山,今庙国初第曰廨宇。《统记》:武康铜官山有庙,州东南亦有廨宇。现存。元符元年知州事丰稷重修。郡人姚舜仁撰记,题曰《重修通灵王庙记》云。

苏将军庙 在临湖门内。《郭尚书庙碑》云:移置苏骠骑堂之上。庙之置久矣。按《南史》:宋封苏侯神为骠骑将军。神即苏侯。《续图经》云:所载经及郡人,曾于此庙独见于郑建所述郭尚书庙碑。故老相传,此郡人当是苏峻。然峻本张掖人,尝寇江南,□□□建康,自为骠骑领军将军。而初不及此,竟置神像,亦有依凭者耶?今按《南史·文帝诸子邵传》:邵排凤正辇迎蒋神侯像于宫内,乞恩拜为大司马,封王苏侯为骠骑将军,使南平王铄为祝文。今庙在武康,则苏侯有庙在城下事相类也。特建之由,《续图经》之言未尝考此。又苏峻起兵蒋侯事见武康蒋侯庙下。况峻自为骠骑,神信为苏峻。但事涉怪谬,不足载。

防风氏祠 在郭尚书,苏将军庙之间。庙在封禺山,城下亦为小祠。旧传:宁化寺防置之宅也。见《统记》。

乌程县

项王庙 在县东北四里。唐天祐四年建,即卞山下祠也。今废。见旧图经。

灵祐庙 在西阳,即昭应侯所居也。州城又有庙。详见郡庙下。

徐孺子庙 在孺山。见孺山下。

李靖庙 在古山。旧编云:有唐吴道古碑在庙。有赐额及碑志可考。

沈将军庙 在乌程县昇山。神讳清,唐婺州刺史。大历中李希烈陷汴州,浙东西观察使韩滉使勒嘉兴子弟四百人翼于润州,交点土众发自昇山,逐逆党至汴口,力战而死。诏赠卫尉少卿兼左金吾卫将军,即发军之地置祠。光启三年再新庙貌。有记具载其事。按:《唐史》:宪宗时李希烈反,韩滉为浙江东西观察使,希烈陷汴州,滉遣裨将王栖耀、李长荣、柏良器以劲卒万人进讨,次睢阳,破之。

显利侯庙 在卞山。山之巅有龙池,麓有龙洞。熙宁四年大水,明年春复苦雨,知州事孙觉祷焉。应期雨止,年遂有秋。明年始建祠。七年春不雨,知州事李常祷于祠下,须臾即雨。秘丞朱临记其事。元丰三年敕封显利侯。

乌将军庙 在乌墩镇。一名乌戍将军,唐乌重胤之族子,史失其名。李锜反,将军与之战,死葬于镇之普静寺,遂庙食于此。前有大池,方十余亩,多鼋,人不敢捕。见旧编。而《续图经》乃云:乌氏自秦著名,今以名镇,则将军血食于此久矣。第年代绵远,图志缺逸不可考。按:《唐史》:乌重胤,河东将军承玭于宪宗时擢河阳节度使。又宪宗即位,李锜反,令管内镇将杀常、苏、湖等五州刺史。辛秘杀镇将进讨。辛秘立功事有石刻在军资库,及将吏姓名。当考。

归安县

按本县图经,城内祠庙七所。在城有苏将军、西楚王、郭尚书、通灵王、颜鲁公六所。见郡志。又有阜俗安阖王。及城外有功善王,不知创建之由。

东岳行祠 三:一在射村,一在东林,一在琏市。旧编有言城王庙在思溪,俗传为言偃。《史记》言偃吴人。《九域志》平江有言偃宅。但以偃为言城,语殊鄙俚。有《东林土地庙记》,系是唐人所作,及《横洋土地庙文》,编修沈瀛所撰,内云:唐装节使求立寨以屯师旅,故谓之射村。语不知其何所考稽。一在长兴县西门外五峰山,绍兴十年。见旧编。

吴文皇帝庙及东岳行祠三,今惟射村、琏市二岳祠在。余三处皆废。今复以旧志之不载者附录于编。

东林土地庙 在归安县,旧志不载其详。按庙碑:神姓许、陈、辛,三姓相为昆弟。此庙之立已近千载,则神之庙食远矣。旧基在山北,有灵乌衔鼓于山之南,庙遂迁焉。建炎四年金人渡江,所至屠戮,游骑距庙十八里,居人震恐,祈祷于神,贼无故自遁。会有传者云:"贼见旗帜亘数里,谓有大军,故去。"人以神威灵潜却之。绍兴初侍郎李宜白于朝,封灵应侯。元仍其旧。

石冢广陵侯庙 旧志所无,据庙中碑文载之。按:宋礼部尚书文及翁记,神姓陆,名圭,世为昭庆军人,生于宋熙宁间。幼时勇猛神异,以祖泽补右爵,两调为泗州真州兵马都监。宣和中大歉,发粟振饥,存活百万计。适方腊弄兵,东南大震,军帅调公驻浙江,进严濑与贼战,数合贼败绩而遁。师还钱塘以卒,遂为潮神。绍兴间,海涛重激江岸,民不遑安,神役阴兵治之,潮势遂平。嘉定间,夏飞蝗蔽天,神现云端驱之,蝗不为害。淳祐间钱塘江复大决,有司随筑随圮。神与三女扬旃空中,浮石江面,以显其天,堤赖以成。浙西帅臣徐粟实董斯役,以其事闻于朝,乃赐额曰协顺,封其爵曰广陵,封三女为夫人,立庙是邦地,曰:"石冢生英灵,殁昭不可掩。环千里之地,家祝而乡祀。奚富子若孙之与祖祢,所以盖覆斯民。历千载弥一日,炳乎不可诬也。"朝廷颁爵,命案庙貌,于礼实宜。水旱疾疫,有祷辄应。

《嘉泰吴兴志》:吴文皇帝庙在史泾,即太子和别庙也。

长兴县

吴夫概王庙 在东南一里。《吴兴记》云:吴王阖闾使其弟夫概筑城于此。又一所在洛坞。《图经》作吴王棠溪氏庙。

汉钱卿庙 在西北四里。旧图经云:彭祖四十六代孙钱卿,名朔,字幼子,建武中为黄门侍郎代郡太守。卒有灵,永平七年立庙于柯里村,置吏十人供其洒扫。唐贞观元年重修。

陈圣子庙 在县东九里。旧图经云:陈武帝微时,行息一枫木下,忽见一人云:"子当有天下。"及武帝即位,不知其人所在,乃于枫木边立庙享之,名曰圣之子。其庙唐末犹存。

尧氏庙 在尧氏山下。皮日休《茶诗注》云:有尧氏庙及羿后庙在顾渚山口。

谢太傅庙 在县南三鸦冈。庙前即其墓,有治平四年知县事吴涛修庙碑。

斫射神庙　在顾渚。唐张文规《庙记》云:斫射神、图籍所不载。会昌二年予入山修贡,先遣押衙祭以酒脯。及到山,茶芽若抽、泉水若倾。因建祠宇,系之祝祠。贡茶院面虎头岩,后曰顾渚,右斫射,左悬曰。

渔陂王庙　在县西南包山。旧经云:吴夫概养鱼于此。故号渔陂王庙。

五酉季王庙　在合溪镇。贤良祝鉴为记,以为五酉,有吴之讹;季王,季札也。

武康县

防风氏庙　在武康邑境内。有二:其一在县东二里,地名清穆;一在封禺二山之间风渚湖上。《统记》云:庙在封禺二山间。《征异记》云:晋元康初,中夜见有人坐武康县楼上,身长数丈,垂膝至地。县令会稽贺循知之曰:"此地本防风氏之国,其防风氏之神乎?"遂立庙于县之东。吴越钱氏封为灵德王,号灵德庙。有石刻存。

渊德庙　在响应山下碧玉潭侧。潭水翕澄,神龙居之。唐元和八年县令刘汭祷雨有验,始载祀典。本朝元符元年邑人大旱,县令毛滂驰祷,未出山而雨。自是有请必应。刺史蒋之奇遣乌程簿祷雪,即如所请。以其事闻,敕赐今额。建中靖国元年邑人相与立祠宇。毛滂有记,刻石在庙。乾道三年知县张端友重建。

蒋灵帝庙　在县前溪南。汉末蒋子文之神也。吴立庙于钟山,不详此邑创庙之自。《统记》云:蒋帝庙神姓蒋,字子文,广陵人,汉末为秣陵尉。孙权时,有人昼行于钟山,遇子文朱衣白马,谓曰:"为我报吴王,为我立庙于此。"吴王闻之,为立庙于钟山南,封为蒋侯,因改钟山为蒋山。晋苏峻之乱,晋师祈之,封为王。齐东昏侯封为帝。

铜官赵监庙　在县西北十五里铜官山。《吴兴记》云:昔汉末吴王濞凿山采铜,监姓赵,遇山崩压死,祀以为神,因为立庙。水旱必祷,公私皆有凭验。后唐同光中敕封通灵王,至清泰二年封福善保仁王。州东南亦有廨宇。

梓华庙　在武康县黄陇山。《统记》载《宣验记》云:庙本在钱塘,为钱塘令盛凝所焚,遂移祠于此。

沈尚书庙　在县南一里,尚书沈伯仪也。《统记》云:伯仪武康人,有儒学,解褐授太子文学国子祭酒。

樊将军庙　在县南上百步,地号樊宅。汉舞阳侯樊哙是也。《余英志》云:樊哙少失父,从母嫁沛中,遂为沛人。今其地有古井,见物怪,人不敢汲。

陈许二侯庙　在县东北隅。吴越钱氏时建。祀典失其名。旧编云:二王庙。故老相传为陈许二王庙云。

岳帝庙　在县西北隅崇福里。元符三年建。

灵济庙　在县治东北清风里。淳熙十二年建。

九沈庙 在沈壁山,号九沈公。旧编云:沈氏初徙居山下,兄弟九人。山有峰,顶各立一庙。

旌忠庙 在杨村。乾道初枢密杨倓为父请于朝,赐今额。

郭先生祠堂 在武康县北十五里郭林村,即晋郭文也。文、河内轵人,晋中原之乱避地江南,步担入吴兴余杭。余杭即武康旧境。谢安闻其名,迎置西园。今祠堂南有郭林桥,西有招贤山,皆文游息之地。

贞曜先生祠堂 在县西南怀安门外一里,地名孟宅保,即唐诗人孟郊也,地盖其旧居。郊卒,门人张籍谥曰贞曜先生。

德清县

孔侯庙 在城山之阳。旧图经以为孔愉从子严为吴兴太守,立庙于此。今者市保庙乃庙食之处,孔侯庙乃墓前祠堂,后因为庙。庙后有大冢,砖甓半露,上有古木数株,坚如铁石,千岁之物。故老相传,愉葬后龟衔窠木种于此。至今号龟衔树。

沈麟士庙 在无羌山之阴,面大溪。墓在庙后。

蔺相如庙 在县东二十五里。系金鹅乡界。见旧编。

孙王庙 在县东南四十五里。孙皓父孙和之祠也。见旧编。

安吉县

朱明府庙 明府坟在其后,因庙食焉。神名纪,吴扬州别驾、偏将军。

施明侯庙 在梅溪镇。神为晋尚书左丞相征西大将军施彬,以征讨有功,诏封中涓侯。彬父为青州牧,封安吉侯,至是彬上表请县之住宅南空地为食邑,其后遂庙食。唐大中三年重修,七年二十四代孙公赞作记。石刻现存。

仁济庙 在县西北三里。俗呼为落石大王,即唐李靖也。靖擒辅公祐有功于此,邑人祀之,崇宁三年赐仁济庙额,后封惠武侯,进封忠惠景武公,又进封辅世灵佑忠烈王,供有诰词。碑记在庙。

灵济庙 在县西北常乐寺东。已废。《嘉泰吴兴志》:绍兴五年建。

天目祠龙王庙 在县西南金石乡。庙有龙井,遇旱祈祷甚灵响。又有古杉侵云,上已枯槁,枝叶郁然。父老相传:仅百余年。

白蝘神庙 唐嵩岳天师吴均炼丹于吴山,有白蝘窃而吞之,丹发躁甚,走至黄村自沉于水而死,其后有灵。颇狂怪,故不录。

寺　院

州　治

鸿禧寺　在子城西北。《统记》云：一百二十步。梁大同二年侍中萧翼舍宅建，旧名宝胜寺。唐会昌中废。咸通十二年，僧法珍请为崇福寺。龙纪元年改宝胜寺。《统记》作宝圣。晋天福二年，钱氏改广德慧崇益寺。《统记》作建隆元年，吴兴郡王钱偡奏乞改额为广慧崇益寺。本朝大中祥符二年，改今名。《统记》云：景德二年。

飞英寺　唐咸通五年，忠颛禅师募众建。刺史高湜表请为资圣寺。中和五年，改为上乘寺。旧图经云：在白鹤乡。咸通十三年，建为资圣禅寺。中和五年，改上乘寺。寺前有石礟洗马池，寺内有舍利石塔，白莲池二所。唐刺史高湜、刘植、杜儒林有词。吴兴郡王钱偡诗云：两岸槿花红步障，一行山色绿屏风。景物可想。本朝景德三年，改今额。《续图经》云：改上乘寺当开宝五年，改今名当祥符元年。舍利石塔院，在寺西，有上乘寺石塔。舍利院本浮图，碑云：僧云皎咸通中飞锡长安，僧伽授以舍利七粒及阿育王饲虎面像，遂建塔。始中和四年，成于乾宁元年。凡三十七层，高六十五丈。开宝中有神光见于绝顶，遂复增建木塔于外。绍兴庚午岁，雷震成烬，知州事常同因州人之请复立是塔，舍利无恙。今又建木塔云。

广化寺　在子城西。《统记》云：二百步。即吴兴郡王钱偡第。偡殁后舍为寺，号正法明。旧编云：当开宝四年。本朝景德三年，改今额。西廊有子院，号宝藏教院。院之经轴皆题曰正法明寺。殿后有铁塔九层，乃恭义王祠，即偡也。

大宁寺　在仪凤桥南。本福田院，唐开元中建。州旧有大宁寺在北丘尾，今报恩光孝寺也。崇宁二年，诏诸州置崇宁万寿寺，郡以大宁寺应诏，遂移寺额与所居尼于福田院。

宁化寺　在府东北二里。旧传古防风氏宅。会昌元年刺史张文规置。今废。《统记》云：今人往往于寺夜见巨鬼坐股垂足于地。寺有杉松院，院中有古塔及铁文殊像。

楚帝寺　在东北一里。古项王庙也。梁太守元仲景梦伟人羽葆甚盛，请居宅为寺，遂舍宅建。昭明太子撰碑。以陈封项王为楚帝，因呼楚帝寺。今废。见《统记》。

德本寺　在府北前石桥后石桥之间。今不存。郡学文宣王碑阴载郡人徐导居德本寺之后石桥，叙事颇详。

报恩光孝禅寺 在子城北。陈永定三年,章皇后舍宅建,见旧图经。名龙兴寺。神龙二年,改孝义寺。有徐陵撰碑,十代孙峤之书。中宗时,复旧名。会昌五年,废。次年,再置。长兴二年,钱氏改为大宁寺。据《统记》。本尼居也,其地曰章后坊。有唐经幢十数,皆刻尼名。本朝崇宁二年,改为崇宁万寿寺。绍兴七年,以崇奉徽宗香火,赐报恩广孝。十二年,改今名。《统记》云:文殊堂额,颜鲁公书之。又有谢安石碑,裴清撰。今不存。

开元寺 在子城西。《统记》云:一百二十步。天监中,尚书右仆射徐勉以居宅有庆云之瑞,舍为尼寺,号八政。武德元年改居僧。开元二十六年,改今名。殿内有明皇真容。武宗初例废。会昌五年奉敕再置。见《统记》。薛逢有《寄湖州开元寺座主诗》曰"傍城花柳覆精庐",气象可见。寺东廊有广福院,奉观音像。西廊有智者院,居教徒,奉普贤像。寺屡经回禄之后,今惟存廊庑。观音广福院因别立门。

兴国寺 在府东南一里。南齐给事中徐系祖舍宅为寺。今废。《统记》曰:系祖初为青州刺史,造石佛像二躯,及还江东,其像坚重不可载行。及松江,风雨夕晦,石像伟然在侧。旧编载旧图经云:四水至州南兴国寺前,合为雪溪,至江子汇左右。唐初寺废,移额于千金。今名无为寺。

天圣禅院 在子城北。唐中和二年,郡人吴言舍宅建。刺史王鸾表请为景清禅院。本朝天圣八年,罢改今额。宣和中,改院为神霄玉清万寿宫。建炎元年,罢宫名,复为寺。殿有钟,唐咸通中铸,刻景清禅院。经一藏,唐天祐中写本,皆题保圣寺。

景德禅院 俗称小景德院,在子城南。旧经云:在归安县南苕溪坊。钱氏时杨顺舍宅建,得额为雪水传经院。《续图经》云:建时当乾化四年,得额当贞明三年。本朝大中祥符元年,改今额。旧图经云:乾德四年后有弥勒教院。

能仁院 在骆驼桥东。钱氏时刺史钱照晏建,旧名法照。本朝乾道元年后大中祥符元年改承天院。政和七年,改今额。

报本禅院 在飞英寺西。钱氏时州人蔡礼建,旧名净土吉祥院。本朝开宝七年后大中祥符二年改今额。

广福观音禅院 在子城西。乾兴初,有僧鉴真铸铁观音像置开元寺南隅,后经火灾,就故址建殿宇廊庑等五十年余间,号铁观音院。熙宁元年,赐寿圣观音禅院。绍兴二十二年,改今额。

广福施水禅院 在子城西。本朝至和元年,州人请于鸿禧寺前建屋施水,后增至六十余间。熙宁元年,改今额。旧编作绍兴二十二年,恐误。有故相惇祠。章惇祠。

景德教院 在定安门内。《统记》云：在县南三里。梁贞明中，吴越武肃王第三子湖州刺史钱传璙建，名保安。后又重修，宣德军节度使钱信撰记，当本朝开宝八年。太平兴国三年，敕立戒坛。景德二年，改今名，赐金书额。嘉祐中，灾。治平三年，僧怀秀重建。绍兴八年，僧请为教寺。今两廊为睦宗院。旧图经云：在龙华里。唐天祐十七年，建。天祐十九年，给额为保安寺。

空相教院 在州城西北隅。旧名弥陀忏院，不详元置事因。治平二年，改今额。大观二年，有僧请为十方教院。岁有期忏会。

惠日教院 在子城西北。钱氏时杨《续图经》作汤。庭礼舍宅建。初号报国看经院，后改今名。

证通教院 在子城东南花楼桥南。钱氏时朱可宾舍宅建，当石晋开运元年，旧名保安院。旧图经云：东保安院。治平二年，改今额。绍兴四年，为教院。

告成教院 在月河。钱氏时银青光禄大夫钱德安建，旧名正真院，当周显德六年。本朝大中祥符二年，改今额。绍兴十二年，为教院。

慈感教院 在定安门内横塘。嘉祐中，知州事盛申甫始建于迎禧门外。旧编作元年，《续图经》作六年。按：《太守题名》：盛申甫于二年到任，五年罢。皆非也。俾僧行主楚露骸，号利济院。元丰初，僧法源增广之，待制章衡为记。大观元年改今额。建炎三年，郡人虑院在城外或屯寇盗，徙置今处。寺有珠罗汉，渔人得之蚌中，偏袒右肩，矫首左顾，如行脚相，衣纹毕具。郡人刘焘作传，石刻在寺。

郡安院 在子城东北。唐光启中，《续图经》作景福。刺史李师悦因郡人舍地建。乾宁中，赐额。今居尼。

普宁院 在子城西。唐光启元年，刺史李师悦建，号护国保安院。钱氏改普提保安院，后改今额。居尼。

乌程县

显化禅寺 在县南二里岘山。崇宁四年，以澄悟禅师塔祈求有验，始赐今额。其塔号定应。

圆证寺 在县西北一十五里卞山。唐大历中，有僧惠政坐禅四十年。元和五年，故宰相于頔表上其事，赐名圣寿寺。会昌三年，刺史张文规积石贮泉曰浮空潭，又以水似伊洛，改名思洛，又作泣玉亭。本朝治平二年，改赐今额。《祥符图经》已作圆证寺。未详。

惠觉寺 在县西北一十五里法华山。梁普通二年建，号法华寺。寺有偃松、九曲池、流杯亭、望湖亭。唐刺史韦明扬、李洞、卢幼平、崔元亮、张文规有诗。本朝治平二年改赐今额。旧图经作法华寺。

普静寺　在县东南九十里乌镇。梁天监中，司空沈约舍父墓地建光福寺，约先葬父于此，今寺殿基即其处。约岁时来展墓，武帝遣昭明太子迎之，约不自安，乃迁葬，以地为寺。本朝大中祥符间，改今额。

密印寺　在普静寺侧，梁昭明太子之馆也。沈约展墓，昭明馆此。约舍基地为寺，昭明因以此馆别为一寺。今约与昭明为二寺伽蓝神。旧有碑刻。

大觉寺　在县东十八里西余山。旧名宁化。本朝治平二年，改今额。

妙果寺　在乌镇。元祐中建。尼寺也。

喜宥院　在县东四十里旧馆。唐光启中建。见《续图经》。旧编云：萧梁时建，号圣嘉院。钱氏改今名。

圆明院　在县东北四十五里上林。钱氏同光中建，名看经院。后改广济院。

布金院　在县东北七十里湖上乔溇。广顺十年，钱氏建。名观音院。

法忍院　在县东北四十五里轧村。钱氏建，号善庆院。

护圣万寿禅院　在县南十二里道场山。唐中和间，有如讷禅师出巡礼，师曰："好去，逢道即止。"讷经此山，问何名？父老曰："古传号道场。"因欲留止。父老曰："此山多虎。"讷策杖直上，坐盘石，虎伏其侧，经三宿无所伤，因结庵使居之。今号其处曰伏虎岩。后起廊庑佛殿，塑千罗汉于中。吴越王与额为吴兴正真禅院。续改为寺。郡守钱信、王洞皆有游道场山诗。文多不载。本朝改妙觉寺。《祥符图经》尚曰正真禅院。元丰三年，知州事陈侗奏改赐今额。寺旁有笑月亭、爱月亭。

移惠崇报禅院　在县南十四里何山。元嘉十四年，张劭、丘道祚共建，号禅幽寺。有二道人碑碣。见《统记》。旧图经作何山院。会昌中废，碑亦不存。本朝天圣中，改宣化禅院。乾道初，开府赵伯圭请为秀安僖王功德院，赐今额。

观音禅院　惠觉寺子院也。萧梁时，尼总持道场。唐大历中，法华寺僧大光和尚于其地建观音忏院。见旧编。《续图经》萧梁作朱梁，大历中作开宝四年惠觉寺僧。《续图经》误。钱氏时，改今额。当太平兴国二年。丞相李绅《乾宾中神异碑》。

宝积禅院　在县西南二十七里杼山。旧在金斗山，梁大同七年初建，号妙喜寺，以东方有妙喜佛国，故名。唐贞观六年，始移额于此。寺多古迹，颜真卿《杼山妙喜寺碑》载甚详。颜公与李萼、陆羽等于此撰《韵海镜源》。刺史卢幼平及李萼、张著、陈古、陆羽、蒋至皆有诗。文多不载。有僧如昼祠。详见杼山下。后改今名。旧图经、《统记》并作妙喜寺。本朝治平二年，改今额。

护国仁王院　在仁王山。唐咸通中，赐今额。

护国罗汉院　在县东四十五里上陂。唐光启中僧道聪建。《续图经》云：景德三年繁昌知县郑良撰《修殿记》云：梁乾符初建。据萧梁、朱梁并无此号。唐僖宗尝改号乾符，去光启不远。本朝景德三年赐今额。

上明院 在县西南五十四里官泽。宋元嘉中，青州刺史钱响、冀州刺史钱产舍宅建寺。钱氏号为上萦院。周显德中，避讳改今额。

寂照院 在县东北四十五里号骥村。唐光启中建，号静居院。自后院十六所，并本朝治平二年，改赐今额。

本觉院 在县东北三十里湖上五浦。唐光化中建，号兴福院。

超果院 在县西南三十六里麻谷村。唐龙纪元年建，号龙纪院。

净众院 在县南十八里下菰塘。唐元和十四年建，会昌中废。天复三年，有僧立庵，以金盖道场名上金院。

宝林院 在县东六十八里湖上新浦。广顺二年钱氏建，号永宁院。

金文院 在县东北十三里外庄村。乾德五年钱氏建，名看经院。

慈云院 在县西南四十九里姜村。钱氏建，名龙安。有龙湫。

法印院 在县西南四十九里章宅。乾德五年建，名崇德院。

明心院 在县东北五十四里东迁。初号宝光兴法院。

兴善院 在县东北二十七里湖上义高村。钱氏建，号善庆院。

慈恩院 在县东南六十里马要村。钱氏时建，号兴国院。

多宝院 在县北二十里下山。元号西峰塔院。乾化二年，钱氏建，号西蛮院。以上二十六所，并本朝治平二年，改赐今额。

广福禅院 在县东南九十里乌镇。本朝治平中建。熙宁中，元名寿圣。隆兴元年，改赐今额。以太上皇后称寿圣。今故改。

昭感院 在县北十八里湖上。吴越钱氏文穆王领兵拒南唐至此，有异梦，遂建院名瑞现。旧编云：梦泗州大圣言泛海而来，翌日得之湖上，遂建寺。本朝端拱中，郑建记，有石刻。大中祥符元年，改今名。见《续图经》。旧编云：治平中。

福田院 在县东十五里谢村。基本谢灵运故宅。唐大中年间建。《续图经》、旧编皆作戊戌岁。按：大中元年岁次丁卯，至十三年己卯，有戊辰、戊寅、甲戌，无戊戌年也。当误。

嘉会院 在乌镇。本朝绍兴初建，号寿圣下院。后移本州废额于此。

利济院 在县西二十五里栖贤村仙人顶。本朝绍兴初，僧明辨建。淳熙中，移安吉县废额为名。

常照院 在菁山。建炎中，僧梵隆建，因请废额为名

显亲隆报禅院 在县西一十里下山。本朝政和二年，中书侍郎林摅请置功德院，赐额。

承庆荐福禅院　在县西北十二里。本朝建炎三年,前宰相徐处仁之子康于父坟请置功德院,赐额。

积善教忠禅院　在县西北十二里。本朝建炎三年,资政殿学士叶梦得请置功德院,赐额。

崇因荐福禅院　在县西三十五里华严山。旧名嘉会院,本朝绍兴十三年,尚书右仆射朱胜非乞于母秦国夫人坟所置功德院,赐今额。

崇报胜因禅院　在县西二十五里后董村。本朝绍兴初,丞相沈该请置功德院,赐额。

旌忠崇先禅院　在县西南四十五里。唐贞观中,觉闻禅师建,号景山寺。本朝隆兴元年,检校少保张子益请置功德院,赐今额。

报严彰孝禅院　在县东夹山。

归安县

旧图经载寺院三十四,有法照院,东保安院、多庆院、福田院、雪水传经院、景德寺。本县图经载:在城十一所,光孝、慈感、天圣、报本、能仁、告成、证通、飞英、景德、郡安、大宁。城外二十九所。除在城内者附见郡志,其在城外者如后:

狮子吼寺　在县南崇礼乡射村。吴太元中,有居人刘钺尝与费长房睹空中奇兽,金毛五色,哮吼之声三振,遂奏舍宅为寺,因以为名。唐会昌中,废。中和二年,重建。本朝天圣壬申岁,僧有感等起三门及轩庑。景祐乙亥毕工,有记在寺。庆元二年,重建,编修沈瀛述记。

祇园寺　在县西南东林。齐永明三年建,号大乘寺。本朝治平二年,寺东廊有吕仙像在薜荔中,有塔在山顶。见《图经》、旧编及沈东老事。

鹿苑寺　在射村。梁大同元年,处士夏份舍宅建寺。后废。唐大历三年,沙门明哲募缘请重建。诏赐名永兴寺。元和五年,乡贡进士吴行周撰记,有"鹿苑神辟,龙宫化来"之言。其庄严可知。又云:郡守工部尚书颜公篆额,即颜真卿也。本朝治平二年,改今额。隆兴元年,僧元偘募缘重修佛像,侍郎葛立方、宗丞沈询、进士吴椿有诗并记刻石。

精舍禅院　在施渚。陈永定中,青州刺史管聚舍宅为院。见旧经。《统记》载:管聚舍宅,后再到游览题诗,有"昔舍家山为梵宇,今来此寺览遗踪"之句。又白乐天诗寄题曰:惯游山水住南州,行尽天台及虎丘。惟有上强精舍寺,最堪游处未曾游。又唐中书舍人李百药、御史大夫高知周、金部郎中钱起、郢州刺史郎士元各有题诗在寺。唐大中元年,改为禅院。院中有井,广半亩,水甚清泚。中有灵鳗长数尺,背有金线,俗称为鳗菩萨井,殊灵异,水旱如祷,即见井面。

无为寺 在县东南福增乡千金里。晋王衍舍宅建。见旧图经。及旧经云见《兴国寺碑》。窃详:王衍在东晋时已死于夷虏,何从有宅在江南。不知寺碑之言何所据。唐时士人冯伦、沈演复建。移郡城兴国寺废额榜之。会昌中废。咸通三年又建,乡贡进士张蟾撰记。记略云:华开宝殿,文烂瑶阶,百堵兴而门户开,万楹叠而廊庑封。寺有名僧五千人,其雄伟亦可见也。本朝治平二年,改今额。

黄岩禅寺 在县西南至孝乡唐村。唐中和三年建。钱氏时号长庆院。本朝治平二年,改今额。见旧编。据旧图经有黄岩院,并云在至孝乡;长庆院,云不详初置岁月,后唐清泰元年重建;黄岩,云唐中和三年建。是一院而重载也。

开化院 在县东南孝仁乡侯村。晋永嘉元年,孙德宗舍宅建。唐会昌五年,废。钱氏重建,号菩提寺,当周广顺三年。本朝治平二年,改今额。

凤山院 在县西南广德乡。宋元嘉四年,遂昌县令潘琮舍宅建。钱氏改今额,当本朝建隆元年。

栖真禅院 在县西南延村。唐咸通六年,姚恩舍宅建,号孝义院。本朝治平二年,改今额。

觉悟教院 在松亭乡思溪村。唐咸通十四年,金州刺史刘某舍宅建,号觉观院。会昌中废。本朝咸平以来,始建大殿、法堂、诸天阁,改今额。据旧编云:会昌中废。咸通中,复兴。又云:治平二年,改今额。按:旧经云:唐咸通十四年,刘使君舍宅建。作《图经》时已号觉悟,非治平二年改,明矣。

净慈院 在太元乡含山。唐乾符三年,沈从昭舍地建,号含山院。本朝治平二年,改今额。山顶有塔。

瑶山院 在琏市。唐初,郡有通瑶寺,废。会昌三年,请额建此。咸通二年,改今额。

禅智院 在县东南三十里竹墩。唐咸通十五年,沈思立建,号大乘禅院。钱氏时沈思蕴重修,当后唐同光四年。又改名广福罗汉院,当周显德六年也。本朝治平二年,改今额。

宣妙院 在县东九十里琅邪乡古博村。唐乾符五年,进士蒋子友舍宅建,号兴福院。本朝治平,改今额。据旧经有兴福院,无宣妙院。旧编有宣妙院,无兴福院。乡分年代俱同,故知宣妙即旧名兴福也。

尊胜院 在县西南九十里至孝乡铜盘村。不详初置岁月。钱氏重建,号宝善院,当周显德五年。本朝治平二年,改今名。

妙严院 在县西南九十里至孝乡莫村。钱氏建,当晋天福八年。

无相院 在县西南一百里至孝乡莫干山。钱氏时建,号莫干院。本朝治平

115

二年,改今额。

演教院 在县东南三十里荻港。钱氏建,号兴福院,先当周显德二年。本朝建隆元年,重建。治平二年,改今额。

上乘院 在县东四十里福增乡灵山村。未详初置年代。钱氏重建,号清灵院,当晋天福七年。治平二年,改今额。

悟空院 在县东南二十里松亭乡湖趺村。不详初置年代。钱氏重建,号正福院,当唐乾祐二年。本朝治平二年,改今额。

净业院 在县东南二十里松亭乡沈湾。本名沈湾禅院,不详初置年代。钱氏时重建,号普光院,当周显德二年也。本朝治平二年,改今额。

青莲院 在县东南二十五里松亭乡石冢。唐大顺三年建。景福三年,赐额名报恩。见旧经。据旧编云:乾宁元年赐名。本朝治平二年,改今额。绍兴二十六年,僧齐岳鼎新重建,刘一止为记。

兴庆院 在县东南九十里屠村。钱氏建。旧编、旧经俱不载年月。

金地院 在县东南九十里清风村。初号清风院,不详始置年代。本朝治平二年,改今额。

广福禅院 在县西南九十里中山顶上。不详建置岁月。按:旧经有资福庵,在县南至孝乡北。齐乾明二年,重建而为此院。旧编及本县图经却有此资福庵。至孝乡在县西南九十里,即此院也。

显亲教院 在县东南六十里熟梅村。绍兴八年,即唐废寺基建,赐额。

圆觉禅院 在思溪。宣和中,土人密州观察使王永从与弟崇信军承宣使永锡创建,赐额为慈爱和尚道场寺。有塔十一层及有藏经五千四百八十卷,印板作、印经坊。

妙因院 在菁山。嘉泰中,武经郎张思恭移废额以待云游。

崇胜院 在归安县西南孝仁乡施渚镇。晋永嘉元年,孙德宗舍宅建。会昌五年废。钱氏重建,号幽岩院,当周广顺三年。本朝治平二年,改今额。

长兴县

大雄寺 在县西北一里。陈文帝天嘉元年,为皇考始兴昭烈王太妃所立也。本号报德寺,周弘制寺碑。唐会昌二年,县令俞皋奉敕重建。治平二年,改今额,字石曼卿书。寺西偏水陆寺院有疏瀹池、仰止亭,东有秋音亭、寸碧轩、岩壑斋。慧隐道虬尝住持。见郡志僧道下。

空王寺 在县西北天居村。钱氏时建,名天居寺。本朝治平二年,改今额。

宝相寺　在县西曲水村。陈大建五年建,名曲水寺。本朝治平二年,改今额。慧豪、慧畅住寺。见郡志高僧下。

大云寺　在县西南四十里方山。齐永明元年置,号方山寺。本朝熙宁中,有僧析竹丝织为佛,至今存,号竹佛。后改今名。

习善寺　在县西南百四十里。齐永明元年置。本朝祥符中,增修,有释灵采记。治平二年,改为证心院,后复今名。旧编以为治平后又改为今名。按:《统记》作于淳化时,已载集善寺。

普安寺　在县西十六里。陈永定二年,蔡州刺史柏显度所建,名陈兴。唐天宝四年,改为唐兴。钱氏又改名长兴。本朝治平二年,改今额。

晓觉寺　在县西南百十九里洞口。齐永明元年建,号齐明。唐天宝四年,改今额。

离相院　在长兴县西南六十里佛川。宋元嘉元年建。吴均《入东记》云:是年,有石佛自川中涌出,因建寺,以佛川名之。唐天宝中重建。本朝治平二年,改今额。

广福禅院　在县西三十里合溪。宋元徽五年建,号飞云寺。旧图经云:寺侧有风穴,故云雾不得霭郁于其间,故名。本朝治平二年,改今额。崇观间,僧元礼作飞云堂,刘焘有诗刻。

上吉祥院　在县西北三十五里水口。额本陈大建五年置,在武康。唐贞元十七年,刺史李词表移置贡茶院。会昌中,废。大中八年,刺史郑颙奉敕重建。

广惠院　在县东九里下箬,陈高祖故宅也。光大元年,诏立为寺,号为天居。慧篆住持精于学业。唐初,经辅公祏焚毁,珠宝悉散失,惟余尚书左仆射王缮撰碑碣。后复建。至僖宗时名崇光院。本朝治平二年,改今额。

制胜院　在县西九里罨画溪。旧号清异寺。梁大同元年,江州刺史钱道居舍宅为寺。唐会昌中废。钱氏重建。天圣景祐间,增修。院后有溪光亭。以上寺院十所,旧图经、《统记》并载。旧编云:寺有画罗汉,与慈氏院画皆管洞笔。

广福院　在大雄寺东。本寺之子院也,号报德常住院。本朝熙宁初,赐名寿圣院,僧净瑞主之,为禅席。后改教院。有塔、有经藏。隆兴初,更今名。

下吉祥院　在县北上步村。旧名崇兴院,不知始建年月。本朝治平二年,改今额。

慈光禅院　在县西南果尚村。唐景福二年建,号果尚。本朝治平二年,改今额。

清凉禅院　在县东南和平镇。钱氏建,号化城庵。本朝治平二年,改今额。

普济院　在县南湖南山。钱氏建,号保寿寺。本朝治平二年,改今额。

孝感禅院 在县西灵山。本朝元丰中,丞相章惇为母请建功德院,赐额。

承庆报慈禅院 在县西北赭石山。本朝建炎中,枢密刘珏请建功德院,赐额。

解空院 在县南四十三里吴山。钱氏建,名保安。本朝治平二年,改今额。

国清院 在县西南洛坞。唐天顺二年建。本朝治平二年,改今额。

宝隐院 在县西南鱼陂。唐天宝中建。事见僧如昼作《明禅师塔铭》。所谓鱼陂道场也。钱氏改名空隐。本朝治平二年,改今额及赐二铜钟。院有明心亭。

梵慧院 在县西南四安镇。唐咸通中建,号集云寺。本朝治平二年,改今额。旧编云:建炎中,金虏游骑纵火至藏院,经轮自转,有声如雷,火亦遂灭,贼遂散去。有江东汪用汝记。

饶益院 在县西北应山。钱氏建,名应山寺。本朝治平二年,改今额。

定香院 在县东北彭城沿湖。旧号国安,钱氏改名护国。本朝治平二年,改今额。

梵业院 在县东北高塘沿湖。钱氏建,号护明。本朝治平二年,改今额。

定慧院 在县北无胥村沿湖。钱氏建,号报国。本朝治平二年,改今额。

慈氏院 在县东南和平镇。晋日南太守莫封宋元嘉元年舍宅为寺,号新安。唐僧如昼有碑铭。本朝治平二年,改今额

三学院 在县西南午山。钱氏建,号看经院。本朝治平二年,改今额。

正觉院 在县西南九龙山。钱氏建,号九龙。本朝治平二年,改今额。

化城院 在县西南晓觉村,齐永明元年建,号齐明。唐天宝中,改为晓觉。本朝治平二年,改今额。

龙华院 在县西南吕山。唐咸通十五年建,号普广。本朝治平二年,改今额。

辨利院 在县东南下山白鹤岭。绍兴三十二年,赐额。

武康县

大慈寺 在武康县东五十步。《统记》云:百步。梁普通六年八月建,名宝相。《统记》作保相。唐汉阳王张柬之为碑。《续编》及《余英志》不载碑事。后唐广顺元年,邑人唐君师舍宅重建。本朝乾德五年,僧道兴重修。治平二年,改今额。寺有《神钟记》见事物杂志。

证道寺 在县西二百步。南齐建元元年置,《余英志》云:以邑人秘书郎沈密旧居建。名齐昌。唐天宝四年,改名永安。建隆三年,县令罗文圭重建。治平二年,

改赐今额。旧编云:门对大溪,南望群山,最清胜。《余英志》载毛泽民《游证道寺诗》,有"更看醲酾一夜春"之句。《统记》云:沈密为其寺碑。

静林寺 在县西三里孟宅保西。梁大同四年十月置。唐咸通六年,齐偘禅师更造。旧编云:九年,改今额。《余英志》云:寺瞰溪流相为胜绝。寺有妙峰亭、妙行堂、壶中轩、载毛泽民及葛文康诗词。葛公诗有云:妙行堂前笋碧鲜,壶中轩外叠礦砅。轩外叠石为山也。又云:《吴兴记》称寺有唐张柬之碑。今碑仅存,字不可辨。

禅静寺 在县西北七里招贤山。唐显德中建,名招贤。本朝治平二年,改今额。寺有集翠堂、留芳轩、玉醴泉。《余英志》载毛泽民集翠堂诗、禅静庵诗、葛文康留题。

皇觉寺 在县东北十五里凤凰山。后汉述善侯沈戎故居,地名沈碧,沈氏世居之。宋元嘉三年,戎之八世孙司空庆之,吏部尚书昙庆、五兵尚书怀宁、光禄大夫孟𫖮等,请以始祖宅为寺。文帝以述善侯有功于人,人怀其德,赐名怀德。唐天复九年,重建,改名永德。本朝治平二年,改赐今额。《余英志》云:始开山时,术者以此山有凤翅形,凿之必异。既而举锸,若有凤凰飞去。

翠峰寺 在县东北三十里小山之麓。《统记》作小山寺。宋元嘉元年建,僧法瑶尝住持。事见郡志高僧下。齐永明三年,改为尼寺。本朝大中祥符元年,改今额,复为僧舍。寺有塔七层。《余英志》载毛泽民《游翠峰寺诗》及《题塔院诗》。

广福尼寺 在县东南大赛山。庆元六年,以废额建。

建灵寺 在县北一里。《统记》云:晋义熙二年八月,晋车骑将军沈充舍宅为寺。今废。

龙光寺 《统记》云:县东北三十里。宋元嘉三年九月置。其中即车骑将军沈充别馆。今不存。

花藏尼寺 《余英志》云:在县东二里步。今废。

等慈尼寺 《余英志》云:在千秋桥西南。今废。

千佛寺 在县东南十五里凤凰山下。梁大同二年建,名报德。本朝治平二年,改今额。琳师有《千佛寺避暑诗》。

仁王院 在县东二十五里秀峰山。本朝建隆元年,钱氏建,名罗汉。治平二年,改今额。

大安院 在大赛山。本朝开宝六年钱氏建。

禅居院 在县东南三十一里金升山。本朝乾德三年,钱氏建。治平二年,改今额。

圆觉院 在县南十五里龙口山。梁普通三年建,名智业。本朝大中祥符三年,改今额。旧编云:唐大中二年改。

报慈资福禅院 在县东北三十五里三班村。绍兴十三年,参政范纯礼请为功德院。见旧编。《余英志》云:在县西南十五里金华山。

思严孝亲禅院　在县南二十里大赛山。乾道九年,节使王概建。旧编云:王晋锡请为功德院。

净因院　在县北百五十步。唐开元中建,名开元院。旧编云:大中三年建。本朝治平二年,改今额。有藏经五千余卷,嘉祐元年造。

护国禅院　在县西北二十五里石颐山。唐咸通五年建。景趣幽绝,有偰禅师坐禅石及虎跑泉,清澈无底。旧编云:偰师以结庵,有一虎常随之。师以乏水为忧,虎跑地得泉。因以为名。《余英志》载毛泽民《游虎跑泉石颐山诗》。葛文康《留宿石颐诗》云:住山偰老富心机,云云何须兼住两招提。盖偰师建两伽蓝,冬居石颐,夏居静林。

隆教院　在县西北十八里铜山之麓。石晋天福三年建。周显德中名资福。本朝治平二年,改今额。建中靖国初,僧维琳居之。《余英志》:琳号无畏大士,受知苏公轼,与毛滂酬唱甚多。院内有无畏庵、内苑桥,外有清奏亭、古月泉、擎天松,后有牛头峰、缓步堤、毛公堂,皆师所创。

定空院　在县东北七里。梁普通六年建,名永昌。治平二年,改今额。寺前后皆梅,毛东堂有定空寺观梅乐府。寺后有白云亭,掌琳师有诗。院在烟霞坞。

福庆院　在县南十八里上陌步。本朝乾德四年钱氏建,名镇安。大中祥符元年,改今额。院有翠屏轩、秀巘亭。毛东堂有诗刻石。

体寂院　在县西南二十里中山。唐咸通三年建。中和元年,赐今额。见旧编。而《余英志》乃云:失建置年月。西南有虎鹿冢。旧编载:佛日禅师居此院,道行高洁,常有一虎一鹿随之。一日虎独归而鹿不至,师意虎害鹿,薄责之。虎屏气徐出,须史负一死鹿至前,虎亦毙。师并瘗之。号虎鹿冢。《余英志》同。

定光院　在县响应山下。本朝建隆三年,钱氏建,名宝安。治平二年,改今额。古迹,并见响应山下。

章法院　在县西南二十六里前村山。本朝治平元年建,名延寿。二年,改今额。

达观院　在县东北三十六里独苍山。梁大同中建,号龙岩。本朝治平二年,改今额。

永光院　在县西北三十五里天泉山。建隆二年,钱氏建。

宝福院　在县十五里上陌步。乾兴元年建。

护戒禅院　在县东二十五里龙山下。本朝太平兴国中,钱氏建,号福庆。治平二年,改今额。

崇福密岩禅院　在县北二里乌回山。绍兴七年,赐额。奉懿节皇后祠。

资福妙静禅院　在县南十八里鸡鸣峰。绍兴二十四年,卫茂实请为功德院。

崇孝院　在县东北三十里翠峰。淳熙六年,参政施钜建。

报恩资福禅院　在县西南二十五里大安岭。淳熙八年,少保邓从义建。

云岫禅院　在县东七里石井山。淳熙八年建。

　　右寺院三十六,而废者四。据《统记》所载,怀德、永安、宝相、小山、静林、建灵、龙光,止七所。而建灵、龙光已废,存者五而已。其他皆未置,虽置而名未显。今据诸书所载,存者三十有二,而九所建于绍兴以来,八为大官所请功德院,岂非郡为行都辅郡,而本邑山川特秀,士大夫多择葬地于此而然耶? 十佛院云云。

德清县

大中乾元寺　在县南十里天宝桥南吴羌山之阴。梁大同二年,戴可先舍宅为寺。大殿栋宇巍然。"释迦宝殿"四字,梁武帝书。"大中乾元之寺"六字,唐柳公权书。寺旧有塔,本朝乾道中,沈作式重建。初成镫火阖邑,人呼之为腰金塔。不数岁,郑闻、沈复、李彦颖、韩元吉相继为执政侍从。

寿圣寺　在县东三十六里韶村。寺记云:基四百亩,溪水环绕。梁天监五年,青州节度史沈子真居宅,一夕钟磬自鸣,堂前井中放出毫光,俄有龙腾空而去。子真遂舍为寺,武帝赐今名。《统记》云:会昌六年置。先建大殿,宏壮高峻。皆香楠木。殿有三世佛,佛碑石曼卿所书,在弥勒像前。吴越王病目,闻此井神异,取水洗之,即愈。因赐旃檀香作井栏。唐太宗皇帝亦赐御书《佛赋》《逍遥咏》《急就章》四十余卷宝函镇寺。唐咸通中刺史高湜重修大殿。其后弥陵沈氏别立禅院于寺后,号顺庆。本朝皇祐间重建。《三门两廊记》阿育禅院怀琏作,奉化知县沈时升立石。绍兴十二年,太上皇帝降御旨省札,许比慈感、寿圣两寺,免诸色科。

觉海寺　在县东四十五里新市镇。唐时,武康县旧有兴福寺,后废。元和十年,钟思染于镇中得汉中大夫朱安期墓地,请于刺史薛戎,移额建寺于此。乌程令朱集舍田宅金钱,贾彝昌相与力成之。武宗时废毁。宣宗时,彝昌重建。本朝治平二年,改今名。按:三门佛殿唐时所立,记文建中靖国初太史章撰。"大唐兴善之寺"六字小碑,今藏墨妙亭。有法鉴讲师《若愚塔铭》,殿柱有天书雷公大印。

大善寺　在县南二十七里唐栖村。梁大同二年,水部员外郎沈著舍宅为寺,号永明。唐贞观中,改为大名寺。本朝治平二年,改赐今额。

慧通教寺　在县东四十五里新市镇。熙宁元年建,号法华院。政和七年,改今额。

觉华寺 在县东北二十七里新塘。梁天监中,郡人沈悦舍宅为寺,号华林。本朝大中祥符元年,改今额。有一石经幢,唐会昌初僧清昚建,处士胡季良赞。

唐寿寺 在县北二十里戈亭。吴越时建,号孝德寺。本朝治平二年,改今额。

安国寺 在县北二十里下舍。旧名安居禅院,唐咸通中,改延庆寺。本朝治平二年,改今额。

慈相寺 在县北三里。唐元和中建,号石壁院。本朝治平二年,改今额。院有泉出石隙,状如半月,号灵泉。

华藏寺 在吴羌山前。乾道四年,移武康废额来此。武康华藏旧寺,吴越王钱俶所建,号兴慧。治平二年,改今额。今寺中有钱王护戒牒尚存。

海会禅院 在觉海寺西北隅。国初,邑人悔延昶建。本兴善寺罗汉子院。大中祥符五年,改今名。

保庆院 在县西南积谷山之阴。唐朝乾元中,邑人余邦开山赐号积谷禅院。吴越时,改大宁保庆禅院。今为民居。东有望蠡亭,正与蠡山相对。

妙严院 在县北十里大壮岭东,唐乾符二年建,号集云院。后改今额。本朝绍兴七年,枢密沈与求乞为功德院。有妙峰堂,诗榜甚多。

保宁院 在县北十里大壮岭。本朝绍兴五年初建。朱皇后乞为功德院,赐今额。

道林庵 在县东二十七里。崇宁元年建。尝以本州天圣院名之,后罢神霄宫复旧院额,遂以今名榜为庵。

三德院 在县东四十里梅林。南齐建武中,邑人太常少卿张迪舍宅为寺,始号波罗蜜寺。唐大中元年,改波罗护国院,本朝治平二年,改赐今额。有岑硕诗云:齐朝立兰若,曾废会昌初。佛法灭不得,僧徒还此居。无碑传古昔,有树老扶疏。门外涤尘水,寒光浸太虚。院有弥陀阁、大悲阁,甚雄壮。

真教院 在县北二十七里相村。咸通六年建。本朝建隆三年,为集福院。治平二年,改今额。

延寿院 在县东北二十七里敢村。梁天监四年,邑人沈庆之舍宅为寺。唐大中初,赐今名。《统记》云:在县东十八里,咸通十年置。

明因院 在县东四十五里新市镇。吴越时显德三年,余杭令章靖舍宅创建,号罗汉院,记文龙街首座赞。熙宁元年,改今额。

齐政院 在县东北十五里忻村。唐咸通十二年建。本朝元符中,灵芝元照撰记。

永宁院 在县东北三十六里白彪村。齐永明二年,丹阳太守沈豫舍宅建。

唐咸通中,复赐今额。

永寿院 在县东四十五里后柳村。唐大中二年建。咸通中,赐额。

梵行院 在县东四十五里苦竹村。唐咸通二年建,号永恩院。本朝治平二年,改今额。

瑞莲院 在县东北四十五时栎林村。周广顺二年,邑人吴篆请于吴越国邓王就古院基建,号护国瑞莲院。

越山院 在县东五里。本朝开宝中建。因旧寺基未赐额,以今名。

宣梵尼院 在县东四十五里新市镇。唐咸通五年建,号连云院。本朝治平二年,赐今额。

宁国尼院 在县西南赤土山。本朝乾道四年,开府郑藻建,请为功德院。

宝觉慈光禅院 在城山之阴。本朝熙宁中,天台僧了因结庐其上,洛僧道容继之,屋宇浸多,遂请安吉妙香禅院废额名之。绍兴三十二年,内知省徐伸乞为功德院,赐今名。山顶有塔,又有挂月、环翠二亭。

广法教院 在县东南七十里海沔村。乾道元年,移临安府废额建。

宁国院 在县东北五里兰山。乾道二年,移临安府废额于此。

广福院 在县南十二里上初坞。乾道元年,移钱塘县废额建。

真寂院 在县东南三十六里南林。乾道六年,移钱塘县废额建。今改为净化院。

安吉县

报恩光孝教寺 在县西北三里玉磬岩。宋元嘉二十九年建,号昆山寺。本朝政和三年,改为天宁万寿寺。五年,改为十方教。绍兴中,再改报恩光孝教院,崇奉孝宗皇帝道场。寺前旧有放生池,县令胡浚明重浚并记。

乐平寺 在县东北三十五里梅溪镇。宋元嘉元年,信义太守施彬舍宅建。唐会昌中废。后复旧。

大明寺 在县南十五里雾山。钱氏即古寺基建,名祇洹寺。本朝治平二年,改今额。寺有钱氏元给奏凭,称持降宣命甲子年十一月某状奏。葛胜仲诗云:空翠沾我襟,溟蒙认堂奥。兼乃张公超,五里方术妙。

化度寺 在县西南二十五里上市。钱氏建,号永乐寺。本朝治平二年,改今额。

广福寺 在县东南二十里。钱氏建,名修道寺。旧有修道寺在县南四十三里,梁大同四年三月置,隋大德三年三月废。本朝治平二年,改寿圣寺。绍兴三十二年,改今额。

上方法云禅院　在玉磬岩。唐乾兴三年建,本报恩寺子院。本朝天禧五年,始赐院额。寺后旧有半山亭,岁久毁坏。乾道六年,县令安鼎梦游是亭,寻访得旧址,重建,题曰真赏。鼎自撰记。

常乐禅院　在县西北半里。钱氏时,将军吴顼舍宅为寺,号罗汉院。本朝治平二年,改今额。有庆历二年建康俞璋所撰《罗汉院重修法堂记》。

百福院　在县西南三十里灵峰山。梁天平元年建,号灵峰院。本朝治平二年,改今额。有熙宁元年知怀州孔叔瞻撰《重修大殿记》。

净行院　在县西南六十五里董岭村。晋开运元年,钱氏建,号宝德禅院。本朝治平二年,改今额。

妙香院　在县西南四十五里结竹村。本朝乾德六年,钱氏建。建炎初兵火,德清城山请废额去。凡三十年再得旧额,今方葺治。

泽心院　在县西北二十五里磴头。本朝建隆元年,钱氏即古寺基建,名龙安院。治平二年,改今额。

等慈院　在安吉县东三里四龙湖山。吴越钱氏建,号永安禅院。旧有永安寺在县东南四十里,梁天监三年六月置。隋开皇八年十月废。本朝治平二年,改今额。大观中重修,宗子博士鲁百能撰记。

灵芝塔院　在等慈院西,钱氏建。

戒香院　在县西南六十里按坑。本朝乾德二年,钱氏建,号龙香禅院。治平二年,改今额。

普满院　在县北二十五里白茅。晋开运二年,钱氏建,号宝积院。旧有宝积寺在县南二十五里。梁大同元年十月置。天监五年九月废。本朝治平二年,改今额。

普润院　在县西南八十里荻浦。晋天福六年,钱氏建,名长庆院。本朝治平二年,改今额。

华严院　在县东南二十里铜岘山。周广顺三年,钱氏建,名宝相院。本朝治平二年,改今额。

华严院　在县东南四十五里塔坞。乾德三年,钱氏建,名资福院。治平二年,改今额。

普慈院　在县西南五十里古浮山。晋天福四年钱氏建,名安乐院。本朝治平二年,改今额。葛胜仲诗云"路出古浮山,木杪飞华屋",即此处也。

德山禅院　在县西南三十五里。唐龙纪二年建。天祐四年,吴越王改为五峰兴国院。本朝大中祥符元年,又改今额。

净慧院　在县西南八十里杭干。晋开运二年,钱氏建,名禅定院。本朝治平二年,改今额。

广慈院 在县东南三十五里。本朝建隆元年,钱氏建,名永庆禅院。治平二年,改今额。寺有天圣五年通判杭州陈诂所撰《永庆院弥陀殿记》。

禅源院 在县西九十里铜坑。本朝乾德二年,钱氏建,名龙居院。治平二年,改今额。

宝梵院 在县西半里。晋天福五年,钱氏建,名保安院。本朝治平二年,改今额。寺有山塔在溪外。

北门接待院 本朝绍兴元年,准尚书省黄给度牒,未曾赐额。院有庐舍那佛阁。

万寿尼院 崇宁元年建。

本县有寺二十七,其二十四系旧图经所载。除乐平、昆山前代所置外,余二十二皆钱氏所为。以安吉一方所置寺繁盛如此。民何以堪哉!外有齐梁等六寺,除永安、保积、修道为后人所取名,外有齐弘寺。安吉县南七里。齐永明三年十月置。隋开皇八年五月废。

《嘉泰吴兴志》卷十四

郡守题名

郡守题名,郡侯自吴置郡历晋讫陈,曰太守,间为王国则曰内史。自隋至周,历唐至吴越,曰刺史。宋曰知州事。由吴至隋未有题名。唐大历中刺史裴清始撰《历官记》,首于王羲之,终于任忠,四十四人。勒于谢傅碑阴。前吴后隋,缺而靡闻也。宋滕宗谅以所编未尽,采摭史传,增二十七人。《续图经》又以所书历官与正史差误,重加是正,且搜罗遗失,得二十四人。共九十有五。以今考之,年代之弗详,事迹之弗著,登载尚有缺焉。《唐刺史题名》,广德中李纾始立。自武德以来,名氏、官秩、迁就岁时悉追书之。贞元中,刺史李词及滕宗谅继此志刻,讫于吴越纳土,凡一百三十九人。其间亦有与《统记》、史书所载不同者。宗谅又为宋朝题名,自太平兴国三年王洞而下其后联续书刻至刘敏士百二十八人,而石穷。知州事唐璟续之,至庆元六年又二十九政。窃详:古人创题名之意,非惟欲著姓氏后先而已,有劝善惩恶之意焉;必追录前政搜访遗缺者,非惟欲涉猎务博而已,正惧其事迹之湮没也。元结《道州刺史厅壁记》曰:问之耆老,前后刺史能恤养贫弱、专守法令,有徐公履道、李公廙。遍问诸公善或不及、恶有不堪说者,故为此记,为刺史作戒。使题名不作,则前人之名皆不可见,后人亦无由历指以问,而善恶之迹俱泯矣。此古人微意而元公剖判之者也。石刻墨本必俟椎拓以张屋壁,故并录以便观览。自晋以来,且以正史诸书参考年代,订正讹舛,备录事迹,善恶毕见,疑者缺之。其有功德此民者,别标载贤守类,俾继是而书者愈加意。

晋

顾秘 记云：骠骑将军荣之族父，自交州刺史迁吴兴太守。《续图经》云：《晋史·顾众传》：父秘为交州刺史，卒，众往迎丧，值杜弢之乱，崎岖六年乃还。秘曾莅吴兴，过吴兴，义故共遗众钱二百万，一无所受。则知秘非吴兴迁交州也。《周玘传》：石冰略有扬土，玘率吴兴太守顾秘都督扬州九郡军事，斩冰所置吴兴太守区山。惠帝太安二年，前吴兴内史顾秘起义兵以讨石冰。

周玘 记云：字宣佩，征西将军处之子。累迁吴兴太守。《晋史》：玘斩钱璯三定江南，元帝嘉其勋，以为建威将军、吴兴太守，封乌程县侯。按：怀帝光熙三年，钱璯反，周玘率郡人斩璯，百姓敬爱。事见贤守下。

王羲之 字逸少，司徒导之从子。起家秘书郎、征西将军，累迁吴兴太守。子献之。《续图经》云：《晋史》不载为守。又传云：起家秘书郎、征西将军，庾亮请为参军。当是将军下脱参军二字。梁吴均《入东记》：羲之为守，升乌山事。

王献之 字子敬，建威将军、吴兴太守。《续图经》云：《晋史》不载为守事。恐唐人必有据。按《晋史·传》：献之为卫将军长史，寻除建威将军、吴兴太守。征拜中书令。《南史·羊欣传》载献之为太守吴兴，书裙数幅事。《王俭传》：宋苍梧王暴虐，俭引新安主婿王献之任吴兴为例，补义兴太守。

谢万 字万之。伯祖承撰《后汉书》，历吏部郎，为吴兴太守。兄安、侄瑷。《晋史·纪》：穆帝升平二年八月，以吴兴太守谢万为西中郎将、豫州刺史。

谢安 为吴兴太守。《晋史》作征西将军军司马，寻除吴兴太守。又乌程县西四里有谢塘，旧经云：晋太守谢安开。《世说》：王僧弥谢玄曰[1]："汝故是吴兴溪中钓碣耳。"注：玄叔父安曾为吴兴，玄少时从之游，故云。在官无当时誉，去后为人所思。开城西官塘，人获其利，号谢公塘。顷之，召拜侍中。

谢琰 为吴兴太守。《续图经》云：《晋史》：谢琰督吴兴、义兴二郡军事，讨孙恩。非太守也。恐别有据。琰讨恩至义兴，斩贼许允，进吴兴讨丘尫，破之。

虞潭 字思奥，吴骑都尉翻之孙。散骑常侍出为吴兴内史。兄子骎。《续图经》云：《晋史》：潭为吴兴太守，秩中二千石。顾众、张闿传并云吴兴内史。《职官志》：诸王国以内史掌太守之任，则吴兴必尝封王，太守为内史矣。按：成帝即位，潭为太守。苏峻反，加督三吴等五都军事，与闿等同讨峻。《帝纪》：咸宁三年五月，苏峻逼迁太子，吴兴太守虞潭等起义兵于三吴。《王舒传》亦作太守。

---

[1] 《世说新语》原文为"僧弥举酒劝谢云"，《南宋文献集成》编者注。

虞騄　騄亦至吴兴太守。《晋史·传》：字思行，历吴兴太守。《世说注》：历尚书郎、吴兴守，征为金紫光禄大夫，卒。

陆纳　字祖言。自吴兴太守迁大中正。《晋史》：纳以尚书吏部郎出为吴兴太守。先至姑孰辞桓温，征拜左民尚书，领州大中正，装止襆被。事见贤守下。

周镇　字康特。累迁吴兴太守。

胡严　字起祖。左迁吴兴太守。

王胡之　字修灵，廙之子。自吴兴太守迁西中郎将、司州刺史。《图经》云：《晋史》灵作龄，不载为吴兴太守。《世说》有王司州至吴兴印渚事。注：《别传》云：历吴兴太守。按《世说》云：王司州至印渚中看，叹曰："非惟使人情开涤，亦觉日月清朗。"注云：历吴兴太守。《吴兴记》云：於潜东七十里有印渚，旁有白石山，峻壁四十余丈。印渚盖众溪之下流也。又按《晋书·沈劲传》：劲，吴兴人，少有节操，郡将王胡之深异之，乃迁平北将军司州刺史，上书荐劲。《续图经》弗深考耳。

孔愉　字敬康。司徒左长史出为吴兴太守，封余不亭侯。子坦。《续图经》云：《晋史》：累迁吴兴太守。非自长史出也。封余不亭侯，亦在为太守前。坦，从子也。按《晋史》：建兴初，以讨华轶功，封余不亭侯。后出为司徒左长史。累迁吴兴太守。沈充反，弃还京师，拜御史中丞。

孔坦　字君平。官至吴兴太守。《续图经》云：《晋史》坦尝为吴兴内史，非太守也。按《传》，愉从兄侃，侃即坦父也。苏峻平，迁吴兴内史，封晋安男，加建威将军。运米振之事，见贤守下。

张玄之　登之子。历吏部尚书、冠军将军、吴兴太守。《晋史·谢玄传》：为会稽内史。时吴兴太守宁晋侯张玄之亦以才学显，自吏部尚书与玄同年之郡，时人称南北二玄。又颜真卿《杼山寺碑》云：晋吴兴太守张玄之。《吴兴记》曰云云。《统记》又多载玄之《山墟名》。

孔廞　御史中丞群之孙。自吴兴太守迁廷尉卿。子琳之。《晋史·孔壁传》云：严叔父也，孙廞位至吴兴太守、廷尉。

孔琳之　官至吴兴太守，迁侍中。《晋史·传》：廞子琳之，以草书擅名，又为吴兴太守，侍中。

江灌　彪从弟。累迁吴兴太守。《续图经》云：《晋史》：江逌从弟灌，自御史中丞转吴兴太守。彪，统之子，与逌皆曾祖蕤，当为再从弟。逌、统有传，不必言彪也。按《传》，灌转吴兴太守，蔑视权贵，桓温患之，征拜侍中，以在郡时公事有误，追过之。

谢邈　字茂度，太傅安之犹子，自侍中出为吴兴太守。《晋史·传》：邈为吴兴太守,孙恩之乱为贼所执,逼令北面。邈厉声曰:"我不得罪天子,何北面之有?"遂害之。《纪》:安帝隆安三年,谢方明随伯父吴兴太守邈在郡。孙恩寇会稽,东土响应,吴兴人胡杰鹄骠破东迁县,方明劝邈避之,不从,被害。方明合门遇害,数日葬送并毕。

孔严 字彭祖,愉从弟。自尚书左丞相出为吴兴太守。《晋史·传》:自扬州别驾迁尚书左丞,以侯领尚书。太和中,拜吴兴太守,秩中二千石。褒义妇事,见贤守下。

以上《历官记》。元二十三人,今退王韶之、谢述入宋,为二十一人。

袁琇 《晋史·纪》:愍帝建兴三年,吴兴人徐馥害太守袁琇。

周札 《晋史》本传:徐馥平,元帝以札为奋武将军、吴兴内史,改封东迁县侯。

周筵 《晋史·札传》云:札兄靖子筵,征虏将军、吴兴内史。

王坦之 《晋史》本传不载为吴兴太守。《统记》据《搜神记》言,王坦之为吴兴郡守,有竺师与之甚厚,论及幽冥事曰"先死者当以冥务见报"。岁余竺师欻至,曰:"贫道已死,昔之所论,一无差误。"勉崇利济,言讫而去。坦之亦寻卒。本传亦载竺师事,但言历徐兖三州刺史。若据《搜神记》所言,是坦之终于吴兴太守。

顾众 《晋史·传》:王敦欲以顾众为吴兴内史,众举桓彝,彝亦逊众,事并不行。是未曾授已,未知滕公别有何据。

朱序 《晋史》本传:太和中迁兖州刺史。时长城人钱洪聚党百余人藏匿原乡山。以序为中军司马、吴兴太守讨擒之。事讫还兖州。《纪》:孝武宁康二年,长城钱步射、钱洪等作乱,吴兴太守朱序讨平之。

司马询之 《晋史》:西阳王羕之子元孙询之,历吴兴太守。刘裕伐关中,以为咨议参军。

王蕴 《晋史》本传:蕴起家佐著作郎,累迁尚书,吏部郎,补吴兴太守。有德政,属郡荒,人饥,辄开仓振恤。主簿执谏,请蕴列表上待报。蕴曰:"今百姓嗷然,路有饥馑,若表上须报,何以救将死之命?专辄之愆,罪在太守。"于是大振贷之,赖蕴全者十七八人焉。朝廷以违科免蕴官,士庶诣阙讼之,诏特左降晋陵太守。

孔静 《南史·传》:字季恭。晋熙宁间,累迁吴兴太守,加冠军。先是吴兴频丧太守,言项羽神为卞山王居郡厅事,二千石当避之。静居厅事无害也。迁尚书左仆射。

以上九人,滕宗谅增。今添孔静一人,为十人。

　　江蔚　《晋史·迪传》:子蔚,吴兴太守。

　　陶回　《晋史·家传》:苏峻平,以功封康乐伯。久之迁征虏将军吴兴太守。在郡四年,征拜领军将军,加散骑常侍。年饥辄开仓救民。事见贤守下。

　　车胤　《晋史》本传:隆安初为吴兴太守,秩中二千石,辞疾不拜。加护国将军、丹阳尹。

　　殷康　《晋史·殷颛传》:父康,吴兴太守。《括地志》曰:黄浦亦名庚浦,即康浦也。左右有上康村。晋殷康为太守,百姓避其名,改康为庚。《统记》云:开获塘溉田十余顷。岘山,康筑亭其上,名显亭。

　　《续图经》元五人。今退张崇之入宋,为四人。

　　沈嘉　《统记》云:晋度支尚书、吴兴太守。又重开获塘,更名吴兴塘。见获塘下。

　　何楷　《括地志》云:金盖山,何楷居此修儒业。后为吴兴太守,改金盖为何山。又颜真卿《杼山妙喜寺碑》云:从草堂径行百步,至吴兴太守何楷钓台。《南史·何子平传》:祖楷,晋侍中。《唐姓纂》:何叡渡江生楷。

　　以上二人,今添。

　　右晋太守。《历官记》及滕守续及《续图经》所载共三十七人。王韶之、谢述合系宋,而孔静乃系之梁,今皆是正,又添沈嘉、何楷二人,为三十七人。《历官记》始于王羲之。今按《晋史》,顾秘、周玘、袁琇、周筵、周札属西晋惠帝愍怀之际,故以为首,而羲之次之,余姑循旧次。

宋

　　褚彦回　《记》云:字彦回,起家著作佐郎,转太子舍人,尚余姚公主,拜驸马都尉,出为吴兴太守,累迁骠骑大将军、侍中录尚书事,谥文简。《续图经》曰:《南史》本传:尚宋文帝女南郡献公主,拜驸马都尉,除著作佐郎,历侍中领尚书、右卫将军。元徽二年,出为吴兴。前后宜以史为正。沈宪为乌程令,太守褚彦回叹美,以为方员可施。《丘灵鞠传》:褚彦回为吴兴太守,谓之曰:"此郡才士惟有丘灵鞠及沈勃耳。"乃启申之。

　　谢庄　《记》云:字希逸,弘徽之孙。自散骑常侍出为吴兴太守。子朏。《续图经》云:《南史》:谢密,字弘徽,子庄。非孙也。《南史·传》:大明中除吴兴太守。废帝即位后,为散骑常侍,寻加光禄大夫,卒。

　　丘道护　《记》云:即灵鞠伯父,迟之伯祖。黄门侍郎出为吴兴太守。《统记》有晋新安太守条阳侯道护。《旧图经》云:南郡太守道护。未知官记何据。

谢澹 《记》云:字景恒,父谈,祖安。累迁吴兴太守。《南史》本传作瑶。晋历位尚书。宋景平中,累迁光禄大夫。元嘉中,位侍中特进,卒。不载为吴兴太守事。

王韶之 《记》云:字体泰,羡之之孙。历吴兴太守。入宋至门下侍郎。《续图经》云:《南史·传》:晋恭帝时,迁黄门侍郎。宋文帝时,免给事中。后为吴兴太守,卒。是为黄门侍郎在晋末,为吴兴太守在宋文帝时也。《孝义传》:吴逵、潘综,并吴兴人,太守王韶之擢逵补功曹史,不就。又发教列上综行于州台。又王道迄,乌程人,涉学善书,形貌又美,太守王韶之谓人曰:"有子弟如王道迄,无所少。"

谢述 《记》云:字景光,宣城太守眺之祖。累迁吴兴太守。《南史》述宋元嘉二年拜中书侍郎,历南郡太守、司徒左长史、左卫将军,卒于吴兴太守。不当列晋。

王僧虔 《记》云:太守尉俭季父。自御史中丞三迁吴兴太守。《续图经》云:《南史》本传:宋泰始中,为吴兴太守。列于齐,误矣。

沈文季 《记》云:字仲远,庆之之子。司空吴兴太守。《续图经》云:《南史》本传:元徽初,自秘书监出为吴兴太守。饮酒至五斗,妻王氏饮亦至三斗,常对饮竟日,而视事不废。昇明元年,沈攸之反,齐高帝加文季冠军将军,督吴兴钱塘军事。

以上原记五人。王韶之、谢述,元在晋;王僧虔、沈文季,元在齐。今添入四人,退谢朓一人入齐,为八人。

张崇之 《续图经》云:无传载。《南史·孝义传》:吴逵吴兴人,太守张崇之三加礼,命太守王韶之擢补功曹史。固辞不就。吴逵事出《宋略》。

刘延孙 《南史·纪》:宋孝武帝孝建元年,以吴兴太守刘延孙为尚书仆射。

王昙生 《南史·纪》:宋明帝泰始二年,吴兴太守王昙生。《王弘之传》:子昙生,孝武末为吴兴太守。又《孔觊传》:吴郡太守顾琛同吴兴太守王昙生起兵。

张永 《南史·纪》:明帝泰始二年,吴兴太守张永平晋陵。《邓琬传》:琬同吴兴太守王昙生等起兵,明帝遣王玄谟领水军南讨,吴兴太守张永为继。《隐逸传》:张永为吴兴,请沈麟士入郡。

萧慧明 《南史·传》作惠明,思话子也。有时誉。宋明帝泰始初,为吴兴太守,郡界有卞山,山上有项羽庙,相承项羽多居郡厅事,前后太守不敢上。慧明谓纲纪曰:"孔季恭尝设宴席,未闻有灾。"遂设筵榻接宾。数日后见有一人,长丈余,张弓挟矢向慧明,既而不见,旬日卒。

以上三人失载,并张崇之,元在晋,萧慧明元在齐,今添入,共五人。

顾琛 《南史·传》:元凶劭弑立,以琛为会稽太守。隋王诞起义,事平迁吴兴太守。孝武时,仍为吴兴太守,坐郡人多剪钱及盗铸,免官。

张岱 《南史·传》:宋明帝泰始末,为吴兴太守。齐武帝即位,复为太守。岱晚节至吴兴更以宽恕著。迁南兖州刺史,卒。

殷冲 《南史·张岱传》:岱为东迁令,时殷冲为吴兴太守,谓人曰:"张东迁亲贫须养,所以栖迟下邑。然名器方显,终当大任。"

以上三人,《续图经》。

袁思道 《统记》云:《符瑞图》:宋元嘉十年,乌程县有白龟见,吴兴太守袁思道表进之。

孔山士 《南史·隐逸传》:沈麟士,吴兴人。宋时太守孔山士辟,不应。

沈道思 德清紫极观,梁大同七年,东宫直沈文冲表祖宋吴兴太守道思,少好玄默,以故宅舍为观。见《统记》及旧编。

以上三人,今添。

右宋太守。据三书所载,元共十一人,张崇之、王韶之,述载在晋,王僧虔、沈文季载在齐。萧慧明载在梁,并系宋时,今并添入。又增孔山士、袁思道三人,退谢朓一人入齐,为十七人。

齐

袁洵 《记》云:即粲伯父。累迁吴兴太守。《南史》:洵为吴郡太守。见《袁湛传》。二者必有一误,或别有证。

谢朓 《记》云:官至吴兴太守。《南史·传》:永明中,为吴兴太守。明帝谋入嗣位,朓避事居郡不理常务,聚敛。众颇讥之,亦不屑也。孝武初,朓为吴兴,以鸡卵赋人,收鸡数千。及遁节不全,为清谈所少。《周兴嗣传》:齐隆昌中,侍中谢朓为吴兴太守,惟与兴嗣谈文史而已。罢郡大相谈荐。

袁昂 《南史·传》:齐永元末,为吴兴太守。梁武帝起兵,州郡望风皆降,昂独拒境。见贤守下。故临终尝曰:"往忝吴兴,属在昏明之际,不识天命,甘贻戮辱。"帝手书谕之,昂答曰:"偏隅一郡,何能为役。"建康平,昂举哀恸哭。时帝使豫州刺史李元履巡抚东土,敕曰:袁昂道素之门,世有忠节,天下须共容之,勿以兵威陵辱。元履至,宣旨,昂不请降,开门撤备而已。

以上《历官记》所载元五人,王僧虔、沈文季合在宋,王骞合在梁,却添谢朓。今三人。

萧惠休 《南史·传》作慧休,惠明弟也。齐东昏侯永元元年,徙吴兴太守。

征为尚书右仆射。吴兴郡项羽神旧酷烈,人云:慧休事神谨,故得美迁。二年,还至平望,帝命服药卒。

何戢 《南史·传》:戢为吏部尚书加骁骑将军,出为吴兴郡守。《统记》云:何戢,吴兴太守,好书画,精巧列于伎艺。本传云:上颇好书画,一日尝赐戢蝉雀扇,顾景秀所画。时陆探微、顾彦先叹其巧绝,献之。非戢画也。

以上二人,滕续。

张环 《南史·传》:齐高帝建元元年,改封平都侯。及为吴兴太守,以既有国秩,不取郡俸。高帝敕上库别藏其俸,以表其清。

袁彖 《南史·传》:仕齐为冠军将军、监吴兴郡事。彖性刚固,忤武帝,到郡,坐过用禄钱免官,往东冶。后为侍中。

李安人 《南史·传》:齐武帝时,为尚书左仆射,以老疾求退为吴兴太守。于家载米往郡,人服其清。吴兴有项羽神护郡厅事,必须祀以轭下牛。安人奉佛法,不与神牛,著屐上厅事。又于厅上入阁斋。俄而牛死,葬庙侧。今呼为李公牛冢。安人寻卒,亦以神为祟。

徐孝嗣 《南史·谢览传》云:东海徐孝嗣以御史中丞出为吴兴太守。王俭赠诗曰:方轨叔度,追清彦辅,柔亦不茹,刚亦不吐。时人以比蔡子尼。在郡有能名。

王敬则 《南史·传》:齐建元二年,为吴兴太守。郡多摽掠,有十数小儿于路取遗物,敬则杀之以徇。又录得一偷,召其亲属于前,鞭之,令偷身长扫街路。久之,乃命偷举旧偷自代。诸偷恐为所识,皆逃走,境内以清。其初入乌程,从市过,见屠肉枋,叹曰:"吴兴昔无此枋,是我少时在此故也。"召故人饮酒说平生,不以为屑也。敬则少时屠狗,商贩遍于三吴。

孔琇之 《南史·传》:靖之孙,灵运子。齐武帝时,为监郡,寻拜太守,政称清严。《孝义传》:王文殊,吴兴人,至孝。太守孔琇之表其行。郁林王诏改所居为孝行里。

王莹 《南史·传》:历东阳太守,以居郡有惠政,迁吴兴太守。齐明帝忧勤庶政,莹频处二郡皆有能名,迁中令领军。尝曰:"我昔从东度为吴兴,束身登岸。"

王秀之 《南史·传》:为辅国将军、吴兴太守。祖父敬弘,性刚正,致仕隐吴兴。秀之先为诸王长史,无复仕进意。止营治舍亭山宅为终焉之计。及除吴兴,隐业所在,心愿为之。到郡,修旧山,移置辎重。

以上九人又续,退张嵊在梁。今八人。

杨文崇 《统记》:《祥应图》云:齐永明元年,吴兴武康沈崇家有石榴连理,太守杨文崇奏闻。

　　右齐太守,三书所载元十七人,退王僧虔、沈文季入宋,王骞、张嵊入梁,却添入谢朏,又今添杨文崇一人,合为十五人。

梁

　　谢瀹 《记》云:为吴兴太守,子览。《传》云:初,齐明帝及瀹、东海徐孝嗣并为吴兴,号为名守。《孝义传》:王文殊,吴兴人,有孝行。太守谢瀹聘为功曹,不就。

　　谢览 《记》云:为吴兴太守。《南史传》:天监中,拜吏部尚书,出为吴兴太守。《王峻传》:常与览约,官至侍中不复谋进。览自吏部尚书出为吴兴郡守,心不畏强御,亦由处俗情薄故也。在梁为太守时,中书舍人王睦之家居乌程,子弟专横,前太守皆折节事之,览未到郡,睦之弟迎览,览逐去其船,杖吏为通者。自是睦之家杜门不出。郡境多劫盗,为东道患,览下车肃然。齐明帝及览父瀹、徐孝嗣皆号吴兴名守,览皆过之。览昔在新安,颇聚敛,至是遂称廉洁。时人方之王述。

　　柳恽 《记》云:字文畅,司空忠武公彦绪之子,为吴兴太守。《南史·传》:天监中,再为太守。为政清静,人吏怀之。于郡感疾,自陈解任,父老千余人拜表陈情。

　　沈崇傃 吴兴人。至孝。天监二年,太守柳恽辟为主簿。见孝义传。

　　元仲景 《记》云:累迁吴兴太守。《诗眼》云:阮景仲为吴兴太守,禁夜半钟。姓名不同,当考。

　　萧映 《记》云:临汝侯、吴兴太守。《南史》本传:普通三年,为吴兴太守,郡累不稔。太通三年,野谷生武康,凡二十二处,自此丰穰。映制《嘉谷颂》以闻,中诏称美。《陈纪》:武帝为新喻侯萧映传教。及映为吴兴太守,甚重帝,谓僚佐曰:"此人将来远大,必胜于我。"《统记》云:萧映为吴兴太守,乌程县界有旅稻生,映献《嘉谷颂》。

　　张僧繇 《记》云:右将军、吴兴太守。《统记》云:吴兴太守,画白塔寺弥勒佛菩萨像,世称奇妙。《唐名画录》:梁张僧繇天监中历右军将军吴兴太守。武帝崇饰佛寺,多命画之。

　　王骞 《记》云:宋驸马都尉俭之子。累迁吴兴太守。《续图经》云:《南史》:齐永元末,为侍中。梁武帝受禅,出为吴兴太守。宜列于梁。

　　《历官记》云:元六人,添入王骞,共七人。

信都遵 《南史·陈纪》:侯景之乱,避地临安。及武帝举兵,景遣吴兴太守信都遵收文帝及衡山王。

张稷 《南史·梁纪》:武帝天监三年,以吴兴太守张稷为尚书左仆射,传政称宽恕。事见贤守下。

蔡樽 梁时为太守,在官惟饮郡井,斋前自种紫茄、白苋以为常饵。诏褒其清,加信武将军。天监元年,宣城郡吏吴承伯挟妖道聚众攻宣城,杀太守,转寇吴兴。吏人并请避之,樽坚守不动,命众出战,破斩承伯,余党悉平。累迁吏部尚书。

萧猷 《南史·传》:临汝侯猷,梁长沙王懿子也。为吴兴郡守,性倜傥,与楚王布交。见项王庙下。

裴之横 《南史·梁纪》:元帝承圣二年,齐军攻合肥,征吴兴太守裴之横帅众继侯瑱据东关。四年,齐遣高涣送萧明来主梁嗣。至东关,遣吴兴太守裴之横拒之。又见《王僧辩传》云:破武陵王还,除吴兴太守,作百幅被。初兄之高以其纵诞为狭被蔬食以厉之,叹曰:"大丈夫富贵必作百幅被。"今成其志。

萧琛 《南史·传》:琛惠明从子也。天监中,为吴兴太守,郡有项王于厅事安神坐,琛迁之庙。见郡治厅事下。

文皇帝蒨 《南史·章昭达传》:侯景平,文帝为吴兴太守。《骆文牙传》:陈文帝为吴兴太守,引文牙为将帅。《韩子高传》:陈文帝出守吴兴,子高寄载。《华皎传》:文帝为吴兴太守,以皎为都录事。《庾持传》:文帝为吴兴太守,以为郡丞兼掌书翰。

滕续元八人。退孔静入晋,萧慧明入宋,添陈文皇帝蒨,共七人。

徐度 《南史·传》:陈武帝时,以功除郢州刺史兼领吴兴太守。文帝即位,累迁侍中。

张缵 字伯绪。《南史·陆云传》:为湘东王绎参军,先制《泰伯庙碑》,吴兴太守张缵罢郡,经途读其文叹曰:"今之蔡伯喈也。"本传:大通中,为吴兴太守,居郡省烦苛,务清静,人吏便之。大同二年,召为吏部尚书。

夏侯亶 《南史·传》:字世龙。天监中,迁吴兴太守。在郡有惠政,吏人图其像立碑颂美。

张嵊 梁时为太守,侯景围建业,遣弟伊率郡兵赴援。城陷,御史中丞沈浚违难东归。嵊往见之,谓曰:"贼臣凭陵,人臣效命之日。今欲收集兵刃保据贵乡,虽复万死,诚亦无恨。"浚固劝。嵊举义时,邵陵王纶东奔至钱塘,闻之,遣陆丘公版授嵊征东将军。嵊曰:"天子蒙尘,今日何情,复受荣号。"留版而已。贼行台刘神茂攻破义兴,遣使说嵊。嵊斩其使,仍遣军破神茂。景复遣神茂击嵊,嵊军败,乃释戎服坐于厅事。贼临以刃,终不屈。执以送景,景将舍之,嵘曰:"速死为幸。"遂与子孙同遇害者十人。景欲存其一子,嵘曰:"吾一门已在鬼录,不就尔处求恩。"于是皆死。贼平,元帝追赠侍中,谥忠正。

萧子显 《南史·传》:简文时,为吴兴太守,卒。

袁枢 《南史·传》:昂之孙。绍泰中,历吏部尚书、吴兴太守。陈永定中,征为侍中。

衡阳王昌 《南史》本传:陈武帝第六子。梁太清末,武帝南征李贲,命昌与宣后随沈恪还吴兴。后为侯景所困。景平,拜长城国世子吴兴太守,年十六,雅性聪辩,明习政事。武帝遣谢哲、蔡景历辅之。临郡,蔡景历传衡阳王昌为吴兴太守,武帝以乡里父老尊卑有数,恐昌年少接待乖礼,乃遣景历辅之。

孙廉 《循吏附传》:天监初,事贵要得为列卿,晋陵、吴兴太守。然处官平直,武帝尝曰:"东莞二县,孙谦廉而已。"又见文学传:孙抱,东莞人,父廉,吴兴太守。

杜龛 《南史·梁纪》:敬帝绍泰元年十月,震州刺史杜龛举兵攻陈蒨于长城。明年为太平元年。正月,震州刺史杜龛降。诏赐死,赦吴兴郡。本传:魏平江陵,后齐纳贞阳侯明以绍梁嗣,以龛为震州刺史、吴兴太守,迁南豫州刺史,加镇南大将军。龛、王僧辩婿也,以陈武帝非素贵,以法绳其宗门,无所纵舍。武帝衔之切齿。及僧辩败,龛乃据吴兴以拒之,频败陈武帝军。部将杜泰说之降,其妻复募兵败文帝军。后杜泰降,文帝遣人负出项王寺前斩之。

周敏 《梁陈故事》云:《吴兴记》云:周敏大开学校,劝人种桑与麦,百姓赖之。除国子博士。见《统记》。

齐明帝萧鸾 《南史·谢览传》:初,齐明帝为吴兴,号名守。《江祏传》:齐明帝为吴兴,以祏为郡丞。

王彬 《南史·循吏·何远传》:梁武帝命远为武康令,太守王彬属县。事见武康。

右梁太守。三书所载元共十九人。退孔静入晋,萧慧明入宋,添王骞、陈文帝旧二人,今又添衡阳王昌等六人,为二十五人。

陈

钱道戢 《记》云:散骑常侍、右卫将军、驸马都尉,尚晋陵长公主,永安侯,出为吴兴太守。下有十二字云:唐高僧终南山沙门释通宣祖。《续图经》云:谢公碣元置孝义寺,此十二字何须太守官阀,必寺僧所增。《南史》本传:妻陈武帝从妹,后拜东徐州刺史,封永嘉县侯。天嘉元年为临海太守。后拜衡州刺史、郢州刺史卒。不载为吴兴太守。

徐综 《记》云:唐黄门侍郎坚之曾祖,稜威将军驸马都尉,尚永嘉公主,出为吴兴太守。

沈君理 《南史·传》:吴兴人。陈武帝时,为吴兴郡太守。文帝嗣位。累迁左户部尚书,无为吴兴太守。二处必有一误。《记》云:吴兴太守,累迁吏部尚书。

周文育 《记》云:自吴兴太守累迁司空、开府仪同三司,子翼,孙宝安。《南史》本传:梁元帝授文育义州刺史,累迁散骑常侍。广州平,授开府,卒赠侍中司空,与所记不同。子宝安传云:文育为王琳所絷,及归复除吴兴太守。

周诏 《记》云:官至吴兴太守。《南史·周文育传》云:子宝安。与《历官记》所载大异。

周宝安 《记》云:官至吴兴太守。《南史》本传:宝安,文育之子。而《记》云:子翼,孙宝安。未知何据。又云:文育归,复除吴兴太守。文帝天嘉二年,宝安重拜吴兴太守,袭封寿昌县公。后除给事黄门郎卫尉卿卒。

任忠 《记》云:累迁吴兴太守。《南史·陈纪》:后主祯明二年,使命军任忠出守吴兴郡,以襟带东阳州、吴州。本传:后主嗣位出为吴兴内史。及隋兵济江,自吴兴入赴,屯军朱雀门。

以上七人,《历官记》。

陈伯礼 《记》云:武陵王世子之从子。出为本州太守。《续图经》云:《历官记序》云"自王逸少洎任忠"。今刻伯礼于左,疑后人所增。《南史》本传:陈文帝第十子。大建初,为吴兴太守。在郡恣行暴掠,为有司所劾,十一年被代。征还。

吴明彻 《南史》本传:天嘉五年,迁吴兴太守,及引辞之郡,文帝谓曰:"吴兴虽郡,帝乡之重。故以相授。"废帝即位,迁丹阳尹。

滕续元二人,退陈文皇帝旧一人。

胡颖 《南史·传》:随周文育于吴兴讨杜龛。陈天嘉元年,除散骑常侍、吴兴太守。卒官。

徐敬成 《南史·传》:大建五年,除吴兴太守,随吴明徹北讨。

杜稜 《南史》本传:陈废帝时,位特进侍中。大建元年,出为吴兴太守。二年,召为侍中。

沈恪 《南史》本传:杜龛平,文帝袭张彪,以恪监吴兴郡。武帝受禅,恪自吴兴入朝,践阼,除吴兴太守。永定三年,除散骑常侍。

王奂 《南史·隐逸传》:沈麟士,吴兴人。昇平末,太守王奂表荐之,召不就。

沈钦　《南史·陈纪》:天康元年,废帝即位,以吴兴太守沈钦为尚书右仆射。

右陈太守。三书所载元十五人,退陈文帝旧、添沈钦,仍旧十五人。

隋

李德林　《隋书》本传:隋初,为内史令。开皇十年,出为湖州刺史。按《纪》:九年,平陈。

沈法兴　《唐书》本传:隋大业末,为吴兴郡守。东阳贼楼世幹略其郡,炀帝诏法兴与元祐讨之。颜真卿《石柱题》亦云:隋吴兴太守沈法兴。《统记》云:大业十四年,吴兴太守沈法兴讨东阳贼楼世幹。按《隋纪》:大业十三年十一月,改元义宁。大业十四年,即义宁二年也。

右隋太守。滕续一人,今添一人,共二人。

唐

孟宣文　武德二年,自陈州刺史授。后迁泾州刺史。见《唐刺史题名》。下同。

云洪嗣　武德七年,自右庶子授。迁郑州刺史。

韩世恭　贞观五年,自金吾将军授。迁卫尉少卿。

徐莹　贞观十一年,自括州刺史授。《统记》云:迁邢州刺史。所载刺史自此始。

窦怀恪　贞观十七年,自户部郎中授。迁扬州刺史。

刘守敬　贞观二十一年,自洛州刺史授。迁太常少卿。《统记》云:圣历二年授。

陈骞之　永徽元年,自陈州司马授。免官。《统记》云:大足元年授。

于敏直　永徽五年,自宋州别驾授。迁德州刺史。

贺兰爽　永徽九年,自右卫中郎授。迁羽林将军。《统记》云:自徐莹后六政则天时。

卫弘敏　显庆元年,自豫州刺史授。迁右清道府率。《统记》云:神龙二年,汝州刺史授。

韦璋　显庆五年,自少府监授。卒官。《统记》云:神龙三年,自博州刺史授。

武太冲　弘道二年,自海州刺史授。卒官。《统记》云:以上三政中宗时。

郑休还　垂拱元年,自金州刺史授。迁越州都督。《统记》云:景云元年,太常少卿授。迁滑州刺史。

赵谨徽　长寿二年，自洪州都督授。《统记》云：景云二年，自泉州刺史授。迁太子宾客。到任。

马建　证圣元年，自袁州刺史授。迁邛州刺史。《统记》云：太极元年。以上三政睿宗时。

崔琬　万岁通天元年，自登州刺史授。迁□州刺史。《统记》云：开元元年。

张洽　大足元年，自濮州刺史授。迁魏州刺史。《统记》云：开元三年。

侯莫陈涉　神龙二年，自睦州刺史授。迁商州刺史。《统记》云：开元九年。

朱崟庆　太极元年，自虔州刺史授。迁洪州刺史，江南道采访使。《统记》云：开元六年，在侯莫前。

蒋挺　开元五年，自国子司业授。选申王府长史。《统记》云：十二年。

徐元之　开元七年，自谏议大夫授。改邠王府长史。《统记》云：十五年。

郑繇　开元九年，自陈州刺史授。迁博州刺史。《统记》云：十七年。

徐峤之　开元十三年，自吉州刺史授。迁洺州刺史。《统记》缺《唐史·徐浩传》：父峤之。不载为守事。

皇再从兄祈　开元十六年，自国子司业授。迁金吾大将军。《统记》云：二十二年，自谏议大夫授。迁右领军卫将军。

韦明扬　开元十八年，自右清道府率授。迁赵州刺史。《统记》云：二十四年。

张景遵　开元二十一年，自夔州刺史授。改清道府率。《统记》云：二十七年。

徐恽　开元二十三年，自登州刺史授，不曾之任。迁洪州刺史，充江西采访使。《统记》云：二十九年。

邓武迁　开元二十九年，自蕲州刺史授。卒官。

吴从众　开元二十八年，自蕲州刺史授。迁密州刺史，充党项使。《统记》云：天宝三年，自郑州刺史授。迁安化郡太守。即密州刺史也。

陈思应　天宝元年，自柳州刺史授，不之任。《统记》云：四年。

阎知言　天宝二年，自括州刺史授。致仕。《统记》云：五年。

周择从　天宝五年，自饶州刺史授。改洪州刺史。《统记》云：六年迁宣州。

韦南金　天宝八年，自睦州刺史授。迁梁州刺史。《统记》云：七年。

李峒　天宝十年，自寿州刺史授。改授陈王府长史。《统记》云：十三年。以上十八政玄宗时。

韦景先　天宝十二年，自卫将军授。免官。《统记》缺。

豆卢陈麟　天宝十四年,自华州刺史授。迁虔州刺史。《统记》云:至德二年。

崔巽　天宝十五年,自苏州刺史授。迁右卫将军。《统记》云:乾元元年。

杨慧　至德元年,自奉元县令授。免官。《统记》云:乾元二年,迁杭州刺史。慧,一作惠。

崔论　上元元年,自蜀州刺史授。迁试大府卿兼御史大夫、淮南节度行军司马。《统记》云:自饶州刺史授。以上四政肃宗时。

独孤问俗　上元三年,自明州刺史授。迁秘书监检校、扬州大都督司马。《统记》云:宝应二年。

卢幼平　宝应三年,自杭州刺史授。迁大理少卿。《统记》云:永泰元年。

杜位　乾元元年,自江宁少尹拜。卒官。《统记》云:大历四年。

萧定　永泰二年,自信州刺史授。迁宋州刺史。《统记》云:萧定,大历六年,宋州刺史授。迁苏州、袁润等六州刺史。大历中,有司差天下刺史治最,定与常州萧复、濠州张镒为第一。

裴清　大历二年,自宿州刺史授。除鄂州刺史。《统记》云:六年,选兵部郎中。

颜真卿　唐大历七年,自抚州史授。迁刑部尚书。《统记》云:八年。《唐史·传》云:迁抚、湖二州刺史。元载诛,杨琯荐之擢吏部尚书。大历中,为刺史,招致名儒高客七十余人,相与考郡书,成《韵海镜源》五百卷。又书其伯祖元孙所著《干禄字书》,撰《放生池碑》及其他石刻。公即在郡累年,德政洽于千里,邦人仰其忠烈,今奉祠焉。

樊系　大历十二年,自谏议大夫授。迁濠州刺史。《统记》云:十年。

第五琦　建中元年,自饶州刺史授。迁太子宾客。史传云:坐与朝恩善,贬括州刺史,徙饶、湖二州。复为太子宾客。《统记》云:大历十三年。

王密　建中三年,自明州刺史授,迁越州都督,充浙东西团练副使。《统记》云:大历十四年。

王沨　建中五年,自检校工部郎中兼侍御史授。迁宣州观察使。《统记》云:大历十五年,迁宣州刺史。以上十政代宗时。

袁高　贞元二年,自韶州长史员外置同正员授。迁给事中。《统记》云:袁高,建中二年。

杨顼　贞元四年,自濮州刺史授。迁国子祭酒。《统记》云:兴元元年。二政德宗时。

庞誓　贞元七年,自仓部郎中授。迁绛州刺史。《统记》作三年。

于頔　贞元八年，自驾部郎中授。迁苏州刺史。史传：自驾部郎中出为湖州刺史。郡有湖陂，异时溉田三千顷以济人。久淤废，頔行县，命修复堤阏，岁获菰蒲鱼无虑万计。州地库薄，葬者不掩柩，頔为坎瘗枯骨千余，人赖以安。未几，改苏州。《统记》作五年。

刘全白　贞元十年，自池州刺史授。迁秘书监，致仕。《统记》作七年。

王浦　贞元十一年，自建州刺史授。卒官。《统记》作十年。

李锜　贞元十三年四月，自杭州刺史授。迁本道观察使。《统记》作十二年。本传：德宗时，为杭、湖二州刺史，居三载，迁润州刺史、浙西观察使。

李词　贞元十六年，自万年县令授。迁光禄少卿。《统记》作十四年。

田敦　贞元十八年五月，自衢州刺史授。迁常州刺史。《统记》作十六年。

顾防　永贞元年四月，自澧州刺史授。除常州刺史。《统记》作贞元二十年。以上八政顺宗时。

姚骃　元和元年四月，自处州刺史授。卒官。《统记》作姚骃。

辛秘　元和二年正月，自兵部员外郎授。史传：为兵部员外郎。宪法宗初拜湖州刺史，讨李锜平，赐金紫，召为河东司马留主务。李锜反，遣将先取支郡，苏、常、杭、睦四刺史或战败、或拘胁。秘召将丘知二夜开城收壮士得数百，逆贼大战，斩其将，进焚营堡，锜平，遣宣慰使赍诏至，赐金紫，刻于石，又有时元佐纪铭其功。

范传正　元和四年八月，自歙州刺史拜。六年二月十一日，迁苏州刺史。史传：历歙、湖、苏三州刺史。

裴汶　元和六年，自澧州刺史授。八年十一月，除常州刺史。

薛戎　元和八年十一月三十日，自衢州刺史授。迁常州刺史。史传云：河南令，累迁浙东观察使。而不载为守事。

李应　元和十一年八月十五日，自户部郎中授。迁苏州刺史。

窦楚　元和十五年三月二十二日，自刑部郎中拜。迁尚书右司郎中。《统记》云：以上七政宪宗时。

钱徽　长庆元年十二月十五日，自江州刺史拜。迁尚书工部郎中。史传：宪宗时礼部侍郎，贬江州刺史，转湖州。还迁工部侍郎。

张仕偕　长庆三年三月六日，自司封郎中拜。卒官。

崔元亮　长庆三年十一月二十二日，自刑部郎中拜。迁秘书少监分司东都。《唐书》：元和初，迁密、歙二州刺史。历湖、曹二州，辞曹不拜。《统记》云：以上三政穆宗时。

独孤迈　宝历二年九月十三日，自歙州刺史拜。后贬康州。《统记》云：一政敬宗时。

韩泰　太和元年七月三日，自睦州刺史拜。迁常州刺史。

李德修　太和四年五月十日，自淮南节度使行军司马授。迁楚州刺史。

韦珩　太和五年四月，自江州刺史拜。未视事卒。

庾威　太和五年四月，自长安县令拜。贬吉州刺史。

敬昕　太和七年，自婺州刺史拜，除吏部郎中，续加检校本官依前湖州刺史。后除常州。

裴充　太和元年八月，自大理少卿拜。卒官。

杨汉公　开成三年三月二十，自舒州刺史拜。迁亳州刺史，充本道团练镇遏使。《统记》云：以上七政文宗时。

张文规　会昌元年七月十五日，自安州刺史授。迁国子司业。

李宗闵　会昌三年五月十日，自东都分司太子宾客授。寻贬漳州刺史。续贬漳州长史。史传：开成中，为太子宾客，分司东都。会昌中，拜湖州刺史。寻贬漳州长史。

姚勖　会昌三年六月二十九日，自尚书左司郎中授。后迁吏部郎中。《唐·传》：姚崇曾孙勖，累迁谏议大夫、湖州刺史。

薛褒　会昌六年八月十日，自安州刺史拜。卒官。以上四政武宗时。

令狐绹　大中元年三月二十一日，自右司郎中授。二年四月二日，除翰林学士；十日，拜相。史传：以右司郎中出为湖州刺史。宣宗问人："令狐楚有子乎？"白敏中曰："绹今守湖州，其为人宰相器也。"召为考功郎中知制诰，入翰林为学士。

苏特　大中二年五月，自陈州刺史拜。除郑州刺史。

杜牧　大中四年十一月，自大理少卿授。迁中书舍人。史传：自吏部员外郎乞为湖州刺史。逾年以考功郎中、知制诰迁中书舍人。唐大中，为刺史，遗爱塞路。公退之余，登临赋咏，碧澜、销暑俱有留题。

郭勤　大中五年九月，自司勋郎中授。拜河南少尹。

郑颢　大中七年九月，自舒州刺史授。除太仆少卿。

崔准　大中十一年四月，自刑部郎中拜。除给事中。

萧岘　大中十二年十一月，自户部郎中授。除东都留后，卒官。以上七政宣宗时。

郑彦弘　咸通三年，自司勋郎中授。迁右司郎中。

崔刍官　咸通三年二月，自吏部郎中拜。卒官。《统记》云：户部。

源重　咸通三年九月，自司勋员外郎授。除绛州刺史。

高湜　咸通五年十二月,自司勋员外郎授。迁礼部郎中、史馆修撰。《统记》作迁刑部。

赵濛　咸通八年二月,自司勋员外郎拜。迁驾部员外郎。《统记》云:迁职方。

李超　咸通十一年八月,自楚州都团练授。除谏议大夫。

裴德符　咸通十二年七月,自绛州刺史授。迁太常少卿。

张㧑　咸通十三年七月,自中大夫拜。除苏州刺史。《统记》云:比部郎中授。迁卢州刺史。

刘植　乾符元年七月二十七日,自左司郎中授。除当道副使。《统记》云:咸通十五年,自兵部员外郎授。迁兵部郎中。以上九政懿宗时。

郑仁规　乾符四年二月十三日,自司封郎中授。除襄州节度副使。《统记》云:三年,自考功员外郎授。选考功郎中。

杜孺林　乾符六年,自户部郎中授。选司勋郎中。中和三年再授。后迁给事中。《统记》作五年工部授。

王鸾　中和二年正月,自刑部郎中授。《统记》云:司勋。

孙储　中和五年正月一日,自工部郎中授。除左散骑常侍。《统记》作中和四年权给事中授。

李师悦　光启元年八月,自工部尚书授。累加检校太保忠国军节度使,薨于郡治。《统记》云:光启元年八月,工部尚书授。文德元年,加检校右仆射。龙纪元年,加检校司空。大顺二年,加特进。三年,加检校司徒,赐德政碑。景福二年,加防御使。乾宁三年正月,加太保。五月,加忠国军节度使。七月,薨。载刺史止此。

李彦徽　前绵州刺史,起复继父位,权兵马留后,因灾变为众所逐。

高彦　乾宁四年十月,授招讨使。明年,授刺史。卒官。

高澧　天祐四年十二月起复,袭父位权知军州事,出城与淮南兵私会,为裨将所逐。

右唐刺史。据厅壁题名一百十九人。《统记》始于李莹,终李师悦。内又不载徐峤之、韦景先,计九十七人。窃详:题名本于广德中,所载必不苟合,并登载。特以钱镠以后系吴越钱氏所授,天祐四年唐已禅于梁,不当附唐后。今合为一百五人。

历代贤守,旧图经诸书多载,窃考六朝之间,事之可纪者史不辍书。唐三百年,人且逾百,其贤乃寥寥罕闻。盖六朝都建业,吴兴为便郡,其所授者非名贤即贵戚也。有治迹者,史笔必载。唐都长安,是郡特海隅一陋邦尔,以《题名》参之唐史,十无其一,有名氏者,亦略其所授,载除、授、迁、改者,又略其岁月,设有事迹,史官往往不暇载也。然郡侯有不鄙虐其民而为之兴利御灾者,或别有他书,亦不可掩也。

吴越

钱镠 天祐七年,既逐高澧,钱镠至州安抚,以镠为刺史。后叛入淮南。《五代史·吴越世家》:乾化元年,镠弟镖居湖州,擅杀将潘长,惧罪奔于淮南。又按:唐天祐四年,逊于梁,梁太祖改元开平。天祐七年,当梁开平四年。

钱璙 天祐八年,自婺州刺史摄刺史。九年,正授。十七年,授宁国军节度使。《五代史》:天祐八年当梁乾化元年。

钱元球 天祐十九年四月,自明州刺史授。后归印绶于杭州。《五代史》:天祐十九年当梁龙德二年。

钱元瑾 天成元年四月,自指挥使检校司徒授。卒官。《五代史》:后唐改天祐为同光元年,当梁龙德三年;梁亡。同光四年改天成元年。

钱仁捷 天成二年六月二十六日,自检校太保授。授后加防御使,罢任。

刘仁圮 长兴二年九月,自内卫指挥使授。《五代史》:镠以长兴三年卒,子元瓘立。以上六人系镠时。

鲍君福 清泰元年八月,自镇海军节度使副授。后迁右丞相兼侍中,归杭州。

沈韬文 晋天福五年十一月,自检校太保授。《五代史》:唐潞王清泰三年灭,晋高祖改元天福。元瓘以天福六年卒,子佐立。以上二人系元瓘时。

许彦 天福六年十一月,自内卫指挥使授。

胡进思 开运三年二月,检校太尉授刺史。以判官孙谔知州事。进思本高澧裨将,止居杭州。

吴仁德 开运三年二月,检校太尉授刺史,以疾免。

钱偡 开运三年十二月二十一日,检校太尉授刺史。后加宣德军节度使。卒官。《五代史》:佐以开运四年卒,弟俶立。以上四人系佐时。

钱昭晏 偡之子。宋乾德四年,起复,袭父位。

钱信 偡之弟。开宝三年,自武胜军节度使授。太平兴国三年,纳土。以上二人系俶时。《续图经》云:自钱镠以下十四人,皆钱氏自除授,而同姓八人,亦足见当时之政也。

右吴越时刺史十四人。据《唐纪》:哀帝改元天祐,四年逊位于梁。《五代史》：梁太祖改元开平，李克用及存勖皆仍唐年号至十九年，次年方改元同光，国号唐。二年，灭梁。又二年，改天成。故《题名》并不书梁年号，以天祐接天成。所谓天祐七年，梁开平四年也。钱镠以乾宁二年为镇海镇东军节度使，越州为东府，还治钱塘，始有二浙，然刺史尚唐授也。至天祐七年始以镠为刺史。是时唐亡已三年。自后至归朝，刺史皆钱氏自授。今故自镠以下别之为吴越。或曰：唐虽亡而克用存勖仍唐年号，至梁亡以接后唐之天成。长兴、清泰皆唐也。刺史附之唐可也。固也，天福为晋，开运为汉，而乾德为宋朝矣，亦附之唐可乎？况镠受梁封为吴越王后又自为吴越国，刺史之书不讫于周，而讫于钱氏之纳土，则别之为吴越，宜也。

宋

王洞 将作监丞，太平兴国三年七月，视事。六年六月，罢。

梁宸 右补阙，太平兴国三年三月视事。次日，抽赴阙。

潘慎修 赞善大夫，太平兴国六年六月视事。九年十二月，罢。

郑建 祠部员外郎，雍熙三年十月视事。端拱九年九月，罢。

张隐 水部员外郎，端拱九年九月视事。淳化二年正月，卒于部署。

卫渎 祠部员外郎，淳化二年四月视事。是年九月，罢。

乐和 左正言，淳化三年三月视事。是年四月，罢。

李韶 殿中侍御史，淳化三年六月视事。五年七月，罢。

谢泌 金部员外郎，淳化五年十月视事。至道三年六月，罢。

周师望 屯田员外郎，至道五年六月视事。咸平二年六月，罢。

李范 都官郎中，咸平二年七月视事。五年六月，罢。

杜惟一 水部郎中，咸平五年六月视事。景德二年四月，罢。

高贻庆 侍御史，景德二年四月视事。四年十二月，改荆湖转运使。

苏为 都官员外郎，大中祥符元年二月视事。二年八月，罢。

刁衍 刑部郎中直秘阁，大中祥符二年八月视事。五年正月，罢。

王膺 水部员外郎，大中祥符五年正月视事。九年八月，罢。

李𫝶 殿中侍御史，大中祥符九年十二月视事。天禧二年九月，罢。

郑天益 都官员外郎，天禧二年十一月视事。五年正月，就差广西转运使。

王文震 考功员外郎，天禧五年三月，到。天圣元年九月，罢。

高谨交 职方员外郎，天圣元年九月视事。三年五月，罢。

丁度 太常博士直集贤院，天圣二年五月视事。五年十月，罢。

王冕　都官员外郎,天圣五年十月视事。七年四月,丁忧。

王羲　司封员外郎,天圣七年四月视事。八年四月,移知苏州。

王盘　度支郎中,天圣八年四月视事。明道元年十月罢。

柳宏　都官郎中,明道元年十月视事。景祐元年六月,就差广西转运使。

慎镛　礼部郎中、秘阁校理,景祐元年六月视事。三年六月,罢。

叶参　兵部郎中,景祐三年六月视事。四年十月,分司南京。

鲍当　职方郎中,景祐四年八月视事。五年二月,卒于郡治。

周允迪　仓部郎中,宝元元年七月视事。二年八月,移知衡州。

滕宗谅　祠部员外郎,宝元二年六月视事。康定元年十二月,迁刑部员外郎直集贤院,移知泾州。宝元中,守湖州。始至问民疾苦,考视风俗,尤属意于兴学,未阅月即营基鸠材,表请于朝,一新黉舍,风教浸隆。邦人德之,置祠于学,岁时奉祀。

胡宿　太常博士、集贤校理。康定二年四月到。庆历三年四月,罢。康定中,守湖州,政有惠爱,筑石塘百里,捍水患,大兴州学,儒士盛于东南,自湖学始。既去,州人思之,名其塘曰胡公塘,学者立生祠于学。见《续图经》。

陈亚　金部郎中,庆历三年四月到。五年四月,罢。

马寻　金部郎中,庆历五年四月到。七年四月,罢。

唐询　工部员外郎直史馆,庆历七年四月到。皇祐元年四月,罢。

戚舜元　水部郎中,皇祐元年四月到任。转司封郎中。三年二月,罢。

张昷之　刑部郎中、天章阁待制,皇祐三年二月到任。四年九月,移知扬州。

章岷　度支员外郎、充集贤校理,皇祐四年十月到任。转司封员外郎,依前充职。至和元年十一月,罢任。

杨纮　刑部郎中,至和元年十一月到任。二年二月,转兵部郎中。又嘉祐元年正月,转太常少卿,二年六月十二日,罢。

徐起　光禄卿,嘉祐二年六月到任。九月,转秘书监。三年八月,移知单州。

盛申甫　司封员外郎、集贤校理,嘉祐三年十月到任。转工部郎中,依前充职。五年十月,罢。

齐廓　光禄卿直秘阁,嘉祐五年十月到任。六年九月,分司南京。

鲍轲　度支郎中,嘉祐六年十月到任。七年六月,移知吉州。

张田　屯田员外郎,嘉祐七年六月到。八年五月,改都官。八月,转职方。嘉祐中,以屯田员外守郡。性刚直,吏民畏服,凡有兴作可以立成。创军资甲仗库,又重建都酒务永宁,骆驼、仪凤二桥,开子城东西二衙门,公私为便。及立颜鲁公祠,仍籍吴兴登第者题名于学。在任二年,移知卢州。代者徐公仲谋作记

云："予观张君不在谢、柳、龚、黄之下。"见旧编

  徐仲谋 职方郎中，治平元年五月到任。三年五月，罢。

  王异 司封郎中、充秘阁校理，治平四年七月到任。五年二月，初赴阙。

  唐诏 司勋郎中，熙宁元年四月到任。二年九月，移知太平州，改知潭州。

  徐绶 熙宁二年十一月，以尚书司封郎中、充集贤校理，知州事。四年十一月，罢。

  孙觉 右正言直集贤院，熙宁四年十一月到任。六年三月，移知卢州。熙宁中，以右正言守郡。始至，岁适大水，民人饥馑，欲相率亡去。公振仓廪躬自抚循。富有皆争出谷以佐官，所活不可胜计。又以其余暇，因网罗遗逸，得前人赋咏数百篇，为《吴兴诗集》，其他刻尚存而偃仆断缺于荒陂草野之间者，皆集于墨妙亭。见旧编。

  王介 职方员外郎、充秘阁校理，熙宁六年四月到。转祠部郎中，依前职，至十二月，抽赴阙。

  李常 太常博士、充秘阁校理，熙宁七年三月到。任祠部员外郎，前职。九年三月，移知齐州。

  章惇 右正言知制诰，熙宁九年三月到任。十一月，移知荆南府。十年四月，再任。五月，丁母忧。

  鞠真卿 太常博士直秘阁，熙宁十年八月到任。元丰元年九月，移知蔡州。

  王安礼 太常博士直集贤院，元丰元年十月到任。至十一月，抽赴阙。

  苏轼 尚书员外郎直史馆，元丰二年四月二十日到任。七月十八日，罢。元丰中，守湖州。下车三月而罢。以事系御史台狱，郡人怀其德政，作解厄道场者弥月。故有《授狱卒以遗子由诗》云：百岁神游定何处，桐乡知葬浙江西。集中有《端午遍游诸寺》以下三十余篇，皆吴兴所作诗也。

  陈侗 太常博士、充集贤校理，元丰二年十一月到任。三年八月，移知宣州。

  唐俶问 工部员外郎，元丰三年八月二十九日到任。十一月，换朝奉郎。四年十一月，转朝散郎。五年八月，再任。十月，授尚书员外吏部员外郎赴阙。

  闾丘孝直 朝散大夫，元丰六年三月到任。元祐二年，移淮南东路提刑。

  滕元发 正议大夫，元丰七年八月到任。八年五月，转光禄大夫。九月，移知苏州。

  吕希道 中散大夫，元丰八年十二月初二日到任。元祐二年八月二十八日，罢。

  林希 朝请郎、充集贤院殿修撰，元祐二年八月二十八日，上任。三年七月，转朝奉大夫。四年正月，移知江宁军江南东路兵马钤辖。

　　吕温卿　右丞议郎,元祐四年二月初二日到任。六年二月初六日,移知明州。

　　张询　左朝请郎,元祐六年二月七日到任。八年二月二十日,罢。

　　唐垌　左朝散郎,元祐八年三月初一日到任。绍圣元年七月初五日,罢。

　　钟浚　左朝请郎,绍圣元年七月初五日到任。二十四日,卒于郡。

　　王安上　宣德郎,绍圣元年九月三十日到任。绍圣三年十一月十八日,罢。

　　马城　通直郎,绍圣三年十一月十八日到任。四年闰二月八日,移知颍州。

　　余中　朝奉郎、充秘阁校理,绍圣四年六月二十二日到任。元符二年三月八日,移知杭州。

　　蒋之幹　朝散大夫,元符二年六月二十三日到任。三年十二月二十六日,罢,赴阙。

　　徐铎　朝奉大夫,元符三年十二月十六日到任。崇宁元年二月十五日,移知河中府。

　　晁补之　朝散郎,崇宁元年四月二十九日到任。当年五月二十九日,移知密州。

　　丰稷　朝请郎、充龙图阁待制,元符元年六月二十二日到任。二年三月八日,移知杭州。

　　吕嘉问　中大夫,崇宁元年闰六月四日到任。二十三日,以宝文阁直学士知成都府。

　　林颜　左朝议大夫,崇宁元年八月初五日到任。十二月十一日,左转中散大夫。二年正月初八日,移知卢州,充淮南西路兵马钤辖。

　　王瑛　右朝议大夫,崇宁三年四月二十二日到任。

　　王泽　朝请郎,崇宁四年闰三月初二日到任。至五年二月二十四日,赴阙。

　　吴细　朝请郎、充显谟阁待制,崇宁五年二月二十四日到任。大观元年三月二十七日,罢。

　　鲍朝宾　朝奉郎,大观元年到任。

　　王仲薿　朝议大夫直秘阁,大观三年四月二十九日到任。

　　叶棣　朝请大夫,大观四年三月二十六日到任。政和元年正月初十日,罢。

　　章援　朝散郎,政和元年正月二十四日到任。转朝请郎。四年三月初二日,罢。

　　叶唐稽　朝请大夫,政和四年四月初三日到任。十二月二十三日,移京东路提点刑狱公事。

　　盛瑜　朝请大夫,政和五年二月十七日到任。升直秘阁。七年四月二十七日,提点南京鸿庆宫。

沈麟 朝请郎直秘阁,政和七年六月初三日到任。转朝奉大夫直天章阁。宣和元年四月六日,致仕。

王倚 朝请郎直秘阁,宣和元年六月二十五日到任。三年二月二十九日,转朝奉大夫直龙图阁。四年五月十五日,赴阙。

胡思诚 朝请大夫直秘阁,宣和四年六月初七日到任。十七日,罢。

葛胜仲 大中大夫、充显谟阁待制,宣和四年十月初四日到任。六年九月初六日,移知邓州安抚使。建炎中,自大司成守郡。时金人蹂江浙,盗贼蜂起,剧贼邵青欲过江入湖,公大修城郭,教阅士卒,贼望风引去。是岁大饥,斗米千钱,饿莩相枕藉,公大发官廪,又输以谷数百斛,遣官吏振给之,民赖全活。见旧编。

强休甫 奉直大夫,宣和六年十月初九日到任。七年四月二十八日,转朝议大夫。靖康元年三月初八日,罢任。

卢襄 靖康元年三月初九日,以徽猷阁直学士、中大夫到任。四月初九日,除兵部侍郎。

郑滋 朝奉大夫、充徽猷阁待制,靖康元年六月十日到任。是年九月二十五日,移知平江府。

赵子漪 中大夫,靖康元年十一月二十日到任。当年十二月初八日,卒于郡守。

梁端 以朝请大夫直秘阁,建炎元年八月八日到任。二年三月,捕获叛兵,转中奉大夫。当年二月,特恩转中大夫。三年四月九日,以协助勤王升直龙图阁。当月十二日,丁母忧,罢任。

张虞卿 朝散郎,建炎三年八月二十九日到任。当年十月初四日,转朝请郎。十一月九日,奉旨依所乞主管南京鸿庆宫,罢任。

赵子嶙 建炎二年,守郡。时虏人南侵,所过辄下,或空城邑去之。公乃躬率将士戮力乘城,人皆感励,愿以死守。或谓:"贼且浮舟而来。"乃厚赏募人没水行以凿贼舰,诛巨木,沉废舟以绝间道。事甫定,遂罢去。居人攀恋涕泣。御史以民言告于上,诏还于郡。乾道五年,立祠于颜鲁公堂东偏。见旧编。

汪藻 绍兴元年十一月初三日,以龙图阁直学士、朝散大夫到任。二年十月,迁左朝散大夫。四年九月二十二日,移知抚州。

陈与义 绍兴四年九月二十一日,以徽猷阁直学士、左奉议郎到任。五年二月二十五日,召除给事中。绍兴八年四月初二日,以资政殿学士、左大中大夫到任。至七月十一日,准敕依所乞提举临安府洞霄宫。

李光 绍兴五年闰二月初三日,以左朝奉郎、充宝文阁待制到任。当年七月初九,除显谟阁直学士,移知平江府。

方孟卿　绍兴五年九月初一日,以左朝奉郎、充集英殿修撰到任。至六年三月二十三日,除徽猷阁待制、提举江州太平观。

汪思温　绍兴六年三月二十六日,以左朝散大夫直徽猷阁到任。当年八月二十一日,除太府少卿。

宇文时中　绍兴六年十一月二十五日,以左中奉大夫直宝文阁到任。至绍兴八年四月初二日,差知建宁府。

常同　绍兴八年七月二十七日,以显谟阁直学士、左朝请郎到任。九年三月四日,召赴行在所。

朱胜非　绍兴九年三月初四日,以观文殿大学士、左宣奉大夫到任。当年十月二十六日,提举临安府洞霄宫。

萧振　绍兴九年十一月二十五日,以右奉议郎、充徽猷阁待制到任。十一年三月二十三日,提举临安府洞霄宫。

秦梓　绍兴十一年六月初五日,以左承议郎直秘阁到任。当年十二月二日,差知温州。赴行在奏事,改除秘书少监兼崇政殿说书。

周葵　绍兴十二年三月初四日,以左承议郎直秘阁到任。当年十二月二十一日,移知平江府。

秦治　绍兴十三年二月初四日,以右奉议郎、充集贤殿修撰到任。

张宇　绍兴十四年十二月,以左朝奉大夫直秘阁到任。十五年十二月十二日,改差宫观。

王铁　绍兴十六年三月十二日,以敷文阁直学士、右朝议大夫到任。当年十一月二十日,转右中奉大夫。十七年正月二十日,提举江州太平观。

张宜　绍兴十七年二月十八日,以右朝议郎、充敷文阁待制到任。当年九月十八日,提举江州太平兴国宫。

钱堪　绍兴十七年十一月二十四日,以左朝散郎到任。十八年八月二十一日,主管台州崇道观。

赵叔涔　绍兴十八年九月十七日,以左中奉大夫到任。十九年七月三日,罢。

周奕　绍兴十九年七月二十八日,以右朝奉郎到任。二十一年四月二十七日,移知温州。

王会　绍兴二十一年五月十九日,以敷文阁直学士、右朝奉大夫到任。二十四年四月十九日,移知秀州。

郭珹　绍兴二十四年五月十三日,以右朝奉郎直秘阁到任。二十六年正月十一日,除秘阁修撰。主管台州崇道观。

汪勃 绍兴二十六年七月十三日,以端明殿学士、左朝奉大夫到任。二十八年四月十八日,提举江州太平兴国宫。

李琳 绍兴二十九年四月十四日,以左朝议大夫、充敷文阁待制到任。二十九年五月九日,提举江州太平兴国宫。

扬揆 绍兴二十九年六月十三日,以右朝议大夫、充敷文阁待制到任。当年十月十四日,卒于郡。

董平 绍兴三十年六月初一日,以右中大夫、集英殿修撰到任。三十一年二月十六日,移知潭州。

陈之茂 绍兴三十一年四月十三日,以左承议郎到任。当年八月十六日,转左朝奉郎。三十二年十二月八日,除直秘阁。当月二十日,移知平江府。绍兴三十一年,自吏部郎中守郡。凡有追逮未尝遣吏,揭片纸谯门之下,虽外之县镇莫敢违其程限。明年冬,虏亮寇边,修城郭,治器械,聚粮食,东南士大夫挈家依之。见旧编。

郑作肃 绍兴三十二年十二月十六日,以左朝议大夫直秘阁到任。

王师 显谟阁学士、左正议大夫,乾道元年九月到任。二年八月,提举江州太平兴国宫。

王时升 左中奉大夫,乾道元年九月到任。二年八月,提举江州太平兴国宫。

王十朋 左承议郎、敷文阁待制,乾道三年九月到任。四年四月,提举江州太平兴国宫。绍兴二十七年,廷试擢第一。乾道中,以敷文阁待制自夔州移知郡事。崇儒重道,以教化为先,郡有贡院久废,自出圭租以率州之士夫各助私钱重建,不敛于民,不费于官。贡院、郡学皆立生祠。为政禁戢强横,勤恤小民。后丐祠得请,百姓攀恋至有垂泣者。见旧编。

刘敏士 右朝散大夫、两浙路转运判官,乾道四年四月,被旨兼权。

唐琢 右朝请大夫直龙图阁,乾道四年五月到任。六年正月,除江东运使,改知建康府。

林栗 左朝请郎直宝文阁,乾道六年二月到任。十一月,罢。

向沟 右朝请大夫直秘阁,乾道六年十一月到任。七年十月,进直宝文阁。十二月,移知平江府。

单夔 右奉议郎,乾道八年正月到。七月,除户部员外郎、淮西总领。

薛季宣 右通直郎,乾道八年八月到任。转右奉议郎。九年二月,改知常州。

张宗元　左中奉大夫、秘阁修撰、两浙转运副使,乾道九年三月,被旨兼权。

赵师夔　右宣教郎、直徽猷阁,乾道九年五月到。转承议郎直龙图阁再任。淳熙三年三月,除浙西提刑。

巩湘　朝奉大夫,淳熙三年四月到。转朝散大夫。四年十二月,除明州长史。

曾逮　朝请郎、集英殿修撰,淳熙五年五月到。转朝奉大夫。六年三月,改除知镇江府。

赵粹中　奉议郎龙图阁待制,淳熙六年四月七日到。九日,罢。

赵伯骕　武功大夫、忠州团练使、两浙西路提点刑狱公事,淳熙六年四月,被旨兼权。

王正已　朝散郎,淳熙六年七月到。十一月罢。

赵彦逾　朝奉郎,淳熙六年十二月到。七年十一月,除淮西运判。

胡南逢　朝奉郎,淳熙七年十二月到任。九年二月,宫观。

赵善杜　朝散郎,淳熙九年二月到。八月,以忧去职。

颜度　朝奉大夫直宝文阁,淳熙九年到任。

刘藻　承议郎,淳熙十一年八月到任。十二年十月,罢。

赵思　朝奉大夫,淳熙十二年十一月到。至十四年闰七月,转朝散大夫、除直龙图阁,再任。十五年九月,被召除起居郎。

张澈　朝奉大夫,淳熙十五年到。以磨勘及覃恩转两官,以修军器率先诸郡,特转一官。绍熙元年四月,除都大提点坑冶铸钱局。

王信　中大夫,绍熙元年五月到。十二月,移知绍兴府。

王回　朝请大夫直徽猷阁,绍熙二年二月到。三年四月,除江东提刑。六月十四日,受代。

赵不迹　绍熙三年六月到。次年正月,准省札除都大提点坑冶铸钱局。

赵充夫　朝请郎,绍熙四年三月到。当年九月,罢。

潘景珪　中散大夫、充秘阁修撰,绍熙四年十二月到。五年十一月,自陈宫观。

虞俦　朝奉大夫直秘阁,绍熙五年十二月到。庆元二年二月,改知婺州。

孟浩　朝奉大夫,庆元二年四月到。次年六月,罢。

赵善宣　庆元三年八月,以朝奉大夫到。当年十月,罢。

张震　朝奉大夫,庆元三年十二月到。五年六月,除福建路提刑。

李景和　庆元五年七月,以朝奉大夫到。嘉泰元年三月,准省留召赴行在。

富珝　嘉泰元年四月到。二年六月十七日,磨勘转朝奉大夫。七月二十二日,被旨召赴行在。

陈钧 嘉泰二年九月初七日,以朝奉郎到任。当年十二月,磨勘转朝散郎,次年正月,宫观。

汪泳 嘉泰三年二月初十日,朝奉大夫到。次年三月十一日,磨勘转朝散大夫。当年五月十四日,宫观。

留佑贤 嘉泰四年六月二十六日,以朝奉大夫到。开禧二年二月二十一日,准旨除湖南提举。当年三月十五日,授代。

周梦祥 开禧二年三月十五日,以朝奉郎到。当年十二月,磨勘转朝散郎。

王炎 开禧三年十二月十三日,朝议大夫到任。嘉定二年正月二十六日,罢任。

魏大中 嘉定二年三月初五日,以朝奉大夫到任。当年十二月二十一日,磨勘转朝散大夫。次年闰二月初五日,敕文。

赵希蓁 嘉定十三年五月初三日,以朝散郎到任。十四年二月十三日,准尚书省札子除大府丞。

赵希苍 嘉定十四年三月二十三日,以朝请郎到任。四月,内磨勘转朝奉大夫。至十五年八月初六日,宫观。

谢采伯 朝请大夫,嘉定十五年八月八日到任。九月三日,准省札监尚书六部门。

宋济 嘉定十五年十一月初六日,以朝请大夫到任。至嘉定十七年四月初五日,除左曹郎中。

谢周卿

王元春 宝庆元年正月十二日,以中大夫、除秘阁修撰到任。至当年五月初三日,除右文殿修撰,知平江府。

梁纮 宝庆元年六月初七日,以朝请大夫到任。至宝庆三年八月初四日,除左曹郎官。

赵希观 宝庆三年八月十三日,以朝散郎到任。于当年九月二十四日,磨勘转朝请郎。绍定二年十月,得旨令赴行在奏事。十二月初七日,满替。

赵汝惮 绍定二年十二月初七日,以朝请郎到任。磨勘转朝奉大夫。至三年十一月二十六日,准省札除将作监主簿。

徐愿 绍定三年十二月十六日到任。五年十二月十七日,满任。六月二十四日,准尚书札子备奉圣旨令赴行在奏事。当月二十八日,受代。

赵与懽 绍定六年二月二十八日,以朝奉大夫直宝章阁到任。当年十月初八日,丁母忧。

万逮　绍定六年十一月初七日,以朝请郎到任。至端平元年四月十三日,罢任。

林申　端平元年九月二十四日,以朝奉大夫到任。至三年三月二十一日,准尚书札子,除太府寺丞。当年七月初一日,磨勘朝散大夫。至九月二十九日,交割,赴行在供职事。

杜幼节　端平三年九月二十九日,以朝奉郎到任。至嘉熙元年六月初五日,准省札宫观。

刘震孙　嘉熙元年八月初九日,以承议郎到任。至嘉熙二年三月初九日,准旨转朝奉郎。于当年三月二十四日,准省札,除兵部郎官兼京西、湖南、北江西路督视参议官。四月二十六日,被旨将职事交割以次官离任。

赵希圣　朝奉郎,嘉熙二年间闰四月十四日到任。当年九月七日,引嫌丐辞。奉御笔方有政声且合终任。六月二十三日,奉圣旨改差知嘉兴府。

俞垓　嘉熙二年十一月十五日,以朝奉大夫到任。嘉熙三年七月初七日,准省札备奉圣旨召赴行在奏事。当月二十八日,受代。

谢奕修　嘉熙三年七月二十八日,以朝奉大夫到任。嘉熙四年正月六日,奉圣旨与祠。

王侑　嘉熙四年六月十二日到任。淳祐元年六月十二日,成一考。为军粮事三疏自劾,奉圣旨依所乞与宫观。二月十二日,离任。

黄辰显

黄㮚　淳祐元年十二月十日,以朝奉大夫到任。至淳祐二年冬,两乞祠。次年正月十二日,奉圣旨主管建康府崇禧观。

杨瑾

周坦　淳祐四年八月十二日,以承议郎到任。至五年五月初七日,准省札秘书丞。

赵时诂　淳祐五年六月六日,以朝散郎到任。淳祐六年二月二日,丁父忧。

蔡节　淳祐六年三月六日,以朝散郎到任。集英殿修撰。至淳祐七年七月一日,准省札仍旧职,改知婺州。已于七月初十日,交割离任。

徐梦衍　淳祐七年七月十二日,以奉议郎到任。至八年三月六日,磨勘转承议郎。当年十二月十五日,准省札,除司农寺丞。当月十八日,交割与次官离任。

庄同孙　淳祐九年正月二十四日,以朝请郎到任。至当年四月,准告转朝奉大夫。至淳祐十年八月十一日,准尚书省札子,除都官郎。于当月十日,申省辞免,得旨不允交割以次官。于九月初六日,交割离任。

谢奕勋　淳祐十年十月二十日,以通直郎到任。

《嘉泰吴兴志》卷十五

县令题名

乌程县

乌程县之名,在郡之前数百载,昔之令即今之守也。其人多,其责重矣。旧编载县事题名以为,县自秦汉至吴宝鼎以前为令者不见于元记;自晋及唐号贤令者,刘秀之、江秉之、沈宪、孔琇之、韦承庆、李清凡六人。其外《统记》有计荆,《晋史》有羊不疑,梁柳恽。《吴兴集》有鲍禩,唐颜真卿《放生池碑》有李晤,《升望记》有裴抗,《兴善寺碑》有米集,旧图经有李何,十三人而已。本朝庆历四年李从始立石刻题名,自咸平元年李团以下,其前亦不可考。其杂见他记者惟徐禹旻、王怀穗。端拱中《瑞相院碑》有周吴。又何稀疏而罕闻也。今历考史传诸书,自吴至唐得二十二人。视旧加增矣。尚惧其有遗也,姑编次以便观览。

吴

万彧 《统记》云:以茂才历州从事乌程令。见《吴书》。

姚宪 《统记》云:武康人。为乌程令。

计荆 《统记》云:荆为乌程令。

晋

司马飏 晋司马飏,河内人。将为乌程令,在建康遇戴洋,后迁太山太守,加振威将军。

陶范 《世说》云:王修龄尝在东山,甚贫乏。陶胡奴为乌程令,送一船米遗之,却不取。范,小字胡奴。

羊不疑　《南史》:羊欣父也。王献之为守,不疑为乌程令。

宋

盛昙泰　《宋·彭城王义康传》:乌程令盛昙泰。

刘秀之　《南史》云:字道宝,东莞莒人。又为县令,著能名,迁建康令。

江秉之　《南史》云:字玄叔,济阳考城人。为乌程令,以善政著名东土,征为建康令。

齐

孔琇之　《南史》云:会稽山阴人。为乌程令,有吏能,迁通直郎,后为郡太守。

沈宪　《南史》云:字彦璋,武康人。为乌程令,甚著政绩,太守褚彦回叹美,以为方圆可施。

梁

鲍襛　梁《柳恽集》有乌程令鲍襛。《统记》云:柳恽为吴兴刺史,《上嘉禾表》云:乌程令鲍襛状解嘉禾一茎六穗。

傅瑛　《南史》:天监中,傅瑛为乌程令,卒于大中大夫。

王伟之　《南史·王韶之传》:父伟之,为乌程令。韶之因居境,好史籍,博涉多闻。

唐

韦承庆　唐韦承庆,子延休,仪凤中由太子谕善出为县令。政化流行,民为刻石颂德,立于县门西庑,号韦公政碑。

李清　唐李清,大历中,为县令,忠肃明亮以将其身,清闲仁惠以成其政,弦歌二岁而流佣复者六百余室,废田垦者二百顷,浮客辐凑迨乎二千,种桑蓄养盈于数万,言政有刻石之墩,吏厨有餐钱之资,崇本经用率皆如此。见颜真卿《西亭记》。

李晤　大历中颜真卿《放生池碑》:乌程令李晤。又李蟾《修县廨记》云:晤生相国绅于廨舍。

裴抗　会昌中《升望记》:乌程令裴抗。

李蟾　乾宁三年,乌程令李蟾修廨舍,有记。

李集　见《兴善寺碑》。

李何　见旧图经注。

严谋道　见《统记》：乌程荻塘，开元中，县令严谋道重开。

宋

周英　端拱中为乌程令。见《瑞相院碑》。

徐禹旻　名见《续图经》、旧编。

王怀德　名见《续图经》、旧编。

李团　旧编云：本朝庆历四年，县令李从始立《题名记》。自咸平元年李团以前皆追书之，继李从之后者，相续而录，以至于今。

徐宗孟

滕从

张鉴

薛耀卿

尚森

苏耆

张化基

滕乔

杨文友

阎见贤

方仲弓

赵宗古

关鲁

王陆

陆广

王稷

李咸

詹庠

李从　庆历四年，立《县令题名》。

朱思道

史言

石元之

闾丘立

吴咸

陈洙

梁端

李茂直

钱颛

周演

陈察

林愈

虞策

朱甽

孙云

施迈

胡徹

江翊

王玠

郭忠卿

俞伟

周定民

姚滂

林成

赵泽民

李仲愈

郭仪

姚沇

王居仁

钱令问

林玘

单莘

董进敏

王棠

向汲

霍文炳

邓植

赵善良

朱振

林思茂

陈深

李逴

陈宏

王兴慈

邵大宁

夏羿

王元圭

陶之真

潘渊明

詹仪之

范彬

俞友

俞端礼

萧德藻

王涓

庄璋

赵善兴

徐峻

陈序

张适

赵彦卫

叶蘱

唐叔翰

鲁开

金之坚

潘霆

魏震

归安县

县创于太平兴国七年,时即有令。至元丰丙寅岁,县主簿吴同卿始搜故籍得

淳化二年以来二十六人,书于壁,县令蔡瑗为之序。后十年绍圣丙子岁,令杨郊始刻之石。自后相续书刻,以至于今。备列如后:

刘骧

李朴

卢幹

严儒

滕高

韩某

李余庆

李迪

刘拱

丁日新

戴颙　天圣四年七月,以太常博士知县事。临民未期,治具大举。先是邑人以物产久虚而茶赋不除,土敝无出,齐民愈困。公乃藉数之赢少,第户之丰乏,审地置而均其课。由是乡亭绝追捕之苦。县有崇礼、万岁二乡,人多泽居,罕务力穑,资橘山之盐以冒禁。公喻以理法,民遂革业务农,私室渐实,圜扉荐空。戊辰岁召还,而二乡之民立祠于射村永兴寺。乡贡进士张先记,石刻在寺。

孙元

张唯

沈兼

杨仲元

刘仁化

唐讽

杨济

元居中

谢仲

林震

李杲

崔表臣

诸程

李钧

丁谨

虞肇

郑惇惠

杜庆长

柯述

刘偊

邢端

王华老

蔡玙

毛直友

梁铎

杨郊

李元

刘藩

胡知柔

何谅直

齐定国

张兴中

李景亮

刘蒙

林岂

钱耕

俞俟　字居易,郡之人也,尚之孙。宣和中,浙右经方寇之扰,州县多缺守令。俟知真定获鹿县,辟为归安县。县在郡,邦人多难之。乃预定规模,处之以公。朱勔请括诸路隐匿田,县独不与。盐法屡变,私贩者罪甚重,县独宽之。葛胜仲知州事,待俟甚厚,或至县治与之谈。后仕至敷文阁学士,所至有治声,人称为吏师。

潘謇

叶梦龄

窦深

蒋循祖

张楠

鲁谳

莫近

王法臣

俞垓

马迥_{重建宅堂并双桂堂。}

宋松年

朱搏

赵善惝

郭遂良

霍文郁

侯克国

王综

蔡瑀

王驰

卢溶

俞希尹_{子应符。}

魏兴祖

王宁

施广国

林思聪

黄莘

林一鸣

周庭藻

冯必大

俞应符

郑昭先

长兴县

长兴县,自晋初置令之后,以名见于史传诸书者,晋有陈达,齐有何敬叔、范岫、庾沙弥,陈有谢夷吾,唐有钳耳知命、朱自勉、权逢吉、潘虔。绍兴八年,县令张琮始哀聚宋朝太平兴国中钱氏纳土以后县令姓名刻石置于厅事。今并录之。

晋

陈达 《南史·陈纪》:晋太尉准之孙达为长城令,悦其山水遂家焉。尝谓所亲曰:"此地山水清丽,当有王者兴。二百年后,我子孙必钟斯运。"

齐

何敬叔 《南史·传》:何敬叔为长城令,有能名,在县清廉不受礼遗。夏节至,忽榜门受饷,数日得米三千余斛,他物称是,悉以代贫民输租。

范岫 《南史·传》:范岫仕梁,官至祠郎尚书。为齐长城令时,有梓木巾箱,至数十年经贵,遂不改易。

庾沙弥 《南史·孝义传》:庾沙弥至孝,卒于长城令。

陈

谢夷吾 旧编:陈始兴王发谢安墓,安裔孙长城令夷吾徙葬于三鸦山。

唐

钳耳知命 《唐志》。

朱自勉 见颜真卿《放生池碑》。

权逢吉 旧图经:西湖久废。元和中,刺史范传正命县令权逢吉去塘中白及决堰以复古迹。

潘虔 旧图经:西湖,咸道中,县令潘虔重修。

宋

尹克勤

郭同节

王和白

李贽

魏拱

乔文郁

张谏

潘濬

欧阳徒

鞠仲义

王翊

马宣

王枢

袁旦

魏嗣宗

俞良儒

张合

朱宸

宋穆

唐嗣

刘举

冯彭

柳察

林概　旧编:宝元中为令。时邑人犹未知学,概为辟庠序,置生员,身自诲饬,讲论经籍,日出视事,日升诣学,抵夜而归,寒暑不倦。由是邑之登科者接踵。后其子希守吴兴。邑之更隐堂、序宾亭,皆有长篇刻之石。

裴大亮

阎革

任凯

赵元仪

许遵

郝承

方谨德

侯宾国

张朴

汪涛

萧汝器

叶棐恭

吴涛

刘仲章

刘愸

陈知源

陈之才

郭刚

丘述

吴亘

董若

陈知恕

黄颉

顾长民

张彦辅

谢伯宜

林露

林髦

张瑱

许宸卿

黄素

宋昌

蔡圭

吴昇

陈吉老　旧编:宣和中为令。方寇之变,人情讻讻,县东有窃发者千余人,公以死誓吏民,整卒伍攻之,手诛锄千余人,县获安堵。

徐文虎

李正邦

毛钦悦

王勋

葛彦成

张琮

常因

黄伟

赵子卓

刘授之

蔡圻

陈叶

计颢

吕僧护

曾恢

方释之

刘邦光

张维

颜度

郑熊

林大中

赵彦光

赵师复

吴兢

钱师悦

陈扩

慕容綖

李枢

陈钧

向士斐

黄由已

董与几

武康县

武康县,初名永安,置自汉之初平,令长之说旧矣。自吴以至六朝,旧编谓可书者五人。晋贺循,宋朱龄石,齐傅琰、梁何远,陈殷不佞。宋《书》又有庾肃之。唐颜真卿《放生池碑》有李汉、张士若。《吴兴统记》有庆澄。《大慈寺钟铭》有韩章。又有宋朝张宣《渊应庙碑》有唐刘沕。《余英志》又增陈沈峻一人。今参考诸史,傅琰在宋,殷不佞、沈峻在梁,庾肃之在晋。又晋有袁猷、孔欣之,梁有伏挺、乐藏,唐有独孤及。诸人皆有行事,故并旧编所载及其事迹列之于后。若夫《题名》始立于绍兴之钟燮,断自祥符六年王素,以后至今联续以书,其政绩有著见者,并附之下云。《题名》,衢州判官陆彦昭为序。

晋

贺循 《晋书》:贺循,字彦先,举茂才,除武康令。俗多厚葬,及有拘忌停丧不葬者,循皆禁之。政教盛行,邻城宗之。久不进序,顾荣、陆机、陆云表荐之曰:"武康令贺循,德量邃茂,才鉴清远,服膺道素,风操凝峻,历试二城,刑政肃穆,才望资品可尚书郎。"久之召为太子舍人。

袁猷 《晋书·袁环传》:弟猷,字申甫。少与环齐名,俱渡江,环为丹阳,猷为武康,兄弟列宰名邑,论者美之。

庾肃之 《南史》沈道虔,武康人。居县北石山下。孙恩乱后饥荒,县令庾肃之迎出县南废头里,为立宅临溪,有山水之玩,时还石山精庐。

孔欣之 《南史》:沈道虔居武康,乡里少年相率受学。道虔常无食以立学徒,武康令孔欣之厚相资给,受学者咸得有成。

宋

朱龄石 《南史》:朱龄石,宋武帝克京城以为建武参军,迁武康令。县人姚系祖专为劫掠,郡县不能讨。龄石至县,伪与之厚,召为参军。系祖出应召,龄石斩之,掩其家,悉杀其兄弟。由是一郡得清。

傅琰 《南史·传》:傅琰,字季圭。仕宋为武康令,县人称之傅圣,赐爵新亭侯。时称傅氏有《理县谱》,子孙相传不以示人。

梁

何远 《南史》:何远字义方,为武康令,厉廉节,除淫祀,正身率职,人甚称之。太守王彬行部,诸县皆盛供帐以待,至武康,独设糗水而已。彬去,远送至境,进斗酒只鹅而别。彬戏曰:"卿礼有过陆讷,将不为古人所笑乎?"武帝闻其能,擢为宣城太守。自县为近畿大郡,近代未有也。

乐藏 《南史·沈颙传》:梁天监四年,北大举南侵,乐藏为武康令,以颙从役到建业。扬州别驾陆任以书与吴兴太守柳恽,责其不能甄善别贤。恽惭,即表停之。颙有至行,而藏俾从役,藏之惭甚宜于恽。姑志之以为为令者之戒。

伏挺 《南史》:伏挺,天监中为武康令。

沈峻 《南史》:梁时,为中书通事舍人,出为武康令,卒官。

殷不佞 字季卿,梁承圣初,为武康令。时兵荒饥馑,百姓流移,不佞循抚,招集襁负者以千数。

唐

庆澄 《统记》:广德元年,袁晁贼倾陷浙右,县人朱泚、沈皓举亡命之徒以应之,县郭民居悉为灰烬。二年寇平,左兵曹参军庆澄兼武康、德清二县令,于瓦砾荆棘之场创置室宇,即前溪北古址筑城开垦,伐木开径,入虎豹之穴,织篷编箬为栋宇之覆,仍散文牒召通亡者还业。未满岁邑复其旧,期年繁庶过半,皆澄力也。

李汉 见颜真卿《放生池碑》。

张士若 同上。

独孤及 《余英志》:唐独孤及为武康宰,尝作亭于山。因名其山曰独孤。有遗址存。见独孤山下。

  刘沏 《统记》:元和七年,邑境旱,县令刘沏以响潭灵异,率僚属祈祷,应时灵需。见响潭下。

  韩章 《大慈寺神钟记》:县令韩章撰。钟,大历五年僧神晤铸。详见神钟下。

宋

  王素

  孙允迪

  陈高

  王圭

  何湜

  王巩

  王易简

  张仲回

  赵樵

  陈杲

  张熙

  萧传

  尹迪

  佘孝恭

  朱东之

  罗本之

  李恭敏

  王震*始见尽心堂。*

  宋恭礼

  刘杰

  谢景山

  吴子襄

  骆复

  冷源

  梅泽

  陶兑

李景元

李倩

韩宗尧

卓厚

张祖良

毛滂 旧编云:毛滂字泽民,元符二年为武康令。慈爱惠下,政平讼简,时旁邑多歉,惟武康丰穰。公余多暇,寻访山水,发诸文章。苏公轼尝以"文章典丽,可备著述"科荐之。及见《余英志》:邑之亭馆多所创建,游览篇咏并在《东集堂》。

乐倚

马弼

李怀

陈惟仲

齐敦复

许观光

毕冲

朱容

范镕

赵子巽

庄必强

庄璹

钟燮 《余英志》云:建炎兵火,县堂悉为煨烬。绍兴二年,钟燮为令始复营建。重门之内有敕书楼,厅事之东有室曰公主明,于西园池上建清心堂,即毛令渔矶鹤巢之地也。

朱苣

陈泰初

汤穆

范晋

李衡

刘坦

曾悌

郭知微

薛居实

曹绛

汤骏

张端友

许畯

赵思旦

王纬

蔡霖

张棠

韩亚卿

何挺

程九万 《余英志》云：下车未几，首访儒士，凡所施设动可观仰。邑有顽民与奸胥为囊橐盗，占县治地以罔市利，乃籍其奸贼，绳之以法，县以肃清。秩满攀饯追送闾巷为空。在邑所作诗章百余篇，号《松桂林集》。又和毛东塘题咏邑人编为《毛程倡和录》。

辛世德

魏中复

丁大声

魏刚中

赵崇规

冯多祉

徐逢

德清县

德清县，置自唐，天宝以来题名不立。见于柳文者柳察躬，见于《放生池碑》者范铭，见于诗咏者有喻凫而已。本朝庆历壬午岁县令刘景始刻石。自太平兴国三年吴越纳土后至康定元年，次具姓名龛诸壁，校书郎浚为记。后相续不绝，今悉载于后。

唐

庆澄 《嘉泰吴兴志》：广德元年，袁晁贼倾陷浙右，本县人朱泚、沈皓举亡命之众应之。二年，刺史独孤问俗使将军辛敬顺于金鹅山筑城守其寇路，泚、皓杀洞中贼党以降之。七月，左卫兵曹参军庆澄兼武康、德清二县令安集之。

范铭 《乞御书放生池碑》颜真卿撰：德清令范铭。

柳察躬　按：柳宗元《先待御神道表》：父察躬，湖州德清令，世德孝廉。又曰：天宝遇乱，奉德清君夫人隐王屋山。察躬为令时当天宝年间也。

喻凫　建州刺史李频《送喻凫赴德清令诗》：棹返雪溪去，仍参旧史君。州传多古迹，县记有谁文。水栅横船闭，湖田立木分。但如诗思苦，为政即超群。

宋

刘楚金

刘廷敏

孙谅

王琰

刘世昌

张维

王尭

杜惟明

刘洞

马周

王符

苏昂

符居简

杨知保

王子昂

孙汝弼

陈范

虞初昌

窦允

潘约礼

刘景

江观

刘觐

苟师颜

蒋翔

黄长裕

郭真卿

韦肃

文劝

梁昉

陈之方

徐长佐

曹庠

孙载

陈羔

闻人完

杨规

李枢

魏兴宗

鲍朝懋

侯绥

方扬远

毛国宾

叶华

梁仲衍

楼居明

王毂　山东人。政和二年为令。是时括责茶租甚严,德清山间茶最盛,使尽剪伐。民初虽不信,委曲劝谕,以为茶可复种,茶租一定则为子孙之害。至今德清茶租最轻。金鹅山下藕,有旨责贡,取以为献而不缄封。至京色味俱变,遂不复再取,其爱民类如此。

赵嵋　字景东,清献公犹子。宣和元年为令。庚子冬,清溪盗起破郡,邑人骇散,嵋独留县,发仓廪招集贫民团聚保甲。贼自嘉禾犯境,嵋邀击之,擒其将二人,获凶徒二百余人,器械千数,级数百,县赖以全。邑人立生祠于乾元寺。

李登

俞佚

赵子缜

向子廉

赵子瑗

黎诏

杨锬

沈造

刘嘉成

沈彬

王铸

高公绪

孙桴

徐岘

赵以□

俞汝翼

范直大

叶荣

管锐

向子俨

赵不比

孙易简

叶沆

章耀

胡澄

赵希迪

沈杞

杨思济

李稠

王铣

朱钦则

舒烈

陈雩

陈庶

吕镃

单端士

黄之仁

安吉县

安吉县,自汉中平以来,其令长见于史传者绝无而仅有。考之《统记》有计豪、姚翊,《宋书》有萧鸾。唐以来考之碑记,大历中《放生池石刻》有杨宥,曹友谌。本朝碑刻,天圣中有中大夫行国子博士上护军尹熙吉,又有狄遵礼、胡穆、刘望、胡浚明。当有可录者散落不得而书。自唐迈以后至于今得二十人,具列于后。

吴

姚翊　安吉令。

晋

计豪　安吉令。

宋

萧鸾　字景祐。宋泰豫元年,为安吉令,有严能之名。即齐明帝也。

梁

徐文整　故鄣令。
周弘政　梁安吉令。
施纮　梁故鄣令。

唐

杨宥　颜真卿《放生池碑》:安吉令杨宥。
曹友谌　曹友谌见上。

宋

尹熙吉

狄遵礼

胡穆

刘望

胡浚明

唐迈

强黻

王抑

吕靖

韩胄

赵伯耆

范晋

张庭筠

徐良能

吕正己

韩磊

李时泽

安鼎

曾崇

钱宥之

赵师行

赵楸

黄敩忠

褚意

韦翌

赵师恩

陈自修

吴益

莫若冲

张杰

赵彦沧

叶松

赵不汙

《嘉泰吴兴志》卷十六

著　姓

　　姓之有望,生于绪姓族之蕃而别其地也。古者因生赐姓,胙土命氏,汉邓氏、应氏有《氏族篇》纂叙世系。至晋贾弼撰《姓氏簿》始附之州郡。宋王俭广其书,东南之族具焉。吴兴郡著姓之说率根源于是,历数百千年,时有升降,阀有盛衰,若不可一概定。然考之《太平寰宇记》、李宗谔《图经》、王曾《图志》及《续图经》等书,述地理而参诸学者,皆言姚、沈、丘、钮,长城曰钱、胥。今故叙四姓著于乡之緜,而长城之钱附焉。至他姓之有显赫者,则有《古今史编》及《姓氏》诸书在。

　　姚姓　出自虞帝,生于姚墟,因以为姓。春秋时郑大夫姚句耳,姚般其后也。汉有青州刺史恢,尚书左仆射皓。吴有太常卿信。晋有九江太守渠。墓皆在郡境,有碑碣存。姚姓其来也远,居吴兴亦久矣。姓氏书谓:王莽封田丰奉舜祀,丰子避莽乱,过江居吴郡,改姓为妫,五世孙敷复改其姓姚,始居吴兴武康。未必然也。敷生信,即吴太常卿著《昕天论》者。信子宁浦太守陶,陶子太傅奋,奋六世孙僧垣,隋开府仪同三司,生二子察、最。察,隋太子内史舍人,生思廉。最,隋蜀王友,生思聪。自晋至梁尤多显人,藏为散骑常侍,宣业为吴兴郡公,武、韫、璠、寿、钦、定祥六人皆至给事中,他可概见。宣业之四世孙崇、相明皇。《崇传》云:陕州人,陕州之族出于武康。思廉之孙璹、相武后。《思廉传》云:父察,自吴兴迁京兆,遂为万年人。京兆之族亦出于武康。独最与思聪墓在武康石城山。今之居吴兴者皆秘书少监思聪后也。旧图经载:汉九江太守姚渠墓,在乌程县南六十里。吴泰州刺史志墓,在州南十四里。《统记》载,后汉青州刺史恢,尚书左仆射皓,吴太常卿信墓,并在武康县西南三里石城山,碑碣并存。后周开府仪同三司僧垣、陈吏部尚书察、隋蜀王司马最、唐秘书少监思聪墓亦在焉。《统记》又载:信子陶,吴宁浦太守。陶子奋,太傅。晋之藏至散骑常侍。武、韫与梁之璠、寿,定祥、钦凡六人皆至给事中。吴之参、宪、翊,晋之向、选,梁之康、遏、通、绪、茂皆为县令，并武康人。按《姓氏书》：姚出于虞帝，生于姚墟，因以为姓。春秋时郑大夫姚句耳，姚般其后也。初陈公满封于陈，裔孙共仲奔齐为陈氏，又为田氏。齐亡居鲁，至王莽封田氏为代睦侯以奉舜祀，丰子恢避莽乱，过江居吴郡，改姓为妫。五世孙敫复改姓姚，居吴兴武康。敫生信，吴选曹尚书。八世孙僧垣、隋开府仪同三司，北隆公。二子察、最。察，隋太子内史舍人，袭公。最，蜀王友。察生思廉，唐修文馆学士。生憕、生愔，相武后。最生思聪。至八世孙兖，太仆主簿。陕郡姚氏亦出自武康。梁征东将军吴兴郡公宣业，生安仁，安仁生祥，祥生懿，懿生元之、元素。元之名崇，相明皇，生彝、忌、弈。元素生弇、冯、算，孙九人，曾孙二十人。四世孙七人，五世孙五人。世所谓武功姚者。《南史·姚察传》：吴兴武康人，吴太常卿信九世孙，父僧垣，子思廉。《唐书·姚思廉传》：察之子，陈亡察自吴兴迁京兆，遂为京兆万年人，孙璹。《姚崇传》：峡州峡石人，子懿。

沈姓　台骀之后。或曰聃季食采于沈，姬姓后也。春秋有沈子国，即汝南平舆沈亭是也。沈灭，其后子孙因国为氏。秦末有沈逞，召为丞相，不就。逞之曾孙保，汉封为竹邑侯。竹邑侯之十世孙戎，后汉初说降剧贼尹良，光武封为海昏侯，不就；避地徙会稽乌程之余不乡，遂家焉，死葬于金鹅山。戎生尚书令酆。酆生河间相景、仲高。景生荆州刺史彦，演之、庆之、昙庆、怀文其后也。仲高七世孙延，晋颍川太守，始居县之博陆里余乌村。田子、林子与约其后也。《统记》又载，《沈氏先贤传》诸书云：沈戎子孙见史传者一百五十八人，三十八人有正传，一百二十人附传。宋、梁、陈间，皇后三人，尚主者五人。唐有君亮，相武后。彦之裔孙曰传师，而睿真太后亦曰吴兴人。至今人物视三姓为盛云。《南史》：沈约、字休文，吴兴武康人。自叙曰：沈、台骀之后。沈子国汝南平舆沈亭是也，春秋时列于盟会。鲁昭公四年，晋使蔡灭沈，其后因国为氏。秦末有沈逞，征丞相不就。汉初逞曾孙保，封竹邑侯。保子遵，迁九江之寿春，官至齐王太傅，封敷德侯。遵生骠骑将军达。达生尚书令乾。乾生南阳太守弘。弘生河内太守勖。勖生御史中丞奋，奋生将作大匠恪，恪生尚书关内侯谦，谦生济阴太守靖。靖生戎，光武封为海昏侯，不受，徙居乌程之余不乡。戎生三子，酆，零陵太守；仲高，安平相；景，河间相。演之、庆之、昙庆、怀文，其后也。仲高子鸾，鸾子直，直子瑜、仪。仪子曼，吴定阳侯。曼子矫，立武校尉，晋长沙太守。矫子陵，晋元年命参军事。陵子延，颍川太守，始居县之博陆里余乌村。延子贺，南中郎参军。贺子警，警子穆夫。穆夫子田子，龙骧将军；林子，建威将军。宋封汉寿县伯。子璞，嗣淮南太守。璞子约，梁尚书令。约子旋、趋。旋，司徒右长史；趋，黄门。旋子寔众，陈民部尚书。《姓氏录》：沈出自姬姓，周文王之第十子聃季食采于沈，汝南平舆沈亭是也。春秋成公八年为晋所灭，沈子逞奔楚，遂为沈氏。曾孙诸梁号叶公。曾孙郢，召为丞相不就。生平，封竹邑侯。平生遂。遂生综，左庶长，竹邑侯，生遵，徙寿春。遵生乾。乾生承。承生勖。勖生奋。奋生恪。恪生谦。谦生静。静生戎。后汉光禄勋，以九江从事说降剧贼尹良，光武封为海昏侯，辞不就，因避地徙居会稽之乌程县余不乡，遂家焉。戎四子，酆、懿、齐、恭。酆四子，许、仲、高、景。景生彦，彦裔孙君亮，相武后。《统记》载：后汉述善侯戎墓在金鹅山。尚书令酆、荆州刺史彦、河间相景墓并在焉。晋吏部尚书嘉,太子詹事回墓在凤凰山。宋、齐、梁、陈诸友墓并在武康县。又载《沈氏先贤传》:后汉太山太守霸、丹阳太守裕。又云:沈戎子孙见史传者一百五十人,三十八人有正传,一百二十人附传。宋陈至唐四皇后,宋朝宣太后、陈文帝皇后、后主皇后及唐睿真太后。陈朝尚主者五人。君理尚会稽长公主,遵礼尚安康公主,缮尚义兴公主,修智尚湘安公主,规尚智平公主。按:沈约自叙其家世与班固、扬雄自叙之体同。宜其视姓氏诸书泛述者必精确,而谓楚使蔡灭沈在鲁昭公四年,今左传载昭公四年楚子沈子会于申,又同伐吴,明年又同伐吴,则沈之灭安得在四年也。以其显著者差缪如此,则其他亦未必皆可信。《姓氏录》谓:沈之灭在成公八年,其失又远矣。又世系载在诸书者多不同,今悉存之。

丘姓 系出齐太公,封于营丘。二十八代孙公子高遂氏。其后弱为郗国大夫,明为鲁国左史。汉平帝时有名俊者,持节安辑江淮属,王莽篡位遂留江左居吴兴乌程。后汉大司马腾,交州太守聪,阳羡令昭、吴晋陵太守杰、宋尚书右丞泉之、新安太守道护、建安太守道成、梁黄门侍郎迟,杂见于王俭《姓系》《元和姓纂》诸书者不一。而腾、杰、迟、泉之、道护墓又俱在郡境,信其为俊后也。《南史》载:冠先奉使不屈,死于胡虏。杰居丧尽孝,感梦授药。灵鞠以文章显。仲孚以政事闻,系绪虽不详,可以为著姓矣。唐元和中有葬麻谷者,左散骑常侍为与撰墓碑。碑今存焉。乌程县麻谷有吴兴丘氏碑,元和四年制,左散骑常侍丘为撰,云:太公封营丘,二十八代孙公子高遂氏。其后弱为郗国大夫,明为鲁国左史。为之作必有所据。则左丘明盖姓丘,而官为左史也。《元和姓纂》曰:齐太公封于营丘,子孙以地为姓氏,世居扶风。《左氏传》有郗大夫丘弱。汉平帝时有丘俊,持节安抚江淮属,王莽篡位,遂留江左,居吴兴乌程。唐贞观初有将军丘师利。又丘为苏州嘉兴人,事在《艺文志》。旧图经:乌程县有后汉大司马丘腾墓,在县西十八里。吴晋陵太守杰墓,宋尚书右丞泉之墓,在西北十里。南郡太守道护墓,在南十八里。梁黄门侍郎迟墓,在县南十六里。《统记》载:后汉交趾太守聪,阳羡令昭,晋新安太守條阳侯道护,建安太守道成。又载王俭《姓系》有汉丘腾、晋散骑常侍询、驸马都尉敬、祠部郎中裕、给事中夷。《宋书》有吴郡太守泉之及齐季彬,并乌程人。《南史》冠先、杰见《孝义传》,灵鞠、迟见《文学传》。冠先有子曰惟。灵鞠之祖秘书监系,父道真护军长史、道真子迟、从孙仲孚皆乌程人。

钮姓 不详得姓之繇。汉有关内侯馥,而冲、充皆以牧守袭爵,其为姓旧矣。又有名绰者,东汉荆、兖、青三州刺史。衡,九真太守;详,富春侯;淑,吴尚书令、临水侯;玚,晋察孝廉,袭临水之封户;允,东迁侯。淑及宋御史中丞滔墓皆在郡境。淑,侯封临水,殁葬乌程。信,为吴兴人。玚,允嗣侯。滔墓同境必其后也。馥、冲、衡、绰名见《吴兴记》、王俭《姓系录》,为淑之先,亦无疑矣。吴景帝有钮后,陈武宣章后本亦钮姓,父景明追封广德侯,族兄洽中散大夫,以二后五侯之族,其为著姓,宜矣。《吴兴统记》载王俭《姓系》云:钮馥字元芳,汉封关内侯。冲字元度,弘农太守,关内侯,食二千石。充,后汉梁州牧,袭关内侯。绰,字君宏,荆、兖、青三州刺史。衡,字元平,九真太守。详,字子明,富春侯,食千石。淑,字仕叔,吴尚书令,临水县侯,食一千五百户。场，字彦真，晋察孝廉，后封临水侯，又食一千五百户。允，字元嗣，中散大夫，新昌太守，东迁侯，食千户。《南史》：陈武宣章皇后，本姓钮，父景明为章氏所养，景明，梁散骑常侍，后赠特进金紫光禄大夫，追封庆德县侯。后亲族无在朝者，惟本族兄洽，官至中散大夫。《姓氏书》止载吴兴钮滔云：东晋人。以及宋开封钮氏大理寺丞约。旧图经曰：吴中书令钮淑墓，在乌程县西十里。宋御史中丞滔墓在乌程县东十四里。《统记》载：吴兴吴景帝钮皇后父葬卞山，因开青塘。又颜真卿《石柱记》云：景帝钮皇后葬卞山。

钱姓 出于大彭，彭祖其后也，以钱为氏。彭祖四十三代孙汉谏议大夫钱林始居县之梓山。林孙敞，敞孙咸，咸曾孙让，让七代孙弥，弥十三代孙纂，墓皆在县。石柱题志存焉。《姓氏录》云：让避王莽乱，徙居乌程者。非也。晋宋及陈世有王侯牧守甚众，衣冠之盛如此，而陈昭皇后亦为钱氏。宜为长城著姓。《姓氏录》：钱出自颛帝，曾孙陆终生彭祖。彭祖之孙季为周钱府上士，因官命氏焉。战国有隐士丹。秦御史产居下邳。《西京杂记》有会稽人勃。汉哀平间有襃，为广陵太守，避王莽乱徙居乌程，生晟。又东晋青州刺史端，历阳太守凤，裔孙乐之，宋太史令，居长城，故望出吴兴。宋吴越钱氏，本杭州临安人。《统记》：后汉富春公钱让墓在长兴县西五里，字德高，吴郡乌程人，后为散骑常侍，累迁徐、兖二州刺史，封富春侯，食邑五千户，赠富春公，谥曰哀。吴庐江太守盛墓在县北五里，振盛将军晟墓在县西五里。晋龙骧将军端墓在县西四里。大将军广墓在县西二里。又有太子太傅迪、始兴王师穆、东迁县侯宠、冠军将军端、步兵校尉岳、伏波将军详、陈定远将军开国侯肃、衣阳侯玄智、临海太守迁、隋钟离守季卿、开府仪同三司谨、承安侯道职、唐侍御史政。旧编云：钱氏系出大彭钱铿所封，所谓彭祖也。其后以彭为氏。铿四十三代孙汉谏议大夫钱林始来长城之梓山，子孙因居焉。长城《陵墓》：陈昭皇后钱氏陵曰嘉陵。彭祖四十五代孙钱敞，四十七代孙咸，五十代孙让，五十七代孙弥，六十三代孙墓及昌端广墓，皆在长城。详见长城县陵墓下。

右长兴著姓。《太平寰宇记》、李宗谔《图经》、王曾《九域图志》皆曰长兴著姓二，曰钱，曰胥。胥姓考之古今史传图志系谱，在吴兴者无一人焉。岂传写笔误乎？

贤贵事实

陈高祖武皇帝 讳霸先，吴兴长城下箬里人。姓陈氏，汉太丘长实之后也。六世孙达，永嘉南迁为长城令，悦其山水，遂家焉。尝谓所亲曰："此地山川秀丽，当有王者兴焉。二百年后我子孙必钟斯运。"达生康，为丞相掾，咸和中土断，故为长城人。康生盱眙太守英。英生尚书郎公弼。公弼生步兵校尉鼎。鼎生散骑常侍高。高生怀安令咏。咏生安成太守猛，猛生太常卿道巨。道巨生皇考文缵。帝少俶傥有大志，长于谋略，意气雄杰，不事生产。及长，涉猎史籍，好读兵书，明纬侯孤虚遁甲之术，多武艺，明达果断，为当时推服。身长七尺五寸，日角龙颜，垂手过膝。尝游义兴,馆于许氏,梦天开数丈,有四人朱衣捧日而至,纳之帝口,及觉,腹内犹热,帝心独喜。帝尝独坐堂室,有神光之异。梁新喻侯萧映为广州刺史,常以为中兵参军,寻转为高安太守。以交州李贲僭称天子,映遣帝平之,梁武嘉焉,即除直阁将军。太清二年侯景反,乃率众赴援,遂受梁禅即位。后改梁太清二年为永定元年,国号陈。在位二年崩,年五十七。帝雄武多英略,性甚仁爱,及居阿衡,性崇宽简,雅尚俭素,常膳不过数品。私飨曲宴皆瓦器蚌盘,肴核庶羞裁令充足,不为虚费。初平侯景,及立敬帝,子女玉帛皆班将士。其充闱房者,衣不重采,无金翠,声乐不列于前,践祚之后,弥厉恭俭。故能隆功茂德光于江左。

世祖文皇帝 讳蒨,始兴昭烈王之长子也。少沈敏有识量,美容仪,留意经史,武帝甚爱之,常称吾家英秀。梁太清初,帝梦两日斗,一大一小,大者光灭坠地,色正黄,其大如斗,帝三分取一怀之。武帝崩,即位,改元天嘉。在位七年崩。帝起自布衣,知百姓疾苦。国家资用务从俭约,妙识真伪,下不容奸。一夜内刺闱取外事分判者,前后相续,每鸡人伺漏传签于殿中者,令投签于阶石上,铿然有声,云:"吾虽得眠,亦令惊觉。"其自强如此。

废帝 讳伯宗,文帝嫡长子也。文帝崩即位,改元光文。帝柔弱无人君之器,在位三年废。

高宗孝宣皇帝 讳顼,始兴昭烈皇第二子也。生有赤色满室。少宽容多智略,及长美容仪,身长八尺二寸,垂手过膝,有勇力,善骑射。废帝废,即位,改元太建。在位十四年崩。帝之在田,本有恢弘之度,及居尊位,实允天人之应。于时国步初弭,疮痍未复,淮南之地并入于齐,帝志复旧境,意返侵地。强弱之形理则悬绝,犯斯不韪,适足为擒。及周兵灭齐,乘胜而举略地,还至江际,自此惧矣。

后主 讳叔宝,宣帝嫡长子也。宣帝崩,即位,改元至德,在位七年降隋。以上陈朝五主,共三十三年。

衡阳献王昌 字敬业,武帝第六子也。昌容貌伟丽,神情秀朗,雅性聪辨,明习政事,读书一览便诵,明于义理,剖析如流。

南阳忠壮王休光 武帝母弟也,子昙朗,孙方庆,袭封。

始兴昭烈王道谈 武帝兄也。仕梁为东宫直阁将军。侯景之乱援台,中流矢卒。生文帝及宣帝。

鄱阳王伯山 字静之,文帝第三子也。伟容仪,举止娴雅,喜愠不形于色,性宽厚。又于诸王最长,后主深敬重之。每朝廷有冠婚飨宴,恒为使主。及遭所主忧,居丧以孝闻。后主谓群臣曰:"鄱阳王至性可嘉。"

始兴王伯茂

新安王伯固

晋安王伯恭

衡阳王伯信

庐陵王伯仁

江夏王伯义

武陵王伯礼

永阳王伯智

桂阳王伯谋 以上文帝诸王,文帝十三男,一人为废帝,二人早卒。封王者十人。

岳阳王叔慎 字子敬,宣帝第十六子也。少聪敏,十岁能属文,出为湘州刺史,加都督。及隋师济江,清和公杨素兵下荆州,遣将庞晖略地至湘州,叔慎遣人诈奉降书于庞晖。叔慎伏甲待之,晖入,伏兵发,缚晖等以徇,皆斩之。

始兴王叔陵

豫章王叔英

长沙王叔坚

建安王叔卿

宜都王叔明

河东王叔献

新蔡王叔齐

晋熙王叔文

淮南王叔彪

始兴王叔重

寻阳王叔俨

义阳王叔达

巴山王叔雄

武昌王叔虞

湘东王叔平

临贺王叔敖

阳山王叔宣

西阳王叔穆

南安王叔俭

南郡王叔澄

沅陵王叔兴

岳山王叔韶

新兴王叔纯

巴东王叔谟

临海王叔显

新会王叔坦

新宁王叔隆

新昌王叔荣

太原王叔匡 以上宣帝诸王。宣帝四十二男，一人为后主，八人未及封，三子早卒无名。封王者三十人。

太子深

吴兴王允

南平王嶷

永嘉王彦

南海王虔

信义王祗

邵陵王兢

会稽王庄

东阳王恮

吴郡王藩

钱塘王恬 以上后主诸王。后主二十二男，十一人未及封。太子诸王十一人。

永修侯擬 本传：武帝疏属。

并见《南史》。

右陈朝帝胄

宋明宣沈太后 《吴兴统记》云：武康人沈氏为文帝美人，生明帝，为婕好。明帝即位，追尊皇太后。按本传：讳容，姬不知何许人。谥曰宣。《统记》必有据。

梁文宣阮太后 《吴兴统记》云：武康人阮氏。《梁典》云：后本姓石氏，讳令嬴。父灵宝寓居武康。后有美色，武帝拜修容，赐姓阮氏。元帝即位追崇文宣太后。《梁陈故事》：武康阮公溪石灵宝，上虞人，尝寓居。其女有姝色，天监元年送为露乘，转女采，及生元帝，拜修容，赐姓阮，拜灵宝为朝请。时人名其所居溪曰阮公溪。灵宝以承圣二年封武康侯。溪有大青石，俗谓之美人石。今存。按《南史》本传云：会稽余姚人，在孕梦龙罩其床，生元帝。父灵宝武康县侯，寓居武康。信矣。

陈武昭钱皇后　长城人，父曰仲方。武帝先娶后，早卒。及武帝即位，追尊曰昭皇后。《南史·陈纪》：永定元年，武帝即位，追尊前夫人钱氏曰昭皇后。陵曰嘉陵。《章皇后传》云：武帝先娶同郡钱仲方女，早卒，后乃聘后。旧图经云：嘉陵在县北五里，陈高祖钱皇后陵也。而《统记》乃云：陈高祖追尊皇姊钱氏为昭皇后。旧编云：其误也。又谓：嘉陵为高祖母钱氏。其失甚矣。按《陈纪》：辛巳追尊皇考曰景皇帝，庙号太祖，皇姊董氏太夫人曰安皇后，前夫人钱氏为昭皇后。癸未尊景帝陵曰瑞陵，昭皇后陵曰嘉陵。遂承上皇姊字以致此误。殊不知既以母为太夫人，妻为前夫人，分陵为二，辞意明甚。又《章后传》述武帝先娶钱氏。其不思亦甚矣。

陈武宣章皇后　《南史》本传：讳要儿，乌程人，亦姓钮。父景明幼为章氏所养，因改焉。后母苏氏，尝遇一道人，以龟与之，光彩五色，曰："三年有征。"及期后生，而紫光照室，因失龟所在。后少聪慧，美容仪，手爪长五寸并红白，每有期功之服，则一爪先折。善书计，能诵诗及楚词，武帝聘后为夫人，后永定元年即位，立为皇后。武帝崩，定策立文帝。及即位尊为皇太后，宫曰慈训。废帝即位，为太皇太后。光大二年，下令黜废帝，命宣帝嗣立。太建二年崩。谥曰宣。

陈文帝沈皇后　《南史》本传：讳妙容，武康人，父法深。梁大同中，归文帝。文帝为吴兴太守属，侯景作乱，帝与后悉为景所收。及景平，乃获免。高祖践祚，永定元年，后为临川王妃。文帝即位，为皇后。废帝即位，尊为皇太后，宫曰安德。

陈后主沈皇后　《南史》本传：讳婺华，武康人，父君理，母即武帝女会稽穆公主，早卒。后尚幼而毁瘠过甚。太建二年，为皇太子妃。后主即位为皇后。后性端静，有识量寡嗜欲，聪明强记，猎涉经史，工书翰。父君理卒，居忧处别殿，哀毁逾礼。时张贵妃有宠，后淡然未尝有所忌怨。身居俭约，衣服无锦绣之饰，惟寻阅图史及释典为事。尝遇岁旱，自曝而诵经，应时雨降。数上书谏后主。

唐代宗睿真沈皇后　《唐书》本传：吴兴人。开元末，以良家子入东宫。太子以赐广平王，生德宗。天宝乱，失后所在。代宗立，以德宗为皇太子，诏访后存亡不能得。德宗即位，乃先下诏赠后曾祖士衡太保，祖介福太傅，父易直太师，弟易良司空，易直子震太尉，一日封拜百二十七人，诏制皆锦翠地饰，以厩马负载赐其家。建中元年，乃具册前上皇太后尊号，分遣诸沈行州县初物色咨访。故中官高力士女颇能言禁中事，年状差如后，于是迎还上阳宫，驰以闻。帝喜，群臣皆贺。力士子知非是也，具言其情，诏贷之。帝谓左右："吾宁受百罔，冀得一真。"于是自谓太后者数矣，及索验，皆辞穷。终帝世无闻焉。

以上后七人。

陈宣帝妃钱氏 《南史·后妃传》云:吴兴人。宣帝居乡里,先娶钱氏,及即位拜贵妃,甚有宠。

陈宣帝妃吴氏 《统记》云:吴兴人,生武成公主。后主即位尊为太妃。

隋炀帝妃陈氏 《统记》云:陈后主第四女,母高昭仪,封广德公主。

唐太宗贤妃徐氏 《唐书》本传:太宗贤妃徐惠,湖州长城人。生五月能言,四岁通《论语》,时八岁自晓属文。父孝德尝试使拟《离骚》,为《小山篇》曰:仰幽岩而流盼,拟桂枝以凝望。将千龄兮此遇,荃何为兮独往。孝德大惊,知不可掩,于是所论遂盛传。太宗闻之,召为才人。手未尝废卷,而辞致瞻蔚,文无淹思。帝益礼顾,擢孝德水部员外郎。惠再迁充容。贞观末,数调兵讨定四夷,稍稍治宫室,百姓劳怨。惠上疏极谏,且言"地广者非常安之术,人劳者乃易乱之符"。又言"有道之君以逸逸人,无道之君以乐乐身。技巧为丧国斤斧,珠玉为荡心酖毒"。复为诗《连珠》以见意。永徽元年卒,年二十四,赠贤妃,陪葬昭陵石室。惠之弟齐聃,齐聃之子坚,皆以学闻。女弟为高宗婕妤,亦有文藻,世以拟汉班氏。

以上妃四人。

隋秦王嫔陈氏 《统记》云:陈后主第五女,长兴人,谢昭仪生,封临成公主。
原本《统记》云:长兴人。

嫔一人。

隋文帝夫人陈氏 《统记》云:长城人,宣帝第十四女,母施氏太妃,后主封宁远长公主。

隋文帝弘政夫人陈氏 《统记》云:长城人,宣帝第二十四女,母曾美人。即后主之妹,封临川长公主。按《南史》隋文帝宣华夫人陈氏,陈宣帝女也。性聪慧,姿貌无双。不言第几女。未知孰是。

以上夫人二人。

唐高宗婕妤徐氏 唐太宗贤妃惠妹也。《贤妃传》云:弟齐聃,齐聃之子坚,皆以学闻。女弟为高宗婕妤,亦有文藻,世以拟汉班氏。《徐齐聃传》云:长城人也,子坚,姊为太宗充容,仲为高宗婕妤。耻以恩进。《统记》作:太宗婕妤。误矣。

婕妤一人。

梁武帝淑媛吴氏 《统记》云:长城人,东昏侯宫人。入侍梁王,生南昌王综。《南史·豫章王综》:母吴淑媛,在齐东昏侯宫人,及得幸于武帝,七月而生综。

淑媛一人。

陈宣帝太妃施氏 《统记》云:安吉人,生宁远公主,位太妃。

太妃一人。

右历代后妃。妃嫔,自唐徐氏有传外,余虽有杂出诸传者,始末不详。《统记》之言当有证。今并登载。

钱林 字元茂,彭祖四十三代孙也,汉建平中为谏议大夫。元始中,王莽专政,来隐于平望乡陂门里梓山东造封村,穿港开陌,俾水陆交通,层屋背山,高门面水,疏桐映井,密竹临池,松桂传芳,芝兰送馥,洲渚园林,幽远蒙密。林居其中,名利不干,子孙因家焉。

沈戎 《南史》云:初为九江从事,说降剧贼尹良,光武封为海昏侯。辞不就,徙居会稽乌程县余不乡,遂家焉。戎后为述善侯,葬金鹅山。宋元嘉三年,戎八代孙司空庆之、吏部尚书昙庆、五兵尚书怀明、左光禄大夫孟𫖳等奏请过江,舍祖宅为寺。文帝以为述善侯有功于人,同怀其德,因以怀德名寺。

丘腾 《元和姓纂》云:平帝时,有丘俊,持节安抚江淮属。王莽篡位,遂留江左吴兴乌程。王俭《姓系》云:丘腾光武初起义《掌故集》。于南阳,历公卿二千石,退栖旧乡,乃于先人即改茔,与其弟子筑城而居。《吴兴统记》云:大司马丘腾墓在乌程县南六里。又列于《儒学》类。

钱让 字德高,彭祖五十代孙也。吴郡乌程人,时吴郡太守薛固为法吏所枉下狱,付廷尉。乃携同郡娄县卞崇诣阙称冤。廷尉因让等,以兵人围守,苦毒备至。让恬然自若,枉声弥厉。天子闻而奇之,赦固之罪,累迁散骑常侍,广陵太守,镇东大将军,都督九江诸军事,迁徐、兖二州刺史,封富春侯,食邑五千户。卒年六十二。赠富春公。谥曰哀。天子素车临吊哀恸,给兵吏二十人加威仪,还葬本乡。赐钱十万,黄金百镒,锦被十张与让母赵氏。《统记》云:墓在长兴县西五里。又云:谢承《后汉书》云:"桓帝时也。"

费汎 《费府君碑》云:字仲虑,此邦之人也。其先季文为鲁大夫,有功封费,因氏为姓。秦项兵起,避地于此,遂留家焉。府君以孝友至行闻于乡邑。仕更郡右,謇谔质直,在公履法,察孝廉,除郎中,屯骑司马,迁萧令。视民如子,先教后罚。在位九年,百姓移风,苛慝不作,奸寇不发,庆增怨销,推让道生。三年不断狱,祯祥感应。时沛有蝗,独不入界。由此显名。国以状闻,朝廷嘉诸,拜梁相。二子凤,由宰府至堂邑令;政,九江太守。

费凤 字伯箫,梁相之元子。言不失典术,行不越矩度,践郡右职,三贡献计,辟州试部,忠以卫上。汉安二年,吴郡太守东海君以君有委蛇之节、自公之操,年三十一举孝廉,拜郎中,除陈国新平长,后宰堂邑。熹平六年七月卒。凤退己进弟,不营荣禄,祖业良田亩直一金,推与弟息,行仪高郡。

沈瑜、沈仪 《统记》云:乌程人也,俱少有至行。瑜十岁,仪九岁而父亡,居丧毁瘠过于成人。外祖会稽盛孝章,名士也,每抚慰之曰:"汝并黄中英爽,终成奇器,何遽逾制自取灭性耶?"瑜早卒。仪笃学有雅才,以儒素自业。时海内大乱,经术废弛,士少全行,而仪淳深隐默,守道不移,州府礼请,二府交辟,公车并召。不屈,以寿终。《续图经》曰:当汉末未置郡,乌程县提封稍广,沈氏所居余不乡,属今之德清。今系乌程则失实,附德清则难以预名,故载之于郡。

许颐 《统记》云:故鄣人也。颐父患疾,医曰:"啖人肉可差。"颐即割两股为羹以遗父,月余果差。刺史周泽奏旌表门闾。

右汉人。汉未置郡,特有乌程、故鄣而已。故名贤见于诸史者,沈瑜、沈仪曰乌程人,许颐曰故鄣人,沈戎曰会稽乌程人,钱让曰吴郡乌程人者,自秦以来,乌程属会稽,永建以后始析会稽为吴郡,乌程属焉。让,永建以后人也。钱林居梓山,今梓山在长兴。费汛曰此邦之人者,汛、凤父子共有三丰碑,旧在乌程界村落,欧阳公《集古录》等书俱录。碑今在墨妙亭。《洪氏隶释》云:在吴兴校官厅壁。误也。碑在本郡,汛、凤为本郡之人,信矣。《统记》又载:钮姓,馥、充、冲皆为关内侯;绰,荆青三州刺史;衡,九真太守;详,富春侯。出王俭《姓系》。沈姓,彦,荆州刺史;霸,太山太守;裕,丹阳太守。出《沈氏先贤传》。立聪,交趾太守;昭,阳羡令;姚祇,日南太守;施咸,魏郡太守,俱汉时人,今故附见。又旧经诸书多以隶乌程,抑不考汉之乌程尚兼长城、武康界,况德清、归安又续分者乎。今故以时代为别。

吾粲 《吴志》云:字孔休,吴郡乌程人也。孙河为县长,粲为小吏,河深奇之,河后为将军,得自选长史,表粲为曲阿丞,迁为长吏。治有名迹,虽起孤微,与同郡陆逊、卜静等比肩齐声矣。孙权为车骑将军,召为主簿,出为山阴令,还为参军校尉。黄武元年,与吕范、贺齐等俱以舟师拒魏将曹休于河口,值天大风,诸船绠绁断绝,漂没著岸为魏军所获,或覆没沉溺。其大船尚存者,水中生人皆攀缘号呼。他吏士恐船倾没,以戈矛撞击不受,粲与黄渊独令船人承取之。左右以为船重必败,粲曰:"船败当俱死耳!人穷奈何弃之?"粲渊所活者百余人。迁太子太傅,遭二宫之变,抗言执正,明嫡庶之分,欲使鲁王霸出驻夏口,遣杨竺不得在郡邑,又数以消息语陆逊,令时驻武昌,连表谏净,由此为霸竺等所谮害。《续图经》曰:粲,孙权时人,未置郡。故自宝鼎二年以前,皆载于郡。以后事并见《吴志》。

徐详 字子明,乌程人。孙权为车骑将军,召与是仪、胡综俱典军国密事,魏拜权为吴王,详为亭侯。《吴志》评曰:是仪、徐详、胡综皆孙权之时干兴事业者也。仪,清恪正素;详,数通使命;综,文采才用,各见信任。譬之广厦,其榱橡之佐乎。

朱治 字君理,丹阳故鄣人也。劝策还平江东。黄武元年,封毗陵侯,领郡如故。二年,拜安国将军,金印紫绶,徙封故鄣。权历位上将,及为吴王,治每进见,权常亲迎,执版交拜,飨宴赠赐,恩敬特隆。至从行吏皆得奉赞私觐,其见异如此。权常叹治忧勤王事,性俭约,虽在富贵,车服惟供事。权优异之,自令督军、御史,典属城文书,治领四县租税而已。是时丹阳深地频有奸叛,治亦以年向老,思恋土风,自表屯故鄣镇抚山越。诸父老故人莫不诣门,治皆引进,与共饮宴。乡党以为荣。在故鄣岁余,还吴。黄武三年卒。

朱才 字君业,治之子也。为人精敏,善骑射。权爱异之,常侍从游戏。少以父任为武卫校尉,领兵随从征伐,屡有功捷。本部议者以才少处荣贵,未留意于乡党,才乃数曰:"我初为将,谓跨马陷敌当身履锋,足以扬名,不知乡党复追迹其举措乎。"于是更折节为恭,留意宾客,轻财尚义,施不望报,又学兵法,名声始闻于远近。

朱然 字义封,治姊之子,本姓施氏,年十九。后为山阴令加折冲校尉,督五县。权奇其能,分丹阳为临川郡,然为太守,授兵一千。会山贼起,然平讨旬月而定。吕蒙病笃,权问曰:"卿如不起,谁可代者?"蒙对曰:"朱然胆守有余,愚以为可任。"蒙卒,权假然节镇江陵。黄武元年,刘备举兵攻宜都,然督五千人与陆逊并力拒备,别攻破备,然前锋断共后道,备遂破走,拜征北将军,封永安侯。然长不盈七尺,气候分明,内行修洁,其所文采惟施军器,余皆质素。终日钦钦,常在战场,临急胆定尤过绝人。虽世无事,每朝夕严鼓,兵在营者,咸行装就队,以此玩敌,使不知所备,故出辄有功。诸葛瑾子融、步骘子协,虽各袭任,权时复使然总为大督。及陆逊亡,功臣名将存者惟然,莫与比隆。寝疾二年,后渐增笃,权昼为减膳,夜为不寐,中使医药、口食之赐相望于道。然每遣使表疾病有息,权辄召见,口自问讯,入赐酒食,出送布帛。自创业功臣疾病,权意之所钟,吕蒙、凌统最重,然其次矣。

朱绩 字公绪,以父任为郎,后拜建中都尉。叔父才卒,绩领其兵随太常潘濬讨五溪,以胆力称。迁偏将军营下督领盗贼事。持法不倾。鲁王霸注意交绩,尝至其廨就之坐,欲与结好。绩下地住立,辞而不当。然卒,绩袭业拜平魏将军乐乡督。

姚信 吴兴武康人也。深于天文学,仕至太常,造《昕天论》。

计昭 王俭《姓系》云:字叔明。吴黄武中,为车骑将军。至归命侯荒暴,乃隐居禹山。晋宣帝征召,不起。

姚翁仲 武康人,种瓜灌园以供衣食。乡里崇之,号曰长者。或有馈遗,一无所受,不得已而受,即转惠。见《吴书》。

右吴人。吴宝鼎中始置郡,宝鼎以前尚仍汉也。故吾粲,传曰吴郡乌程人；朱治，传曰丹阳故鄣人。汉初平中，始分乌程置永安，晋太康中改曰武康。吴有永安，未有武康。姚信曰武康人者，盖信为陈姚察之祖，察武康人，故因仍而言之耳。《统记》又载：钮淑尚书令，太史亨零陵太守，太史淑中书侍郎，丁固会稽郡公，沈佃长秋卿，姚旧宁浦太守，俱吴时人。今复附见。

吴商 吴兴故鄣人，字彦声。太康三年，分故鄣立长城县，因为长城人。学通五经、百氏，征为东官校书郎。四方学者担簦负笈不可胜数。时人服焉。历官至侍中，见《统记》。

王谈 《晋书》云：吴兴乌程人也。年十岁，父为邻人窦度所杀，谈阴有复仇志，而惧为度所疑，寸刃不蓄，日夜伺度未得。至年十八，乃密市利锸，佯若耕锄者，度常乘船出入，经一桥下，谈伺度行还，伏草中，度既过，谈于桥上以锸斩之，应手而死。既而归罪，有司太守孔岩义其孝勇，列上宥之。岩诸子为孙恩所杀，无嗣。谈乃移居会稽，修理岩父子坟墓，尽其心力。后太守孔廞奇其义行，元兴三年，举谈为孝廉。时人称其得人。谈不应召，终于家。

潘综 吴兴乌程人也。孙恩之乱，妖党攻破村邑，综与父骠共走避贼。骠年老行迟，贼转逼骠。骠语综："我不能去，汝走可脱，幸勿俱死。"骠困乏，坐地，综迎贼叩头曰："父年老，乞赐生命。"贼至，骠亦请贼曰："儿年少，自能走，今为老子不惜死，乞活此儿。"贼因斫骠，综抱父于膝下，贼斫综头面，凡四创，综当时闷绝。有一贼从旁来相谓曰："卿欲举大事，此儿以死救父，云何可杀？杀孝子不祥。"贼乃止，父子并得免。乡人秘书监之系祖、廷尉沈赤黔，以综异行荐补左户令史，除遂昌长。岁满还家。太守王韶之临郡，发教列上州台，陈其行迹，及将行，设祖道赠以四言诗。元嘉四年，有司奏改其里为纯孝里，蠲收租布三世。

沈劲 字世坚，吴兴武康人也。父充为部曲将吴儒所杀，劲当坐诛，乡人钱举匿之得免。其后竟杀仇人。劲少有节操，哀父死于非义，志欲立勋以雪先耻。年三十余，以刑家不得仕进，郡将王胡之深异之，及迁北平将军司州刺史，将镇洛阳，上疏曰："吴郡男子沈劲，清操著于乡邦，贞固足以干事，且臣今求之武士故吴兴人最多，若令劲参臣府事者，郡人既悦，义附亦众。诏听之。劲既应命，胡之以疾病解职。升平中慕容恪侵逼山陵，时冠军将军陈祐守洛阳，众过二千，劲自表求助祐效力。因以劲补冠军长史，令自募壮士，得千余人，以助祐击贼，频以寡制众，而粮尽援绝，祐惧不能保全。会贼寇许昌，祐因以救许昌为名，兴宁二年留劲以五百人守城，祐率众而东。会许昌已没，祐因奔崖坞。劲志欲致命，欣获死所。寻为恪所攻。城陷被执，神气自若。恪奇而将宥之，其中军将军慕容虔曰："劲虽奇士，观其志，度终不为人用。今若赦之，必为后患。"遂遇害。恪还从容言于慕容晖曰："前平广固，不能济群黎，而今定洛阳，而杀沈劲，实有愧于四海。"朝廷闻而嘉之,赠东阳太守,子赤黔为大长秋。赤黔子叔任,义熙中为益州刺史。

沈警 字世明。惇笃有行业,后将军谢安命为参军,甚相钦异。警内足于财,为东南豪士,无进仕意,谢病归,安固留不止,还家积载,以素业自娱。将军王恭镇京口,后引为参军,手书勤恳苦相招致,不得已而应之。寻复谢去。

沈田子 吴兴武康人也。字敬先,后武帝克京口,进平建业,参镇军事封营道县五等侯。义熙十二年,武帝北伐,田子与顺阳太守傅宏之各领别军,从武阳入屯,据青泥,姚泓将自御大军,虑田子袭其后,欲先平田子,然后倾国东出,乃率步骑数万奄至青泥。田子本为疑兵,所领才数百,欲击之。傅宏之曰:"彼众我寡,难可与敌。"田子曰:"师贵用奇,不必在众。"宏之犹固执,田子曰:"众寡相倾,势不两立,若使贼围既固,人情丧沮,事便去矣。及其未整,薄之必克,所谓先人,有夺人之志也。"便独率所领,鼓噪而进。贼合围数重,田子乃弃粮毁舍,躬勒士卒前后奋击。贼众一时溃散,所杀万余人,得泓伪乘舆服御。武帝表言其状。长安既平,武帝宴于文昌殿,举酒赐田子曰:"咸阳之平,卿之功也。即以咸阳相赏。"即授咸阳、始平二郡太守。

沈林子 字敬士,田子弟。林子少有大度,年数岁,随王父在京口,王恭见而奇之曰:"此儿王子师之流也。"尝与贵人共见遗宝,咸争趋之,林子直去不顾。年廿三遇家祸,既门陷妖党,兄弟并应从诛。而沈预家甚富,强志相陷灭。林子兄弟伏山泽无所投厝。会孙恩屡出会稽,武帝致讨,林子乃自归陈情,率老弱归罪请命。乃流涕哽咽,三军为之感动。帝甚奇之,乃载以别船,遂尽室移京口,帝分宅给焉。林子博览众书,留心文义,从克京口,进平东邑,时年十八,身长七尺五寸。沈预虑林子为害,常披甲持戈。至是林子与兄田子还东报仇。五月夏节日至,预正大集会,弟子盈堂,林子兄弟挺身直入,斩预首,男女无论长幼悉屠之,以预首祭父祖墓。武帝伐姚泓,参征西将军事,林子御之,连战皆捷。帝至阌乡,姚泓归境内兵屯峣柳。时田子自武关北入,屯军蓝田,泓自率大众攻之。帝虑众寡不敌,遣林子步自秦岭以相接援。比至,泓已破走。田子欲穷追,进取长安。林子止之曰:"往取长安如指掌尔。复克贼城,便为独平一国,不赏之功也。"田子乃止。林子威震关中,豪右望风请附。帝以林子、田子绥略有方,频赐书褒美。时武帝以方隅未靖,复欲亲戎,林子固谏。帝答曰:"吾辙当不复自行。"帝践位,以佐命功封汉寿县伯。固让,不许。永初二年卒。

丘昂 《晋书》云:昂字公表,吴兴人。家贫好学,不暇就业,乃织畚以自给。将至饩舍,值邻人盗刀,潜步自匿。专心儒行,与其弟给事中夷,太守矩,并以孝行著名。当时谓之三丘。

吴庆之 《晋书》云:庆之字文悦,吴兴乌程人也。江夏王义恭召为西曹书佐,不就。义恭被诛,庆之不肯仕,终身蔬食。后王蕴为吴兴太守。召为功曹,亦不就。

右晋人。晋太康中始改永安为武康,故沈劲、沈田子传曰:武康人。其他贤贵自姚、沈、丘、钮、钱之著姓者,附见各姓之下。外有殷姓,太子太傅迪,始兴王师,上党都尉跻、丹阳尹融、吴兴太守康。吴姓,征虏将军综,黄门侍郎楷,多见《统记》诸书。

孙法宗 《南史》云:一名宗之,吴兴人也。父随孙恩入海澨被害,尸骸不收。母兄并饿死。法宗年小,流迸至十六方得还,单身勤苦,霜行草宿,营办棺椁,造立冢墓,葬送母兄,俭而中礼。以父尸不测,入海寻求。闻世间论"是至亲以血沥骨,当悉凝浸",乃操刀沿海,见枯体则割肉灌血。如此十余年,臂胫无完皮,血肉枯竭终不能逢,遂缞绖终身。常居墓所,山禽野兽皆悉驯附,每麋鹿触网,必解放之,偿以钱物。后忽苦头创,夜有女人至,曰:"我是天使,来相谢行。创本不关善人,使者远相及,取牛粪煮敷之即验。"一敷便差,一境赖之。终身不娶,馈遗无所受。以后事并见《南史》。

丘杰 字伟跱,吴兴乌程人也。十四遭丧,以熟菜有味不尝于口。岁余忽梦见母曰:"死只是分别耳,何事乃尔荼苦! 汝啖生菜遇虾蟆毒,灵床前有三丸药,可取服之。"杰惊起,果得瓯,瓯中有药,服之下蚪子数升。丘氏世保此瓯,大明七年灾,火焚失之。

张敷 吴兴故鄣人也。生而母殁,年十许岁,求母遗物而散施已尽,惟一画眉,乃缄录之。每至感思,辄开箧涕泗。好读道书,能属文。高祖见而奇之,以为世子中军参军,数见引接。

沈怀文 字思明,吴兴武康人也。祖寂,晋光禄勋。父宣,新安太守。怀文少好玄理,善为文章,为《楚昭王二妃记》见称于世,为江夏王义恭东阁祭酒。丁父忧,新安郡送故丰厚,奉终礼毕,余悉班之亲戚,一无所留。武帝闻而嘉之,赐奴婢六人。大明中,入为侍中。时游幸无度,太后六宫常乘副车在后。怀文与王景文每谏不宜亟出。后因从坐松树下,风雨甚骤,景文曰:"卿可以言矣。"怀文曰:"独言无继,相与陈之。"江智深卧草侧,亦谓之善。俄而被召俱入雉场。怀文曰:"风雨如此,非圣人所宜。"景文又曰:"怀文所启宜从。"智深未及有言,上方注怒,作色曰:"卿欲效颜竣耶?"又曰:"颜竣小子,恨不得鞭其面!"上每宴集,在坐者咸令沉醉,怀文素不饮酒,又不好戏,上谓故欲异己。谢庄尝戒怀文曰:"卿每与人异,亦何可久!"怀文曰:"吾少来如此,岂可一朝而变。非欲异物,性之所不能耳。"怀文三子,淡、深、冲。

沈冲 字景绰,涉猎文义,仕宋历位抚军正佐兼记室。及父怀文得罪被系,冲兄弟行谢情哀貌苦,见之者伤之。冲与兄淡、深名誉有优劣,世号为腰鼓兄弟。淡、深并历御史中丞,兄弟三人皆为司直,晋、宋所未有也。中丞按裁之职,被恶者多结怨。永明中深弹吴兴太守袁彖。建武中,彖从弟昂为中丞,至官数日,奏弹深子续父在儳白幨车,免官禁锢。冲母孔氏在东,邻家失火,疑为人所焚爇,大呼曰:"我三儿皆作御史中丞,与人岂有善者,方恐肌分骨散,何但焚如。"

沈昙庆 怀文从父兄也。父发,员外散骑侍郎。昙庆仕宋位尚书左丞。时岁有水旱,昙庆议立常平仓以救人急,文帝纳其言而事不行。昙庆谨实清正,所莅有称绩,常谓子弟曰:"吾处世无才能,惟作大老子耳。"世以长者称之。卒于祠部尚书。

沈叔任 吴兴武康人,赤黔子也。少有干质,朱龄石伐蜀,为龄石建威府司马。平蜀之功亚于元帅,以功封新宁县男。后拜益州刺史卒。子演之。

沈演之 年十一,尚书仆射刘柳见而奇之曰:"此童终为令器。"沈氏家世为将,而演之折节好学日读老子百遍,以义理业尚知名。袭父别爵吉阳县五等侯,举秀才,为嘉兴令,有能名。元嘉中加侍中。上欲伐林邑,朝臣多不同,惟广州刺史陆微与演之赞成上意。及林邑平,赐群臣黄金、生口、铜器等物,演之所得偏多。上谓曰:"庙堂之谋卿参其力。平此远夷,未足多建茅土,廓清旧都,鸣銮东岱,不忧山河不开也。"性好举才,申济屈滞,而谦约自持。帝赐女伎,不受。暴卒。文帝痛惜,赠金紫大夫,谥曰贞。子睦,位黄门侍郎。演之兄子坦之,仕齐为都官郎。坦之子颚。

沈颚 字处黔,幼清静有志行,慕黄叔度、徐孺子之为人。读书不为章句,著述不尚浮华,常独处一室,人罕见其面。从叔勃贵显,每还吴兴,宾客填咽,颚不至其门。勃就之,颚送迎不越阃。勃叹曰:"吾乃今知贵不如贱也。"颚内行甚修,事母兄孝友。兄昂,一名颙,亦退素,以家贫,仕为始安令。兄弟不能相离,相随之任。颚素不事家产,及昂卒,逢齐末兵荒,与家人并日而食,或有馈其粱肉者,闭门不受。惟采莼荇根供食,以樵采自资,怡然不改其乐。

沈宪 演之从祖弟子也。祖说道,巴西、梓潼二郡太守。父璞之,北中郎将参军。宪少有干局,为驾部郎。宋明帝与宪棋,谓曰:"卿广州刺史才也。"补乌程令,甚著政绩。太守褚彦回叹美,以为方员可施。少府管掌烦冗,材干者,并更其职。宪以吏能累迁少府卿。武陵王晔为会稽,以宪为左军司马。齐高祖以山阴户众,欲分为两县。武帝启曰:"县岂不可御,但用不得人耳。"乃以宪带山阴令,政声大著。孔珪请假东归,谓人曰:"沈令料事特有天才。"

沈麟士 字彦祯,吴兴武康人也。祖膺期,晋大中大夫。父虔之,宋乐安令。麟士幼而俊敏,年七岁听叔父岳言"玄宾散",言无所遗失。岳抚其肩曰:"若斯文不绝,其在尔乎!"及长,博通经史,存高尚之志。亲亡居丧尽礼,服阕忌日辄流涕弥旬。居贫,织帘诵书,口手不绝,乡里号为织帘先生。尝为人作竹,误伤手,便流泪而还。同作者谓曰:"此不足损,何至涕零?"答曰:"此本不痛,但遗体毁伤,感而悲耳。"尝行路,邻人认其所著屐,麟士曰:"是卿屐耶?"即跣而反。邻人得屐送前者还之,麟士曰:"非卿屐耶?"笑而受之。宋元嘉末,文帝令仆射何尚之钞撰《五经》,访举学士,县以麟士应选,不得已至都,尚之深相接。及至,尚之谓子偃曰:"山薮故多奇士,沈麟士黄叔度之流也,岂可澄清淆浊邪?汝师之。"隐居余不乡吴羌山,讲经教授,从学士数十百人,各营屋宇依止其侧。时人为之语曰:"吴羌山中有贤士,开门教授居成市。"麟士重陆机《连珠》,每为诸生讲之。征北张永为吴兴,请麟士入郡,麟士闻郡后堂有好山水,即戴安道游吴兴因古墓为山池也,欲一观之,乃往。停数月,永欲请为功曹,麟士曰:"明府德履冲素,留心山谷,是以被褐负杖忘其疾病,必欲饰浑沌以蛾眉,冠越客以文冕,走虽不敏,请附高卿,有蹈东海死耳,不忍受此黥劓。"永乃止。麟士无所营求,以笃学为务,恒凭素几鼓素琴,不为新声,负薪汲水,并日而食,守操终老。读书不倦,遭火烧书数千卷,年过八十,耳目犹聪明,手抄写火下细字,书复成二三千卷,满数十箧。时人以为养身静默所致。制《墨蝶赋》以寄意,著《周易两系》《庄子内篇训注》《易经》《礼记》《春秋》《尚书》《论语》《孝经》《丧服》《老子要略》数十卷。梁天监中,卒于家,年八十五。以杨王孙、皇甫谧深达生死而终礼矫俗,乃自为终制。遗令:气绝,剔被取三幅布以覆尸,及敛,仍移布于尸下以为敛服,反被左右两际以周上,不覆制覆被,不须沐浴、含珠,以本裙衫先著绔凡二服,上加单衣、幅巾、屐、枕,棺中惟此。依既殡不复立灵座,四节及祥权,铺席于地,以设元酒之奠。人家相承,漆棺令不复尔,亦不须旐。成服后即葬,作冢令小后祔,更作小冢于滨。合葬非古也,葬不须聚土成坟,使上与地平。王祥终制亦尔。葬不须辒车、灵舫、魁头,也不得朝夕下食。祭奠之法至于葬,惟清水一杯。子彝奉而行之,州乡皆称叹焉。

沈道虔 吴兴武康人也。少仁爱,好老易,居县北石山下。孙恩乱后饥荒,县令庾肃之迎出县南废头里,为立宅。临溪有山水可玩,时复还石山精庐与孤兄子共釜庾之资。困不改节,受琴于戴达。王敬弘深贵重之,郡州府凡十二命,皆不就。有人窃其园菜,外还见之,仍自逃隐,待窃者去后乃出。人有拔屋后大笋,令人止之,曰:"惜此笋欲令成林,更有佳者相与。"乃令人买大笋送与之。盗者惭不取,道虔使置其门内而还。常以捃拾自资,同捃者或争穗,道虔谏之不止,悉以其所得与之。争者愧恶,后每事辄云:"勿令居士知。"

沈庆之 字弘光,吴兴武康人,少有志力。晋末孙恩作乱使其众寇武康,庆之未冠,随乡族击之,屡捷。由是以勇闻。元嘉十九年,雍州刺史刘道产卒,郡蛮大动,征西司马朱修之讨蛮失利,以庆之为建威将军,率众助。修之失律下狱,庆之专将进讨,大破缘沔诸蛮。后为孝武抚军中兵参军。孝武以本号为雍州随府,西上征蛮寇,屡有功。还都复为广陵王诞北中郎中兵参军,加建威将军、南济阴太守。雍州蛮又为寇,庆之以将军太守复随王诞入沔,伐沔北诸山蛮,大破之,威震诸山,群蛮皆稽颡。庆之患头风,好著狐皮帽,群蛮恶之,号曰"苍头公"。每见庆之军,辄畏惧曰:"苍头公已复来矣!"庆之引军出,前后破降甚众。又讨犬羊诸山蛮,缘险作重城,施门櫓甚峻。庆之连营山下,营中开门相通,又令诸军各穿池于营内,朝夕不外汲,兼以备蛮之火。顷之风甚。蛮夜下山,人提一炬烧营。火至辄以池水灌灭之。蛮被围守日久,并饥乏,自后稍出归降。庆之前后所获蛮并移都下,以为营户。二十七年,迁太子步兵校尉。其年文帝将北侵,庆之谏曰:"道济再行无功。彦之失利而反,今料王玄谟等未逾两将,恐重辱王师。"上曰:"王师再屈,别有所由。道济养寇自资,彦之中途疲动。虏所恃惟马,夏水浩大,泛舟济河,碛磖必走,滑台小戍易可覆拔。克此二戍,馆穀、吊人、武牢、洛阳自然不固。"庆之固陈不可。时丹阳尹徐湛之,吏部尚书江湛并在座。上使湛之等难庆之。庆之曰:"为国譬如家,耕当问奴,织当问婢。陛下今欲伐国而与白面书生辈谋之,事何由济?"上大笑。及军行,庆之副玄谟进围滑台。庆之与萧斌留守碛磖,仍领斌辅国司马玄谟攻滑台,积旬不拔。魏太武大军南向,斌遣庆之将五千人救玄谟。庆之曰:"少军轻往,必无益也。"会玄谟退还,斌将斩之,庆之谏乃止。萧斌以前驱败绩,欲绝死固碛磖。庆之以为不可。会制使至,不许退,诸将并谓宜留。斌复问计于庆之,庆之曰:"阃外之事将所得专,制从远来,事势已异。节下有一范增而不能用,空议何施!"斌及坐者皆笑曰:"沈公乃更学问。"庆之厉声曰:"众人虽见古今不如下官耳,学也。"玄谟自以退败,求戍碛磖,斌乃还历城,申坦垣护之共据清口,庆之奔驿驰归。二十九年,师复行,庆之固谏不从,以立议不同不使北出。庆之居清明门外,有宅四所,室宇甚丽。又有园舍在娄湖。庆之一夜携子孙徙居之,以宅办官,悉移亲戚中表于娄湖。列门同闬焉。广开田园之业,每指地语人曰:"钱尽在此中兴。"身享大国,家素富厚,产业累万金,奴僮千计,再献钱千万,谷万斛,以始兴封优近,求改封南海郡,不许。伎妾十数人,并美容工艺。庆之优游无事,尽意欢愉,自非朝贺不出门。每从游幸及校猎,据鞍陵厉,不异少壮。太子妃上孝武金镂匕箸及盂杓,上以赐庆之,曰:"觞酌之赐,宜以大夫为先也。"上尝欢饮,普令群臣赋诗。庆之粗有口辨,手不知书,每将署事辄恨眼不识字。上逼令作诗,庆之曰:"臣不知书,请口授师伯。"上令颜师伯执笔,庆之于口授之曰:"微生遇多幸,得逢圣运昌。朽老筋力尽,徒步还南冈。辞荣此圣世,何愧张子房。"上甚悦,众坐并称其辞意之美。前废帝即位,加庆之几杖,给三望车一乘。庆之每朝贺,常乘猪鼻无幰车,左右从者不过三五骑。履行田园,每农桑剧日,无人从行,遇之者不知三公也。及加三望车。谓人曰:"我每游履田园,有人时与马成三,无人则与马成二。今乘此车,安所之乎?"及赐几杖,并固让。柳元景、颜师伯尝诣庆之,会其游田,元景等鸣笳列卒满道,庆之独与左右一人在田,见之悄然改容曰:"夫贫贱不可居,富贵亦难守,吾与诸公并出贫贱,因时际会,荣贵至此。惟当共思损挹之事。老子八十之年目见成败者已多,诸君炫此车服,欲何为乎?"于是插杖而耘,不为之顾。元景等撤侍塞裳从之,庆之乃与相对为欢。庆之既通贵,乡里耆旧素轻庆之者,后见皆膝行而前。庆之曰:"是故昔时沈公。"废帝狂悖无道,庆之犹尽言谏诤,乃遣其从子攸之赍药赐死,时年八十。庆之群从姻戚,由庆之在列位者数十人。长子文叔,位侍中。庆之之死不肯饮药,攸之以被淹杀之。文叔密取其药藏录,乃饮药自杀。文叔子昭明,位秘书郎,闻父死,曰:"何忍独生。"亦自缢死。

沈昭略 字茂隆,昭明之弟也。永元中与叔父文季俱被召入华林省。茹法珍等进药酒,昭略怒骂徐孝嗣曰:"废昏立明,古今令典,宰相无才,致有今日。"以瓯投其面曰:"使为破面鬼。"死时言笑自若,了无惧容。徐孝嗣谓曰:"见卿使人想夏侯太初。"答曰:"明府犹忆夏侯,便是方寸不能多豁。下官见龙逢比干,□欣然相对。霍光脱问明府今日之事,何辞答之耶?"昭略弟昭光闻收兵至家,人劝逃去,昭光不忍舍母,入执母手悲泣,遂见杀。昭明子昙亮已得逃去,闻昭光死,乃曰:"家门屠戮,独用生何为!"又绝吭而死。时人叹其累世孝义。

沈文季 字仲达,文叔弟也。以宽雅正直见知,位中书郎。父庆之遇害,诸子见收,文叔谓之曰:"我能死,尔能报。"遂自杀。文季挥刀驰马去,收者不能追,遂免。昇明元年,沈攸之反,齐高帝加文季冠军将军,督吴兴、钱塘军事。初庆之之死也,攸之求行,至是,文季收攸之弟新安太守登之,诛其宗族,以复旧怨,亲党无炊火焉。君子以文季能报先耻。

丘泉之 《宋书》云:泉之吴兴乌程人,博学有才识,著文章一百卷行于代。历龙乡县侯、吴郡太守。

吴逵 吴兴人也。经荒饥疾病,阖门死者十有三人,逵时亦病笃,其丧皆乡里以苇席裹而埋之。逵夫妻既存,家极贫窭,冬无衣被,昼则佣债,夜烧砖壁,昼夜在山未尝休止,遇毒虫猛兽,辄下道避之。期年成七墓十三棺。时有赠赗,一无所受。太守张崇义以羔羊之礼礼焉。卒于家。《南史》作:吴兴乌程人。《统记》云:又见《宋略》。

　　右宋人。

沈昇之 《南史》:吴兴人也。为丹阳尹徐孝嗣故吏,谓徐孝嗣曰:"昇之与君俱有项领之功。今一言而二功俱解,岂愿闻之乎?君受恩二祖而更参维新之政,以君为反覆人,事成则无处逃咎矣!昇之草莱百姓,言出祸已随之,孰与超然谢病高枕家园,则与松柏比操,风霜等烈,岂不美耶!"孝嗣改容谢之。

丘仲起 字子震,吴兴人也。为晋平太守,清廉自立。褚彦回叹曰:"目见可欲,心不能乱,此杨公所以遗子孙也。"仲起位至廷尉。

丘冠先 字道玄,吴兴乌程人也。少有节义,齐永明中位给事中,时求使蠕蠕国,尚书令王俭言:"冠先虽名位未升,而行义甚重,若为行人,则苏武、郑众之流。"于是使蠕蠕。蠕蠕逼令拜,冠先执节不从,以刃临之,冠先曰:"能杀我者,蠕蠕也。不能以天子使拜戎狄者,我也。"遂见杀。武宗以冠先不辱命,赐其子雄钱一万,布三千匹。

丘灵鞠 吴兴乌程人也。祖系,秘书监。父道真,护军长史。灵鞠少好学,善属文,宋孝武殷贵妃亡,灵鞠献挽歌三首。云横广阶暗,霜深高殿寒。帝摘句嗟赏。褚彦回为吴兴太守,谓人曰:"此郡才士惟有丘灵鞠及沈勃耳。"尝还东,诣司徒褚彦回别,彦回不起曰:"比脚疾更增,不复能起。"灵鞠曰:"脚疾亦是大事,公为一代鼎臣,不可复为覆𫗧。"其强切如此。武帝即位,为通直常侍,寻领东观祭酒。灵鞠曰:"人居官愿数迁,使我终身为祭酒,不恨也。"著《江左文章录序》,起太兴,讫元熙。文集行于时。子迟。

丘迟 字希范,八岁便属文。灵鞠尝谓"气骨似我"。为中书侍郎卒。迟辞彩丽逸,时有钟嵘著诗评云:"范云婉转清便如流风回雪,迟点缀映媚似落花依草,虽取贱文通,而秀于敬子。"其见称如此。

丘仲孚 字公信,灵鞠从孙也。少好学读书,常以中宵钟鸣为限。灵鞠常称千里驹也。齐永明初为国子生。王俭曰:"东南之美,复见丘生。"为山阴令,居职甚有声称,百姓谣曰:"二傅沈刘,不如一丘。"前世傅琰父子、沈宪、刘玄明相继宰山阴,并有政绩,言仲孚皆过之。梁武帝践祚,复为山阴令。仲孚长于拨烦,善适权变,吏人敬服,号称神明,治为天下第一。累迁豫章内史,在郡更励清节。顷之终,诏赠给事中黄门侍郎。丧将还,豫章老幼号哭攀送,车轮不得前。仲孚为左丞,撰《皇典》二十卷,《南宫故事》百卷,又撰《尚书具事杂仪》行于世。

丘寂之 字德元,吴兴乌程人。年十七,为州西曹兼直主簿,刺史王彧行夜还,前驱已至,而寂之不肯开门,曰:"不奉墨旨。"彧乃于车中为教,然后开。彧叹曰:"不意郅君章近在阁下。"即转为主簿,专以廉洁御下。于时丹阳县令沈巑之以清廉抵罪,寂之闻之,曰:"清吏真不可为也!政当处季孟之间乎?"

太史叔明 吴兴乌程人,太史慈后也。少善庄老,兼通《孝经》《论语》《礼记》,尤精三玄,每讲说,听者常五百余人,为国子助教。邵陵王纶好其学,及出为江州,携叔明之镇,王迁郢州,又随府,所至辄讲授,故江州人士皆传其学。

沈巎之 吴兴武康人也。性疏直,为丹徒县令,自以清廉,不事左右,浸润日至,遂锁系尚方,叹曰:"一见天子足矣。"上召问,曰:"欲何陈?"答曰:"臣坐清,所以获罪。"上曰:"清复何以获罪?"曰:"无奉承要人。"上曰:"要人为谁?"巎之以手板四面指曰:"此赤衣诸贤皆是。若臣得更鸣,必令清誉日至。"巎之虽危言,上亦不责。后知其无罪,重除丹阳令。入县界,吏人候之,谓曰:"我今重来,当以人肝代米。不然清名不立。"

沈瑀 字伯瑜,吴兴武康人也。父昶,事宋建平王景素。景素谋反,昶先去之,及败,坐系狱。瑀诣台陈请,得免罪。司徒竟陵王子良闻瑀名,引为府行参军,领扬州部传从事。时建康令沈徽孚恃势傲瑀,瑀以法绳之,众惮其强。子良甚相知赏,虽家事皆以委瑀。子良薨,瑀复事刺史始安王遥光。常使送人丁速而无怨,遥光谓使吏曰:"尔何不学沈瑀所为?"乃令瑀专知州狱事。湖熟县方山埭高峻,冬月公私行旅以为艰,明帝使瑀行修之,瑀乃开四洪,断行客,就作三日便办。扬州书佐私行,诈称州使不肯就作,瑀鞭之四十。书佐归诉遥光,遥光曰:"沈瑀必不枉鞭汝。"覆之果有诈。明帝复使瑀筑赤山塘,所费减材官所量数十万,帝益善之。为建德令,教人一丁种十五株桑、四株柿及梨栗,女子丁半之,人咸欢悦。顷之成林。帝即位,云深荐瑀自既阳令擢兼尚书右丞。时天下初定,陈伯之言瑀既督运输,军国获济,帝以为能,迁尚书驾部郎兼右丞如故。瑀荐族人沈僧隆、僧照有吏干,帝并纳之。以母忧去职。起为余姚令,县大姓虞氏千余家,请谒如市,前后令长莫能绝。自瑀到,非讼诉无所通,以法绳之。县南有豪族数百家,子弟纵横递相庇荫,厚自封植,百姓甚患之。瑀召其老者为石头仓监,少者补县僮,皆号泣道路,自是权右屏迹。瑀初至,富吏皆鲜衣美服以自彰别,瑀怒曰:"汝等下县吏,何得自拟贵人!"悉使著芒履粗布侍立终日,足有蹉跌,辄加榜棰。瑀微时尝至此鬻瓦器,为富人所辱,故因以报焉。后为安南长史,寻阳太守、江州刺史。曹景宗卒,仍为信威萧颖达长史太守如故。瑀性屈强,每忤颖达,颖达衔之。天监八年因入谘事,辞又激烈,颖达作色曰:"朝廷用君作行事邪?"瑀出,谓人曰:"我死而后已,终不能倾侧面从。"是日于路为人所杀,多以颖达害焉。子续累讼之,遇颖达寻卒,事不穷竟。续乃布衣蔬食终其身。

王文殊 字令章,吴兴故鄣人也。父没魏,文殊思慕泣血,终身蔬食,不衣帛服,麻缊而已。岁时伏腊,月朝十五,未尝不北望长悲,如此三十余年。太守孔琇之表其行,改其居为孝行里。

右齐人。

丘师施 《南史》云:吴兴人,以廉洁称。罢临安县还,惟有二十笼簿书,并是食库券帖。当时以比范述。曾位至台郎。

吴均 字叔庠,吴兴故鄣人。好学有俊才,文体清拔,好事者或敩之,谓为吴均体。柳恽为吴兴,召补主簿,日引与赋诗。

沈浚 字叔源,吴兴武康人也。祖宪。浚少涉学,有材干,仕梁历山阴、吴、建康三县,并有能名。太清二年,累迁御史中丞。时台城为侯景所围,外援并至,景表请和,简文使浚往景所。景曰:"即日向热,非复行时。政欲立效求停。君可见为申闻。"浚曰:"大将军此意意在得城,下风所闻久已乏食,城内虽困尚有兵粮。朝廷恐和好乖贰,已密敕外军,若台城倾覆,勿以二宫为念,当以死雪耻。若不能决战,当深壁自守。大将军十万之众将欲何资?"景横刀于膝,瞋目叱之。浚乃正色责景曰:"河南王人臣而举兵向阙。今朝廷已赦王罪,结盟口血未干,而复翻背。沈浚六十之年,且天子使也,奉命而行,何用见胁!"径去不顾。景叹曰:"真司直也!"

沈崇傃 字思整,吴兴武康人也。父怀明,宋兖州刺史。崇傃六岁丁父忧,哭踊过礼。及长,事生母至孝。家贫常佣书以养。天监二年太守柳恽辟为主簿。崇傃从恽到郡还迎其母,未至而母卒。崇傃以不及侍疾,将欲致死,水浆不入口,昼夜号哭,旬月殆将气绝。兄弟谓曰:"殡葬未申,遽自毁灭,非全孝道也。"崇傃心悟,乃稍进食,母权瘗去家数里,哀至辄之瘗所,不避雨雪。每倚坟哀恸,飞鸟翔集,夜恒有猛兽来,望之有声,状如叹息者。家贫无以迁厝,乃行乞经年,始获葬焉。既而庐于墓侧,自以初行丧礼不备,复于葬后更行服三年。久食麦屑,不啖盐酢,坐卧于单荐,因虚肿不能起。郡县举至孝,梁武帝闻,即遣中书舍人慰勉之,乃诏令释服,擢补太子洗马,旌其门闾。崇傃奉诏释服,而涕泣如居丧,固辞不受官。乃除永宁令,自以禄不及养,哀思不自堪,未至县卒。

沈峻 字士嵩,吴兴武康人也。家世农夫,至峻好学,与舅太史叔明师事宗人沈麟士门下。积年昼夜自课。睡则以杖自击,其笃志如此,遂博通五经,尤长三礼,为国子助教兼五经博士。于馆讲授,听者常数百人。及中书舍人贺琛奉敕撰《梁官》乃启峻及孔子袪补西省学士,助撰录。书成,入兼通中书通事舍人,出为武康令,卒官。峻子文阿。

沈文阿 字国卫,性刚强,有膂力。少习父业,研精章句。祖舅太史叔明、舅王慧兴,并通经术,而文阿颇传之。又博采先儒异同,自为义疏,通三礼三传,位五经博士。梁简文引为东宫学士。及撰《长春义记》多使文阿撮异闻以广之。绍泰元年人为国子博士。寻领步兵校尉兼掌仪礼。自太清之乱,台阁故事无有存者。文阿父峻,梁武帝时常掌朝仪,颇有遗稿。于是斟酌裁撰,礼度皆自之出。及陈武帝受禅,文阿辄弃官还武康。帝大怒,发使往诛之。时文阿宗人沈恪为郡,请使者宽其死,即面缚锁颈致于上前,上视而笑之,曰:"腐儒复何为者?"遂赦之。所撰《仪礼》八十余条,《春秋》《论语》《礼记》《孝经》《义记》七十余卷。《经典大义》十八卷,并行于时,儒者多传其学。

沈约 字休文,吴兴武康人也。少笃志好学,昼夜不释卷,母恐其以劳生疾,常遣减油灭火,而昼所读,夜辄诵之。遂博通群籍,善属文。济阳蔡兴宗闻其才而善之,及为郢州,引为安西外兵参军兼记室。兴宗尝谓诸子曰:"沈记室人伦师表,宜善师之。"及为荆州,又为征西记室带关西令。齐初为征虏记室带襄阳令。所奉主即齐文帝惠太子。太子入居东宫,为步兵校尉,管书记直永寿省校四部图书。时东宫多士,约特被亲遇。每旦入见,影斜方出。时王侯到宫,或不得进,约每以为言。太子曰:"吾生平懒起,是卿所悉,得卿谈论然后忘寝。卿欲我速兴,可恒早入。"梁武帝在西邸与约游旧建康城。平引为骠骑司马。帝曰:"我起兵于今三年矣,功臣诸将实有其劳,然成帝业者乃卿与范云也。"梁台建,为散骑常侍吏部尚书兼右仆射。及受禅,为尚书仆射,封建昌县侯,又拜约母谢氏为建昌国太夫人。奉策之日,吏部尚书范云等二十余人咸来致拜,朝野以为荣。约性不饮酒,少嗜欲,虽时遇隆重而居处俭素,立宅东田,瞩望郊阜,尝为《郊居赋》以序其事。寻加特进,迁中军将军、丹阳尹、侍中特进如故。十三年,卒官,年七十三,谥曰隐。约左目重瞳子,腰有紫志,聪明过人,好坟籍,聚书二万卷,都下无比。少时常以晋氏一代竟无全书,年二十许便有撰述之意。宋泰始初征西将军蔡兴宗为启明帝,有敕许焉。自此逾二十年所撰之书方就,凡一百余卷,条流虽举,而采缀未周。永明初遇盗,失第五帙。又齐建元四年,被敕撰国史。永明二年,又兼著作郎,撰次《起居注》。五年春,又被敕撰《宋书》。六年二月,毕功,表上之。其所撰国史为《齐记》二十卷。天监中又撰《梁记》十四卷,又撰《迩言》十卷,《谥例》十卷,《文章志》三十卷。《文集》一百卷,皆行于世。又撰《四声谱》,以为:在昔词人累千载而不悟,而独得胸襟,穷其妙旨,自谓入神之作。武帝雅不好焉,尝问周舍曰:"何谓四声?"舍曰:"天子圣哲,是也。"然帝竟不甚遵用。

沈旋 字士规,约之子也。袭爵位司徒、右长史、太子仆射。以母忧去官,因蔬食辟谷,服除犹绝秔粱。终于南康内史。

沈众 字仲师,旋之弟也。好学颇有文辞,仕梁为太子舍人。时梁武帝制《千文诗》,众为之注解。与陈郡谢景同时召见于文德殿,帝令众为《竹赋》。赋成奏之,手敕答曰:"卿文体翩翩,可谓无忝尔祖。"累迁太子中书舍人。

沈恪 字子恭,吴兴武康人也。深沉有干局,文帝袭东阳州刺史张彪,以恪监吴兴郡。武帝受禅时,恪自吴兴入朝,武帝使中书舍人刘师知引恪,令勒兵入,因卫敬帝如别宫。恪排闼入见武帝,叩头谢曰:"恪身经事萧家来,今日不忍见此事,宁受死尔,决不奉命。"武帝嘉其意,不复逼。宣帝即位,除平越中郎将、都督广州刺史。恪未至岭,前刺史欧阳纥举兵拒险,不得进。兵荒之后为特进金紫光禄大夫卒。

沈炯 字初明,吴兴武康人也。祖瑀,梁寻阳太守。父续,王府记室参军。炯少有俊才,为当时所重。仕梁为尚书左户侍郎,魏克荆州,被虏,甚见礼遇,授仪同三司。以母在东恒思归国,恐以文才被留,闭门却扫无所交接。时有文章,寻即弃毁,不令流布。尝独行至汉武通天台,为表奏之,陈己思乡之意。其夜梦至宫禁之所,兵卫甚严,炯便以情事陈诉,闻有人言:"甚不惜放卿还,几时可至?"少日便与王克等并获东归。历司农卿、御史中丞。陈武帝受禅,加通直散骑常侍,表求归养,诏不许。文帝嗣位,又表求去,诏答曰:"当敕所司相迎尊累,使卿公私无废也。"初武帝尝称炯宜居王佐,军国大政多预谋谟。文帝又重其才,欲宠贵之。会王琳入寇东境,帝欲使炯因是立功,乃解中丞,加明威将军,遣还乡里收徒众,以疾卒于吴中。

沈洙 字宏道,吴兴武康人也。祖休季,梁余杭令。父山卿,梁国子博士、中散大夫。洙少方雅好学,不妄交游,通三礼、《春秋》《左氏传》,精识强记,五经章句,诸子史书,问无不答。仕梁为尚书祠部郎,时年二十余。大同中学者多涉猎文史,不为章句。而洙独积思经术。吴郡朱昇,会稽贺琛甚嘉之,及昇、琛于士林馆讲制旨义,常使洙为都讲。

沈重 字德厚,吴兴武康人也。性聪悟,专心儒学,博览群书,尤明《诗》及《左氏春秋》。梁元帝之在藩也,甚钦异之,及即位,遣何武迎重西上。魏平江陵,重留事后梁萧詧,累迁都官尚书。重学业该博,为当世儒宗。后周大象中来朝京师。隋开皇二年卒,赠开府仪同三司。

姚察 字伯审,吴兴武康人也。吴太常卿信之九世孙也。父僧垣,梁太医。察幼有至性,六岁诵书万余言,不好戏弄,励精学业,十二能属文。僧垣精医术,知名梁代,二宫所得供赐皆回给察兄弟为游学之资。察并用聚蓄图书,由是闻见日博。年十三,梁简文帝时在东宫,盛修文义,即引于宣猷堂听讲论难,为儒者所称。大建初补宣明殿学士,寻为通直散骑常侍,报聘于周。江左耆旧先在关内者咸相倾慕。沛国刘臻窃于公馆访《汉书》疑似者事十余条。并为剖析,皆有经据。臻谓所亲曰:"名下定无虚士。"著《西聘道里记》。还补东宫学士,迁尚书祠部侍郎。旧魏王肃奏祀天地,设宫悬之乐,八州之舞,尔后因循不革,至梁武以为事人礼缛,事神礼简,古无宫悬之文,陈初承用莫有损益。宣帝欲设备乐,付有司立仪,以梁武帝为非。时硕学名儒朝端在位,咸希旨注同。察乃博引经籍,独违群议,据梁武为是。当时惊骇,莫不惭服。仆射徐陵因改同察议。其不顺时随俗,皆此类也。后历仁威淮南王、平南建安王二府谘议,参军。初梁室沦没,察父僧垣入长安,察蔬食布衣,不听音乐。至是凶问因聘使到江南。时察母韦氏丧制适除,后主以察赢瘠,虑加毁顿,乃密遣中书舍人司马申就宅废哀,仍敕申专加譬抑。察既累居忧戚,斋素日久,因加气疾。后主尝别召见,为之动容,命停长斋,令从晚食。察自居显要,一不交通。尝有私门生,不敢厚饷,送南布一端,花练一匹。察谓曰:"吾所衣著,止是麻布、蒲练。此物于我无用,既欲相款,幸不烦尔。"此人逊请,察厉色驱出,自是莫敢馈遗。陈亡入隋,诏授秘书丞,别敕成《梁》、《陈》二史。又敕于朱华阁长参。文帝知察蔬菲,别日独召入内殿,赐果菜,指谓朝臣曰:"闻姚察学行当今无比。我平陈,惟得此一人。"后母杜氏丧,解职。在服制之中,有白鸠巢于户上。仁寿二年诏除员外散骑常侍,晋王侍读。炀帝即位,授太子内舍人,及改易衣冠,删定朝式,预参问对。大业二年终于东都,遗命薄葬,松板薄棺才可容身,土周于棺而已。葬日止鹿车即送厝茔北,不须立灵,置一小床,每日设清水一杯,祭日设斋食,菜果任家有无,不须别经营也。察至孝,有人伦,鉴识冲虚,谦逊不以所长矜人,专志著书,白首不倦。所著《汉书训纂》三十卷,《说林十卷》《建康三钟》等记各一卷,《文集》二十卷。所撰《梁》《陈》史虽未毕功,隋开皇中文帝遣中书舍人虞世基索本且进。临亡,戒子思廉撰续。

沈颙 《梁典》云:武康人也。隐居小山,小山在武康之北。征散骑常侍,不就。弟颛亦有兄之风,累征不起。时人嘉之。

右梁人。

胡颖 字方秀,吴兴人也。伟姿容。性宽厚。梁末除豫章内史,陈武帝镇京口,齐遣郭元建出东关,武帝令颖率府内骁勇随侯瑱于东关大破之。后从武帝袭王僧辩,又随周文育于吴兴讨杜龛。武帝受禅,兼左卫将军。天嘉元年除散骑常侍、吴兴太守。卒官,谥曰壮。后二年配享武帝庙廷。

沈君理 字仲伦,吴兴人也。美风仪,博涉有识鉴。陈武帝镇南徐州,君理致谒,深见器重。后为吴郡太守,以干练见称。弟君高,字季高,少知名,性刚直,有吏能,为广州刺史,甚得人和。弟叔迈亦方正有干局,位通直散骑常侍。

章华 字仲宗,吴兴人也。好学,善属文。后主时除大市令,非其所好,乃辞以疾。后上书极谏,书奏,后主大怒,斩之。

沈德威 字怀远,少有操行,以礼学自名。梁太清末,遁于天目山,筑室以居,虽处乱离,而笃学无倦。天嘉元年召出都为国子助教,每自学还,私室讲授,道俗受业数百人。《南史·儒林传》:沈德威以礼学自命,吴兴沈文阿、王元规少从受业。

钱道戢 字子韬,吴兴长城人也。父景深,梁汉寿令。道戢少以孝行著闻,及长颇有材干。陈武帝微时以仲妹妻,为武帝辅政。道戢随文帝平张彪于会稽,以功拜东徐州刺史,永安县侯。天嘉元年,为临海太守。侯安都之讨留异,道戢帅军出松阳以断其后。异平,以功拜都督衡州刺史,领始兴内史。后与章昭达讨欧阳纥,纥平,除左卫将军。大建二年,又随昭达征江陵,以功加散骑常侍。后为都督郢州刺史,与仪同、黄法斛攻下历阳,因以道戢镇之。卒官,谥曰肃。子逸嗣。

章昭达 字伯通,吴兴武康人也。性倜傥,轻财尚气,少时遇相者谓曰:"卿容貌甚善,须小亏则当富贵。"梁大同中,昭达为东宫直后,因醉坠马,鬓角小伤,昭达喜之。相者曰:"未也。"侯景之乱,昭达率乡人援台城,为流矢所中,眇其一目。相者见之曰:"卿相善矣,不久当富贵。"台城陷,昭达还乡里与陈文帝游,因结君臣分。侯景平,文帝为吴兴太守。昭达杖策来谒。文帝见之大喜,因委以持节,恩宠超于侪等。陈武帝谋讨王僧辩,令文帝还长城,招聚兵众以备杜龛,频使昭达往京口禀承计画。僧辩诛后,杜龛遣其将杜泰来攻长城,昭达因从文帝进吴兴以讨龛。龛平,又从讨张彪于会稽,克之,累功除定州刺史。时留异拥众据东阳,武帝患之,乃使昭达为长山令居其心腹。天嘉元年,追论长城功,封新乐县侯。寻随侯安都拒王琳,昭达乘平虏大舰中流而进,先锋发拍中贼舰。王琳平,昭达策勋第一。二年,除都督郢州刺史。周迪据临川反,诏昭达便道征之。迪败走,征为护军将军,改封邵武县侯。四年陈宝应纳周迪共寇临川,又以昭达为都督讨迪。迪走,昭达逾岭讨陈宝应,与战不利。因据上流为筏,施拍其上,坏其水栅,又出兵攻其步军。方大合战,会文帝遣余孝顷出自海道适至,因并力攻之,遂定闽中。盖擒留异,宝应以功授镇军将军,开府仪同三司。欧阳纥据岭南反,诏昭达都督众军征之。纥闻昭达奄至,乃出顿沂口,聚沙石盛以草笼置于水栅之外,用遏舟舰。昭达居其上流装舰造拍以临贼栅,又令人衔刀潜行水中以斫竹笼,笼篾皆解,因纵大舰突之。大败纥,擒之送都。广州平,进位司空。大建二年征江陵时,梁明帝与周军大蓄舟舰于青泥中,昭达分遣偏将钱道戢、程文季乘舟焚之。周又于峡口南岸筑垒,名安蜀城。于江上横引大索,编苇为桥,以广军粮。昭达乃命军士为长戟施接船上,仰割其索,索断粮绝。因纵兵攻其城,降之。三年,于军中病薨,赠大将军。昭达性严刻,每奉命出征,必昼夜倍道。然其所克,必推功将帅。厨膳饮食并同群下,将士亦以此附之。每饮会,必盛设女伎杂乐,备羌胡之声,音律姿容并一时之妙。虽临敌勿之废也。四年配享文帝庙廷。

沈不害 字孝和,吴兴武康人也。幼孤而修立好学。陈天嘉初除衡阳王府中记室参军兼嘉德殿学士。自梁季丧乱,至是国学未立,不害上书请崇建儒官,帝优诏答之。又表改定乐章,诏使制三朝乐歌词八首,命二十四行之乐府。后为国子博士,领羽林监,敕修五礼,掌策文谥议等事。大建中位光禄卿通直散骑常侍,东尚书左丞卒。不害通经术,善属文,虽博综经典而家无卷轴,每制文,操笔立成,曾无寻检。汝南周弘正常称之曰:"沈生可谓意圣人乎!"著《五仪礼》二百卷,《文集》十四卷。子志道。

　　右陈人。自宋至陈四代之诸邑,视晋无大更幸,而人物视古为盛。其事迹见于史传者亦繁。既已登载,其他亦不出于五姓之系,又附见著姓下,今不别录。

沈光　大业中帝伐辽诣行在所,光誓曰:"若不能建功立名,当死于高丽。"寻与贼力战,拜朝请大夫。后死于江都之难,时年二十八。见《统记》。

　　右隋人。郡至隋而再废,诸县分属苏、杭等州。其名者特四年尔。人物牢落如此,无足怪也。

钱起　《唐史》云:吴兴人。与河中卢纶、鄱阳吉中孚,南阳韩翃,广平司空曙、苗发、崔峒、耿纬、夏侯审、李端皆能诗,齐名,号大历才子。天宝中,举进士,与郎士元俱有声。时语曰:"前有沈宋,后有钱郎。"终考功郎。以后事并见《唐史》。

沈伯仪　湖州吴兴人。武后时为太子右谕德。议郊丘配祀礼,请以高祖配圜丘方泽、太宗配南北郊、高宗配五天帝。又元万顷等议诗《昊天章》,二后受之,易荐上帝,祖考有兼祀义,高祖、太宗既光配五祀,当如旧请,奉高宗历配焉。自是郊丘三帝并配焉云。伯仪历修文馆学士。《续图经》曰:《唐书》云"湖州吴兴人",疑吴兴为县,史氏不书。旧经载郡治乌程、吴兴两县,但不得废置之详耳。

钱九陇　字冰业,湖州长城人。父文强为吴明彻裨将,与明彻俱败彭城,入隋以罪没为奴。故九陇事唐公,善骑射,常备左右,兵起以功授金紫光禄大夫,从战薛仁杲、刘武周,累擢为右武将军。从平洛阳,佐皇太子建成讨刘黑闼魏州。力战破贼,以功最封郇国公,改巢国。卒谥曰勇,陪葬献陵。

徐齐聃　字将道,湖州长城人。八岁能文,太宗召试,赐所佩金削刀,举弘文生,调曹王府参军。累进西台舍人。咸亨初诏突厥酋长子弟得侍东宫。齐聃上书谏,以为氈裘冒顿之裔,解辫削衽使在左右,非所谓恭慎威仪以近有德,任官惟贤才,左右惟其人之义。又长孙无忌以谮死,家庙毁弃,齐聃言于帝曰:"齐献公陛下外祖,虽后嗣有罪,不宜毁及先庙。今周忠孝公庙反崇饰逾制,恐非所以示海内。"帝寤,有诏复献公官,以无忌孙延主其祀。齐聃善文诰,帝爱之,令侍皇太子及诸王属文。子坚。

徐坚　字元固,幼有敏性,沛王闻其名,召见授纸为赋,异之。十四而孤,及壮宽厚长者,举秀才及第,为汾州三军事,圣历东都留守杨再思、王方庆共引为判官。方庆善于礼乐,尝就质疑晦,坚为申释,常得所未闻。属文典厚,再思每目为凤阁舍人样,与徐彦伯、刘知几、张说修《三教珠英》。时张昌宗、李峤总领弥年不下笔,坚与说专意综撰,条汇初立,诸儒因之,乃成书。累迁给事中,封慈源县子。□□中宗怒韦月将欲即斩之,坚奏盛夏生长,请须秋乃决。时申救者亦众,得以榜死。太平公主用事,武攸暨屡邀请坚,坚不许。又以妻岑羲女弟,固辞机密,转太子詹事,曰:"吾非求高,逃祸耳。"羲败,不染于恶。玄宗改丽正书院为集贤院,以坚充学士,副张说知院事。帝大酺,集贤幔舍在百司上,说令揭大榜以侈其宠,坚见遽命撤之,曰:"君子乌取多尚人。"从上泰山以参定仪典,加光禄大夫。坚于典故多所谙识,凡七当撰次高选。卒年七十余,帝悼惜,遣使就吊,赠太子少保,谥曰文。子峤。

徐峤 字巨山。开元中,为驾部员外郎集贤院直学士,进中书舍人,内供奉河南尹、封慈源县公。父子相次为学士,自祖及孙三世为中书舍人。

孟郊 字东野,湖州武康人。少隐嵩山,性介少谐合,韩愈一见为忘形交。年五十得进士第,调溧阳尉。县有投金濑,平陵城,林薄蒙翳,下有积水。郊间往,坐水旁徘徊赋诗。郑余庆为东都留守,署水陆运判官。余庆镇兴元,奏为参谋,卒,年六十四。张籍谥曰贞曜先生。郊为诗有理致,最为愈所称,然思苦奇涩。李观亦论其诗曰"高处在古无上,平处下顾二谢"云。《吴兴诗》有《湖州敢解述请》一首。

沈传师 《吴兴统记》云:德清县人,贞元十九年,进士及第。二十年,登制科儒学,文艺为一时冠。《图经》云:《吴兴统记》所载如此,必有所本。而《唐史》以为苏州吴人。岂后所徙耶?宋王文公作《沈主簿墓表》云:武康之族类久,至唐有既济者为礼部员外郎。生传师,为尚书吏部侍郎。当是时虽已割武康为德清,文公盖推本言之,证据必确。史氏所传不无误也。以后事并见《统记》。

包融 吴兴人。制举擢第,有才名。官至集贤院学士。融子何,起居舍人;佶,刑部侍郎。时有同郡万齐融与会稽贺朝、河内荆臣,悉富才学,名冠当时,时谓"包万荆贺"。见《统记》。又云:融,乌程人。《唐书·艺文志》包融注云:润州延陵人。亦如沈传师《唐书》云:吴人。恐后所徙也。

沈怀文 吴兴人,举孝廉,为休宁主簿。丁母忧三年,庐墓侧手植松柏二千株,每一号恸,众鸟为之哀鸣,翔集墓木。山中旧多虎,自此乃绝。《统记》云:唐人时。又有沈峤,乌程人,乡举秀才,丁父忧六年,庐墓不栉不沐,咸酸不入口,哭则呕血,刺血书经,年三十二岁,有《文集》十卷。又有沈景筠,乌程人。母惧雷,及卒葬宅西。每雷发则奔至墓所,辄号哭云:"景筠在此。"贺知章为撰《孝德传》。事见《沈氏家谱》。又有于元损,父母卒,庐墓四十三年,坟侧生芝草九茎。武后诏表门闾。又有施廷皎,安吉福乡人。自长寿二年三代共居,大历六年敕旌表门闾,阔七尺五寸,高一丈二尺。又有陈承坚,年九岁,大中三年母亡,葬后庐墓所,坟前生芝草三茎,敕旌表门闾。见《统记》。

沈综 吴兴武康人。年十四察孝廉,上吏部尚书严挺之主铨衡书于厅壁。时又有沈志廉,年八岁,诵《尚书》《毛诗》,通大义,年四十察孝廉,官至大中大夫。并见《统记》。

沈务本 吴兴人。务本官至给事中。子利宾,利宾子志,志子达,四世进士及第。又有沈希义,进士及第,性刚直。尝渡京口,江船欲覆,乃拔剑叱,怒风为之息。又沈颂亦进士第。又有沈如筠,有《正声集》诗三百首,有曰:"阴阳燕旧都,美人花不如。"吏部侍郎卢藏用常讽诵之。

沈孝澄 吴兴武康人。学通九经,官至国子博士。子山之,通礼传训诂,官至校书郎。山之子豪之,通诗礼,举孝廉。皆以儒术著名。又有沈存诚,贞观中进士及第,官至钱唐尉。沈房,大历中进士及第,官至监察御史。沈待聘,官至弘文馆学士。沈士弼,东宫博士。沈雅,溧阳令。沈大礼,濮阳令。沈庠,监察御史。沈徽,偃师尉。并以儒学著名。

褚冲 吴兴长城人。学通《礼》、《易》,乡贡明经,授奉化簿,辞官归耕。观察使李栖筠表授国子助教,赐绯。清河房惩,天水阎伯筠并师之。

沈徽 《先贤传》云:沈法兴之孙,太子文学承家之子。博学知古,隐江口山峰,孝弟力田,累征不起。县令韦承庆改其所居为茂德乡。

沈长封 《沈氏家传》云:长封吴兴武康人。唐乡贡秀才,历婺州金华尉。金华有亭松子涧者,昔黄初平、葛法、刘凌等悉居是涧,长封结茅种术,携家隐居,著道书数百卷卒。

右唐人。唐初为县四,后又置德清。三百年间人物见于史册者反不逮昔。盖唐都长安?东南人物之仕显者,率迁迻焉,岁久为土著。如姚思廉、元崇,吴太常卿时之后也,谱系甚明。《唐史》传思廉云:京兆万年人。元崇云:陕州人。此类众矣,宜其人物之寥落也。仰惟我宋,列圣相仍,加意教育,本郡人物视古为盛。高宗龙渡,驻跸临安,实为凭辅,寓公益多,声华相望,史不辍书,而国史尊门疏远不得而见,乡先生之行,实愚陋未能尽知,尚有俟于续编也。

《嘉泰吴兴志》卷十七

贤贵事实下

乌程县

据旧图经所载,七人:吴吾粲、晋王谈、潘综、吴逯、齐丘灵鞠、丘迟、丘仲孚。以今所录,加汉钱让、沈喻、沈仪、吴徐详、晋吴庆之、宋丘泉之,齐丘寂之、太史叔明,又陈武宣章后、羊缉女佩任。事见郡志贤贵事实下。以本县之境,自秦至吴,合与长兴、归安三邑,自晋以来,分合不常,故并附之郡。宋朝人物载附于后。

叶参 字次公。国初,州人业儒者寡,参卓然自立。咸平中,登第,为举子倡。景祐中,自兵部郎中出守乡郡,金部尚书。王雅正作诗送之,三司度支韩琦,太常丞吕公绰、薛绅,秘书丞余靖、曾公亮,皆有诗饯其行。今刻石郡庠。

叶清臣 字道卿,参之子。天圣三年,擢进士第二人,不逾数年,践西掖北门之选,训章炳蔚,驰誉当世。父参知本郡,公志便省亲,以太常丞集贤校理知宣州,拜亲于郡治,桑梓荣焉。公自为诗,在墨妙亭。

叶梦得 字少蕴,参之族人。年二十一,中进士第。初为议礼选编修官对便殿,徽宗异之,除祠部郎,累迁至翰林学士,诏令得体。建炎中召为户部尚书,上疏论金贼利害凡数万言,除左丞,再知建康,移军屯要害,立庐室,民皆复业。以崇庆军节度使致仕。尝筑室卞山,号石林,遂归老焉。有《易传》《书传》《春秋传》《春秋谳》《论语释言》《孟子通议》,又有《文集》《奏议》《自序》《燕语》《避暑录》《岩下放言》《家训》《金石类考》《老子解》《审是集》行于世。

张先 字子野。进士及第。诗格清丽,尤长于乐府。有"云破月来花弄影""浮萍破处见山影""无数杨花过无影"之句,时号为张三影。李公择守吴兴,招子野及杨元素、陈令举、苏子瞻、刘孝叔集于郡圃,号六客。晚岁优游乡里,常泛扁舟垂钓为乐,至今号张公钓鱼湾。公仕至都官郎,卒年八十九,葬卞山多宝寺之右。有《文集》一百卷,惟《乐府》传于世。

贾收　字耘老,有诗名,喜饮酒。其居有水阁曰浮晖。李公择、苏子瞻为州,与之游,唱酬极多。子瞻常游何山、道场山,回值风雨,舣舟于浮晖,命官奴秉烛扫风雨竹于壁间,或刻之石,今在墨妙亭。收素贫,东坡每念之,尝写古木怪石书其后以赠耘老云:"今日舟中霜寒,十指如悬槌,适有人致嘉酒,遂独饮一杯,醺然径醉。念贾处士贫甚,无以慰其酒,为作古木怪石一纸。每遇饥时,辄一开看,饱人否? 莫若吴兴有好事者,能为君月致米三石、酒三斗,终君之世者,当便以赠之。不尔,可令双荷叶收掌。双荷叶耘老侍姬。须添丁长以付之也。"添丁,耘老之子。苏去,公作亭以怀苏名之,有诗一编,号《怀苏集》。

贾安宅　字居仁,收之从孙。年十八入太学,升上舍。二十二廷试魁天下,召对除校书郎,累迁至户部侍郎兼太上皇帝潜邸赞读。建炎中以旧学为给事中,封驳无所回避。历仕三朝,累司文柄,其所选抡,皆得成材。徽宗尝手诏奖谕之。子选,详明典故,通达法理,今为刑部侍郎。

吴倜　字公度,邃经术,妙言语,幼补太学为第一。崇宁五年,群试礼部又中第一。吴兴素号多士,自开宝迄是年,未有魁礼部者,至倜乡人荣之。仕至删定官,所在又莫不敬礼。

芮晔　字国器,乌程人。与弟晖力学起家,号二芮,同入太学占选舍上游,同登绍兴戊辰第。在馆学雍容儒雅,人推重之。后为司业,四方学者为得所师。晚岁诗益奇,有文集藏于家。晖今为兵部尚书。

胡仔　字元任。父舜陟,官至法从。叔舜申、舜举,为郡守,皆有知名。仔少无宦情,自号苕溪渔隐,留心吟咏,取自古诗人所作,考之传记,为《丛话》百卷,行于世。弟仰,今为郎官。见旧编。

沈清臣　字正卿。登绍兴丁丑进士第。上书论谏官不当用归正人,语侵时宰,贬封州,放还隐居城南,号晦岩,创书堂以来四方学者。召入,迁至皇子嘉王府翊善丐祠,即所居沼圃筑亭,揭阁目曰潜溪,多赋咏。后以秘阁修撰终于家。

归安县

□□□□□□沈伯仪,其余并互见乌程。宋朝人物附载于后。

朱临登　皇祐元年,进士第。尝从安定先生学,及安定殁,以其学为乡邦学者所崇,儒风日盛。仕至秘书丞,有《学田记》《宣化院记》传于世。

刘述　字叔孝。登景祐元年进士第。为温州守,民俗婚嫁以资币相高,述为裁制之,为三第阶等,过时者有罚。入为侍御史知杂事大臣。新用事,置条例,司述与刘琦、钱颛力诋之。又新制谋杀人自首者减等坐。述又奏长恶惠奸不可,启乞重议,被劾。司马光上疏申救,不报,谪居江左。曾孙岑,亦中第,绍兴中至户部侍郎,倜傥高义,人多称之。

刘一止 字行简,述之族孙。登宣和三年第,为绍兴府教授。太守翟汝文闲出所为文属之定稿。绍兴初召试,除校书郎,为类试考官,众启得文章典重者,一止袖出一卷曰"是宜第一"。及揭榜乃张九成。众甚厌服。后为给事中,封驳不避权贵。致仕归,年八十三卒。为制诰有体,诗典丽,乐府尤工,有《类稿》五十卷、《苕溪集》三十卷,传于世。从弟宁止,亦中第,官至法从。立朝鲠亮,建炎中论疏多剀切。

莫君陈 字和中。从安定先生学,登嘉祐二年第。熙宁中新置大法科,首中其选,甚为王安石器重。御家严整如官府。东坡有《西湖跳珠轩诗赠莫同年》即君陈也。长子砥,字彦平,智识疏通,尝知永嘉。生徒颇众,而养士额少,公为增额,士感之为立生祠。子伯虚为郎,继守温,立思齐堂,为文以记其事。后知常州,和气所召,春有瑞梅、甘露,夏麦秀两歧,秋禾合颖,皆瑞应也。后退居里社,注意佛书,撰《修行净土书》《法门华严经意》并刊行于世。又释《楞严圆觉经意》藏于家。诸孙濛、法科进至刑部侍郎;漳,登进士第,今为郎。漳子柯,戊戌年登进士第。

莫磻 字彦辅,君陈第二子。有子曰伯镕,字器之,少有高世志,年五十即归休,以迎师教子为事。子三人,曰济、曰汲、曰沖,皆有俊声,擢进士第,时号三莫。后济、沖又中博学宏词科。济,温粹和易,而立朝鲠亮,毅然不可移,为给事中,封驳有声,尝知温州,以儒雅饰吏事,为明州长史,辅以正道,后知泉州,所至皆称循良。磻有孙曰澄,庚辰登进士第,亦知名于时。

俞汝尚 字退翁,以字行。登庆历二年第,尝为益州新繁令,御史员缺,驿召至都下,以疾力辞。后为青州金判,致仕还乡。滕甫有送行诗云:清明冲节是身谋,御史郎官不肯留。回首轩裳双脱屦,放怀天地一轻沤。卞云苔月柴门静,菱雨蘋风野艇秋。仰羡冥鸿空自愧,区区图报未知休。归逾年卧病,夫人视之,公曰:"人生七十者稀,吾与夫人皆过之,可往矣。"夫人曰:"我先去。"退翁曰:"善。"后三日,夫人黄氏沐浴化去,退翁自为文志墓。明日,召诸子曰:"我行矣。"俄而隐几而终。高邮孙觉撰墓表,秦观书。

姚舜仁 字令由。元丰八年登第,为太学正,召对称旨,除馆职,迁库部员外郎,进《明堂定制图并叙》。上赐对褒奖,降诏可其奏。又撰《明堂训解》一卷,拟复上之,而疾弗果。后兄舜哲表进,以成其志。

沈该 字守约，归安人。王志。父时升，兄调，皆中第。该亦以上舍释褐。处乡里以和易谦退称，每出人喜见之，曰为三大夫。绍兴八年，金人在淮泗遣使请和，上疏论之，朝奏夕召。后为礼部侍郎，出知潼川夔府，召还除参知政事。旧吴兴丁身岁输三十有奇，公奏减五分之四。乡人德之。公邃于《易》，撰《小传》六卷，其说以左氏变卦为文，尝进之高宗，降诏褒奖。今刻石于其私第。又有《文集》五十卷，律诗三百五十篇，杂著一百篇。

周操 字元持。气岸磊落。登绍兴乙卯第，知徽州黟县，以忤权要出职，后除国子学录。尝论对，上意欲兴武学以问操，操历以本朝建置之因对，遂兼武学博士。后历言路升入座，及为詹事，东宫加礼敬焉。有《奏议》二百篇，藏于家。见旧编。

葛邲 字楚辅。孝宗时，同知枢密院事。光宗时，升右丞相。配享光宗庙廷。

长兴县

吴兴自钱林于汉元始中隐于平望乡陂门里梓山，其名已显。及晋，陈达悦其山水，乃遂家焉。后达生陈高祖，传世者五，一时人物之盛，表表可纪，已载贤贵事实。及唐钱九陇、徐齐聃、徐坚及其诸女相继，于后事亦书贤贵事实下。宋朝人物附见于此。

刘谊 字宜翁，许安世榜中丙科。熙宁中，持节南方，请罢买沉香，减盐价，凡四十余事。帝诏辅臣曰："刘谊论事有陆贽之风。"王安石锐意新法，谊上疏极谏其不便，坐是废黜。从异人授出世法，遂隐三茅山十年不出，有诗云："曾跨江西使者鞍，旧言谗上使休官。三茅得梦全清瘦，头髮鬖鬖布袄宽。"东坡自峤南以书问道曰："或有外丹已成可助成梨枣者，望不惜分惠。"又曰："先生笔端有口，足以形容难言之妙，轼亦眼中无翳，必能洞晓不传之意。"有《文集》三十卷，《奏议》四十卷，今传于世。

刘焘 字无言，宜翁次子。未冠游太学，与陈亨伯俱以八俊称。会试史官策或戏之曰："子平时好论，将教授以破题乎！"焘即下笔："秉史笔者权犹将也。君命有所不受焉。"众叹服。东坡知元祐三年举，读其文曰："必岩谷间苦学者中第三人。"廷对又中甲科，东坡荐焘文章典丽可备著述科。帅中山时，蜜渍荔枝遗之，诗末章云：诗清真合与君尝。归朝，赵民彦尝云："在庑中饱观君文，尤善书，笔势遒迈。"山谷谓："江左复生羊欣，薄绍之矣。"在馆中时被旨修《阁帖》十卷，所谓《续法帖》者是也。尝注《圣济经》，编《修道史》，有遗文五十卷，号《南山集》。

刘珏 字希范,宜翁之侄。幼入太学时,道乡先生邹浩在谏垣,以直言窜谪,后召为旧职。珏以书规切之,京师传诵,比韩愈《诤臣论》。登进士第,累官至主客郎。靖康初,诣中书,极论天下事。除中书舍人。建炎初,以资政殿学士同知三省枢密院事,累疏陈守御之策。时党籍子孙尚未录用,公悉奏任之。有《吴兴集》二十卷、《奏议》五卷藏于家。

刘度 字汝一,博览强记。内翰汪藻奉祠领日历,寓居西寺,一见异之,以制科表荐登绍兴己丑第,后历台谏。辛巳岁,虏人叛盟,条陈三策,大驾巡边,留居谏省。上即位,抗疏陈春秋正始之道。去国居里,贫无戚戚之态。有《传言鉴古》五十篇,《杂文》三十卷藏于家。见旧编。

施元之 字德初。官至左司谏。

刘三杰 字汉臣。累至台谏,后为台端,擢为吏部侍郎。

武康县

武康人物,旧图经所载沈劲以下二十七人。《余英志》黜其二,沈众、姚绍。而增十有五,而八为近世之名卿士。则自唐以前,为三十有四。而《统记》所载沈伯仪等九人则又不志,去取犹有未尽。今摭史传所载,自吴以下总三十七,而三十一为沈姓焉。时尚未分德清也,以故因史传所书曰武康人,合于郡之贤贵事实下。宋朝人物附载于后。

成无玷 字士毅,登进士第。建炎中自删定官除知鄂州,守御遵古兵法,都督张俊荐之朝,太上皇帝累赐御札奖谕。未几,鞑靼孛堇围之甚急,无玷坚守,堇竟引去。后因晨起巡城霜滑坠足而卒。

刘士英 字冲发,以上舍擢第,为温州教授。方寇之扰,士大夫皆遁去,士英独留,聚官兵保甲守御,州赖以全。后通判太原,金人大入,与将王禀坚守,自乙巳冬至丙午秋,城中食尽,王禀赴火自尽,士英战死。见旧编。

施钜 字大任,官至参知政事。

德清县

德清县在武康未析之前,人物并见《武康志》。自唐天授已析之后,如沈传师《统记》以为德清人,《唐史》又以为不然。及本朝王文公作墓表,其言自有证。今附之德清人物。

沈严 字叔宽,幼负器识,善属文。大中祥符八年,中礼部第四人,廷试甲科。国家兴山泽之利,主计荐公监洪州武宁茶场兼领本邑事,吏畏其廉,民爱其慈。及卒,贫不能葬,太守滕元发葬于县之永和乡,范文正公与之同年,为铭其墓。

沈琯 字次律,严之族人,父彦明,叔彦声,皆登第。琯少游学,深于《春秋》,为文章尚气节,尤好吟咏。后至燕云提举。郭药师败,粘没罕势甚炽,士大夫皆束手,琯独毅然不屈,虽临以刀刃终不变。逃归,诣阙献策,不用。著《南归录》以摅忠愤,遂还里中,自号柯田山人终老焉。子正度,今为郎。

沈与求 字必先,琯之从父,中何㮚榜第。为杭州仪曹,胥吏畏其刚介,召试授馆职。后为侍御史,迁中丞,风采耸动一时,中兴台纲之振,始于此。为吏部尚书,铨选清明。为翰林学士,诏令有西汉风骨。后除参知政事,进知枢密院。有《龟溪集》三十卷传于世。

沈介 字德和,彦声之孙。年十八,登进士第,又中博学宏词科,除秘书省正字。后为中书舍人。以次对出知平江府。召归,上疏甚剀切,备言虏人必为患。明年,虏犯两淮,乃以兵部尚书为荆湖制置使,风采震耸边郡。再知平江,一知成都,皆繁剧郡,为政绰有余暇,豪猾敛避。平生奏议及著述皆未编次。见旧编。

沈夏 字得之,尝为蜀帅。孝宗时金书枢密院事。

李彦颖 字秀叔,孝宗朝两为参知政事,独当国柄。

安吉县

《图经》载施咸等八人,许颐、于数、吴均等,共十一人。《统记》载共三十一人。施十五人,万十四人,吴二人。据《三国志》,朱治、然、绩,各有功业,已载《郡图经》。宋朝人物附载于后。

吴可几 好古博雅,与弟知几相继登进士第,时号二吴。可几仕至太常少卿,著《千姓编》。凡论姓氏所出□□□□□于世。知几至郎官,尝守其父屯田郎墓二年,平地出泉,人皆异之,号孝子泉。见旧编。

沈枢 字持孝,官至太子詹事。

进士题名

郡之登进士科者,唐至宋初无题名。嘉祐八年,知州事张田始刻石于郡学经史阁下之右序。自庆历二年,本州及游学之士咸追书之。尔后相继不绝。至崇宁二年后,止书本州之士。政和八年以来,又缺不录。绍兴三十年,提点本路刑

狱吕广问摄郡事,乃属教授陈叔达并录刻焉。淳熙二年,教授虞俦又附载其在祖父昆弟之登科者名于下。今录如右:

庆历二年杨寘榜

俞可
俞尚
臧纬
刘达

庆历六年贾黯榜

陈舜俞
李轲

皇祐元年冯京榜

卢秉
刘握
丁伯初
朱临
沈伸
姚舜谐
丁镎
陈枢
徐绛
周之彦

皇祐五年郑獬榜

周景贤
李恂
沈振
周之道
莫士光

嘉祐二年章衡榜

张修

施硕

莫君陈

嘉祐四年刘辉榜

陈皓

嘉祐六年王俊民榜

陈几

姚安世

嘉祐八年许将榜

俞温父

治平二年彭汝砺榜

吴象

范象

刘坞

治平四年许世安榜

刘谊

熙宁三年叶祖洽榜

俞纯父

朱早

刘损

许彦

臧诜

戚山

方蓁

施耕

刘极

沈佑

管太初

熙宁六年余中榜

朱服

陶兑

沈彦明

丁注

蔡蹈

汪闻

张易直

张著

陆元光

徐唐臣

胡解

周之才

沈特

方景

沈寅

丁演

熙宁九年徐铎榜

霍同

沈倚

叶勤

丁维

徐允文

张茂直

叶劼

沈伦

元丰二年时彦榜

沈千

陆元宾

沈仍

陈杞

丁掌

黄居

朱率

臧询

沈偕

吴植

宋前

严应期

元丰五年黄裳榜

袁应中

杨询

莫倚

张湜

周需

陆元成

沈彦声

李谷

莫群

徐元

张稚通

元丰八年焦蹈榜

姚舜仁

鲁伯能

周天倪

沈纯诚

姚祐

王履

郑奕

太史章

刘定国

朱级

张谌

元祐三年李常宁榜

刘焘

李肱

丁沔

莫偕

李畸

陈敏功

史先能

俞隆道

戴怀

王颐

刘全

元祐六年冯涓榜

刘安止

朱任

绍圣元年毕渐榜

朱南强

宋彦弼

卜僵本

姚侯

绍圣四年何昌言榜

张大成

周敦

周知微

沈章

曾纶

卢蕡

何逵

顾天经

叶筠

周衮臣

王霖

元符三年李金榜

余拂

陶旐

吴彦

沈时升

费若

周天益

范蕡

吴天将

徐绎

吴壎

韩奕

王遵道

崇宁二年霍端友榜

沈纯道

杨天倪

莫汝明

张维

吴升

张汝舟

张湍

朱种

丁挈

崇宁五年蔡薿榜

刘珏上舍。

成无玷

张同

王翮上舍。

金誉

吴侗省元。

李预

郏衮

沈纯正

丁安常

刘拱

沈觍

吕之望

练表

大观三年

贾安宅状元,贡士。

张大受

郏嘉谋

陈汤求上舍。

张汝钦

夏千之

丁安止锁厅。

钱杨上舍。

曹宗臣

施敦仁

成能

政和二年莫俦榜

蔡调上舍。

吴价上舍。

沈调上舍。

沈钦止上舍。

刘士莫上舍。

莫廷询_{上舍。}

陈大声_{进士。}

万冲

俞汝明

任居中

沈与

政和五年何　榜

钱叶_{上舍。臧俞榜第三名辉褐。}

沈与求_{上舍。}

吴竝_{上舍。}

沈友谊_{八行。}

姚毂_{进士。}

卢长卿_{进士。}

吴师直_{太医学上舍。}

刘峤_{八行。}

史祺孙_{上舍。}

朱眸_{上舍。}

周扬_{八行。}

郑绩_{太医学上舍。}

刘唐宾_{上舍。}

姚处厚

毛选

沈虪

政和八年嘉王榜

莫仲珪_{上舍。}

沈昭远_{上舍。}

沈该_{上舍。}

王翰_{将赴殿试。}

徐抑_{上舍。}

徐念道_{上舍。}

莫庭芬_{上舍。}

施锐上舍。

蔡德升上舍。

沈瓛锁厅。

张择亨

施中行

吴景温

潘庆

李中

宣和三年何涣榜

刘宁止

潘藚

王秉

方之平

刘一止

韦积

姚溪

钟爕

宣和六年沈晦榜

贾安常

朱克明

丁昌朝

莫若

师谌

杜大成

刘岑

莫芬份

建炎二年李易榜

严抑

沈震

盛光祖

沈长卿

陈澥

朱询武

潘莘

石茂良

沈瀋

绍兴二年张九成榜

刘知昌

朱三思

施涣之

陈纲

徐杨

王古思

钱泃

范彦辉

陈琦 附申。

绍兴五年汪应辰榜

丁雄飞

沈作诘

周操

方梓

绍兴八年黄公度榜

林孔彰

谈谊

钱建

沈晞颜

刘嵘

倪偶

莫瀋

沈介

吴允协

姚蹈

朱岳

葛立方

绍兴十二年陈诚之榜

杨郙弼

严康朝

范梓

沈敷

李彦卫

朱安时

鲁艺

沈汝一

方溥

施士衡

方案

王存之

郏次云

绍兴十五年刘章榜

赵之辅

严祝

莫济

刘度

沈枢

陈则

李渥

袁综

庄衡

周顼

谈虑

潘良翰

绍兴十八年王佐榜

莫汲

芮辉

李彦颖

朱三省

万介

王康年

莫冲

施贯之

葛邺

绍兴二十一年赵逵榜

王献民

李木

张俊民

黄元逊

姚仲

钦楚

林次龄

卢屿

施知彰

周蒙

诸观

方将

沈复

绍兴二十四年张孝祥榜

周硕

莫源

李昱

朱鼎

郑南

张潜

施元之

李濬

袁损之

汪安行

葛郊

绍兴二十七年王十朋榜

郑承

吴允成

莫澄

太史邵

绍兴三十年梁克家榜

丁辅

吴芸

沈祖德

邓伦

周祐

芮嘉言

练梦鹏

沈瀛

隆兴元年木待问榜

林坰

顾待问

丁光逮

周华

俞瀹

顾强

刘国宾

李冰

吕旦

莫祥

卢岠

葛邠

乾道二年萧国梁榜

朱绎之

丁敦夫

倪思

刘三杰

章深

莫櫶

章潜

吴东

滕良知

刘庚

乾道五年郑侨榜

莫漳

朱逮

施迈

沈鉴

王迈

孟必先

乾道八年黄定榜

李沐

孙侨

陈南

王孝严

丁梦锡

卢宜之

沈作霖

濮坦

朱辟非

淳熙二年詹暌榜

倪恕_{父傔,弟思。}

刘棠

周常

韦梓

孙晔

刘琛之_{父庚叔。}

淳熙四年皇帝幸太学释褐

鲁东礼

淳熙五年姚隶榜

李尚_{兄冰。}

练文_{祖表。}

谈子英_{伯谊,叔虑。}

上思齐_{上舍。}

章泳_{曾祖惇,祖择,父倧,兄深。}

刘宗_{伯祖十英。}

倪愿_{父再,兄恕,弟思。}

莫柯_{祖仲珪,父漳。}

吴道

章良能_{父驹。}

王中立

淳熙八年黄由榜

谈钥_{伯谊,父虑,兄子英。}

顾简_{上舍。}

章燮

吴华_{上舍。祖偁,兄芸。}

芮宦_{言伯烨,叔辉,兄嘉言。}

朱端常

淳熙十一年卫泾榜

刘庶上舍。叔知,伯兄度、庚,侄深之。

章良肱父驹,弟良能。

李日与

傅良

胡修

金堪曾叔祖誉。

孟醇兄致诚,侄孙必先。

李翱

朱常

赵汝俨

淳熙十三年太上皇帝庆寿上舍释褐

钱重

淳熙十四年王容榜

刘开之

沈观

茅无竞

朱景献

林炜

吴劢

朱髦

莫彬

沈有成

张嘉谋

朱侪

赵彦制

淳熙十六年二月皇帝登极上舍释褐

沈端叔

臧辛伯

绍熙元年余复榜

刘序子开之。

沈葵曾伯祖锜。

陈昂兄则。

刘伯麟

朱偎弟济。

王田兄中。

朱应佯

赵善绩

赵汝晹兄汝哭。

赵希实弟希容。

赵汝哭弟汝晹。

绍熙四年陈亮榜

俞灏兄希尹、先凝、平一,侄远应、符建。

陈湘侄捕。

刘依之父度,叔庚,兄深之。

丁端祖曾叔维,伯祖安常、安止,伯辅、雄、飞。

赵师逌

朱申兄偎。

俞侨沂

赵时逢

袁聘儒

李岑曾伯祖友谅,曾祖父闻伯,祖优。

陈至伯则,叔昂。

陈晐

施一鸣曾叔祖钜,伯迈。

陈壁曾叔祖潜,父觇,叔喧。

绍熙五年覃恩释褐榜

万梦实祖介。

庆元二年邹应龙榜

陆谈经

顾元龙

陈有成

林渍之^弟

莫汶

李天益

石宗玉

张准

曹待聘

赵师鼎

庆元五年曾从龙榜

韦炎

周师威

何沄

赵汝榛

列　妇

孔氏妇　《三吴郡国志》云:妇有八子,皆训以义方,夜则读书,昼则力田。汉哀帝时俱为郡守,后人因名其居曰八子墩。在乌程西三十八里。

乘公济妻姚氏　《南史》云:吴兴人。生二男,而公济及兄公顾、乾伯并卒,各有一子,姚养育之,卖田宅为取妇,自与二男寄止邻家。事闻,诏婚其二子,仍旌表其里间,复徭役。

羊缉女佩任　《南史》云:乌程人。随母还舅氏。母亡昼夜号哭不饮食三日而亡。乡间号曰女表。《齐春秋》云:丘缉女。

释　道

法愿　《统记》云:俗姓钟,长城人。宋孝武帝及高帝悉敬仰之。愿遭兄丧,乞还,即至乡。敕旨重叠,驾亲自幸以伸省慰。愿遭弟子拒云:"乡疾未涓,不堪相见。"帝乃转跸。文惠太子尝往寺问讯,愿不命坐,文惠作礼而立,乃谓愿口藻吹清镜以为供养其福。云:"何愿?"曰:"菩萨八万使乐尚不如志心,今吹竹管子打死牛皮何足道哉!"其秉德迈时皆此之类。后入定三月不食,忽语弟子曰:"汝失饭箩矣!"寻卒。

慧进 《高僧传》云:慧进,俗姓姚,吴兴武康人。昔在凡之时性旷迈,不拘名节。中年意有所悟,乃始出家。常聚钱,愿造《法华经》一百部。经营未成,聚得钱一贯六百文,群盗闻慧进欲造百部《法华经》,谓其房中厚蓄资财,遂劫而问曰:"师有几钱?"慧进云:"贫道惟有造经线一贯六百文,在某处。"群盗腼然相顾而散。及经成,忽闻空中有人言曰:"汝愿足矣! 当生西方。"永明四年无病而卒,时年八十有五矣。

法朗 俗姓吴氏,吴兴人,住武康县。家世遭祸,因往建业。大明七年,与兄法亮同出家为沙门。初,亮履行高洁,经戒修整;朗禀性疏率,不事威仪,注《涅槃经》勒成部帙。而言谑调笑不择交游,高人胜己者,少见齿录,卒于天监年中。

慧巨 字知洪,俗姓钱,长城人。年十四出家,梁武帝嘉之,敕有司赐衣钵。与陈文帝为出尘之友。及帝践祚,情好益深,每乘四望车入宫内。宣帝即位,礼接弥厚,敕请为吴兴大僧正,住天居寺。事见《道宣下》。弟慧寿,亦长城人。事见《隋官师传》。

法礼 俗姓包。少出家,好救人疾病,素不知医方、药术,以意疗之,无不痊效,又不曾习《易》《占候》之书,验阴晴雨雪十不失一。又同侣过扬子江,至淮南遇风涛,一舟人畏惧,礼立于船前,攘臂张眉曰:"江神汝何不收风止波,使吾船人平。"俄而风波恬息,安然济岸。武后征为国师,居龙兴寺。又武后朝,包氏子于上强山中逢一白鹿,吐两珠于地,光辉可爱。乃以一珠吞之,其一珠归以献母。置于山中,光照一室。后乃以一珠舍入栖流寺殿檐额山。包氏子出家为天台也。

道宣 俗姓钱,长城下箬人也。唐初母姚氏梦日入怀,宣在孕十二月,以四月八日生。又尝梦一僧曰:"夫人怀之子乃梁朝祐律师。"舍出家年十三,学综经史,名通天下。隶名山丰德寺。旧有天师神采谓曰:"师当生弥勒宫中。"《道一书》曰:"此乃棘林天帝所烧者。"以其年冬卒。著《内典书》数百卷,行于世。

慧寿 俗姓谢,长城人,住西水寺,持《法华经》。天旱求雨,时有一绿衣人云:"吾是此山张水曹神,将请于大山。师若要水,一小吏与师行雨。"忽一夜大雨,发洪水,数家悉被漂溺。旬日,又见前使者所著绿衣人领一小吏屈膝脱背示鞭笞之痕,谓慧寿曰:"小吏行雨颇不用心,已科数下讫。"

法瑀 俗姓沈。八十五禅坐而终。数年始葬建塔,其颜貌如生,须发长数丈。高僧皎然为其立碑。

以上本土人。

道祥 俗姓颜,容貌奇伟,作天竺婆罗门状。幼通大小乘经,与乌程习法师最相友善。习尝梦道祥来谓:"贫道悉是维那佛也。今因缘且尽,故来相别耳。"习惊觉,俄有长城信至,云:"祥法师已卒。"

清昼 字皎然,谢灵运十世孙。天资疏野,多神思,居郡中兴国寺西院,尤工五言诗,与刺史颜真卿诸名士酬倡及预撰《韵海镜源》,著《儒释交游传》及《经典类聚》四十卷,又有《茶诀》一篇。后元和四年刺史范传正典会稽,僧灵彻同过旧院题诗云"道安已反无为乡,悉远来过旧草堂。余亦当时及门者,共吟佳句一焚香。"宋嵩头院序之云:"唐僧皎然以道称于吴,谥美之曰:'雪之昼,能清秀。'又作诗云:'昼公文章清复秀,天与其能不可牖。僧攻文什自古有,出拔须尊昼为首。'"凡七绝韵。

惠觉 俗姓丁,唐朝人。禅坐一床致绝粮终年。所居兴化寺降甘露之祥。

慧隐 俗姓陈,住报德寺。所居房中除三衣外,不置一物,足不履俗家,夜诵《法华经》两遍,澡瓶浴盆将尽辄满,每拟诵经,香无故自然芬馥。

道虬 俗姓张,住长兴报德寺。通内外典籍,尤善谈论。友人校书郎包融为之赞序云:"沙门道虬年三十,立才独行,亦犹山有凤皇之雏,林养猣猊之子,凡百羽毛之族,无不祇畏。"

慧畅 俗姓徐。不学于师,至契心印。尝织芒屏蒲履之属于山中道上。一日谓弟子曰:"吾闻天台山有颙公遗迹,思暂往焉。"言讫便行,跻山涉涧,不由道路。长城曲水寺去天台八百余里。后有人从天台来,计畅之程,一日而至。后忽令人洒扫曰:"今日将有客至。"斋讫跌坐,奄然而逝。

慧解 俗姓陈。有至行。常多学徒于天目山坐,夏属岁旱,斋粮不足,僧众将欲下山,解乃卖身得钱谷绢帛以给之。沙门杼山皎然,万溪道祥,虎丘法简,时相友重,请住苏州流水寺。

法瑶 《高僧传》云:法瑶,俗姓杨,河东人。元嘉中,过江,值沈台真,请居武康小山寺,讲《大品维摩涅槃》等经。永明中敕吴兴礼致上京,年九十七岁。

法训 居马劲山兰若。山中旧多蛇虎,法训至,夜梦一人云:"和尚在此,弟子当为和尚驱逐山中害。"蛇虎乃自此而绝。

慧纂 俗姓陈,住吴兴长城人居寺。精于学业,年十三卒。

以上系住院僧。

法照 唐朝吴兴人也。姓黄氏。学道内外。武后赐墨敕礼为门师,居重光寺。

慧泽 俗姓□,吴兴长城人。涉猎诸史,有文采,出家通《内外典》、四部之书,住重明寺。见《梁书》。

以上尼二人。

孟翼 《齐春秋》云:乌程人。造《正一论》,言佛之与道一也。

戴洋 字国游,吴兴长城人。年十二病死,经五日复苏,乃自云:"入使为酒藏史,授符箓麾节,升蓬莱、昆仑、积石、大室、匡庐等山,逢一老父谓曰:'汝当得道。'"善风角占候,凡所试验百不遗一。

沈法护 吴兴德清人。幼聪智,为叶天师弟子。景云二年执墨敕使江南十二州采药。

回道人 《回仙录》云:吴兴之东林沈东老,能酿十八仙白酒。一日有客自号回道人,长揖于门曰:"知公白酒新熟,远来相访,愿求一醉。"实熙宁元年八月十九日也。思见其风骨秀伟,跫然起迎,徐观其碧眼有光,与之语,其声清圆,于古今治乱,老庄浮图氏之理,无所不通,知其非尘埃中人也。因出酒器十数事于席间,曰:"闻道人善饮,欲以鼎先为寿,如何?"道人曰:"酒器中惟钟鼎为大,屈卮螺杯次之,而梨花蕉叶最小,请戒侍人次第连斟,当为公自小至大以饮之。"笑曰:"有如顾恺之食蔗,渐入佳境也。"又约周而复始,常易器满斟于前。笑曰:"所谓杯中酒不空也。"回公兴至即举杯而尽,乃命东老鼓琴,回乃浩歌以和之。又尝围棋以相娱,止弈数子辄拂去,笑曰:"只恐棋中烂斧柯。"回公自日中至暮,已饮数斗,无酒色。是夕月微明,秋暑未退,蚊蚋尚多,侍人秉扇驱拂,偶灭一烛,回公乃命取竹枝,以余酒噀之,插于壁间,须臾蚊蚋尽栖于壁,而所饮之地洒然。东老欲有所叩,先求驱蚊之法。回公曰:"且饮,小术何足道哉。闻公自能黄白之术,未尝妄用,且笃于孝义,又多阴功,此予今日所以来寻访而将以发之也。"东老因叩长生轻举之术。回公曰:"以四大假合之身,未可离形而顿去,惟死生去住为大事,死知所往,则神生于彼矣。"东老摄衣取谢,有以喻之。回公曰:"此古今人所谓第一最上极则处也。此去五年复遇,今日公当化去,然公之所钟爱者子偕也。治命时不得见之,当此之际,公亦先期而知,谨勿动怀,恐丧失公之真性。"东老领而悟之。饮将达旦,则瓮中所酿止留糟粕而无余沥矣。回公曰:"久不游浙中,今日为公而来,当留诗以赠。然吾不学世人用笔书,乃就擘席上榴皮画字题于庵壁,其色微黄,而渐加黑。其诗曰:西邻已富忧不足,东老虽贫乐有余。白酒酿来缘好客,黄金散尽为收书。已而告别,东老启关送之,天渐明矣,握手并行,笑约异时之集。至舍西石桥,回公先度,乘风而去,莫知所适。

葛洪 尝隐居于葛仙山,今山有炼丹灶、捣药臼存焉,风雨之夕,丹或显现。

《职方图志》：葛仙炼丹处，天下有十三，乌程居其一。又子城北天庆观西，有炼丹井，里俗传云："葛仙翁尝于此井汲水炼丹焉。"

蓟子训 《风俗通》云：子训艺明方术，解分身。王俭《姓系》云：子训汉时隐身吴郡余不乡，今在武康县界也。寻卒，葬于乌程县湖趺山。

马自然 有人于白塔巷酿酒出卖，遇道人马自然常来赊酒而饮，不醉无归。如是日居月诸，主人供侍无懈。一日道人沈湎，谓主人曰："我今已得仙矣。所哺酒价焉敢轻于酬。"遂出囊中药点化，卖酒铁井并为紫金，便即界下云生，一升而去。士庶登店前溪桥望观如堵，咸见入云而去，其桥遂得名望仙。江子汇颇多蚊蚋，自道人马自然泊舟之后，至今其处不生，暑月居人坦然无苦。

姚绗 尝于白鹤山观棋，烂柯于此山，化为白鹤而去。后人因以名焉。《括地志》云：安吉县有五山，昔乡人姚绗者采樵于山，遇仙。及还，自入瓮中隐其身，谓家人曰："可七日勿开。"期未至而家人开之，绗变为白鹤飞去。

陆修静 隋时为道士，没于乌程县东仙潭，更数月乃出。后人因以名焉。

施绩女 吴时，骠骑将军西陵督故郭施绩女。《得道内传》云：绩有女名淑，昔有仁信，今闻得道，今在东洞天中，屡迁官。

张志和 《续仙传》：张志和，号玄贞子，尝为《渔父词》。后于湖州刺史颜真卿坐上云鹤翔集飞升而去。余见《事物杂志玄真子下》。

沈羲 吴兴人。躬耕于野，弃耕具而亡，家人求之不得，自是声迹窅绝。子孙相传以为羽化，邑人莫之信也。齐永明二年乃归，访旧庐谓其耳孙曰："吾为汝家四世祖，在西蜀之西以符药治病，有活人功，上帝授我白玉简，为碧落侍郎。今归以告汝。"倏忽不见。邑人闻之骇异，遂以其地建道观，设祠塑像以奉之。事见《太平广记》。今观之东偏环翠堂有唐人诗云：碧落新除沈侍郎，便驱旌节治东方。不知今夜游何处，从者皆骑白凤皇。宋崇宁、大观间，有内庭女道官炼师孙千霞，梦一道士，披采霞衣来言曰："吾武康人也，在碧落中有仙职，时薄游尘世，与道观里域真官为邻，与子有宿缘，他日当相遇于彼。"千霞觉而茫然不知武康为何地，及靖康之乱，避难南方，依直省官石防御者家于德清之苕村，始知武康为吴兴属邑。一日石氏设大醮，羽衣毕集，邑之主观道士姜景良与焉。千霞具以梦告，景良曰："即吾邑沈羲也。"初堂在里域真官之左，千霞感慨流泪，亟造延真观焚香设礼瞻仰塑像，拜而起曰："真吾梦中所见也。"遂捐囊中金遍施黄冠而去。千霞后于富阳泰元山建紫霄宫，其徒数百人，年八十有九，忽颔髭蔚然丛生，越三年羽化。真异人也。见《余英志》。

右神仙

《嘉泰吴兴志》卷十八

碑　碣

州　治

唐太宗御制圣教序僧智永集王羲之书,在墨妙亭。

唐开元皇帝文宣王诏在州学。大历四年,别驾孙沛立,王右军十六代孙荣书。

敕天下放生池碑在鲁公祠。唐肃宗御书题额,银青光禄大夫、使持节昇州诸州军事、昇州刺史、充浙西节度使兼江宁军使柱国、丹阳县开国侯臣颜真卿撰并书。以大历八年于州骆驼桥北建。

乞御书题额恩敕批答碑阴记唐金紫光禄大夫行、湖州刺史、上柱国、鲁郡开国公颜真卿撰并书。又载团练副使、别驾卢荤,元自励、徐自然、刘抗,长使郑滔、王叔卿、徐旻,司马张彦弼、黄持志、姚执珪,录事参军路惟衡、曹友谌、康造摄,司功李瑗,司兵刘中,参军郑置,司仓杜无惑,司法谈佚、王湜、姚观,司户武叔、韦准、张庭琇、王应,司田元沛、王铦,司士郭晰、李群、刘德敏,同团练副使、前殿中侍御史李萼,乌程令李晤,丞李佶、徐彦云、李抱虚,主簿李翼,尉顾察、薛希镐、吕遥、扬使,长城令朱自勉,丞徐明权、施惠整、颜惛,主簿张遐,尉杜勉、陈巢之、贾嵘、杨溪、赵琪,安吉令杨宥、曹友谌,摄丞杨齐光、康造,主簿卢胜,尉杜轸、程希俊、马伯珍、卢弼、李湮、包审,武康令李汗、张士若,丞时尚素、郑若水,主簿孙必、叶迅,尉陈演、长孙瑀、杜重英、吕液,德清令范铭,丞陆造、钱箕,尉孙演、李光之、桂林。《续图经》云:当大历中,湖州刺史、别驾四员、诸曹掾大率三员,诸县令丞尉各四员,比《唐志》所载吏员相去远甚,故著此俟博学之士稽考焉。

敕书褒战功记在甲杖库前。唐宪宗赐刺史辛泌及慰问将士诏书也。以上唐之御制御书碑碣。

宋皇帝御制戒石碑碑在知州大厅前。元祐中,臣黄庭坚书。今上皇帝御书朝列于下。绍兴二年十月癸酉,端明殿学士、左朝议大夫、签书枢密院事、权参知政事臣权邦彦,左通议大夫、参知政事、福建江南西路、荆湖南北路宣抚使臣孟庚,左通奉大夫、守尚书右仆射、同中书门下平章事兼知枢密院事臣秦桧,特进尚书左仆射、同中书门下平章事兼知枢密院事、都督江淮荆浙诸军事臣吕颐浩题跋。

真宗皇帝御制文宣王赞碑在州学。太宗祥符元年十月二十四日东封礼毕,十一月十日车驾幸曲阜且谒奠先圣文宣王,命刑部尚书温仲舒等分奠七十二弟子,礼毕幸孔林。是日,诏先圣加号元圣文宣王,御制赞。又诏礼部尚书张齐贤等次日以太牢致祭。诏衍公颜子进封兖国公,十哲闵子以下进封公,曾子以下进封侯,先儒左邱明以下进封伯。五年八月二十二日,奉敕诸道州府军监各于元圣文宣王庙刻御制赞并诏。十一月一日,奉敕改谥曰至圣文宣王。赞后所载者如此。

御制文臣七条并诏在知州大厅。真宗皇帝所御制也。每诸道牧守及知州、事军、通判、知监、知县辞去之日,普令拜赐。迨仁宗皇帝庆历三年,诏颁天下朝奉郎、守尚书、金部郎中、知湖州军州兼管内劝农事、上护军、赐紫金鱼袋臣马寻建。

御制武臣七条在知州大厅。真宗皇帝御制也。庆历五年建。

仁宗皇帝奖谕守臣滕宗谅进柑子诗敕书在州学。康定元年立。

圣制书手诏在知州厅上。徽宗皇帝御制御书也。崇宁四年九月二十日,奉圣旨摩勒于长官厅。

徽宗皇帝御笔御制辟雍手诏并大司成薛昂奉旨所撰后序在州学。崇宁四年,通判权州事林虞立。

御笔神霄玉清万寿宫手诏在天圣寺。宣和元年八月十二日,奉圣旨立石。

高宗皇帝御笔御书《孝经》在州学。绍兴十四年,太守张守立。

孝宗皇帝御笔奖谕守臣郑作肃手诏在郡厅。以上宋朝御制书碑碣。

汉故梁相费府君碑在墨妙亭。梁相讳汜,字仲虑,此邦之人也。《宝刻丛编》隶书不著书撰人名氏。君名汜,字仲虑,官至梁相。碑不载其乡里及刻石年月。《集古录》目其题额汉故梁相费君之碑,碑云:梁相讳汜,字仲虑,此邦之也。其先季文,为鲁大夫,有功封费,因以为姓。秦项兵起,避地于此,留家焉。碑无建立年月。《金石录》。

汉故梁相费府君之碑,篆额费君汜,堂邑令凤,九江大中政之父也。凤以威宗熹平中卒,碑载二子所终之官。此盖其孙均所立也。故其铭有"穆穆显祖"之句也。《隶释》。

费氏父子三碑今并立于吴兴校官之壁。不知者指此为碑阴。赵氏亦有斯误。《隶释》。

陈孝义寺碑在墨妙亭。散骑常侍、御史中丞、领大著作徐陵撰。唐银青光禄大夫、使持节湖州诸军事、湖州刺史、上柱国、常侍十代孙峤之书。

唐封崇孔宣父故事碑在湖州府学。元和四年,刺史辛秘撰。

文宣王新庙碑在州学。唐太宗间,浙江西道观察支使、试秘书省校书郎郑言撰并书。盖记刺史令狐绚作庙本末。记云:西临霅溪,前横荻塘,梁堑为桥,编木为栅。今甘棠桥文宣王庙是也。

德本寺碑在文宣王庙碑阴。胡季良撰。

射堂记在墨妙亭。撰人姓名残缺。世传颜鲁公正书,大历十二年四月也。《宝刻丛编》云:余家所藏颜书较之,惟张敬因碑与斯记为尤精劲,惜其皆残缺也。《集古录》。

项王庙碑阴述在墨妙亭。颜鲁公书。自"湖州刺史"字下六字刻缺。

项王蔬食文在墨妙亭。邱迟述。

干禄字书碑二一在墨妙亭。唐朝议大夫、滁沂濠三州刺史、上柱国、赠秘书监颜元孙撰,第十三侄男金紫光禄大夫、行湖州刺史、上柱国、鲁郡开国公真卿书。后跋云:大历九年,真卿于湖州刺史宅东厅院书之。一碑在鲁公祠。开成四年,刺史杨汉公重摹。《舆地纪胜》云:颜鲁公石记,唐人笔迹见于今者,惟公最多。其在湖州所书为世所传。惟《干禄字书》《放生池碑》尚多见于人家。而《干禄字书》乃杨汉公摹,其真本以讹缺遂不复传。独余集录有之。惟好古之士能知前人用意之深,则其湮沉磨灭之余,尤为可惜也。

石柱记碑在墨妙亭。颜真卿书。记郡境山川陵墓之类。

断碑二在墨妙亭。一成通五年干僧翰书,一乾元元年邱彤书。

晋吴兴太守谢公碑在墨妙亭。唐刺史兼侍御史裴清撰,僧道铣书。大历七年岁在壬子,建于龙兴寺,即今之报恩光孝寺。

太守历官记在墨妙亭。晋太守谢公碣之阴。唐人所勒也。盖自晋王逸少洎陈任忠,凡四十四人。

湖州刺史题名记唐广德元年,补阙内供奉李纾撰。后记,贞元十六年,华阳顾况撰。又后题,贞元十七年,刺史李词。又后题,宋康定元年,知州滕宗谅。

白蘋洲五亭记在墨妙亭。唐太子少傅、分司东都、冯翊县开国侯、赐紫金鱼袋白居易撰,知州事马缵书。开成四年十月建。又见《金石录》。

白蘋亭记在墨妙亭。唐殿中侍御史、内供奉李直方撰,前太仆寺主簿史镐书并篆额。后跋,元和元年夏,节度判官、侍御史王澹获览此作。

白蘋洲记在州大厅壁中。中和五年六月八日,刺史孙储撰。军事判官、前乡贡进士王溥书。

修河娄记在州治。宝文阁直学士程大昌撰,敷文阁待制沈枢书,敷文阁待制贾选题。盖绍熙三年三月建。

湖州纪功碑在甲仗库。唐元和中,将仕郎、前太常侍奉礼郎时元佐撰。盖纪刺史辛秘平贼臣李锜之党也。

大宁寺建功德碑在报恩光孝寺。试大理评事兼武康县令韩章撰,前衢州龙邱县尉徐浩书。唐大历六年建。

袁高茶山述在墨妙亭。唐朝议大夫、使持节湖州诸军事、守湖州刺史、护军、赐紫金鱼袋于頔撰。朝议郎、前滁州长史、上柱国徐璹书。盖述刺史袁高所作茶山诗也。《宝刻丛编》:唐湖州刺史袁高撰,前滁州长史徐璹书。湖州之顾渚山岁备茶贡,高为刺史,感其采制之勤而作是诗。其后于頔为刺史,得之于坏垣,为之序而刻之。贞元七年五月。

乌程令韦公德政碑在乌程县治。唐至德二年,沈务本撰,沈仲昌书。文多漫灭。宋嘉祐中,知州杨纮篆题额九字刻石。今在墨妙亭。

沈府君墓铭在墨妙亭。讳缙,字章甫。乾元元年,京兆章卓撰并书。

胡夫人墓铭在墨妙亭。大中十二年,乡贡进士李翊述并书。

吴氏墓铭在墨妙亭。太和九年,吴季良书。

金氏墓铭在墨妙亭。大中十二年,乡贡进士李翊述并书。

湖州州学记碑在州学。庆历中,张方平撰,蔡襄书。

修架阁楼记碑在楼下。元祐七年,左承议郎签书,节度判官厅公事朱振撰。

宣德军节度判官厅壁记天圣八年,朝奉郎、大理司直监察御史、节度判官张偊撰。

吴兴倅厅题名记嘉祐六年,秘书省秘书郎、通判军州章衡撰。

销暑楼记碑在楼南。宋朝元祐五年,吕昇卿撰并书。

浮玉亭记在亭中。天圣四年,承事郎、太常寺奉礼郎签书、宁国军节度判官、厅公事郑戬撰,中大夫、行国子博士、知安吉县事尹希古书。

迎春桥记在今骆驼桥下。大中祥符五年,将仕郎、守大理评事、通判军州胥偓撰。

仪凤桥记在桥上。天圣三年,承奉郎、守太常寺奉礼郎签书,宣德节度判官、厅公事郑戬撰。

厅梁题字记元祐二年,林希题。在郡治。

修造仓库桥梁记治平二年,徐仲谋撰。在郡治。

会景楼记治平二年,徐仲谋撰。在郡治。

秦篆峄山记在墨妙亭。庆历戊子,摹刻,参知政事宋庠跋。

宝章法帖一部在墨妙亭。元祐中,刘焘被旨摹刻。

梁太守柳恽并寇准江南曲在墨妙亭。至和二年刻。

唐太守杨汉公杜牧诗在墨妙亭。天圣四年,王秩刻。

张逸碧澜堂陈尧佐芳菲园诗在墨妙亭。天圣九年,凌景阳八分书。

东坡六客词在墨妙亭。元祐六年撰。

东坡墨妙亭记绍兴丁卯,蒋灿书重刻。

陈吏部修城记在墨妙亭。绍兴十年,陈之茂撰。

舞绡堂记在墨妙亭。乾道八年,齐庆曾撰。

书记厅集虚堂记元丰三年,将仕郎、试校书郎、权掌书记陈师锡撰。

重修开元观碑在今天庆观。淳化四年,登仕郎、国子博士、知婺州事习衍撰。

吴兴灵鹤赞在天庆观。唐白居易之作也。宋朝雍熙四年,知州事郑建为之序,始刻石焉。

三住铭在天庆观。唐施肩吾撰。宋庆历四年,左著作郎叶纲书。

广化寺严华一分塔铭碑在寺。庆历二年,宣德郎、守太常博士、集贤校理、知州军事胡宿撰。

广化寺瑞阁记碑在寺。政和五年,缙云叶梦得撰并书。信安程俱题额。

颜鲁公祠堂记在庙中。嘉祐七年,尚书屯田员外郎、知州事张田撰。

郭尚书庙记在庙中。端拱元年,太常博士、权知州事郑建撰。

曹王庙记在庙中。

灵济王庙记在庙中。

通灵王庙记在庙中。

项王庙记在庙中。

贡院记在贡院中。

商税务记在务内。以上六记,年、月、撰书人名氏,各见逐处下。

石曼卿经史阁三字在州学。

石曼卿敕建州学四字在州学。

刘焘稽古阁三字在州学。

重建学田记在州学。顾临撰。大观元年重刻。

重绘三礼图记在州学。绍兴中,刘一止撰,关注书。

米元章鲁公仙传在鲁公堂。元祐三年立。

程舍人鲁公堂怀忠堂记在鲁公堂。隆兴元年立。

王状元鲁公堂三诗在鲁公堂。乾道四年立。

赵直阁祠堂记在鲁公堂。乾道中,江都仲并撰,唐琢立。

东坡先生祠堂记在鲁公堂。淳熙八年,萧德藻撰,胡南逢立。

乌程县

唐大光和尚神异碑在法华寺。乾宁中,丞相李绅撰。见旧经。

唐大光和尚道迹碑在法华寺。秘书郎陈文在撰。见旧经。

唐丞相李绅墓碑在里山。乾宁三年立。见旧经。

唐吴兴邱氏墓碑在县西雪水乡麻谷。元和四年立。见旧编。

唐古山索靖庙碑在本庙。以后并见旧经。

吴越回文绶带连环诗碑在法华寺。镇国军节度使钱惟治作,九十首。

宋道场山千圣殿碑在本寺。太平兴国三年,安德军安抚使、知湖州钱信记。

瑞现禅院大圣碑在喜宥院。端拱二年,祠部外郎郑偁记。

西余山弄雪亭碑_{在大觉寺。庆历中,胡宿记。}

何山定化院碑_{在本院。熙宁八年,朱临记。}

卞山龙王庙碑_{在本庙。熙宁六年,朱临记。}

何氏读书堂碑_{在何山寺。汪藻记。}

葛仙翁祠堂碑_{在普照院。葛立方记。}

真武画像碑_{在佑圣宫。丞相沈该赞。}

归安县

唐重置兴国寺碑_{在无为寺。见旧编。}

唐永兴寺僧伽和尚碑_{在鹿苑寺。元和九年十月二日立。前左武卫兵曹参军裴述撰,}费涛书,胡良篆额。和尚姓何。

唐永兴寺冥道记_{在鹿苑寺。咸通四年,沙门简章述并书。}

县令戴公生祠记_{在鹿苑寺。乡贡进士张先述。}

唐东林土地庙记

南园记碑_{南园在郡定安门内横塘,隶本县界。向来沮洳敻隔,仅有慈感寺。吏部侍郎}万钟家世钱塘,有为司农卿时,卜宅于其傍,开拓浸广,号曰南园,台阁亭榭,四时花卉俱富,为诸园冠。庆元二年,焕章阁学士洪迈为之记。

长兴县

陈周宏正报德寺碑_{在大雄寺内。}

陈徐陵撰报德寺塔铭_{在大雄寺子院。}

唐沙门灵皎城山寺碑_{在慈氏院。元和中撰。}

唐沙门清昼鱼陂明禅师塔铭_{在空隐院。}

晋谢太傅塘碑_{旧在谢公乡。至唐天宝盗起,碑刻不存。大历中,刺史颜真卿取旧史遗}文刊石而书其阴。今碑尚在墨妙亭。

宋朝县令新厅事碑_{在县治。}

县令许秘丞长兴利便事碑_{在县治。}

墓田碑_{大观三年立。在谢太傅庙。}

杜概长兴杂咏_{子希为郡守,刻字墨妙亭。}

修谢太傅庙碑_{治平四年,知县吴涛作。在本庙。}

武康县

唐大慈寺钟记在本寺。唐县令韩章撰。

吴越大安禅寺佛殿记在本寺。

吴越风山灵德王庙记在本寺。

宋重建县学记在县学。淳熙十五年，郡人萧德藻作。

敕赐渊应庙碑在本庙。建中靖国间，毛滂作。

德清县

梁沈氏述祖德碑按《颜鲁公集》：南齐征士沈麟士制，立于金鹅山。岁久残缺。乾元中，为盗火所蒸，碑首毁裂，欹然将堕。过江二十叶孙，御史中丞震移牒郡国请葺，属兵凶旷而莫修。忽有仆树生于龟腹，盘根抱趾，耸干夹碑，巍如工造，郁若神化，欹者复正，危者再坚，号庆树碑。其后碑为十六段，在县狱中，鲁公大书其阴。元祐中太守林希刻石记其事云：以《颜集》补其缺，凡百有十四字。不可补者十字。旧碑今不知所在。林公石刻在墨妙亭。

大唐兴禅寺碑旧二板六字，字皆径三尺。体势壮逸，相传燕公张说书。寺在德清三市镇，今号觉海。故令陈之方爱此字，龛于乾元寺壁间。元祐三年，取置墨妙亭之东楹。书板不存，今止有临本小字石刻。

唐李该灵泉记景祐四年，县令窦充重刻。

罗汉禅院记在明因院。

八圣寺记在本寺。

重修至圣文宣王庙碑在县学。

重修孔子庙碑

法鉴讲师塔铭在觉海寺。

葛清孝公仙潭杂咏碑在墨妙亭。

重修县宇记在县小厅。

赵知县生祠记在乾元寺。

唐大慈寺钟记在本寺。唐县令韩章撰。

吴越大安禅寺佛殿记在本寺。

安吉县

唐施明侯记在本庙。

历年图碑昼锦堂碑并在县学。韩磊刻。

食用故事

酒 顾长生《三吴土地记》云:乌程县,旧有程林氏、乌巾氏,秦时二家能酿美酒,遂名县。汉梁孝王兔园会,招邹枚、司马之徒赋乌乡酒。故张景阳《七命》云:酒则荆南乌程。注:荆溪之南,非江陵之荆南也。按吴兴有荆溪,源出荆山,旧编云:即此溪也。又白居易有《钱湖州寄箬下酒》诗云:劳将箬下忘忧物,寄与江城爱酒翁。按:长兴有上箬、有下箬溪。《舆地志》:夹岸悉生箭箬,南岸曰上箬,北岸曰下箬。酿酒醇美,俗称下箬酒。韦昭《吴兴录》云:乌程箬下酒有名。《吴兴记》云:上箬下箬村并出美酒。刘梦得诗云:鹦鹉杯中箬下春。《艺苑雌黄》:说者以荆南为荆州,非也。即乌程荆溪之南耳。《渔隐丛话》曰:《艺苑雌黄》以箬下酒为乌程酒,误也。

茶 陆羽《茶经》曰:浙西以湖州上,常州次。湖州生长兴县顾渚山中,常州义兴县生君山悬脚岭北峰下。唐义兴县《重修茶舍记》云:义兴贡茶非旧也。前此,故御史大夫李栖筠典是邦,僧有献佳茗者,会客尝之,野人陆羽以为芬香甘辣冠于他境,可荐于上。栖筠从之,始进万两。此其滥觞也。厥后因之,征献浸广,遂为任土之贡。故玉川子诗云:天子顷尝阳羡茶,百草不敢先开花。旧编云:顾渚与宜兴接,唐代宗以其岁造数多,遂命长兴均贡。自大历五年始分山析造,岁有客额,鬻有禁令。诸乡茶芽置焙于顾渚,以刺史主之,观察使总之。裴文《茶录》云:顾渚、蕲阳、蒙山最上,其次寿州、阳羡。李肇《国史补》云:蒙顶第一,顾渚第二,宜兴第三。《郡国志》云:顾渚中者与夹州同,生桑獳狮二坞、白苎山悬脚岭者,与襄、荆、申三州同。生凤亭山伏翼涧飞云、曲水二寺,青岘、啄木二岭与寿州同。贞元五年,置合溪焙乔冲焙。岁贡凡五等,第一,陆递限清明到京,谓之急程茶。张文规有诗云:牡丹花笑金钿动,传奏吴兴紫笋来。李郢诗曰:十日王程路四千,到时须及清明宴。其余并水路进,限以四月到。贞元初刺史袁高《茶山诗》曰:黎甿轻耕农,采掇实苦辛。一夫且当役,尽室皆同臻。扪葛上攲壁,蓬头入荒榛。终朝不盈掬,手足皆鳞皴。悲嗟遍空山,草木为不春。阴岭芽未吐,使曹牒已频。可见当时之害民亦不少。又与毗陵交界,争耀先期,或诡出柳车,或宵驰传驿,争先万里,以要一时之泽。贞元八年,于頔始贻书毗陵,请各缓数日,俾遂滋长。开成三年刺史杨汉公表奏乞于旧限特展三五日,敕从之。先是两州析造时,供进五百串,稍加至二千串,会昌中至一万八千四百斤。每造茶时,两州刺史亲至其处,故白居易有诗曰:盘上中分两州界,灯前合作一家春。青娥递舞应争妙,紫笋齐尝各斗新。《统记》云:长兴有贡茶院,在虎头岩后,曰顾渚,右所射而左悬臼,或耕为园,或伐为炭,惟官山独深秀。旧于顾渚源建草舍三十余间,自大历五年至贞元十六年于此造茶,急程递进,取清明到京。袁高、于頔、李吉甫各有述。至贞元十七年,刺史李词以院宇隘陋,造寺一所,移武康吉祥额置焉。以东廊三十间为贡茶院,两行置茶碓,又焙百余所,工匠千余人。引顾渚泉亘其间,烹、蒸、涤、濯皆用之,非此水不能制也。刺史常以立春后四十五日入山暨,谷雨还。

盐 郡去海远,土不产盐。旧人户计口纳丁盐钱,计四万三百三十贯有奇,岁给一万四千五百余石。《续图经》云:今不给盐钱,又捐折。

饭 旧图经云:稻米有名十里香,师姑粳。炊饭以师姑粳一斗,杂以十里香一升,自是芬香发越。

乌饭 《统记》云:夏至日以南烛草染糯作乌饭,僧道尤高此食。南烛草即今黑饭叶也。今俗四月八日造以供佛,因相馈送。

脍 《吴兴记》云:唐昭德操刀运砧,翼从风随,红综素缕,纷纷霏霏。好事者嘲之曰:"脍若值吴,缕细花铺。若非遇吴,费醋及葫。"江东呼蒜曰葫。苏东坡云:吴兴庖人,斫松江鲈脍,亦足以一笑。乡土以脍为盛馔,每遇上客、新姻、庆贺、燕集必设此,盘饤罗列更无别味。脍匠十数为曹,凌晨立鱼肆,视所买多寡而往,裁红缕白,铺成花草鸾凤,或诗句词章,殊得其妙。造斋亦甚得法,所谓金斋玉脍。又有骨淡羹,每斫脍,悉以骨熬羹,味极淡薄,自有真味。食脍已,各一杯。《本草》谓:凡物脑能消肉,正以食之必多用此羹也。长兴所造尤薄,仅如蝉翼,他处所不及。

鱼羹 《吴兴记》云:平望车溪出美鱼,谚云:"曲阿不食,平望不羹,为失味。"今乡间鱼肥而鲜,为羹甚美,不特车溪也。

鲊 唐张文规《郡斋书情》云:食有吴兴鲊。蔡宽夫诗话云:吴中作鲊,多就溪池中莲叶包为之。后数日取食,比瓶中者气味特妙。白居易诗曰:就荷叶上包鱼鲊,当石渠中浸酒尊。昔人已有此法。乡间取大鱼切作片,用炒米屑、荷叶三数重包之,谓之荷包,可以致远。非就荷上作也。间用精肉旋鲊,就池荷包裹,数刻可供。盖荷叶性恶肥腻,多作能害荷。

水菜 旧编云:合溪芦菔极脆美,水亦甘洁。土人就以水涤渍,入盐为水菜,甚有名,坛置以馈送。

蒸尝菜 《统记》云:土人以蓣为蒸尝菜。

酥 俗称乌戍乳酥最佳,又为花果鱼鸟之属,以为盘饤之花,可用寄远。大抵乡间畜牛之家例能为酥及乳。

漆器 安吉、长兴、武康,山多漆,市行漆器,旧颇有名。元丰间,尝供三十事。今器不迨昔,不充贡。

陶器 《括地志》云:德清市亭山陶器,大瓮容三十石,小者二十石,名之曰礶。余处无此大器也。

铜镜 大宁寺有章后镜一面。郡旧有铜坑,工人铸造得诀,小大方员照鉴若一。官禁铜,镜渐难得。工价廉,器亦不迨昔。

沙盆 山溪沙有细者。贞元十五年,进沙盆一百枚。

鱼脯 旧编:仪凤桥南有鱼脯楼,吴越钱氏于此曝鱼脯,修贡上国。今乡土鱼脯甚美,春月尤多作以供盘钉。

事物杂志

州　治

圣火 《南史·纪》:齐永明十一年,有沙门赍赤火以疗疾,贵贱争取之,多得其验。都下咸曰圣火,诏禁之不止。火灸至七炷而疾愈。吴兴丘国宾密以还乡,邑人杨道庆虚疾二十年,依法灸,即瘥。

潮 吴均《吴兴假还山夜发南亭》诗曰:浮舟听潮上。李宗谔《图经》云:荆溪至吴山下,每日潮高二尺,倒流七十里,云是吴王送女潮。今考吴江、太湖俱无潮,不知荆溪之潮何道而至? 今无之。

香 卞山在湖州,山下有无价香。有老母拾得一大石,光彩可玩,偶坠火中,异香闻于远近,收而宝之。每投火中,异香如初。出洪刍《香后谱》。

歌舞 于竞《大唐传》云:德清县西前溪村,则南朝集乐之处,今尚有数百家习音乐,江南声妓多自此出。所谓舞出前溪也。《复斋漫录》云:陈刘删诗云:山边歌落日,池上舞前溪。唐崔灏诗云:舞爱前溪妙,歌怜子夜长。按《古今乐录》:晋车骑将军沈充作《前溪歌》,而非舞也。盖复斋不曾见于竞大唐舞出处耳。

水嬉 《统记》:清明日,桡彩舟于溪上为竞渡之戏,谓宜田蚕。按《艺苑雌黄》云:南方竞渡,治其舟使轻利,谓之飞凫,又曰水车,又曰水马,相传以为始于越王句践,盖断发文身之俗,习水而好战,古有其风。而《荆楚岁时记》则曰:五月五日为屈原投汨罗,人伤其死,并将舟楫拯之,至今为俗。乡土止是寒食日为之,至清明日止。《又古集》载:太和末,杜牧自御史出佐沈传师宣城幕,闻湖州为浙西名郡,风物妍好,且多丽色,往游之。刺史崔敬君喻其意,悉致籍妓。牧殊不惬,牧曰:"愿得张水嬉,使州人毕观,俟其云合,冀忽有阅。"崔敬君如其言。至暮两岸观者如堵云云。

舟 郡为泽国,动须舟楫之利。大者至数百千斛,轻槛华丽,率用撑驾。小者仅进三五人,人用一楫,出没波涛,最为轻快。旧编云:安吉水多湍濑,舟皆刳木为之,有太古制。长兴之舟皆短后,又有贩鲜鱼小舟,不及百斛,用四五橹者。顷年过客及郡官和顾舟船,率下两邑吏,或拦捉民间船只应副。而航户计嘱牙侩避免。庆元中知州事李景和括责在城应管航船载户,将张二等共一百八十五只置籍在官,遇有差顾,照籍以次轮差,行之年余,尚未差遍。既得均当,且免逐时拦捉搔扰。

钟 《诗眼》云:《南史》载:丘仲孚,乌程人。少好学,读书常以中宵钟鸣为限。又:阮景仲为吴兴太守,禁半夜钟。唐诗有"姑苏城外寒山寺,夜半钟声到客船"。半夜钟吴中旧事也。今乡中诸寺至四更五点皆鸣钟,钟声绝,则转五更。未知此即中宵钟否也?

吴歌 唐刘禹锡《竹枝歌》云:杨柳青青江水平,闻郎江上唱歌声。东边日出西边雨,道是无情也有情。《苕溪渔隐》曰:余尝舟行苕溪,夜闻人唱吴歌,歌中有此后两句,余杂以俚语。今之舟人樵子往往能歌,俗谓之山歌。即吴歌也。

画 旧编云:光孝寺山门后壁有唐人所画佛像,有神人臂鹰者,毛羽虽皴剥,至今梁栋间鸟雀不敢集。又大中祥符寺佛殿后壁有画水一堵,望之汹涌,真名笔也。又《统记》云:张僧繇为吴兴太守,画白塔寺弥勒佛菩萨像,世称奇妙。

玄真子 《唐书》:张志和,字子同,金华人。明经擢第,不愿仕,游江湖自称烟波钓徒,又自号玄真子。颜真卿为湖州刺史,志和来谒,真卿以舟敝,请更之。志和曰:"愿为浮家泛宅往来苕雪间。"有《渔父词》五首,其三曰:雪溪湾里钓鱼翁,舴艋为家西复东。江上雪,浦边风,笑著荷衣不叹穷。

桑苎翁 唐陆羽,字鸿渐。初隐居苎山,自称桑苎翁。撰《茶经》三卷。常时闭户著书,或独行野中诵诗击水,徘徊不得意,或恸哭而归。时人谓:今之接舆。

陆鲁望 唐陆龟蒙,字鲁望。少高放,通六经大义,尤明《春秋》,举进士一不中,来湖州从刺史张搏游,搏辟以自佐。又嗜茶,置园顾渚山下,岁取茶租,自判品第。

裴子野 梁裴子野,本河东人,寓居湖州之故郡。著《宋略》。在县治西南三十六里永昌乡。

张东迁 宋张岱,辟州从事,累迁东迁令。时殷冲为吴兴太守,谓人曰:"张东迁亲贫须养,所以栖迟下邑。然名器方显,终当大至。"后为司徒佐西曹掾。母年八十,注籍未满,岱便去官从实还养。

吴兴八绝 《统记》云:吴范善历数、知风气,刘惇善星文,赵达能算,严武善围棋,宋寿能占梦,皇象能书,曹不兴善画,菰城夏姬善相,谓之吴兴八绝。徐陵《乌程孝义寺碑》曰:八绝之技,依然是也。

吴兴三绝　刺史张文规诗曰:蘋洲顿觉池沼俗,苎布直胜罗绮轻。清风楼下草初出,明月峡中茶始生。吴兴三绝不可舍,劝子强为吴会行。

吴音不变　宋邱深之,吴兴乌程人。位侍中都官尚书。宋世江东贵达者,会稽孔季恭子灵符,吴郡顾琛及深之,吴音不变。

张缵一杯酒　吴兴吴规:"张缵一杯酒,杀吴氏三人。"出《南史·缵传》。

吴兴仆射　沈文季,梁延兴中,为尚书右仆射、尚书令。王晏尝戏为"吴兴仆射"。

吴兴郡公　《姓氏录》:梁姚宣业,为吴兴郡公。

吴兴别驾　《统记》云:宋吴兴别驾沈怀文。

吴兴祭酒　《统记》云:宋、齐祭酒孟景翼。

湖州文学　杨国忠会诸亲时,知吏部铨事欲大噱,呼选人名,引入中庭,不问资序,短小者补州参军,胡者与湖州文学。帘中大笑。出韦绚述刘禹锡佳话。

《吴兴郡疏》　宋吴兴太守王韶之撰,一卷。

《吴兴杂咏》　《唐志》:张文规作,七卷。

《吴兴记》　山谦之作。见酒下。

《吴兴录》　韦昭作。见酒类下。

《吴兴山墟名》　张玄之作。见《统记》援引不一。又云:晋吴兴太守王韶之撰《吴兴山墟名》二卷。

《三吴土地记》　顾长生作。

《嘉泰吴兴志》　陆羽作。见《陆羽集》。

《吴兴统记》　景德中,湖州摄长史左文质纂,十卷。

《吴兴诗集》　熙宁中,知州事孙觉裒次为三卷,自晋至唐凡二百首。

《武康土地记》　唐福州侯官尉沈常撰,一卷。

《余英志》　庆元中,乡贡进士刘瞳撰,二卷。

《吴兴续图经》　绍兴中,教授同郡官编。

《吴兴志旧编》　淳熙中,教授周世南同学职分,十二卷。

乌程县

下菰城　在县南二十五里。《吴兴记》云:春申君黄歇于菰城县起楼连延十里,西接黄浦。《吴录》云:吴时郑姬善相,居此。余见《郡志·菰城下》。

古卜城 《统记》云:在县西南六十里。《宋略》云:龙骧将军益州刺史卜天兴所筑,因以为名。

古户城 《统记》云:在县西十九里。吴孙皓时,置文皇帝陵户二百家,城于此。

邱城 旧编云:在县北十八里,近太湖。汉邱氏所居也。吴越钱氏尝筑城屯戍以拒南唐。城今尚存。绍兴间,亦尝牧马。

鸠兹城 颜真卿《石柱记》有春秋鸠兹城。

避宅城 乌程县杼山。见本寺碑。

欧阳亭 旧编云:在县东十六里。《地理志》云:乌程东有欧阳亭,以其亭在欧山之阳也。

乌亭 旧经云:在升山,羲之所造,以乌巾氏所居。今废。

显亭、五花亭 颜真卿《石柱记》云:显岘山上有显亭,五花亭。显亭,晋殷康造。五花亭,唐韦景先造。见旧编。

毗山亭 旧经云:在毗山。梁太守柳恽所创。恽与郡主簿吴均有毗山诗赠答。

三癸亭 在杼山。碑云:三癸亭颜真卿造,处士陆羽以其建于癸年、癸月、癸日,故名。真卿与李萼、陆羽、僧皎然皆有赋杼山三癸亭诗。

伍子胥宅 旧编云:在县东南六十里伍林村。昔子胥逃难,筑室于此。旧基尚存。

丘路 旧经云:在县南七里。昔乡人丘杰年十三,邻人胡氏筑墙侵界,杰乃夜移篱退三尺。胡氏惭,复退二尺,遂成大路。至今为谓丘路。

项王走马坪 《山墟名》云:卞山有项王走马坪,饮马池。山上又有项王系马木,石间又有项王马迹也。

仙人顶 旧编云:在县西二十里栖贤村。山上有石洞。旧传有仙人居此,故名仙人顶。或传:齐田常之乱,管仲之后逃难入楚,有居此者。今山多管氏。然不见书传也。

三碑 旧编云:昔有汉三费碑在其乡,因以名其乡。今移在乌程县墨妙亭。按《统记》云:顾秘、虞潭、谢安三碑在郡南道西。徐陵《孝义寺碑》云:三碑之风可仰。盖顾秘、虞潭、谢安皆为郡守,事必有证。

石簣 《舆地志》:在乌程县。有卞山,山之东足有一石簣,高数丈,殷康欲开,风雨晦暝而止。

石樽 在乌程县岘山。唐开元中,李适之为湖州别驾。每视事之余,携所亲登山恣饮,望帝乡,时有一醉。后适之为相,土人因呼李相石樽。大历中刺史颜真卿及门生弟侄多携壶舣楫以浮,乃作《故李相石樽晏集联句诗》。序云:因积溜溧石,嵌为樽形,公注酒其中,结宇环饮之。首句云:李公登饮处,因石为洼樽。见《吴兴诗序》。

金井、玉涧、乳窦、石膏、温泉　颜真卿《石柱记》云:卞山上有龟洞、金井、玉涧、乳窦、石膏、温泉。旧编:今大玲珑山朱氏所居有水名玉涧。

蒲帆　杨汉公开塘得蒲帆,因名其塘。

乌程侯　《吴志》:孙皓封乌程侯。《晋史·书》:周玘封乌程侯。

乌程公　《晋书》:周玘封乌程公。

石林　在乌程县卞山大阳坞。尚书左丞叶梦得所居也。有居一区,旁曰石林精舍。其正堂曰兼山。析庑各为轩,曰负日、曰跻云。前有池以聚众流,曰碧琳。有东西两岩,其东有二亭,曰岩居、曰真意。又东有堂曰承诏。堂后有石环立,最为殊胜,上有亭,据险以望太湖,曰知止。其西有庵曰净乐。有堂在精舍之前,曰求志。有堂在西山之下,曰从好。

隐安　在乌程县菁山。前太守葛胜仲之别业也。外有溪涧,澄澈清泚,尝与释子赞能流觞其上,以蜜浆代酒,酥代肴,赋诗为乐。见《丹阳集》。

梦马堂　朱胜非,绍兴四年四月二日,其母鲁国太夫人杨氏卒,胜非扶护卜地于吴兴华严山嘉会寺前。梦夜十骑入山,衣服锦绣,鞍勒鲜华,回旋寺前,以一马系于林中,余复驰去。次夕又梦有衣冠之士容状甚伟,跣其二足,入寺厉声言:"我来定地。"寺有寄居石。大顺秀才亦梦之,因请于朝,以嘉会为坟,寺改号崇因荐福,依北方墓法作大冢,冢前起献堂,以梦马名之。

松蒲落处即是穴　内翰叶清臣欲葬其母永安太君,梦有谢秀才来谒云:"松蒲落处即是穴。"翌日,至倪坞,适有松蒲堕其前,遂卜地于此。还至王村,见庙像恍如梦中。

朱长马作粥散贫民　朱服之祖,为湖州长马。庆历庚寅,会岁饥,以米八百斛作粥散贫民。是岁,其子临生服,后遂显贵。详见主学王定国《三槐录》。

归安县

千金墟　旧编载:《统记》云:汉吴王濞铸钱于铜岘山,置府库于此,故名千金墟。《兴国寺碑》云:晋王衍尝居之。

泛金溪　《狮子吼寺碑》云:本泛金而为号,人驾鹤以曾游。今其村水号泛金溪云。

仙潭　见上。葛清孝公有《仙潭杂诗》,刻在墨妙亭。

火炉顶 旧编云:在东林山上。《回仙录》云:葛洪尝炼丹于此。昔人曾开岩顶,得荤炭数斛,内有双陶合牢不可启,击破视之无物。山下有炼丹九井尚存。山之东有溪曰仙溪,溪口有龟泽、凤泽。

锦墟 旧编云:在上绝山。《吴兴记》云:山有花卉,村多海棠、蔷薇、红踯躅、朱藤,二三月花发,名为锦墟。旧编又载:章浦,在县东百二十五里。今不在县界。

长兴县

晏子城 在县西南百二十里晏子乡。《吴地志》云:齐晏子娶吴王女,筑此城。旧编云:今耕者每得黄金状类四角菱,花焰烁烁,名晏子金。有客题诗云:豚肩不掩豆,一裘三十年。身后黄金出,其然不其然。

吴夫概城 即今县郭也。跨箬水之深,据戍山之险,狭而且长,故曰长城。旧编云:义集之士百十为群,时号大义军,故长城今名大义村。

上概村 在吴山东南,即夫概故名。

故长城县城 《地志》云:在县东南一十八里。晋太康中,分乌程置长城县于富陂村,即其地也。至成帝咸康中,始徙箬溪北。

故鄣城 在县西南一百二十里。《吴地志》云:秦灭楚,置鄣郡于此。旧编云:今考,自西汉初郡废,立故鄣县置,至唐省入长城。《太平寰宇记》云:俗号府头是也。今与安吉溪镇北相接,属长兴管下。其地皆成良田,尺砖寸瓦无孑遗。《图经》云:秦置鄣郡,汉吴王濞反后郡废为故鄣县。晋以后县亦废。今名故鄣城。

后府城 在县西南一百九十里。《吴地志》云:吴文帝所筑。《图经》云:太子和筑。

九里城 在县西南九十里。

四安府 在县西南六十九里。隋大业九年,置为鹰扬府,续以四安山为名。

东林城 在县西南四十八里。

西林城 在县西南四十八里,接东林城,二城悉吴时筑,今废。《图经》云:皆在西南四十八里。

城山城 在县南五十里。《吴地志》云:是时,严白虎与吕蒙相拒于此。

大骑城、小骑城 皆在县西百二十里。《吴地志》云:吴王濞筑为马厩。

朱城 在县东南二十五里。《舆地志》云:昔乌程侯严白虎遣女婿朱叔廉来筑,故名。

长城宫 在县西二里。陈文帝天嘉元年置。今大宁寺后。已上见《统记》诸书。

庱亭 在县西北悬脚岭下。吴孙权建安二十三年,尝擒虎于此。唐初,沈法兴使其将蒋元超与李子通战于庱亭,即此。窦苹《唐书音训》云:庱亭在吴兴。

卧冰池 在县西南六十里。方广十余丈。旧编云:故老相传以为王祥卧冰之所。其石刻没于水,旱岁或见。

陆汇 在县东三里。唐陆龟蒙别业在焉。陆龟蒙居吴江,在吴东,别业在陆汇,即湖西。有震泽别业在,诗三十首。今旁近居民皆陆姓。

玉窦泉 在落坞。深广皆二尺。色绀碧,味甘。唐处士郑遨与道士李道殷、罗隐筑室于泉口,号三隐。绍兴中侍郎钱伯言有碑。

三仙石壁 在落坞。五代时,高士韩必、吴崧有道,能炼金丹,钱王遣罗隐招之,二人隐入石壁中。

白石洞天 在八座山侧。唐仙韩湘隐于此。山有二井深不可测,阴则有云雾自中起。旧编云:旧传与张公洞相通。

钓台 在县西北三十里。石壁兀然如屏,高五十余丈。陈高祖微时垂钓之处。其顶平夷,有池号陈高祖磨剑池,池下有惊湍,前有弹子坞,相传陈高祖垂钓时飞弹于此。

石麒麟 在县治西二百步大雄寺南,陈始兴昭烈王明陵前。高九尺,傍有号麒麟巷。

圣井 在县东广惠院。有五井,其一晋永嘉中陈氏远祖所穿。高祖初生,井泉涌出,家人汲以浴之,今谓之圣井。余四井亦陈时所凿。

陈文帝四鼎 在大雄寺。

陈高祖竹床竹帐 在大雄寺殿内。

陈五主真容屏风 在大雄寺。大著作徐陵所画。旧编云:四鼎、竹床、竹帐、屏风,会昌中寺废,皆散失。

陈朝桧 在大雄寺殿前。桧中空,裂为四枝,荫半庭,坚如金石。相传陈高祖手植,号陈朝桧。内翰汪藻、文康公葛胜仲皆有诗咏。

下箬酒、顾渚茶

吴王送女潮

梓材巾箱 并见《郡志》。

石鼓 夏驾山,一名石鼓山,石鼓高一丈,径三尺,下有盘石为足。谚云:"石鼓鸣则三吴有兵。"《括地志》云:石鼓作金鼓鸣,亦魏郡云阳石鼓之类。《嘉泰吴兴志》云:《五行志》并说。

崔祐前铭、崔植铭

崔赵村 在罨画溪之后右。崔,即唐相祐甫之后,家藏韩愈所作祐甫墓铭,虽蟫腐而翰墨精采如新。又藏崔植、崔逊等诰数轴,吏部尚书颜真卿、吏部侍郎说、尚书上柱国邕、知制诰李揆、吏部尚书林甫、平章事墀笔迹并存。其家宝之,官为蠲其丁钱。

武康县

赤眉城 在县西南三里石城山山下。汉赤眉入寇,筑城此地,邑人保山之上,形势便利,城保山脚,失利之地,大则败而走。旧编云:山顶有五马堂。

牙门城 在县北五里凤凰山。梁侯景寇建业,邑人司徒长史牙门将军沈子春令宗族筑城于此。因以为名。《余英志》云:二城今皆桑柘地。

金井 在县东北十五里。梁沈传以孝行闻,尝梦人遗金,既觉,因浚井得铜瓶,中有金五十两,即此井。旧编。

神钟 大慈寺有《神钟记》,唐县令韩章撰。云:大历五年,僧神晤欲为寺缘化铸钟,忽闻空中钟声彻数十里,远近惊闻。及钟成,声与向所闻无异。后事达于朝,命辇至关中,至敢山溪,舟没沉水,取不复得。

美人石 见阮公溪下。

虎跑泉 见护国禅院下。

连理石榴 《统记》载《祥应图》云:齐永明元年,吴兴武康沈荣家有石榴连理,太守杨文崇闻奏。

德清县

前溪 在县南,有前溪坊,后溪坊。按于竞《大唐传》,德清县前溪村则南朝集乐之处。见郡志杂志上歌舞门。

将军城 在县南二百里吴憾山上。唐至德二年,太尉李光弼、偏将军辛牧所筑,平朱覃、姚廷等贼。

陆市 在县南十五里。旧为市,一夕平沉,居人遂徙而东去,所谓新市也。陆市今为溪港,下有阶基础石甚多,水浅天晴历历可见,舟过竹篙着底,砖石相击有声,人或得钱、铁、陶、瓦之器,今有巡检厅。

敢山溪钟 在县东。唐天宝中,有僧神晤,在武康宝相寺铸钟,即今大慈寺。是夕有星临照,钟声中律吕,朝廷闻之,遣人求取,至敢山溪,钟沉水,每遇大旱水涸，或闻钟声。武康大慈寺有唐碑载其事。

孝鹅冢 在县东蒋湾。唐天宝中，邑人武义主簿沈朝家一母鹅将死，其雏悲鸣不复饮食。母鹅死，雏衔败荐以覆之，又衔刍草若祭之之状，向天号叫，遂死其旁。沈氏函二鹅葬于此。后人呼为孝鹅冢。

卢发源之父能吟咏 宋朝卢发源之父正议，德清人，有诗云：青衫白发老参军，旋粜黄粱买酒樽。但得有钱留客醉，全胜骑马傍人门。又有一诗云：十月都门风薄衣，夜砧声里雁南飞。野人不羡长安乐，且趁鲈鱼一饱归。见《姚氏残语》。

他日当能振辩才家风 宋朝僧若愚，字谷老，姓马，少于觉海寺出家，后从参寥，从龙井辩才传教，俱有诗名。东坡见师诗，许之曰："他日当能振辩才家风。"惟嫉恶，尝与妖僧讼于朝，妖僧竟抵罪。有诗文一集，号《余尘编》。

安吉县

孔子井 在安吉县西南一百三十里。俗传云：孔子游此，凿井而饮。按：《史记·世家》，孔子未尝游吴，此井未详所自。

邸阁山 三国时，用兵聚粮皆至邸阁，犹转般仓。吴都金陵，故为邸阁于此。今俗书为邸角，字随音转尔。

王祥宅 在梅溪瑞竹里。

隐坞 《太平寰宇记》：梁陶贞白尝隐居于此。

陈高祖为舟木 在安吉县梅溪之曲。

花渚 梅溪镇西。吴越征西将军吴环之所居。其后裔可几、知几作堂其中，号二吴读书堂。长兴令林概有诗刻其内。

银坊 在移风乡。古采银之处。以上见旧编。

蛟龙池 在安吉县。

翔凤林 在安吉县。

裴子野故宅 《梁书》：裴子野，本河东人，寓居吴兴之故鄣。著《诸侯略》。其宅在故鄣县西南三十六里永昌乡。长兴有至德乡，旧名永昌乡，或恐未必然。

周弘让故宅 即弘政之弟也。弘政为安吉县令，乃居山结宇，耽玩文史。其宅在县西南三十六里永昌乡。

姚苌麈尾扇、铁楼书镇　昙谛法师石磬

两生坟 在县北三十里。释昙谛姓康氏，前生为崇觉法师，与姚苌讲《法华经》；后生为昙谛法师，居昆山寺，前后两生均葬于此。《高僧传》云：昙谛年十岁，随父彤将之樊邓,路逢僧翌,谛呼曰:"翌。"翌曰:"童子呼吾?"谛曰:"汝不以吾为弟子?"时采菜被猪伤手,翌惊问其父,父曰:"其母初梦一僧寄麈尾扇、铁楼书镇。既觉二物俱在。"因出以示翌,翌曰:"此乃崇觉法师之后身也。"翌、崇觉之弟子,与姚苌诵《法华经》,翌为《都讲论》。

施世英金钟 已上见颜鲁公《石柱记》。

史家长吐气嘘花 史家长少有道术,日游廛市,落魄不羁,言人灾福,往往多应。穷冬折枝吐气吹之,须臾生蓓蕾,又嘘之,则花开。方腊之乱,郡守使人问之,以一书附回。及开缄,大书"明年春三月者取去贼灭"。果方腊被擒。

《嘉泰吴兴志》卷十九

井

炼丹井　在湖州府天庆观西。旧编云：世传葛洪于此炼丹。

乌程侯井　在乌程县东北。口圆径一丈六尺，即吴孙皓为乌程侯时井也。

义井　在湖州府四十四所。旧编载处所：谯门外东西各一，衙西门一，炼丹井签北判西厅北，清通坊南，司理院前，醋库南、瓦子巷西、铁观音院东，开元寺东西各一，乌程县前后并西各一，州学东西各一，猎场巷、威果营东，灵济庙东西各一，小宫前郏家巷，子城东西并后各一，堂子巷、前石桥北亭子巷，天庆观东西各一，天圣寺南人寺溪东，草场巷，报恩寺东，又寺东巷，又寺后，飞英寺南，龙旗营前，归安县西无星桥东，马军营下南庙前，西仓前。自龙旗营前以上三十九井在郡西北，连卞山，故泉清而甘。归安县西以下五井在郡东南，地多沮洳，故泉或黄或白，而味淡，亦犹四水合流而浊，西南清也。并旧编。大抵湖虽泽国，郡人罕汲溪饮，且以土薄易凿，故井皆汲。是以义井处处有之。

钱氏饮马井　在武康县北十五里名怀德。耆旧相传：吴越王钱镠微时过此饮马，坎中水泉迸流，里人因浚治之。

石井　在武康县东南石胁山之南岩。天欲雨则出云气。

铜井　在武康县西北十五里铜官山麓，昔人引藤蔓为缏探之，莫穷其底。井傍有石燕洞。《余英志》云：燕之隐见以春秋分，与巢燕同。

温井　在武康县西南十五里温村。水旱无盈涸，灌田顷亩甚多。

金井　在武康县北十五里。里名永仁，泉在山巅，有古松荫之，色正黄，深不见底。

庄井　在武康县北五里几山之东。旱不枯竭，灌田百余顷。

义井　在武康县南十二里黄泉村。旱亦不枯。

毛公醴泉井　在武康县西北七里招贤山。县令毛滂始见泉出平原，色如乳，因疏为井。

砂井 在安吉县东南。湖州诸邑号山邑者,安吉、武康也,而安吉为之最。故其舟皆刳木为之,以其水骤长而易退也。且多置湖泊及沼沚陂堰之属以潴水。故其民不一意于农,至于育蚕则以多为贵,有至数百箔者。一在武康县西一里怀安门外,俗呼为砂井头。

桥 梁

湖为泽国,苕霅众水会于城中,浩漾湍急,既不可厉揭而涉,济以舟筏,遇风朝雨夕溪流瀑涨之际,亦有覆溺之惧,故成梁之政视他郡尤急。郡旧称三巨桥,而旧经、《统记》共载七桥。徐仲谋有《溪上七桥》诗曰"罗列全如斗极星"是也。盖由余不、前溪等水自定安门入,苕水自清源门入,二水至江子汇合为霅溪以出临湖门。跨余不水有甘棠桥,跨苕水有仪凤桥,而骆驼则跨合流之霅水也。是谓三巨桥。东有运河,自迎春门入,至骆驼桥南与霅水会。又苕水分一港自乌程县治东之北岸出迎禧门。又霅水分一港自骆驼北之西岸出奉胜门。跨运河有望州桥,人依桥,跨苕水支港有眺谷桥,跨霅水支港有楚帝桥,通前之三以为七。其前,他有前石桥,后石桥,见唐人碑记。望仙桥见《统记》。余多后人增创者也。

骆驼桥 在子城东。唐初建。《统记》:云弘嗣造。旧编因史。云弘嗣,垂拱元年刺史。按《唐刺史题名》,是年乃郑体远。《题名》是李纾等作,不应误。若曰垂拱元年,则刺史非云弘嗣,若是云弘嗣则非垂拱年中。未知《统记》何所依据。以其形穹崇若骆驼背也。刘禹锡诗云:骆驼桥上蘋风起。颜真卿《放生池碑》云:置骆驼桥东。桥名旧矣。后改名迎春桥,以其直迎春门也。宋朝祥符五年知州事刁衎重修,后政王膺桐继营造,通判胥偃为记曰:横亘溪上三巨桥,迎春其甲也。惊湍箭驰,列柱栉比,覆以飞宇,约以雕槛。得其实矣。榜颜真卿书。今复旧名,碑尚存。见旧编。又《统记》云:今改名迎春桥。则是兴国间已名矣。旧经云:在南郭门内缘。今甘棠桥旧名东骆驼桥,致误。庆元六年火燔,知州事李景和重建。

仪凤桥 在湖州府治西南。旧编云:在州西南苕溪上,跨晋郡鉴漕渎。唐仪凤中置。旧经云:仪凤二年。《统记》云:元年,刺史裴元绛造。旧编云:三年,裴元绛造。按《唐纪》:仪凤止于三年。而三书各据其一,未知孰是。《唐刺史题名》又无裴元绛,但自显庆五年韦漳辛后,经二十三年为弘道二年,方书武大冲,恐其间有缺。因年号为名也。宋朝天圣三年,知州事高慎交重建。判官郑戬记云:建自唐室,因纪号而名。平袤数十寻,丛倚百余柱,亘于两溪,殊为胜概。绍兴三年,居民遗火延燎,随即建造,易名绍熙。旧桥有画栋采栏与骆驼桥华焕相望。今纯以石。

甘棠桥 在湖州府治南通灵王庙前。自唐有之。大中间,郑言作文宣王新庙碑曰:西临霅溪,南横荻塘,梁堑为桥,编木为栅。右甘棠桥正与文宣王庙相对。旧名伏龙桥,亦名东长桥,又曰东骆驼桥。《统记》有伏龙桥,在州南宝安寺侧,以其势若伏龙。宝安寺今为小景德寺,此与桥相对。三巨桥,一曰骆驼,一曰仪凤,一曰伏龙,名亦相类,他桥不足称此也。旧图经曰:东长桥在子城东南霅溪上,即旧东骆驼桥。既与今骆驼桥地理差互,又李宗谔《图经》是朝廷以《郡国志》类修,本郡上《图志》时不敢以旧名上,故曰东长桥也。祥符中,胥偃谓:三巨桥,此其一也。后尝废坏,往来者渡以舟。政和中知州事章援建木桥,以其父故相惇尝守此,有遗爱,名曰甘棠。建炎末,郡人相与率金钱,易木以石,且筑堵于中流,析桥为二,南桥高可通大舟,北桥平衍以便行者。庆元六年,知州事李景和重修。

人依桥 在湖州府。《续记》作仁依。在归安县治东,跨运河。旧编云:在东闸门外。元和中刺史辛秘造。因贞元中刺史李词开拓东郭门置闸门,以门内空闲,招辑浮客,人多依之,桥居其旁,因以得名。旧跨河起楼三间,至今呼为花楼桥。

望州桥 在湖州府迎春门内。亦跨运河,视众桥为高,故名。

楚帝桥 在湖州府子城北,近楚帝庙,因以得名。楚帝即项王也,陈朝尝封楚帝。桥跨出奉胜门霅溪支港。

眺谷桥 在湖州府子城西,乌程县治之东。向南山谷举踵可望。桥跨出迎禧门苕溪支港。旧经曰:望谷。避唐讳。右四桥与三巨桥共为七桥。

前石桥 在湖州府天庆观后。唐太和六年,郡人徐氏以德本寺多垫溺,遂自前石桥至后石桥以石为路。碑刻州学文宣王庙碑阴。

望仙桥 在湖州府子城西三里。《统记》云:昔道人马自然上升,居人拥桥观望。今废。旧云:故老相传,桥在白塔巷口,有酒肆焉。自然时至内赊酒,一日醉,出囊中药点铁器为金,以酬酒债,已而升去。人登此桥望之,因以得名。上三桥碑记中载。

运河 在湖州府。自人依桥、望仙桥外,有采蘋桥,今名仓桥,无星桥。

霅溪支港 在湖州府。自楚帝桥外,有斜桥,崔载华《消暑楼诗》云:卷帘对斜桥。城隍庙桥,太平桥,龙兴桥。楚帝桥旧名奉胜桥。旧编以庙前小桥为楚帝桥,误矣。

苕溪支港 自眺谷桥外,有旧桥、红桥、县桥、广化桥、营桥、猎场桥、曹公庙桥、教场桥、范家桥。

南有小支港 马公桥、韦坛桥、旱渎桥。旧经:归安县界有旱渎,在县西一里二十步。

东有小支港 苏家桥、明德桥、月河桥。

北有横支港 自前石桥、后石桥外,有八字桥、报本桥、飞英桥。临湖桥外,有两平桥,在骆驼桥西跨子城濠,坠钗桥,在仓桥南,贵泾桥,在甘棠桥之西。

右诸桥多以居人蕃盛,甍宇蝉联,随时于支港创造以便行旅。或里社募缘,或巨室自建,因处命名,本不足记。以旧编所载姑录之。旧有韭溪桥,跨韭溪;见于《统记》,详在《溪泽下》)。皇祐桥,在慈感寺渡口。今废。旧编,皇祐中造。元祐七年知州事张询辇其石为架阁楼址。

乌程县

县境之桥附城者已载州治。旧图经、《统记》所载二桥,曰韭溪,亦当在城,曰辛桥,《统记》云:刺史辛秘造。旧经云:唐元和三年刺史辛秘造,百姓怀之,因以姓为名。第云:在县内,当时亦不详处所。未详旧处。今以古迹及地书已志者,与通泄溪流系郡利病者,列焉。

马赋桥 在乌程县马赋村。辛秘造。

黄浦桥 在乌程县宝积寺前。宋以前有之,鲍昭有《黄浦桥与盛侍郎别诗》即此地也。诗云:黄浦绝序,云凭迅濑。上系古迹。

定安桥 在乌程县南门外。绍兴十年重建,淳熙八年甃以石。

岘山桥 在乌程县定安门南。初郡人甃南塘既毕工,而西山水暴涨,建是桥。见旧编。右二桥统系定安门接岘山一带南塘通泄西山溪流去处。

外濠桥、里濠桥、三里桥、九里桥、西余桥、钱村桥、升仙桥、遇仙桥、黄闵桥、旧馆桥、既村桥、范村桥、祜村桥、鲁墟桥、东迁桥、朱墟桥、栗墟桥、浔溪桥 右十八桥系自迎春门至浔溪一带。官塘通泄溪流入太湖,与近湖诸溇脉络贯通去处。《续图经》载清风桥、明月桥在浔溪,并绍兴初建。兴德桥、济远桥、通安桥、美利桥、安利桥,在乌程,绍圣以来建。旧编增山源桥、游仙桥,在菁山,亦无创建月日。县境多水,凡村墅皆有桥,出于近时创建若此类者至众。既无考证,本不足书。若悉数之,不止逾百。盖修书者一时耳目见闻,漫加说录耳。

长兴县

广利桥 旧号程氏桥。在县南三十步长城门内。昔郡有乌程氏能酿,乌氏分派居德清东山,此则程林所居也。

陵阳桥 在县西二百三十步。以其居陈皇后嘉陵南也。

回溪桥 在县东南半里。以其水回曲,故名。

熙宁桥 有县东南百八十步。熙宁中建。

凤凰桥 在县东南箬溪东五步。

许公桥 在县,去贡焙五里,跨巨涧。唐颜真卿修贡尝与客步月舠咏桥上。宋朝县令许遵每领客过顾渚,重建此桥,因以许名。

观卞桥　在县东陆汇。唐陆龟蒙别业也。以其诗有"最爱卞峰颜色好,晚云才散便当门",故名。

采仙桥　去茶山五花桥百步。

招桥　在下箬里天圣寺前。僧皎然尝与崔子向泛舟其下。《统记》所载有程氏、陵阳、回溪三桥。《续图经》加熙宁,凡四。而旧编、《统记》所载许公等桥九所,今并录之。

武康县

千秋桥　跨前溪。吴黄武元年创。建炎初兵火焚毁,知县曹纬募邑人重建,覆之以屋。

永安桥　在县西南七里。

天宝桥　在县东清移村防风庙北。唐天宝中建。上三桥见《统记》、旧编。

丰桥　在豫桥东。治平二年建。

龙尾桥　在县治东北,跨后溪,因名龙尾。毛滂有《解印东归过龙尾诗》在《东堂集》。

较虎桥　在桥西二百步前溪北。《余英志》云:世传邑人沈法兴勇力过人,尝较虎于此。旧编作搏虎桥。载《遁斋闲览》云:武康多荒,有姓朱人能搏虎,数为虎所伤,号朱虎残。旧传:虎食一人则山神割其耳为一缺,朱虎残一日得一虎之两耳如锯齿。旧编所援为有证。

蔡公桥　在县北二里新溪口。淳熙三年知县蔡霖建。旧编云:庆安桥。

豫桥　在龙尾桥东。治平二年建。

高津桥　在丰桥东。庆元二年建。

迎恩桥　在县东一里。吴黄武元年创,旧名湖桥。旧编云:以其水西南通下渚湖也。乾道八年邑人重建,改今名。上四桥载旧编。

中邻桥　在县东二十里。

风渚桥　在县东十五里。

新宁桥　在县东南十八里。

崇仁桥　在县东南二十里。

郭林桥　在县东北五里。郭文往来之地。

以上诸桥,据《余英志》所载。是时载在通津者,《统记》止有永安、千秋、天宝并市桥,凡四。而天宝、市桥不载于志。天宝特见旧编。又有清河桥。志云:在千秋之西,余英馆之南。吴黄武元年置,南通慈尼寺,元祐间,郡人张子野来游,《乐府》有"南北山桥通"之句。

德清县

通津桥 在县西管一百七十步,跨北流水与天宝桥相近。古名代兴桥,俗呼曰县桥。宋朝淳熙七年邑人率钱重建,屋宇栏槛雄丽。

金堤桥 在县一里后溪发源处。

后溪桥 在溪东一里后溪上。

龟回桥 在县南三里内河港口。

金鹅桥 在县西一里西亭之侧,跨北流水。今不存。

安吉县

凤凰桥 在安吉县前。

无星桥 在县东门,跨大溪之北派。

沙井门桥 在县,无星桥北。

南门桥 在县,跨县南小河。

北门桥 在县北小河。

齐云桥 在县西门,上有亭宇。

秦公桥 在县西三里,上有方寺。前故相秦桧之父敏学元丰七年为县主簿,始创此桥。

杜坊桥 在县东北二十里。

杨子桥 在县北二十里。

上昂桥 在县。今改名上升桥。

渡　堰

安吉县

县境陂堰旧有七十二所。盖其地势高仰,近山之田号承天田,亦号佛座田,谓层层增高,灌溉不及也。每春夏霖潦,溪涧暴涨,随即湍泻。数日不雨,复干浅矣。储蓄灌溉,全藉陂堰。今废者大半,存者二十四所:白龙堰、永昌堰、乌溇堰、斗门堰、黑龙堰、马头堰、五漕堰、青林堰、湖潭堰、响潭堰、飞潭堰、郑汀堰、新溪堰、张栅堰、湖塘堰、龙巢堰、东坡堰、剑池堰、豸山堰、乌程堰、青龙堰、铜井堰、赵家堰、瓜枝桥堰。

石鼓堰　在安吉县。长一十四里,阔五十步,在县北一十七里。其水源出天目山,可溉田百顷,百姓受其利。堰边有岩似鼓,故因以名之。唐圣历元年,县令钳耳知命造。

陂

长兴县

富陂　在长兴县东二十五里。晋武帝太康三年,分乌程西乡立长城县,在富陂村,即此。

鱼陂　在长兴县南七十五里。吴夫概养鱼之所。

塘

荻塘　在湖州府南一里余。据旧图经载云:在州南二里。《吴兴记》云:晋太守殷康所开,旁溉田千余顷。《统记》云:古乌程县南一里一百二十步。晋太守殷康开,旁溉田一千顷。后太守沈嘉重开之,更名吴兴塘、南塘。李安人又开一泾泄于太湖。开元中,县令严谋道又开之。广德中太守卢幼平又开。《续图经》云:以今地形考之,荻塘在州城内,东枕民居,余三面溪环之,傍无可溉之田。况濒湖之地,形势卑下,苦水不苦旱,初无藉于灌溉。意当时取土以捍民耳,非溉田也。《统记·东郡下》又云:在东郡门外三里,临荻塘。又旧编云:在归安县东三里。殷康所开,旁溉田千余顷。唐元和五年,刺史孙储开一百三十里,俾民不乏水。今东门外接待院正在荻塘上。众说纷纷不同,莫敢指言。若以州治南有荻塘在城中,则城中不应有田千余顷。此《续图经》所以为疑。而旧编指为在东门外,抑不观《吴文皇帝庙记》云:皓始创祠于骆驼东荻塘上。又唐郑言作《文宣王庙记》云"西临霅溪,南横荻塘",则是为在城,信矣。今呼横塘者即所谓荻塘。但晋开荻塘时未有今罗城,故自今横塘至迎春门外官塘皆曰荻塘。故能溉田千顷,连亘百余里。唐武德时,筑今罗城,始有城内外之间。故众说皆妄指以为疑。而旧编又附之归界,尤非。盖乌程、归安分界乃以官塘南北两岸,塘以北在上隶乌程耳。荻塘得名,苕溪、蘋洲之类,以其生荻之多也。诸书引杨侃《隋录》云:吴兴沈宏居荻塘,家贫好学,每夜然荻自照读书。因以得名,亦非也。晋初开时,已名荻塘。后更名吴兴塘,则不俟隋沈宏得名,信矣。连亘东北,出迎春门外百余里。今在城者谓之横塘,城外谓之官塘。晋太守殷康所筑,围田千余顷,后太守沈嘉重修。湖之城平,凡为塘,岸皆筑以捍水。作史者以为开塘灌田,盖以他处例观。易开为筑,易溉为围。齐太守李安人又开一泾泄水入湖。开元中乌程令严谋道,广德中刺史卢幼平,元和刺史孙储,并加增修。隋沈弘居此。横塘面南山之胜，对南溪之流，自户口蕃盛，士族渐多，增土为园池。贾收诗曰：泂泂流水抱横塘，兰芷无风也自香。及建炎中，徙慈感教院于上，春日多游人往来。今大半为亭馆沼沚矣。

谢塘　在乌程县西十里。晋太守谢安开。唐大历中，刺史裴清于其处起谢塘馆。

蒲帆塘　在乌程县北二里。唐开成中，刺史杨汉公于塘中得蒲帆，因名。《统记》云：西接长兴县入大溪，长八十里。入茶山修贡行此。又唐开成二年，杨从重开，尝于此获蒲帆。

吴兴塘　在归安县东南二十三里。见《统记》。

洪城塘　在归安县次吴兴塘。

保稼塘　在归安县次吴兴塘。

和塘　唐宝历中，刺史崔元亮开。凡名塘皆以水左右通陆路也。

胥塘　在长兴县南四十里。昔越相范蠡所筑。

皋塘　在长兴县西四十里。《山墟名》云：吴高士皋伯通所筑。

荆塘　在长兴县南九十里。《山墟名》云：汉荆王贾所筑。

孙塘　在长兴县南一里。《山墟名》云：孙皓封乌程侯时所筑。

方塘　在长兴县南三十五里。

盘塘　在长兴县南四十五里。《山墟名》云：方塘、盘塘皆以形言。

官塘　在长兴县南七十里。晋太守谢安所筑，一名谢公塘。事在颜真卿文。详见碑碣。

直塘　在武康县东十九里。路出德清。

石塘　在德清县东十八里，临大溪，即古武承塘也。东为石塘，西塘联接数里。

魏塘　在安吉县北五十里。旁有浮玉山，所谓"白石玲珑，清泉浸浸"者也。五代晋时，吴琐将军隐于此。产小绍，东南有名。

《嘉泰吴兴志》卷二十

风　俗

旧图经据《汉志》云：吴越之君皆好勇，故其民至今好剑，轻死易发。《续图经》又据《晋志》曰：江南之气躁劲，厥性轻扬，厥今东南文物为盛。湖乃甲于东南，岂轻扬之性率以勇则好剑，化以礼则尚文欤？以图史志总叙：两浙路，人性敏柔而慧，尚浮屠之教，厚于滋味，急于进取，善于图制。为得其实。旧编援《隋志》曰：吴郡君子尚礼，庸庶淳庞，风俗澄清，道化隆洽。又以细民怙勇信巫为轻扬之旧。《统记》曰：俗好儒术，罕尚武艺，人习华侈，居处整洁，亦以重释多淫祀为言。夫风声气习，今古不同，乡土各异。古扬州之域，自淮南以及岭表，汉所谓吴越，且兼百越之地，宋朝二浙领郡十五，《隋志》所述并及宣城、毗陵诸郡，非独吴兴也。故引古而证，则邻于泛，繇意而述，则几于诬。言其微则彼或未信，语其不善则此或有辞。请摘古今之特言本郡者，参之史志，订之事实，其庶几乎。梁武帝评陶隐居书曰："如吴兴小儿，形状未成长，而骨轻甚峭快。"则慧敏之性有自来矣。唐李直方记白蘋亭曰："湖州土沃候清，其人寿，其风信实。"本朝张公方平曰："吴兴南国之奥，有佳山水发秀人，自江左而清流美士余风遗韵相续也。"苏公轼曰："吴兴自东晋为善地，号山水清远。其民足于鱼稻、莲蒲之利，寡求而不争。"则知"好学淳庞，俗澄化洽"不为虚语。矧自宝元以来，滕宗谅为守，首建学校，安定胡掌教，讲明经义时务，文物视古愈昌。高宗皇帝驻跸临安，实为行都辅郡，风化先被，英杰辈出，四方士大夫乐山水之胜者，鼎来卜居，衣冠雾合，弦诵驰声，上齐衡于邹鲁。至如城邑墟市，精庐相望，山椒水濒，多置野祠，狠斗讼系，未免有司之戚，上州重释，信巫好勇，细甿之余习犹有未除者矣。

物　产

古书有"九邱土地所生聚焉"，周《职方》志其遗也。故后世书述地制者物产宜其载吴兴郡土产。李宗谔《图经》言：绫、重面绢、花绸、白编布、茶市叶、莲、柑、橘、菰、竹、铜。《统记》援旧经云：其土卢，其田沮洳，原阜宜橘，沟塍宜稻。《续图经》云：《禹贡·扬州》篠荡既敷，孔氏曰注，篠，竹箭；荡，大竹。厥草惟夭，厥木惟乔，厥贡惟金三品，瑶、琨、篠、荡、齿、革、羽、毛、惟木，岛夷卉服。《通典》云：缔葛之属。厥篚织贝，注云：织，苎细；贝，水物。厥包橘、柚、锡贡。周《职方氏·扬州》其利金、锡、竹、箭，其畜宜鸟兽，其谷宜稻。统言扬州所产也。《吴兴记》云：卞山有石似玉，谓之瑶琨。又有石穴生钟乳。垄山有紫石英。封山有铜。今四物皆无有。又颇述谷、帛、动、植，视他书为详焉。窃详：本郡北距太湖，众溪交流，地势平下，素号泽国，西南则有冈岭蔓延，林木荟蔚，与毗陵、桐州、临安诸山相接，故水陆之品粗备。比年又为行都辅郡，五方杂处，户口繁庶，汙田日治，缙绅多居，苑圃花果视昔稍盛，而金石之华，第有其名。岂地气土力固亦有限，则物产不能无消长耶？今志如后：

粳 唐本州供尚食厨黄糙米一百九十八石，今发上供米仅三分存二。按粳或作稉，字书稉粳二字同音。陶隐居云：此即常所食米，但有赤白大小异族四五种，同一类也。《急就章》注：粳谓稻之不黏者。旧经作秔稻。《本草·米谷部》有粳米，又有稻米。陶隐居云：道家方药有。俱有稻米、粳米。此则二种矣。唐注云：稻者，矿谷通名。《齐民要术》却有水稻，注云：《尔雅》曰：稌，稻也。郭璞注曰：沛国呼稻为稌。《广志》曰：有虎掌稻、紫色稻。又云：粳有乌粳、黑矿之类，今并无之。旧编云：十里香、师姑秔为上，斋头白、八月白、八月乌次之，罢亚、金成为下。冷水红为日稻。询之农人，秔名不止此数种，往往其名鄙俚，不足载。大率多坝田所种，山田易旱，惟种金成，俗呼为箭子，以其米细而长，且耐旱也。

糯 唐本州供尚食厨糯米二千余石，今岁纳糯米一万五千余石。按《本草》有稻米、禹锡等。注云：《说文》稻即糯也。江东呼糯，乃乱切。《齐民要术·水稻篇》在秫稻，一名糯米。糯者奴乱切。有九格秫，雉目秫、大黄秫之类十余名。今无之。糯名类亦不一，惟金钗糯细而长，尤宜酿酒。

粟 《续图经》载：今山乡人种黄白二种，又有一种曰糯粟。《本草》有粟米。陶隐居注：今江东所种及西门皆是。其粒细于粱米，熟舂令白，以当粱米，俗呼为白粱粟。又秫米，唐本注曰：今呼粟糯为秫，稻糯为糯。北土人多以粟秫酿酒。又《尔雅》曰：粟，秫也。孙炎曰：秫，黏粟也。《广志》曰：秫，黏粟，有赤有白者。今世有黄粱谷秫、桑根秫、穗秫、梧秫。本土无之。

麦 梁吴兴太守周敏劝人种麦。《本草》有大麦、小麦、矿麦三种。陶隐居曰：今倮麦一名辨麦，似矿麦，惟皮厚耳。矿麦是马所食者。唐本注曰：大麦出关中，即倮麦。是形似小麦而

大,皮厚,故谓之大麦,殊不似矿麦也。《齐民要术·大小麦篇》注《广雅》曰:大麦,麰也;小麦,
秋也,世有半夏小麦、秃芒大麦、黑矿麦。落麦者,秃芒是也。又别有青稞麦。今本土有大小
麦,有矿麦,俗呼为大麦。又有秃芒者,即落麦也。《本草》又有荞麦,本土亦有。

麻《续图经》载:今乡人种。先收牡麻,取其皮以绩布充衣,后收草麻取其子以供食。《本
草》有麻,蕡麻子。陶隐居云:麻蕡,即牡麻。牡麻则无实,今人作布及履用之。又《尔雅》曰:
蕡,枲实。《礼》云:苴,麻之有蕡。注,有子之麻为苴。《齐民要术》载,崔实曰:牡麻无实,好
肥。苴麻之有蕴者,苎麻是也。又有胡麻,一名巨胜,宜为油。白者油多,土人谓之油麻,陆田
亦种之。

豆《续图经》载:豆种最多。《本草》有大豆、赤小豆、白豆、绿豆。《齐民要术》有大豆、小
豆二篇曰:今世大豆有黑白二种,及长稍、牛践之名。小豆有绿、赤、白三种。黄高丽豆、黑高
丽豆、燕豆、䘏豆、大豆类也。豌豆、江豆、营豆,小豆类也。䘏、音方迭切。今乡人种豆,大豆
有黑、白,小豆有绿、赤、白。又有燕豆、豌豆、江豆。小大豆可为酱豉,山田尤多种。

　　右谷属。扬州土惟涂泥,郡地最低,性尤沮洳,特宜水稻。又田畴必筑塘
防水,乃有西成之望。故《统记》援《尔雅》曰:吴越之间有具区,区即防水之堤
也。筑围圆合具其中,地势之高下,列塍域以区别之。涝则以车出水,旱则别
入水。田有堤塘,自古然矣。今郡境东南乡分,延袤百里,田旧有围塍岸,岁修
崇固,悉为上腴,亩直十金。西北诸乡接近山溪。春夏水易暴长,曩年悉为湖
泊。畎亩荒芜,十岁九潦,今渐复起塍围,岁亦有收矣。旧谚云:诸郡旱,我有
岸;诸郡熟,我无谷。今不然也。然西北之田,终以地势高下不齐,水骤长而易
退,多病干隘,非东南乡比也。带山田地则陆种。

绢《旧图经·重面绢》:今纳惟衣绢,岁万匹。《急就章》注:绢、生白缯似缣而疏者也。旧
编云:武康安吉绢最佳。

绫唐贡御史服乌眼绫。旧志有土产绫,今发上供绫五千余匹,并安吉县折纳到。旧编
云:亦出武康、安吉。《急就章》云:绫,今之杂小绫也。

绸旧制志土产花绸,唐贡绸,今夏税纳产绸四千余匹。《急就章·绸》注:抽引粗茧绩纺
而织之,曰绸。

纱《续图经》载:今梅溪安吉纱有名。

丝《续图经》载有旧编云:安吉丝尤好,今发上供丝五万两,系安吉以税绢折。《急就章》
注:抽引精出绪曰丝。

绵旧图经载。又旧编云:武康绵号鹅脂,上供经纳内藏库,今发上供绵岁五万余两。安
吉以产绢和买折纳。《急就章》注:茧擘之精者为绵。

布旧图经:有白编布。《统记》云:唐充贡。折造布其御服每匹直十五贯,有为龙凤、瑞草
花纹。今贡白编布二十四。乐府录《东平曲》曰:吴兴布阔幅长度,有一匹与诚作袴。又鲍照
《白苎曲》下注:因湖州苎布作。旧编云:生苎出思溪,编布出道场山,今充贡。张文规诗:苎布

直胜罗纨轻。

黄草布出东乡,有极轻细织成花纹者,暑月可以为衣。今添。

　　右缣属。本郡山乡以蚕桑为岁计,富室育蚕有至数百箔,兼工机织。水乡并种苎及黄草,纺绩为布,有精致者,亦足以见女工之不卤莽。

橘太湖洞庭山产绿橘,号洞庭橘。韦苏州《送橘诗》曰:信后俗题三百颗,洞庭须待满林霜。橘种不一,《本草·注》有朱橘、乳橘、塌橘、山橘。入水村,人家多种成林,画沟塍,常运水灌溉,有至数百树者。

柑唐贡乳柑。《本草》:乳柑、沙柑、青柑、山柑。注:柑类有朱柑、黄柑、石柑、而土人以乳柑为贵。与橘同种而不蕃,人共珍之。

柚《禹贡》:扬州包贡。郭璞注:《尔雅》云:柚似橙而大于橘。孔安国注:《尚书》云:小曰橘,大曰柚。今土人亦与橘同植。

木瓜唐贡木瓜糁并煎。顾渚泉上有木瓜堂,列植木瓜,梅溪者尤胜。东坡谓红胜颊也。

杨梅《吴兴记》云:吴兴本无杨梅,太史慈葬卞山下,三州来祭,越有杨梅,因种,号卞山杨梅。又生石樟山。《风俗记》云:张华《博物志》曰:地名石樟,故生杨梅。

枣《尔雅》有壶枣、酸枣、羊枣等。《本草》有大枣、仲思枣。《齐民要术》又有民枣、木枣、桂枣之类。多北地所宜。今土人亦种之。徐陵《孝义寺碑》有弱枣。今添。

桃《尔雅》有旄桃、山桃。《西京杂记》又载樱桃、缃桃、桃霜桃、绮蒂桃、紫文桃。此土植桃颇多,种亦不一。徐陵《孝义寺碑》有甘桃。旧编载:以早红桃为上,杨叶桃次之,御爱桃红白可玩,昆仑桃表黑肉赤。又有杨桃、藤生山谷,《本草》所谓猕猴桃也。

梅梅生江南,湖郡尤盛。《吴兴记》云:乌程有梅墟、梅林、梅亭,德清有梅埭。旧编云:今武康、德清绵亘山谷。其种以堂头梅为上,横枝梅、清梅次之。又有红梅、重梅、鸳鸯梅、千叶缃梅、蜡梅。惟红梅、鸳鸯梅有实。菁山等处亦多。

杏《续图经》载:据《广志》有白杏、赤杏、黄杏、柰杏。土人所种惟红杏。

栗《续图经》载:据《本草》栗类有枝栗、陆栗、芳栗。今山间栗木甚多,有大栗,实大而少味,即板栗也。有小栗、谓之茅栗。又有细大之间者,谓之茶果栗。

柿《续图经》载:柿即红柿也。又有椑柿,色青黑。《齐民要术》注又载:糯枣如柿。又土人种柿,种类颇多,有红圌柿、牛乳柿、火珠柿、水柿。又乌椑柿,俗呼为绿柿。旧编云:安吉多火珠柿。

李《续图经》载《尔雅》云:再体李、驳李。《西京杂记》有朱李、黄李、紫李、绿李、青李、绮李、车下李。今世有水李,实大而美。《本草·注》陶隐居云:麦李、麦秀时熟。本土有米李,条李熟最早,透明李、其色明澈,蜡李、色深黄,明州李、色深赤,茄李、色深绿,皆可口。车下李,细甚不堪食。

梨《本草》云:有消梨、黄梨、芽梨、桑梨。《西京杂记》有紫梨、芳梨、大谷梨之类。今乡土梨类亦不一,有黄梨、青消梨、麋梨,品俱下。独安吉陈公梨,旧编云东南有名,风味亚于鹅梨,在雪梨之上,甘美而香。

安石榴《续图经》载：按陆机曰：张骞使外国，得荼林涂林安石榴也。《广志》曰：有甜酸二种。今乡土所种亦有甜者，酸者。其实红白光洁者，醋榴也。紫黯皱散者，乃为甜榴，多出安吉及诸山乡。又有白花一种，千叶红花一种，近年园中所栽。

枇杷《续图经》载。《本草》有枇杷，注云江南。今处处有，乡土多有之。

林檎《续图经》载。陈士良云：有三种，长者为柰，圆者林檎，小者为楟。今乡土有之。旧编云：武康、德清林檎绝佳。又有金林檎，实小而花极可观。

樱桃今添。《礼》谓之含桃。《本草》有樱桃，陶隐居注曰：即今朱樱，味甘可食。今出乌程下徐村。

蒲萄《续图经》载。《本草》注云：子有紫白二色。又有似马乳者，有圆者。又蘡薁名山蒲萄。今乡土有紫白二种。皆藉人力。□□实率如马乳，白者号浆水蒲萄，尤佳。亦有樱薁，是野生山谷间者，实正圆，皮厚味酸涩，不中食。

甘蔗《续图经》载。《三都赋》谓之诸蔗。《本草甘蔗注》云：有两种，赤色名昆仑蔗，白色名荻蔗。今土人亦种两种。

莲藕《尔雅》：荷、芙蕖，其实莲，其根藕。今乡土多水泊，绕郭三二十里多种之，夏月弥望如锦绣。芙蕖有红白二种。红者莲腴而甜，藕硬而淡。白者莲嫩而淡，藕莹而甜。故乡人以红荷莲，白荷藕为贵。秋晚实黑取红谓之石莲子。又嫩茎初出曰藕条，为蔬甚美。又有千叶莲，花极可爱，而无实。《梁陈故事》云：章氏宅边水中出重台千叶莲花，苏夫人感而有孕，生宣皇后。又有章浦多生重台莲花，识者云：主生美人。自后果生章后，因名。今有此种，莲蓬内生实处皆出花瓣为重台，又间生双头莲。旧编载郡学内斋馆后池有红藕，贯安宅预贡时池生双头莲，明年廷试中第一。其后莆阳黄公度来游学，寓池上，又生双莲，次年公度亦为状元。

菱《本草》谓之菱，一名芰，即屈到所嗜者。陶隐居云：庐江间取火燔以为米，充粮。《蜀本图经》云：实有二种，一四角，一两角。今乡土种此成荡，不止二种，两角者，有果菱、差小，有湖趺菱、色红，又有青菱、色青、角而曲利。四角者，有野菱、最小、角极铦，有太州菱、实丰而美、土人所重。近又有无角者，谓之馄饨菱，以其形似也。秋晚采实竹箔曝干，去壳为米，亦为果，有收至十数斛者。地名有菱湖。皎然诗曰：路入菱湖深。

芡《本草》谓之鸡头，一名芡。陶隐居曰：以花似鸡冠，故名鸡头。陈士良云：有软根，名蔿菜，可作蔬菜食之。今土人多种，叶如盘贴水多刺，实大如鸡头，破之得数十子，颗匀圆。用沙渐去滑腻内之。黄者肉嫩，青者肉硬，惟半青黄者谓之合熟，甘滑有佳味。又言、芡性暖，谓之水硫黄，以其花日中开也。菱花夜开昼合，故性寒。蔿菜土人呼为鸡冠，以充蔬菜，亦可煮为羹。

凫茨今添。《本草》有乌芋。注：茨菰有乌者，根相似，细而美，呼为凫茨，恐此也。《后汉书》云：今下田种。

茨菰今添。《本草》有藉茹，生水田中，一名茨菰，又谓之固慈茹，根如蒜。今下田亦种。

　右果属。本郡山乡与平土宜木果，水乡有水实，鲜洁胜他郡。故详载。

姜旧编云：近太湖地宜姜。

葱 旧编云:近太湖地宜葱。《本草注》:葱有四种。冬葱,夏衰、冬盛、茎叶俱软美;汉葱,冬枯、茎硬、味薄;胡葱,叶粗短;苓葱,生山谷。今乡土惟种冬葱,特宜于汙下之地。

薤 《本草·注》:有赤白二种。今乡土宜白薤。

韭 旧编云:韭薤土宜涂泥,春初尤佳。

蒜 《本草》:有大小二蒜。今山乡皆有之。

菘 旧编云:春宜菘。《本草》云:有一种牛胫菘,紫菘、白菘。今乡土有青菘,白菘,珂皮菘、叶皱而丛大最晚菘也。

芥 《唐本草注》云:有三种。有叶粗大者,有叶小子细者,又有白芥。又云:白芥生太原。今乡土有大叶者,取其心充蔬甚辛美,收子贮为薤。又有赤芥,色深赤。

茄 《陈书》:蔡樽为太守,于郡斋种紫茄,供常厨。《本草》云:一名落苏。乡土有三种,有紫茄,有白茄,有水色茄、色亦白而甜嫩。

苋 蔡樽郡斋种白苋供厨。《本草注》:有赤苋、白苋、人苋、马苋、紫苋五色六种。今乡土惟种赤、白二苋。

芹 《吴兴记》云:乌程温山出御芹。《本草注》:芹有三种,荻芹、根白色,赤芹、叶青紫,堪作菹。今乡土种惟白芹,冬至后作菹,甚甘美,春后不食。俗云:入春生虫子。

瓜 旧编云:乌程甜瓜有名。《本草》:瓜有数种,有白东瓜,胡瓜、有胡瓜、有越瓜。甜瓜有青、白二种。胡瓜北人呼为黄瓜。越瓜生白小者糟藏之,今乡土皆有之。越瓜郡俗呼生瓜,谓可生食也。

瓠 《本草》:瓠有甜、苦二种。又有瓠瓢。今乡土皆有之。有一种俗呼匾葫者,人尤喜食,园圃多种之。

芋 《本草·注》:芋有六种,有青芋、紫芋、真芋、白芋、连祥芋、野芋。又有姜芋,味辛。紫芋根大有重斤许者,但种不多。姜芋、野芋不中食。真芋、青芋、连祥芋未详。今乡土多种白芋。

莼 今添。《统记》云:长兴县西湖出佳莼,尝供。德清沈颙兵荒,采莼、芹根供食。今水乡亦种,夏初来卖。软滑宜羹。夏中辄粗涩不可食。不如吴中者,至秋初亦软美。此张翰所以思也。

萝卜 旧编云:合溪者最佳,岁常入贡。苏东坡所谓消梨。嫩者盐水渍之可以致远。性便黄土,故山乡尤宜种。《本草》作莱菔。《尔雅》曰:葖芦菔,皆音卜,注云:紫花菘,又云湿菘。

菰白 今添。《本草》:菰根一名芰白。菰三年以上心中生台如藕,白软中有黑脉堪啖。今水乡亦多种。色白者美,带黑点者不佳。

蔓青 旧编云:虽非土产,近亦有之。

莴苣 《本草》有莴苣。又云:有紫色者,又有白苣。又云吴人无白苣,尝植野苣供厨馔。今乡土无句苣。

苦荬 《本草》有家苦荬,又有野者。今乡土有之,僧道庵寺尤多种,可频采食。耐久,故谚云:三月食苦。又有生菜,杜工部所谓"春盘生菜细"者是也。

菠薐

薄荷

茵陈

胡荾

芸台_{以上九种今添。}

　　右蔬属。芦菔之属宜山,葱姜之属宜湿地,莼芹之属宜水,故本郡兼有之。又有笋类不一,附竹下。藕条、莜菜附藕芰下。蒿荠之类多野采。甜菜、雍茶、菁荙近来自他郡,人亦稍有种者,说并附见。

牛_{旧编云}:农家有畜水牛。按《本草》有黄犍牛、乌牯牛、白牛、水牛。今乡土水牛有乌、白二种,止用耕稼,牸者或取乳。冬月取酥以乌戌者为胜。黄牛角屈向前者呼沙牛,少畜。水乡不用负挽,又不能取酥也。

羊_{旧编云}:安吉、长兴接近江东,多畜白羊。按《本草》以青色为胜,次乌羊。今乡土间有无角斑黑而高大者,曰胡羊。

马《山墟名》云:卞山有项王走马坪,洗马池。《吴兴记》云:卞山有项王系马树,石间有项王马蹄。《舆地志》:长兴有白马潭。《入东记》云:吴兴牧马冈,吴王牧马之处。今菰城每岁殿司马军屯驻,牧马数千匹。乡土多水,民间惟事舟楫,独土族山家间养一二匹而已。

犬《统记》云:太常卿邱泉之乌程人,童幼时握得犬子九头。识者曰:犬为人守,此儿大当为九郡守。后泉之果历九郡。今乡人多畜以警盗。又有田犬、猎犬,所养有值数千者。近又有胡犬,小而捷,有北犬,甚高大,皆来自北地。

猫又家畜以捕鼠。近有黄斑者,有毛长如猱者,虽似可爱但不能捕鼠,实无用也。

豕_{旧编云}:田家多豢豕,皆置栏圈,未尝牧放,乐岁尤多。捣米有杜糠以为食,岁时烹用供祭祀宾客,粪又宜桑。

豪考《山海经》云:浮玉之山有兽,其状如虎而牛尾,其音如豕吠犬,其名曰彘,是食人。今未详。《续图经》有豪猪,俗呼野豕,《礼》所谓田豕,即《山海经》彘之类。山间往往有之,如猪而大,且有力,口有二牙,长肩有豪长三四寸,坚利如锥,五七为群,在田食稻,在山食芋蔬,殊为人害。捕之能触啮伤人,故猎者以强弓毒矢而后可获,有重百斤者。

虎《统记》:讷和尚至道场山,人曰山多虎。又郭文隐武康,为虎探取口骨,虎致一死鹿于屋前。又石颐山有虎跑泉。详见武康护国院。又《遁斋闲览》云:武康多虎,有姓朱人数搏之,号朱虎残。见搏虎桥下。今深山丛荟间有,猎户亦能阱捕。

猿江淹《游黄蘗涧诗》曰:猿啸青崖间。颜鲁公杼山诗曰:山僧狎猿狖。又有猴,性劣,曩岁居民稀少,故老言:猿猴在山摄蔬果、蹂稻粟,为多人害。后居人渐蕃,设槛阱掩取,今遂远徙矣。

鹿见虎下。

266

獐旧编云：安吉、长兴、武康，山多獐、麂、狸、兔。今近城西南山亦有麂。《本草》作麂。

狸兔獭今添。水乡处处有之，搜捕鱼食。《本草》云：是以鱼祭天者，多出溪岸边，其骨亦疗食鱼骨鲠。

　　右兽属。牛羊之类性柔为人所畜；獐兔之类性野，不受羁制。以乡土多水，视平陆州郡为不蕃，山兽有獾豺等间有一二，今不载。

鸡陆龟蒙《雪上纪事记》云：鸡豚聊馈饷甫火。谢朓为吴兴太守以鸡卵赋人，收鸡数千只。《尔雅》曰：鸡大者蜀曰蜀子。鸡《本草》有丹、白、乌、黄四色。《齐民要术》：鸡种取桑落时生者，形小，浅毛，脚细短，守窠少声，善育子。今田家多畜，秋冬月乐岁尤多。盖有粃谷之类为食也。

鹅《统记》：德清沈朝家有孝鹅。今水乡田家多畜。

鸭旧编云：田家畜家兔取子煎杭木汁藏之，谓之杭子。《南史》：陈武帝与齐军相拒，文帝送米二千石，鸭千头。即炊米煮鸭誓军攻之，齐军大溃。今水乡乐岁尤多畜，家至数百只，以竹为落，暮驱入宿，明旦驱出已收之田食遗粒，取其子以卖。《齐民要术》云：尝令肥饱，一鸭便生百卵，视他禽尤有息。

鹤今添。《吴兴记》云：姚绍化为白鹤。又唐沈齐家有鹤降于庭庑，鸣甚哀，筮之得睽之离，果二雏为渔人所获。

鸂鶒旧编云：溪泊中多有。

鸳鸯刘禹锡《送韩中丞之吴兴口号》曰：溪上鸳鸯避画旗。《山墟名》云：长兴忻湖莲菱下鸂鶒所集，使人忻悦。今添。

啄木今添。长兴有啄木岭。《山墟名》云：丛薄中多啄木鸟。故名。

杜鹃今添。李益《顾渚茶山诗》：子规一声山草绿。一名子规，今乡土山间多有。

伯劳今添。皎然《顾渚行》曰：伯劳飞日芳草滋。《本草》云：鵙，伯劳也。今山间有之。

伏翼今添。《山墟名》云：伏翼洞多产伏翼，有素翼、赤腹、千载倒挂者。

鹳以下十五物并《续图经》载。

鸥

鹭

鸬鹚

凫即野兔也。冬初出盛，俗所贵尚，以为馈送，大者号对数。

鸧《尔雅》鸧麋鸹注：今呼鸧鸹。

鹙鹈鸹《尔雅》鹈鸫鹕注：今之鹈鹕也。好群飞，沉水食鱼故名污泽，俗呼为淘河。故老相传：郭璞迁城时有鸟辄衔标去，伺之乃淘河也，得而列之。至今卖此鸟必去头。

乌鹊

莺

燕《苕溪渔隐丛话》云：余襄岁冬间，于吴兴山中营先陇阙，一山路傍有数巨石，其穴颇深,试令仆辈劚之,见莺燕蛰于其间甚众,急掩之。

鸠《左传》有五鸠。《尔雅》:鹁鸠,布谷也。《本草》:斑鹪,一名斑鸠。又有青鹪。今乡土皆有。斑鸠价高于布谷,青鹪又倍。

雀冬初有一种黄雀,在田间,甚肥美,所谓披绵者。

雉《左传》有五雉。今山间有文备五采。猎户能射之以货,人亦多食。

鸽以下三物旧编载云:山林多鸠鸽,亦有鹰雕。

鹰

雕

右禽属。本郡多水,故家禽蓄鹅、鸭,野禽多鸥鹭,而近山林则有鸠雉之类。《续图经》、旧编所载及今添殊不能备也。《山墟名》载长兴凤亭乡云:昔有凤栖于此。凤非常禽。《统记》载慈禽,不知其名。亦略去。

鲈本出松江太湖。鱼性潮流,遇水涨上入苕霅,肉细美,宜羹,又可为脍。张翰所思者。

鲿《山海经》云:苕水多鲿鱼。注:鲿鱼狭薄而长,头大者尺余,太湖中今饶之。《尔雅·鳖鳢刀》注:今之鲿鱼也,出太湖肥美。鲿,作启切,一名刀鱼。煎炙为馔肥美,兼可脍,细者可谓鲊。

白鱼旧编云:湖白次鲈。今乡土四五月水涨,渔人竞于苕霅间钓网得之,有一二十斤者,乡人以为珍味。《本草》云:大者六七尺,色白者是。

青鱼《统记》云:《风俗占》云:青鱼喷浪,必大风。旧编云:止可为鲊。《本草》:作鲊,与服石人相反。

鳜旧编云:鳜次白,乡土颇贵此鱼。张志和《渔父词》云:桃花流水鳜鱼肥。

鲫旧编云:鲫次鳜。《本草》:可和莼作羹,又可作脍。今乡土为脍尤尚此鱼。

鲤《本草》云:形既可爱,又能神变,故琴高乘之,可作鲊。今乡人以为鲊,极肥美,为脍次之。

鲇《本草》作鳀。可作脏食,今亦饶有。

鳢《本草》作蠡,云可作脍。今乡人罕食,或作熟脍羹。

鳝今添。详鲦鳝。今乡土谓之黄鳝鱼。

银鱼旧编云:银鱼虽细,惟州富有,亦出太湖。一名鲙残,色白如银,骨细而嫩。

鳗鲡鱼今添。《本草》云:形似鳝,能缘木。

鳝鱼《本草》云:有青黄二色,生水岸泥窟中。今乡人取以为脏。

鳅鱼《本草》云:形似鳗而短。

右鱼属。郡有渔户,专以取鱼为生,风朝雨暮,月夜雪天,鼓枻鸣榔,披蓑垂钓,悠扬波上,宛若图画。又有据水畔设网,编苇为断,又独笼罩机械不一。四时不停,随得随货。俗喜鲜食,多寡皆尽。至于桃花水生,黄梅潦涨,湖鱼溯急流而群上,渔人至施长网截巨川而取之,举网至数十尾,市价为俯,家率饫,且为鲊以寄远，非时暑又为脍。

蜂 蜂类不一，惟成蜜者名为蜜蜂。山家率为筒涂蜜以致之，蜂以类至，采花酿蜜，至冬取之，必余其半以为蜂食，不尔无喔类矣。有黄蜂，《尔雅》云：在树上作房，江东亦呼为末蜂。有黑蜂甚大，名土蜂，《尔雅注》云：江东呼大蜂，在地作土房者为王蜂，二蜂皆毒，皆螫人。

蛙 蛙类不一，惟色带青而肱长者为人所食。《汉书·东方朔传》：上林南山，水多蛙鱼，贫者得以人给家足。惟蛙形似虾蟆而小，长脚，人亦取食之，今乡土惟贫乞取以货，名田鸡。近有知梁縣杨迪云判跋云：绍兴庚申岁，故相朱公胜非为湖州守者，首禁采捕甚严。一日，谓僚属曰：某系面奉玉音云：朕前夕梦数百白衣人逐朕乞命，问之，臣等乃虾蟆，缘江渚人好食啖田鸡，尝受刀砧之苦，今又将备禁中品馔，乞诏免采捕。朕嗟异而许之。此事甚异，降旨禁戢，卿为朕记之，当更举察。此文见印施。本郡每岁夏初，即举行揭榜禁捕。

蛟 《吴兴记》云：天目山边有蛟龙池。耆老相传，入山之人尝见山边有美人，是蛟所化也。

蛇 杼山有避它城。按《说文》：它，蛇也。上古患蛇而相问曰："得无它乎？"盖古人筑城以避它也。陆羽《杼山记》所载如此。《本草》：有乌蛇、白蛇，又有赤链蛇、黄领蛇，多在人家屋上，食鼠子、雀雏。又有蝮蛇，蝮、色鼻反，□长身短，头尾相似，大毒。今乡土皆有之。乌稍、黄领不甚毒，赤链亦能伤人，惟蝮蛇大毒，俗呼土灰蛇，以其色似也。夏夜多横卧当道，人践之即被啮，不急治有致死者。山间人自有草药能疗，或多以水调白芷末饮，亦能治。《本草》又云：蝮蛇七八月中毒盛时，吐口中涎沫于草木上，著人即肿成疮，卒难治疗，名蛇漠疮。又一种小蛇，色极青，能登木竹，采樵人多为所伤。又一种如蛙而长，色如竹叶，多在竹上。土人云：蝮蛇一产三物，故其毒均。

蜘蛛 《本草》云：蜘蛛数十种。《尔雅》所载七八种耳。有色黑而黄斑，足长身大者、为网花木上，能螫人。又有缘壁而大者，能啮人影成疮肿。

蜈蚣 《本草》云：有吴川谷，有赤头足者，又有黄足者，性能制蛇，亦啮人。以桑汁、白盐涂之即愈。今乡土有之。

蝼蛄 一名蟪蛄，今乡土有之。夜出扑灯，亦能啮人。《本草》云：今人夜忽见出，多打杀之，云为鬼所使也。

蚊 苏东坡为湖州守，有诗云：风定轩窗飞豹脚。《苕溪渔隐》曰：吴兴泽国，春夏之交，地尤卑湿，乃多蚊蚋，豹脚者，黑花蚊也，俗称草蚊，日间亦飞，嘈人肤能成疱。其尤多者灰色蚊，昏晓聚檐间成声。《统记》云：江子汇自昔多蚊蚋，马自然泊身后，至今无之。蚋，自一种，极小而黑，亦日间飞出啮人，惟山间草多处有，城市罕见。

龟 长兴县有神蔡里，昔人于其地获灵龟。又《南史》陈章后母苏氏遇道士遗五彩龟。事见贵泾下。又吴兴见渔人笼得一白龟，买而放于余不溪中，其龟三顾而没。后其人封侯，铸印，龟亦三铸三顾，其人悟，取而佩之。又《符瑞图》：宋明帝泰始二年，吴兴献六眼龟。六年报八眼龟。元嘉十年乌程县有白龟见，太守袁思道进之。又梁故鄣令夏侯琎上六眼龟表云：据县民黄安世于所居渚次见神龟一头，自水登岸，流精出彩，群龟数十行同行，齐整有如卫从。唐则天朝德清县百姓沈命长家生五色龟。云化中得龟长一尺二寸，遂表献之，敕改其年为长寿。

鳖今溪港有之,取为膳。《诗》言:炮鳖,古为佳馔。

鼋旧编云:乡土有鼋,人不以为珍。《左传》:宰夫解鼋食大夫。《本草》云:鼋鼍此等老者能变化为邪魅,自非急弗食。乌程乌将军庙前大池中有大鼋甚多,人不敢捕。

蟹杜牧之《吴兴诗》曰:吴溪紫蟹肥。旧编云:八九月溪蟹大者如碗,极珍美。《本草》云:蟹八月腹内有稻芒向东输海神,食之无毒。俗语云:十月雄,斗大虫。谓之螯大而有力,亦称螃蟹。

虾《本草》云:小者生水田,有小毒。无须者、白色者,不可食。及腹下通黑者,亦不可食。今有二种,黑者出溪,白者出湖,皆为馔。

螺今添。《本草》有田螺、生水面及湖滨,大如桃李,今有之。又有细者曰螺蛳,田时皆有之。又有白而圆者名海螺,黑而锐者,名海蛳,种于田泽,春月取卖。

蚌大观元年乌程渔山有渔者邵宗,盖以取蠃蚌为业,梦僧叩门粤四日,剖蚌见珠,得阿罗汉,偏袒右肩,矫首左顾,现行脚相。倾封,发誓不复食蚌。《本草》:蚌为大蛤。又有蚬,形如海蛤而壳厚者,有细长如蟶者,俗呼软岸,皆宴人所食。珠罗汉今在慈感寺,有郡人刘寿刻石记。

右虫属。凡居陆安水蠕动之类皆曰虫,厥汇最夥,今举其可纪者,昔周官二训掌道地慝说者曰:地慝,地所生恶物害人者,若虺蝮之属。禹铸鼎象物,百物为备,使民知神奸。乡土有数物能螫啮人或为异,所谓地慝。今复附见,使人知所避也云。卞山黄龙洞祯明中有黄龙现。《统记》:祯明中,杭州差军将吴承裕与道正等赍简诣卞山金井洞,设醮已毕,有黄龙现于洞中,可长二丈,爪牙鳞鬛光照山川,遂于洞侧置祥应宫。灵物不常有,故不载。

桑《吴兴记》:乌程东南三十里有桑墟。《梁陈故事》:吴兴太守周敏劝人种桑。颜真卿《西亭记》:乌程令李清种桑盈数万。《本草》有山桑,有家桑,叶桠干名鸡桑。《尔雅》有女桑、檿桑。《齐民要术》有荆桑、蛇桑。今乡土所种有青桑、白桑、黄藤桑、鸡桑。富家有种数十亩者。檿桑、山桑也,生于野。

柘潘炜《吴兴诗》曰:桑柘远连云。

松《舆地志》:戍山周回十五里悉产青松,法华寺前有松径数里,长兴有松村。今处处山有。

杉唐高知周《精舍寺诗》曰:院古□□□。

柏德清文墅山郭先生种柏千株,太玄观绕坛有古柏十九。

桧长兴大雄寺殿前古桧,中空,裂为四枝,荫半庭,坚如金石。相传陈高祖手植,号陈朝桧。

枫陈武帝在田时,有枫木下见一人谓曰:"子后当富有四海。言讫不见。"出《梁陈故事》。又《本草》云:枫脂沦于地千年变为琥珀。又云:松脂千年为茯苓,又千年为琥珀。今人往往于松下得茯苓,有重斤许者。

桂杼山有青、白、紫桂,号三桂棚。出《寺碑》。

榆《山墟名》云:长兴有赭石山,多产刺榆。《本草》云:江东无白榆。又云:榆皮可入药,英可为羹,实可为酱,材可为器用。《齐民要术》有白榆、刺榆、梜榆。今乡土有刺榆、梜榆二种。

桐《吴兴记》云:乌程县南百里有胡墟,钱林居梓山味桐映井。《本草注》:桐,有四种。青桐,似梧桐无子;白桐,有花有子,子可为油;冈桐,无子,堪作琴瑟;又有梧桐。乡土俱有之。

蘗乌程有黄蘗山、黄蘗涧。《本草》有蘗木,注,黄蘗也。

楮《山墟名》云:贵岘山多产楮。《玉篇》:楮,木名,冬不雕。

栲《山墟名》云:凤亭山多产栲栎。

栎见上。

栀唐贡栀子,以栀木汁煎浸鸭子也。

柳《吴兴记》云:乌程县南百五十里有柳墟,又有柳湖,又金石山多浦柳。

梓德清黄山有梓华庙。

漆旧编云:悬脚岭多漆林。又《贡上》漆器三十事。今废。

槐

樟

栩《本草》云:即橡斗也。

柽《尔雅》:柽,河柳。《本草》云:今水边赤杨也。

楮

杞

枳枳,橘类。《本草注》:今江南俱有,江北有枳无橘。

吴茱萸《本草》云:以其出吴中,以别山茱萸也。

棕榈旧编:德清太玄观绕坛有棕榈三株。

牡丹《本草》云:吴牡丹。

右木属。《续图经》多载,内桧、蘗、栲、漆、槐、栩、楮、杞、枳九种新添。茱萸、牡丹元系花属,按《本草》云:药之属木者附木。今不别条。

然竹旧图经云:左太冲《吴都赋》曰:其竹则篔筜。《统记》云:今斑竹呼璹瑁竹。

苦竹《吴兴记》云:今石山多苦竹。武康有黄竹村。

箬竹《山墟名》云:箬岘山以产箬为名。又长兴县有上箬、下箬里。

筀竹《吴都赋》作桂。旧编云:早筀食笋,晚筀养竹。

淡竹

觔竹

筷竹

水竹以上四种皆宜为器。并《续图经》所载。

燕竹笋最早,燕至即生。

篾竹宜为篾丝。

紫竹色紫。

慈竹四时皆出笋,周生外,故曰慈。

间竹有黄竹而间青者,本出会稽,曰黄金间碧玉。又有青竹而黄间者。

猫竹笋出如猫头。本出于江西。今有之,笋甚大。

象牙竹笋白而大。

哺鸡竹今添。

　　右竹属。古扬州有篠簜,《尔雅》:东南之美,有会稽竹箭。郡地旧属会稽郡,郡之产竹自古然矣。尝观《齐民要术》云:北方之竹不过苦淡二种,《本草》于苦淡外有箽音谨。而已。《吴都赋》有篔簜笋,李善云皆出岭外,本郡竹类亦可谓多也。

苔郡有苔溪。《统记》曰:苇花兰心曰苔,溪以两岸生苔,故为名也。

蘋郡有白蘋洲。柳恽《江南曲》曰:汀洲采白蘋。《统记》曰:蘋似莼而不滑,莼花黄,蘋花白,故曰白蘋。吴兴风俗以为蒸尝菜。诗注谓大萍,误矣。

菰郡有菰郡,即茭也。《本草》有菰白,俗呼茭白,又名蒋。《唐韵》曰:蒋、菰也。东迁僧乔半蒋席体。

蒲《古乐府》云:拔蒲五湖中。

兰《山墟名》:南屿山有兰芷畹,西施种香之所。《本草》:兰草生大吴池泽。又一种,今诸山有松竹荫处皆野生。钱林居梓山,芝兰送馥。

荻郡有荻塘。《隋录》:沈宏居荻塘,夜烧荻自照读书。

蕙德清有蕙圃里。一名菖蒲,别名。

芷兰芷畹。见上。

茅《梁陈故事》:白茅山生镵茅。今山中多有之。

葛宋少帝《前溪曲》:黄葛生烂漫。袁高山诗:扪葛上欹壁。今山间多有之。

薇吴均《何山杂诗》云:参差涧里薇。

苔李驿《法华寺诗》云:莓苔又绝壁,薜荔依高林。

荇德清沈颐兵荒,采莼荇根供食。

蕰

藻

朱藤《山墟名》:紫花涧之下生朱藤,三月间紫花满涧。

红踯躅《统记》载云:名山石榴。

海红《统记》云：生上强，一名海蔷薇。

术旧编云：天目山多种术。

艾旧编云：兰、蕙、茗、艾、陆药，芹、菰、蒲。

右草属。根荄之类草最多。今特纪其著者。又有半夏、香附子、何首乌等。《续图经》元附药类。又武康有芝田里，长兴有灵芝乡，芝为瑞物，今俱不载。

银《吴兴记》：乌牛山有古银、铅、硎三所。又安吉县移风乡乡银坊，即古采银之所。

铜《舆地志》：长兴铜官山下有两坎，深数丈，方圆百丈，云：古采铜之所。《山墟名》云：铜岘山即吴王采铜之所。《括地志》云：安吉铜山，吴采鄣山之铜即此山也。又封山有铜。又赵监采铜而死，庙在铜官山，详见庙祠。

锡铅《括地志》云：白杨山上有两穴，古采锡之所，乌牛山有坑铅。

瑶琨《吴兴记》云：卞山洞中有石似玉，时谓之瑶琨石。

白矾山《吴兴记》：长兴白石山出白矾，故名。

紫石英《吴兴记》：垄山有紫石英。

钟乳石床《吴兴记》云：卞山下有石穴，晋太守王惠执炬入数步，渐深阔，见钟乳，恐入采之。犹有乳床并石兽存。

太湖石唐白居易作《奇章公石记》，以太湖石为第一。旧编云：洞庭大雷、小雷二山多美石。奇巧者以供玩好，有声极清，可为磬者。大率近湖之山石多玲珑，卞山有大小玲珑山，石皆中空若雕镌而成者，石林在焉。白居易《太湖石记》：古之达人皆有所嗜，玄晏先生嗜书，嵇中散嗜琴，靖节先生嗜酒，今丞相奇章公嗜石。石无文无声，无臭无味，与三物不同，而公嗜之何也？众皆怪之，走独知之。昔故友季生名约有云："苟适我意，其用则多。"诚哉是言，适意而已。公之所嗜可知之矣。公以司徒保厘河洛，治家无珍产，奉身无长物，惟东城置一第，南郭营一墅，精葺宫宇，慎择宾客，性不苟合，居常寡徒，游息之时与石为伍。石有族聚，太湖为甲，罗浮、天竺之徒次焉。今公之所嗜者，甲也。先是公之僚吏多镇守江湖，知公之心惟石是好，乃钩深致远，献瑰纳奇，四五年间累累而至。公于此物独不廉让。东第南墅列而置之。富哉石乎！厥状非一，有盘拗秀出如灵邱仙云者，有端严挺立如真官神人者，有缜润削成如圭瓒者，有廉棱锐刿如剑戟者，又有如虬如凤，若跧若动，将翔将踊，如鬼如兽，若行若骤，将竦将斗。风烈雨晦之夕，洞穴开垲若欲云喷雷，嶷嶷然有可望而畏之者，烟霁景丽之旦，岩崿霪霿，若梯岚扑黛霭霭然，有可狎而玩之者。昏晓之变名状不可。撮要而言，则三山五岳、百洞千壑，覙缕簇缩，尽在其中。百仞一拳，千里一瞬，坐而得之，此所以为公适意之用也。尝与公迫观熟察，相顾而言，岂造物者有意其间乎？将胚胎凝结偶然成功乎？然而自一成不变以来不知几千万年，或委海隅、或沦湖底，高者仅数仞，重者殆千钧，一旦不鞭而来，无胫而至，争奇骋怪，为公眼中之物，公又待之如宾客，亲之如贤哲，重之如宝玉，爱之如儿孙。知精意有所召耶，将尤物有所归耶？孰为而来，必有以也。石有大小，其数四等，以甲乙丙丁品之。每品有上中下各刻于石阴，曰牛氏石，甲之上，丙之中，丁之下。噫，是石也，百千载后散在天壤之内，转徙隐见,谁复知之。欲使将来与我同好者睹斯石、览斯文,知公之嗜石之自。会昌三年五月丁丑记。

赤土长兴有赤土可以腹宫殿。术注《山墟名》云:金山土石悉作绛色,又有赭石涧。

金沙泉《统记》:顾渚贡茶院侧有碧泉,涌沙粲如金泉。元和五年,刺史范传正创亭,曰金沙。旧编云:泉在贡焙院西,出黄沙中,引入贡焙,蒸捣皆用之。杜牧之诗曰:泉濑黄金涌。注云:山有黄沙泉,修贡即出,罢贡即绝。《唐地里志》:湖州金沙泉即此泉也。刺史裴清有进表,翰林学士毛文锡有记云:将造茶,太守具仪注拜敕祭泉,顷之泉源发,溢溢,供御者毕,水即微减,供堂者毕,水即半之。太守造半,水即涸矣。太守或还旆稽期,则示风雷之变。唐贡泉用二银瓶,国初一银瓶,今不贡茶,泉亦不通。

右金属。今俱无有,独有湖石、赤土尔。或云:紫石英垄山间掘地得少许,尚未见也。姑载以存古。又有金,《吴兴记》:武康金山,昔人见山夜中有灯,掘之得金百斤。又沈传以孝行闻,开元十六年三吴大饥,梦人遗金,既觉,淘井得铜瓶,贮金五十两。又乌程有千金墟,金斗村。

珠唐武后时包氏子于上强山一白鹿吐两珠,乃以一珠吞之,一珠归献母,置于枕中,光照一室。后以珠舍入清流寺殿佛像额上。包氏子即天台师也。又慈感寺有珠罗汉。《旧记编》以非土产,今不载。

土　贡

唐岁贡御服折造布二百一十端。《唐志》作折皂。旧图经云:皂当作造。《统记》云:折者,浣练精细如折米取其心尔。或曰:以多折少而造取其精致。按:唐贡顾渚茶亦曰折造,恐无浣练之意也。紫笋茶一万串。唐张文规诗曰:牡丹花笑金钿动,传奏吴兴紫笋来。白居易《茶山诗》曰:紫笋齐尝各斗新。蔡宽夫诗话曰:唐茶惟湖州紫笋入贡,每贡以清明日贡到,先荐宗庙,然后分赐近臣。紫笋生顾渚。余事见茶下。供尚食厨糙糯米一千三百八十三石三斗三升,黄糙米一百九十八石,木瓜糁四坩,木瓜煎三坩,单黄杭子一千三百五十颗,《尔雅·释米》:杭,鱼毒。郭氏注:杭,大木,子似栗,生南方,皮厚汁赤,中藏卵果。《齐民要术》作杭子法:纯取雌鸭,无令杂雄,足其粟豆,常令肥饱,一鸭可生百子。取杭木皮净洗茎剉煮取汁率二斗,及熟下盐一升和之,令极冷,纳瓮中,浸及一月任食。吴中多作至数十斛,久停弥善,亦得经夏也。重黄杭子一千五百五十颗,白蜜三石,砂盆一百枚,金沙泉一银瓶,旧编云:贡泉时用二银瓶。详见长兴县金沙泉下。乳柑五百个,见旧图经。按《新唐志》:湖州土贡御服乌眼绫,折造布、绵绸布、苎、糯米、黄糙、紫笋茶、木瓜、杭子、乳柑、蜜、金沙泉。《统记》云:龙德三年,贡布三十端供御服,折造布二百九十匹,紫笋茶一万串,出长兴县。大历六年,始进木瓜糁。大历元年,木瓜煎、单黄杭子。二年,白蜜三石。重杭子,五年始进。州司并以两税钱和布充。黄糙米,贞元十三年;糙糯米,十四年;砂盆,十五年始进。元和五年,减米六十六石。本郡未尝经兵火,架阁典籍具在。《统记》:兴国中摄本州长史左文质《赞》有可考据,故所载年代数目可以补史之遗缺。宋朝太平兴国三年,贡乳柑五百颗、白编布二十匹,紫笋茶一百斤,金沙泉水一瓶。其瓶浪银打成,并锁钥重五十六两。见《统记》。大中祥符间,贡大编布二十匹,乳柑五百个。见李宗谔《图经》。熙宁中,贡白苎二十匹,漆器三十事。见王存《九域志》。绍兴以来贡白苎编布二千匹。见旧图经并编。窃考唐之岁贡,参订史志诸书,如鸟眼绫、绵绸布、苎,唐初所贡数虽不详,《统记》载武德三年布三十端,可见其不多矣。供御服折造布与木瓜,杬子、茶、蜜,代宗大历元年六年始进。惟是以两税钱和布供,故不至甚病民。糯米、黄糙与砂盆,德宗贞元十三年至十五年始进。至元和中,米已三损其一,乳柑不载。所进之年,紫笋茶,大历五年始于顾渚置茶贡院,侧有碧泉涌沙粲如金星,则金沙泉亦大历后所进也。唐自高祖太宗以慈俭保养天下,物贡有常,未尝妄取。后嗣相承至于肃宗不闻更易。大历贞元间荐经兵革,贵官用事,至于口腹之奉,责贡于远,唐都长安。不惮烦费,累增不已,繇一郡而观,其他可知,亦足知唐室盛衰之故也。宋太平兴国三年,吴越归版图于职方,郡始修贡,自是每岁惟供乳柑、编布、茶角瓶泉如《统记》所载,视唐数已太歉,又减茶泉,故旧图经惟载柑、布二物。后又免进柑。据旧编云:宝元中,知州事滕宗谅因贡乳柑进诗,御笔奖谕。石刻在州学,自是免柑贡。故《九域志》惟载曰苎、漆器。今又独贡白编布而已。列圣相承,以节约为家法,先王所谓物土之宜而致其利者,代以蠲损,可为万世法。

《嘉泰吴兴志》附录

《嘉泰吴兴志》跋[①]

　　《嘉泰吴兴志》二十卷,宋谈钥元时撰。元时,归安人。淳熙八年进士。《书录解题》署衔枢密院编修。前有嘉泰改元,郡丞傅兆敬序。明嘉靖时,徐长谷撰《吴兴掌故集》,犹及见之,后不传。开四库馆时,馆臣从《大典》辑出,未及编纂进呈。外间传钞,有分二十卷者,有分十五卷者,亦有不分卷者。今所存原目:沿革一,分野二,城池三,坊巷四,乡里五,山六,河渎七,宫观八,坛壝九,官制十,公廨十一,邮驿十二,管镇十三,学校十四,军营十五,古迹十六,宫室十七,苑囿十八,亭十九,祠庙二十,寺院二十一,守令题名二十二,著姓二十三,贤贵事实二十四,进士题名二十五,列嫒二十六,释道二十七,碑碣二十八,食用故事二十九,井三十,桥梁三十一,堰渡三十二,塘三十三,风俗三十四,物产三十五,土贡三十六,仍分为二十卷。嘉定、至顺两《镇江志》亦出自《大典》,虽非完书,犹胜遗佚。而井至塘四卷,应移于河渎之下。风俗直接食用故事,则尤善矣。岁在甲寅正月,吴兴刘承幹跋。

---

　　① 标题为《南宋文献集成》编者加。

绍定澉水志

〔宋〕常　棠　撰

王健飞　点校

《绍定澉水志》目录①

---

① 本目录为《南宋文献集成》编者编。

《绍定澉水志》卷之四

《绍定澉水志》卷之五

《绍定澉水志》卷之六

《绍定溵水志》卷之七

《绍定溵水志》卷之八

---

① 卷之七碑记门各篇，底本正文标题后不标出作者，本标点碑记门目录依底本正文仅录篇名。《南宋文献集成》编者注。

《绍定澉水志》附录

《绍定澉水志》整理说明

　　《澉水志》，南宋罗叔韶修、常棠撰。澉水在海盐县东三十六里，郦道元《水经注》曰："谷水流出为澉浦者是也。"唐开元五年，张庭珪奏置镇。宋绍定三年（1230），修职郎、监嘉兴府海盐县澉浦镇税兼烟火公事罗叔韶使常棠撰写镇志。

　　作者常棠，字召仲，号竹窗，海盐人。仕履未详。祖上家居澉浦已有四代，其曾祖父常同，祖籍临邛（今属四川）人，宋绍兴年间官至御史中丞。传至常棠一代，以南宋官场没落腐败，而隐居澉浦，居所前后种满竹子，以示亮节。除读书外，他亦留意当地掌故、山川、名物等文化。得知时任澉浦镇镇尹罗叔韶有编志之意，遂向其建言："郡有《嘉禾志》，邑有《武原志》，其载澉水之事，则甚略焉。使不讨论闻见，缀辑成编，则何以示一镇之指掌？"罗叔韶钦佩常棠的见闻与学识，因此，鼓励他编纂一部澉浦镇志。之后，常棠专注于收集资料，并对其进入深入研究，于绍定三年开始著述。《澉水志》完稿后，由于罗的离任等原因，直到宝祐四年（1256）才刊印成书。

　　《澉水志》凡分十五门，即地理门（沿革、风俗、形势、户口、税赋、镇名、镇境、四至八到、水陆路）、山门、水门、廨舍门、坊巷门、坊场门、军寨门、亭堂门、桥梁门、学校门、寺庙门、古迹门、物产门、碑记门、诗咏门，而冠以舆图。反映了宋代海盐县东镇社会经济发展的新情况。前有绍定三年重阳前一日罗叔韶序及常棠本人的自序。该书体例精严，《四库全书总目》称其"叙述简核，纲目该备""可谓体例精严，藻不妄抒者矣"。无疑，常棠《澉水志》率先开启了史上乡镇志的编纂，在中国方志史上占据一席之地。

　　《澉水志》版本，主要有明嘉靖三十六年（1557）董穀刻本、明天启三年（1623）樊维城《盐邑志林》刻本、清道光十九年（1839）《宋元方志丛刊》刻本、清咸丰七年（1857）海昌陈氏双清草堂刻本、民国24年（1935）《澉水志汇编》本等。本书点校所用底本，为《宋元方志丛刊》本。

《绍定澉水志》序①

　　尝谓六典不作,无以考周家风土之厚薄,民物之耗丰;图籍不收,无以知秦人山川之扼塞,户口之强弱。此澉水之志,不可无也。澉水斗大一隅,厥土斥卤。凡丘源之流峙,税赋之重轻,道途之遐迩,聚庐之众寡,与夫选举名数、先贤遗迹,素乏图经,茫无可考。叔韶效官于兹,甫及半祀,正欲搜访舆理为纪载,吏事鞅掌未暇也。竹窗常棠,字召仲,寓居是镇。一日告余曰,郡有《嘉禾志》,邑有《武原志》,其载澉水之事则甚略焉;使不讨论闻见,缀缉成编,则何以示一镇之指掌。于是正订稽考,集作一经,名曰《澉水志》。澉水者,盖《水经》所载,谷水流出为澉浦者是也。召仲其容辞。绍定三年重阳前一日,修职郎、监嘉兴府海盐县澉浦镇税兼烟火公事罗叔韶序。

---

　　① 底本作《海盐澉水志》序。按:罗叔韶序中称"名曰《澉水志》",无"海盐"两字,《南宋文献集成》编者改作《绍定澉水志》序。

《绍定澉水志》序

　　绍定三年,镇尹罗仪甫属余撰《澉水志》,虽一时编集大略,而仪甫满去,竟勿遐问。逾七八政,粤岁既久,订正尤详。因日边孙君来此,听讼优长,遇事练熟,虽镇场废坏,非畴曩比,然能公谨廉敏,明烛隐幽,才干有余,趋办自足。爰割己俸,售募镌行。水军袁统制闻而喟然曰,是书不刊于镇税全盛之前,而刊于镇税凋弊之后,甚可嘉已。锐捐梓料,肃赞其成。噫!《元和郡县志》,丞相李吉甫所制也,后三百余年,待制张公始刻于襄阳。今余所编《澉水志》,后二十七祀,权镇孙君即镂于时阜,则是书之遇知音,又不大可庆耶?竹窗常棠书。

《绍定澉水志》卷之一

总　叙

按：乾道文书令诸犯圣祖名、庙讳、御名正字皆避，若遇书籍及传录旧事则为字不成。此书从宋本录出，下同。

地理门

沿　革

澉浦旧属会稽，《元和郡县志》云：禹贡扬州之地。周时，吴泰伯置城，为越所并。汉顺帝永建四年，阳羡令周喜上书，遂分浙江东为会稽郡，西为吴郡。《舆地广记》云：秦置海盐县，属会稽郡，吴越时分境于槜李。槜李，今属嘉兴县界，以此考之，澉浦乃古越地。石晋时，吴越钱氏奏置秀州，始随分隶。又《水经》云：东南有秦望山，旁有谷水流出为澉浦。秦望山在会稽，及鲍郎场十灶九在秀，而一在越，是知澉浦古隶绍兴而今隶嘉兴。

风　俗

《舆地广记》云：古扬州地，人性轻扬，尚鬼，好淫祀。此方不事田产，无仓廪储蓄，好侈靡，喜楼阁。惟招接海南诸货，贩运浙西诸邦，网罗海中诸物以养生。水咸，地湿，俗僭。

形　势

镇南、镇西诸山峻秀，东与北多低矮白山，不种林木，东枕大海，相望秦驻跸山，实为险要。

户 口

户口约五千余,主户少而客户多,往来不定,口尤难记。

税 赋

隶县之德政乡,田肥税重,惟石帆、秦山二村在镇东海边,多致陷没。

镇 名

唐开元五年,张廷珪奏置。按:《水经》云:秦望山谷水流出为澉浦,因名。

镇 境

东西一十二里,南北五里。《武原志》云:周回二里半,绍兴间人民稀少,今烟火阜繁,生齿日众,故不至此。

四至八到

东至海岸边海界,西至六里堰近潮村界。南至筱山边海界,北至官草荡新浦桥界。东南到葛母山界,西南到盐官灵泉乡界。东北到秦驻山界,西北到鲍郎浦界。

水陆路

水路西去海盐县四十里,北去嘉兴县九十里。陆路东去海盐县三十六里,南去盐官县八十里。

《绍定澉水志》卷之二

山　门①

长墙山　在镇东三里。高八十丈,周围十九里,山之阿有黄道祠,山之下有造船场,山之巅立烽燧,山之外捍大海,秦始皇东游登山望海,以其孤耸,遥望如堵墙,因名。

葫芦山　在镇西南四里。四望绝,在海中,如葫芦出没之状,潮生潮退,葫芦自若。

筱山　在镇东南六里。

秦驻山　在镇东北一十五里。有始皇庙,下有聚落,有荒草荡,俗为秦驻坞,始皇东游曾住此山。

沈氏山　在镇东北五里。

半潮山　在镇东北五里。

青山　在镇东三里。为镇市之主山,下有屠璟智墓。刻本无此六字。

庙山　在镇西北三里。地名礛头,上有礛王土地庙。

泽山　在镇西南五里。

黄毛山　在镇西北四里。右十山不种林木,官给亭户养草、煎盐之所。

菩山　在镇西北五里,上有普明院及朱令公庙。

陆墓山　在镇西北五里。因姓得名。

石屋山　在镇西北五里。上有石垒成屋,旧传黄巢时民避兵处。

杨山　在镇西北六里。

碧里山　在镇西北九里。

---

①　底本山门下原本不分段。为便于阅读,本标点本按诸山、弯、湾等逐一分段。《南宋文献集成》编者注。

吴家山　在镇西四里。右六山不种林木,百姓牧养牛羊处所。先是亭民、百姓互争柴山自五代至本朝有讼,屡经御判,人以石匣贮文以藏于地。二百年初无定属,每岁交锋,山上杀死不已。淳熙十一年,仓使石检详起宗委,干办公事,常于公暇采舆论,参酌予夺,各分定界,永为不易之论,具奏上悦,由是息争。

谭家岭山　在镇西南十里。与临安府盐官县黄湾交界,上有谭仙庙。刻本无此五字。

泊橹山　在镇西三里。高冠诸山。《舆地志》云:始皇渡海泊橹此山,因名。旧传昔海舟泊此山下,后沙涨接镇境。

荆山　在镇西南五里。占永安湖之胜,山有悟空寺,寺有五显灵官庙,其感应通灵。

葛母山　在镇南五里。

横山　在镇西三里栅桥上。

飏山　在镇西南五里,永安湖之侧。刻本无之字。

月山　在镇西三里堰下。

窦家山　在镇西南三里。刻本无南字。

鸡笼山　在镇西南五里。刻本在吴家山后。

凤凰山　在镇西南二里。

吴家山　在镇西南三里。

马鞍山　在镇西北五里。

金牛山　在永安湖西北。

塘湾　在镇东市中,捍海岸也。后聚居其上,遂为市井。

棋子湾　在镇东长墙山外。

罗汉湾　在镇西泊橹山侧。

慈竹湾　在镇南二里。

细柳湾　在镇西三里。

窦家湾　在镇西窦家山上。

张湾　在镇西南六里堰上。

蔡湾　在镇西南孙家堰南。

南姚湾　在镇西北五里。

北姚湾　在镇东北五里。

西陈湾　在镇西北黄毛山背。

东陈湾　在镇西北石屋山侧。

夏湾　在镇东北八里。

陆吴湾　在镇西北五里。

横山湾　在泊橹山前。

徐湾　在柳家桥南。

邵湾　在六里堰下。

张塔 刻本作搭,下同。　在镇市塘上。古捍海增岸,后民旅聚居其上为市,今俗呼白塘上。

陆塔　在六里堰下。

沈塔　在镇市南。

鸦鹊墓　在陆塔。客舟不上岸者,多在于此泊舟,为埠头。

《绍定澉水志》卷之三

水　门①

海　在镇东五里,东达泉潮,西通交广,南对会稽,北接江阴许浦,中有苏州洋,远彻化外。西南一潮至浙江,名曰上潭,自浙江一潮归泊黄湾,又一潮到镇岸,名曰下潭。东北十二里名曰白塔潭,可泊舟帆,亦险要处,虽在澉浦、金山两军之间,相去隔远,夜暮缓急,卒难应援。昔日朝廷欲立巡检寨,今澉浦水军置铺于此。

招宝塘　在镇市中。海滨高峻,易涸易盈,淳熙九年奉御笔命守臣赵善悉相视重浚,面阔三丈,底阔二丈二尺,深五丈,市镇止有此一运渠。

永安湖　在镇西南五里。周围一十二里,元以民田为湖,储水灌溉,均其税于湖侧田上,税虽重而田少旱。四围皆山,中间小堤,春时游人竞渡行乐,号为小西湖。

东浦　在镇东。大海透入东北礁头,潮入汲煮盐。

鲍郎浦　在镇西北十二里。古老云,昔盐场开基于此,有姓鲍者凿浦煮盐,因名。曰鲍郎者,吴俗女夫之通称也。后沙涨移入东浦侧,绍兴经界为田,是浦接连招宝塘为河,至今俗呼为鲍郎浦。又按:《南史》:孙恩作乱,海盐令鲍陋遣子嗣之追奔,陷没于此。

放生池　南渡以来,本镇创亭于海濒收税,即今之弦风亭也。亭之东凿小湫,每遇圣节,镇官率合镇见任寄居文武两班于此祝圣放生。

艮泽　黄道山下,枕龙眼潭泊舟处。地势高峻,客旅居民无井可汲,山之腰有泉源,先是庙僧善机用工峻凿以济汲用,淳祐十一年,统制邢子政开广,立屋三

---

① 底本水门下原本不分段。为便于阅读,本标点本按海、塘、湖、浦、池、泽、堰等逐一分段。《南宋文献集成》编者注。

间,因匾斯名。

六里堰 在镇西六里,高下相去数仞,为惠商、漱浦、石帆三村灌田堤防之所,缘舟船往来,实为入镇门户,因置车索,今属本镇提督。

三里堰 在镇西三里,元无此堰。淳祐九年六月大旱,居民沿河私捺小堰,至水通,诸堰悉复毁去,独此堰为居民私置车索,邀求过往,久为定例,然军船之往来,盐场之纲运,酒库之上下,与夫税务诸场之版解,商旅搬载海岸南货别无他歧,河流易涸,实为不便,况此方既有六里堰,足以防闭水利。此堰赘立,委是为害。淳祐十年,茶院酒官朱南杰申县开掘,济利一方,但提督诸堰实隶镇官,常宜觉察重捺邀求之弊。

孙家堰 在镇西南四里。

沈家堰 在镇西南半里。

北湖堰 在镇西南蔡湾侧。

镇闸 在镇市中。今隶镇官司。

《绍定澉水志》卷之四

廨舍门①

镇廨　昔盐场兼职。嘉定十四年,察院罗君相请分专员。绍定六年,罗叔韶始买丁桥东民地以创廨。

鲍郎盐场廨　在通江桥侧。

巡检廨　在安德桥侧。

坊巷门②

阜民坊　在镇前街西。

张家弄　在镇市北。

张塔刻本作"搭"。**街**刻本作"弄",下同。　在镇市南。

义井巷　在镇市南。

塘门街　在镇市南。

广福坊　在镇前街东。

马官人街　在镇市南。

海盐街　在镇市北。

---

①　底本廨舍门下原本不分段。为便于阅读,本标点本按各廨逐一分段。《南宋文献集成》编者注。

②　底本坊巷门下原本不分段。为便于阅读,本标点本按各坊、巷、弄、街逐一分段。《南宋文献集成》编者注。

坊场门①

澉浦税场　系镇官兼职。嘉定十四年,朱俯修盐场,得旧额,有"骑都尉监澉浦镇税兼鲍郎盐场大观二年重修"字。朱俯以前,却以鲍郎盐场兼澉浦镇税烟火公事系衔,至是始分专员。

鲍郎盐场　东亭元五灶,南亭四灶。缘东亭人贫额重,南亭人多盘少,嘉定十四年十二月申明仓台,移东亭一盘过南亭,添作五舍,东亭减作四舍。

户部犒赏子库、酒库　昔在璵城,后迁茶院,去镇西一十二里。绍兴初,有鞠姓者,抱倅厅缗钱,继属漕司库官兼之,因立子库于市。淳祐八年,增创新楼。

市舶场　在镇东海岸,淳祐六年创市舶官,十年置场。

抽解竹木　旧系监镇提督抱纳漕司竹木钱。淳祐四年,漕使袁右司差专官下镇抽解,自后为例,镇官无预抽解,抱纳钱如故雇发。

铁布军需场　铁布旧属镇税。淳祐九年,浙西安抚司差官下镇置局。

军寨门②

水军寨　在镇东海岸。淳祐间,拨许浦水军百人于长墙山下,岁易一戍。开禧丙寅,统制王复古置寨,隶殿司。

巡检营　在镇市浦东。

亭堂门③

弦风亭　在海岸,即镇官收税之地。绍熙间,监镇叶櫲创,名曰观澜。宝庆三年,监镇赵潜夫改今名。

宣诏亭　在镇前。端平元年,监镇张思齐立。

阅武亭　在长墙山上。王复古立。

时阜堂　即镇廨之东厅。监镇傅朋寿匾斯名。

---

①　底本坊场门下原本不分段。为便于阅读,本标点本按各场、库等逐一分段。《南宋文献集成》编者注。

②　底本军寨门下原本不分段。为便于阅读,本标点本按寨、营逐一分段。《南宋文献集成》编者注。

③　底本亭堂门下原本不分段。为便于阅读,本标点本按各亭、堂等逐一分段。《南宋文献集成》编者注。

秀野堂　在鲍郎场西侧。

美固堂　在水军寨。淳祐九年,统制邢子政立。

桥梁门[①]

跨浦桥　在镇东浦上。

新桥　在镇东五里。

闸桥　在镇市中。

丁家桥　在镇廨前。

通江桥　在鲍郎场前。

鸿桥　在镇市北浦上。

西石桥　在镇市西,犒赏子库侧。过桥南为入永安湖路。

盐仓桥　在镇西。桥下水通礁头盐仓舍。

安德桥　在巡检廨侧。

栅桥　在镇西三里。本镇纂节发引收税之处。

望湖桥　在镇西南五里。地至澉墅,西通永安湖,东至海岸,中分水脉至钱家港入镇市。

戴家桥　与望湖桥为八字。桥下南至东王村通海岸,北通孙家堰。

新浦桥　在镇北二里。入县路上。

张公桥　在六里堰下。本镇运河水脉至此始分为二:由桥侧上西南王家庄到茶园通港,由桥下入西北火烧泾到通玄港,然皆浅狭易涸,欠浚凿。

金家桥　在镇西北六里。客旅巨舟重贩者多于此泊,入镇贸易,复归解缆。

孙老桥　在六里堰下。或遇浅涸,客货多以步担运于此发舟。

---

① 底本桥梁门下原本不分段。为便于阅读,本标点本按各桥梁等逐一分段。《南宋文献集成》编者注。

《绍定澉水志》卷之五

学校门

镇学 昔时未有。嘉定十一年,镇官徐之纪绘夫子像,就禅悦教院行舍菜礼。自后岁节冬至,于此序拜乡饮。

寺庙门①

禅悦教院 在市中。元祐二年,僧惠林建施水院。建炎元年,请到院额,实本镇祝圣行香处。

悟空寺 在镇西南荆山。建隆二年,僧德升开山,为永安寺。治平元年,赐额。

祐福禅庵 在镇市浦东。宝祐二年,僧永固开山,建观音殿及塑菩萨像为焚修所,接延云水栖止安禅。

广慧禅院 在金粟山下。国初,钱武肃王赐号施茶院。祥符元年,改今额。

永福教院 在镇市浦东。乾道元年,僧普澄建观音院为焚修所,后为径山接待院。

普明院 在镇西北五里若山。周显德六年,僧实强立观音院。治平元年,得额。

东岳行祠 在镇市东北。建炎间,有白猿出入,神马驱驰,毛巡检梦神曰:"何不创岳祠?"毛乃于营侧立祠,每岁暮春,诸乡民社,祈求丰稔,感应如响。

张帝庙 在镇南市。嘉泰三年立。绍定三年重建。后泊户以庙门为酒肆。宝祐二年,监镇张焯与茶院陶监酒拆去酒店,立李太尉小殿对庙门,以免秽杂。

---

① 底本寺庙门下原本不分段。为便于阅读,本标点本各寺庙逐一分段。《南宋文献集成》编者注。

真武祠 在澉市浦东。淳祐五年,镇守澉浦镇统领水军南京指挥尚景舍资塑真武像并龙虎君。

医灵祠 在镇之东青山西南侧,王家畹之西。开禧三年,里人孟毅梦神呼曰:"吾闽中吴真君当食此方,福祐斯民。"晨见海中有一神主浮海至岸,遂居于侧,毅因舍基创殿尊奉,后闽商绘像传塑,诸祈疗病者甚验,四方咸集,遂成丛林。

显应侯庙 元在长墙山后石帆村。因海废,此村半陷为潮,迁出山头。建炎二年,僧若中开山,俗呼为黄道大王。宝庆三年,都运诸大卿请到庙额。黄道大王不知何所从始,或谓楚黄歇封于吴,其子隐海边修道,石帆村既废为海,岁久因循,无所考究;或谓古有姓黄人居山后,山以人而得名,故就称为黄道山,神以山而得名,故就称为黄道王。尝观东坡载儋耳山云,里人呼为山胳膊,伪称其神为镇海王。元丰五年七月,始诏封山之神曰广德灵王。初无姓名来历。今里人俗呼为黄道大王,至宝庆始敕封显应侯。陆龟蒙云:瓯粤山椒水滨多庙貌,信夫!庙中有神曰杨太尉,尤为灵异,凡客舟渡海,祈祷感应如响,意其亦是石帆村聪明正直之人遵海而南,无不尊敬。

广福庙 在镇东市广福坊侧。旧传建炎间,潮入东浦,人于水际得木主,题曰:广福明王,时人因祠为当界土地。沈氏舍基为庙,至今每岁以得木主日为生庆诞。

吴越王庙 在镇西南三里,地名澉墅。崇宁间立为土地祠。今考《吴越国王传》:钱俶,字文明,祖镠,唐末据吴越地,俶嗣位至我朝,宋雍熙元年,改封吴越国王。今澉墅,吴越地也,意钱俶其神乎。若以为吴王夫差、越王勾践,考其本传,吴王阖庐兴师伐越,越击吴,败于槜李,射伤阖庐,垂死告其子夫差曰:"必毋忘越。"及吴围越于会稽,勾践请为臣妾,后越破吴,吴退,栖姑苏,使公孙雄肉袒膝行,请成于越,越王曰:"吾置王甬东。"吴王曰:"臣老矣,不能事君。"王遂自杀。夫差以父阖庐之冤未报,可谓不共戴天之仇,九泉下恨不食其肉,又肯共庙血食乎?今俗讹而为吴越二大王兼塑二王像,非也。尝观《武林图经》《论忠清庙事旧制》以夫差为首祀与申胥并列,特所未喻,疑其神未必为夫差,乃俗之传讹也,今吴越祠亦类此。

古迹门[①]

龙眼潭 在镇东海口,旧传白龙窟于此,今客舟舣泊以待潮。

---

① 底本古迹门下原本不分段。为便于阅读,本标点本各古迹逐一分段。《南宋文献集成》编者注。

　　石帆　在灵潭右,耸若帆挂,有神现其上,潮生帆不为减,潮退帆不为增,月霁则吐蚌珠,阴晦则曜神火,舟触必碎,人莫能涉。

　　白龙母冢　在镇东南长墙山后丛棘中。每岁秋间,白龙来视母冢,必然风雨大作。

　　隐马石　在镇西南。旧传有马隐入山中,今石有人形、马形、队形等类。

　　穿山洞　在长墙山外。下临大海,石岩如洞,俗呼为穿山洞,有神曰陈都监。

　　黄巢弄　在六里堰左。夹道阴翳,古老云黄巢聚兵处。

　　金牛洞　在黄巢弄南,金牛山下。据武原旧志云:民人皋伯通兄弟逐金牛入洞,忽不见,因名。据郡志与《海昌图经》皆云:皋、苏二将,上有二大王庙。高宗南渡后祭文云:义气同禀,刚毅莫俦。胡马来此,缘逐金牛。牛没尾掉,空回可羞。拔剑自刎,曾无怨尤。人亡庙存,英气横秋。至今父老,能道所由。天子初郊,典礼加优,樽酒既设,清酌庶羞,尚飨。又据《盐官县志》云:按《寰宇记》,昔吴楚间有金牛自毗陵奔此而没,因名。洞深不可测。当建炎初,黄湾居民多避虏于此。

　　望夫石　在永安湖仰天坞之右,山巅有石磐,磐侧有立石。昔日有海商失期不返,其妻登磐望夫泣殒,化而为石,因名。

　　石碑　在六里堰西,地名根竹,有二石碑,夹道而立,高一丈五尺,旧传汉戚姬葬碑,岁久磨灭。

　　茶磨山　在黄巢弄侧。周回山下有港,港外周回有城堑,旧传唐末黄巢伏兵处。

　　秦王石桥柱　在秦驻山背。旧传沿海有三十六条沙岸,九涂十八滩,至黄盘山上岸,去绍兴三十六里,风清月白,叫卖声相闻。始皇欲作桥渡海。后海变,洗荡沙岸,仅存其一,黄盘山邈在海中,桥柱犹存。淳祐十年,犹有于旁滩潮里得古井及小石桥、大树根之类,验井砖上字,则知东晋时屯兵处。

　　王家畎　在长墙山下石帆村。古田畎也,今田废为海。尚存数家,生聚于潮花鼓舞间。

《绍定澉水志》卷之六

物 产 门

早稻名

雀奥、红莲、黄箭子、杷桠、乌丝糯、金州糯、百日子、金成、六十日子。

杂 谷

大麦、小麦、荞麦、豆、油麻、稗、莺粟。

丝 布

绢、绵、苎、麻、黄草。

货

盐。

花

芍药、荼蘼、蔷薇、木香、瑞香、紫荚、长春、牡丹、萱草、月丹、海棠、石榴、山茶、水仙、粉团、凤仙、芙蓉、金沙、鸡冠、石竹、佛手、棠棣、玉簪、夜合、林樨、栀子、聚仙、雀梅、罂粟、金橙、荔春、白鹤、葵、梅、桃、真珠珮、李、芭蕉、茶、菊、兰、荷、荇、杏、槿。

果

桃、梅、李、杏、梨、柿、橘、柚、莲、枣、枇杷、林檎、榴、栗、葡萄、银杏。

菜

萝卜、冬瓜、甜瓜、菠稜、莴苣、苦荬、山菰、茄、菘、芥、薤、葱、苋、蒿、蕈、蕨、韭、蒜、鸡头、芋头、枸杞、胡萝卜。

竹

笙、篊、紫、斑、筋、金、筬。

木

松、桑、桧、柏、杉、柳、楮、椿、榆、楝、柘、枫、梧、桂、槐、檀、杨、朴、椒、楠、皂荚、乌柏。

药

菖蒲、连翘、茴香、韭子、杏仁、龙脑、槐花、半夏、枳实、瞿麦、紫苏、荆芥、青蒿、良姜、牛膝、桑皮、赤小豆、车前子、枸杞子、香附子、天花粉、桑螵蛸、谷精草、麦门冬、黑牵牛、白僵蚕、香白芷、白茅根、密蒙花、紫苏子、羊蹄根、淡竹叶、马屁勃、海浮石、马鞭草、白匾豆、地锦草。

禽

鹰、雁、鹳、鸥、鹭、鸦、鹊、鸽、燕、雀、鸠、鹑、雕、鹘、雉、鹜、百舌、啄木、杜鹃、竹鸡、布谷、野鸭。

畜

牛、羊、犬、马、鹅、鸭、鸡、猪、猫、狗、驴、骡。

海　味

鲻、鲳、鳖、鲛、鲻、鲈、梅、蛎、虾、鳗、鲨依刻本补、蛤、鲚、鲦、鱿、蛏、蚬、银鱼、鳊、拳螺、香螺、淡菜、带鱼、乌鲗、蛴螬、白蟹、黄鲦、土铁、沙蟹、蚌蛤、老婆蟹、沙鱼、海蛰、望潮鱼。

河　味

鲫、鲤、鲇、鳜、银、鳖、鳅、鳝、龟、蛙、虾、蟹、黄颡、吐哺、白鲦、黑鱼。

《绍定澉水志》卷之七

碑记门

澉浦镇题名记

东南财用,大抵资煮海之饶。海滨斥卤,牢盆相望,而关市有征,未能去也。自郡邑外,每因大聚落而置官司。或至于兼二,则其责弥重,来者难之。澉浦为镇,隶秀之海盐,鲍郎在焉。自盐场兼镇税,课额日广,居官者救过不给。宣城胡君应云之来,会疆事适殷,屯戍随增,兵民杂居,其难视异时数倍。乃从容其间,庀事无阙,经入有羡,于以补偿,旧政宿逋,裕如也。行且满考,部内稚耋相帅上其治状于郡,使者于台、于省,欲借留之而不可得。君淳熙丁未进士,一第二十年,优患屏居,及是始筮仕,未尝作滞淹之叹。而以平时讲画者次第出之,廉以律己,勤以莅官,事不付之吏手,薄征以惠行旅,与亭户期约,不失信义。宜其上下相孚,彼此交举如此。然则为政者岂不在人哉?君受代有日,询访昔之官守者,得一十九人,列其姓氏而刻之石,俾余书其端。惟褚与君共登慈恩,且居是邦,因纪所见,以告来者云。君名从龙,应云其字也。嘉定九年四月望日年末,朝散郎、宗正丞兼江淮创制置大使司参谋官常褚记。

陈南美左文林郎,绍兴二十二年到任。至二十五年满。

李　格左从政郎,绍兴二十五年到任。至二十七年丁忧。

林　极右文林郎,绍兴二十七年到任。至三十年满。

袁　藻右迪功郎,绍兴三十年到任。至三十一年罢。

姚廷襄左迪功郎,绍兴三十二年到任。至乾道二年满。

沈大卿左迪功郎,乾道二年二月到任。至五年六月满。

蔡兴世右修职郎,乾道五年六月到任。至八年八月满。

魏　衡右迪功郎,乾道八年八月到任。至淳熙二年六月替。

林　楠迪功郎,淳熙二年十月到任。五年三月替。

赵师名迪功郎,淳熙六年四月到任。至九年八月满。

吴仁表修职郎,淳熙九年八月到任。至十一年满。

高文庆修职郎,淳熙十一年八月到任。至十五年满。

王子洪从事郎,淳熙十五年到任。绍熙二年八月替。

叶　樾文林郎,绍熙二年十二月到任。至庆元元年二月满。

周　焯迪功郎,庆元元年二月到任。至七月,丁忧。

吴华国承直郎,庆元元年十二月到任。至五年十月满。

王显世迪功郎,庆元六年到任。至嘉泰二年十月满。

曾　晏修职郎,嘉泰二年十月到任。至开禧元年四月满。

胡从龙从事郎,开禧元年四月到任。至嘉定元年四月满。

詹　骈修职郎,嘉定元年闰四月到任。四年满。

刘三畏迪功郎,嘉定四年七月初三到任。五年二月,丁忧。

葛挺之迪功郎,嘉定六年二月廿八到任。九年满。

徐之纪儒林郎,嘉定九年四月十七到任。十一年七月,丁忧。

贾　岳迪功郎,嘉定十一年六月初九到任。十四年十月满。

澉浦镇新创廨舍记

镇治旧是兼职,元在定安桥西。嘉定十二年内,朝绅有请增置,靡有定寓,或借民庐,或泊僧舍,因循岁月,已数政矣。四明罗文林叔韶司镇于此,绍定壬辰始置民产于丁家桥东,旁有小港,开而通之,逼于垂满,仅建正厅、穿堂而已。癸巳孟夏,思齐实为之代,亦儌氓廛以居,慨念亲民之官、司旅之职,听讼征税,观瞻系焉。曾未两月,亟广前规,鸠工度财,分毫不扰于民。由是宣诏有亭,戒石有铭,榜示有房,俱列于外,廊庑吏舍,翼乎左右,厅之夹屋分为二塾,匾以肃宾倒屣,辟厅侧以为帑,外严公厨,恪奉锡宴。添买邻地以为东厅,四时花卉杂植于前,中辟一户以通东庑,循披廊而趋,则有看街之所,由角门而入,则有玩月之亭。堂宇峻耸,屋室得宜,东西小阁,寒暖随处,以至庖湢之类,纤悉备具、申明。前政郡守喜而给牓,蠲其牙皁之资,除其元输之赋。自落成以来,雨旸时若,户口民繁,民与军而相安,商与贾而共悦,俱曰:澉川当由此而益盛矣!若夫序沿革之详细,述建造之始末,纪到满之月日,自有大手笔在,何幸拭目以观之。端平三年上巳日,儒林郎、监嘉兴府海盐澉浦镇税烟火公事张思齐记。

澉浦镇题名记

宝祐二年,宣城胡君用虎,调尚书署澉浦司舶,揖里人常棠曰:先君子昔领是镇,兼鲍郎盐场。先大夫采访前任名氏,目濡耳染,经始记石。兹辑旧记,则在盐场碑阴,累政莫纪,半涂已税,是大阙脱诠次。幸今镇尹张君焯,政通人和,振华扬德,勉续癫坠。嗣文赞锐,吾辈责也。棠曰:惟嘉定初,元先正视镇事,余先君考叙题名,余叔祖实肇厥记。十一年,廷绅请分二共,即镇廨为盐场,翻碑阴以志岁月。镇则或傲民庐,或寓萧寺,玩惕简陋。绍定六祀,四明罗叔韶始相基殖庭,勤涂暨茨,门厅宾堂,鸾鹄停峙。明年,钱塘张思齐踵至,外庭内庑,朴斫丹腰,东创西辟,跂翼寝奥。微二君则爱处摩宁其所。然齐瓜戍代,犹乏纪勒。越岁十九,今张君甫克勇遂。先是胡君下车,摩挲旧记,仅二十四人。会省帅漕,列局废置,镇征艰重,事力筑底,欲勉茂请,继嗳嚅久之。张君闻而叹曰:余检余俸,且不给伏腊,琐细远取诸家,必伺公帑以办,此无时而可为矣,乃捐己售石。捃撫未纪者十有二政,前后附丽,并镂新珉。不肖幼稺胡君,重建有幸,今得相与继志述事,张君赐也。噫!贤如张君,使是镇之财赋弗减畴昔,则于光斯曜,必有可观,岂止一题名而已。是岁二月朔,竹窗常棠记并书。

朱俊之迪功郎,嘉定十四年十月到任。十五年五月岳祠。

史　潜文林郎,嘉定十六年四月到任。宝庆二年九月满。

赵潜夫从事郎,宝庆二年九月到任。三年夏卒。

张广年承直郎,宝庆三年十月到任。绍定三年三月满。

罗叔韶修职郎,绍定三年二月到任。五年,转文林郎。六年四月满。

张思齐儒林郎,绍定六年四月到任。至端平三年六月满。

赵沘夫文林郎,端平三年六月到任。嘉熙二年十一月满。

曾　群文林郎,嘉熙二年十一月到任。三年□月满。

傅朋寿儒林郎,淳祐三年三月到任。六年四月满。

朱嗣立从事郎,淳祐六年四月到任。七年,转承直郎。九年四月满。

赵汝洞从事郎,淳祐九年四月到任。十二年八月满。

张　焯承直郎,淳祐十二年八月十二到任。宝祐三年十月十五日满。

周之纲从事郎,宝祐四年十一月到任。

赵孟若迪功郎,开庆元年十月廿二到任。

胡　沫修职郎,景定五年五月到任。

徐衍祖承直郎,咸淳三年四月廿九到任。五年十月,准吏部符不候替职离任。

李兴宗迪功郎,咸淳六年八月二十到任。

美固堂记

余领军事越三载,舟楫、器械视昔具备。一日暇,登高望远,两山横倚,巨海濒浸,营壁中立,若龟之伏焉。门辟三面,如尾如足,东首而犹垣之,无乃形势有未全乎,询诸宿老,答曰:阴阳所忌者,卯风焉,尝辟复窒。余应之曰:此未识变通者也,使益墙仞而台,台之上而屋,则有形势之备,无卯风之嫌。其不可乎哉。众皆曰:然。于是度材佹工,筑室构堂,栏楯真景,晨光湿翠,夜影涵壁,师休役简,当知与众同乐,其不在兹乎。是堂也,于以全此营之形势,而山海也,又以壮此堂之形势,故以美固名者。美哉!山河之固,昔武侯语也,余是取焉。落成之日淳祐庚戌六月癸未,二十六日庚申浮光邢子政并书以记。

黄道山水池记

潏浦之阳,有山曰黄道。山之腰,腰之麓,旷而平,绕而曲,潮汐所不及,维天降泽,掘地以积一勺之多,可饮可汲。负山而居,航海而来,咸所仰给。淳祐十一年,夏秋不雨,坳堂之上,涔蹄之微,潢潦无根,沟浍其涸。居者、行者,罔不病渴。总军路钤邢子政来视曰:是殆所积之未大也。先是军中有二池,规模浅陋,路钤浚之,一军赖以生活,虽旱甚不竭。于是山僧善机,合民旅之词以请曰:军民一体也。愿推荏军之惠,以大此山之池,可乎?舶征潜放,首赞其决。路钤乃约同时之仕于此者:监镇赵汝洄、舶门朱南杰、盐场俞埙、酒官李得基、木官戴安节、司警张思湛。登山度地,鸠工饬材,委统领袁发主之。凿土筑池,阔四丈,深二丈有奇。垒挈提之道以逵,逵三十丈。架屋四楹,以司启闭,以处守护者。凡役,皆营垒生聚暨奔走先后者,而刬犀搏蛟之徒,则不使之与焉。凡费,皆取办于路钤,而官府司存、市肆贸易,亦有助楮者。经画于秋之半,落成于秋之杪。其容广,其蓄深,其惠博,路钤用汲之大功,盖将与此山相为无穷矣。

思贤碑

宝庆二年秋,黄岩空明山赵君潜夫来镇潏浦,明年夏卒。镇人将仕郎赵与珣泣请曰:吾不忍父老之巷哭也,哭之哀不如传之远也。镇月解昔多贷诸贾,今宁空其室人簪珥也。估客昔畏重征,逸外江不可挽,今恬熙轻平,风帆雨楫辐集也。讼有檄自台府者,屡听不服,今片言笑折之,咸服其神也。征榷之地,昔浮埃飙起,眯目不能仰视,今亭以弦风,短墙疏箔,花柳间植,燕宾友也。释奠乡饮习于梵宫,进退揖逊,雍雍济济,又昔未闻而今见之也。非吾私其宗,愿子有述也。顾余方骇恸重,哀其不幸,而何忍述?虽然又何可辞。缺职商税,旦暮急也,而君宽以裕之。俗贩鱼盐,锥刀较也,而君风教以厚之。顽夫嚚妇,鞭棰且不厌也,而君儿女以遇之持。是为县、为郡、为国,岂惟材称哉?余闻镇旁浸巨湖,君尝轻裘大带,蹇驴蹋月,或夜泛扁舟,水静天碧,扣舷把酒,可以识君之趣矣。盖君高标远韵,迥在物表,尝谓余善画者,莫我图也,旧尝识于水心叶先生、章泉赵公藩交,以诗经荐赵公,汝谐尤敬爱之。其莅澉浦未数月也,侍郎黄公宣以著述荐,提举司马公述以练达荐,是将以有为也,而遽死。宜有以写镇人之哀思也,因系以长言使岁时歌以招君,君其盍来乎。君从事郎,字景寿,登嘉定十六年进士第,自号鹤所,君之来兮鹤自九皋,驾以去兮渺天地而逍遥,缟衣玄裳兮横大海之惊涛,云旗先驱兮霓旌旖旎,月皓皓兮风洒洒,青山之上兮黄湾之下,挹北斗兮椒浆,羽扇纶巾兮佩璆锵,盼而笑兮玉洁水光,鸣鸾凤兮舞鼋鼍,冯夷鼓兮宓妃歌,鱼咏龙吟兮蛟螭护,诃眷言归兮南浦,帆飞兮过舶舻,春复秋兮终古。七月望日,建安葛绍体撰,渭南高不华书。

德政碑

国家张官置吏,凡以理民,惟州县之长官,于民为最亲。历观往史,霸遂以守郡称,恭茂以宰邑显,镇之治状无纪焉。非无治状也,无若人耳。继自今以治镇得名者,盖自罗君始。澉浦为镇,人物繁阜,不啻汉一大县。绍定庚寅春,罗君来领镇事。至之日,见吾土风淳厚,思与三载相安,下令曰:民旅交关,必欲其两平;军民杂处,必欲其两慎。毋启讼,毋伤和,毋犯干有司。丁宁数语,开心见诚,善始之意,固可逆觇其终矣。君廉而勤,公而明,宽而不纵,严而不苛。昔民讼苦繁,今折以片言,牒诉自简也。昔关征苦重,今轻以什一,版赋自若也。岁时行乡饮礼,傯介雍雍,长幼秩秩,相观相化,俗跻邹鲁。朝廷命简乡兵,用防海道,他有司儿戏耳。君出其胸中甲兵,大阅于长墙山之右。士马整肃,旗帜精明,儒有颇牧,畴不嘉叹。民病疠,遣吏劳问,给药散财,更生者几千人。旱,闭籴振粟,千斛损价售之,济糜食者又几千人。镇廨自隶盐场,更一纪又四政,僦民庐,栖梵宇,不常厥居也。始君下车,欲新是图,顾未有基址。壬辰之冬,始于丁家桥得杨氏地,至是垂满矣。君曰:一日必葺,古人有训,时哉不可失,吾曷敢惜费且惮劳哉?先是丁家桥之下河流壅遏,血脉不通,乃命疏凿,清沚洋洋。庶民子来,荷锸云滃,亘三四里,如璧斯环。腊月乙未,廨舍落成,门楣崇翚,厅事雄伟,心匠默运,不愆素绳,真有造五凤楼手段。越明年春,率士民登巨扁,三字名笔,鸾凤飞舞,海邦名物,瞻观一新。君经始规模,可谓宏且远,岂为己计哉?遗我镇无穷之利耳。至如建三庙之甍瓦,加新桥之设楯。凿池而放生,祀圣人寿也。立坊而名广福,锡庶民富也。凡此大概,累指不能数,无非学道中流出。推是以往,宰邑则恭茂,守郡则霸遂,相天下则伊傅周召矣。功名事业,后必有史官书之,所纪者特其治镇之状耳。君名叔韶,字仪甫,四明人,丁丑入胄子学,庚辰取太常第,至是再调焉。初受业于约斋李先生,盖东莱大愚之源委也。枢尹袁公韶,宪使吴公渊、仓使袁公肃、太守黄公壮猷,俱以才学荐君。行且造朝,去如始至,蔼蔼遗爱,何日忘之!他日入公之廨者,必曰,此廨乃今日甘棠。绍定六年二月望日,杨启书。

鲍郎场题名记

榷盐之利,后世不得已也,不得已而又为之。赋则临莅贵乎专,经理在乎人。鲍郎为场,列灶九,岁课三万五千六百石有奇。而年督□□□指买不与焉。乃浸就弛弊,言路上疏,谓窘于兼二之冗。庚辰,诏典铨注颛官,毋与镇税事。癸未,又诏今后镇官免以盐场系衔。膺是选者,佥为难之。盖催煎之职虽旧,而兹方更创。昔之官守之多,而此为初政。有创则责任有归,一额有亏,谇以何咎?初政则来者审择百度,劀折必就其良。噫嘻难矣!雪川朱君俯,中兴勋相曾孙。公谨廉勤,得于家传。始复兹事,顾眠规模荡如也。谂辞于民,民劳而瘁。诘故于吏,吏惰而黠。乃肃申约曰:官不可亏,亏官负课。私不可损,捐私伤生。回媮心而赴功,宣上旨以布政。由是剂量斥地之广狭,升降户额之轻重,易置牢盆之闲燠,窒塞鼠穴之渗泄。乃饬藏宇,乃穿运渠,乃置程籍,凡一介蠹公害民之事,悉就罢行。至于复廨请赋稍定,舆皂郁然如方兴之家。甫期而课增新羡,比及三年眠诸场为冠,可谓能其所难矣。垣车策勋,必有为王诵之。君既请代,属余曰:旧有题名二十四人,更十七载,俶落绍兴壬申,讫于嘉定辛巳,中间胡君所立也。今釐事方新,请为摭其略而改图。吁!螭首龟趺,岿然厅事,岂徒姓字迁次云哉?于以识岁月,纪治理,夫经营疏浚,爬罗剔抉,则源深而流长。扶持全护,训饬道齐,则本固而末茂。君其有志于此欤?余闻之,一牛鸣近,敢为之记。若吕温所谓不居其官民而代人记者则媚人,余也何媚之有?嘉定十七年甲申仲春月朔,朝奉郎、新充福建路转运司主管文字李昌宗记。国学免解进士常令孙书。

朱　俯迪功郎,嘉定十四年三月到任。十五年六月,特循从政郎。十七年七月满。

史弥炳迪功郎,嘉定十七年四月到任,准登极恩,授修职郎。宝庆三年二月丁忧。

应弥明修职郎,宝庆三年五月到任。绍定三年八月满。

薛师仁绍定三年八月到任。次年五月,庆寿,恩循儒林郎。

顾用卿从政郎,绍定六年十一月到任。嘉熙元年二月满。

周应旂嘉熙元年三月到任。二年,准所辟钱粮官。三年七月,丁忧。

赵希槻从事郎,嘉熙三年十一月到任。淳祐五年,奉圣旨典岳祠。

厉梦龙迪功郎,淳祐二年七月到任。五年八月满。

施　楝从事郎,淳祐五年八月到任。六年十二月,养亲离任。

詹元善儒林郎,淳祐七年四月到任,总领浙西、江东则赋,淮东准备。

俞　埙

王九龄

还朝序

周官三百六十,而盐人属诸天官,其任至专,其责至重,及考其所掌之政令,而郑司农,乃谓授入教所置是也。盖受入处置,一或失当,则为瘝官旷职,是岂容于不谨乎?海盐鲍郎盐场岁入三万六千五百石有奇,曩岁盐官兼领镇税,事务繁夥,赋课为难。嘉定庚辰,言路抗疏上俞其请,始诏特置颛员。吴兴朱君不卑小官,毅然发轫籥挟,日一定式程,井井有条,清夷不紊,三载考绩,课额独登,会镇有阙政,暂烦共二,且将几年,曾不以代庖,而有遄心,以文会友,以礼乡饮,以道理剖曲直,商旅阜通,闾里安辑。人皆曰所以幸吾邦者不浅。余谓记止是乎。亭民境壤与齐民接,挺私怙强,旧染成俗,亭民之谨畏者固不为,亭民之颉颃者不免也。齐民之恶少者所乐从,齐民之善良者不安也。君其爬罗事功以兴,君其导齐人心以格,亭民于是乎自爱,齐民由是以自适,又何其幸欤。虽然此亦迹尔,要以廉勤为本,以公恕为守,故君子观其终而后为不失,君今还朝其能以条画事,悉力而开陈之,则儒术之行天下自富,岂特此时已哉。姑叙概以示终誉。君名俯,字伯昂,中兴宰相之闻孙也,岁在甲申日丙戌,黄寅序。

秀野堂记

鲍郎盐场,镇旧廨也。廨西一堂,扁曰秀野。堂之外有青树翠蔓,凄神寒骨,如英隽之排列者;有龙蹲虎踞、岩崿霾霭,如珪璋之挺特者;有方台中址,蟠回诘曲,如前村后墅之通行者;有驯毛集羽,斜窥澹伫,如瓯吟越语之不羁者。堂之内有骚人墨客,献瑰吐琦,如壶鉴之清莹者;有牙签玉轴,裁绮纯绣,如河汉之美丽者;有米老诡画,岚溪烟峤,如夜窦秋色之旷逸者;有蔡邕焦桐,高山流水,如丛篁闻佩之邃幽者。堂之上遥岑寸壁,石剑泉绅,可梦而知中衡清淑之气。堂之下苍苔依砌,花影画帘,可醉而思枕簟入林之僻。云卷空舒,月桂霜蟾,天宇修眉,斗牛璀璨,时则三光五岳之气恍乎盈目;疏风暮雨,榕籁琴续,隔墙欢呼,樵牧倡应,时则千林万壑之窍洋乎盈耳。然则秀野得名宜哉,是名之立,嘉定癸未苕溪朱君俯始分专员扃之。未几,颓壁败雷,相继摧毁。越十五祀,姑苏周君应旂发铏退食慨曰:吾宁捐俸起废,可其仿例弗为。于是锄莠削芜,艺梅畚竹,重楹列牖,盖瓦级砖,丹如也。堂成乃芊奥寝,乃庀书宇,靡鸠靡敛,次第涂墍,视旧廨改观矣。虽然西峰秀野,不遇魏侯,家法名世,则传舍其官府,蕞尔亭民,榛芜莽没,于灵芝乎何有,今吾周君传山房之芳,拾世科之芥,故能不日之间而万木向荣,胸中丘壑,当不在魏侯下,肯使秀野专美西峰。嘉熙己亥夏五既望,竹窗常棠记。永议郎、新充两浙路转运司主常棣书。

鲍郎场政绩记

鲍郎催煎场，旧共澉浦政事，裕如也。自分创以来，局冷如冰，廪稍不足以供事育。庚子岁大歉，亭民相鬻肉自救，九灶不烟，幸活无几。宿奸陆梁，倒持莲勺，撞搪傲睨来者，当署涉笔嗫不敢问。催煎之职，至是难为矣。东阳厉君梦龙到官，庭空皂走，案卷尘芜，野废盘舍，醝火燼熄。上官朱黝纷来，自立不容顷，于是喟然曰：旱魃肆虐，饥馑荐臻，则盐不可催；衔勒宽纵，期会玩愒，则盐不可催；赂门乘机，洗手未口，则盐不可催。倚海筑场，刮壤聚土，暴咸钓卤，漏窍沥卤，三日功成。骤雨至则前功又废，催盐之职，重难如此。乃清苦检饬，奉公竭廉，戴月披星，锄狋狡蠹，尽心力而为之。复盐灶一所，复盐丁四十余户，复盐额一万六千八十七石有奇，一年而盐场之课额羡，所谓才全而能巨者也。田畴多芜，俾耕且耨，户百有余家，饥者得君之食。创亭中路，掘土甓砌，草场一十二井，渴者得君之浆。官浦不通六十余年，参度高低，疏浚约七百余丈。曝灰者得君之水，俶居者得君之地。省台剡荐，奖谕叠至，将以上幕奏辟，不曰有功于盐场乎哉？淳祐五年七月，澉人歌舞相告，谓厉君归矣。政诚不记，何以诏诸后？竹窗常棠遂书以记。

《绍定澉水志》卷之八

诗咏门

题金粟寺庵 通判军府　周　寿

清池带苍巘,结构俯林麓。扶疏竹外山,相向隔罗縠。老禅谢人境,岁晚收白足。谁聆跫然音,息隐尚争逐。通场作十劫,不愧桑下宿。定中观潮汐,绝事心已熟。

和前韵 知县事　徐嘉言

招提敞山岩,新庵隐岩麓。石沼引清流,风漪皱文縠。晴晖满虚室,一水含自足庵前有含晖亭。心明身晏闲,境寂谁寻逐。寒林带月行,夜榻和云宿。若欲问西来,一斋饱秋熟。

三里塘掐梅 监镇　叶　樾

扶疏不耐繁华,意足自然清绝。壁间幻出横斜,只欠纱窗明月。

弦风亭 监镇　赵潜夫

怪他蟹舍蚝房地,不是吟情住亦难。数尺短墙围昼寂,半钩疏箔障春寒。水生草满蛙鸣合,日薄花阴鹤梦安。底处青衫病司马,浩歌东望取琴弹。

税亭即事 监镇　曾　群竹岩

林居懒出二十年,试吏强书中下考。青山自觉见人羞,白发真成被官恼。葛山坐对日无聊,秦望闲看云却好。潮声自为诉不平,谁念诗人愁欲老。

题西湖水阁

判曹 常颉孙

倚湖松竹拥楼台,景物招人得得来。谁识我身非俗物,洞门深锁不容开。

游悟空寺二首

前 人

碧梧低地一声鹊,白鸟浮空三四鸥。潋墅湖边松石底,有人领略暮天秋。

晨出北湖头,午炊南山下。饭已撑叶挺,来访阿兰若。老僧荐茶瓜,徘徊檐日斜。趺坐烧石鼎,水香浮荇花。

游若山寺

适轩 常令孙

蒼卜花中鸢子飞,旌旗小队到招提。客车陆续毡重席,僧馔雍容藿间藜。文奕已先元墅夺,诗坛渐压鲁山低。归来醉步谁扶杖,月在牛栏西复西。

秦皇庙

竹窗 常棠

古庙三间矮棘丛,帝魂枉自气凌空。早知今日容身窄,前此阿房不作宫。

花婆井

前 人

一湾秋水浸香痕,涤尽山前万古尘。犹记当时老梳洗,淡妆明镜照眉颦。

《绍定澉水志》附录

《四库全书总目》卷六十八

《澉水志》八卷　浙江巡抚采进本。

宋常棠撰。棠,字召仲,号竹窗,海盐人,仕履未详。澉水在海盐县东三十六里,《水经》所谓谷水流出为澉浦者是也。唐开元五年,张廷珪奏置镇。宋绍定三年,监澉浦镇税修职郎罗叔韶使棠为志。凡十五门:曰地理、曰山、曰水、曰廨舍、曰坊巷、曰坊场、曰军寨、曰亭堂、曰桥梁、曰学校、曰寺庙、曰古迹、曰物产、曰碑记、曰诗咏,而冠以舆图。前有叔韶及棠二序,叙述简核,纲目该备。而八卷之书,为页止四十有四。明韩邦靖撰《朝邑县志》,言约事尽,世以为绝特之作。今观是编,乃知其源出于此。可谓体例精严,藻不妄抒者矣。

宝庆四明志

〔宋〕罗　濬等 撰

吴翊如　汪志华　王志邦 点校

《宝庆四明志》目录^①

---

①　本目录为《南宋文献集成》编者编。

《宝庆四明志》卷第三

《宝庆四明志》卷第四

《宝庆四明志》卷第五

《宝庆四明志》卷第六

《宝庆四明志》卷第七

《宝庆四明志》卷第八

《宝庆四明志》卷第九

《宝庆四明志》卷第十

《宝庆四明志》卷第十一

《宝庆四明志》卷第十二

《宝庆四明志》卷第十三

《宝庆四明志》卷第十四

《宝庆四明志》卷第十五

《宝庆四明志》卷第十六

《宝庆四明志》卷第十八

《宝庆四明志》卷第十九

《宝庆四明志》卷第二十

《宝庆四明志》卷第二十一

《宝庆四明志》整理说明

　　《宝庆四明志》共二十一卷。由南宋胡榘修,方万里、罗濬撰。四明即当时的庆元府,治今浙江省宁波市。编纂者方万里,生卒年不详,字子万,一作鹏飞,号蕙岩,严州(治今浙江建德东北)人。宋宁宗嘉定四年(1211)进士,曾任江阴军教授,宋理宗绍定五年(1232)知江阴军。罗濬,生卒年不详,庐陵(今江西吉安)人。官赣州录事参军。先是,乾道年间,明州知州张津开始纂辑《四明图经》,而搜采未备。宝庆三年(1227),焕章阁学士、通议大夫、知庆元府兼沿海制置使庐陵胡榘,复命校官方万里因《四明图经》旧本,重新加以增订。如唐刺史韩察之移州城、唐及五代郡守姓名,多据碑刻史传补入。其事未竟,遇到方万里赴调中辍。罗濬与胡榘为同乡,刚好到四明游览,胡榘遂请罗濬编纂《宝庆四明志》。

　　《宝庆四明志》成稿于绍定元年(1228),费时一百五十日。本书据《乾道四明图经》重加增订,依旧有体例,前十一卷为郡志,分《叙郡》《叙山》《叙水》《叙产》《叙赋》《叙兵》《叙人》《叙祠》《叙遗》九门,各门又分立四十六子目;第十二卷以后分志叙所属六县,即《鄞》《奉化》《慈溪》《定海》《昌国》《象山》各县志,每县俱自为门目,不与郡志相混。《四库提要》评其"叙述谨严,不失古法"。全志内容详备,并附有图,为后来修志者"据为蓝本,多采用焉"。

　　《宝庆四明志》首次刊行于绍定二年(1229),书内所涉及绍定以后的内容,系后人增益。《宝庆四明志》曾于元至正元年(1341)重刊,此后,宋刻本世所罕传。咸淳以后补刊的宋钞本,于清雍正八年(1730)开始流传。今有清《四库全书》本、咸丰四年(1854)徐氏烟屿楼校本、同治重刊本、《宋元四明六志》本等版本。1990年中华书局《宋元方志丛刊》即据《宋元四明六志》本影印,本书点校所用底本即为此本。

《宝庆四明志》序

　　四明旧有《图经》,成于乾道五年,盖直秘阁张公津守郡之三祀也。先是,大观初,朝廷置九域图志局,令州郡各编纂以进。明已成书,而厄于兵火,遂逸其传。三山黄君鼎得所藏,以献张公,乃俾僚属参稽,厘为七卷,而锓诸梓。然自明置州,至是四百三十二年,而城治之迁徙,县邑之沿革,人未有知其的者。唐刺史韩察实移州城,石刻尚存,于时且未之见,他岂暇详其哉!作者之难,固有俟乎述于后者也。尚书庐陵胡公,以宝庆二年被命作牧,上距锓梓之岁,甲子欲周,而竟未有述之者。越明年,政修人和,百废具兴,爰命校官方君万里,取旧《图经》与在泮之士重订之。未几,方君造朝,事遂辍。又明年,潜调官,迟次来谒,铃斋尚书俾专任斯责,因得与士友胥讲论,胥校雠,且朝夕质诸尚书。由孟夏迄仲秋,成二十一卷,图少而志繁,故独揭志名,而以图冠其首。考据之未精,搜访之未博,浅学其敢辞诮。而百五十日之间,用力亦劳矣。窃尝谓,道地图以诏地事,道方志以诏观事,古人所甚重也。图志之不详,在郡国且无以自观,而何有于诏王哉!欲知政化之先后,必观学校之废兴;欲知用度之赢缩,必观财货之源流;观风俗之盛衰,则思谨身率先;观山川之流峙,则思为民兴利。事事观之,事事有益,所谓不出户而知天下者也。今有司类窘簿书期会,问以图志之事,率曰是非所急,尚得谓之知务乎?尚书召还孔迩,执六典、八则之要,按九赋、九式之目,以佐圣天子经纶四海,则收图书固相业之一。天下之大,一邦之推尔,注意拳拳,有以也夫!从政郎、新赣州录事参军、庐陵罗濬叙。

编类文字府学学正　袁　藻

学录　刘叔温

直学　汪　辉

学谕　王　垌

学谕　缪　暹

学谕　蒋渊明

教谕　伍子献

教谕　楼　槃

斋长　余　楠

斋谕　夏　嚞

斋谕　李　采

重刻《宝庆四明志》序

　　唐世柳芳之史,烬于禄山之火,刘煦执笔以继之,遂成一代之典。逮欧、宋改作,则纪录森严,文章烜赫,于时大行,而煦之书废弛几绝。然笔削既加,损益交变,而详略互见,旁求广索者,亦或有取焉,故赖以不泯。于是《唐书》有新旧之称。四明有志久矣,而著述非一,可稽者惟宋乾道间郡守张津重缉,大观初所编为七卷,及宝庆间庐陵罗濬复演为二十有一,而各以图冠其首。国朝袁翰林桷命十有二,考以成书,盖变体也。文富事明,气格标异,诚为奇特,乃大掩前作。然濬之书讵可全废哉?俾与《旧唐》为徒,以备参考,亦自有补,乃命梓刻于郡学。至正改元仲夏末旬月,真定赡思序。

《宝庆四明志》卷第一 〔宋元四明六志第十三〕

郡志卷第一

叙 郡上

沿革表

	郡	县	属
夏	越国禹葬会稽,少康封庶子无余于其地以奉庙祀,号於越。见《史记·世家》。以汉之句章、鄞、鄮皆属会稽郡,则是时此地属越可知。		扬州《禹贡》淮海惟扬州。释者谓北据淮,南距海。则自海以北者,皆扬州也。
商	越国		扬州
周	越国无余之后二十余世,至句践,当元王时,灭吴,欲置吴王甬东。杜预曰:甬东,会稽句章县东海中洲也。句践七世孙无彊,当显王时,为楚威王所灭,尽取故吴地至浙江。越以此散,诸族子争立,或为王,或为君,滨于江南海上,服朝于楚。楚地至浙江而止。句章、鄞、鄮之地,越子孙尚分有之。见《史记·世家》。		扬州

秦	会稽郡《史记·本纪》:始皇帝二十五年,王翦定荆江南地,降越君,置会稽郡。	句章 鄞 鄮按:《汉·地理志》,郡仍秦而县或汉所创置者,皆著其始,如河南之新成,河内之获嘉是也。若郡、县皆仍秦,则只于郡下注秦置而已。会稽郡既秦置,则三县皆秦置可知。	
汉	荆国高帝六年建,刘贾王。 吴国高帝十二年建,刘濞王。按:《汉书·本纪》:以故东阳郡、鄣郡、吴郡五十三县立刘贾为荆王。贾死,以立濞。刘攽曰:吴非秦郡。然按濞本传,削吴、会稽、豫章郡书至。岂非指会稽为吴郡乎?然则句章、鄞、鄮属荆吴可知矣。	句章东部都尉治。 鄞东部都尉治。 鄮武帝灭东越,以其地立东部都尉治,后徙章安。成帝阳朔元年,又治鄮。或有寇害,复徙句章。	扬州武帝分十三部,以刺史察郡,此其一也。
	会稽郡景帝四年复为郡。按:《地理志》本郡注:景帝四年属江都。然广陵注,江都易王非、广陵属王胥皆都此,并得鄣郡而不得吴。参考表、纪、传,江都废在元狩二年,而严助发会稽兵,为会稽守,已在建元间,则王濞国除之后,句章、鄞、鄮自属会稽郡无矣。		
东汉	会稽郡郡本治吴。顺帝始分置吴郡,治吴;会稽郡始治山阴。	句章 鄞 鄮	扬州
吴	会稽郡按:《吴志》:孙策自领会稽太守。是时策自历阳渡江,转斗,乃渡浙江,据会稽。是会稽郡仍治山阴也。策死庐江,曹操表其弟权领会稽太守,乃遥领尔。其后孙亮尝分会稽为建安郡,孙皓又尝分为东阳郡,而会稽领句章、鄞、鄮自若。	句章 鄞 鄮	扬州

晋	会稽郡 会稽国东晋简文帝始王。及徙琅邪王,子昌明王。太元十七年,道子王。大抵置郡建康,而以内史领国事。义熙元年,又封临川王子修之为王。	句章 鄞 鄮	扬州
宋	会稽郡武帝永初二年罢府,复为郡。	句章 鄞 鄮	扬州孝武帝孝建元年,立东扬州统会稽、东阳、新安、临海、永嘉五郡。大明三年,以扬州所统六郡为王畿,而东扬州直为扬州,以豫章王子尚为刺史,加都督。八年冬,复以王畿诸郡为扬州,而扬州还为东扬州。景和元年,省东扬州,并扬州。
齐	会稽郡	句章 鄞 鄮	扬州
梁	会稽郡	句章 鄞 鄮	东扬州武帝普通六年,复以会稽、东阳、新安、临海、永嘉五郡及建安、晋安二郡立东扬州。陈霸先、陈蒨皆以都督领会稽太守。
陈	会稽郡后主少子庄尝王之。	句章 鄞 鄮	东扬州武帝永定三年,省东扬州并扬州。文帝天嘉元年,以徐度都督会稽等九郡、镇东将军、会稽太守。三年,以会稽、东阳、新安、临海、永嘉、新宁、晋安、建安八郡置东扬州,王伯茂为镇东将军、东扬州刺史。
隋	会稽郡炀帝大业初为越州。三年,复为郡。	句章高祖开皇九年,平陈,并余姚、鄞、鄮三县入。	扬州平陈后,改东扬州曰吴州,置总管府。大业初,废总管府,置扬州刺史。

唐	明州。余姚郡高祖武德四年，析句章县置姚州、鄞州。七年，废姚州入余姚县。八年，废鄞州为鄞县，并隶越州。明皇开元二十六年，以鄞县置明州，郡曰奉化，统鄞、奉化、慈溪、翁山四县。天宝元年，改明州为余姚郡。肃宗至德二年，复为明州。代宗广德二年，益以象山县。大历六年，省翁山。皇朝建隆中，鄞令金翊《纂异记》谓唐开元改鄞为明，郡名奉化。盖唐初虽改郡为州，又各有郡名，以备封爵。睦州本遂安郡，天宝元年，更名新定。奉化之更余姚，正类此。《地理志》只曰明州余姚郡，记载未详。余姚实隶越州，故其后不称余姚而称奉化也。	鄞见上明翊注。 奉化开元二十六年，析鄞县置。 慈溪析鄞县置。 象山中宗神龙元年，析宁海及鄞置，隶台州。代宗广德二年来属。	江南东道采访使治苏州 浙江东道观察使治越州武德四年，越州置总管府。七年，改为都督府。太宗贞观元年，分十道，越州督越、婺、泉、建、台、括六州，隶江南道。睿宗景云二年，分二十四都督府，越督十州，定为中都督府。既而罢之。开元二十一年，置十五采访使，继置明州，则隶江南东道采访。乾元元年，置浙江东道观察使。大历十一年废。德宗建中元年复置，二年复废，贞元三年复置。
五代	明州。望海军《国朝会要》：唐浙东观察使钱镠置望海军。	鄞《舆地广记》曰：五代时，改鄞为鄞。《通鉴》天禧元年，诏放慈溪、鄞县陂湖课额。此县为鄞之证也。《寰宇记》成于太宗皇帝时，尚称鄞县，则鄞之改鄞，当在太宗之后矣。《会要》记州县升降废置，独不及此，岂《寰宇记》误乎？考《吴越备史》，钱氏时已称鄞县。今姑以《舆地记》为据，若旧经云开元二十六年改鄞为鄞，则非也。 奉化 慈溪 象山 定海海塸之地，唐置望海镇。元和十四年，以薛戎言，不隶明州。吴越王钱镠复置静海镇。梁开平二年，置望海县，随改定海。	吴越国唐末以来，钱氏四世王之，明其一郡也。

国朝	庆元府 奉国军 奉化郡 沿海制置使建隆元年,改望海军为奉国军,钱亿、钱惟治相继为节度使。吴越纳土,始用文臣为知州。奉国军节度使又兼观察使、处置等使,然率遥领。政和以来,又遥承宣使,皆非知州所带衔也。奉化郡则仍为封爵,或以知州兼观察使,则非奉国军观察使,印文曰明州内观察使之印。熙宁四年,少府监重铸,至今存焉,盖不常置。中兴以来,或以知州兼管内安抚使,或兼两浙东路兵马钤辖,随置随罢。绍兴三年,置沿海制置使,以守兼之。八年,以绍兴知府兼。十年仍旧。十二年罢。隆兴元年,复置。宁宗皇帝在藩邸,遥领明州观察使。既登宝位,升州为庆元府。旧领节度使者,虽不临州,而州有奏牍公文,则知州衔前仍具节度使衔,而于衔下书"在京"二字。既升府后,省去,盖朝省无复关报故也。	鄞 奉化 慈溪 象山 定海 昌国熙宁六年析鄞县置。	浙东安抚使,治越州。初,钱氏国除,杭守带钤辖提举两浙路州军兵甲盗贼。而浙东限涛江,议者以为非杭所能兼领。皇祐三年二月,始分两浙为东、西两路,杭、越守臣各兼本路屯口驻泊兵马钤辖。宣和二年,有方腊之变。五月己亥,臣僚言睦贼猖獗,已见平靖,虑班师之后,余孽尚在,乞以杭、越知州并兼本路安抚使,此浙东安抚使之始也。

沿革论

庆元府,《禹贡》扬州之域,秦会稽郡句章、鄞、鄮三县地也。初,夏后禹东巡狩,至大越,朝诸侯,上苗山,大会计,更名其山曰会稽,崩而葬焉。少康封庶子无余一名夫余。于其地,以奉庙祀,是为越国。句章、鄞、鄮隶为采邑,未著名也。历商及周二十余世,至句践,结怨于吴,吴击之,败,保会稽,使大夫种行成。吴复封之地,广百里,东至于鄞。事见《国语》。既返国,坐卧仰胆,拊循士民,期以报吴,卒灭之,欲置吴王甬东,君百家,则今昌国是已。由是境土大拓,号称霸王。七世至无彊,为楚所灭,楚尽取故吴地至浙江。江之东南,越子孙尚分有之。秦灭楚,降越君,置会稽郡,句章、鄞、鄮始建县。汉初,刘贾、刘濞更王,则县隶荆、吴。吴国除,乃复隶会稽郡。顺帝永建四年,分浙江以北置吴郡,而句章、鄞、鄮隶会稽自若也。三国鼎峙,孙氏首据会稽,略平江东,间命功曹或丞行会稽太守事,每以萧何关中之任属之。历晋、宋、齐、陈,会稽或为国,或为郡,而三县未有更革。隋开皇九年,始并余姚、鄞、鄮入句章,隶会稽郡。大业初,隶越州。三年,复隶会稽郡。唐武德四年,析句章置姚州、鄞州。七年,废姚州,入余姚。八年,废鄮州为鄮县,并隶越州。开元二十六年七月十三日,从采访使齐澣之请,以鄮县置明州。盖扬州之山镇曰会稽,而四明山乃会稽之别,此州所以得名也。天宝元年正月二十日,改余姚郡。至德二年十二月二十日,复为明州。大抵郡曰太守,州曰刺史,名异实同。刺史之权,非复如汉之部刺史。置州之时,名郡曰奉化,则以备封爵,又非太守所称郡也。州治鄮县,在阿育王山之西,鄮山之东。自鄮州废为鄮县,乃在今州治,非古鄮治矣。《唐书·地理志》鄮县注曰:小江湖在南二里,广德湖在西十二里,仲夏堰在西南四十里。所谓小江湖,即今日湖,又曰细湖,其地实为小江里。盖自析句章为鄮州时,已治此矣,后乃废州为鄮县。旧志谓大历六年州始移治于此,未之考也。长庆元年,刺史韩察欲移州城,以白浙东观察使薛戎。戎上言,明州北临鄞江,地形卑隘,请移明州于鄮县置,而以州旧城近南高处置县。从之。见《唐会要》及《移城记》。州初置时,领县四,曰鄮、曰翁山、曰奉化、曰慈溪,要不出秦三县之境。虽郡名余姚,而余姚县则仍隶越州。广德二年,益以象山县。大历六年省。翁山海埌,旧置望海镇。元和十四年,从薛戎言,不隶明州。唐元和十四年八月,浙东观察使薛戎奏准,敕诸道所管支郡,别置镇遏守捉兵马者,宜并属刺史。其边徼溪洞,接连蛮夷之处,特建城镇者,则不在此限。今当道望海镇,去明州七十余里,俯临大海,与新罗、日本诸番接界,请据敕文不隶属明州。许之。钱镠奄有吴越,以明州为节镇,置望海军。又更望海镇曰静海镇。寻置望海县,梁之开平三年也。未几,改县曰定海,鄮县亦改为鄞。汉乾祐二年,钱俶命其弟亿判明州。圣宋受命,建隆元年,升为奉国军,授亿为节度使。《会要》载,建隆二年,改奉国军。按:崔仁冀撰钱亿墓碑云:建隆元年,敕公为奉国军节度使。碑文成于乾德五年,乃吴越未纳土之时也,首末甚详,当以碑文为据。高闶撰《九经堂记》云:艺祖受命,纪元建隆,钱俶首奉表称臣职。既又以其弟亿守四明,积十二年,为之请命,有诏宠以奉国军号,命亿为节度使,误也。开宝八年,又命俶子惟治领之。见《通鉴》。太平兴国二年,吴越王纳土,归图籍十有三州,而明居其一。朝廷改授惟治镇国军节度使。自是始用文臣为知州。熙宁六年,析鄞东之海中洲富都等三乡创立昌国县,而明之属县凡六矣,在唐为上郡。大观元年,始升为望,曾任监司、郎官、卿少以上,乃得调守,见《会要》。重之也。高宗皇帝驻跸吴会,明、婺俱为要郡。见《会要》。而明州控扼海道,绍兴三年,置沿海制置使以镇之,然置罢犹不常。详见官僚门。隆兴元年,始为定制。从臣以上知州,皆领使职;散官知州,则兼沿海制置司公事,温、台、明、越其属也。国初,有以知州兼管内观察使者。印言熙宁四年重铸,则熙宁以前固有之,不常置尔。中兴以来,有兼管内安抚使者,有兼两浙东路兵马钤辖者,特一时权宜。奉国军节度使又兼观察处置等使。见《会要》。吴越纳土之后,率遥领。政和以来,又置承宣使,皆非知州所带衔也。宁宗皇帝在藩邸,领明州观察使。既登宝位,先改元庆元,元年十一月二十四日,降旨升州为府,以所改元名之,曰庆元,而守曰知军府事。凡支郡必有总会,自汉分十三部,以刺史察郡,句章、鄞、鄮隶会稽郡,则属扬州。宋、齐以来,或属东扬州。隋初,改吴州总管,或属都督,或属江南道。最后,浙东观察使实领明、越诸州,以属江南东道采访使。钱氏称王,则明为吴越属州。国朝诸监司,废置不常。今有转运使,有提点刑狱,有提举常平茶盐。而安抚使治越州,为浙东会府,自宣和二年始也。

境　土

东至海岸一百四里,自海岸二百五十里方出海洋,至石马山凡两潮,约六百里,为本州之界。

西至本州界一百二十里,以慈溪县之西金川乡桐下浦为界。自界首至绍兴府一百九十五里。

南至本州界一百四十六里,以奉化县南松林乡栅墟岭为界。自界首至台州二百四十里。

北至海岸六十二里,自海岸至苏州洋二百二十里,其分界处系大海,即无地里相距。自界首至平江府一千五百里。

东南到海岸一百十二里,自海岸泛大海八百三十八里,至海中锯门山为本州之界。

西南到本州界一百三十六里,以奉化县松林乡杉木岭为界。自界首至台州宁海县七十里。

东北到海岸七十二里,自海岸泛大海一千二十八里为本州之界。

西北到本州界一百五里,以慈溪县鸣鹤乡双河为界。自界首至绍兴府二百五十五里。

本州在东京之东南,以《九域志》考之,至东京二千六百八十里。今自本州迎恩驿挨排,沿路经过州县驿程,至东京都亭驿实计二千五百二十八里二百四十有五步。

至行在所四百七十六里。内渡浙江,折八十里。

分　野

《周礼》保章氏以星土辨九州之地所封,封域皆有分星,以视吉凶。班固志地理,谓吴地斗分野,既以会稽为吴分矣。又云:越地牵牛婺女之分野。其君禹后,少康之庶子,封于会稽。《后汉志》曰:自斗十一度至婺女七度,一名须女,曰星纪之次。于辰为丑,吴越分野。《晋·天文志》曰:自南斗十二度至须女七度为星纪,于辰为丑,吴越分,属扬州。大抵越与吴同壤,故论封域者,率总言之。汉永嘉中,岁星、荧惑、太白聚牛女之间,识者以为吴、越之分。其后孙策、孙权实有江左。晋太元间,苻坚将入寇,石越对曰:"今岁在吴分,天道不顺。"已而果败去。及陈叔宝将亡,有星孛于牵牛。以此考之,牛女之分,吴、越固同之矣。然按《左传》昭公三十二年夏,吴伐越,史墨曰:"不及四十年,越其有吴乎?越得岁,而吴伐之,必受其凶。"是越之与吴,又自有异分也。《晋志》又曰:会稽入牛一度。《春秋元命包》:牵牛流为扬州,分为越国。虞翻曰:"会稽上应牵牛之宿,当少阳之位。"明为会稽之东部,亦应牵牛之宿者欤?

风 俗

《舆地广记》曰:淮海惟扬州,人性轻扬而尚鬼,好祀。《晋·地理志》曰:江南之地躁劲,厥性轻扬。亦曰州界多水,水波扬也。《会稽志》曰:其民勤于身,俭于家,奉祭祀,力沟洫,有禹之遗风焉。《汉·地理志》曰:吴、越之君皆好勇,故其民至今好用剑,轻死易发。《宋书》史臣:会土带海傍湖,良畴数十万顷,膏腴上地,亩直一金,鄠、杜之间不能比也。《隋·地理志》曰:会稽数郡,川泽沃衍,有海陆之饶,珍异所聚,故商贾并凑。其人君子尚礼,庸庶淳庞。故风俗澄清,而道教隆洽,亦其风气所尚也。孙策命虞翻以功曹为吾萧何,守会稽。晋元帝亦谓诸葛恢曰:"今之会稽,昔之关中。"其富实概可知矣。明得会稽郡之三县,三面际海,带江汇湖,土地沃衍,视昔有加古。鄮县乃取贸易之义,居民喜游贩鱼盐,颇易抵冒,而镇之以静,亦易为治。南通闽、广,东接倭人,北距高丽,商舶往来,物货丰溢。出定海有蛟门、虎蹲,天设之险,实一要会也。高宗驻跸吴山,明为甸畿。孝宗命元子保厘,礼俗日盛,家诗户书,科第取数既多,且间占首选,衣冠文物,甲于东南。记曰:广谷大川,异制民生,其间异俗。俗诚异也,转移之则系乎人尔。

濒海多飓风,《南越志》云:飓者,具四方之风也。常以五、六月发。未至时,鸡犬为之不鸣。《岭表录》云:秋、夏间有晕如虹者,谓之飓母,必有飘风。小坡苏过叔党赋云:断霓饮海而北指,赤云夹日而南翔,此飓之渐也。发则排户破牖,殒瓦擗屋。礧击巨石,揉拔乔木。势翻渤澥,响振坤轴。鼓千尺之清澜,襄百仞之陵谷。济之以雨,尤为可畏。禾已花实而值之,则阖境绝惠,俗之所当备也。

郡 守

有土此有守,宰制之权,教化之枢于是乎属。既列郡之沿革及境土、分野、风俗，宜以守次之。

唐旧志不载。

秦舜昌开元置州，首为刺史，见《会要》。

吕延之自明州迁越州刺史，见《会稽志》。

裴儆大历六年刺史，八年罢。王密撰《纪德碣》，词曰：皇唐御神器一百四十二载，海隅小寇，结乱瓯越，句章雁灾逾苦，井邑焚燕，道骸积而不掩，生民仅有存者。天子哀之，乃命长安令河东裴儆殿兹邦。一年而惊逋复，田畴辟，茨塾兴，然后以礼义利物之教教之。三年，俗为邹鲁，长幼各得其宜。碣词，李阳冰书，字最奇古。建炎三年，毁于兵。绍兴间，守仇念得诸榛莽，重刻之。开禧间，守李景和又重刻，今在设厅。按：袁晁陷明州，以广德二年伏诛。唐兴一百四十二载，当乾元二年，未有袁晁之乱也。考《慈溪香山寺碑》，裴儆为请寺额，在大历八年，则裴与崔乃以此年相接守郡。逆计之，裴当以大历六年到郡矣。"四十二"合作"五十四"，碣文重刻，失其真也。

崔殷大历八年刺史，记董孝子祠。

王密大历中刺史，有惠政，民到今思之。李舟为碑记，竟失其传。公以大历十四年，自湖州刺史授越州刺史，兼浙东节度副使，乃撰裴儆纪德之碣云"余忝蹑高踪"，则必承崔殷之后。碣文谓海裔难理，裴公中庸清静之德，感天人也深。以公之称裴如此，其为政可知矣。

赵恒

李长两刺史。并见《慈溪香山智度寺真应大师行状碑》。

王沐缑之曾孙。贞元四年刺史。立夫子庙。见庙碑。

任侗贞元九年刺史。增修广德湖，溉田四百项。见《地理志》。

韩察滉之孙。长庆元年刺史。易县治为州治，撤旧城，筑新城，功大而民不知役，费广而用不厉民。见韩杼材所撰《移城记》。

应彪长庆三年刺史。建浮桥，跨江五十五丈。

李文孺大和三年刺史。修浮桥。见曾从龙所撰《浮桥记》。

于季友大和六年刺史。筑仲夏堰，溉田数千项。见《地理志》。

张次宗会昌中刺史。见所撰《鲍郎庙碑》。

李敬方大中初刺史。请复开元寺。

殷僧辨建开元寺千佛殿。

李休古大中间刺史。衔命除贼安民。十四年，除比部郎中，兼侍御史，记府学。见《文宣王庙碑》侧。

李伉咸通六年刺史。建五龙堂。

崔琪咸通十五年刺史。见所撰《心镜大师塔铭》。

刘文中和二年刺史，自台改授。见《赤城志》。

羊僎黄晟墓碑作"羊"，《吴越备史》作"杨"。

钟季文

黄晟佐理推忠去伪功臣、镇东节度行军司马、金紫光禄大夫、检校太子太傅、持节明州诸军事、守明州刺史、兼御史大夫、上柱国、江夏县开国子、食邑五百户。晟,鄞人也。僖、昭之间,盗贼蜂起,晟结群豪,迁奉化都护防遏兼伙飞都副兵马使。羊没,钟季文继之。钟没,众乃戴晟摄守,讨平邻寇,保护乡井。是时董昌、钱镠更王,晟皆善事之,表奏为真。创筑罗郭浮桥,毁于寇,复新之,境内以安,历年二十。终于梁之开平三年正月,与母齐氏、妻周氏俱葬于鄞县之隐学山中。事见墓碑。

五　代　旧志不载。

沈承业梁贞明二年刺史。建城隍庙。

钱铧吴越王镠之弟。

钱元球镠之子,贞明三年刺史。敕赞正安国功臣、镇海军上右厅都指挥使、兼土客诸军安抚使、金紫光禄大夫、检校司徒。

钱传瓘镠之子。唐同光二年刺史。有惠政,卒于官。

钱元珦镠之子。以顺化军节度为刺史,同光四年罢。

仰诠以镇海军兴武开道诸军都指挥使、检校太子少傅为刺史。晋天福四年,加同平章事,充宣州宁国军节度使。

阚燔开运二年刺史。以上六刺史,并见《吴越备史》。

钱亿吴越王俶之弟。汉乾祐二年五月,判明州诸军事。见碑铭。

国　　朝

钱亿建隆元年,以节度使、持节明州事请于朝。浚广德湖,筑塘岸,周围一万一千八百七十一丈。它山堰损坏不可修,跪请于神,增筑全固。乾德五年二月丁卯,卒于官,谥康宪,葬奉化白石里。

钱惟治吴越王俶之子。开宝八年,以节度使持节。太平兴国三年,迁镇国军节度使。

王素太平兴国五年,大中大夫、行太子中允权知。见雪窦山瀑布禅院主事石刻。旧志不载。

徐休复太平兴国六年。见《会要》。旧题名不载。

赵易知太子赞善大夫。太平兴国年。石碑名易之。

钱象先太常博士。雍熙年。

陈矜侍御史。端拱中。

孙扶吏部郎中。端拱年。

邱崇元淳化年。浚广德湖。

陈充殿中丞。淳化年。

胡旦秘书监。淳化年。

凌景阳度支员外郎。淳化年。

鲍当职方员外郎。至道年。

徐继宗司封员外郎。至道年。

丁顾年库部员外郎。咸平年。石碑名顾言。

王腤虞部员外郎。大中祥符年。

苏耆户部员外郎。大中祥符年。

范讽祠部员外郎、直史馆。大中祥符年。

康孝基太常博士。大中祥符年。

刘绰太常博士。大中祥符年。

李夷庚吏部员外郎、直史馆。天禧年知。浚东钱、广德二湖,移建州学。

燕肃司封员外郎。天圣年。

曾会朝奉大夫、尚书刑部郎中、充集贤殿修撰、知军州,兼市舶管内劝农事、上护军、赐紫金鱼袋。天圣二年到任,见葛周所撰《慈溪香山寺十方碑》。前守曰郑,不得其名。

刘赜司封员外郎。天圣中。

张交司封员外郎。明道年。

李照刑部员外郎。明道年。

林殆庶屯田郎中、集贤校理。景祐中。

徐起太常少卿。景祐年。

张弅司封员外郎。景祐年。

席平太常少卿。景祐年。

李制侍御史。宝元年。

鲍亚之兵部郎中。康定中。

钱延年工部郎中、集贤校理。庆历年。

陆轸工部郎中、直史馆。庆历年。石碑名修。

王周司封郎中。庆历年知。土人也。

范思道户部郎中、直龙图阁。庆历年。

沈扶祠部员外郎。庆历中。

孙沔皇祐三年,以龙图阁直学士知。见《通鉴长编》及王岐公所撰墓志。旧志不载。沔世家奉化县,后徙会稽。时母丧新除,起为陕西都转运使。沔未欲远去坟墓,丐知明州,许之。寻徙徐州。

安积度支郎中、秘阁校理。皇祐中。

吕昌龄金部郎中。皇祐中。

沈同工部郎中。至和中。

齐廓兵部郎中、秘阁校理。嘉祐中。

鲍轲工部员外郎。嘉祐中。

钱公辅太常博士、秘阁校理。嘉祐中。

郎玘工部郎中。嘉祐中。

李思道兵部郎中。治平年。

俞昌年兵部郎中。治平年。

苗振光禄卿。熙宁初，以知明州致仕，鸠材为堂，联舟载归郓州，且多置田产。王达作诗曰：田从汶上天生出，堂自明州地架来。句传京师。时王安石当国，闻之，遣御史王子韶廉其事于明州，起大狱治之，振竟贬斥。见《续通鉴》。

王罕卫尉卿。熙宁三年，以岁饥多盗，乞降度牒修城。王安石当国，以非急务，不许。

赵诚太常少卿。熙宁五年，坐所举李守蒙监秀州海盐监，以赃败，夺一官，勒停。

李綖户部郎中、秘阁校理。熙宁六年。

李定集贤阁修撰。熙宁八年。

曾巩度支员外郎、直龙图阁。元丰元年。

王晦曾任宗正少卿。元丰五年。

马珫曾任左司员外郎。元丰七年。

王汾直龙图阁。元祐三年。

韩宗道曾任司农少卿。元祐年。

李萃曾任兵部郎中。元祐年。

李闶曾任虞部郎中。元祐年。

王子渊曾任光禄少卿。元祐年。

张修曾任太府少卿。元祐年。

刘淑曾任户部郎中。元祐二年。

吕温卿曾任军器少监。元祐年。

姚勔宝文阁待制。绍圣年。

刘珵曾任户部郎中。绍圣年。

王子韶集贤殿修撰。绍圣年。

刘珵绍圣年。

叶涛曾任起居舍人。绍圣年。

韦骧曾任户部郎中。元符年。

陆傅曾任户部员外郎。建中靖国年。

王资深集贤殿修撰。崇宁年。

叶棣曾任吏部员外郎。崇宁年。

吕昌龄朝奉郎、尚书金部员外郎、知军州、兼市舶务管内劝农事、上护军、借紫。大观三年在任。重刻张次宗所撰《鲍君祖庙记》。旧志不载。

彭休曾任吏部员外郎。大观年。

白同曾任刑部郎中。大观年。

钱景逢曾任户部郎中。大观年。

宋康年曾任户部郎中。大观年。

陆傅曾任户部郎中。大观年。

檀宗旦曾任太仆少卿。大观年。

蔡肇显谟阁待制。政和年。

李图南显谟阁待制。政和年。

吕淙曾任军器少监。政和年。

周秩集英殿修撰。政和年。

周邦彦直龙图阁。政和五年。

毛友显谟阁待制。政和六年。

楼异徽猷阁待制。政和七年知。异,明人也。任满,命再任。睦寇猖獗,蹂践邻郡,异备御有方,六邑无犯。

李友闻直龙图阁。宣和四年。

蒋彝直秘阁。宣和四年。

蒋猷徽猷阁直学士。宣和四年。

赵亿右文殿修撰。宣和六年。

魏宪显谟阁直学士。宣和七年。

李弼孺直秘阁。宣和八年。

李友闻集英殿修撰。宣和八年。

苏携直龙图阁。建炎元年。

金受直秘阁。建炎二年。

沈晦集英殿修撰。建炎三年。

张汝舟直秘阁。建炎三年。

刘洪道建炎四年,金寇至,弃城遁。寇退,返,斸民间窖藏以献。贬秩,罢。详见《叙遗》。

向子忞直秘阁、兼管内安抚使。建炎四年。

张汝舟直显谟阁、兼管内安抚使。建炎四年。

吴懋直秘阁、兼两浙东路兵马钤辖。建炎四年八月初四日到任。

陈戬宝文阁待制、兼两浙东路兵马钤辖。绍兴元年十二月十五日到任。

陆长民直秘阁、兼两浙东路兵马钤辖。绍兴二年八月十五日到任。

李承造直龙图阁。绍兴三年三月初二日到任。

郭仲荀检校少傅、庆远军节度使、兼沿海制置使。绍兴三年十月十三日到任。

仇悆徽猷阁待制、兼沿海制置使。绍兴五年八月十五日到任。兵火之余,首复州学,与乡士大夫行乡饮之礼。

周纲直龙图阁、兼主管内安抚司公事。绍兴八年二月十三日到任。

潘良贵集贤殿修撰、兼主管内安抚司公事。绍兴八年六月初九日到任。

仇悆徽猷阁待制、兼沿海制置使。绍兴十年六月十八日到任。

梁汝嘉宝文阁学士、兼浙东沿海制置使。绍兴十一年八月十三日到任。十二年十一月,除提举江州太平观。

莫将敷文阁学士、左朝请郎。绍兴十二年十一月二十四日到任。十四年十一月,除提举江州太平观。

秦棣敷文阁待制。绍兴十五年正月初二日到任。十七年四月,除知宣州。

徐琛右中奉大夫、充敷文阁待制。绍兴十七年四月二十六日到任。二十年四月初十日,除知平江府。

曹泳右朝请大夫、直徽猷阁。绍兴二十年五月初三日到任。二十二年六月十九日,除知绍兴府。

韩琏右奉直大夫、提举两浙路市舶、兼权知明州。绍兴二十二年七月初三日到任。二十三年三月初七日,除两浙运判。

李庄右中奉大夫、直显谟阁。绍兴二十三年四月初二日到任。十二月十二日,差提举台州崇道观。

王会敷文阁直学士、右朝请郎。绍兴二十四年六月二十五日到任。二十五年五月初十日,改除兵部侍郎。

李沆右朝请大夫。绍兴二十五年六月二十九日到任。七月二十五日致仕。

方滋右朝请大夫、直敷文阁。绍兴二十五年九月二十八日到任。十二月初一日罢任。

王俣左朝议大夫。绍兴二十五年十二月二十六日到任。二十六年九月十八日赴召。

姜师仲左朝请大夫、直秘阁。绍兴二十六年十二月十四日到任。二十八年八月二十六日,差主管台州崇道观。

赵善继右朝散大夫、直秘阁。绍兴二十八年十月初八日到任。二十九年六月二十六日罢任。

张俣右中奉大夫、充秘阁修撰。绍兴二十九年七月十一日到任。三十年六月初五日,除提举台州崇道观。

沈该特进、观文殿大学士。绍兴三十年七月十三日到任。三十二年闰二月十三日致仕。

韩仲通敷文阁直学士、右正议大夫。绍兴三十二年闰二月二十三日到任。隆兴元年五月二十九日,除知绍兴府。

赵子㴄龙图阁直学士、左通议大夫、兼沿海制置使。隆兴元年六月初三日到任。二年六月初八日,除知福州。

赵伯圭敷文阁直学士、右奉议郎、兼沿海制置使。隆兴二年十月十八日到任。至乾道二年十二月十八日再任。三年三月二十四日,丁母忧罢任。

张津右朝散大夫、直秘阁、兼主管沿海制置司公事。乾道三年五月十五日到任。五年五月十五日,被命再任。

赵伯圭龙图阁学士、右朝请郎、兼沿海制置使。乾道五年十月初五日到任。八年三月十三日再任。淳熙元年十一月初九日,改除宫观。

皇子魏王永兴成德军节度使、雍州牧、开府仪同三司、兼沿海制置。淳熙元年十二月十七日到任。七年二月初七日薨背。

范成大中大夫、兼沿海制置使。淳熙七年三月二十一日到任。八年三月二十一日,除端明殿学士、知建康府。

赵益武德大夫、文州刺史、浙东提点刑狱公事,被旨兼权,淳熙八年闰三月初五日到任。四月十一日,交割回司。

谢师稷朝散大夫、秘阁修撰、兼主管沿海制置司公事。淳熙八年四月十一日到任。九年十月十三日赴召。

杨獬以司农少卿除直显谟阁。淳熙九年十一月二十三日到任。十一年四月二十一日,知宁国府。

赵师夔朝奉郎、充敷文阁待制、兼沿海制置使。淳熙十一年十月十三日到任。十三年七月初九日,改差知平江府。

耿秉朝奉郎、秘阁修撰、兼主管沿海制置司公事。淳熙十三年八月初十日到任。九月二十七日,请朝假。

延玺武功大夫、高州刺史、权两浙东路提点刑狱公事,被旨兼权,淳熙十三年十月十六日到任。十二月二十三日,交割回司。

岳甫朝奉郎、兼主管沿海制置司公事。淳熙十三年十二月二十四日到任,以本路提举常平司除。十五年十一月二十五日,除尚左郎中。十六年三月二十七日,交割起发。

林栗中奉大夫、集英殿修撰、兼沿海制置使。淳熙十六年三月二十七日到任。在任除焕章阁待制。绍熙元年八月二十五日,差提举江州太平兴国宫。

程大昌宝文阁直学士、宣奉大夫、兼沿海制置使。绍熙元年十一月初三日到任。初八日宫观。

林枅朝请大夫、直焕章阁、兼主管沿海制置司公事。绍熙二年正月六日到任。十月,内除直徽猷阁、知福州。

虞俦朝奉大夫、权两浙东路提点刑狱公事,被旨兼权,绍熙二年十二月初二日到任。二十九日,交割回司。

高夔朝散大夫、右文殿修撰。绍熙二年十二月二十九日到任。三年十二月初八日,改除边郡。

朱佺中奉大夫、直徽猷阁、兼沿海制置司公事。绍熙四年二月二十日到任。

何澹焕章阁学士、大中大夫、兼沿海制置使。绍熙四年十二月十一日到任,转至通奉大夫。庆元元年六月十六日赴召。

林大中朝散大夫、焕章阁待制、知庆元军府、兼沿海制置使。庆元元年八月十三日到任。二年十一月初七日满。

李大性朝散大夫、两浙东路提点刑狱公事,被旨兼权,庆元二年十一月十七日到任。三年二月初九日,交割回司。

吴琚太尉、镇安军节度使、兼沿海制置使。庆元三年二月初九日到任。十月二十三日,赴行在奏事。

郑兴裔保静军承宣使、兼沿海制置使。庆元四年三月十七日到任。五年四月初五日,乞致仕,奉旨除武泰军节度使,依所乞。

俞丰朝请大夫、直秘阁、两浙东路提点刑狱公事,被旨兼权,庆元五年七月十七日到任。八月十七日,交割回司。

陈杞大中大夫、徽猷阁待制、兼沿海制置使。庆元五年八月十七日到任。嘉泰元年三月十七日,改知建宁府。

赵不迹朝议大夫、华文阁待制、兼沿海制置使。嘉泰元年四月初二日到任。九月二十六日,改知潭州。

李沐徽猷阁学士、通奉大夫、兼沿海制置使。嘉泰元年十月二十三日到任。次年十一月初九日,改知建宁府。

黄由宝谟阁学士、通奉大夫、兼沿海制置使。嘉泰二年闰十二月初八日到任。四年二月初一日赴召。

赵彦逾土人也。资政殿大学士、大中大夫、兼沿海制置使。嘉泰四年四月二十三日到任。次年三月三日宫观。

李景和中大夫、充宝谟阁待制、兼沿海制置使。开禧元年五月初十日到任。

赵善坚通奉大夫、兼沿海制置使。开禧二年四月二十六日到任。七月内,除宝谟阁待制。十二月十八日,除工部侍郎、兼临安府。

傅伯成朝议大夫、直龙图阁、兼沿海制置司公事。开禧二年十二月十八日到任。嘉定元年二月二十一日赴召。

俞烈中奉大夫、兼沿海制置使。嘉定元年三月二十一日到任。十月十六日,除集英殿修撰,改知镇江府。

　　鲁开朝散大夫、提举两浙东路常平茶盐公事、兼权兼沿海制置司公事。嘉定元年十月十六日到任。二年四月二十一日解任。

　　程准朝请大夫、直秘阁、兼沿海制置司公事。嘉定二年六月初七日到任。四年七月初九日,除直焕章阁,令再任。

　　王介朝奉大夫、集英殿修撰、兼沿海制置司公事。嘉定四年十一月到任。五年七月初九日,除直焕章阁,令再任。

　　程覃朝奉大夫、提举两浙东路常平茶盐公事,被旨兼权、兼沿海制置司公事。嘉定六年二月二十二日到任。东钱湖、它山堰灌溉甚博,每患湮圮。覃始置田租,以所收藏,岁给浚导者,虑画最远。拨钱及田,造器服以劝学,蠲海错果蓏之征以惠民。城郭、戎器、仓场、桥道以至公府与乡饮酒之器具,纤悉留意,人服其整。

　　韩元礼承议郎、提举两浙东路常平茶盐公事,被旨兼权,嘉定八年六月十七日到任。九月初九日,除刑部郎官。十月初四日,除直秘阁知、兼沿海制置司公事。十年九月十一日,转朝奉郎再任。十二年十月初二日,除大理少卿,候正官到日,前来供职。十三年四月初五日交割。

　　俞建朝请大夫、直徽猷阁、兼主管沿海制置司公事。嘉定十三年四月初五日到任。十四年九月十八日,被旨赴行在奏事。

　　章良朋朝奉郎、提举两浙东路常平茶盐公事,被旨兼权,嘉定十四年十月初十日到府。十五年正月初十日,庆宝赦恩,转朝散郎。十二月初九日,以调度兵将获贼,海道肃清,特转朝请郎。当月十四日,除尚左郎官,候正官到日,前来供职。十六年四月二十日交割。

　　赵师嵒检校少傅、安德军节度使、兼沿海制置使。嘉定十六年四月二十日到任。十七年六月二十七日,被旨召赴行在。七月十六日,除开府仪同三司、充万寿观使、嗣秀王。八月十二日交割。

　　齐硕奉议郎、提举两浙东路常平茶盐公事,被旨兼权,嘉定十七年八月十二日到府。十月十七日,覃恩转承议郎。宝庆元年十二月初一日,除金部郎官,候正官到日,前来供职。二年二月二十二日交割。

　　胡榘以兵部尚书除焕章阁学士、通议大夫知、兼沿海制置使。宝庆二年二月二十二日到任。绍定元年十二月,转授通议大夫。绍定二年正月十一日,除显谟阁学士、充沿海制置使兼知庆元府。二月十一日视事。七月初九日,除龙图阁学士、正奉大夫致仕。

　　郑损以大中大夫、试工部尚书除焕章阁学士、沿海制置使兼知庆元府。绍定二年十一月二十三日到任。次年九月十一日,召赴行在,交割离任。当年十一月十九日,除徽猷阁学士,依旧沿海制置使兼知庆元府,再于十二月十二日到任。端平元年正月初四日,奉祠宫观。○〔按曰〕:自此以下,皆后守,随时增加,非绍定初原本所有。

　　牛大年以朝请大夫、直华文阁、浙东路提点刑狱公事,被旨兼权,于端平元年六月十四日到任。当年七月二十八日,乞免,回司。

　　游九功以中大夫、司农少卿、兼枢密副都承旨除秘阁修撰、知庆元军府事、兼沿海制置司公事,于端平元年十月十一日到任。次年五月初四日,除守司农卿、兼知庆元军府事、兼沿海制置使。当年十二月十一日,御笔除权刑部侍郎,于端平三年正月□□日交割。

王定朝奉大夫、直徽猷阁、知庆元府、兼沿海制置副使。端平三年三月十九日到任。当年五月一日,准省札宫观。

赵与𥲚以中奉大夫、直宝谟阁、两浙转运判官,于端平三年五月□□日,除直焕章阁、知庆元军府事、兼主管沿海制置司公事,六月初八日朝辞奏事,当日奉圣旨,除司农少卿、知庆元军府事、兼沿海制置副使,于当年十月十三日到任。嘉熙元年六月十五日,准省札宫观。

陈晐显谟阁学士、宣奉大夫、沿海制置使、兼知庆元军府事。嘉熙元年十二月二十一日到任。于次年三月十五日,准入内内侍省递到御前金字牌,奉御笔召赴行在。

赵善湘以资政殿大学士、银青光禄大夫、提举临安府洞霄宫,除四川宣抚使、兼知成都府,疾速前来,奏事讫,之任。辞免间,于嘉熙二年三月十三日准入内内侍省递到御前金字牌,奉御笔依旧资政殿大学士除沿海制置使,时暂兼知庆元府,于三月十八日交割,当月二十五日,准省札,三省同奉御笔,依元降指挥,疾速前来奏事。在任准三月二十五日圣旨指挥,依旧资政殿大学士、银青光禄大夫、知绍兴府、浙东安抚使,已于当年闰四月初二日交割。

赵以夫嘉熙二年三月二十五日,以朝奉大夫、守宗正少卿、兼枢密副都承旨、除右文殿修撰、枢密都承旨、兼知庆元府、主管沿海制置司公事。四月十九日朝辞,除集英殿修撰、知庆元府、兼沿海制置副使。闰四月初二日到任。三年正月,以职事修举,转朝散大夫。以都司赏转朝请大夫。二月,召赴行在。三月,再任。四年正月初一日,除太常少卿。四月十七日,仍旧职除枢密都承旨。十月十七日,准省札,交割与通州张公亮,日下前来供职。二十二日交割离任。

余天锡嘉熙四年六月,内奉御笔,除资政殿大学士、知庆元府、兼沿海制置使。累辞不允,于当年十二月初三日到任。至次年十一月,以疾乞生前致仕。十二月初四日,除观文殿学士,特转两官,依所乞。

陈垲以中大夫、秘阁修撰知庆元府、兼沿海制置副使,于淳祐元年十二月二十七日交印。三年正月初五日,除大理卿。十一日,除右文殿修撰、知平江府、兼两淮浙西发运副使、节制许浦水军。

黄壮猷淳祐三年正月,以中奉大夫守大府卿,除秘阁修撰、知庆元府、兼沿海制置副使,当年二月初十日到任。四年六月□□日,奉旨除右文殿修撰,转一官,依所乞致仕。

赵纶以中奉大夫、起居舍人、兼国史院编修官、实录院检讨官除右文殿修撰知庆元府、兼沿海制置副使,于淳祐四年八月初七日交割司印。当月十二日,交割府事。五年四月□日,准省札宫祠。

颜颐仲以朝请大夫、右文殿修撰知庆元府、兼沿海制置副使,于淳祐五年六月二十七日到任。当年八月初十日磨勘,转朝议大夫。当年十二月初一日,加食邑三百户。六年四月十八日,以职事修举,除集英殿修撰因任。七年四月二十五日,再以职事修举,除宝章阁待制因任,升制置使。八月十五日,奉圣旨,金带许令服系。八年五月十一日,因版曹比较增羡,特转中奉大夫。当年十月初九日,奉御笔,除兵部侍郎,日下前来供职。

章大醇以朝请大夫、直华文阁、两浙转运副使,于淳祐八年十月初九日,除太府卿、知庆元府、兼沿海制置副使,当年十一月二十二日到任。十年四月十一日,准省札,除右文殿修撰因任。当年十月十七日,准省札,以淘湖浚河竣事,特转一官。于当年十一月十六日,准告转朝奉大夫。□□四月初三日,准省札,以居官不扰,海道肃谧,水利兴修,职事振举,除集英殿修撰,仍特转一官因任。当年七月□□日,准告该磨勘,转朝散大夫。当年十月初十日,准省札,三省同奉御笔,别与差遣,候再召。

马天骥以朝请大夫、秘阁修撰知绍兴府、浙东安抚使、兼提举。淳祐十一年十月内,准省札,三省同奉御笔,除权兵部侍郎,日下供职。当月□□日,再奉御笔,依旧权兵部侍郎、知庆元府、兼沿海制置使,于当年闰十月二十一日再任。

蔡节淳祐十二年三月十八日,准沿书省札子,备奉圣旨,依旧集英殿修撰、知庆元军府、兼沿海制置使,已于当年六月二十七日到任,交割两司职事。续准宝祐元年正月初六日省札,备奉正月初一日圣旨,召赴行在。

赵与懽宝祐元年正月初一日,以皇兄安德军节度使、开府仪同三司、万寿观使,奉御笔除沿海制置使、兼知庆元府。当年二月初三日,交割制府职事。三月初三日,奉御笔,特转行一官,令学士院择日宣锁降制。当月初十日,准制书,可特授少保,依前皇兄安德军节度使、沿海制置使兼知庆元府,加食邑实封,仍令所司择日备礼册命。五月初一日,奉御笔,屡疏丐祠,恳陈甚力,特从所请,以遂雅怀。当月初六日,只受省札。当月初七日,将牌印交割,以次解官罢职事。当月初八日,奉御笔,依前万寿观使,免奉朝请,俸给、人从依旧。

赵汝暨宝祐元年五月二十九日,准尚书省札子。五月二十一日,备奉圣旨,直华文阁、知庆元府、主管沿海制置司公事,已于当年八月二十九日到任,交割制府两府职事。宝祐二年十一月初三日,准省札。十月二十六日,备奉圣旨,召赴行在奏事。

厉文翁以朝奉郎、集英殿修撰知绍兴军府、浙东安抚使。在任准尚书省札,于宝祐二年十月二十六日,三省同奉圣旨,依旧集英殿修撰知庆元府、兼沿海制置使,于当年十一月二十六日交割制使印,十一月二十七日交府印。至宝祐三年三月□□日,准尚书省札子,备奉圣旨,别与州郡差遣。

陈昉宝祐三年四月十九日,奉圣旨,依旧集英殿修撰知庆元军府、兼沿海制置使。七月二十八日到任。四年四月二十二日,奉圣旨,召赴行所。

吴潜以宝祐四年四月二十三日,奉御笔,依旧观文殿大学士、沿海制大使、判庆元军府,已于九月初九日到任,交割两司职事。至五年正月初六日,奉御笔,吴潜特转一官,职任依旧。当年四月□□日,蒙恩子告还里。当月十五日起离。至闰月二十六日,备奉圣旨指挥,比以海闸重地,付吴潜弹压,威惠所洽,鲸波晏然。今已及假满之期,所合申趣还之命,可令宁国府守臣宣谕就道,具起发日时闻奏,已于五月初三日祗拜恩命。及承守臣赵采到家宣谕指挥,即已遵奉圣旨消假。五月十二日起离宁国府,迤逦回任,至当月二十一日抵庆元府,交领两司牌印。续于宝祐六年九月初三日,备奉御笔,吴潜分阃四明,已书再考郡,纲振饬,海道肃清可特转一官,令再任。累辞不获,于当月十七日,望阙祗受诰命。至开庆元年八月十七日,再疏乞归田里。奉御笔,吴潜三年海阃,备竭勤劳,累疏丐归,高节可尚,可依旧观文殿大学士判宁国府,特进封崇国公,令学士院日下降制,于当月二十八日离任。

余晦以开庆元年十月初五日准省札,备奉圣旨,余晦特与叙复元官,依旧职差知庆元府、兼沿海制置使。具辞免,备奉圣旨不允,已于当年十一月初一日交割两司职事。续于当年闰十一月二十六日,准省札,备奉圣旨,余晦时暂兼浙东提举,已于十二月十三日交割职事。至景定元年三月初一日,准省札,备奉圣旨,余晦除显谟阁待制、知镇江府、兼浙西都大兵船、兼淮东总领,于当月□□日离任间,又于当月十一日准省札,备奉御笔,余晦除户部侍郎、兼知临安府、浙西安抚使。

姚希得景定元年四月三十日,奉圣旨,除焕章阁待制、知庆元府、兼沿海制置使。以避曾祖讳,特升敷文阁待制。六月十八日到任。十月十一日,奉圣旨,以宣同结局,转通议大夫。十一月十六日,准尚书省札子,奉圣旨,赐金带一条,许令服系。景定二年五月二十一日,准告,以郊恩,进封鄞县开国子,加食邑二百户。七月十六日,奉圣旨,召赴行在。

厉文翁景定二年七月十五日,奉御笔,除资政殿学士、沿海制置使、兼知庆元府。八月十六日,交割制置使印。二十九日,交割府事。至三年八月十九日,奉御笔,在任及考,职事修举,除资政殿大学士,职任依旧。继奉圣旨,特与照见执政例,转中大夫。至当年闰九月初六日离任。

马天骥以资政殿大学士知福州。景定三年闰九月□□日,准内批,依旧资政殿大学士、沿海制置使、兼知庆元府。于当年十二月十四日交割使印,当月二十一日到任,交割府事。至四年十月□□日,准省札,备奉圣旨,马天骥到任将及一考,职事修举,可除观文殿学士,依旧任。五年三月□□日,奉御笔,依旧职任,差充平江府。辞免间,再准省札,备奉圣旨,依旧职任。四月,奉御笔予祠。

李曾伯景定五年四月二十四日,奉御笔,依旧观文殿学士、知庆元府、沿海制置使。六月二十二日交割司印。当月二十六日到任,交割府事。至咸淳元年正月,以病未痊,乞守本官致仕。当月二十□日,降诏不允。再奏。二月初二日,奉御笔不允,别与州郡差遣,遂申离任。□月十九日,准省札,二月十五日奉圣旨,令交割以次官离任。于当日解任。

叶梦鼎咸淳元年四月□□日,奉御笔,资政殿学士、知庆元府、兼沿海制置使。以当年八月初十日,就所部台州宁海县交割制使印。至当月二十五日交府印。二年三月□□日,准诰命,以穆陵竣役,特转金紫光禄大夫。八月十二日,奉御笔,除资政殿大学士,依旧知庆元府、沿海制置使。三年正月初四日御笔,除参知政事、兼提举编修敕令、兼提举经武略。继具辞免。奉圣旨,降诏不允。续具申谂。二月初一日,准省札,令交割与以次官离任。

谢子强以中大夫、华文阁待制、知绍兴府、浙东安抚使、兼提举,咸淳三年十一月初六日,三省同奉圣旨,依旧华文阁待制、知庆元府、沿海制置使。两具辞免。再准省札,备奉圣旨,依已降旨,不允,令疾速前去之任。十二月二十四日到任。正月初六日具奏申,乞守本官生前致仕。

范东叟咸淳四年三月十八日，三省同奉圣旨，除华文阁直学士、知庆元府、兼沿海制置使。累具辞免。再准省札，备奉内批不允，令疾速前去之任，不得更有陈请，具已起发日时奏申。已于四月二十四日就所部绍兴府萧山县交领沿海制置使牌印，于五月初一日到庆元府交领府事。至十一月十三日，乞守本官职生前致仕。当月二十二日，准内批，特升除龙图阁直学士，转一官，依所乞致仕。

洪焘咸淳四年十一月十九日，准省札，三省同奉圣旨，依旧敷文阁学士，改差知庆元府、兼沿海制置使。五年二月二十七日，至所部绍兴府山阴县界交割司印。三月初九日，到庆元府，领府事。六年五月初一日，特升显谟阁学士，仍旧任。八月朔日，力疏祈闲。初五日，三省同奉圣旨，除宝文阁学士，依所乞，予宫观。十六日，将两司牌印交割与以次官离任。

刘黻咸淳六年闰十月初五日，准省札，三省同奉圣旨，除集英殿修撰、知庆元府、主管沿海制置司公事。两具辞免。奉圣旨不允，仍免回避，续准勘会指挥。十一月二十七日，奉圣旨，免朝辞，疾速前去之任，具已起发日时奏申。至十二月初八日起发，就所部瑞安府乐清县界交割沿海制置司牌印。续于当月二十一日到庆元府，交领府事。咸淳七年某月某日，准告，该磨勘，转承议郎。当年十一月十五日，准省札，十一月十一日，三省同奉御笔，除权刑部侍郎，日下前来供职。寻具辞免。十一月二十四日准省札，三省同奉圣旨，不允。续准省札，令候正官交割讫，前来供职。至咸淳八年正月初三日，准省札，备奉正月元日御笔，兼侍讲。又准省札，备奉内批，差兼修玉牒官，并日下前来供职。已两具疏辞，奉圣旨不允。再具申审。某月某日，准省札，令交割与以次官离任，前来供职。

〔刊误〕

　〔沿革表〕

〔郡〕　明州内观察使之印"内"上脱"管"字。

　〔郡守〕

〔黄晟〕　晟结群豪"豪"下脱"拒外盗郡守羊撰授以鄞塘镇遏使寻"十五字。

〔周纲〕　兼主管内安抚司公事"内"上脱"管"字。

〔潘良贵〕　兼主管内安抚司公事"内"上脱"管"字。

〔牛大年〕　乞免回司"免"下卢本有"兼"字，谓乞免兼州事而回刑狱司任也。

《宝庆四明志》卷第二 〔宋元四明六志第十四〕

郡志卷第二

叙 郡中

社 稷

营室先宗庙,制服先祭服,作器先祭器,教敬也。有土有守矣,宜以祀典之大者次之。

社为司土之神,勾龙配之。稷为司稼之神,弃配之。不屋而坛,受天阳也。风雨雷师附焉。唐天宝三载,诏社稷升为大祀。四载,诏风伯、雨师升入中祀。风伯坛置社之东,雨师坛置社之西,各稍北三数十步,卑小于社坛。风伯用立春后丑祀,雨师用立夏后申祀。五载,诏逐州祭雨师,宜以雷师同坛共牲,别置祭器。见《会要》。国朝用此制。大观元年,议礼局以国家祈报社稷用法服,郡邑用常服,非是。诏以衣服制度颁之,使州郡自制。政和六年,江东提举沈延嗣奏:州县社稷坛墙,皆不如法,乞按式作图,镂板颁下。仍于坛墙之外,别为大墙围之。外建一门,常加封锁。于斋厅立石刊刻,增立法制,守令上之三日躬诣坛,按图修治,从之。诏立州县社稷风雨雷师坛之式颁图于天下。政和《五礼新仪》,州县社坛方二丈五尺,高三尺,四出陛。稷坛如社之制,四门同一墙,二十五步。风师、雨师、雷师坛皆卑小于社,四出陛,四门同一墙,二十五步。燎坛于神坛之左,墙之外,稍高于神坛。瘗坎于坛之北,壬地南出,陛方深取足容纳。府社稷坛,在子城西南一里。斋宫,在坛之北。旧遇祠祭,率假器服于学宫。嘉定六年,提刑程覃摄守,器服始备,籍藏于有司。宝庆二年,守胡榘重修坛墙、斋宫。淳祐六年夏,制帅集撰龙溪颜公颐仲,谓郡之祀典,社稷为重,坛墙芜圮,斋宫倾欹,殊失崇祀之意。乃授通判府事张公琥,以经画成规,卜吉鼎造。又谓门径狭陋,编户污杂,复造木为梁,取道通衢,以便斋宫往来,尚严洁也。〔按曰〕:淳祐六年以下,后守续增。

祭 器

酒樽四。坫同。　　　　　　罍洗各二。坫同。

爵一十二。杓四。　　　　　　笾三十二。

豆三十二。　　　　　　　　俎一十六。

簠一十六。　　　　　　　　簋一十六。

筐三。　　　　　　　　　　祝版四。坫同。

神位牌四。

祭 服

冠冕三。　　　　　　　　　青玄衣三。

朱裳三。　　　　　　　　　白中单三。

朱芾三。　　　　　　　　　大带绶三。

革带三。　　　　　　　　　佩三。

绯袜三。　　　　　　　　　鞋三。

城 隍

古者,诸侯既立社稷,又为国立五祀,曰司命,曰中霤,曰国门,曰国行,曰公厉。郑氏谓国门为城门,则今之城隍是也。社稷为一州境土最尊之神,城隍为一城境土最尊之神。聘礼,使者必释币于门而后行,可谓重矣。府城隍庙在子城西南五十步,梁贞明二年刺史沈承业建。谷传神姓纪,名信,汉高帝死事之臣也。嘉定九年,两浙转运司备摄守程覃奏赐庙额,曰灵佑。嘉定十三年火,守俞建重建。

学 校乡饮、酒礼及贡举附

太守,民之师帅也,岂曰道之以政,齐之以刑而已。化民成俗,其必由学,而《洪范》八政,则以祀先司徒。故祀典之后,学校次之。

唐州县皆有学。开元二十六年,明始置州,学宜随州立矣。宝应、广德间,州毁于袁晁之乱,王密谓裴儆殿邦而茨塾兴,见纪德碑。岂兵革抢攘之后,姑以茨屋为学乎?贞元四年,守王沐始建夫子庙。大和七年,守于季友以开元褒封文宣王册文刻之石。贞元、大和碑碣具在。圣朝天禧二年,守李夷庚移学于子城之东北一里半。建炎兵毁,先圣殿岿然独存。治平中所铸铁香炉及殿之前后古柏六,皆无恙。前韶州司户曹事林昈,郡人也,首捐金钱数十万,草创黉宇。绍兴七年,守仇忿念成之。直殿之后为明伦堂,林桷书。翊以两庑。东庑之东斋曰上达,曰广誉,曰造道。西庑之西斋曰登贤,曰成己,曰时升。三门之外,会于一门以出。于是讲肄有所矣。十九年,守徐琛即明伦堂之后建稽古堂,徐琛篆书。亦旧址也。堂之上,旧有五经阁。郡人楼郁有"五经高阁倚云开"之句。阁毁,经亡。高宗皇帝累颁御书经史,乃崇奉于新堂之上,则曰御书阁。二十七年,守姜师仲重修七年所建。守张津乾道三年重修。六年,守赵伯圭又修之。久益圮。淳熙十三年,岳甫守郡,周粹中领校官,协谋改贯。郡捐钱二百万,乡之达尊尚书汪大猷、侍郎史弥大,劝激士类,鸠材效功。自阁之外,堂庑重门,皆为一新,增置成德斋于上达之后。林士衡命名。越二年,林士衡继周董职,又撤新其六斋,创冷斋于稽古堂之西。后改曰养正斋,以处小学,诸生则分隶诸斋矣。嘉定十六年,守赵师岊复修御书阁,且捐缗钱七百修诸斋。宝庆元年,校官方万里犹以泮桥、湢室、公厨未新为恨,谒之守倅。摄守齐硕给缗钱千石、米百,倅蔡范亦以舶务之赢,助缗钱如州之数。今守胡榘又给缗钱一千。黉宇轮奂,遂甲东诸州郡之上。先进杨公适、杜公醇、王公致、楼公郁、王公说,以义理之学淑士风者也。忠肃陈公瓘始摄郡倅,晚著《尊尧集》于此,以忠节著闻天下者也。清敏丰公稷、侍郎高公阅、侍郎林公保、尚书汪公大猷,皆此邦之显者也。郡守李公夷庚、仇公㣋、赵公伯圭、岳公甫、程公覃、赵公师岊、校官周公粹中,皆有功于儒宫者也。士咸宗之,故列祠焉。

嘉熙间,奉旨升濂溪、横渠、明道、伊川、晦庵诸先生从祀于先圣。淳祐五年冬,制帅、集撰龙溪颜公颐仲,祠南轩张宣公、东莱吕成公、象山陆文安公于明伦堂之左。复以郡人有得三先生之传者,曰广平舒公璘、定川端宪沈公焕、慈湖文元杨公简、絜斋正献袁公燮,又列祠于堂之右。〔按曰〕:嘉熙间以下,后守续增。

祭　器

牺尊三。幂、勺、坫同。　　象尊三。幂、坫同。

罍二。幂、勺、坫同。　　洗二。巾同。

笾八十六。巾同。　　豆八十六。醯同。

簠五十二。醯同。　　簋五十二。醯同。

爵九十一。坫同。　　俎七十。

祝版坫三。　　篚四。

右嘉定七年,摄守程覃置。

牺尊三。铜造,各重九斤一十两。　象尊三。铜造,各重一十斤。

龙勺八,铜造,各重一斤。　　爵十九,铜造,各重一斤。

罍二。铜造,各重一十二斤。　洗二。铜造,各重八斤八两。

俎三十四。　　篚三。

笾五十。　　豆五十。

簠十六。　　　　　　　　簋十六。

祝坫三。　　　　　　　　尊坫六。

爵坫十九。

　右绍定六年,教授陈松龙遵绍熙颁降朱文公仪式制造。〔按曰〕:此上十行,后守续增。

祭服七副

冕冠七顶。内三顶系金裹棱。　　朱履鞋七两。

青玄衣七领。　　　　　　　白中单七领。

大带绶七条。内三条有二银环。

朱芾七段。　　　　　　　　纁裳七腰。

腰带七条。　　　　　　　　袜七条。

箱子七片。

　右嘉定七年,摄守程覃置。

御　书

《中庸篇》一轴。　　　　　《周官书》一轴。天字匣。

《文宣王赞》一轴。　　　　《乐毅论》一轴。地字匣。

《孝经》一轴。　　　　　　《羊祜传》一轴。元字匣。

《周易》三轴。黄字匣。　　《尚书》三轴。宇字匣。

《毛诗》四轴。宙字匣。　　《论语》二轴。洪字匣。

《孟子》五轴。荒字匣。　　《春秋》五轴。日字匣。

《春秋》五轴。月字匣。　　《春秋》五轴。盈字匣。

法帖十轴。昃字匣。

《宣圣七十二贤像赞》三轴。

乐章一轴。　　　　　　　《学记》一轴。以上五轴,共辰字闸。

《损斋记》一轴。宿字匣。

　右绍兴以来累次颁降。

《损斋记》一轴。汉字长匣。

奖谕沈该御笔一轴。云字长匣。

　右守臣沈该恭藏。

神宗皇帝赐台臣滕元发手诏一轴。云字匣。

徽宗皇帝御览龙德太乙宫诗一轴。云字匣。

戒约士风手诏一轴。汉字长匣。

赐忠勇李宝一轴。汉字长匣。

禁约苞苴手诏一轴。汉字长匣。

廷尉手诏一轴。云字长匣。

《损斋记》二轴。云字长匣。

玉堂一轴。云字长匣。

　　右守臣赵伯圭恭藏。

幸学手诏一轴。云字长匣。

不许折苗手诏一轴。云字长匣。

　　右皇子魏王恭藏。

临帖五册。　　　　　　　　诏书一轴。

　　右守臣赵师虁恭藏。

宝庆训敕士风诏书一轴。

　　右守臣胡榘恭藏。

赐　书

经一百一十五部,计五百八十一册。传、解、释文等在内。

史七十九部,计一千三百四十三册。说史者在内。

子一十五部,计四十五册。

文集一百七十一部,计一千二百五十册。

杂书九十五部,计七百二十八册。

御书临帖五册。已入御书类。

宸翰诏书一轴。已入御书类。

　　右皇子魏王荆州藏书四千九十二册、一十五轴。淳熙七年,有旨就赐明州。于是守臣范成大奉藏于九经堂之西偏,继又恐典司弗虔,乃奉藏于御书阁,列为十厨。嘉定十七年,校官臣徐介点检,略有散失,其所存者如此。

官　书

经四十二部,计一百六十七册。

史四十部,计五百七十九册。

子一十四部,计二十册。

文集三十七部,计一百五十九册。

杂书一十一部,计一百一十九册。

　　右元管旧散。

川本石经书籍一十四部,计一百一册。

右嘉定六年,摄守程覃置。

《六经正义》、正本《通鉴》《史记》《两汉》《唐书》《诸史提要》《八朝言行录》《大事记》,各七部。

右嘉定六年,摄守程覃置,分七斋,各一部。

书 板〔按曰〕:所开书板,皆后守续增。

《四明尊尧集》一百板。

了斋先生亲笔二十板。绍定四年,教授陈松龙置。

《通鉴要览》五百五十板。

《洪范讲义》四十五板。

《崔宫教文集》四百三十八板。

《分毫韵略》二百四十板。绍定五年,制帅、尚书郑损置。

文公《大学章句》一十八板。绍定五年,教授陈松龙置。

文公《中庸章句》一十六板。

《太极图解》一十七板。

《西铭解》一十一板。

《近思录》一百八十板。

《续近思录》一百五十板。

《己丑廷对》二十板。

《传习录》一百六十五板。

《明学编类文公释奠礼》三十三板。以上八种,陈松龙置。

文公《小学书》二百板。

《陈忠肃公言行录》三十板。

《北溪先生字义》一百十五板。

《礼诗》二十八板。

《谕俗编》五十二板。以上五种,淳祐六年制帅、集撰龙溪颜公颐仲置。

《四明续志》三百三十板。大使吴丞相置。

《班马字类》二百五十板。制使李相公置。

《读书法》二百三十板。

《性理字训》三十板。

《濂洛论语》六十八板。

《问梅小稿》八十板。

《四明续志》四十五板。

《济民庄始末》四十五板。以上四种,制帅、集撰刘公黻置。

射　圃

熙宁中,行三舍法,武学附选有圃以习射。舍法罢,武学废,圃亦废。淳熙元年,孝宗皇帝颁射义于天下。皇子魏王判州,三年冬,度地筑圃于学宫之前,凡六亩四十一步三分三厘五毫有奇。有亭曰观德,校官虞汝翌记于石。嘉定三年,亭之南北建屋二十三间,收僦居之租。宝庆二年,校官方万里恐地久浸失疆界,计其丈尺,埋石以识之。

绍定四年,教授陈松龙申府,复故址,建墙宇,规模为之一新,大丞相申国郑公清之题匾。〔按曰〕:绍定四年以下,后守续增。

表　揭〔按曰〕:表揭一条,后守续增。

嘉熙三年,乡帅资政殿学士赵善湘属教授黄一震依式砻石,植三表,揭于仪门。

钱　粮

鄞　县

田二千九百八十亩二十三步。

湖田六百六十六方,计七千四百亩有奇。

地八十三亩三十八步有奇。

河涂地二百一十三亩三角一步。

水池一亩四十步。

山一万一千七十二亩五十四步半。

奉化县

田四百一十三亩一角五十七步。

地六亩一角。

山一百八十九亩二角三十二步。

慈溪县

田六百七亩一角七步半。

地二角一十三步。

山八十三亩三角一十四步。

定海县

田、池、地、山共三百一十二亩三角三十二步有奇。

右除本学旧业外,系累任守仇㸑、秦棣、李景和、程准、程覃、齐硕、胡榘相继拨到没官物产,或辍钱买置。建炎兵火之后,郡人林户曹晧尝捐私田半顷入学养士。

昌国县

石弄山砂岸

右皇子魏惠宪王奏请拨赐,令本学自择砂主。

秀山砂岸

右拘入徐荣等物产。

以上岁收:

白米七百四十七石八斗七升三合八勺。

湖田糙米一千六百二石一斗五升九合。

谷二千二百一十五石二斗七升九合九勺。

河涂钱二百二十贯九百九十一文。省陌钱,会中半。

租地钱一百二十贯五百六十三文。省陌钱,会中半。

四明山租钱二百八十贯文。省陌钱三分,官会七分。

石弄山砂岸租钱五千二百贯文。省陌钱二分半,官会七分半。

秀山砂岸租钱二百贯文。官会。

东安乡屋钱日掠三十九文。足陌。

石弄山砂岸及续拨到诸处砂岸,淳祐六年,制帅、集撰颜公颐仲申省,并在外官民户砂岸,一例蠲除,弛利子民,使当地民船团结保伍,有石刻并须知无。各以保护乡井为念,仍截拨钱岁偿府学养士原额,及昌国县官俸。省札附于下方。照应淳祐六年二月二十三日准尚书省札子,备朝议大夫、右文殿修撰、知庆元军府事、兼沿海制置副使颜颐仲状。窃谓古者关市不征,泽梁无禁,托砂岸而苛禁,伤圣朝爱养之本,夺小民衣食之源,讵可视之而不问耶?照得本府濒海细民,素无资产,以渔为生。所谓砂岸者,即其众其渔业之地也。数十年来,垄断之夫,假抱田以为名,啖有司以微利,挟趁办官课之说,为渔取细民之谋。始焉照给文凭,久则视同己业,或立状投献于府第,或立契典卖于豪家,倚势作威,恣行刻剥。有所谓醩头钱,有所谓下菁钱,有所谓晒地钱,以至竹木薪炭,莫不有征,豆麦果蔬,亦皆不免。名为抽解,实则攫拿。犹且计口输金,下及医卜工匠,创名色以苛取,皆官司之所无。凡海民生生一孔之利,竟不得以自有。输之官者几何,诛之民者无艺。利入私室,怨归公家,已非一日。甚至广布爪牙,大张声势,有砂主,有专柜,有牙秤,有拦脚,数十为群,邀截冲要,强买物货,捱托私盐,受亡状而诈欺,抑农民而采捕。稍或不从,便行罗织,私置停房,甚于图圄,拷掠苦楚,非法厉民,含冤吞声,无所赴诉,斗殴杀伤,时或有之。又其甚者,罗致恶少,招纳刑余,揭府第之榜旗,为逋逃之渊薮,操戈挟矢,挝鼓鸣钲,倏方出没于波涛,俄复伏藏于窟穴。强者日以滋炽,聚而为奸。弱者迫于侵渔,沦而为盗。薄人于险,靡所不为。他人之舟,即己之舟;他人之物,即己之物。兵卒不得而呵,官府不得而诘。囊者永嘉之寇,盖亦萌蘖于斯。由其恃有凭依,所以肆无忌惮。顷岁廷绅奏请,欲令品官之家,不得开抱砂岸。盖虑法不能禁,则奸宄日出,贻祸无穷。且谓贵势之家,与国相为休戚。国苟不宁,己何利焉?思惠预防,词意激切。然戒饬虽详,而占据自若,颐仲尝推求其故,亦缘州县利及岁入之额,致使豪强藉为渔夺之媒。若欲此令行,先自有司始。颐仲滥分海闾,甫六阅月,蠲积赋,减折价,浚河渠,损征额,苟可利民,未尝靳吝。如砂岸之为民害,见于词诉者愈多,州郡岂敢较此数万缗,坐视海民困苦而不之救?今挨究本府有岁收砂岸钱二万三贯二百文,制置司有岁收砂岸钱二千四百贯文,府学有岁收砂岸钱三万七百七十九贯四百文,通计五万三千一百八十二贯六百文十七界。欲截自淳祐六年正月为始,悉行蠲放,却将别窠名拨助府学养士,及县官俸料支遣。州郡既率先捐以子民,则形势之家亦何忍肆虐以专利。应是砂岸属之府第、豪家者皆日下,听令民户从便渔业,不得妄作名色,复行占据。其有占据年深,腕给不照,或请到承佃榜据,因而立契典卖者,并不许行用。欲乞公朝特为敷奏,颁降指挥,著为定令。或有违庚,许民越诉,不以荫赎,悉坐违制之罪。庶几海岛之民可以安生乐业,府第、豪户不得倚势为奸,非唯为圣朝推广惠下之仁,亦不至异日激成为盗之患,委非小补。伏候指挥。旨依。

府学石弄山砂岸

> 石坛砂岸

> 秀山砂岸

> 虾辣砂岸

> 鲎涂砂岸

> 大嵩砂岸

淳祐六年,制帅、集撰颜公颐仲申省蠲除,仍截拨府库钱三万七百七十九贯四百文十七界,分作上下半年,偿学养士元额,永为定例。

昌国县砂岸

淳祐六年,制帅、集撰颜公颐仲申省蠲除,仍截拨版帐钱四千余贯,充县官俸料钱。〔按曰〕:自石弄山砂岸及续拨到诸处砂岸以下至此,皆后守续增。

乡饮酒礼

旧俗,以岁之元日或冬至,太守率乡之士大夫释菜于先圣先师,而后会拜堂上,长幼有序,登降有仪,摈介有数,仿古乡饮礼。建炎学毁,礼废。绍兴七年,学重建,守仇念复举故事,益以酒三行。后三年,仇公复来,置田百有六亩,支其费。又三年,郡人林保为比部郎,闻于朝,遂取其式颁行天下。行虽不久,犹听州县从便,故明州行之如初。而仇公所置田,移以养士,酒礼遂辍。乾道中,秘阁张津守郡,主拨没官之产以补之。王伯庠记诸石,产段刻于碑阴。嘉定七年,提刑程覃摄守,礼行尤盛,且辍楮券二千缗,附定海水军库,岁责称贷之息侑费。厥后岁虽会拜,无复旧典。宝庆三年冬十二月,尚书胡榘守郡,议行礼于人日。括赢钱止八百缗,郡士出百缗助之,贰车蔡范助百缗,乡人厉氏助五十缗,户部尚书郎何炳董之。日会耆俊参订同异,润色绵蕞。六邑风动,欢愿齿列,凡一千五百余人。昔者,升歌合乐之仪未遑搜举,于是依《鹿鸣》等诗之声,节以合止,献酬交错,古意顿还。

淳祐六年，制帅、集撰龙溪颜公颐仲搜举旧典，增造礼器，以人日行礼，盍簪酬酢者三千余人。资政殿大学士、正奉大夫陈公卓首宾席，仪文视前弥焕。为费五万四千七百七十贯有奇，出于府帑。礼成，制帅赋诗，王春人日喜阴晴，文物衣冠萃四明。礼乐几年今一见，主宾百拜酒三行。人心天理顿兴起，士习民风悉变更。太守自惭才德薄，纲维全赖老先生。大夫士赓和盈轶。〔按曰〕：淳祐六年以下，后守续增。

水田三百一亩一角一十九步七分。

山一百九十二亩三角四十六步半。

地八十亩三角二十步。

屋二十间半，七厦一舍，外赁屋九间一舍。

以上石刻元载岁收。

谷五百二十九石七斗一升八合。拘没史洗冒占徐和东屋基，系楼店务地，坐落鄞县武康乡开明坊，日收赁钱一百二十文足。

宝庆三年管催数：

鄞县租谷二百二十一石七斗五升三合五勺，租钱一十二贯二百一文。省陌钱，会中半。

奉化县租谷二十六石。

昌国县吉祥院折谷钱二百二十贯文。省陌钱，会中半。

定海县水军库官会二千贯文，收息二分，大约一岁收四百贯文。官会。

贡　举

贡举，宣和罢舍法，复科举，三岁一试，解一十二名。绍兴二十六年，兼西北流寓，通解一十四名。旧无贡院，士亦不过数百，率寓试于行衙，又于府学西妙音院，院为之废。建炎元年，移其额于定海。四年，毁于兵，士寓试于谯楼之上，或于开元寺。试者日众。乾道五年，守张津始即妙音院废址建院以容之，縻金钱一千万。东西重廊，凡一百四十楹，立听事于其北，位考官于其后，执事之舍悉备。侍御王伯庠记。其后又不足以容，有司每借府学之冷斋以居。嘉定六年，提刑程覃摄守，葺治之南，增屋数十间，作弥封誊录所。又于学地立墙以障之，限隔始严。绍定元年，守胡榘重修，誊录屋圮，重建。

教　授

听事学之东南。

续增贡举额〔按曰〕：此条后守续增。

端平元年，被旨增解额一十四名，赋十名、经四名。通前共二十八名。

《宝庆四明志》卷第三 〔宋元四明六志第十五〕

郡志卷第三

叙 郡下

城 郭

罗城 周回二千五百二十七丈,计一十八里。奉化江自南来限其东,慈溪江自西来限其北,西与南皆它山之水环之。唐末刺史黄晟所筑。晟,鄞县人。僖宗末,结群豪,保护乡井。昭宗初,董昌表为刺史,终于梁开平三年。墓碑云:此郡先无罗郭,民苦野居。晟筑金汤,壮其海峤,绝外寇窥觊之患,保一州生聚之安。按:《会要》及《移城记》:长庆元年,移州治于鄮县治,而于旧州城近南高处置县,且撤旧城城新城,则今之子城是也。又按:《通鉴》:大中十三年,贼裘甫攻陷象山,明州城门昼闭。咸通元年,甫分兵掠明州,州民相与谋曰:"贼若入城,妻子皆为菹醢,况货财能保之乎?"乃相率出财,募勇士,治器械,树栅浚沟断桥,为固守之备。然则虽有子城,而无罗郭,备御所以难也。钱氏据有吴越,明为属郡,后且以子弟镇之,城郭增壮,自此始矣。旧经云:闽粤,无诸所筑。夏侯曾先谓刘牢之筑以塞三江之口。西城外有城基,上生竹箓,俗曰箓墙,即故基也。晋末,海寇孙恩犯会稽,则由上虞以入,不由乎明州者,亦以此城实据三江之险云。按:汉鄞、鄮属会稽郡,不属闽粤国,安得为无诸所筑?箓墙为刘牢之所筑,故基则非今罗城也。孙恩乃自海岛舟行破上虞,宁畏此城之险?袁崮能陷明州,岂孙恩不能破乎?况晋末此亦未有县治也。故不敢以旧经为据。皇朝宝庆二年,守胡榘重修,除望京、灵桥、东渡三门更新外,其他城郭楼门,埤薄为厚,增卑为高,补罅易圮,凡费楮券万二千五百三缗有奇。回城门凡十,西曰望京门,有水门,通漕运,旧名朝京,庆元中,守郑兴裔更名。久而圮,守胡榘重建夹城,立柱栈其上,衡七间,纵三丈有九尺,四窗玲珑,与四明山相直。既揭门名,又扁其楼曰明山。宝庆二年八月十六日经始,次年六月二十七日落成,费楮券万二千四百一十四缗有奇。南曰甬水门,有水门,通漕运。南东曰鄞江门,今闭。东曰灵桥门,宝庆三年,守胡榘重修,稍拓旧址,易墁壁为窗扉,扁其上曰鄞江楼。人犹曰此门视望京为主,而雄壮弗逮,于阴阳家未宜。绍定元年正月,适遭延燎,乃垒城高五尺,更建楼门,制度与望京楼门等。衡缩二间,纵加三尺,东面天童、太白,俯瞰鄞江,浮梁卧虹于其前。东西二楼对峙,四明之景概可睹矣。门名新书,楼匾全于救焚之余,仍用之。曰来安门,市舶务之左,旧不立名,呼曰市舶务门。宝庆三年,守胡榘重修,始题匾。盖先是通判蔡范建来安亭,实在门外,故以亭名名之。惟舶贷则开。曰东渡门,火于绍定元年,今方更新。东北曰渔浦门,今闭。北曰盐仓门,盐入则开。曰达信门,今闭。北西曰郑堰门。

坊　巷〔按曰:此门及仓库公宇,皆有后守厕入,不尽原文。水步门全系续增,故卷首无子目。

古者,州闾乡党莫不有名,如阙党、东里之类。后世犹有称其乡曰郑公,榜其门曰通德者。唐制,百户为里,五里为乡,四家为邻,四邻为保,在城邑为坊,田野为村。坊之名,盖昉乎此。街衢巷陌,官为之制,宜也。此邦生齿既繁,侵冒滋多,甚至梁水而楹,跨衢而宇,往来间阻,舆马尤病。绍定元年正月,东北厢火,救焚者束手无措。既而掘视,古沟率在居民卧室之内。人知广其屋宅,而不知自为不利。守胡榘以闻于省,令下禁塞水衢者,食喉、气喉两碶桥浦不许立屋。凡街衢巷陌经火者,悉从厘正。而并渠之人,以湫隘为词,犹户捐以数尺之地。

东南厢

锦勋坊嘉熙四年,制帅赵以夫为赵善湘奉朝旨立。

握兰坊西南厢交界,新桥东。

清润坊西南厢交界,新桥南。

连桂坊施家巷口。

余庆坊西南厢交界。

重桂坊新寺巷口。嘉定七年,摄守程覃为孙君枝与子起予同第立。

兴廉坊洗马桥下。

进贤坊洗马桥南。

吉祥坊破石桥南。

康乐坊皂角庙巷口。

锦乐坊淳祐五年,制帅黄壮猷为余天锡奉朝旨立。

迪教坊车桥南。绍定元年,守胡榘于火后重立。

积善坊小江桥南。绍定元年,守胡榘于火后重立。

状元坊天封塔下。嘉泰三年,守黄由为傅行简立。

东北厢诸坊皆绍定元年守胡榘于火后重立。

千岁坊南湖头,西南厢交界。

安平坊_{天庆观前}。

阜财坊_{小梁街巷口}。

开明坊_{鄞县前}。

拱星坊_{廊头巷口}。

富荣坊_{能仁寺巷口,西北厢交界}。

广慧坊_{大梁街巷口}。

泰和坊_{县河下}。

宣化坊_{魏家巷口}。

西南厢

纯孝坊_{府桥西}。

美禄坊_{四明桥西}。

迎凤坊_{四明桥东}。

问俗坊_{史府前}。

史君坊_{史府前}。

众乐坊_{均奢桥西}。

释褐状元坊_{均奢桥南。嘉泰三年,守黄由为宣缯立}。

行春坊_{宝云寺西}。

灵应坊_{宣府前}。

符桂坊_{汪运使桥西。嘉定七年,摄守程覃为汪立中立}。

昼锦坊_{楼府东,以王周领乡郡立}。

振名坊_{仓桥北}。

顺成坊_{仓桥下}。

缓带坊_{崇教寺后}。

惠政坊_{天宁寺南}。

西北厢

宜秋坊_{应家巷口}。

寿宁坊_{虹桥北}。

崇孝坊_{路分衙侧}。

永济坊_{奉国楼前}。

恤仁坊_{佛阁下。绍定元年,守胡榘于火后重立}。

广仁坊_{白衣寺巷口}。

朝士坊_{戴家巷口}。

修文坊孝文巷口。

影泉坊蔡家巷口。

儒行坊鉴桥下。

朝桂坊顶戴桥下,为刘炳立。

状元坊鉴桥下,为袁甫立。

状元坊府学前,为姚颖立。

防虞石水步淳祐三年春并创,听居民从便汲水。

朝拜上马亭后一所。此处系亭宇合置,锁钥付天庆观收掌,晨启夕闭。

新排桥北一所。已下三处,止立防牌,不置锁钥。

景福寺街东一所。

锦勋坊东一所。

制府两司仓、场、库、务并局、院、坊、园等

府都仓奉国门内之西。苗米、职田米、湖田米、小麦分贮焉。

常平仓奉国门内之东。二仓皆宝庆三年守胡榘撤旧而新。仓各十一区,区各五间,栈阁以藉米麦。各有厅事,后舍前庭,庭前虚地各方十余丈,缭以步廊。

糯米仓望京门外。宝庆三年,守胡榘重建。厅事之外,两廒翼之,栈以板阁。

支盐仓子城东北一里八十步。凡七廒。

甲仗库设厅前二庑之间。宝庆三年,守胡榘重修,且修军器。

军资库设厅前东庑之后。宝庆二年,守胡榘重建,凡三十九间,公厅、吏舍之外,库地皆栈以板。

制置使司平籴仓淳祐二年,制帅陈垲创建,详见第六卷《叙赋》下。

制置使司平籴本钱库与仓同时创建,用军资库空地。

制置使司犒赏库旧附军资。

激赏解库淳祐五年二月,制帅、大卿黄公壮猷任内创就。激赏库关过本钱二十万贯十七界。淳祐六年七月,制帅、集撰颜公颐仲再于激赏库关过本钱三十二万贯十七界。

制置使司平籴南仓延庆寺西。淳祐四年,制帅、殿撰赵公纶建,详见第六卷《叙赋》下。

醋酒库府东门,旧参议衙。端平三年,制帅、大卿赵公与篡创。淳祐六年,制帅、集撰颜公颐仲委提督官司户黄缙刊定规式,载于石刻,详见《叙赋》上酒门。

常平库附军资。

公使库设厅前西庑之后。乾道中,守张津以签判旧廨益之,屋久而圮。守胡榘重建,凡一百六十六间。磨有院,碓有坊,酒有栈,钱米什物等有库,公厅吏舍以及神宇,莫不整厘。自

宝庆三年二月十五日经始,十一月三十日告成。役工一万五百二十六,用楮券一万二千六百二十七缗有奇。

东醋库灵桥门外。

西醋库美禄坊酒务之东。

都税务东渡门里。皇朝景德四年置,绍定元年守胡榘于火后重建。

市舶务淳化元年,初置于定海县,后乃移州,在于子城东南,其左倚罗城。嘉定十三年火,通判王梴重建。久而圮。宝庆三年,守胡榘捐楮券万三千二百八十八缗有奇,属通判蔡范撤新之,重其厅事,高其闬闳,内厅扁曰清白堂,后堂存旧名,曰双清。清白堂之前中唐有屋,以便往来。东西前后列四库,庐分二十八眼,以"寸地尺天皆入贡,奇祥异瑞争来送,不知何国致白环,复道诸山得银瓮"号之。两夹东西各有门,东门与来安门通。出来安门,为城外往来之通衢。衢之南北各设小门,隔衢对来安门。又立大门,门之外濒江。有来远亭,乾道间,守赵伯圭建。庆元六年,通判赵师垕修。宝庆二年,蔡范重建,更名来安。贾舶至,检核于此。历三门以入务,而闭衢之南北小门,容顿宽敞,防闲慎密,司存之吏亦免于庚矣。务之前门与灵桥门近。绍定元年正月火,自务之西北延燎于南,务独免,而前门毁。二月,重建。自此门之外,先后建置皆有碑记。

都酒务美禄坊子城西南一百一十步。皇朝天禧五年置。绍兴五年,以其地为通判南厅,务迁子城南平桥下街西高丽行衙。淳熙七年,有旨,以其地赐相臣史浩,今宝奎精舍是也。务又迁于湖西观音寺侧。嘉定元年,省罢添差通判南厅,通判移治西厅,务乃复旧基,比较、赡军二务萃焉,扁曰三酒务。其偏为藏春园,其外为庆丰楼,嘉定十六年,守赵师嵒所建也。宝庆三年,守胡榘重修务屋,凡费楮券四千一百四十七缗有奇。

比较务旧在罗城东栖心寺侧,绍兴间并归都酒务。

赡军务旧在开元寺西,绍兴间并归都酒务。

香泉库乾道间置六库,分在六城门。续添盐仓门、新门二库,凡八库。

教场子城西北,总为地四十亩一角四十步,西东一百步,南北九十七步,官厅、射亭坐其北。宝庆三年,守胡榘重修。

物料场旧经云:寄市舶务之东廊。旧云在子城里,今废。

合同场旧在州东门外,政和四年,承朝旨置。其后以为添倅厅,而场移于西寿昌院中。添倅厅宇虽移,而场不复还故处,今废。

造船场城外一里甬东厢。

制置司和剂药局府旧无药局,疾病者取药于市,假伪售真,其害滋甚。宝庆三年,守胡榘始创局于郡圃射垛之西,为屋七间,有阁以居,药井、灶、庖、湢皆整,器用什物咸备,总费楮券四千缗。外捐万缗市药,命官吏主之。剂量精深,阖境赖惠。渐收赢钱,以补乏费,其万缗则循环充本。

作院圣功寺东,本寺地也,久而屋圮。嘉定六年,寺复请其地,每有制造军器,别踏逐寺。

省马院淳祐壬寅冬重建,在达信门里。

雪窖嘉定十六年,守赵帅峕置,在甬东厢法云寺后。

养济院西门里,距府一里半。旧有居养院,后废为咸果全捷营,故置养济院。宝庆三年,守胡榘重修,日络绎不绝,人支米一升,钱十二文省,小者减半,亦一二十人。

安济坊西门里。崇宁二年,令置安济坊,以养病者。本府以大观元年闰十月始建。

漏泽园崇宁三年,以人物繁庶,贫无以葬,寄留僧舍,或委弃道旁,令州责之县,选有常住僧管干择地,以常平钱置。四年五月,诏曰:天下承平日久,民既庶矣。而养生送死,尚未能无憾,朕甚悯焉。今鳏寡孤独,既有居养之法,若疾而无医,则为之置安济坊,贫而无葬,则为之置漏泽园。朕之志于民深矣。监司守令奉行无忽。本府以崇宁三年置于城南柳亭院,僧主之。

公 宇

子城周回四百二十丈,环以水,唐长庆元年,刺史韩察筑。岁久,民居跨濠造浮棚,直抵城址,不惟塞水道,碍舟楫,有缓急亦无路可以运水,邦人病之。淳祐癸卯春,制守陈垲给钱酒付造,棚人听自除拆,环城遂有路可通。立子城东水衜坊牌一,子城西城街坊牌二,重修子城,限隔内外。

奉国军门即子城门也。门额守潘良贵书。谯楼上有刻漏,皇朝庆历中,太守王周重修。久益圮。绍兴三十一年,守韩仲通访得吴人祝岷,冶铜为莲华漏,艺精制古,签判许克昌记之。庆元间守郑兴裔、嘉定间摄守程覃重修。嘉熙三年,又圮于风,守赵以夫重建,特进、观文殿大学士郑清之作记。

宣诏亭奉国门外之左。亭之右又有晓示亭。

颁春亭奉国门外之右,亭之左又有晓示亭。二亭皆宝庆三年,守胡榘重修。

子城东门奉国门内常平仓之后。宝庆三年,守胡榘重建,费楮券一千一百二十一缗有奇。

子城西门奉国门内苗米仓之后。

庆元府门有楼,直奉国门之后。旧揭明州之额,守潘良贵书。州升庆元府,守何澹书额,尝因火,投烈焰以厌之。今额丞相史鲁公书,守赵师峕所立也。嘉熙二年,为风所圮,守赵以夫重建,郑丞相作奉国军门记并述。

仪门直府门之后,二子门翼之,列戟其中。宝庆三年,守胡榘重修。淳祐六年春,制帅、集撰颜公颐仲重修。

设厅与仪门相直,前有庭,后有穿堂屋。宝庆二年,皆圮于风,守胡榘重建。经始于八月八日,落成于十二月二十九日,用楮券一万二千六百三十八缗有奇。

戒石亭设厅前。

茶酒亭分峙设厅前之东西。绍定元年火,守胡榘重建。

制置司签厅由设厅西庑以入,面东,直设厅之西。

庆元府签厅_{由制置司签厅前入,面南,直设厅之西北。}

横舟_{原在设厅后,淳祐六年,制帅、集撰颜公颐仲移就平易堂后。}

进思堂_{绍兴四年,守郭仲荀建。淳祐六年冬,制帅、集撰颜公颐仲以旧规湫隘卑下,岁老不支,于是增高故址,改造一新。七年春,赐御书堂匾,从公请也。}

平易堂_{进思堂之后。绍兴二十年,守曹泳建。淳祐六年冬,制帅、集撰颜公颐仲重建。}

羔羊斋_{平易堂之后。}

狮子门_{设厅之左。由此以入治事厅。}

治事厅_{建炎末,守张汝舟建。淳祐五年冬,制帅、集撰颜公颐仲重修,规横视前宏敞。}

锦堂_{治事厅后正寝也。岁久倾圮。淳祐元年,守余天锡新之,气象宏壮。事闻,辛丑赐御书"锦堂"二字,以天锡守乡郡奉母,侈兹宠荣,天锡刻匾揭示不朽。寓贵端明殿学士陈卓为记,资政殿大学士赵善湘书,特进观文殿大学士郑清之题额。}

公生明_{正堂之后,后堂之前,为穿堂三间,八窗玲珑,盖便坐阅文书之所。旧湫隘特甚,守余天锡一新,未及名。陈垲继其后,摹司马文正公所书"公生明"三字揭匾。}

清暑堂_{府堂西偏一堂,淳熙初,魏王建。中圮于风,守余天锡新之,匾仍旧,楼参政钥所书。向南有小轩可坐,尤宜冬。}

镇海楼_{府堂之东偏。宝庆二年,守胡榘始建新武冈,倅李刘记。}

勾章道院_{镇海楼之下。}

仁斋_{宝庆二年,守胡榘撤新之,更名。在治事厅之东,旧曰东斋。}

友山亭_{仁斋前之南偏,在修竹间。绍兴壬戌,守梁汝嘉建。郡人楼钥更名友山。}

鄞山堂_{在镇海楼之北,政和丙申,守周邦彦因旧基建。建炎兵燹,岿然独存。堂下双桧最古,方池前后各一。百余年屋老且圮,淳祐壬寅冬,制守陈垲一新。匾用旧名,资政殿大学士郑清之书,刻制置司准遣郑侃所作上梁文于屏板。}

九经堂_{太宗皇帝淳化元年,诏颁国子监九经。二年,守陈充作堂以藏。久而堂圮书散。元祐五年,守李闳凿池畚土,增旧址,别求九经藏之。火于建炎。绍兴十八年,守徐琛又新之,跨池为石桥,通鄞山堂,翼以步廊。淳熙七年,范成大守明,诏赐魏王所藏书四千九十二册、十五轴,乃葺斯堂,奉其书西偏,已乃藏所赐书于府学之御书阁。筑堂及奉安赐书,皆有碑记,而陈之碑逸矣。淳祐五年冬,制帅、集撰颜公颐仲重修之。}

梅庄　占春亭_{春风堂之南。淳祐六年,制帅、集撰颜公颐仲建。}

射亭_{九经堂后留春亭前之西偏,面其西为垛而栖鹄焉。军士时习射于此,号小教场。乾道元年,守赵伯圭用旧址新之。}

桃源洞_{出射亭少西而北,穴子城以出北,东西缭以墙,盖郡圃总名也。}

更恭亭_{入洞门北折而西。嘉定十六年,守章良朋建。前有古桧二,取东坡先生"双童老更恭"之义名之。}

传觞亭_{更恭亭北行折西。嘉定七年,摄守程覃建,凿石轧水,为曲池于亭内。}

春风堂传觞亭之西。程覃建。叠石为山,峙其后,石山之下有小池。

双瑞楼春风堂之南。程覃建。因田夫以骈干之粟来献而名,盖子城后门也。

芙蓉堂春风堂之西。程覃建。凿池植莲于后。

清心堂芙蓉堂之西。隆兴癸未,守赵子潚建。

明秀楼清心堂之西。程覃建。其下曰方壶,宝庆二年圮于风。

甬东道院清心堂之南。赵子潚建。

茅亭甬东道院南,穴子城以入,折而东。旧有二亭,今存者一尔。

熙春亭茅亭之东,迤于北。绍兴癸酉,守韩琏建。

真瑞堂熙春亭之东,迤于南。前有木犀。

夹芳亭真瑞堂之东,迤于北,程覃建。

步廊自鄮山堂、九经堂之西入八亭之南,西折而入夹芳亭,经射亭前,入桃源洞,西折北行,转西至传觞亭而行,至明秀楼、传觞亭之东北,出后门,虽雨雪不妨步履。宝庆三年,守胡榘重修。

百花台太守曹泳建,今废。

佳趣亭　集春亭　容与亭今废。

及瓜亭子城西南百六十步。

喜雨楼及瓜亭之上。

肃宾亭望京门里。旧名待宾亭。

红莲阁子城西南八十步。皇朝宰相章郇公得象尝倅是邦,大中祥符间建。

众乐堂子城西南,屹立湖中,东西有桥,以通来往,风漪月浦,极目无尘,而近在郛郭之内,一胜景也。嘉祐间,守钱公辅建,邵亢记之,守吕淙书额。乾道四年,守张津重建。

涵虚馆淳熙元年,魏王建。盖于众乐堂之后,即湖栈阁,行舟登降之所也。宝庆二年,守胡榘重修。

隐德堂众乐堂之南。绍兴十三年,守莫将为贺公知章立,设像而祠焉。取李太白之句,名以逸老。久而圮。宝庆三年,守胡榘更新之。九月十四日经始,十一月三十日毕工,用楮券五千三百九缗有奇,视旧益坚壮而轩敞。明年,乃绘夏黄公之像,合祠其中,更今名,奉化丞诸葛兴记。

竹洲西湖之南。政和间,守楼异领乡郡,建锦照堂。久而圮。隆兴二年,守赵子潚重建,更名,今废。

广生堂西湖广福院侧。乾道元年,守赵伯圭建放生之所也。

三江亭鄞江之东,旧有亭名三江,久废。绍兴十年,守潘良贵创亭于江之西,城之上,东渡门之北,取旧亭名名之,盖慈溪江与奉化江合流其前,而入定海江也。

十洲之一亭四明之所以得名者,以有日、月二湖。月湖之所以奇绝者,以其中有十洲。十洲,神仙所居也,此取象焉。以汀名者,曰柳,曰雪。以洲名者,曰芳草,曰芙蓉,曰菊花。以岛屿名者,曰月,曰松,曰花,曰竹,曰烟。总而言之凡十。湖山之胜,岂惟当与邦人共之,虽远方之好游者亦使至焉。今洲之大者,为寺,为观,为台馆,未免自有其有,仅存一洲。询之耆老,亦莫能识。广袤不盈丈,自安其小,以此得全。淳祐二年秋,郡守陈垲政事之暇,一日拉僚属登此洲,喟然曰:"人弃我取。"因其地势,命添倅赵体要植亭其上,与邦之人及远方好游者共之,遂名。是岁十月既望,领客泛舟,观保丰碑、平籴仓,已乃登斯亭,燕芗啜茗,同此清游。制幕林宗谕元晋有诗云:"师帅勤民众务修,挟晴领客过前洲。不缘感召丰年好,安得从容暇日游?人在湖山皆自得,政先仓廪百无忧。老农不解君王意,却要朝韠为少留。"

官　僚

佐　官

唐刺史有别驾,又曰长史,又曰上佐,又曰司马,即汉治中之任。方镇权重,则佐贰益卑屈,故杜子美有云:"治中实弃捐。"艺祖有天下,首置诸州通判,以朝官以上充,实使督察方镇,当时谓之监州,典郡者至有欲求无通判处。太平既久,其权稍削,然兵民、钱谷、户口、赋役、狱讼听断之事,可否裁决,与守臣通签书施行,亦或谓之同判,委任盖不轻也。中兴以来,明州通判多至三员。魏王在镇,以长史、司马易其职。淳熙七年依旧。嘉定元年,省添差,则止二员。

通判东厅仪门外之东厅东,有室曰不欺,通判张奉世重建。谢采伯易名东口。旧又有堂曰蟾桂,钱端礼植木犀其前,因取以名,续更曰秋风轩。端礼之弟端厚来倅,复旧名。久而圮。张攀请于郡重建,扁曰风月堂。亭曰思齐,章良朋建。西北有竹所,苏玭建。嘉定十五年,章良朋以常平使者来摄郡,念其旧治,为更新之。

通判西厅仪门外之西。本添差通判居,而今之酒务,乃南厅,通判旧治也。嘉定元年,省添差通判,酒务复旧基南厅,通判移治于此,号曰西厅。厅堂皆圮。今倅□景良重建。厅侧有清容堂,有月林,有风月堂,悉如故。

职曹官

皇朝因唐制,两使各置判官、推官一,节度置掌书记,观察置支使,为幕职官。录事、司户、司理、司法参军各一,为曹官。幕职官掌助理郡政。凡书记、支使不得并置,有出身即为书记,无出身即为支使。录事掌判院庶务,纠诸曹稽违。司户掌户籍、赋税、仓库受纳。司理掌狱讼、鞫勘之事。司法掌议法断刑。诸州为录事,诸府为司录。大观二年,诏诸州依开封府制,分曹建掾,改判官为司录参军,推官为户曹参军,录事改士曹兼仪曹参军,司理改左治狱参军,司户改右治狱参军,司法改议刑参军。政和二年,以左、右治狱参军名称非古,古有六曹掾名,可以复置,于是司录参军外,有士曹、户曹、仪曹、兵曹、刑曹、工曹六参军,且各有掾,视州次第、事繁简增减员数。三年,又以参军起于行军用武,非安平无事之称,改为司录事、司士曹事、司户曹事、司仪曹事、司兵曹事、司刑曹事、司工曹事。建炎元年,诏州司录依旧为签书节度判官厅公事,曹掾官依旧为节度、观察军事推官、支使、掌书记、录事、司户、司理、司法参军。大观四年,河北路都转运提点刑狱司言:准令,诸录事参军不得差出,今来既州院并罢,其录事参军惟是总察诸案稽违等事,不治刑狱,伏乞许令逐司差出,干当事务。诏依,诸路依此。建炎以来,复置州院录参管干。

节度判官听事旧在仪门外之西,乾道中,守张津欲敞公使库,以故戎司易之直奉国门之西,颁春亭之后。王日接莅是官,撤新其堂宇,又筑室于听事之右,以三两匾之。

节度推官听事旧在子城之西门外,隆兴初,制阃再建,夺为干办公事厅,遂徙于奉国门之东,宣诏亭之后,故戎官之庐也。旧厅有石曼卿筹笔驿诗,宝元二年书赠朱复之。康定二年,复之官于此,刻之石。嘉祐四年,胡宗愈作亭贮之。中更兵火,亭坏碑仆。绍兴十一年,刘伟建南堂,函置仆碑壁间,且以筹笔名堂。听事既移,碑亦随。

节度掌书记不常置。

观察判官阙。

观察推官听事旧在仪门外之西偏。魏王来镇,以处王府属官,继又以处添差通判,察推乃僦民居。嘉定十三年,赵希𨃄莅斯职,守韩元礼辍子城西南之官圃,且畀之财,始建公舍,盖酒务之东也。

观察支使康定二年,聂闻居官,鼎新廨宇,簿书有次,胥吏有位。小圃有竹树水石。圃建堂曰嘉好,堂之南有燕射亭,西望府城,列四亭,曰清潇,曰碧鲜,曰待月,曰隐几,观察推官、朝奉郎、试秘书省校书郎陈之武撰记。意府之签厅,乃其地也。今官省,碑记犹在签厅。

录事参军在府院子城南四十步。宝庆三年,守胡榘重修。

司户参军听事子城东南半里,与万寿寺相对。嘉定十三年火,重建。绍定元年火,守胡榘重建。

司理参军司理院子城南三十五步。嘉定十三年火,赵汝瑕重建。宝庆三年,守胡榘重修。

司法参军听事旧在子城西三十步。中废,率僦民居。嘉定十三年,始建于子城东南旧县学基。绍定元年火,守胡榘重修。

制置司官

绍兴二年五月,以左朝奉大夫、中书门下省检正诸房公事仇念,充集英殿修撰、福建两浙淮东沿海制置使。叙位依发运使例,所有本司属官亦依发运使属官条例,置司平江之许浦镇。七月,吕颐浩言:朝廷置沿海制置使,最为得策。然虏舟从海道北来,抛大洋,至洋山、三孤、宜山、岱山、猎港、岑江,直至定海县,此海道一也,系浙东路。若自通、泰州南沙、北沙,转入东签、料角、黄牛垛头放洋,至洋山,沿海岸南来,至青龙港,又沿海岸转徘徊头,至金山入海盐县澉浦镇、黄湾头,直至临安府江岸,此海道二也,系浙西路。万一有警,制置一司,必不能照应两路事宜。乞令仇悆管浙西淮东路,别差一员管浙东福建路。从之。三年六月,罢司,见在定海县船,令明州守臣兼总领,参谋、参议并罢,属官人吏等,裁减数目。九月,命侍卫亲军步军都指挥使、武泰军节度使、主管殿前司公事郭仲荀为检校少保、知明州、兼沿海制置使。以绍兴府、温、台、明州为地分,属官参谋、参议、主管机宜文字、书写机宜文字各一员,干办公事、准备差遣各四员,海道干当使臣八员。六年,置副使。八年,以浙东安抚使、知绍兴府兼使司。十年仍旧。十一月罢。隆兴元年,复置司,敷文阁学士赵子潚首被旨知明州、兼沿海制置使,奏仍以绍兴府、温、台、明州为地分,所部州县军兵将官、巡尉及本地分内应有屯泊官兵,并乞听节制。前所差官属员多,今乞裁减,止置参议官、书写机宜文字、干办公事、准备差遣各一员,海道干当使臣四员,依安抚司属官例被请给。得旨依。

参议听事子城东门外,旧司马衙。

书写机宜文字元辟亲属充,后不常置。

干办公事听事子城西门外,乃节度推官旧居也。

准备差遣听事万寿寺西,旧县学基,嘉定十三年建。

干当使臣今三员。

兵　官制置司水军官,见叙兵。

国朝置总管钤辖司,掌总治军旅屯戍、营防、守御之政令。凡将兵隶属者,训练、教阅、赏罚之事皆掌焉。总管、副总管,武臣以诸司使以上充,文臣以两省五品以上充。一州即为兵马总管,一路即为马步军总管。路分都监掌本路禁旅屯戍、边防、训练之政令。州府以下都监,皆掌其本城屯驻、兵甲、训练、差使之事。资浅者为监押。要郡又有驻泊兵马都监巡检司,有沿边溪洞都巡检,或蕃汉都巡检,或数州数县管界,或一州一县巡检,掌训治甲兵、巡逻州邑、擒捕盗贼事。又有刀鱼船战棹巡检,沿江河淮海置捉贼巡检,及巡马递铺、巡促私茶盐,各视其名分,以修举职业,皆掌巡逻几察之事。州总管中罢。建炎元年,改诸路路分钤辖为副总管,路分都监为副钤辖,其请给人从、序位等,并依旧钤辖、都监例。三年,路分钤辖、路分都监并如故。五年,诏两浙东西、江东南西、荆湖南北、福建广南东路各分置路分总管,文臣以安抚使为都总管,兼领兵民事,武臣为副,则主兵而已。绍兴三年,中书舍人赵思诚言:祖宗朝兵马都监、监押,大州不过三员,小州止一员。今一州之中,至有六七人,职事不修,类多骚扰,乞今后惟忠义勋劳之后,朝廷特加优恤者,许添差外,余更不添差。诏吏部,除宗室外,其诸路添差过员数,并元差因依,申尚书省。盖旧制,路分钤辖、都监、驻泊添差都监等,专用武艺出身,累立战功,或随龙、或行门出职人,而添差都监、监押,除宗室不泛与也。副总管元于绍兴府驻扎。隆兴元年,添差副总管郭吉,驻扎明州。乾道中,除武臣提刑,与副总管较位序不协,副总管遂移驻明州。

浙东路副总管听事子城西门外制干厅之前。

路分初僦民居。淳熙戊申,刘继忠始请没官旧屋辟为听事,在永济桥侧,久而圮。嘉定二年,郑端礼白于州,得钱五万,益以俸余,葺而新之,匾其西偏曰西斋。

驻泊兵马都监

添差兵马都监

兵马都监

添差兵马监押

兵马监押

押队

准备差使

指使五员

　　右禁军、厢军官。

绍兴庆元府台州都巡检使听事望京门外浙东寨中。

大嵩巡检鄞县。

海内巡检指使元有白峰巡检,今差指使一员,就海内寨拨隶土军。

管界巡检以上并定海县。

鲒埼巡检嘉定中,提刑程覃摄守,奏请省都酒务一员置。

公塘巡检以上并奉化县。

三姑巡检指使旧更有巡江、猎港二巡检,今差指使二员,就三姑寨拨隶土军。

岱山巡检指使以上并昌国县。

鸣鹤巡检慈溪。

　　右土军官。

务、镇官

市舶务,文一员。听事戚家桥。宝庆二年,通判蔡范建,有碑记。

都税务,武一员。

都酒务,武一员。旧二员。嘉定中,提刑程覃摄守,奏请省一员,拔为鲒埼镇巡检。

比较务,文一员。旧二员。程覃奏请省一员,为鲒埼监镇。

赡军,文二员。绍定二年,守胡榘奏请省一员,为慈溪县丞。

下庄酒务,武一员。

小溪酒税,共武一员。以上并鄞县。

奉化酒税,共武一员。

慈溪酒税,共武一员。

象山监酒务一员。

定海监税,武一员。

石碶、宝幢二税务,共武一员。鄞县。

鲒埼监镇,文一员。奉化县。嘉定中,省比较务一员置。

仓、库、局、院官

苗米仓,文一员。听事旧县学基,嘉定庚辰年建。绍定元年火,守胡榘重建。

甲仗库,武一员。

作院,武二员。

添差,武二员。不常置。

医　官

翰林祗侯驻泊一员。

盐　官

国朝旧有支盐场官,不系在州县者,并令兼管烟火公事。绍圣二年,敕许决本场亭户等斗讼公事,不得过小杖十三。政和四年,建议者谓就场支盐,多有搭带,于是逐州置仓,置支盐官二员,其盐场并改作买纳盐场,添差监官并押袋官。建炎二年,兵部尚书卢益奏,诸州盐仓官吏、役夫无虑百余人,每一仓数纲,一纲官吏与夫兵稍之费,又不知其几,沿途偷盗,罪赏至严,犹不能禁。至于搬发稽留,支请不继,客人积压资次,动至数月。前建议者,谓逐州置仓以防私予之弊,窃恐其弊今在诸场,而又在诸仓也。诏令逐州盐仓官,前去就场支发。三年,依旧州仓支盐。四年,复许就场支盐。每场差监官一员,于盐仓官或押袋官内选差,其余押袋官权行减罢。寻有旨,不系差充支盐押袋官,除无兼职之人权罢外,有兼管催煎押袋官,且令依旧专一监催亭户煎炼。自是州仓置罢不常,官亦随之。绍兴二十五年,敕盐场买纳官衔兼带催煎、觉察盗贩。二十七年,尚书省言,昨户部申请罢淮浙路诸州诸盐仓,各就场支拨。今访闻其间场分迂远,客人艰于搬请,及诸场竞相增加斤数,轻重不等。二十八年,诏浙东路复置州仓,诸场官或一员,或二员,率视剧易为增损。庆元府凡十三场,并隶提盐司趁办课利,而廪给仰本府长亭、杜渎置场。台州亦本府支官俸。鸣鹤、芦花、龙头、长山四场官,旧或差武臣。宝庆二年,提盐司余铸申乞,于文资内选辟,得旨依。

支盐仓文武各一员。

大嵩场武一员。鄞县。

玉泉、玉女二场各武一员。象山。

清泉场监盐、押袋文武各一员。

龙头、穿山、长山三场各文一员。以上并定海。

昌国监文武各一员。

岱山场监盐、押袋武二员。

东江高南亭二场各武一员。

芦花场文一员。以上并昌国。

鸣鹤场文二员。慈溪。

长亭场文一员。

杜渎场武一员。以上并台州。

造船官

国朝皇祐中,温、明各有造船场。大观二年,以造船场并归明州,买木场并归温州。于是明州有船场官二员,温州有买木官二员,并差武臣。政和元年,明州复置造船、买木二场,官各二员,仍选差文臣。二年,为明州无木植,并就温州打造,将明州船场兵级、买木监官前去温州勾当。七年,守楼异以应办三韩岁使船,请依旧移船场于明州,以便工役,寻又归温州。宣和七年,两浙运司乞移明、温州船场并就镇江府,奏辟监官二员,内一员兼管买木。未几,又乞移于秀州通惠镇,存留船场官外省罢。从之。中兴以来,复置监官于明州。

监官,文一员。场在城外一里甬东厢,听事直桃花渡,有亭曰"超然"。晁说之字以道,自号景迂,元祐中,为知名士。崇宁后,坐上书入邪籍。政和初,为监官,以读书自娱。一日,部使者来治船事,诟责甚峻。晁从容对曰:"船待木乃成,伐木非钱不可致。今无钱致木,则无船乃宜。"使者愧去。淳熙十年,襄阳王铨为监官,为立景迂先生祠,陆游记之。

驿　铺

迎恩驿望京门里旧有迎恩亭,自建涵虚馆为迎送宾客之地,驿亭遂废,今为义田庄屋。

绍兴四年,敕江浙州军置斥堠铺,专差铺兵传送文字。今府界内铺凡十七,兵一百一十二人。象山、昌国率乘海潮往来府县,故不置铺。

城西铺望京门外,至景安一十里。

景安铺鄞县清道乡,地名马铺,至西渡铺连江一十五里。

西渡铺慈溪县界至西门一十五里。

西门铺慈溪县界至甲山二十五里。

甲山铺慈溪县金川乡至渔溪二十五里。

渔溪铺慈溪县渔溪坊前,至绍兴府桐下铺二十五里。

右西路

栎社铺甬水门外,属鄞县光同乡,至北渡铺连江一十二里。

北渡铺奉化县北渡头,至南渡一十五里。

南渡铺奉化县南渡头,至县下二十五里。

奉化铺本县郭,至双溪二十五里。

双溪铺奉化县地名双溪,至固海二十五里。

固海铺奉化县地名固海,至台州宁海县界海口铺二十五里。

右南路

桃花铺东渡门外,江之东,属鄞县老界乡,地名桃花渡,北至清水三十五里。

清水铺定海县清水坊前,至西门二十五里。

右北路

河头铺定海县界育王河头,自桃花渡至此五十五里,自此东至芦浦五十里。

芦浦铺定海县地名穿山碶,东渡海洋,至昌国县。

右东路

〔补遗〕

〔公宇〕

桃蹊 可憩亭由桃源而西,淳祐六年,制帅、集撰颜公颐仲建。○此条在梅庄占春亭之后,射亭之前,各本并脱,据黄本补。黄东井先生定文以修复郡中三喉,向文澜阁传绘宝庆《志》图,并钞首三卷,其后在张铁峰丈恕处。余刻六志既成,始闻而假之,得于此卷中补此条,及后驿铺一条,惜当时所钞仅此,乱后阁本又复丛残,不得更校他卷耳。

〔驿铺〕

西门铺定海县郭至县五里。○此条在清水铺之后,右北路行之前。按:前所开四路各铺,前后皆相呼应,今清水铺明云至西门二十五里,则下有西门铺无疑。且府界内铺凡十七,正不足一。

《宝庆四明志》卷第四 〔宋元四明六志第十六〕

郡志卷第四

叙　山

山

四明山　府西南六十里,绵亘明、越、台三郡之境,周回八百里,二百八十峰,峰峰相次,上拟于莽苍,中顶五峰,状如莲花,疑近星斗。《寰宇记》云:山顶有池,其池有三重石台。唐末,有高士谢遗尘隐于是山之南雷,尝至吴中,谓陆龟蒙曰:"吾山有峰最高,四穴在峰上,每天宇晴霁,望之如户牖,相传谓之石窗,故兹山名曰四明山。中有云,二十里不绝,民皆家云之南北,每往来,谓之过云。有鹿亭,有樊榭,有潺湲洞。木实有青楮子,味极甘而坚,不可卒破。有猿谓之鞠侯。"于是龟蒙与友人皮日休各赋诗九篇,传于世。《十道四番志》及《太平广记》、《神仙传》云:即汉刘纲与妻樊夫人上升之地。《四明山记》云:孙兴公得仙梨而上升。《北梦琐言》云:王蜀时,许寂少年栖于山,学《易》于晋征君。一旦,有夫妇诣山,挈一壶酒,寂诘之,云:"今日离剡县。"寂曰:"道路甚遥,安得一日及此?"颇异之。夕以壶觞命酌,其夫出一拍板,抗声高歌,悉是说剑之意。俄自臂间抽两物,展而喝之,即两剑跃起,在寂头上盘旋交击。寂甚骇,寻匣之。饮毕就寝。迨晓,乃空榻也。旧志云:山有黄颔蛇,长一二尺,色如黄金,居石缝中,天将雨,作牛吼声,中人亦死。若杖锡山、石楼山、《寰宇记》云:一名石柱,是四明山缆风处。松岩山、蜜岩山、古传有仙蜜。雷峰山、大雷山、即谢遗尘所隐。峒山、蝙蝠洞在其中。峒有四窦,或云此即四窗。烽火楼山、鸡笼山、鳌山、取其形象以名。西山,皆四明山之支派也。山在郡,跨鄞、奉化、慈溪三县。初名明州,以此,故载郡志。其支派之显特者,分见诸县。

骠骑山　镇府之北,金峨峙其南,东直天童、太白,旁睨鄮峰、玉几,西南四明诸山尤秀拔,此山之大势也。详见各县志。

镇明岭 府治前一里三十步,本一丘阜。天禧中,李夷庚为守,精地理之学,以土增之,上有佛亭。嘉定十三年火。次年,市民重建观音殿。绍定元年,守胡榘书镇明岭及圆通道场以表之。

叙　水　渠、堰、碶、闸、桥梁、津渡附

水

海 环府境东北,迤于南。潮入城之东北,各有喉。燕肃《潮论》曰:观古今诸家海潮之说多矣,或谓天河激涌,亦云地机翕张。卢肇以日激水而潮生,封演云月周天而潮应。挺空入汉,山涌而涛随,析木大梁,月行而水大。源殊派别,无所适从。索隐探微,宜申确论。大中祥符九年冬,奉诏按察岭外,尝经合浦郡,沿南溟而东,过海康,历陵水,陟恩平,注南海,迨由龙川抵潮阳。自出守会稽,移莅句章,是以上诸郡皆沿海滨,朝夕观望潮汐之候者有日,得以求之刻漏,究之消息,十年用心,颇有准的。大率元气嘘吸,天随气而涨敛,溟渤往来,潮顺天而进退者也。以日者众阳之母,阴生于阳,故潮附之于日也。月者太阴之精,水者阴类,故潮依之于月也。是故随日而应月,依阴而附阳,盈于朔望,消于朏魄,亏于上下弦,息于朓朒,故潮有大小焉。今起月朔夜半子时,潮平于地之子位四刻一十六分半,月离于日,在地之辰次,日移三刻七十二分,对月到之时,以日临之,次潮必应。过月望,复东行,潮附日而又西应之。至后朔子时四刻一十六分半,日月潮水亦复会于子位。于是知潮常附日而右旋,以月临子、午,潮必平矣。月在卯、酉,汐必尽矣。或迟速消息又小异,而进退盈虚终不失于时期矣。或问曰:四海潮平,来皆有渐,惟浙江涛至,则亘如山岳,奋如雷霆,水岸横飞,雪崖旁射,澎腾奔激,吁,可畏也!其奋怒之理,可得闻乎? 曰:或云夹岸有山,南曰龛,北曰赭。二山相对,谓之海门。岸狭势逼,涌而为涛耳。若言狭逼,则东溟自定海,吞余姚、奉化二江,侔之浙江,甚狭逼,潮来不闻涛有声也。今观浙江之口,起自纂风亭,北望嘉兴大山,水阔二百余里,故海商舶船怖于上滩。惟泛余姚小江,易舟而浮运河,达于杭、越。盖以下有沙滩,南北横亘,隔碍洪波,蠹遏潮势。夫月离震、兑,他潮已生,惟浙江水未涨。洎月经巽、乾,潮来已半,浊浪拥滞,后水益来,于是溢于沙滩,猛怒顿涌,声势激射,故起而为涛耳,非江山浅逼使之然也。

初一日、十六日,子末、午末平。

初二日、十七日,丑初、未初平。

初三日、十八日,丑正、未正平。

初四日、十九日,丑末、未末平。

初五日、二十日,寅初、申初平。

初六日、二十一日,寅正、申正平。

初七日、二十二日,卯初、酉初平。

初八日、二十三日,卯正、酉正平。

初九日、二十四日,卯末、酉末平。

初十日、二十五日,辰初、戌初平。

十一日、二十六日,辰正、戌正平。

十二日、二十七日,辰末、戌末平。

十三日、二十八日,巳初、亥初平。

十四日、二十九日,巳正、亥正平。

十五日、三十日,巳末、亥末平。

慈溪江 源于绍兴余姚之太平山,至丈亭而分,一贯邑中,一环邑前。其西北诸山之水,未至县五里,汇于彭山堰,有斗门以泄于江。二江皆东来,至西渡复合,亘府城之北,入于海,随潮上下。

奉化江 源于四明之镇亭山,出县之惠政桥下,与诸溪水会而南来,亘府城之东,然后北与慈溪江会而入海,随潮上下。

颜公渠 自桃花渡而东,迄定海西市,绵亘六十里。元港久湮,田畴失溉,舟楫不通,民旅病之。前此帅守,非不兴念,率以役艰费夥而辍。淳祐六年秋九月,制师、集撰龙溪颜公颐仲因农隙鸠工,榜示通衢,民听惟睦。榜示云:照得民以食为命,食以农为本,农以水利为急。本郡田亩,全藉水利,如东管则赖有东湖之水,西管则赖有它山之水,独自桃花渡至定海县一带,东西南北周回六十里,旧有河港,久不浚治,日侵月占,皆为湮塞。水无可潴,惟仰天雨,晴未十日,即已旱干,农家无计可施,坐待其槁。昔号膏腴,今为硗瘠,食且不给,何以为生?居此方者,委可怜念。其次则里河既已断港,未免冒险涉江,民旅往来,军兵打请,又有风潮不测之患。数十年来,太守屡常有意开浚,只事关重大,费用浩繁,莫敢轻举。当职冒膺千里宅生之寄,常轸视民由己之心,苟可兴利,岂敢吝费?亟欲趁今农隙,支拨钱米,雇募夫工,自桃花渡直定海县西市,依旧来河道,尽行开浚,一可潴水泽以溉田亩,一可通舟楫以便军民者也,诚为一方无穷之利。其间近河居民,或有侵占旧来河道,为田起屋者,自当悔悟日前冒占官河之非,体承州郡为民兴利之意,各谋改徙,毋复执迷。断不可以一二人之私计,而妨六十里之水利。本府亦当斟酌地段,支钱给助。应是开河之费,尽从本府出备,更无一毫扰及民户。所合先行给榜晓示者。才越三旬,而六十里故河尽复,广五丈,深丈二尺,役工二十三万九千有奇,总费五十五万七千缗有奇。置碶三,跨桥六。鄞令赵希莲、定海令刘仲襄、慈溪令季镛各因渠之所隶而董其役,倅郡张公琥总之。铢粒皆仰于官,纤毫无扰于民。又虞岁深泥淤,思为久利计,再拨缗钱二万贯,创修河局,正将一员主之,而句稽则责之鄞与定海二丞。公之为民虑周矣。民便其利而颂其德,因刻石曰颜公渠。〔按曰〕:此则后守续增。

日、月二湖 皆源于四明山,一自它山堰经仲夏堰,入南门;一自大雷经广德湖,入西门,潴为二湖,在城西南隅。南隅曰日湖,又曰细湖,又曰小江湖,又曰竞渡湖,昔有黄、钟二公竞渡于此,因以为名。久湮,仅如污泽。独西隅存焉,曰月湖,又

曰西湖。其纵三百五十丈,其衡四十丈,周回七百三十丈有奇。中有桥二,绝湖
而过。汀洲岛屿凡十,曰柳汀,曰雪汀,曰芳草洲,曰芙蓉洲,曰菊花洲,曰月岛,
曰松岛,曰花屿,曰竹屿,曰烟屿。十洲三岛,大家多变置,不可尽考,而景象犹存。亭
台院阁,随方面势,四时之景不同,而士女游赏特盛于春夏,飞盖成阴,画船漾影,
殆无虚日。湖之支派,缭绕城市,往往家映修渠,人酌清泚。又引之于城北隅,凿
两池以淳之。淫潦泛溢,则城之东北隅有食喉、气喉二碶以泄于江,亦不胜也。
盖四明山之旁,众山萃焉,雨盛则涧壑交会,出为漫流,无以潴之,其涸可立而待。
非特民渴于饮,而江纳海潮,以之灌溉,田皆斥卤,耕稼废矣。唐开元中,鄮令王
元暐视地高下,伐木斲石,横巨流而约之,浚湖以受其入,溉田八百顷。民德王
公,立祠堰旁。大和六年,刺史李季友又筑仲夏堰,水利益博。国朝建隆间,它山
堰损,若不可修。康宪钱公亿跪请于神,增筑全固。熙宁乙卯,虞大宁为鄞令,元
祐癸酉,刘纯父为明守,渠圮湖湮,因其旧而修之。建中靖国改元之夏秋不雨,湖
大涸,郡以其事属监船场唐意。意由南门道渠上,凡八十有五里,抵它山堰,见水
多醨泄,乃尽塞支流,稍浚上源,以其土增堰,水渐引以北。独距城十数里,地赤
裂,深才尺余,人谓水无可行之理矣。意即王令之祠祷焉。一昔,水辄薄城下。
不数日,湖流漫然。越一岁,复涸,签幕张必强、鄞令龚行修又历视旧堰,修之,益
卑以高,易土以石,冶铁以固之,水遂通行。嘉定七年,提刑程覃摄守,谓奔湍流
沙,沙壅水滞,乃势之常,岁不一浚治之,厥后用力益艰,捐缗钱千有二百,置田四
十亩,委乡之强干者掌其租入,岁给役夫之费,督以邑丞,意则善矣,而行之者实
具文。十四年,泉使魏岘以乡郡为念,请于朝,得祠牒十,委里人曰朱、曰王,按渠
堰碶闸之废湮者,重加修筑。若程所置田,岁租日耗,而渠不浚,丞亦莫知职之在
我也。绍定元年,守胡榘始拘其租于官,重有司之责,且闻诸朝,禁居民立屋以塞
气喉、食喉二碶者,浚导必时,堤防必谨,启闭必如式,一邦之大利也,后之人毋
忽! 或云:水自南门入,实流离宫,遇涸则火,此渠所关尤重,不当俟其涸而后浚。

清澜池 　直奉国军门之南。钱恭惠王尝浚之,以为救焚备。守李夷庚又浚
之,以其土益镇明岭。

府池 　鄮山堂之前后各一。

梁公泉 　鄮山堂前方池之外。绍兴十二年,守梁汝嘉建亭其上,今亭废
井存。

昌黎泉 　公使库造酒所。绍兴末年,守韩仲通建亭其上,故名。

义井十所

东北厢五:

鄞县前坐北大街一。

拱星坊巷口大街一。

泰和坊河下一。

宣化坊魏家巷一。

庙巷一。

东南厢一:

车桥下南巷一。

西北厢二:

能仁寺前一。

恤仁坊佛阁下一。

西南厢二:

府院前一。

五通堂巷口一。

桥 梁

日、月湖之水,酾为支流,可濯可湘,可载可沿,徒杠舆梁,政所宜举。人繁屋比,则家自为之矣。创置岁月,载旧经者不敢废,今增创过倍,姑识其大者,岁月不暇究也。

西南厢

清澜桥俗曰府桥,奉国门前六十步。

四明桥府南九十步。有亭,唐太和三年,刺史李文孺建,毁于建炎之兵。乾道五年,守张津重建。嘉定十三年火,亭废。

憧憧桥府西南一里,西湖众乐堂之东、西桥也,俗呼曰东湖桥、西湖桥。天禧五年,僧蕴臻建,转运使陈尧佐立名。嘉祐中,守钱君倚修。乾道五年,守张津重建,仍建二亭其上,侍御王伯庠记。

湖心石桥大小二桥,府西南一里半。元丰七年建。

清洞桥旧经止曰甬水门里桥,元丰二年建。

葱行桥府东南九十步。

迎凤桥府东南一百六十步。

锦照桥大庙前南,距府二百八十步。

仓桥振名坊南,距府二里半。

福明桥景福寺东,距府二里。

新桥景福寺西,距府二里半。

锦里桥旧名五马,在竹洲西,距府一里半。

廨院桥曾家汇南,距府一里二十步,旧名通安桥。嘉定十三年火,重建。

　　右旧经所载。

君奢桥湖桥,东距府二百步。

酒务桥崇教寺侧,距府一百七十步。

众乐桥湖桥侧,距府二百步。

竹行桥千岁坊西,距府一百九十步。

章耆巷桥千岁坊南,距府二百一十步。

永安桥曾家汇西,距府一里。

四柱桥曾家汇南,距府一里。

木栏桥廨院前东,距府一里四十步。

韩家桥廨院侧南,距府一里三十步。

牢家桥铸冶坊巷,距府一百五十步。

文博桥铸冶坊巷,距府一百六十步。

汪运使桥大庙前北,距府一百七十步。

昼锦桥大庙前南,距府一百八十步。

褚家桥蒋家带东,距府二里半。

宣家桥千岁坊南,距府三百步。

感圣寺桥绍定元年,史府重建。

周家桥铸冶坊巷,距府一里半。

普照桥距府二里半。

东南厢

市心桥南湖头南,西南厢交界,距府一里。

吴栏桥市心桥南,西南厢交界,距府一里半。

奉化桥一名捧花,龙舌头南,西南厢交界,距府三里。

水月桥延庆寺前,西南厢交界,距府三里十五步。

洗马桥新寺后门,距府二里十八步。

泥桥新牌桥东,距府三里二十四步。

车桥灵桥门西,距府四里四十五步。

行香桥旧日焚香采莲桥东,距府二里三十步。

采莲桥南寺前南,距府三里半,元丰六年建。

狮子桥兴教寺南,距府二里半。

新牌桥泥桥头南,距府二里半十二步。

　　右旧经所载。

塔下桥连桂坊东,距府二里三十步。

破石桥吉祥寺后,距府二里二十八步。

古石桥二十九营前,距府二里三十五步。

小江桥积善坊,距府三里半。绍定元年火,重修。

邱家桥迪教坊南,距府四里半。绍定元年火,重修。

兴教桥景清巷口东,距府四里半五十步。

贺都监桥新门头,距府四里半五十五步。

戚家桥南寺后门,距府一里半。

明州桥南寺前直南,距府二里半一十步。

南寺后桥戚家桥南,距府一里半五步。

黄家桥东河际南,距府二里半。

行宫桥袁尚书宅西,距府三里十五步。

砖桥龙舌头北,距府二里半二十步。

石桥赵府前,距府一里半。

史学士桥龙舌头,距府二里半。

王家桥连桂坊南,距府二里十步。

陆家石桥连桂坊西,距府二里。

史府桥景德寺侧东,距府一里半。

石桥汪家巷口,距府一里半。

林家桥全捷营前,距府三里半。

马家庄桥新门头,距府二里半。

王家桥袁尚书宅前,府四里半。

袁尚书桥宅前,府四里半三十步。

孙家石桥戚家桥南,距府一里半一十步。

马家石桥东河际,距府四里半四十步。

马家庄石桥黄家桥南,距府一里半五步。

马家石桥白龙王庙前,距府二里半。

吴家桥沙泥巷口,距府一里半。

新门里石桥冯计院宅前,距府三里。

汪家木桥景德寺东,距府一里十步。

黄鉴桥戚家桥东,距府一里五步。

西北厢

迎恩桥一名仁安,望京门里,东距府一里。

虹桥寿宁坊南,距府二百十步。乾道中,守张津重建。

河利桥项家巷口,府西南半里。

惠政桥报恩光孝寺前,俗曰天宁桥,崇宁二年建。

永济桥路分衙前,距府六十步。景德四年,僧惟一建。乾道五年,守张津作亭其上。嘉定十三年火,亭废。

董孝桥一名渡母桥,报恩观西,距府六十步。天禧五年建,有亭,久而圮。乾道五年,守张津重建。绍定元年,守胡榘于火后重建。

府东门桥距府二十步。

府西门桥距府三十步。

阮家桥一名斜桥,府东北半里。

鉴桥状元坊,府东北一里。

西上桥府西北一里半。

东上桥府西北一里。

石碶桥府东北一里三十步,元符元年建。

右旧经所载。

盐仓桥盐仓门,距府一里半。

贡院桥府学西,距府一里。

府后桥桃源洞后,距府半里。

中上桥高侍郎新巷口,距府三十步。

顶戴桥朝桂坊下,距府半里。

祝都桥报恩寺后东,距府一百步。

林鲚鱼桥高侍郎宅前,距府一里。

方家桥报恩寺后西,距府半里。

杨家桥报恩寺后西,距府半里。

乌黯桥忠顺官寨前,距府一里半。

府社坛桥望京门里。淳祐六年,制帅、集撰颜公颐仲建。〔按曰〕:此条当系后守续增。东北厢绍定元年,火。诸桥皆守胡榘重修建。

千岁桥府东南百步,西南厢交界,周广顺二年建。旧曰万岁桥,又曰贯桥。

皇封桥府东南半里。

开明桥一曰通明,鄞县前。

积善桥鄞县东。

生姜桥鄞县东。

盐蛤桥府东南二里半。

右旧经所载。

萧家桥_{市心},距府二百十步。

回途桥_{魏家巷口},距府一里。

余庆桥_{县东},距府一里半。

琅玡桥_{县东},距府一里三百二十步。

做絮桥_{廊头},距府一里三百四十步。

团桥_{东渡门里},距府二里二十步。

都税院桥_{东渡门里},距府二里二十步。

张家桥_{咸塘口},距府二里三十步。

四港桥_{市舶司后},距府三里。

市舶司后桥_{咸塘东},距府三里二十步。

葛家桥_{姚家巷口},距府三里三十步。

洗麸桥_{东寿昌寺北},距府二里半。

洞桥_{新河头},距府二里半。

泰和坊桥_{鄞县前},距府二里半。

隐仙桥_{天庆观后},距府二里半。

柴家桥_{广慧寺后},距府二里二十步。

广慧桥_{大梁街},距府一里五十步。

津　渡

东渡　即桃花渡,罗城东门外,往定海、昌国路。_{宝庆三年,守胡榘新造昌国渡船二只,详见县志《津渡》门。}

北渡　甬水门南二十五里,往奉化路。_{盖奉化有南渡,故以此为北也。洪子五名管干。}

西渡　望京门西二十里,往慈溪路。_{管堰洪子,原管一十八名,每名月支和雇钱二贯文。牛畜原额八头,每头月支草料钱一贯文。索缆月支三贯文。初委鄞县丞于所收役钱内支,丞不任职,所支有名无实,人畜俱亡。宝庆三年,洪子存者一十三名,牛存者一头,舟上下甚艰。守胡榘买牛雇人,收丞厅役钱入板帐,按月支给。逾西渡堰入慈溪江,舟行历慈溪、余姚以至上虞之通明堰,率视潮候。}

江东西塘路_{本府城东灵桥门浮梁之外,有西塘,自甬东之莫支堰,系民旅沿塘往来之路,外边河内傍田,侵削几不盈尺。淳祐六年,制帅、集撰颜公颐仲申省重修。〔按曰〕:淳祐以下,后守续增。}

海　道

至昌国县,乘西南风,不待潮,径至舟山头登岸。风不顺,泊大小谢港口,或大小茅山,候潮回方行。

至象山县乘东北风行,一泊乌崎头。再泊方门。三泊陈山渡头步,至县一十五里。

叙　产

五谷熟而人民育,地产莫贵于此。明之谷有早禾,有中禾,有晚禾。早禾以立秋成,中禾以处暑成。中最富,早次之。晚禾以八月成,视早益罕矣。其品曰早黄,曰晚青,曰矮白,曰大白,曰细白,曰大赤,曰占城,曰金城,曰穤糯,曰赤糯,曰乌糯,曰九里香,曰赤转稻,曰冷水红,曰早糯,曰黄糯,曰白糯,曰丁香糯,曰赤糯,曰鼠牙糯,曰虎皮糯,曰麻糯,曰杭州糯,曰九日糯,曰青秆糯。粟、豆、麻、麦,种无不宜。一岁之入,非不足赡一邦之民也,而大家多闭籴,小民率仰米浙东、浙西。歉则上下皇皇,劝分之令不行,州郡至取米于广以救荒,市区斗为钱数百,而陈陈相因,待价自若。必有仁人君子,而后倡义以正斯俗。若夫水族之富,濒海皆然,而亦有荒有熟。韩文公记南海庙,以厌鱼蟹为称,美言政所格也。明迩日畿,人趋都会,海虽熟,而珍奇所出,迨不如所聚,惟有力者能得之。产不异于他邦者,不必尽数,取其异者纪焉。

布帛之品

俗不甚事蚕桑纺绩,故布帛皆贵于他郡。惟奉化绨密而轻如蝉翼,独异他地。象山苎布最细,曰女儿布,其尤细者也。

草之品

席江东多席草,人业于织,著名四方,曰明席。

三白农人以此验岁,云三叶白则岁熟。

卷柏俗呼长生不死草,生四明山,虽甚枯槁,得水即葱翠。谢灵运《山居赋》云:卷柏万代而不死。

蓴本作“莼”,生水中。今东湖多有之。

苔《吴都赋》:海苔之类。注云:苔生水中,正青,状如乱发。干之,赤,盐藏,有汁,名曰濡苔,出象山。

紫菜《吴都赋》曰:纶组紫绛。注云:紫菜。郭璞《江赋》云:紫蒉荣晔以丛被。注云:蒉,紫菜也。定海、昌国海岸中有之,出伏龙山者著名。

海藻《尔雅》曰:蔣又名海藻,生海中,黑色,如乱发而大。《埤雅》曰:《本草》以《尔雅》所谓纶似纶，组似组，东海有之。正谓二藻也。又云：按《本草》，海藻、昆布、青苔、紫菜，皆疗瘤瘿结气。又一种细者，紫色，曰紫角菜。

果之品

杨梅越之杨梅，著名天下，而奉化所产不减于越。有邵家乌，有金家乌、许家乌、韩家晚、大荔支、小荔支。鄞之小溪亦有之，色红，不逮奉化之紫黑。产东湖者色白，名酪密脚，又其次也。

榧翠山、香山、雪窦皆有之，惟雪窦榧著名。

凫茨一名荸荠，最大者与闽中地果形质相似，而甘脆差减，俗谓之土地果。

青榧子出四明山，陆龟蒙有诗，见《松陵集》，今名存实亡矣。

羽之品

频伽佛书著此名。昌国补陀山有之，鄞县、句章北岩亦有。

水族之品

鲈鱼数种。有塘鲈，形虽巨不脆。有江鲈，差小而味淡。有海鲈，皮厚而肉脆，曰脆鲈，味极珍，邦人多重之。

石首鱼一名鲍。郭璞《江赋》曰：鲍鲨顺时而往还。注：《字林》曰：鲍鱼出南海，头中有石，一名石首，常以三月、八月出，故曰顺时。然俗呼冬天蒲中者曰石首。三、四月业海人每以潮汛竞往采之，曰洋山鱼。舟人连七郡出洋取之者，多至百万艘。盐之可经年，谓之郎君鲞。鲍，子公反。

鲵鱼一名河豚。"豚"又作"狋"，江淮河皆有之。《本草》：鲵鱼肝及子有大毒，入口烂舌，入腹烂肠。肉小毒，人亦食之，煮之不可近铛，当以物悬之。一名鹕夷鱼，以物触之，即嗔腹，如气球，亦名嗔腹鱼。白背，有赤道如印，目得合，与诸鱼不同。又名鲥鱼，又名吹肚鱼，又名鲍鱼，海中大毒者，惟橄榄木、鱼茗木解之，次用芦根、乌苣草根汁。一云独眼者，尤毒，腹多刺，去其头尾，取其身白肉，用橄榄、甘蔗煮之，橄榄以解毒，甘蔗以验其有毒，即黑。若其腹肉、肝、肠、膏腴与猫犬，随毙。昔永嘉有厨人，喜其肥美，窃食之，即仆，喋不语，欲绝，以黑豆、槐花研汁，搅不洁大药进之，久乃呕吐而活。

春鱼似石首而小，每春三月，业海人竞往取之，名曰捉春，不减洋山之盛。冬天蒲中有者，曰蒲春。

鲍鱼状如鲈而肉粗，三鳃曰鲍，四鳃曰茅鲍，小者曰鲍姑。鲍，眉辩反。

鲳鯸一名鳝鱼，身扁而锐，状若锄刀。身有两斜角，尾如燕尾，鳞细如粟，骨软，肉雪白于诸鱼。甘美第一，春晚最肥。

鲨鱼皮上有沙，故曰鲨。有白蒲鲨、黄头鲨、白眼鲨、白荡鲨、青顿鲨、乌鲨、斑鲨、牛皮鲨、狗鲨、鹿文鲨、鲮鲨、鲩鲨、燕尾鲨、虎鲨、犁到鲨、香鲨、熨斗鲨、髻鲨、剑鲨、刺鲨,其种类甚众。

比目鱼《吴都赋》曰:双则比目,片则王余。注:比目,东海所出。王余鱼,其身半也。俗曰,越王食鲙鱼未尽,因以其半弃之,为鱼,无其一面,故曰王余也。

带鱼《海物异名记》:修若练带,曰带鱼。

鳗海中者极大,似蛇而色青白,齿锯利,冬晴鱐之,名风鳗。江湖河中者,曰慈鳗,小而色黄。《埤雅》曰:鳗有雄无雌,以影漫鳢而生子。今鳗腹自有子,未必皆漫鳢也。

华脐鱼一名老婆鱼,一名寿鱼。"寿"一作"绶"。腹有带如帔子,生附其上,或云名绶者以此。《吴都赋》曰:琵琶鱼。注云:琵琶鱼,无鳞,其形似琵琶。冬初始出者,俗多重之,至春则味降矣。

鲟鳇鱼极大而骨脆肉肥,亦可为鲊。

乌贼《本草》云是鹠乌所化。今其口脚具存,犹相似尔。腹中有墨,今作好墨用之。陈藏器云:昔秦皇东游,弃算袋于海,化为此鱼,其形一如算袋,雨带极长,墨犹在腹也。蜀本云:背上骨厚三四分。《日华子》云:又名缆鱼,须脚悉在眼前,风波稍急,即以须粘石为缆。《图经》云:一名乌鲗,能吸波溅墨,润水以自卫,使水匿不为人所害。又云:性嗜乌,每暴水,上有飞乌过,谓其死,便啄其腹,则卷而食之,以此为名,言其为乌之贼也。形若革囊,口在腹下,八足聚生。口旁只一骨,厚三四分,似小舟,轻虚而白,又有两须如带,可以自缆,故别名缆鱼。《南越志》云:乌贼有矴,遇风,便虬前须下矴而住。矴亦缆之义也。腹中血并胆,正如墨,可以书也。世谓乌贼怀墨而知礼,故俗谓之海若白事小吏。有最小者,俗呼墨斗。

章巨大者曰石拒。居石穴,人或取之,能以脚粘石拒人,故名。亦曰章巨,次曰章举。石拒形似大算袋,八足,长及二三尺。足上突出魂礌,戢戢如钉,每钉有窍,浮于海沙,布形如死,乌乌啄之,卷以入水,嘘钉吸之,以此充腹。其次者曰章举,亦曰章鱼,以大小呼之。石拒如斗,章举如升。南方有石拒,此惟章举耳。章举之又小者,曰望潮,身一二寸,足倍之。又一种,曰锁管,亦其类,脚短无钉。

鲥鱼板身,多鲠,长不五六寸。味极肥腴,以糟浥之,可作汤。或同章举与虾合为鲊,谓之三和鲊,最美,可致远。《世说》晋虞啸父答晋帝云"天时尚温,鲥鲊未熟",即此也。

箭鱼即江湖鲥鱼。海出者最大,甘肥异常。腹下细骨如箭镞,俗名箭鱼。味甘在皮鳞之交,土人和鳞煮供之,春晚与笋尤称。

鲞鱼子多而肥,夏初曝干,可以致远。郭璞《江赋》曰:鲦鲞顺时而往还。《山海经注》曰:鲞狭薄,而长大者长尺余,一名刀鱼,常以三月、八月出,故曰顺时。

银鱼口尖身锐如银条。又一种极小者,名面鱼。

鳒鱼身如膏髓,骨柔无鳞。

白鱼板身,肉美。

梅鱼首大,朱口金鳞。

火鱼头巨,尾小,身圆,通赤,故以火名。又一种,名石勃卒。

短鱼项缩而短,为鲝极美,色微红。

魟鱼形圆似扇,无鳞,色紫黑。口在腹下,尾长于身,如狸鼠。其最大曰鲛魟,即与鲛鱼可错靶者同,是鲛与魟,皆一类矣。其次曰锦魟,皮亦沙涩,擦去沙,煮烂,与鳖裙同。又次曰黄魟,差小,背黑,腹黄。其余有斑魟、牛魟、虎魟,皆凡鱼。

池青鱼尾有刺,甚长,逢物则拨之,毒能中人。色白者曰池白,与魟相类。又名邵阳鱼、鼠尾鱼,可作鲝。

竹夹鱼近鲂鱼,尾有硬鳞,色青黑,一名土鱑。

肋鱼似箭鱼而小,身薄,细骨满肋。肥者仅充口,瘦即无所取。

马鲛鱼形似鳝鱼,味似鲳鱼,品在鲳、鳝之间。

鲻鱼似鲤,生浅海中,著底,专食泥。身圆口小,骨软肉松,甘平无毒,食之令人身健。吴王论鱼,以鲻为上。

鱴鱼形似魟,肉亦凡,惟以盐淹之,曝为鲝,名曰鱴鲝,俗又呼老鸦鲝。去皮,生擘成丝,供钉。

吹沙鱼《埤雅》曰:鲨鮀,今吹沙小鱼,常开口吹沙,故曰吹沙鲨。性善沉,大如指,狭圆而长,有墨点,俗呼为新妇臂。味甘。今奉化鲒埼镇多有此,颇以为珍品。

泥鱼似吹沙而首大,江河中皆有之。

箸鱼其形似箸。又有极大者,曰鳎鳗。

黄滑鱼似春鱼而肉细。又有一种曰乌眼、白眼,皆相类。

吐哺鱼东湖有之。本名土附,以其附土而行也。

阑胡形如小鳅,大者如人指,长二三寸许,头有斑点,簇簇如星,潮退,数千百万跳踯涂泥中。海妇挟春取之,如拾芥。名曰阑胡,一名弹涂,以跳踯取名。土人笔以米脯辣煮之,醒酒。然虽细物,以盂覆活者数百于地,旦起,发覆视之,骈首俱拱北,无一参差,亦异矣。

鲊鱼《本草》作"蜡",一名乍鱼,一名水母,一名樗蒲鱼。生东海,形如覆笠,肉如血蛤。大者如席,小者如斗,腹下如垂絮,纯赤,无肠胃眼目,以虾为目,虾动鲊沉,故曰水母目虾,如驱骡之与蛩蛩相假矣。

蝤蛑《明越风物志》云:蝤蛑,并螯十足,生海边泥穴中。潮退,探取之,四时常有。雌者掩大而肥,重者逾数斤。其小而黄者,谓之石蝤蛑,最大者曰青蟳,小者曰黄甲,后足阔者又曰拨棹子。东坡《答丁公默送蝤蛑》诗有"半壳含黄宜点酒,两螯研雪劝加餐"之句。郡之城东江滨有蝤蛑庙,俗传有渔人获一巨蝤蛑,力不能胜,为巨螯钳而死,今庙即其地。前贤多呼四明曰蝤蛑州。舒懒堂述里谚云:八月蝤蛑健如虎。《埤雅》曰:蝤蛑两螯至强,能与虎斗。

蟹俗呼为蟹。圆脐者牝,尖者牡也。经霜则有赤膏。俗呼母蟹亦曰赤蟹,无膏曰白蟹,有子者曰子蟹。《本草》以蟹性败漆,烧之致鼠。

螃蟹俗呼毛蟹,又曰田蟹,螯蹄带毛。山谷诗云:怒目横行与虎争,寒沙奔火祸胎生。

彭越《尔雅》名彭蜞。螯赤者名拥剑。一种为彭蚑,性寒甚。蔡谟谓读《尔雅》不熟,几为《劝学》所误。又一种名枀步。《埤雅》曰：以其横行，故谓之枀步。又一种曰沙蟹。

蚌有珠。郭璞《江赋》曰：琼蚌晞耀而莹珠。定海招宝山下有巨蚌，光彩逼人。

海月形圆如月，亦谓之海镜。土人鳞次之，以为天窗。郭璞《江赋》曰：玉珧海月。谢灵运诗曰：挂席拾海月。

虾有赤、白、青、黄、斑数色。青者大如儿臂，土人珍之，多以饷远。梅熟时曰梅虾，蚕熟时曰蚕虾，状如蜈蚣而大者曰虾姑，身尺余，须亦二三尺，曰虾黄，不常有，皆产于海。其产于陂湖者曰湖虾，生于河者曰虾公，二钳比他种，其长倍之。郭璞《江赋》云：水母目虾。注曰：水母无耳及目，不知避人，常依虾随之。

鲎形如覆斗，其大如车，青褐色，十二足，长五六寸，尾长二三尺。其壳坚硬，腰间横纹一线，软可屈折，每一屈一行。尾尖硬有刺，能触伤人，口足皆在覆斗之下。海中每雌负雄，渔者必双得，以竹编为一甲鬻焉。牝者子如麻子，土人以为酱或鲊。牡鲎无子。《本草》云：牝牡相随，牝者背上有目，牡者无目，牡得牝始行，牝去而牡死。韩退之诗：鲎实如惠文，骨眼相附行。

蛤每一潮生一晕，海滨人以苗栽泥中，伺其长。八月十六日，雀入水化蛤，海滨有见之者。

淡菜亦名壳菜，形似珠母，一头尖，中衔少毛，甚益人。生南海，有东海夫人之号。土人烧令汁沸，出肉食之。若与少米先煮熟，后去两边锁及毛，更入萝卜、紫苏同煮，尤佳。

蛼生于海岩或篦竹。又一种曰老婆牙。

蛎房其大者如驼蹄，小者如人指面。亦曰牡蛎。陶隐居云：牡蛎是百岁雕所化。道家以左顾者是雄，故名牡蛎，右顾则牝蛎。向南视之，口邪向东为左顾。此物附石而生，魂礧相连如房，故名蛎房。一名蚝山。晋安人呼蠔莆。初生才如拳石，四面渐长，有一二丈，巉岩如山。每房内有蚝肉一块，亦有柱。肉之大小，随房广狭。每潮来，则诸房皆开。有小虫入，则合之，以充腹。海人取之，皆凿房，以烈火逼开，挑取肉食之，自然甘美，更益人，美颜色，细肌肤，海族之最贵者也。

蜯俗呼曰生蜯，似蛤而长，壳有毛。俗又曰毛蛤，一曰蛾蜯。

江珧以柱为珍。东坡有《江珧传》。一种小者，曰沙珧。

螺多种，掩白而香者曰香螺，有刺曰刺螺，味辛曰辣螺，有曰拳螺、剑螺，又曰丁螺、斑螺，又有生深海中可为酒杯者，曰鹦鹉螺。郭璞《江赋》曰：鹦螺蜁蜗。注云：《异物志》曰：鹦武螺状如覆杯，头如鸟，头向其腹视，如鹦鹉，故以名也。旧说曰，蜁蜗，小螺也。一种曰海蛳。

车螯欧阳公诗曰：璀璨壳如玉，斑斓点生花。美此物也。一名昌蛾，一名魁蛤，奉化鲒埼间有之。

蛤蜊善醒酒。山谷诗云：商略督邮风味恶，不堪持到蛤蜊前。

蛏子生海泥中，长二三寸，如大拇指。其肉甚肥，壳不足以容之，口常开不闭。时行病后不可食，切忌之。饭后食之佳。

蚶子《尔雅》谓之魁陆。有瓦垄蚶、毛蚶、芽蚶。《土物志》曰：有侧径四尺，皆似瓦垄，有文。郭璞《江赋》曰：洪蚶专车。

龟脚以状似之。郭璞《江赋》云:石蚨应节而扬菢。

蚬小于蛤蜊,生水泥中,壳薄,肉多含沙,以水浸,隔日令吐沙尽,方可煮食。《本草》:蚬壳陈久者止痢,冷无毒。候风雨,能以壳为翅飞也。

肘子壳下尖而阔,中有肉,粘之膏屎皆在尖。厨人去下体,取面肉,脆,供入汤,稍久即韧,不入品。

沙噀块然一物,如牛马肠脏,头长可五六寸许,胖然如水虫,无首无尾,无目无皮骨,但能蠕动,触之则缩小如桃栗,徐复拥肿。土人以沙盆揉去其涎腥,杂五辣煮之,脆美,味为上物。

〔刊误〕

〔叙水〕

〔颜公渠〕　置碶三"碶"下卢有"闸"字,至正《志》亦有。

〔日月二湖〕　入南门　入西门卢、林本及至正《志》两"入"下并有"于"字。　以其土增堰。《备览》引此语"土"字下有"第第"二字,卢、林本亦有。

〔水族之品〕

〔鲨鱼〕　髻鲨"髻"上有"丫"字,写手误脱。

〔带鱼〕　《海物异名记》卢、林本"记"下有"曰"字,乾隆《志》引亦有。

〔阑胡〕　无一参差"差"下卢有"者"字,乾隆《志》引亦有。

《宝庆四明志》卷第五 〔宋元四明六志第十七〕

郡志卷第五

叙　赋上

　　明州在唐，岁贡犹及淡菜、蚶、蛤之属。自海抵京师，道役凡四十三万人，孔戣、元稹相继奏罢之。钱氏奄有吴越，内事奢侈，外事贡献，下至鸡鱼卵縠，必家至而户取，鞭笞日繁，民不堪命。皇朝尽削钱氏白配之目，官赋顿轻，而身丁钱犹未悉除，考核户口，莫盛于天禧，少耗于元丰，而复盛于乾道。开禧尽蠲身丁钱，户口益滋，而考核不必详矣。虽然，所蠲之细，未救所敛之多。夫岂得已者？以古会稽三县之地，为今大藩，量入为出，亦既戛戛。支移折变之法，经画措置之方，官与民必相体其庶几乎！

户　口

太宗皇帝朝

　　主一万八百七十八户。

　　客一万六千八百三户。

天禧中

　　主总一十万四千七百二十五户，计二十五万六千五百七十六口。客总三万一千三百四十七户，计七万四千四百一十三口。

元丰中

　　主五万七千八百七十四户。

　　客五万七千三百三十四户。

政和六年

主总九万四千五百七十四户,计二十一万三千七百九十一口。

客总二万九千一百一十八户,计五万一千七百五十四口。

乾道四年

主一十万四千七百二十五户,计二十五万六千五百七十六口。

客三万一千三百四十七户,计七万四千四百一十三口。

夏　税

正税咸平三年,户部计度合支殿前诸军及府界诸色人春冬衣,用绢、绵、绝、布数百万匹两,始牒诸路转运使诸辖下州军出产物帛等处,就近计度,于夏、秋税钱物力科折,准备辇运上京。自此始以夏、秋合纳钱米科折绢、绵数目,并于夏税送纳。

绢二万七千三百六十四二丈九尺三寸九分九厘。

绸六千九百七十七匹二丈六尺六分八厘。

绵一十三万七千九百四十三两七钱四分一厘。

和买大中祥符三年,河北运使李士衡言:本路岁给诸军帛七十万,民间罕有缗钱,常豫假于豪民,出倍称之息。及期输赋之外,先偿逋负,以是工机之利愈薄,请令官司豫给帛钱,俾及时输送,则民获利而官亦足用。从之,仍令优给其值。大概出产绸、绢州军,蚕熟丝贱,绸、绢货卖不行,民间困乏,每于岁首先出官钱贷借民户,候蚕熟收绸、绢。王旭行之颍州,李士衡行之陕西,二方既以为利,遂推行之天下,此所以谓之和买也。天圣二年,诏令后豫支绸、绢钱,并取人户情愿,其不出产州军,不得一例抑配。是时两浙惟温州以非土产,不曾抛降,越州诸县争认多数,惟嵊县知县以官与民市,久必为害,独不肯承,民皆怨之。其后国家用度浸广,和买更不给钱,而输官者并照旧额,温州、嵊县独免,明州绸、绢之额则加于正税者半矣。

绢三万五百六匹。

绸九千九百匹。

旧志成于乾道五年,载正税绢八千二百九匹,和买绢二万二千四百二十七匹,认发临安府和买绢八千七十九匹,淮衣绢二千七百匹,总为绢四万一千四百一十五匹。正税绸四百二十二匹,和买绸九千九百匹,淮衣绸三千三百匹,总为绸一万三千六百二十二匹。正税绵一十一万两。今以淮衣及认发临安府和买通在数内,为绢五万七千八百六十六匹二丈九尺三寸九分九厘,绸一万六千八百七十七匹二丈六寸六分八厘,绵一十三万七千九百四十三两七钱四分一厘,加于旧者多矣。

折变初以夏、秋税钱科折绸、绢、绵,又以绸、绢、绵折纳钱谓之折帛钱,或折纳麦,价直分数增减不常。亭户以二税之地煎煮,则有折盐米帛,亦有折糯,夫是之谓折变。

折帛钱：

正税：绢三千二百七十三匹，每匹折钱七贯文，计二万二千九百一十一贯文。

绸二千九百七十八匹，每匹折钱七贯文，计二万八百四十六贯文。

绵五万五千两，每两折钱四百文，计二万二千贯文。

和买：绢九千一百五十二匹，每匹折钱六贯五百文，计五万九千四百八十八贯文。

绸七千九百二十匹，每匹折钱六贯五百文，计五万一千四百八十贯文。

折麦：原额于上三等户科出绢八百四十二匹二丈一尺二寸，绸二百七十八匹一丈六尺七寸，绵六千一百六十四两一钱七分，折纳正义小麦五千二百九十六石八斗四升六合六勺六抄。嘉定十四年二月二十一日，承转运司牒，承尚书省札子，备下臣僚奉请，将两浙州军合纳麦、糯各减十分之二。宝庆元年十二月，又准省札行下，臣僚奏乞将麦、糯再减半科折。寻申省部，并钱数通行减半。

绢四百二十一匹一丈五寸五分。

绸一百三十九匹八尺三寸五分。

绵三千八十二两八分五厘。

以上三项通折：

正麦二千四百四石九斗三升三勺。内出豁免数史丞相府及余府第五百二十二石六斗二升四合四抄，实收正麦一千八百八十二石三斗六合二勺六抄。

义仓麦二百四十石四斗九升三合三抄。

亭户折盐：系通判西厅催解转运司。

绢五百六十一匹一丈三尺五分五厘。

绸一百七十九匹三丈四尺一寸三分。

绵三千一百六十七两二钱九分二厘。

蠲免定海县

绢一百六匹。淳熙十年七月初四日，准转运司牒，准尚书省札子，两浙转运司状明州定海县清泉乡民贫税重，昨来本州据本县知县报乞，将清泉乡第四等、第五等二税量减，内有夏税绢一百六匹，系是上供之数。六月十九日，三省同奉圣旨，可将合发上供绢一百六匹特与蠲免。

实催本色

绢四万四千三百五十三匹五尺七寸九分四厘。又系昌国县续增围田，及余县亏绸增绢之数，计增二十六匹八尺四寸七分八厘，今实催四万四千三百七十九匹一丈四尺二寸七分二厘。内出豁事故绢一千七百五十四。

绸五千六百六十四匹二丈六尺一寸八分八厘，亏一匹七尺八寸三分八厘入绢额，今实催五千六百五十九匹一丈八尺三寸五分。

绵七万六千六百九十四两三钱六分四厘。

秋　税

苗米　正额一十一万二千六百九十七石三斗二升三合七勺。原额一十一万二千六百四十一石三斗二升三合七勺,续添昌国县新收入户围田米五十六石。

折变:

糯九千五百四十八石二斗四升八合,折除苗米九千七百一十二石八斗七升三合。原额一万九千九十六石四斗九升六合,嘉定十四年指挥,减二分,宝庆元年十二月指挥,又减三分,通减一半定今额内。又出豁免敷史丞相府、诸府第糯米一千九百三十二石四升二合,止收七千六百一十六石二斗六合。

亭户折盐二千五百九十八石一斗九升二合。原籍二千四百九十一石四升九合三勺,系通判西厅拘催,折钱起解转运司。宝庆元年,会计拘催起解数,各县续增亭户米一百七石一斗四升二合七勺。

实催本色　一十万五百五十石八斗八升三合七勺。内豁除诸县事故米二千五百三十五石,止收九万八千一十五石八斗八升三合七勺。

酒 糟、醋附

国初,有都酒务官,既自榷,亦许民般酤。又募民能分其利,即官给要契,许酤于二十里外,而岁输其直,今坊场课利钱是也。时酒课尽入系省,州用仰足于此。庆历二年,祠部员外郎王琪请增酒价,以其钱起发上供,利端始开。熙宁、元丰以后,买扑名钱入于常平,酒价荐增,又悉桩管,州益苦匮,乃增收买扑净利钱,而诸库并复设。明州租额,在城及奉化、慈溪、定海、小溪五务,岁为钱止八万三千一百五十四贯而已。熙宁十年,租额之外,买扑钱又计二万五千四百七十九贯有奇。绍兴元年,创比较务,六年,创户部赡军库,展转增价。曩由漕司桩管移用者,尽入经总制司,而其它分隶名色益多。凡卖到钱,例留五分有奇循环充本,四分有奇分隶诸司。今分隶既多,留本率不及四分,分隶之余,又有赡军起发七分酒息钱、酒之余,又有糟醣钱。取糟酿醋,则纳糟本钱,而又纳醋息钱。此邦籴买,视他州独贵,倘善措置,岁收本钱已幸,否则并与本钱失之,惟分隶起发之额不可亏尔。

都酒、比较、赡军三省务内省务三,外省务四,则例每卖到一百贯,本府收三十九贯六百四十二文,本柄在内,其余分隶经总制司四十二贯三百九十四文,籴本司一十五贯一百八十二文,移用司二贯七百八十二文。

本柄钱　五万八千四十贯八百九十八文:逐年米、麦、豆、绸价钱不等,今以宝庆三年价数计之。

糯米九千六百八十五石三斗六升五合,每石钱三贯九百九十文,计三万八千六百四十四贯六百七文。

曲麦二千二百八十八石三斗九升八合七勺,每石三贯六百文,计八千二百三十八贯二百三十六文。

夫食、物料等钱一万一千一百五十八贯五十五文:

造曲七百三十九贯九十文。

造生煮酒六千七百九十五贯九百五十文。

袋绸一百五匹,每匹四贯文,计四百二十贯文。

箍缸打灶二百贯文。

官吏茶汤、赁屋、夫直、年计放刀品尝、饶赏、糜费、酒样、轻空渗漏、监官船家从物等三千三贯一十五文。

收息钱　六万二千九贯六百九文:

诸司六万四百六十二贯二百三十二文。

本府一千五百四十七贯三百七十七文。

岁于分隶诸司外,又有起发七分酒息钱一万五千三百九十六贯一百八十五文,赴户部封桩库,而监官俸给又不与焉,则本柄钱未有不亏者也。

糟钱熙宁六年七月,诸酒务新收五分糟钱,并出卖糟本钱之类,不系省额钱,并依量添酒钱法,令提举常平司拘管,应副本务内诸般支用。政和四年四月,敕州县见卖糟酵,每斤只计一文三分,或一文五分。今每斤添作三文足,每十斤仍加耗二斤。除旧额钱系提举司分拨外,其所添钱,专充直达纲支费。宣和四年,经制司措置官监酒务见卖糟价钱,每斤添二文足,应副移用。靖康元年罢。建炎三年十一月指挥,酒务昨行经制量添卖糟钱,依旧拘收,令糟酵钱充公用外,于醋息钱内并拨分隶诸司钱。

醋息钱开宝六年,酒务糟酵除系人户及公使库买扑外,如无人买扑,官自造醋沽卖。熙宁六年,司农奏,应官监醋务,如公使库愿认纳课利,造醋沽卖,收钱贴助公使库者,听。政和二年,臣僚言:诸州公库,元丰以来,除管纳转运司钱外,所收息钱,即别无立额之法。盖以岁赐遗利既有定数,则于此稍加优假,乃可使之应副支费。近因贪吏作过,始立定额,然外郡公帑,缘此用度不足,未免积压俸给,拖欠行户钱物,为弊尤甚。欲望许依元丰旧制,更不立额。从之。绍兴令诸州公使库,卖醋息及糟麸蘖生畜产价钱,谓非抑配出卖者,听岁额外支用。旧例于都酒务拨糟酵造醋,纳糟本钱充经制直达二窠名,其余息钱归公使库。今东、西二醋库纳公使库钱外,以糟酵醋息钱并计之,日共纳经制钱一贯二百文,余本司钱八百文,移用司钱六百文。

慈溪、奉化、小溪三务　隶省场。

本柄钱　一万三千一百七十二贯七百六十七文:以宝庆三年为准。

糯米二千三十五石二斗三升,每石价钱三贯九百九十文,计八千一百二十贯五百六十八文。

曲麦四百八十五石四斗四升六合五勺，每石价钱三贯六百文，计一千七百四十七贯六百七文。

夫食物料钱三千三百四贯五百九十二文：

造曲一百四十贯一文。

造生煮酒一千五百二十五贯九百八十七文。

袋绸二十六匹四丈一尺，每匹价钱四贯文，计钱一百七贯四百一十四文。

箍缸、打灶四百三贯五百二十七文。

官吏巡脚夫食、糜费、轻空渗漏一千一百二十七贯六百六十三文。

收息钱　一万六千四百七十贯二百九十九文：

诸司一万八千六百五十五贯五百六十文。

本府亏本柄钱二千一百八十五贯二百六十文，填纳诸司。外有起发七分酒息钱，总数见内省务注，而监官俸给又不与焉。

生煮酒糟钱　四百四十一贯一百二十四文：

经总制司一百一贯二百五十八文。

移用司五十三贯五百一十六文。

本府二百八十六贯三百五十文。

定海务　隶省场。

水军库抱认净息　一万九千三百一十贯文：

原系省务差官监当，支降本柄造卖，继因本县屯驻水军置立犒赏酒库，攘夺课利，嗣秀王前守郡日，申明朝廷，省罢官监，并令水军承抱，岁纳净息二万四千四百一十七贯五百八十文。其后赶办不敷，绍熙二年，水军申乞减价卖酒，裁定今额，均月解纳。

诸司一万四千六百八十三贯四百七十六文。

本府四千六百三十一贯九百八十八文。

林村、下庄、象山三务　隶籴买场。原系民户买扑，绍兴间榜卖，无人入价，本州申明朝廷，自行承抱，省部续差官监当。

本柄钱　一万六千二百二十二贯五百五文：以宝庆三年为准。

糯米二千四百七十五石七升二勺，每石价钱三贯九百九十文，计九千八百七十五贯五百三十文。

曲麦五百九十七石四斗二升四合八勺，每石价钱三贯六百文，计二千一百五十贯七百二十九文。

夫食物料四千一百九十六贯二百四十六文：

造曲一百五十九贯七百八十七文。

造生煮酒一千六百八十七贯八百一十八文。

袋绸三十四匹一丈八尺七寸，每匹价钱四贯，计一百三十六贯七百四十八文。

箍缸、打灶三百六十七贯三百二十九文。

官吏巡脚夫食、糜费、轻空渗漏一千八百四十四贯五百六十四文。

收息钱　一万六千三百七贯九百四文：

诸司九千二百二十三贯八百六文。经总制司一千七百六十一贯一百八十六文，内藏正名及七分宽剩四千一百三十八贯七百八十一文，五分净利二千二百二十四贯四百九十三文，籴本一千一百三十八贯八百四十文，移用一百六十贯五百六文。

本府七千八十四贯九十九文。三务内象山一务，原移截拨糯米与夫食、物料、糜费等，责纳净息，本柄少而息多，故总而计之，其息优于省务。除通判厅收诸司钱外，三务又纳本府糟钱六百三十九贯七百三十二文，本府实计岁收钱七万七百二十三贯八百三十一文。

诸县人户买扑坊场钱　三万一千五百七十一贯九百六十五文：

常平司二万五千九百一十六贯一百四十九文。

本府五千六百五十五贯八百一十六文。外有鄞县北渡店，原系小溪子店，岁纳本府钱三百三十六贯文，不在此数。

奉化、定海、象山三县醋息钱　一千二十贯文。隶公使库。

香泉库

人户抱认净息钱　六万九千贯文。乾道二年，守张津措置，于城外创库，官给本柄造酒，差使臣一员监卖，应副细民酤饮，不许入城攫夺省课，岁收息钱添助官兵俸料支道，无分隶诸司。继而得不偿费，改差人吏管干，以淳熙十二年最高钱额计拘，趁息钱六万二千八百二十六贯二十四文省。续又沽卖不行，遂令人户抵产立息承抱，岁纳净息钱四万余贯。嘉定五年，承抱人张良卿等以抵偿行使官会，违背指挥，籍没家产，复从官酤。次年，提刑程覃来摄郡事，分差吏人管干。于时所籍之资已厚，酒具色色仰成，程又刷诸库羡余以附益之，酒课顿增，岁收息钱七万二千缗。八年，遂申朝省，专一存留七万缗在库，循环充本。大率给米曲本钱五千，则责息三千。循习既久，执为定例。有司惟知岁收息钱七万二千缗之旧额，而不知吏辈发卖不行，暗折本钱。十余年来，公私交以为病。且所差之吏不立界限，甲败则使乙承之，乙败则使丙承之，于是阖府之吏半为缧囚。而所谓七万缗本钱者，已亏其半矣。宝庆二年春，守胡榘视事，僚属上下首言其弊，乃为斟酌减，息钱一分，如本钱五千，止责息二千。所差管干吏人，以半年为界。吏虽乐其宽，而半年之间，收息钱及数，其本钱仍亏。僚属乃入札献计，谓官酤取赢，终不若民自为之之便。籴买制造，因时视宜，里社通融，为费已约，一也。执役者非其子弟，即其仆厮，无佣赁之费，二也。家人妇子，更相检柅，无耗蠹之奸，三也。工精业熟，酝造得法，费省而味胜，四也。洞达人情，谙知风俗，发卖亦易，五也。委官吏则一切反是。胡公既熟究弊源，次年冬，乃下令听人户承抱，减旧息额三千缗。旧纳息以钱七分、会子三分，今又许以钱、会中半入纳，贷之本钱二万缗，仍以原酒具、屋舍尽给之，期期年悉偿本钱不再给，而息必按月而输,公私两便,实经久可行之法。

> 西门库,一万四千七百四十一贯六百三十三文。
>
> 江东库,一万一千三百八十七贯三百三十三文。
>
> 盐仓门库,九千五百五十六贯三百三十三文。
>
> 东渡门库,八千一十三贯一百三十三文。
>
> 鄞江门库,七千四百三十五贯二百六十八文。
>
> 南门库,七千四百三十五贯二百六十八文。
>
> 新门库,六千九百五贯文。
>
> 北门库,三千五百二十六贯三十二文。

慈福库 在府禁界内慈福寺前。原卖省务酒,日纳见钱三贯省。乾道三年,下庄酒务借拨地界卖本务酒,续有人户陈皋等陈乞承抱,一界三年,日纳钱八百文。绍熙二年,复归省务。后缘江东香泉酒库连界,就勒江东管库人翟寅承抱,日纳息钱三贯省,不理为香泉课额,亦不理为省务课额。周璠替翟寅依旧承抱。嘉定五年,周璠因行使官会,违秤提指挥,籍没家财,本府差官监管江东库。其慈福库系进士陈鉌承抱,日纳息钱三贯五百省。六年,人户卢焕、王永年、顾铸、陆至、陈至、周广、滕祖、柳渊、程清九名连状承抱,日纳四贯五百文省,钱会各半,给历与鄞县尉催纳。十二年,转运司备据夏尚忠状元保任程清等分抱慈福库,酤卖不行,乞减价钱。与减免五百文,日以四贯钱会为额。

醋酒库 创于端平三年制帅、大卿赵与蕙任内。都库在府东门旧参议衙,西库在红莲阁,徙河利桥。给本钱一十万贯,日收息钱七分半,留本库用备籴买,二分半入府库,用助郡计。淳祐元年,制帅、大资余天锡合两库为一,增留本钱二十万,日拘息钱四千贯。四年八月,制帅、殿撰赵纶再令纽算,增留本钱三十万,逐日免发本钱,止收息钱一千五百贯会十七界,内见钱二十八贯,足抵四百贯。五年九月,制帅、集撰颜公颐仲究弊更式,将所收钱除一千五百贯解府充息,三十贯贴换见钱外,余不问多寡,封留府库,候籴买票支。仍委提督官司户黄缙刊定规式,载于石刻○〔按曰〕:此则后守续增。

商 税 并以宝庆元年为准。

岁有丰歉,物有盛衰,出其途者有众寡,故征敛亦有盈缩。庆元司征,尤视海舶之至否,税额不可豫定。姑以中数计之,放免鲜鱼、蚶、蛤、虾等及本府所产生果、萝卜、芋子税钱,因依附见于下。嘉定六年六月六日,尚书省札子,浙江提刑、兼权庆元府程覃申,照对被旨暂摄郡事,凡有民瘼,靡不究心。窃见庆元府乃濒海之地,田业既少,往往以兴贩鲜鱼为生,城市小民以挑卖生果度日,理宜优恤,已出榜市曹关津晓示。除淹盐鱼、虾等及外处所贩柑橘、橄榄之属收税外,所有鲜鱼、蚶、蛤、虾等及本府所产生果悉免。本府在城收税,其诸司合分隶钱,以嘉定五年一全年收数,约计六千余贯钱会,照则例分拨诸司,合得三千贯。今来除放前项六千余贯外,又别自措置三千贯,先次分隶诸司一年合得钱数讫,仍预桩六千余贯,充嘉定七年八月分拨之数。所有嘉定九年以后上项税钱,乞将本府见管城外香泉酒库每日所收息钱,日拨会子桩办,将来分隶诸司。照得上项钱,系是钱、会中半,分隶所属。欲乞朝廷札下本府,全用会子,偃还诸司,所有外邑合经由收税去处,并不在今来在城市所放之数,伏望札下本府,永久为例。右已批送户部,从所申事理施行,仍行下诸司照会外,今札付庆元府照会。准此,自是岁额不登,吏犹求赢于萝卜、芋子等类,岁收税钱二百九十五贯文,并缘为奸者,扰民太甚。尚书胡榘守郡,宝庆二年九月镂榜晓谕,悉行除免。其合纳诸司额,并以本府钱拨填。

分隶则例

商税钱　一百贯文:

　本府共得四十八贯四百六十二文。

　诸司共得五十一贯五百三十八文。

正钱:七十六贯九百二十三文:

一分钱七贯六百九十二文,归总制司。

九分钱六十九贯二百三十一文,又十分之六分四十一贯五百三十九文,归系省。

四分二十七贯六百九十二文,归籴本司。

增收:二十三贯七十七文。

三分六贯九百二十三文,归军期。

七分一十六贯一百五十四文,归总制司。

头子钱　五贯六百文:

诸司五贯四百五文:

经制二贯八百五文。

总制二贯文。

移用司五百五十文。

提刑司公使五十文。

本府公使一百九十五文。

都税院　额三万五千六百六十二贯四百七十五文:

诸司一万九千二百九十六贯三百九十一文。

本府一万六千三百六十六贯八十四文。

诸门引铺　一万九百一十二贯五文:

　西门引铺一千七百二十六贯六百七十三文。

　南门引铺二千六百三十六贯六百六十七文。

　沈店引铺二千一百九十七贯五十六文。

　宋招桥引铺九百六十六贯六百五十七文。

望春桥引铺七百四十八贯七百四十二文。

江东引铺二千六百四十二贯二百一十文。

诸司五千九百四贯三百一十文。

本府五千七贯六百九十五文。

奉化、慈溪、定海、小溪、石碶、宝幢、瀊浦七税场　四万五百三十贯文。

诸司二万一千一百七十贯八百二十三文。

本府一万九千三百五十九贯一百七十七文。又自嘉定六年以来,瀊浦场添认本府钱三百五十贯,实共收一万九千七百九贯一百七十七文。

鄞县旧有大嵩、横溪两税场,奉化县旧有公塘、白杜两税场　岁共计额钱五千六百余贯,并系人户买扑认纳,官司既远,征敛无度,重为民害,庆元四年,守郑兴裔申朝省废罢。

《宝庆四明志》卷第六 〔宋元四明六志第十八〕

郡志卷第六

叙 赋 下

市 舶

　　汉扬州、交州之域，东南际海，海外杂国，时候风潮，贾舶交至。唐有市舶使总其征。皇朝因之，置务于浙、于闽、于广。浙务初置杭州。淳化元年，徙明州。逾六年，复故。咸平二年，杭、明二州各置务。其后又增置于秀州、温州、江阴军，在浙者凡五务。光宗皇帝嗣服之初，禁贾舶至澉浦，则杭务废。宁宗皇帝更化之后，禁贾舶泊江阴及温、秀州，则三郡之务又废。凡中国之贾，高丽与日本诸蕃之至中国者，惟庆元得受而遣焉。初，以知州为使，通判为判官。既而知州领使，如劝农之制，通判兼监，而罢判官之名。元丰三年，令转运兼提举。大观元年，专置提举官。三年罢之，领以常平司，而通判主管焉。政和三年，再罢提举。建炎元年，再罢，复归之于转运使。二年，复置。乾道三年，乃竟罢之，而委知通、知县监官同行检视，转运司提督。宝庆三年，尚书胡榘守郡，捐币以属通判蔡范，重建市舶务，并置听事于郡东南之戚家桥，且记之。谓凡官府之治，无非理吾地也，而此则以徕远人。凡法度之修，无非吾民也，而此则以观四国。惟清其心，如水之澄；公其手，如衡之平；昭其见，如烛之明；而又济之以能勤，行之以近恕，则观感之余，彼当自化，鲸波万里如履坦途，杂货瑰宝将日陈于斯庭，而帑藏无一之不充矣。先是，尚书请于朝，示招诱优恤之意，严收支综核之法，札子附见于下。证对本府僻处海滨，全靠海舶住泊，有司资问税之利，居民有贸易之饶。契勘舶务旧法，应商舶贩到物货内，细色五分抽一分，粗色物货七分半抽一分。后因舶商不来，申明户部，乞行优润。续准户部行下，不分粗细，优润抽解，高丽、日本船纲首杂事十九分抽一分，余船客十五分抽一分，起发上供。每年遇舶船至，舶务必一申明。蒙户部行下，令证条抽解施行。窃见旧例，抽解之时,各人物货分作一十五分,舶务抽一分,起发上供。纲首抽一分,为船脚糜费。本府又抽三分,低价和买。两倅厅各抽一分,低价和买。共已取其七分。至给还客旅之时,止有其八,则几于五分取其二分。故客旅宁冒犯法禁透漏,不肯将出抽解。梁自此,灼知抽解之害,重因舶商,镂榜沿海招诱,明谕以本府断不和买分文,抽解上供之外,即行给还,客旅舶舟方次第而来。其通判蔡奉议,亦能奉承本府招诱优恤之意。舶舟才至,即约守倅同下务,公平抽解,更无留滞,并不强买,即行给还,以故舶货之价顿减,而商舶往来流通。今年抽解最轻,诚为侥幸。惟是舶务一司,自乾道二年,因臣僚奏罢提举市舶专官,且言祖宗旧制有市舶处,知州带提举,市舶通判带主管官,当时已降指挥,委知通同行检视,漕司提督,令漕司令倅为主管官,专出纳之任,本府不过月一押簿历,而不预其收支之事。其本务抽到物货,如细色,尽行起发,如粗货及板木,则存本五分,充纲脚糜费,未免间有赢余,以起上下观望。前乎此,廉者资以为馈送之资,不廉者则为席卷之计,实为弊事,要当更革。所合具申朝廷,欲乞札下本府,令守倅常切同共点检收支簿书文历,遇有出纳收支,并具禀长官判押,方许施行,庶几稍革弊源,免累倅贰,既塞侵逾之害,稍裕公上之供。其抽解分数,只证递年例,十五分抽一,纲首杂事十九分抽一,以为招诱商舶之计。其海南船及诸蕃舶,自证年例抽解。伏望特赐札下,以凭遵守施行。宝庆二年,尚书省札付庆元府,从所申事理施行,准此。

高句丽国,在唐及五代皆有传,本扶余别种,以高为氏。今其王曰王氏。王氏之先曰建,高丽大族也。高氏政衰,国人以建贤,共立为君长。后唐长兴三年,称知国事,请命于明宗,乃拜建元菟州都督,充大义军使,封高丽王。建卒,子武立。武卒,子昭立。皇朝建隆三年,遣使来朝,赐以功臣之号,仍加食邑。开宝九年,昭卒,子伷立,遣使请命,复赐旧封。自是世袭,每请封爵,修职贡。或臣于契丹,则职贡缺。大中祥符七年,王询大破契丹,请正朔于皇朝。朝议难之,止赐封。大抵来不拒,去不追,间遣使加恩,不以为中国重轻也。熙宁二年,前福建路转运使罗拯言:据泉州人黄真本名犯孝宗庙讳,讳偁,即位后改讳睿。状,尝以商至高丽,高丽舍之礼宾省,见其情意,欣慕圣化。兼云祖祢以来,贡奉朝廷。天圣遣使之后,久违述职,便欲遣人与真同至,恐非仪例,未敢发遣。兼得礼宾省文字具在,乞详酌行。时拯已除发运使,诏拯谕真,许之。高丽欲因真由泉州路入贡,诏就明、润州发来。自是王徽、王运、王熙修职贡尤谨,朝廷遣使亦密,往来率道于明。来乘南风,去乘北风,风便不逾五日,即抵岸,明州始困供顿。元祐二年,高丽僧义天至明州,上疏乞遍历丛林,传法受道。有诏朝奉郎杨杰馆伴,所至吴中诸刹,迎饯如王臣礼。惟金山僧了元床坐,受其大展,谓杨曰:"义天亦贵国僧尔,丛林规绳不可易。"朝廷闻之,以了元知大体。苏文忠轼有送杨杰诗云:"三韩王子西求法,韩有三种,曰马韩,曰辰韩,曰弁韩,皆高丽也。义天自谓弃王位出家。凿齿弥天两勍敌。过江风急浪如山,寄语舟人好看客。"政和七年,郡人楼异除知随州,陛辞,建议于明置高丽司,曰来远局,创二巨航,百画舫,以应办三韩岁使。且请垦州之广德湖为田,收岁租以足用。既对,改知明州。复请移温之船场于明,以便工役。创高丽使行馆,今之宝奎精舍,即其地也。金国既盛,高丽使行金正朔。绍兴三十二年,纲首徐德荣至明州,言本国欲遣贺使,有旨令守臣韩仲通许之。殿中侍御史吴芾言:高丽与金人接壤,为其所役。绍兴丙寅,尝使金,稚圭入贡至明州,朝廷惧其为间,亟遣之回。方两国交兵,德荣之情可疑。今若许之,使其果来,则惧有意外之虞。万一不至,即取笑夷狄。乃诏止之。孝宗皇帝朝,始复通使。嘉定十七年,高丽乃弃金正朔,以甲子纪年,历法与中国等。其宗庙、社稷、城邑、州间官称、冠服,率仿佛中国。曰乐浪府者,昔新罗也,是为东京。曰金州者,昔百济也,是为南京。曰镇州者,昔平壤也,是为西京。地多大山深谷,而少平衍,俗不敢有私田,略如邱井之制,随官吏民兵秩序高下而授之。国母、王妃、世子、王女而下,皆有汤沐田。每一百五十步为一结,民年八岁,投状射田,给数有差。国官以下,兵吏士工无事则服田,惟戍边则给米。地宜黄粱、黑黍、寒粟、胡麻、二麦。其米有粳而无糯,粒大而味甘。中国贾人至其地,风候逆,或二三岁不可返,因室焉。返则禁其妻若子,不得从。再至,有室如初。本府与其礼宾省以文牒相酬酢,皆贾舶通之。杂货具于左:

细色:

银子、人参、其干特立,在在有之。春州者最良。亦有生、熟二等,生者色白而虚,入药则味全。然涉夏损蠹,不若经汤釜而熟者可久留。旧传形扁者谓丽人以石压去汁作煎,今询之,非也,乃参之熟者,积埃而致尔。其作煎,当自有法也。昔中国使至丽馆中,日供食菜,谓之沙参,形大而脆美,非药所宜用。麝香、红花、茯苓、蜡。

粗色:大布、小布、毛丝布、俗种苎麻,人多衣布,绝品者谓之绁,洁白如玉,而窘边幅,王与贵人皆衣之。至府者,乃其粗也。绸、俗本不善蚕桑,其丝线织纴皆仰贾人,自山东闽浙来,然颇善织花绫,有文罗、紧丝、锦罽。后得北虏降卒,工技益巧,染色又胜于前日。绸乃其粗也。松子、松花、松有二种,惟五叶者乃结实。罗州道亦有之,不若广、扬、永三州之富。方其始生,谓之松房,状如木瓜、青润致密,得霜乃拆其实始成,而房乃作紫色。国俗虽果肴羹胾亦用之。不可多食,令人呕吐。栗、大者如桃。今至府者,皆果肉,小而坚,蒸煮乃可食。枣肉、榛子、椎子、杏仁、细辛、山茱萸、白附子、芜荑、〔按曰〕原脱上二种,据《敬止录》补。甘草、防风、牛膝、白术、远志、茯苓、姜黄、香油、紫菜、螺头、螺钿、皮角、翎毛、虎皮、漆、出新罗,最宜饰镶器,如金色。青器、铜器、近年禁不出。双瞰刀、席、合蕈。

日本,即倭国,地极东,近日所出。最宜木,率数岁成围。俗善造五色笺,错金为兰,或为花,中国所不逮也,多以写佛经。铜器尤精于中国。贾舶乘东北风至。杂货具于左:

细色:

金子、砂金、珠子、药珠、水银、鹿茸、茯苓。

粗色：

硫黄、螺头、合覃、松板、文细密,如刷丝而莹洁,最上品也。杉板、罗板。

海南占城西平泉广州船。不分纲首、杂事、梢工、贴客、水手,例以一十分抽一分,般贩铁船二十五分抽一分。

细色：

麝香、笺香、沉香、丁香、檀香、山西香、龙涎香、降真香、茴香、没药、胡椒、槟榔、荜澄茄、紫矿、画黄、蜡、鳖鱼皮。

粗色：

暂香、速香、香脂、生香、粗香、黄熟香、鸡骨香、斩剉香、青桂头香、藿香、鞋面香、乌里香、断白香、包袋香、水盘香、红豆、荜拨、良姜、益智子、缩砂、蓬莪术、三赖子、海桐皮、桂皮、大腹皮、丁香皮、桂花、姜黄、黄芦、水鳖子、茱萸、香柿、磕藤子、琼菜、相思子、大风油、京皮、石兰皮、兽皮、苎麻、生苎布、木棉布、吉布、吉贝花、驴鞭、钗藤、白藤、赤藤、藤棒、藤簟、宷木、射木、苏木、椰子、花黎木、水牛皮、牛角、螺壳、蚜螺、条铁、生铁。

外化蕃船遇到申上司,候指挥抽解。

细色：

银子、鬼谷珠、珠砂、珊瑚、琥珀、玟瑰、象牙、沉香、笺香、丁香、龙涎香、苏合香、黄熟香、檀香、阿香、乌里香、金颜香、上生香、天竺香、安息香、木香、亚湿香、速香、乳香、降真香、麝香、加路香、茴香、脑子、木札脑、白笃耨、黑笃耨、蔷薇水、白豆蔻、芦荟、没药、没石子、槟榔、胡椒、硼砂、阿魏、膃肭脐、藤黄、紫矿、犀角、葫芦瓢、红花、蜡。

粗色：

生香、修割香、香缠札、粗香、暂香、香头、斩剉香、香脂、杂香、卢甘石、宷木、射木、茶木、苏木、射檀香、椰子、赤藤、白藤、皮角、鳖皮、丝、簟。

牙 契 有正限纳者,有放限纳者,分隶不同。庆元多大家,典买田宅,投印者甚少。今以嘉定十七年所收记之。

正限 五千四百二十六贯七百九十六文：
诸司四千七百三贯七百六十六文。
本府七百二十三贯三十文。

放限 七万二千四贯八百五十七文：
诸司三万七千六百二十一贯六百一十七文。
本府三万四千三百八十三贯二百四十文。

杂　赋

免役钱　两料共计七万七千九百二十一贯四百八十四文：

六县截支吏役钱三万四千七百九十三贯七百一十六文。

本府：八千一百六十三贯七十六文。解发减省人吏钱、在京官员雇钱及支府吏钱并在内。

经总制司钱三万一千七百五十一贯七百四十八文。通判厅催。

官户不减半钱二千八百八十三贯九百二十文。常平司通判厅催。

奉化、慈溪、昌国三县头子钱三百二十九贯二十四文。提举司。

茶租钱　一千九百九贯五百五十文。旧额二千二百八贯九百八十四文，今除奉化县逃绝户四分钱，有此额。

水脚钱　八千九百贯文。

昌国县砂岸钱　四千余贯文。

楼店务钱　约二千贯文。隶公使库。

鄞、定海、慈溪河涂租堰钱　三千三贯七百八十文。隶公使库。

鄞、定海、慈溪城基房廊钱　二百三十一贯二百四十文。隶公使库。

截补身丁钱　七千贯文。

五代时，东南割地分国者，率计口算缗钱，故有身丁钱，一丁有岁纳数百者。皇朝累经减放。大中祥符四年，诏两浙、福建、荆湖南北路，身丁钱并特放除。而州县奉行不虔。庆元五年，中书舍人陈傅良因进故事及之，本府元催身丁钱一万八千七十八贯六百二十二文，内四分充籴本，六分充系省支道。开禧元年十二月十九日御笔：方今大计，在宽民力。眷兹二浙，实拱行都，尤当优恤，以厚根本。况承平岁久，生齿日繁，程其赋租之余，重以身丁之敛，吏弗加省，民输益艰，中夜以思，靡遑安处。非不知国用所系，储积宜丰，顾宁损于县官，以少纾于百姓。爰敷旷泽，庸示至怀。其两浙路身丁钱，可自开禧二年，永与除放。本府续申朝廷，蒙行下。每年于合解上供折帛钱，截七千贯补助支道。

僧道免丁钱　一万一百一十六贯六百文。随帐状催发，岁无定额。

河渡钱　一千八百五十八贯四百三十九文。通判厅催。

鄞县桃花渡每界额钱　三千四百二十五贯有奇。

定海江南渡每界额钱　一千三十七贯有奇。

淳祐六年冬，制帅、集撰颜公颐仲以两渡为往来民旅之害，申朝省拨府帑代输常平司，免拘渡钱以便民，仍籍定民船轮载人收二钱。省札附于下方。

尚书省札子，备据本府申，本府管属有桃花渡，在鄞县之东；有定海渡，在本县之南。其水交汇，其涂四达，近通六邑，远出大洋，是以为民旅往来之冲，农牧出入之地，轿马笋担，朝夕不绝。每一岁，两渡共拘钱一千四百八十七贯有奇，钱、会中半。十数年来，府第买扑归私，置场设肆，于收钱外，凡所以为征取计者，殆将百出。又有一等凶悍不逞无藉之人，入为梢工篙手，相助为虐，则毁辱衣巾，损坏器物，或加捶缚，不幸而惊覆，则又有性命之虞，其为民害甚矣。复与里商外贾、渔户贩夫衷私掩蔽，共为般抑铜钱，隐漏税货之事，而官又被其害焉。颐仲到任之初，首闻砂岸与官渡均为四明之害。窃计所管课额，散在他司，用度所关，未易除罢。乃撙节浮费，先措置钱五百余贯，代纳砂岸租钱，而一害先去。固尝具申，得蒙从请。再办此一千四百八贯钱会，欲代输两渡常平窠名，未勉行间，忽据白札子陈述，谓此渡之为民害者四，为官害者二。载详其言，不可一朝居者，岂容坐视而不与之区处，遂令财赋司供具所管钱数，牒通判东厅免拘此两渡钱，每月仍于本府照数拨填，庶几二害尽去，而海邦之民永拜无穷之惠，伏申尚书指挥行下。照得桃花渡、定海渡拘钱之弊，委为一府往来民旅之害，今本府免拘此钱，一从民便，实为永久之计，札付庆元府照应施行。详见两渡碑刻。○〔按曰〕：淳祐六年以下，后守续增。

湖　田

初，高丽使朝贡，每道于明，供亿繁夥。政和七年，郡人楼异因陛辞赴随州，请垦广德湖为田，岁收租以足用。有旨改知明州，俾经理之。明年，湖田成。及高丽罢使，岁起发上供。自水军驻扎定海、江东两寨，朝廷科拨专充粮米。

糙米四万六千二百七石六升五合四勺。

职　田

咸平二年七月，宰相张齐贤与三馆秘阁参定职田之制，两京大藩府四十顷，次藩三十五顷，防团州三十顷，中上刺史州二十顷，下州及军监十五顷，边远小州、上县十顷，中县八顷，下县七顷，为三十等。转运副使许于管内给十顷，其诸州给外剩者，许均给兵马都监、监押、寨主、厘务官、录事参军、判司等。其顷亩多少，比类通判幕职之数，以官庄及远年逃田充，悉免税及差徭，所得租课，均分如乡原例，州县长吏给十之五，自余差给。诏从之。天圣七年，言者谓职田有无不均，吏或不良，往往多取以残细民。诏晏殊等参议，遂停罢，官收其入以为直均给，未即行。九年二月，上阅天下所上狱，多以贿败者，诏复故。庆历三年九月，参政范仲淹等以有无多寡不同，乞行均给。乃更定田限，藩府二十顷，节镇十五顷，余州十顷，通判六顷，判官四顷，幕职官三顷，县令万户以上六顷，簿尉给半，五千户以上令五顷，簿尉二顷五十亩，不满五千户又杀之。无田或顷亩不足，且不可耕者，三年内检括官荒田，并户绝地土，及五年以上逃田充。靖康元年，诏在州见任官职田，权借一年，变易轻货，输内藏库。建炎元年五月，诏罢住职田，令提刑司收桩，具数申省。绍兴三年七月，敕选人七阶，以旧禄比。今物价恐不能赡给其家，可将无职田选人，并亲民小使臣，每员月支茶汤钱一十贯。内职田不及此数者,补足。自此,选人、小使臣有茶汤钱之制,而职田或给或收。隆兴元年六月,权借一年。乾道元年七月,权拘三年。今本州公租存者,仅如左方。

米五千四百八石。

官员、宗室、诸军俸料,旧来支十七界旧会。淳祐五年七月,制帅、集撰颜公颐仲并支十八界新会,岁增钱七十六万四千六百六十贯。榜示云:

照对本府财赋有限,量入为出,仅可支吾。前此累考,皆有增收创置,诚可嘉美。近据金厅具呈,见任寄居官员、宗室、军兵俸料,多用旧会,酒、米、绵、绢、绸、布折价,为数未登。因念制禄以任官,必须宽融而后可责其奉公守节制;赋以养兵,必须优润而后可勉其趋事赴功,并合全支新会,仍添折价钱。缘当职到任之始,已将诸县淳祐三年拖下官钱四十九万余贯,并行住催,府计颇悭。除诸军先与耗给新会外,应见任寄居官员、宗室,并从次第增改。公库省务酒额太高,专知等人徒被监紧,仍前拖欠,合与减额。两府判厅起纲支粮,颇有欠缺,合与添助。二税折纳太重,合与减价。倘得年谷屡丰,加以均节岁计,或有赢余,则增收创置之事,续议区处。须至晓示。○〔按曰〕:官员、宗室以下,系后守增附。

常平仓

淳化二年,诏置常平仓,岁熟增价籴,岁歉减价粜,用赈贫民,本李悝平籴之法。其后以收没官田租入或卖屋地坊场河渡,以其钱籴入,或州县宽剩钱米入。凡老疾贫丐者,囹圄者,流徙者,率以是济之。本府素无桩积,朝廷间拨降度牒,籴米赈济,随籴随支,无定额。

义　仓

康定二年置。绍兴六年,总制司申明,大观指挥,每石纳一斗。至今民户纳正苗米一石,即纳义仓米一斗,一斗即纳一升。本隋社仓之法,使民举粒米狼戾之赢,以备水旱者也。故著令惟许赈给,不许它用。县遇灾伤,当职官体量,自第四等以下缺食户给散,若放税及七分以上,通第三等给,并预申提举审度,行讫奏。绍兴七年,户部侍郎王俣奏,常平六事,其二曰封桩义仓斛米,故义仓米率附常平仓。

制置使司平籴仓〔按曰〕:以下四仓皆后守续增,故卷首无目。

国朝沿唐旧,州县各置常平义仓,所以备水旱,救凶荒也。然常平置使,自专一司,州县发敛,皆禀命焉。虽河内有饥民,不容以便宜从事,此制置司所以自创平籴仓,盖有以也。然必以制司名仓者,州郡不得以支移,他司无与也。制置、知府、秘撰陈公垲,有见于此,淳祐二年正月开藩,二月即疏闻于朝,乞俟本府支衣大阅后,省库、公库才有所积,即取拨令项桩管,委两通判专掌此钱,为平籴本。

未及期年，积券已及八十五万，复申请于朝，乞免解前政任内借拨农寺十八界会子三万贯。准省札行下，略云：闻陈制置见议，创平籴仓以利民，要得此钱以充籴本，捐此以助四明利民之事，从申销豁十八界一准，十七界五展，计十五万券，凑及百万之数。大要欲籴米谷各二万斛。文思院斛。米籴于吴，谷籴于鄞。数或不及，桩留余券，以俟续籴。度地城西，得醋库余基，不足则买民田，给官镪，易邻寺之荒畦，凡建屋二十六间，曰厅，曰泊水，曰中门，曰大门，各三，曰仓，十四，分为六廒。以丰年亦有高廪名，匾大门曰制置使司平籴之仓。四周以墙，三面环水，前后有水步。鸠工于四月丁卯，讫事于十月甲子。提督措置营造则通判尤熵，添差通判赵体要，路分傅端。僦役水军而给券物，和买而给钱，无一字文移下诸邑，故不扰而办。仓有提督，于制司属官选；监仓，于本府职曹选；门官，则差水军将佐，月各添给。岁以正月，委官核实城内外之合籴者，济者给历。以二月初籴济。年丰谷贱，则不须举行。又有新陈相易之法，米粜则钱在，钱出则米归。制帅交承，则登载帐册，上其数于朝，每岁六月一申，岁终再申亦如之。详见制置使干办公事林元晋所编规约，附以仓图。记则观文殿大学士郑申公作。帅守陈公又自作平籴铭，铭曰：

千斛在市，物价自平。其平伊何？持衡有人。愿岁常丰，谷石钱五。此仓之设，姑备先具。

三年春，公以大理卿召，未行，易镇吴门，又念籴贾虽平，而寒窭之民在所当济，久之必亏籴本，遂再捐三十万为赈济之助，悉以闻于上。

制置使司平籴南仓

仓以南名，别西仓也。西仓已储粟二万一千余石。淳祐四年，制帅、殿撰赵公纶以官地两易延庆寺西蔬圃建南仓，储五年六月以后续添之数，规模视西仓益闳，详见提督官司户黄缙所具条约。缙徒规复蔬圃，外台遣属僚诣郡审处。制帅、集撰颜公颐仲力主为民之议，而前政成规，迄以无挠，舆论韪之。

桩积仓

淳祐四年，制帅、殿撰赵公纶拨钱五十二万三百贯，籴米一万九千五百石有零。

新桩积仓

淳祐五年，制帅、集撰颜公颐仲创。已籴到米一万石有奇，附省仓，西仓暑、往字廒。

朝廷窠名共七色：银、绢、绸、绵、绫、盐钞纸、钱。

银　一千两：每两折钱三贯三百文省。

圣节五百两。

大礼年分五百两。

绢　一万四千五十七匹：

夏税和买四千八百五十七匹。

岁币八千二百匹。元遗金国岁币于夏税绢内起发，朝廷既罢岁币，指挥折钱，特优恤下四等、五等人户，每匹止折纳钱四贯文。有司不体朝廷优恤之意，每岁多是大家以钱折纳。宝庆二年，守胡榘视事，始根究，必从指挥施行。

圣节五百匹。

大礼年分，解发左藏库五百匹。

绸　二千七百二十四匹。

绵　一万八千五十三两。

绫　一十匹。《唐国要图》云：贡交梭绫。《正元十道录》云：贡吴绫。《元和国计图》云：贡吴绫、干山药。《唐书》云：贡吴绫、交梭绫、海味、山药、附子。《十道四蕃志》云：旧贡红虾鲊、大虾米。《九域志》云：贡绫十四匹、乌贼骨五斤、干山药一十五斤。今止岁贡大花绫一十匹。

盐钞纸　七万九千三百幅。岁支钱一千一百一十九贯五百六十八文，钱、会各半，行下奉化、象山、鄞县收买，赴太府寺交引库。其钱、会于军资库系省钱，盐仓别纳袋息钱，各支一半。

钱

折帛钱：一十七万六千七百二十五贯文。内截留七千贯文，补放免身丁钱。

无额上供钱：三千九百九十贯文。

御膳羊钱：五千五百九十五贯七百四十四文。

供给钱：八百贯文。

起发七分酒息钱：一万五千三百九十六贯一百八十五文。绍兴七年始，赡军库起发。

籴本钱：四万三千八百贯文。宣和五年始，旧经额九万六千九百七十八贯四百三十九文，内于酒务保省钱拨出四分，籤到三万八百六十七贯二百九十三文，余钱系诸税场以日生收到钱分拨，及村坊买扑认纳并人户身丁钱凑足，赴行在省仓和籴场交纳。其后减罢税场，开禧二年放免身丁钱，额顿亏。户部司农寺岁实催发钱五万八千七百二十六贯三百三十八文。继此酒场减造米斛。嘉定八年，旱蝗相继，村坊多有败缺关停。十三年火灾，朝廷放免竹木税钱，累年止催解四万六百贯文。十六年、十七年解四万二千贯文。宝庆二年解四万三千八百贯文。其逐年所亏钱数,部、寺再行下,照例流水登带补发,至郊赦释放。

僧道免丁钱:一万一百一十六贯六百文。绍兴十五年始,岁无常额,以括责帐状多少为催发。

经总制钱:熙宁十年,初置经制熙河路边防财利司。宣和三年,因陈亨伯在陕西、河北措置有条,遂推行于东南,始有经制两浙、江东路财用司。靖康初罢。建炎三年,臣僚言,边事未宁,理财最急,与其暴敛于仓卒,曷若取之于细微。今除不便于民,如纳免行钱、减罢曹官役人钱、钞旁定贴钱、院虞侯充狱子重禄钱、牛畜等契息钱、契白纸钱不可施行外,所有权添酒钱、量添卖槽钱、人户典卖田宅增添牙税钱、官员等请俸头子钱、楼店增添三分房钱,共五项,欲令东南八路州军收充经制钱,从之。于是户部领经制司。绍兴五年,参知政事孟庾提领措置财用,以总制司为名,措置经画窠名,转运司移用钱,勘合朱墨钱,出卖系官田宅,人户典卖田宅牛畜等,于赦限内陈者投税印契税钱,进献贴纳钱,者户长雇钱,抵当四分息钱,人户典卖田业,收纳得产人勘合钱,常平司七分钱,见在金银茶盐司袋息等钱,桩还旧欠装运司代登斛斗钱,收纳头子钱,官户不减半,民户增三分役钱,见桩数二税畸零剩数折纳价钱,免役一分等剩钱,并充总制司钱。其后经制、总制皆归户部,州县往往以两项窠名混而为一。诸县委县丞,无县丞委主簿,诸州军委通判,无通判委签判拘收,提刑司检察。本府岁额具如左。

正额钱二十一万五千三百七贯九百三十文旧经年额四十一万八百二十五贯六百六十八文,内经制二十一万一千七百七十三贯四百四十一文,总制司一十九万九千五十二贯一百七十七文。其钱出于属县给纳二税头子、勘合、者户长免役、里外酒税并人户典卖田宅税契窠名等拘收。自后酒场沽卖下行减造额米,商税少有客旅兴贩,二税内有坍江事故出豁,岁复一岁亏收,原额累年止总趁及二十余万贯,朝廷比较多是居殿。嘉定四年,提刑程覃摄守,究极源流,申请豁无额经制钱二十六万贯,蒙朝廷行下户部,先与理豁一十六万三千三百一十三贯七百六十二文,而尚有无额之钱,竟无可催,移东补西,仅凑今额。

经制九万四百五十四贯八百五十文。

总制一十万五千三百二十二贯二十八文。

添收头子五千二百一十三贯三百六十九文。

增收勘合二千五百四十五贯六百二十五文。

改拨牙契七千四百二十六贯五百五十一文。

无额四千三百四十五贯五百七文。

右本府岁于军资库拨钱六万五千一百九十八贯,付通判厅,商税一万二千六百二十九贯,生煮酒二万九千三百六十九贯,诸仓头子二万三千二百贯。余钱并系通判厅于六县及仓库场务自行拘催,然常催不及额。内水军官兵宣限券食、春冬衣钱共一十五万七千八百二贯文,及韶王府香火官茶汤俸料钱、史越忠定王府宣借入春冬衣钱,并就内截支,尚且不足,余经总制钱五万缗解发付户部,每无可解。本府不免于交承钱内兑借应副,通判厅起发,次年于合拨仓场库务钱内消还。消未足而又借,致本府交承钱常挂欠五六万缗。积习已久,弊不可革守。尚书胡榘尝申省,乞减下本府岁所解户部经总制五万缗,以宽州郡。朝廷下户部勘当,户部难其请,不报。

内藏库钱:一万三千贯文。大中祥符间始有坊场正名钱。元丰敕,诸场务每年从本寺于诸路那移一百万贯,赴内藏库寄帐封桩,本府旧额一万五千贯,递年止解七八千贯,或止五六千贯。嘉定十七年,摄守齐硕备申朝廷,定今额,逐年系通判厅催发。

左藏库钱:

坊场七分宽剩钱一万二千九百六十九贯一百六十六文。初降指挥,坊场净利钱除认发内藏外,余为七分宽剩,三分州用。绍兴元年,买扑坊场价上增,添净利钱五分。十六年,本州拘发七分宽剩钱三万四千余贯,五分净利钱二万四千余贯。官钱既重,坊场由是沽卖不行,多是停闭。二十三年,敕今坊场败缺,税务停罢,内库钱犹不敷,安得宽剩。本州将败缺去处出榜召卖,入价者皆不及元额。照常平免役令,供价虽高,不及旧界承卖人钱数者,依出卖法,再榜一次,无人投状,即给前项人。乾道四年,申户部行下提举司核实。乾道五年,七分宽剩钱发及二万九千余贯,五分净利钱发及二万二十余贯,继此又多败缺。淳熙八年,敕今后诸州不许未敷内库正额,先纳宽剩。十一年九月十四日,句提举申请,将败缺关停无人送纳官钱去处,依条免纳五分钱外,正名课利钱元额减退五分,出榜召诸色人投状,通产不问官民户,有无诸般违碍,并许承卖。全无屋宇区处,免纳官钱一年。有屋宇可以造酒者,免纳半年。自后每年开具实催起发数目,夹细帐申户部行下,提举司行下本府,措置兴复。本州不住出榜召卖,拘纳价钱起发。庆元六年,知府陈杞点最高年分定今额,然递年坊场又多败缺,岁钱二千八百贯文,本府拨降,助通判厅起发。

坊场净利钱八千三百二十七贯五百六十八文。庆元六年,知府陈杞点最高年分,为额一万二百二十五贯文。嘉定六年,通判章良朋以坊场败缺,关停处多,具实催细帐申朝省,起发七千三百七十三贯九百一十二文。嘉定十三年,提举司准朝省行下,委委提干前来核实,管发七千五百七十五贯八百五十一文。嘉定十六年,户部行下,措置兴复,增添诸县申到坊户二十五所,定今额,系通判厅催发。

官户不减半役钱二千八百六十九贯八文。乾道二年始,系通判厅催发。

圣节折银价钱八百二十五贯文。

大礼年分折银价钱一千三百二十贯文。

二项折银钱,通判催坊场、河渡起发。

减省人吏雇钱一千六百三十二贯文。宣和三年始。

在京官员雇钱二百二十五贯文。绍圣九年始。旧经一百五十贯文。二项并系本府催县役钱起发。

监司窠名

转运司钱 三万四千一十四贯六百八十八文。旧经月解等钱三万四千八百一十六贯八百三十八文,移用降本钱一万八千八百九十三贯六百五十三文,通为钱五万三千七百一十贯四百九十一文。内有无指拟钱一万三千五百贯文,每年户科及转运司改拨别处州军取发,而本府里外场务沽卖不行,减造糯米,尚有无催钱六千一百九十五贯八百三文。嘉定十三年,备前件曲折,申转运司,以此年无旱伤,最高额催发此数。

月解通计二万六千贯文。每月发二千一百六十六贯六百六十八文。

移用降本七千贯文:

殿步司马草三千贯文。

重华宫糯米二千贯文。

御酒库糯米二千贯文。

宽余耗剩米五百贯文。

行下支拨官吏茶汤食钱及杂支等钱五百一十四贯六百八十八文。

提刑司

圣节抛降银二百五十两,计八百二十六贯文。

赃赏钱二百贯文。

常平司

应内藏、左藏库钱,并隶常平司。

盐　课

崇宁三年,始行钞法,罢两浙、淮南官般、官卖盐,听客人铺户任便兴贩。先于榷货务入纳钞引钱二十四贯省,别于主管司纳窠名钱请盐一袋三百斤。本府旧止七场,开禧以来,又创建七场,二场置台州,支发不行,乃拨隶本府,鸣鹤运盐又隶本府,于是官吏始繁矣。守胡榘请于朝,乞从福建例,置历拘收出剩廒底所卖盐货,支官吏俸给。札子附见于下:

证得本府经常所入有限,而支用日增,只如寄居官及宗室官月俸一项,前此各立三十员为额。昨因宝赏覃恩二次,宗室出官人数顿添,目即额外各已添放数十员,源源而来未已,无策可以措置添收财用,深思有以略加撙节。窃见庆元府、台州两郡置盐场官,计一十九员,职事与本府一毫不相干涉,却乃月就本府帮支请给总计一千一百余缗,其俸米衣绢在外。考之诸盐场收支,盐课最为丰美,除买发提盐司额钱之外,本场有出剩廒底盐货,每月不下收二三百千。其场官公廉者,多以应副游谒于求之用,其贪酷者,悉为席卷之计。昨来福建赵丞相忠定为帅,日应本路漕司监盐官在福州境内者,每月视其官资,帮旁发下各场,令将每月所收出剩廒底所卖盐货,置历拘收,自支各场官吏俸给,皆以为便,诸场亦无词说。今来本府不敢自便,合具申朝廷,乞赐札下,令本府从福州上件体例施行。其于提盐司别无相妨,庶可少宽本府郡计,实为至幸。

旧七场　管额盐五万一千九百二十袋九石八斗九升二合三勺。

昌国场额一万二十六袋一石九斗九升二合五抄。

岱山场额一万四千六十袋一石一斗。

东江场额一万二十六袋一石一斗九升六合二勺五抄。以上并属昌国。

玉泉场额五千二百二十袋。象山县。

大嵩场额二千六百八十袋五石六斗四合。鄞县。

清泉场额四千九百八袋。定海县。

长亭场额五千袋。台州。

创建七场 管额盐二万三百三袋六石。

龙头场额一千八百七十七袋二石。开禧元年,于定海县创置。

穿山场额三千袋。乾道中,立为清泉子场,分太邱、海晏两乡隶焉。开禧二年,改为正场。

高、南亭场额三千六百袋。高亭、南亭二甲,元隶岱山场,相阻一岭,舟行则经大洋,嘉定元年立为正场。

杜渎场额四千一百六十六袋四石。场属台州,支发不行。嘉定元年,拨隶本府盐仓寄卖。

玉女溪场额一千六十袋。本玉泉子场,以盐官往来迁远,嘉定四年立为正场。

长山场额三千袋。元隶清泉场,亭户以陟岭路遥,绍兴三年,率钱就长山买地置衙屋,号长山场,请清泉运盐官及时前来买纳。嘉定四年立为正场,移建石湫碶下。

芦花场额三千六百袋。本昌国西盐子场,名曰东监,月额二百二十五袋。嘉定四年,提盐司差官相视,增为三百袋。五年,立为正场。

窠名官钱

贴纳钱每袋六贯三百六十文二分,钱、会各半。

盐本钱四贯八百文,发下诸场买盐。

雇船水脚钱四百一十文,充诸场运盐船梢水脚。

贴收水脚钱一百三十八文,上下半年解发榷货务。

袋本钱二百三十八文,充支造袋局席本钱。

袋本剩钱六十二文,上下半年解发榷货务。

三分钱二百五十文,四季解发封桩库。

别纳袋息钱四百四十文,专充官吏食钱。

封头物料钱一文三分,做造盐袋封头。

封头钱九分,月解提盐司。

杂收钱二十文,月解提盐司。

盐仓凡遇支遣,每贯除头子钱四十文五分。

经总制司三十三文。

提盐司七文五分。

客请封桩私盐,每袋收三百五十文。

袋本钱三百文。

充私盐赏钱五十文。

《宝庆四明志》卷第七 〔宋元四明六志第十九〕

郡志卷第七

叙　兵

制置司水军

绍兴二年，制置始置司，所统兵驻扎定海，防扼海道。十一年，兵随司罢。详见《官僚》门。三十一年，金虏渝盟寇边，明州城下复屯殿司水军二千人。隆兴元年，海寇朱百五等猖獗，户部侍郎赵子潚复带沿海制置使、知明州，就领殿司军二千人收捕。二年，寇平，所屯兵朝廷节次起发前去。子潚奏：明州密迩行都，水陆控扼，事体非轻，乞存留拣中禁军未起发人。又乞招置水军一千人，仍奏升水军统领郑广为统制，存留听明州使唤。自是，明州驻兵，为额三千。乾道七年，差林文充统制，仍将本官，自福州带来水手一千拨付，兵额始有四千人。其后分二百人，随一训练官于州城外江东寨驻扎。统兵官有统制，有统领，统制、统领本统御前军马。靖康之变，有州县起发勤王人兵，管押一二百人，差充统制者，有诸道总管及诸司妄称便宜差充统制者。高宗皇帝建炎元年，刘光世言：朝廷设一统制，体统非轻，乞除行在及中都主兵官，朝廷差充统制官外，余并罢。从之。其后率以御前军马出戍。此统制、统领所以分驻诸边也。制置水军本殿司，故有统制、统领以统之。又有正将、副将、准备将各三员，兵四千人，曰军义兵，曰吐浑兵，离为二十二队，分隶于三将，都副拨发都壕寨训练官，以次领之。不入队者俟缺填补，拣汰者不系帐，老病而无家者为孤贫，有官阶者加请给。而不入队、不系帐与孤贫者，皆有月给。名籍登降，廪给厚薄，兵财司以时句稽，并器甲、船具收数之季，月必闻于枢密院。神前、石衕、三姑、宜山、马迹、关岙、海驴礁及海南北中间，其昼夜巡徼者，三日一报枢密院及尚书省。平江府许浦水军与定海水军，月差将官巡海，互至书历，嘉定三年旨也。三姑、岑江、烈港、海内、白峰五寨土军，亦听水军统制节制。岁自十月朔，巡检指使同将佐领土军二百五十人、水军五十人，于三姑山卓望，三月朔乃止。嘉定七年，从摄守程覃请也。五寨虽听水军节制，然各有寨官统辖，无舟船可以往来，水军相去遥远，所谓节制者，皆具文。卓望三姑，则有生券之费。宝庆二年，守胡榘申请，以岑江、白峰两寨僻在山岙，未甚紧切，欲拨还定海、昌国县承受行移巡捕之役。而岱山、管界两寨，皆要害之地，却拨隶水军节制。总三姑、烈港、海内、岱山、管界五寨，兵额原管一千一百一十八人，今见管止八百三十四人，欲分为六队，屯驻五处。三姑都巡检司见管四百三十五人，于内以三百九十五人分为第一、第二队，仍旧屯三姑寨，每季轮流，一队卓望三姑山，更不须从水军遣人，却就三姑寨中拨四十人凑。烈港见管六十人，共一百人为第三队，分屯烈港。其管界寨见管一百二十人，为第四队。岱山寨见管一百四人，为第五队。海内寨见管一百一十五人，为第六队。各屯本处。其五寨官并从省罢，止以水军正副准备将及训练官分领，并以水军第四将系衔。其舟船、器甲悉从水军措置料理。庶几事权归一，教阅有常，可备缓急。事竟不报。定海水军，朝廷既拨湖田米及经制钱给之，每岁枢密院又札下转运司，支降官会二千贯，支散日累重大钱。初置司有犒赏库，后随司罢。重置司日，有库无钱。开禧元年，封桩库支降官会四十贯，充循环库。卒贫而病者，贷之，毋得取息，物故勿追所贷。嘉定四年，摄守程覃拨盗赃银易钱六千七百九十五贯七十五文省，于江东置库。继而本钱亏陷，拨寄定海水军库。今水军并酒库息，月解钱三百八十贯九百一十文省，支给官吏，犹未足也。

统兵官

统制。

统领。

正将三员。

副将三员。

准备将三员。

正兵 二十二队，总有二十名色，分隶于三将。

训练官二十人，押队四十四人，拥队四十四人，引战教头二十二人，旗头一百三十二人，牌手一百七十一人，刀手七百七十一人，枪手四百六十八人，弓箭手五百五十六人，弩手八百六十人，角匠二十二人，金手二十三人，鼓手六十一人，准备带甲旗头四十四人，梢矴旗头二十二人，队司二十二人，梢工六十六人，矴手三百三十人，押火二十二人，火头一百九十八人。

不入队 今六百人有奇。

不系帐 今五十人有奇。

孤贫 今一百九十人有奇。

寨屋 五千六百九十三间。定海五千三百九十三间。江东三百间。

房廊 六百六十三间，专系统制司收赁钱以修军器。定海五百五十三间。江东八十间。

禁军、厢军宝庆三年，守胡榘重修诸营。

国初，收天下劲卒，列营京畿，南征北伐，率从中遣，故惟三司卒称禁军，州郡止有厢军镇守。厢乃藩镇旧名，如曰左右厢，曰第几厢，盖部分之别尔。三边屯戍卒或升禁军，重之也。嘉祐置威果指挥，而后大郡有禁军。元丰升雄节指挥，而后禁军满天下。二军初皆更戍，在浙者或戍广，在江者或戍浙，欲其习险阻，忘顾恋也。禁军惰怯，则降为厢军；厢军得力，则升为禁军，遴选尤精。缺额虽州郡自募，京师实分遣壮卒，为募士之准，谓之兵样。其后易以木梃、木架，而兵样不至。熙宁初，诏江淮、荆湖、两浙、福建等路州军，料拣强壮，团结教阅，常留在州，备御盗贼。于是罢更戍，创额招置渐多。大观元年御笔，帅府望郡各别屯兵，每二年更互出戍。然终亦不行。建炎以来遂废。绍兴六年，厢、禁军缺额二分住招。方熙宁团结时，已有隶将、不隶将，教阅、不教阅之分，循习既久，教阅益具文。变通之例，必有所待。

禁军五指挥 额二千三百三十人，今一千四百九十人。乾道四年，守张津重修五营，增屋凡四百楹。其后更革，具见下方。

威果三十指挥额五百一十人，今三百七十七人。嘉祐四年，诏置就粮禁军两指挥，各四百人，以威果为名，除捕盗不许他役。五年排次，自荆南至州，为第三十、第五十五。先是，庆历二年，诏诸州置澄海兵士，大郡两指挥，各五百人。四年，又诏上州添置土军二千人，为宣毅指挥，多于澄海，拣拨乃废，澄海并归宣毅，继多选入京，填补近上禁军。至是，既置威果，以本州就粮步军拨入，宣毅亦废。威果营，西南厢顺城坊北。

威果五十五指挥额四百人，今二百一十一人。不隶将。旧营以居养坊为之，在子城东南。嘉定十三年火，移建于忠顺官寨内，今新县学乃其旧址也。

雄节指挥额五百一十人，今四百八十七人。熙宁元年，诏州郡所营厢军，即前代本处镇守之兵，理合教阅，宜令江淮、荆湖、两浙、福建等路州军，料拣强壮，团结教阅，以教阅崇节指挥为名。是时，两浙路厢军见管三万一千六百九十六人，遂定以三万为额。内三千五百人充教阅崇节，其不系教阅厢军，为本城诸指挥额，通不过三万之数。六年六月，以诸路教阅厢军不一，可除教阅二字，改为雄节指挥，其不教阅崇节依旧。元丰三年闰九月，升雄节指挥为下禁军，隶侍卫步军司。营教场东北。

威胜指挥额五百一十人，今二百二十八人。大观元年十一月御笔，祖宗以来，人未繁盛，兵数虽少，可以支吾。今承平百五十年之久，地大人众，兵寡势弱，非持久之道，可除今兵额外，帅府别屯兵二千人，望郡一千人，常管在营，比诸军加数教阅，每二年令更互出戍。帅府五百料钱，以威捷为名；望郡四百料钱，以威胜为名；帅府、望郡三百料钱，以全捷为名，并

425

充步军,隶殿前司管辖。营西北厢石板巷。

全捷指挥额四百人,今一百八十七人。见威胜指挥注。不隶将。旧以居养坊为营,今在小江桥侧。

厢军九指挥 除两指挥无额外,七指挥二千三百七十七人,今一千二百九十九人。

崇节二十八指挥额四百四十一人,今二百八十一人。营天庆观前。

崇节二十九指挥额三百八十人,今一百五十五人。营东寿昌寺前。

崇节三十指挥额三百八十人,今一百二十六人。营东寿昌寺北。熙宁六年,教阅崇节指挥改为雄节指挥,此三指挥皆不教阅崇节也。先是,元年尝裁定教阅厢军,已别有额,其不教阅厢军,令逐路相度州军大小,排定次第,每指挥不得过五百人。若人数至少去处,只据见管均定。

壮城指挥额二百人,今一百九十三人。熙宁初,置壮城指挥。五年,拨并不教阅厢军,为一额。壮城专治城壁,例不差出,不在拨并之数。元丰三年五月,敕诸路已置壮城兵士,其有城壁楼橹去处,以城围大小,分为两等。大城五十人,小城三十人,专充修城,不许招拣填别军分。崇宁五年,河东提举李公年以潞州城堡颓毁,申乞诸路州军招填壮城兵士。宣和三年,敕立到壮城额,帅府三百人,节镇二百人,余州一百人,旧额多处依旧。如合置壮城缺额,委当职官限一月招足。营影泉坊巷口北。

都作院指挥额四百八十人,今四十六人。熙宁六年,诏诸路置都作院,凡四十一所,明州居其一。九年正月,枢密院札子,诸都作院元额工匠三百人以上,置正副指挥各一人、都头五人、十将虞侯、承局押官各五人。大观元年十二月御笔,东南州军军器,以承平日久,全不修治,亦多缺数,仰帅府□桩三将军器,望州两将,非军须盗贼,不得支用,仍三年一修讫。申提刑司。帅府、望州未有都作院,各计一处置立。工匠,帅府二百人,望州一百人。若帅府、望州人工、物料不足,许抛下出产诸州小作院分造。所造军器,东南土俗不同,春夏气暖,筋胶不可施用,可三分中计以一分,置土俗所用器仗,如偏架、弩、纸、皮甲之类。令本路官取索讲求,便利轻捷可用。各件制造,仍具图样名色奏闻。靖康间,诸作院多物件不备,匠人移占他役,诸州军遇有调发,军器皆从京支降,乃令提刑司专一管干,有作院州军,招集匠人,转运司应副材料。绍兴以来,皆仍旧额。本府作院营子城南二里。嘉定十三年火,移建威果三十指挥营侧。

船场指挥额四百人,今一百七十九人。旧有船场、采斫两指挥。皇祐敕:采斫兵级遇冬至寒食,各给假三日,仍不住口食。若父母在营身死,给假五日;妻死,三日。如因采斫身死,支钱一贯文,其请过月粮、酱菜钱,并与除放。每岁十二月一日住采斫放,令歇泊,至正月四日入役。又敕:杭、明、温、台州招置船场兵士,并依采斫指挥请受则例。其船场造船杂役人,出入采斫材木者,不得别有差役。元丰五年,承旨司裁定两浙厢军人数,船场、采斫指挥各以二百人为额。六年五月,温州守臣石牧之奏,乞今后只候本州支钱和买材料,更不发遣兵士入山采斫,兵士并入船场指挥。营城外甬东厢。

清务指挥本以榷酤而立。熙宁五年,拨并不教阅厢军,为一额,而清务以因事募入,系专处置军,不在围并之数。军防格,酒务三万贯以上二十人。旧营在东南厢鄞江门里,后多拣充禁军及有死亡,不曾招填,营亦废为民居。

剩员指挥无额,今一百五十六人。庆历五年,差内臣往福建等路拣选就粮禁军及本城兵士,如病患可医者减充半分,剩员久或不堪与给放停,公据若曾有战功及阵亡人弟侄子孙,令仍旧。自后岁委监司分拣,于是有剩员指挥。然非疾病或衰老不任战御,视岁数有减切法。诸厢禁军□□将至。押官六十五减切,七十放停;长行六十减切,六十五放停。惟副都头以上,独免减切,至七十则放停而已。凡减切及岁时拣汰、疾病稍堪役者,充剩员兵级,尝有战功应放停者,亦充看营。不管事剩员,其衣粮等各得原来之半,终其身。熙宁十年,敕逐州就粮禁军、厢军,通计十分,立一分为剩员额,听于旧营居住。遇出军,每指挥留守营常二十五人,仍著为令。绍熙四年,敕诸路提刑司,每遇巡历,就同守臣将拣中、不拣中禁兵,并厢兵通选一次。其少壮及等,并充拣中禁军,反是者充厢军。其年老禁兵愿充剩员者听。营天庆观后,绍定元年火,守胡榘重建。

宁节指挥无额,今五十二人。本牢城指挥,以待有罪配隶之人。熙宁二年指挥,厢军选补他额,如牢城愿以有罪到营,亦许拣选。绍兴十一年,拣汰诸军中伤老病军员,下本州养老,充牢城指挥。乾道九年闰正月,枢密院奏,拣汰养老将校,有补充牢城指挥收养,名称未当,遂改为宁节指挥。营东北厢。

土　军

皇祐敕:杭、秀、温、台、明五州界管辖盐场地分,巡检、巡茶盐使臣兵级,并差本城兵士,一年一替。熙宁九年,臣僚奏:巡、尉职皆捕盗,而县尉所获常多,巡检常少。盖尉司弓手皆土人,耳目谙习,巡检下乃攒杂客军,又不许差出缉捉,欲乞应巡检下兵级依旧额,许招置土军,就巡检廨宇左右置营,诸处不得抽差。遇有盗贼,许依弓手例差出缉捉。有旨令著作郎熊皋往淮南、两浙路相度。时浙东巡检一十八处,依原额招置兵级,将校一千六百三十人。元丰三年,或言诸巡检下兵级皆杂攒厢、禁军,或屯驻客军,其间多西北人,与本地分不相谙,委差到年岁,稍能辨认道路、山川、人物,又迫替移,至于海道,亦不惯习,使之相敌,终无必胜之理。请令招置土军,以一半招收新人,一半许厢、禁军旧人投填,庶几新旧相兼,习熟使唤。有旨令巡检下土军,尽招置土军,不得辄差团结军兵赴巡检下。元祐二年,或言招置土军,岁月既久,间多亲戚邻里,故相遮庇。乃敕诸路巡检下土兵,以原额之半,轮差禁军,半年一替,将校节级准此。其现今数多处,候有缺,差禁军填。崇宁二年,臣僚复言:禁军所至,往往望替期,又不谙习彼处道里,宜依元丰法,一概招土军以代之。八月,诏两浙东路巡检下人兵,依旧法招置土兵。宣和五年,两浙转运、提刑司相度本路巡检额管军兵,自来如系招置处,即依旧额招置,所有差拨厢、禁军处,乞一百人以下,全招置土兵一半,余一半拨差禁军。绍兴五年,敕两浙沿江海州县巡检下土军,自军兴后多是缺额,今蕃贼盘泊淮南,切要沿江海州县土军缓急使唤,可令守贰专意措置,招填足旧额丁,更添招三分,不得将以前诸军分拨到人兵充数。乾道七年,敕沿江海州军诸寨巡检下土军,更令增招。

九寨 额一千六百六十人,今一千三百六十三人。

浙东寨,额一百二十人,今七十七人。鄞。

大嵩寨,额二百人,今一百七十六人。鄞。

鸣鹤寨,额九十人,今七十三人。慈溪。

公塘寨,额九十人,今六十八人。奉化。

管界寨,额一百二十人,今一百十七人。定海。

海内寨,额二百四十人,今一百五十人。定海。

三姑寨,额六百三十人,今五百四十人。昌国。

岱山寨,额一百二十人,今一百五人。象山。

鲒埼寨,额五十人,今五十七人。浙东寨额内拨隶,寨属奉化。

淳祐六年三月,枢密院行下条目:一、禁兵船出洋虚拟巡历。一、令沿海列寨犄角剿寇。一、修沿海三十寨战舰。一、修沿海土军寨屋。从制帅、集撰颜公颐仲请也。〔按曰〕:淳祐六年以下,后守续增。

《宝庆四明志》卷第八 〔宋元四明六志第二十〕

郡志卷第八

叙　人上

明山之东，三垂际海，清淑之气，于是乎穷毓奇孕，秀显诸人者宜也。然衣冠文物，至我朝而始盛。气之所钟，亦有待而发欤？

先贤事迹 上古鄞、鄮、句章县，隋、唐以来皆更易。且有初居外邑，继居府城者，故不容分县，总志于此。随世次先后，子孙系其父祖，非有所轻重也。

夏黄公 鄞人。避暴秦，匿山中，汉高帝求之不得。帝嬖戚夫人，欲废太子，立夫人子赵王如意。大臣以死争，不听。太子用张良言，以礼迎公，公与东园公、绮里季、甪里先生偕至。帝宴，太子侍，四人从，年皆八十余，须眉皓白，衣冠甚伟。上怪问："何为者？"四人皆前对，各言姓名。上乃惊曰："吾求公，避逃我，今何自从吾儿游？"四人曰："陛下轻士善骂，臣等义不受辱。今闻太子仁孝，恭敬爱士，莫不延颈愿为太子死者，故来。"上曰："烦公幸卒调护太子。"四人为寿已，趋去，上目送之，召戚夫人指视曰："我欲易之，彼四人为之辅，羽翼已成，难动矣，吕氏真乃主矣。"戚夫人泣涕，上曰："为我楚舞，吾为若楚歌。"歌曰："鸿鹄高飞，一举千里。羽翼已就，横绝四海。横绝四海，又可奈何！虽有矰缴，尚安所施！"戚夫人歔欷流涕。上起去，罢酒，竟不易太子者，此四人力也。后太子立，是为惠帝。《史记·留侯世家》注《陈留志》云：公姓崔，名广，字少通，齐人，隐居夏里修道，故号曰夏黄公。《三国志·虞翻传》曰：鄞大里人。

张齐芳 骠骑将军意之子，隐于慈溪之骠骑山，人皆贤之，遂以其父之官名其山。出慈溪旧志。

董黯　字叔达,仲舒六世孙也。事母孝。母疾,嗜句章溪水,远不能常致,黯遂筑室溪滨,板舆就养,厥疾乃瘳。比邻王寄之母以风寄,寄忌之,伺黯出,辱其母。黯恨入骨。母死恸切,枕戈不言。一日,斩寄首以祭母,自白于官。奏闻,和帝诏释其罪,且旌异行,召拜郎官不就。由是以慈名溪,以董孝名乡。吴虞翻称之云:"尽心色养,丧致其哀。单身林野,鸟兽归怀。怨亲之辱,白日报仇。海内闻名,昭然光著。"今子城东南有庙,旧志谓即其故居,则黯本鄮人也。虞翻谓为句章人,据其徙居慈溪言之。

任光　字景升,鄮人,为县主簿。时海贼作孽,令朱嘉将吏人出战,为贼所射伤。贼突嘉前,光以身障蔽,力战死,嘉获免。还邑,出俸厚葬之。出《会稽典录》。

郑云　梁宏　皆句章人,俱为主簿,笃终始之义,州里称之。一云云字仲兴,学《韩诗》《公羊春秋》,为主簿。后以刘隽事狱死,郡以状闻,旌表门闾。出《会稽典录》。

任弈　句章人,为御史中丞。朱育称其为文章之士,立言綮盛,所驰文檄,晔若春华。今有《任子》十卷,见《意林》。出《会稽典录》及王阮所修《昌国志》。

王修　句章人,仕顺帝时为扬州从事。军变,杀历阳太守伊曜,修誓众奔入贼营,取曜尸葬之,人服其义。出《会稽典录》。

阚泽　字德润。好学,居贫无资,常为人佣书,以供纸笔,所写既毕,诵读亦遍。察孝廉,除钱唐长、迁郴令。孙权为骠骑将军,辟补西曹掾。及称尊号,以为尚书。嘉禾中,为中书令,赤乌五年,拜太子太傅,领中书如故。泽以经传文多,难得尽用,乃斟酌诸家,刊约《礼》文及诸注说,为制行出入及见宾仪,又著《乾象历注》,以正时日。每朝廷大议,经典所疑,辄咨访之。以儒学勤劳,封都乡侯。诸官司欲增重科防,以检御臣下,泽每曰:"宜依礼、律。"其和而有正,皆此类。虞翻称之曰:"阚生矫杰,盖蜀之扬雄。"又曰:"阚子儒术德行,亦今之仲舒也。"六年冬,卒,权痛惜感悼,食不进者数日。《三国志》本传指为会稽山阴人。按:今慈溪县之普济寺,乃泽旧居,峰曰阚峰,湖曰德润湖,山水犹识其姓字,则泽为句章人可知。

虞喜　字仲宁。少立操行,博学好古。郡察孝廉,州举秀才,司徒辟,公车拜博士,皆不就。太宁中,又以博士征,复下诏征之,辞疾不赴。咸和末,诏公卿举贤良方正直言之士,太常华恒举喜,会国有军事。咸康初,内史何充上疏曰:臣闻二八举而四门穆,十乱用而天下安。伏见前贤良虞喜,天挺贞素,高尚遐世,束修立德,皓首不倦,旁综广探,博闻强识,宜使蒲轮纤衡以旌殊操。诏曰:浔阳翟汤、会稽虞喜,守道耽学,操拟古人。往虽征命,而不降屈。政道须贤,宜纳诸廊庙,其并以散骑常侍征之。又不起。有司议祧庙不能决,朝廷遣使就咨访焉。《晋书》本传曰会稽余姚人。然喜所居乃句章之南山,世目其山曰大隐,见夏侯曾先《地志》,今属慈溪,诸虞墓亦多在慈溪。是时慈溪地乃句章县,亦隶会稽郡,而与余姚接境,故史概曰会稽余姚云。

张无择 句章人。性笃孝。父仕唐,任袁州司马,卒于神龙初,归葬县之虎胛山。无择负土营葬,结庐于墓,七日绝浆,三年不栉,醴泉出,芝草生。其后官至中散大夫,终和州刺史,至今庙食慈溪。出旧志。

贺知章 字季真。性旷夷,善谭说,与族姑子陆象先善,象先尝谓人曰:"一日不见季真,则鄙吝生矣。"唐证圣初,擢进士超群拔类科,累迁太常博士。开元十三年,迁礼部侍郎,兼集贤院学士,寻迁太子右庶子,充侍读。申王薨,诏选挽郎,荫子诉知章取舍不平,徙工部。肃宗为太子,迁宾客,授秘书监。晚节尤诞放,邀嬉里巷,自号四明狂客及秘书外监。每醉,辄属辞,笔不停书,咸有可观。善草隶,好事者具笔砚从之,意有所惬,不复拒,才十数字,世传以为宝。天宝初,梦游帝居,数日寤,乃请为道士,还乡里,诏许之,以宅为千秋观而居。又求周宫湖数顷为放生池,有诏赐镜湖剡川一曲。既行,帝赐诗,皇太子百官饯之。擢其子僧子为会稽郡司马,赐绯鱼,使侍养,幼子亦听为道士。卒,年八十六。肃宗乾元初,以雅旧,赠礼部尚书。《唐书》本传所载如此。然今鄞县句章乡小溪之马湖,有洗马池故迹,世传以为贺监旧宅。相距三里曰贺家湾,其地贺姓甚多而贫,掘土得碑石,率弃之,今其断石存而可识者,曰"会稽郡贺"与"府君"六字而已。耆老谓贺监始居此,后乃徙剡川也。

徐浩 自称四明山人。唐乾元二年,进《广孝经》十卷,授校书郎。又有《书谱》一卷、《古迹记》一卷。出《艺文志》。

孙郃 奉化人。《四明才名记》云:孙郃博学高才,唐末,授左拾遗。净惠院即其故宅,载于旧志。《唐文粹》有《古意效陈拾遗》,有《哭玄英方干先生》诗,有《卜世论》《春秋无贤臣论》,皆郃之作也。其远孙曰沔,字元规,皇朝天禧三年,中进士第。为人明敏,果敢有才,历官至监察御史里行。景祐元年,庄献太后服未除,而礼官请用冬至日册后,沔奏请俟祥禫。上封事者李安世方下吏,沔又言:"始天子躬亲政事,而孔道辅、范仲淹者皆以言事谪去,令在位无敢言者。天下不知安世狂诞,又谓以言得罪,窃为陛下惜之。"数日,出知潭州衡山县。沔既行,自惟忠愤未尽申,复上书曰:"天下之势,常患久安,而不知其坏也。比岁以来,水旱荐至,岁饥民愁,陛下得恃以为安乎?去秋以圣躬弗豫,双日既不御殿,又无汉、唐非时延对之事,臣窃计之,一岁之中,加之给休,是率废三分日之一也。欲万务之举,其何由哉?今深宫之中,左右皆用事,宦人私谒浸盛,内宠并兴,恐非所以隆德业、养寿命之原也。于是又贬永州监酒。其后历知处州、楚州,召为左正言。

时元昊叛,有请以五路进兵者。沔以为天下承平日久,人不知战,今不思内修备以待之,乃欲尽驱精兵,深入狂虏之境,虏即据前险,守后厄,使我师不得还,则关中之势不得不危,此可为全计乎?"其后屡以言忤大臣,出提点两浙刑狱。及陕西兵不利,天子思沔言,以为陕西转运使,就除环庆路经略安抚使、知庆州。徙渭州,复徙庆州,徙陕州,改河东都转运使,复知庆州。元昊死,子且幼。国人未和,诸将欲因而伐之。沔独奏曰:"中国以信义示夷狄,奈何伐人之丧也?"于是诏有司,趣行封册之礼。明年,除知益州,道中罹母忧。顷之,特起知永兴军,不行。沔先世徙寓会稽,至是服阕,除陕西都转运使,沔未欲远去坟墓,乞知明州,许之。杜正献公衍遗之诗云:四明山水饶灵粹,唐有希韩复出伦。又见贤侯光乃祖,杜公自注:君侯远祖讳郐。暂还仁里庇斯民。时皇祐三年也。属山东盗起,徙知徐州。至则捕群盗,尽诛之。四年,广源州蛮举兵陷邕州,进攻广州。公适徙秦州,入见,语及南事,仁宗曰:"二府以南事不足忧也。"沔曰:"贼技与中国殊,而去巢穴远斗,其势未易当。又盛暑瘅热,官军往必不利,岂得不忧也?"沔行明日,蒋偕军以败闻,即召沔还,为湖南、江西路安抚使,得以便宜从事。寻徙为广南东西路安抚使,仍以枢密副使狄青为宣抚使。寇平,沔还,迁给事中,仁宗解所御宝带赐之,请知杭州。行至南京,召为枢密副使。其年,契丹使来,请观太庙乐。沔建议折之曰:"庙乐皆歌咏祖宗功德,能留与吾祭,乃可观。"使者乃已。张贵妃薨,治丧皇仪殿,葬曰山陵,谥曰恭德。沔极陈不可,遂罢山陵,改谥温成。既而命读谥册,沔曰:"此册沔读则可,枢密副使读则不可。"为同列者所忌,请罢,除知杭州,寻知青州、并州。在杭日,治奸僧、猾民不少贷,怨谤纷起。至是,以御史弹奏,责宁国军节度副使。复光禄卿,分司南京。寻知濠州,请老,以礼部侍郎致仕。筑居于明,有诗云:新治甬上居,闲逸安暮齿。英宗皇帝即位,迁户部。治平二年,羌人数出寇,诏沔知河中府。既入觐,改知庆州,庆人相贺曰:"昔我公来,前后五年,羌人未尝敢犯吾境。今边事适起,不意老幼之复见公也。"居数月,境内大安。明年,徙延州,道病,薨,谥威敏,年七十一。以《续通鉴》及王岐公所撰墓志及楼宣献公所跋杜正献公诗参修。

杨适 字韩道,慈溪人。明律历,晓兵法,隐居大隐山,以文学行义闻于乡里,人皆不敢道其姓名,以先生目之。仁宗皇帝访天下遗逸,知州事鲍轲以名闻,赐粟帛。嘉祐六年,知州事钱公辅又表奏适高节,授将仕郎,试太学助教。州遣从事躬捧诏书,具袍笏舆从,以礼起之,辞不受。年七十余没,葬大隐山,县令林叔豹为立碑,祠于学。出旧志。

杜醇 慈溪人。经明行修,不求闻达。庆历中,县令林肇一新乡校,请公为之,不可,王文公安石再为林作《师说》以勉之。至今与杨公适并祠于县学。

楼郁 字子文。志操高厉,学以穷理为先。庆历中,诏郡国立学,其不置教授员者,听州里推择,公首应选,郡人翕然师尊之,俞公充、丰公稷、袁公毂、舒公亶皆执经焉。荆国王公安石宰鄞,以书致之曰:足下学行信于士友,某所仰叹。登皇祐五年进士第,调庐江主簿,丁母忧,自叹禄不及亲,绝仕进意,以大理评事终于家。有遗集三十卷。子常、光,孙异、弁,五世孙锷、铉、钥、镛、镶,六世孙汶、淮、潋,七世孙采,皆取世科。异字试可,常子也。政和七年,守乡郡,废广德湖为田,造舟舰供三韩使,甚称上意,因令再任。睦寇猖獗,备御有方,人皆德之。积官至朝议大夫,赠太师,封楚国公。钥字大防,异孙也。少警敏,书一再读能记诵,词章雅赡。隆兴初元,擢进士第。明年,又中教官选。后用大臣荐入朝,稍迁太常博士。时缙绅间好恶各异,钥历陈后汉党锢、唐朋党、元符党籍之敝,谓事之初生,若不足较,横流不止,害不可言。孝宗曰:"卿惧为党耶?唐世人主谓去河北贼易,去朝廷朋党难,朕尝笑之,特主听不聪耳。"光宗嗣位,钥以知温州满奏事,留中,历考功郎,立左螭,登西掖,禁中或私请,上曰:"楼舍人,朕亦惮之,不如且已。"宁宗新御极,内外制钥独当之。迁给事中,以平日素论正太祖东向之位,知阁门事。韩侂胄弄权有萌芽,吏部侍郎彭龟年除职与郡。钥与林大中合词论奏:"龟年旧学也,伉直敢论事,其可去乎?乞留之经筵,命侂胄以外祠。"上批:"龟年已是优异,侂胄初无过尤。"钥再奏:"若以为优异,则侂胄之转承宣使,非优异乎?若谓初无过尤,则龟年乃出于爱君之诚心,不顾身以进忠言,岂为过乎?但直臣去国,自此恐无敢为陛下出力论事者。"侂胄衔之,三日,迁天官,实夺封驳之权也。赵忠定公汝愚被诬去国,台谏昌言定鼎、乘龙之梦。钥曰:"赵公尝梦孝宗召对,取御炉金汤瓶授之,曰朕之用卿若此,谓之定鼎可乎?又尝梦立班,见白龙升天。居无何,上以衰服登宝位,谓之乘龙可乎?如台谏所言,是欲覆人家族耳。而钥亲闻于赵,不可诬也。"闻者汗下,钥遂决去。居闲十有三载,褫职者再,甘心焉。侂胄欲笼络之,风使者通钥,不为动。更化初,以翰林学士召,迁吏部尚书,遂签书同知枢密院事,参知政事,以年乞身。薨,谥宣献。其平昔游息之地曰攻媿斋,故自号攻媿主人。有文集一百二十卷。钥之兄曰锡,字予善,以才敏称。父任补官,初调秀州户掾。会镇江有军校诉于朝,自言久掌军用,列校贷钱以万计,知其将诉,欲杀以灭口,脱身而来,追者蹑后,出此门则死矣。庙堂骇之。奏得旨,敕漕臣择郡县吏鞫之,许以棘寺推狱行。时二漕使胡昉、吕正己合词以锡应选。锡请械军校以随,途中时与语,钩得其情,至则索证左,军校具服诬状。三日而竣事,棘寺吏跽请曰:"事体任重,今遽已,后当悔。"锡曰:"我不知观望,惟尽其情而已。"既还白,庙堂疑其速,验军校无遁辞。奏闻,孝宗嘉叹良久。除监左藏库都门,迁敕令所删定官。上记平镇江狱事,迁太府丞,改丞大理。吏曰:"是为初官能决诏狱者,不可欺也。"连治数大狱,皆平允。以便亲,乞补外,知严州。丁父忧,毁卒。钥之长子淳,字质夫,仕至屯田郎中。死之日,囊无余金,文行皆能世其家。楼氏世居奉化,继徙于鄞,有义庄以赡族,一仿范文正公之成规,异之子琦字寿玉所创也。据碑记及楼氏家传。

王说 字应求,鄞人。以其学教授乡里,余三十年。熙宁九年,以特恩补将仕郎,为州长史。无田以食,无桑麻以衣,怡然自得。没,门人舒亶铭之。先是,有王致亦州闲所师,至今郡庠以与杨公适、杜公醇、楼公郁并祠,谓之五先生云。说之弟该,字蕴之,登庆历六年进士第。王安石宰鄞时,与之友善,以诗章相唱酬。与兄齐声,仕不偶。官舍傍有嘉木,叶长可尺许,每得一诗,取叶书之。既殁,归囊萧然,惟脱叶甚富,遗稿十卷。长子瓘,字元圭,登元丰五年进士第。喜藏书,以文称。季子玭,字彦楚,登大观三年进士第,仕至宗正少卿。年八十卒,有《考经传异同论》三卷、《臆说》五卷、《时政更张议》四卷、《字学撮要》二卷、《杂言》三卷、《和杜》诗一百七十一篇。勋字上达,说之孙也,以太学上舍登政和八年进士第。高宗东巡,命为鄞宰,徙提举广南市舶,以廉称。终朝散郎。正己字正之,勋长子也。勋与妻薛氏俱殁,官所群胡念其清苦,哀金钱二百万为赙,正己不受。以叔祖玭任,为丰城主簿。连帅张澄俾对易理曹。时相姻党王铁家豫章家舍亡瑞香花,与一富民有他憾,因诬之。帅讽理曹文致其罪,正己直之,忤帅意,称疾寻医以归。孝宗闻之,既践祚,诏以不畏强御,节概可嘉,自泰州海陵县召对,改合入官。淳熙初,访求廉吏,参政叶衡举正己辞赙事以闻,召对,上语辅臣曰:"王正己望之俨然,即之甚温。"史忠定王浩再相,论朋党事,上曰:"叶衡既去,人以王正己为其党,朕固留之,虽衡所引,其人自贤,则知朕不以朋党待臣下也。"正己凡四典郡,六为部使者,终太府卿、秘阁修撰致仕,年七十八卒。高宗山陵竣事,尝进《圣德孝感记》,上曰:"卿文似韩愈,已宣付史馆。"有文集二十卷,嘉定初,被旨缴纳国史院。正功字承父,以父任补官,终朝请大夫、广西提刑。正民字经父,以叔祖遗泽补官,终奉直大夫、知安庆府,皆正己弟,俱有廉名。

周师厚 鄞人。皇祐五年,登进士第,历荆湖北路农田水利差役事。时朝廷方议役书,本路纷更未定,且有欲为挡甲法者。师厚具论四方风俗、盗贼、缗田、狱讼、簿书繁简之所以不同,则役有劳逸轻重,宜亦不可以一。朝廷以为是,下其说行之。辰、沅两州初复版图,县官念所以备边,且欲岁发常平粟。师厚谓溪獠啸聚无常,而常平之入有限,不可继,宜乘事始择旷土,使戍卒且耕且守,亦古法也。天子然其策。子锷,字廉彦,中元丰二年乙科,调桐城尉,既而曰:"古者学而后入仕,未闻以政学也。曩时口耳剽习,特以取科目尔。士当以治心修身为本,本立则事不足治。"于是官期至不赴。经史百家之书无不读,读必究其指归,著而为言,必期有用。旁至兵刑、小学、天文、地理,博极淹该。时潞公文彦博、韩公富弼、温公司马光与其舅氏蜀公范镇,皆聚洛下,锷每请诣讲贯,上书论边事,历陈永乐覆败之由。神宗嘉之,籍姓名于中书。国子祭酒丰稷、给事中范祖禹以学官贤良荐,历官自濠州户曹以至提点江淮、荆、浙、福建等路坑冶铸钱公事。为政皆有纲要,居漕幕则著《会稽录》,振领图,宰县则著《日成月要岁会集》,守郡则著《承宣集》,阅其书可以知其政矣。党议兴,名在籍中,又以言边事忤时宰所向,浩然有归志。弟铢,中崇宁二年进士第,仕未老亦退休,相与徜徉山水间,唱酬成编。绍兴初,朝廷率复党人,特转中大夫,将用之而老矣。有奏议表启杂文二十卷,《明天集》一卷、《六甲奇书》一卷。尚书汪大猷差次之,别《承宣集》为一卷,制序以冠其首,尊之曰《鄞江先生文集》。

陈辅 字安域。五世祖自福州徙居象山。父大雅,工诗,好为义事。辅七岁诵书百卷,家贫力学,夜不寝,置足水中以警寐。登嘉祐二年进士第,知武康县,教民以大竹络石筑海塘,始免水患。知安吉县,救饥活流民以千计。将代,邑民诣郡及使者借留,使者才之,命摄华亭,俾求前令张若济罪。辅不愿,使者怒使摄寿昌守。请于使者,复还安吉。后倅扬州,穿渠龟山南,径洪泽以避淮波,民便之。管句成都转运使文字,知邛州。丞相吕公大防、范公纯仁欲用之,会以疾卒。见晁无咎所撰行状。

俞充 字公达,鄞人,登嘉祐四年进士第。熙宁三年五月,以著作郎编修中书条例,累迁都检正、集贤殿修撰、都提举市易司及在京诸司库务。宰臣王珪知上欲伐夏国,元丰元年八月,奏充为右正言、天章阁待制、知庆州环庆路经略安抚使。环州有田,与夏相错,委而荒之。充檄所部,以时耕种,虏不敢犯。属羌山夷啸聚背叛,充授第二将张守约以筹算,且招且讨。有亡入夏国者三百户,充又遣守约耀兵塞上,夏人亟归亡者。条上劝赏买马之法,骑马顿增。庆兵素玩恩,充绳以法,军始肃然。屡上取灵武之章。四年六月,暴卒,高遵裕代之,西师乃困。充有奏议五卷、《边说》二卷,藏于家。以旧志所载及《续通鉴》参修。伟字仲宽,充之叔父也。元祐初,为南剑州之顺昌令。邑民生子多不举,伟乃集耆老,谕之以理,且申约束曰:“孕者登籍。”邑人悔悟,率以伟字名之。部使者状其绩以闻,朝廷嘉之,诏奖谕,进秩再任,且许出粟以赈其蓐卧而贫者。伟益恳恻宣谕朝廷好生之意,数年间赖以活者万余人。邑士廖峣为立德政碑,而郡人黄裳作邑中步云阁,亦纪其政绩以循吏许之。见旧志。

丰稷 字相之,鄞人。弱冠登嘉祐四年进士第,历襄州谷城令。韩维、曾巩相继守襄,奇之,荐于朝。是时兵部侍郎叶康直为光化令,亦有名,维尝曰:“丰、叶二令,它日必皆清近。”襄阳人歌之曰:“叶光化,丰谷城,清如水,平如衡。”元丰元年,安焘使高丽,辟为书状官。还,循两资。三年,自封邱县除监察御史里行。王安礼除翰林学士,上数称之。稷言:"安礼性行淫僻,师言鄙之,擢在词禁,将何以训多士、仪四方?"乞寝成命。其弹劾不避权要类如此。五年,除吏部员外郎。时安礼为尚书右丞,稷乞避安礼。元祐二年,自成都府路提刑召为工部员外郎,以胡宗愈、王觌荐,除殿中侍御史,寻迁右司谏。三年,亲王有令成都府路走马承受官造锦地衣者,稷白御史中丞胡宗愈,请率僚属言之。宗愈未决,稷即独奏劾,谓二圣以节俭化天下,而近属奢侈僭靡如此,官吏辄承奉,宜皆纠正其罪。监察御史赵屼时与稷同进对,退谓稷曰:"闻君言,使屼汗流浃背。"给事中赵君锡曰:"谏官如是,天下必太平矣。"不数日,稷徙国子司业。历起居舍人,中书舍人,太常少卿,国子祭酒,兼侍讲,刑部侍郎。以集贤院学士知颍州,移广州,过阙,留拜吏部侍郎,丐出,累典大藩。徽宗皇帝即位,韩忠彦言,丰稷可作谏议。元符三年四月,拜左谏议大夫,随迁御史中丞。七月,与殿中侍御史陈师锡同奏:章惇当国七年,窃持威柄,祸福天下,勇于害贤,敢以杀人临大变,计大事,包藏阴谋,发为异议,祖宗付陛下震之,上帝命陛下诛之。九月,又连疏言:翰林学士承旨蔡京、资政殿学士知江宁府蔡卞兄弟同恶,迷国误朝。卞虽去位,尚窃峻职,玷名邦京,偃然在职,日夜交结内侍戚里,以冀大用。京好大喜功,锐于改作,若果大用,天下治乱自此分矣,祖宗基业自此隳矣。陛下去卞不早,既去又不能正典刑,以明罪恶,京以此窥陛下,故愚弄朝廷,玩侮国章,臣恐天下有识之人,豪杰之士,皆解体矣。既而稷登对,极论邓洵武、向宗良为京幽党,阴为游扬,进列要路,大为国害。又上疏论近习怀《唐书》上殿,为上读《仇士良传》,方读数行,上曰:"已谕稷为不闻者。"读毕乃止。十月,曾布将拜相,稷谓台属,布以内侍进,交通诡秘,盍共论之。章未上,徙工部尚书,寻兼侍读。建中靖国元年正月,权礼部尚书。崇宁元年五月,追贬司马光、吕公著等,曾布言丰稷助元祐之人,诋毁先政,可见朋比。出知越州,改明州。九月,责授道州别驾,台州安置。其后叙复提举亳州太清宫以薨,谥清敏。旧志所载甚略,今据《续通鉴》添入。

袁毂 字容直,一字公济。举进士,一试于开封,两试于乡,皆第一。嘉祐六年中第。博观群书,擅名词藻。历知邵武军,通判杭州。其为开封举首也,苏文忠公轼实为之亚。及贰郡,而轼为守,相得益欢,唱酬篇什甚富。移知处州。终朝奉大夫,赠光禄大夫。有文集七十卷,《纂韵类》一百卷。子灼,字子烈,仕于朝为光禄寺丞、军器少监,出知婺州。有武臣曹宗者,时相蔡京之戚党也,武断乡曲。灼械之狱,死焉,坐是贬秩,起知随州。宣和末,召为仓部郎,面对,力劝上清心省事,安不忘危,言甚切直。黜知泗州。终朝议大夫。燮字和叔,少游太学,以舍选中淳熙八年进士第。调江阴尉,召赴都堂审察,不就。庆元初,擢太学正。

时论击道学之党,一斥十余年。寻改秩通判赣州。嘉定更化,召为宗正簿,枢密院编修官,太常丞,兼权考功郎,出知江州,提举江西常平茶盐。入为都官员外郎,历学馆,兼国史实录院,升礼部侍郎,兼侍读。其在太学,日延诸生,训以《语》《孟》大旨。在经筵从班,每竭诚意,广忠益,宁宗皇帝常嘉纳之。修《高宗宝训》,既进读,有旨复专修《孝宗宝训》。垂成而去国,差知温州,力辞,以焕章阁学士致仕。遗奏闻,赠龙图阁学士、光禄大夫。

舒亶 字信道,慈溪人。生而魁梧,博闻强记,为文不立稿。登治平二年进士第,授台州临海县尉。县负山濒海,其民慓悍,盗夺成俗。有使酒逐其叔之妻者,至亶前,命执之,不服,即断其首,以令投檄而去,留诗云:一锋不断奸凶首,千古焉知将相才?丞相王安石闻而异之,欲召用,会丁父忧。服阕,乃除审官西院主簿,徙秦、凤等路提点刑狱。郑民宪相度熙河营田,民宪言其宣力最多,乞以减年磨勘回授之,特改奉礼郎、提举两浙常平。熙宁八年十一月,入为太子中允,权监察御史里行。元丰二年七月,论知湖州苏轼上谢表讥切时事,并上其印诗三卷。时御史中丞李定、御史何正臣亦攻轼,诏罢轼任,逮赴御史狱。十二月,狱成,轼责授检校水部员外郎、黄州团练使,本州安置。亶又言张方平、司马光、范镇、钱藻、陈襄、曾巩、孙觉、李常、刘攽、刘挚等,收受轼讥讽朝廷文字,各罚铜二十斤。亶为县尉,坐废。时张商英为御史,言其才可用,得改官。及亶知谏院,商英为中书检正,以其婿王沨之所业属亶,亶并其手简缴进,自以职在言路,不受干请也。四年,自侍御史知杂事,除知制诰,兼判国子监,累迁试给事中,直学士院,御史中丞。六年,以论奏尚书省录事,坐废。绍圣元年三月,复通直郎,管句洞霄宫。崇宁元年正月,起知南康军。时方开边,蛮寇扰辰州。七月,除亶直龙图阁、知荆南府,荆湖北路都钤辖。辰州故黔中郡,历汉、唐皆建郡县,至五代始弃不通,然亦有内属者。熙宁、元丰开复沅、诚,而元祐中又弃之,自是瑶人恃险难制。亶图上地形,募施黔土人,分七路,遣将授以方略,斩贼首并其徒党三千余级,俘数百人,破洞百余,遂分叙浦、辰溪、龙潭为七,以忠顺首领主之。既奏功,朝廷又诏亶兴复诚州,乃进屯沅州。兵未压境,而渠阳五溪降。胡耳西道最为僻远,至是亦请命天子,为之告庙肆赦,改诚州为靖州。亶复计议筑屯沅之洪江,分兵江之南,建若水、丰山、贯堡三寨。靖州跨大江,在飞山之东,瑶人出人,多以为障蔽。亶乃选形胜,得飞山福纯坡,建新城,最为控扼之要。二年,朝廷遣使抚问,除龙图阁待制,卒于军,年六十三,赠龙图阁学士。有手编《元丰圣训》三卷、文集百卷。出《续通鉴》。旧志自熙河分画蕃汉疆界还,授太子中允,御史里行,与《续通鉴》不合。

姚辈 字舜徒,慈溪人。登熙宁九年进士第,历尉掾,为鼎之桃源宰,施泽于民深。郡将武人怙威,凌其属,辈不为屈。苟利于民,必求直乃已。旁郡诉讼不得其平,率丐于部使者,付慈决之。兴修庠序,士劝于学。乡有虎,祷于社,谕以文,越三日,虎仆于社旁。奏课为天下第一。部使者举学行优异,才能显著,以应元符之诏。赐对称旨,除提举成都府路常平等事。陛辞,上以久任桃源,有爱民之心奖之。掣退,谒丞相,论蜀利疚,乞以义仓之储,收鳏寡老疾,死给衣衾敛瘗,贫困有子不举,官为乳媪。丞相奏行。丁家艰,服阕,提举湖南常平等事。上谕之曰:"朕施实德于民,立居养院、安济坊、漏泽园,卿向有言,故复命卿易使浙部。"徙江东转运副使,除直龙图阁、知夔州,兴学校,劝农桑,有古循吏风。卒于官,夔民罢市聚哭。讣闻,桃源民倾赀,命缁黄即生祠为祈福焉。见旧志。

翁升 字南仲,慈溪人。力学有志气,少从安定胡先生受《易》旨。入太学,中元丰五年进士第。出仕恪守官箴,济以廉谨,当路才之。元符中,上书言事,切中时病。用事者方主党禁,锢贤士大夫,籍升名于初等,自是沉于选调。建炎初,党锢解,将召用之,而山林之志已不可夺矣。升自奉简薄,而勇于急人,睦亲恤孤,平粜赈乏,乡人敬之,至今犹讳升斗之字,曰方斗云。见监察御史顾文所撰墓志。

俞夔 象山人。魁岸修伟,昼渔而夜读,登元丰五年进士第。舒公亶平辰、沅寇,奏夔筹画为幕府第一。终建德宰。子观能,字大任,绍兴初应诏,诣阙上书,特授德安府录参。登十二年进士第。时二圣尚狩沙漠,九重旰食,观能哀古今君臣孝弟数十事,曰《孝弟类鉴》,上之。有旨召审察,授江阴军教授,改秩而卒。子茂系,字唐英,登乾道二年进士第。临政以平允称。终和州通判。见陈禾、何泾、楼钥所撰墓志、行状。

蒋猷 字仲远,丹阳人,中元丰八年进士第。徽宗朝,为御史中丞,兼侍读,论今群臣无他能,惟善候伺人主意,承望大臣为向背者,谓之才,此风不可长。又言,近侍词禁中,见路寝尚仍旧,瓦本涂墍皆故暗,愿推广圣心每如此,以保盈成。先是,内侍省乞不隶六察,猷驳正之。寻按刘友端等,皆降官。范之才奉使淮南,还言滁水有鼎,发民畎水凿山以出之。猷劾其妄,投之才千里外。又言东南应奉花石器用之物,愿一切罢之。广东转运使徐惕以虚名羡财,进奉后苑,请重置之法。上不从,乞罢。迁兵部尚书,改工部,升吏部,以言者罢。宣和四年,自祠宫起知明州。以不乐应奉事,到官数日,复丐祠。七年,以刑部尚书召,兼资善堂翊善。虏骑至京师,钦宗受内禅,上皇东巡,童贯总兵扈从,上贬贯环卫,窜池州,恐怵上皇意,猷持诏往,泣告上皇,乃宣诏,童贯趋贬所。上皇还京师,迁兵部尚书。靖康元年奉祠。建炎三年,避地于明。明年薨,赠特进、显谟阁直学士,葬于鄞,其后遂为鄞人。

陈禾 字秀实,鄞人。元祐初,试国子监,擢第一,居太学有声。中元符三年进士甲科。初调郓州司法,平反甚多。部使者力荐于朝,除潍州州学教授,讲明经术,大变其俗。后由婺州教授入为太学正,迁辟雍博士。徽宗闻其才,召对称旨,特与改秩,擢监察御史,迁殿院。随事献言,上愈嘉其忠直,命为左正言。童贯始侵预朝政,禾曰:"此国家安危之本。"抗疏力陈汉、唐之祸,不可不戒,惟陛下留意于未然。论列既久,日晚,上拂衣而起,曰:"朕饥矣。"禾褰挽上衣,泣奏曰:"愿陛下少留,容臣磬竭愚衷。"上为少留。禾曰:"此曹今日受富贵之利,陛下他日受危亡之祸,孰为轻重?愿陛下择之。"上衣裾脱落,曰:"正言碎朕衣矣。"禾奏曰:"陛下不惜碎衣,臣岂惜碎首以报陛下。"其言激切,上为之变色,且曰:"卿能如此,朕复何忧!"内侍请上易衣,上止之曰:"留以旌直节。"继而贯等潜行,遂罹废斥。后坐与忠肃公陈瓘交游,流落江湖,著书立言以垂世,有《论语》《孟子》《易》《春秋》四经解行于世,其文集藏于家。禾父谧,字康公,博学,教子有法,嘉祐八年登第。子曦,绍兴八年又登第。兄秉,以八行举,政和八年登第。世喜藏书,谧之亡,舒中丞亶作挽章有曰:尘埃满匣空鸣剑,风雨归舟只载书。曦复为藏书记,以告其后,俾勿坠素业。孝宗朝,史忠定王浩以禾四经解进,玉音嘉叹,敛之秘馆,特官其孙正己。宁宗更化之初,崇奖忠节,风厉四方。孙镇江府通判立己有请于朝,特赠中大夫,赐谥文介。

张宏 字公度,鄞人。元祐二年,举经明行修,仕至礼部郎中,历守建昌军、泰州、泽州。尝筑慈溪县蓝溪洪庄保之堰埭,民至今赖之。宏六世祖次宗,唐会昌中,为明州刺史。四世祖仁皓,为兵马钤辖使,庙食于奉化茅山,曰武惠四大王者是也。

刘渭 象山保德村人。家世业农,夺志为学,邻里哂之,不顾也。登元祐六年进士第,授荆门军长林令,历官至西京留台。其读书堂遗踪尚存,父老传以为美谈。遵,字继道,渭之族也。博学强记,尤精于经术,受业者不远千里,多所成就。绍兴甲子己卯,兼经取士,父子皆以诗举,该特恩,授文学。子俣,字硕翁。总角日诵千言,为文操笔立成。登绍兴三十年进士第,改秩知华亭县。邑版赋窄,率贷诸豪民,由是挠正。前令少善,去,俣谒台府,愿宽假三月。乃治酒政,损关征,不三月,课入自倍,逋赋以偿。平易近民,而决事若神,豪猾敛手。并海有泰山、盐铁、蚌港三堰不治,被旨督作,蚤夜露处,护田六万亩。守以图奏,孝宗大悦,亟加褒赏。倅绍兴,府帅王希吕、使者朱熹雅敬之,委以诸暨、萧山荒政,活民十万。知兴国军,陛辞,乞免萧山废田之税,以时省缮华亭海堰,禁逻兵胥吏扰沿海民船,事皆施行。改知岳州。东宫引见守臣,论常平之储,欲卖官田为籴本,及宫陵祭礼等事。光宗见其仪矩雍容,音吐明畅,注目首肯,悉为报可。至郡,核四邑常赋外,免其版帐凿空者,如马草钱之类,其目凡八,岁减额一万一千有奇,奏定为令。除监广东仓,适四明大饥,奏移粟五万斛,浮海赈之,乡邦赖以济。南海驿道至真阳,达凌江,多穷荒复岭,乃改辟大道八百里,置六铺,筑七庵,募人居之,无复蛇虎、暴客之患。命南雄、梅、辰等州作义冢,瘗暴骨。封州寇余,郡计不立,请废为县,乃减其漕计,蠲其宿逋,代其助赏银数,请著于令,州遂不废。兼遭大奚山寇甚张,帅司撺锋军与贼通,奏豫发水军,为之防,诏从之,卒赖其用。迁福建宪副。有莆田两囚共殴一人死,争下手轻重,数年未决,被旨往鞫之。谓两人非谋共杀,夜黑安能自知下手先后,奏俱免死。除直秘阁,召除尚书吏部郎中,卒。所至有遗爱,民立生祠祀之。闻讣,相与聚哭。俣为人风格清整,笃于孝友,其至诚若与神契。华亭水不可食,祷于瞖井,而泉溢。赈荒,谒曹娥祠,众舟胶而已独济。淮安虎暴,祷南台神,一夕去,众皆异之。自号益斋。赵彦逾为墓志。

〇〔按曰〕:原本"祭礼等事"以下,但空一格,即以"而泉溢"云云续写。校诸他书,所脱盖三百余字。今参合嘉靖《宁波志》、雍正《宁波志》、《浙江通志》、象山新旧志校补。诸志大约皆本此书,而自《通志》及《象山新志》外,并未明注征引,故以所补旁行列写,不敢厕正原文。

陈摅 字君益,鄞人。绍圣间,宰南剑之将乐,敦崇学校,奖进士类,政尚恺悌。先是,邑民家举一子,富室不过二子,余悉弃之。摅至,谕以天性,申以令甲,犯者穷治,自兹民无不举子矣。男陈其名,女陈其氏者,皆然也。后卒于官,邑人思慕,祠而祀之,遇旱祷雨辄应,以至邻境淫雨、亢阳,乞灵祠下,咸遂所祈。部使者以其有功于民,乃请于朝,赐旌福庙额。见旧志。

徐立之 字植夫,登州人。登绍圣初元进士甲科。靖康之变,以百司扈驾南幸,丞相吕颐浩最知遇之。及秦桧当国,丐祠,居鄞,徜徉里闬三十年。积官至朝议大夫。年逾八秩,手不释卷。卒,累赠开府仪同三司。子子寅,字协恭,以任补官,中法科,为福建路检发,审复因牍累百驳,正死罪七十七人。历大理官。乾道四年,除知无为军,陛辞,奏:两淮地有余而人不足,臣尝因鞫勘归正人公事,以情问之,皆以为饥寒所迫,不得已而为此。若得官备耕具,使治淮上荒田,以糊其口,何苦犯法。淮上牛亦艰得,乞招归正人营田,免其牛税,彼必欣然从事畎亩,农隙阅以武事,备边之至计也。孝宗大悦,差往淮南、楚州相视措置。明年,归奏,除大理正,命知扬州。莫濛协力施行屯田事,措置淮东山水寨及民兵总首,子寅往来相视。六年正月,自兼权驾部郎为真。四月,差知高邮军,兼领扬、楚、高邮、盱眙四郡措置官田。俄改知泰州。七年四月,除提举淮东茶盐常平,措置官田如故。淳熙元年,召除工部郎,依旧措置官庄。再迁大理少卿。三年六月,论罢。起为淮南运判、运副,历扬州、楚州,修筑高邮、兴化、宝应县石闸、斗门、函管、堤岸,护民田三千七百余顷。绍兴三年,知台州,革秋苗伪钞,去军士虚籍,榷酤征税大率从宽,而版曹比较上供,以台为优。宁海邑庠久废,买田五百亩以赈之,蠲民户积逋十余万。五年,除广东提刑。次年,卒于官。

王次翁 字庆曾，其先济南人。景祐五年，仁庙临轩策士，其祖异中首选，已而视程文有摩改处，特降第五名。次翁克世其业，齐鲁之士多从之，号两河先生。崇宁二年，以《易》魁礼部别院。辟雍初建，又以《诗》《书》《易》三经就试，俱第一，除辟雍正。时梁师成用事，荐士多至华要，号隐相。一日，命与次翁友者，潜携文卷以去，既而来谓："子文达天听矣，将处以台阁。"次翁笑语之曰："文间适中其讳，幸取易之。"友亟取以授，并与友绝。师成衔之。出知道州，徙容州，政事一以阳城元结为法，作漫轩、思元堂，而甘棠之爱在焉。绍兴初，自广西运判召对，论定规模、图中兴等事，忤时议，丐祠，寓金华。六年，吕颐浩帅长沙，辟参谋，遽乞休致，贫特甚。潘良贵访之，闻败帏之下运筹声，视之，乃推《太玄》数耳。尚书吕祉荐于朝。七年，有旨落职致仕。八年，召为郎中，累迁中书舍人。刘光世除使相，欲任子文秩，次翁执奏缴还之。上曰："王次翁词婉而理直，论事者不当尔耶。"从橐阙员，三省以王铢、林待聘及次翁名进。上曰："王次翁文章似王安石，德行似司马光。"遂除工侍。西蜀缺帅，宰执以次翁、张焘拟奏。上曰："王次翁经术人也，不可远去。"朝廷于是煮帅成都，而中外知次翁将大用矣。十年，除御史中丞，首言和战本一事，靖康以来，领兵之将方动，而排之使收；议和之使欲行，而阻之复止。一进一却，致此艰难。权今之宜，虽以和为名，而实不可忘战备。上嘉纳之。朝廷差李泗为江南巡检宣抚使，不受，乃以所亲丁俊为之。次翁言一巡检不足论，然法令阻于下而不知朝廷之尊，浸不可长，遂核正之。上曰："天下之事，当谨其小，小之不图，积习浸久，将有大于此者。王次翁所论，深明国体。"即颁示诸将。都统制呼延通因内教出不逊语，次翁乞斩通以肃军列，一时骄将闻之震聋。上劳之曰："卿有李勉之风矣。"七月，拜参知政事。十二年，扈从太后回銮，虏使邀金无厌，次翁显绝之，而密令提举事务者随宜以给。虏惮其刚严，人谓知体。上议遣使报谢，次翁请行。明年，竣事，力丐退政，除资政殿学士、提举洞霄宫，来居鄞之西湖。盗尝罄其室，或请白有司，笑止之曰："冻馁使然耳，何尤！"上闻之，赐银绢各千。十四年，致仕。十九年，薨，被旨护葬清凉山。孝庙即位，诏赠太师。有《两河集》《易说》《春秋旨义》《元元通数》等书，藏于家。三子伯庠，绍兴二年进士，试教官，中第一，为淳熙侍御史，有直声。伯序，绍兴五年，进士第五人，仕宗正丞。伯雍，以朝议大夫致仕。

陆置 字元法，其先会稽人，曾祖轸，尚书左丞佃之子也。庆历中，知明州。叔傅，建中靖国及大观中，两知明州。从兄长民，宣和中知明州。置尝为明州录事。崇宁中，奉行安济、居养、漏泽有劳，秩满，就除通判。其后为淮南、江浙、荆湖发运判官。建炎间，卜居鄞之梅溪，奉祠垂三十年。工诗，善篆隶，手抄经史洎释、老书，亲加签校数百卷。子孙甚蕃，内任丞、郎，外任守、倅，遂著籍为鄞人。

陈之翰 处士,鄞人。陈忠肃公瓘志其墓云:字宪之,居西湖,少有志操,治经求大旨,为文不蹈袭时语。三上礼部,不中,因不复应举,归求其志。大观二年,徽宗皇帝诏举遗逸,鄞之贤士大夫闻而相与语曰:"此可以得宪之矣。"州及部使者用众论,荐于朝,天子官之。知公行实而善朝廷之得士者,非特鄞之贤士大夫而已也。其为忠肃公所敬服如此。

林昺 字公著,鄞人。尝任迪功郎、韶州司户曹事。恂恂孝谨,轻财乐施。大观间,忠肃公陈瓘寓居于鄞,昺独厚之。虽其徙谪他所,问遗常不绝。建炎四年,州毁于兵,昺未暇葺舍宇,首捐钱数十万理学宫,且辍田半顷为养士费。太守以风郡人,黉宫始渐仍旧矣。

王庭秀 字颖彦,先世居鄞,父徙慈溪。庭秀与黄庭坚、杨时之徒游,从其为学,旁搜远绍,不苟趋时好,其造诣崇远,操植坚正,发于文辞,深茂宏达,以其绪余,从事科学。政和二年,登上舍第,历乐寿尉,泗州、随州教授。当路论荐交章,溢格改宣教郎。李公光迁侍御史,与之昧平生,一见如旧识,即荐为御史台检法官。其在宣和、靖康、建炎间,进言于朝,皆发于忠义。自察院迁殿中而振台纲,屡丐祠,优诏止之。后因对沥恳,得知筠州。召为吏部外郎,擢左司郎官,迁检正。与宰相议多龃龉,引疾丐闲,除直秘阁、主管江州太平观,归老于乡。长子璧,生而颖异不凡,七岁日诵千言,一过辄不忘。以宣和六年丙科登第,少年气锐,负才宏硕,方勇功名之会,悉焚前所为举子之文,披阅群籍,孜孜不倦,无不淹该。左丞叶公梦得、参政孙公近议欲列荐,出应大科。适朝廷方复博学宏词科,首冠其选。天不假年,用罔究其长,而终于一待通判,士论嗟惜之。见旧志。

汪思温 字汝直,鄞人。父洙,以《春秋》之学知名。政和二年,思温由太学生上舍中乙科,既改秩,知余姚县。高宗登极,提举江西茶盐,历郎曹,出知衢、湖二州,入为太府少卿,知临安府,迁两浙计度转运副使,复还太府。绍兴二十七年,致仕,积官至左朝议大夫,爵文安县开国男。余姚濒海有堤,久而圮,思温修复之,并海田免水患者六十里。烛溪湖二斗门高下不等,东西争利,思温相地宜,撤而平之,灌溉均五乡。钱塘渡舟人冒利,捆载而行,半渡弛楫邀利,暴风猝至,举舟尽溺,操舟者独无恙。思温曰:"若不戮此辈,杀人未艾也。"悉捕系论杀之。更造大舰十数,每一舰受若干人,制号如其数,以五采别异之,置吏监渡,给号登舟,即过数而号与舟不类,皆不受。人给直有定例,除十之一以备缮舟。自是人不病涉。疏龙山河,复旧闸,启闭出纳如外沙之制,舟楫皆便之。乡有义庄,以给仕族亲丧之不能举,孤女之不能嫁者,自思温割田倡之也。年八十一终。子大猷,字仲嘉,既补官,复中绍兴十五年进士乙科。乾道元年,以大宗正丞兼吏部尚书郎,又兼户部右曹。轮对,孝宗谓辅臣曰:"疏通详雅,有议论,今日有用之才也。"权刑部侍郎,取建炎以后续降指挥二万余条,删其繁重,定其当否,编为条册,上嘉赏之。同列以强盗卒不处死,无所惩艾,请依太祖旧法,赃满三贯者皆斩。大猷曰:"太上与民更始,非以刃杀人者,一切贷死,已议为法六项,犯者依死处断,非此而但得财,惟再犯者死,可谓宽严得中矣。此辈知有可生之路,但志得财,所全尚多。若不分首从,虽不杀伤,悉皆抵死,则凡得财鲜不及三贯者。此法既立,未必能禁其为盗,彼先以死自处,则被盗者将无噍类,为盗者无复全人,究其极而计之,死者益众矣。"同列请取案例,大猷以见定一案闻奏。用六项法,则死者十七人;用见行法,则才四人;若如旧法,则百七人俱死。遂从其议。借吏部尚书,为六年贺金国正旦国信使。郊礼行,充卤簿使。除敷文阁待制,奉祠。起知泉州。进直学士,知隆兴府。茶寇赖文正起湖北,大猷遣副总管贾和仲讨之。和仲轻敌败事,大猷自劾,再命落职,南康军居住。至四年,自便,渐复职。绍熙二年,致仕。庆元五年,进敷文阁学士。六年,薨,年八十一。方贬谪时,或风使通权贵书,不听。南康之行,亲故恐其攖抱,大猷揖之曰:"使某年近六十,以恩科得官,今赴星子一尉,岂不为我贺?"其旷达类此。三子,仲曰立中,登嘉定甲戌科进士第,为太府少卿、知徽州卒。

林保 字庇民,鄞人。登政和二年上舍第,两从广西帅,辟主管机宜文字。时方郡县蛮境,将士率俘平民冒赏,保核正之,全活为多。历官知兴国军,改提举两浙、广南市舶,皆不拜。家居十余年,安贫著书,尝平论夏少康迄唐肃宗得失,号《中兴龟鉴》上之,高宗皇帝敕书褒答。绍兴七年,上命左司谏陈公辅荐可备台谏者,公辅奏保问学渊源,持论不阿,操守可观。丞相秦桧格之,止除提举江东常平茶盐。九年,入为国子监丞,迁比部郎,建议正大成殿、武成殿十位侑坐之礼,自是享武成王始不废牲牢。修定明州乡饮酒礼,奏闻,颁行天下。累迁权吏部侍郎,假本曹尚书,充十五年贺金国正旦使。初,显仁太皇后南归,沿途应奉,权增顿次,自后南北修聘往来,辄循其例。又有请起两淮税者,保使回,具言淮民凋敝状,顿既复旧,税议亦格。冬,引疾,以敷文阁待制奉祠。十九年,卒,年七十一,累赠特进。有文集二十卷。孙祖洽,字元礼,以任补官,由盐官县入为干办诸军审计司。每言理财在节用,正其图籍,窒其渗漏,不必趣迫其民,财用自足。尝取绍兴、乾道、淳熙用度多寡之数,比议参定,四方无虞之时,反增于戎马未息之日,条具为书,未及上。因知武冈军,陛辞,奏曰:"当日百度修明,惟财赋不足,上轸宵旰之忧,推原其故,皆由用度日增。"孝宗慨然曰:"诚如卿言。"诏取索以闻,户部格不行,时论惜之。自武冈除常州,上谓宰执曰:"此人善治财赋。"任满,进财赋本末,上曰:"人皆谓常州财赋不足,今林祖洽已及八分以上。"遂除司农丞。其后提点六路坑冶,总领湖广、江西、京西财赋,除湖南运判,入为中书门下省检正诸房公事,兼国用司同参计官,升司农卿,总领淮东财赋。自太平州除权户部侍郎。嘉定二年,再为淮东总领。四年正月,除户部侍郎。历知建康府、婺州,皆振其职。六年,以焕章阁待制奉祠。十一年,升宝文阁,致仕。卒,年七十九。

朱翌 字新仲。政和八年,赐同上舍出身,历官至中书舍人。南渡以来,建太学,载韩厥于祀典,皆翌发之。《徽宗皇帝实录》,翌所纂也。在朝敢言事,尝论奏信夷狄太坚,待虏使太厚,排众论太切,姑息诸将太深,待大臣太严,立志太弱,忤权臣意,一斥十四年。起知严州、宁国、平江府,撙节浮费,积缗钱四十万于平江。高宗皇帝视师江上,后守献之,有诏嘉奖。自祠宫起知太平、潭、泉三州,皆不赴。年七十,乾道三年卒,累赠少师。翌世家安庆府怀宁县,晚卜居于鄞。有《灊山文集》四十卷。

薛朋龟 字彦益。登政和八年进士第,历官监登闻检院,兼权工部郎,又兼权吏部,知兴国军,奉祠,除知衡州,未上而卒。子居实,字去华。守莆阳,更新学宫。提举福建路常平茶盐,救荒有绩。自祠宫召对,除仓部员外郎,升郎中,历淮西漕使,淮东帅阃,卒于扬州。孙扬祖,字元振。历官知漳州,召为大理丞,迁刑部郎中。以疾请外,得池州,丐祠以卒。漳旧有土城,高不过五尺,扬祖以修筑请于朝,未之行也。及为郎,面对,申言此州当闽,广往来之冲,而城壁不立,往时沈帅窃发,以无备故,可为覆车之戒,乞以臣任内桩积钱趣办。宁宗乃诏守臣赵汝说经画如其言,漳人赖之。

曹粹中 字纯老,定海人,中宣和六年进士丙科,为庄简公李光婿。光与闻绍兴国论,丞相秦桧欲一识粹中。粹中时待次无为校官,曰:"吾已有差遣,见丞相何为?"退谓其妻曰:"吾观而父与秉权者势不两立,岂久居此者?"由是仕不偶,自号放斋,以著书为乐。桧死,方以举主脱选调。有《诗说》三十卷,行于世。

夏承 字元茂,鄞人。以太学上舍免省,中崇宁五年第。靖康间,任开封少尹。虏骑犯阙,大尹徐秉哲散文榜根括皇族,冀以免死。承奋身力争,潜令诸厢毁弃文榜,放散拘留之人。绍兴二年,臣寮疏列其事,国事方殷,未及褒表。隆兴初,有旨承系忠义之人,送史馆编录姓名,特赠三官,二年,赠左朝议大夫。

蒋璿 字季庄,晚居慈溪。宣和间,鄙王氏之学,耻赴科举,闭门穷经,不事干谒,亦不妄与人接。高侍郎闶居鄞城,一岁率数次访其家,相对小室,昼夜讲论,告去,则送之数里。或问闶曰:"蒋君不多与人周旋,而独厚于公,公亦惓惓于彼,愿闻其故。"闶曰:"某终岁读书,偶有疑而未判,与阙而未知者,每积至数十,辄一扣之,无不迎刃而解。蒋之所长,他人未必尽知也,况有行义乎?"

卞大亨 字嘉甫,泰州人。初由乡举入太学,升舍,有声。靖康中,携二子走行在,丞相范宗尹以遗逸荐。绍兴中,隐于象山之钱仓村,特恩调怀宁簿,无仕进意。手植万松，婆娑成阴，行吟其间，自号松隐居士。好左氏传，迁、固史，耽老杜诗，喜怒哀乐，一寓于诗。素习养生导引术，医药、占算尤极其妙。解衣推食，赈恤饥寒，手制药饵，惠利甚博。著《松隐集》二十卷、《尚书类数》二十卷、《改注杜诗》三十卷、《传信方》一百卷。子圛，字子车，亦有声太学，号卜夫子，登绍兴三十年第，授扬州倅，卒。

〔刊误〕

〔先贤事迹〕

〔虞喜〕　拜博士"拜"上卢有"徵"字。

〔孙沔〕　此册沔读则可"沔"上卢有"臣"字，《宋史》亦有。

〔楼郁〕　足下学行"行"下卢有"笃美"二字。

〔王说〕　季子珌字彦楚登大观三年进士第此截原脱，新据他书校补者，语详札记。今卢本独完好，视所补略同，惟"季子"二字无，"彦楚"下有"说第五子也，十九岁入太学"十一字。又"登"字在"年"字下。

〔俞充〕　与夏相错"夏"下卢有"国"字。　诏奖谕"诏"上卢有"降"字，《图经》亦有。

〔丰稷〕　乞避安礼"礼"下卢有"从之"二字。　故愚弄朝廷"故"字下卢本有"敢"字。

〔舒亶〕　以论奏尚书省录事"录"下卢有"目"字。《东都事略》云：上疏论尚书省，凡奏钞法，当置籍，录其事目。即此事也。《宋史》亦有"目"字。

〔姚孳〕　收鳏寡"收"下卢有"养"字，《浙志》引此亦有。

〔王庭秀〕　其造诣崭远卢本无"其"字，"崭"作"深"。　科学卢作"科举"。　历乐寿尉至检法官四十八字，卢无，而有"既改秩，以侍御史李光荐，为御史台检法官"十七字。　其在宣和卢无"其"字。　而振台纲卢作"台纲益振"。　屡丐祠至得知筠州十六字卢皆无，但有"出知筠州"四字。　引疾至于乡十九字卢皆无，但有"以直秘阁奉祠而归"八字。　孜孜不倦四字卢无。　左丞至大科十九字卢并无。　用罔究其长五字卢无。　而终于一待通判卢本无"而"字，"待"下有"次"字。　嗟惜之卢无"嗟"字。○按：此传与后卷高闶传，诸本并同乾道《图经》，而卢本则较前志多有删节，若谓卢本误耶？不应其抄录时独于此二传故为笔削。若谓余本误耶？又不应缮写全书独舍此二传。而复依仿《图经》补录之。反复推勘，莫明其故。惟详玩文词，卢本笔法简净，实驾旧志之上，断非妄人所能为也。故校录异同，附诸志后，俟获宋椠者审定之焉。

〔补遗〕

〔袁毂〕　子灼曾孙章元孙燮洽六代孙肃甫商七代孙衡世科相踵甫嘉定甲戌廷对为进士第一三十五字卢本在韵类一百卷之下。"灼字子烈"之上，此本存"子"字、"灼"

字,以下并缺,因下"灼"字致误也。○按:肃、甫、商皆燮之子,此云六代孙者,连身数也。《进士》门称洽为毅四世孙,则又离身数矣。

〔新校〕

〔人物〕

〔杨适杜醇传〕藏本及洪、林本孙郃传改知庆州"庆"以下,《楼郁传》"择公首应选"以上,皆有脱简。前刻据延祐《志》旁行补之,另有案语,后校湖州陆存斋心源家藏本,知杨、杜二传全脱,孙、楼二传脱前后,与延祐《志》不同,今皆依陆本补刻。因惜费,仅刻换二叶,与前刻行数不符,恐阅者致疑,故识之。

〔夏承〕 崇宁五年第"年"下脱"进士"二字。

《宝庆四明志》卷第九 〔宋元四明六志第二十一〕

郡志卷第九

叙　人中

先贤事迹下

张邵　字才彦，历阳人。建炎二年，使金国，誓不辱命，拘系于密州柞山寨土牢者半年。刘豫逼以伪命，不从，又因系东平府狱逾岁。转徙燕北，饥寒濒死，移书挞揽，告以天意人心向背之所在。又寓书阿卢五，以勤兵远战，非金人之利。绍兴十三年，始得归，与时宰忤，投闲于鄞，没葬桃源乡乌石山。子孝曾，字王叔，以大理少卿没于中山府。侄孝祥，字安域，生鄞县方广院之僧房。绍兴二十四年，为进士第一，终显谟阁学士。孝伯，字伯子，隆兴元年进士，终参知政事。

高闶　字抑崇，唐宰相智周后。世家广陵，高祖赞襄始居明。闶幼颖悟不凡，八岁诵经史，通其义。或问"得时则驾"出何书？闶曰："非《史记·老子传》乎？"客惊异之，谓其父钦臣曰："此儿当兴君门户。"弱冠入辟雍，继升太学，屡中魁选。初，课试文格尚对偶，闶特变为古文，又先群彦，一时文格遂复元丰、元祐之旧。以校定最优，充举录。宣和中，置讲议司，领以大臣，辟官属，日夕讲议天下事，太学公试用为策题。闶对为天下事当令天下人议之，时以为至言。建炎初，试上舍，中优等。绍兴改元，赐进士第，释褐，诸公方欲荐引，继丁内外忧。服阕，执政交章称闶议论简正，明于治体，可以居经筵劝讲之地。五年春，有旨与行在差遣，令内殿引见，进札有曰："人君不难用臣下之谋猷，而难于不忘臣下之规戒。"改左承奉郎，除正字，论荐举之弊，与天下之势最急者在机会。又请止赐新恩进士《中庸》篇，而《儒行》篇虽间与圣人意合，实出汉儒杂记，非圣人格言，乞勿赐。又请预严水战之备，皆蒙听纳。后摄礼部外郎，因上殿奏事，论及和气，上曰:"朕见士大夫议论,以为轻徭薄赋,安民心,宽民力,可以召和气。"阅曰:"臣以为此召和气之一事耳,而其本乃在人君有以感之。心正则气正,气正则天地之和气应矣。"上是其说。至言正名分与屯田之利为尤切。久之,出奉祠,复参东帅谋,除国子司业,引见,奏曰:"陛下兴太学,此帝王盛德事。"上曰:"太学复兴,欲得学问渊源、德行纯正者为师表,故命卿。"因言:"臣在京师,见太学辟雍皆有御书阁,今当依祖宗例,建阁以藏御书,愿时洒宸翰,加惠多士。"上许之。其任司成,论事为最详。兼权中书、起居二舍人,乃除礼部侍郎,以忤秦桧意,出为筠州,遂请挂冠居乡。每对士大夫,唯举前言往行可师法者,未尝及时政得失,人物臧否。泛观经史诸子百家,而绝意荣进,不戚戚于厄穷。享年五十有七。

史浩 字直翁,鄞人。祖父诏,以孝友睦姻、任恤中和之行举于朝,不就。浩少卓荦有大志,敏悟绝人,力学至忘饥渴寒暑。叔父木,优于学,浩以为师,朝夕质问疑义,反复切到。读书一经目,终身不忘,自经史百家至浮屠、老子之书,靡不通贯。年四十,登绍兴十五年进士第,为余姚尉。有黠贼聚党剽劫,出没不常,监司名捕之,六年弗获。浩设计擒其魁党九人诣县,令怪其不言亲获,浩曰:"捕盗,职也。彼戮而我受赏,吾心安乎?"令叹曰:"处心如此,其不待举主,改官必矣。"任满,诣行在。时仲父才为右谏议大夫,给事中林一飞来致宰相秦桧意,言已留国子监书库官,拟令侄矣。浩白仲父曰:"秦似难与同处,且浩以省试前十名,于法今当受教官,可不安分乎?"明年,桧死。又明年,仲父罢签书枢密院事。又明年,浩以中书舍人吴秉信荐,自温州教授召为太学正,再迁国子博士,轮对,高宗皇帝器之,温颜访问,浩乃言曰:"小臣敢冒万死,毕愚衷。闻两郡王皆聪明,臣谓宜取其最贤者别异之,以系人望。"上颔首。两王者,普安王孝宗皇帝。及恩平王璩也。上方遴选辅导之人,遂迁秘书郎,间三日,命兼二王府教授。大臣奏,王府教授必召对乃除。上曰:"朕已见其人矣。"浩常力勉二王以孝,每诣府讲书,普安王必召三王子入阁侧听。长庄文太子愭,次魏惠宪王恺,季光宗皇帝。上书《兰亭序》二本,赐二王,批其后曰:"依此进百本。"浩曰:"此赵鞅书训戒之辞之意也。"谓二王君父之命不可不敬从。数日,问普安王,曰:"见书。"浩曰:"能溢其数,尤见顺承之意。"又以问恩平王,曰:"未暇。"浩惊曰:"郡王朝参之外,何日非暇,而至违命乎?"已而普安王书七百本上之,璩卒无进。一日,上赐二王宫女各十人,浩又谓二王曰:"是皆平日供事上前者,以庶母之礼礼之,不亦善乎?"月余,浩问普安王,曰:"如教授言。"又问恩平王,不应。上寻召诸宫人入,具言普安王加礼如此,恩平王无不昵之者。上由是益贤普安王,诏立为皇子,封建王,以浩为司封员外郎、建王府直讲。建王以内知客龙大渊、曾觌善饮酒,多置酒会之。浩因讲《周官·酒正》曰:"《周官》一书,大抵于财无不会者,独于膳羞,曰惟王及后世子不会;及酒,则曰惟王及后不会,不言世子,盖世子之饮亦在所会也。何者?酒所以为礼,亦所以为祸。世子奉君则当忠,奉亲则当孝。苟以狂药动荡其心,于忠孝能勿愆乎?彼方求其主卣以奉宗庙,元良以正四方,酒正于此安得不节之以数,而会之于岁终也。"建王瞿然起曰:"谨受教。"自此节饮,大渊、觌由是衔怒。上以浩辅导皇子,得益良多,特迁宗正少卿。完颜亮寇淮上,议亲征,建王上奏,请将兵为前驱。浩方疾作,闻之惊起,亟具衣冠趋府,取《左氏春秋》里克论申生,及《汉书》四皓论孝惠将兵事,为建王读之,且举唐肃宗事,言艰难之时,父子岂可跬步相舍。建王大感悟,即使草奏,痛咎前失。又以札子上皇后。上大喜,语大臣曰:"史浩真王府官也。"未几,亮死,上幸江上视师,建王从行,浩与之俱。驾还,建王为太子,浩迁起居郎,兼太子右庶子。高宗寻下内禅诏,孝宗践祚,四日,迁浩中书舍人。又六日,兼侍读。上问今设施何先?浩对:"莫如保固边鄙,收拾人才。顷秦桧辅政,妒贤嫉能,所废出多名士。今以礼召之,士气必伸,而得其用,斯治举矣。张浚已召,张焘、辛次膺皆执政才也。"上从之。浩又言:"周葵、任古、胡铨、张戒、王十朋请悉召之。"寻迁浩翰林学士。张浚以召至,浚位特进,爵和国公,上将以为江淮宣抚使,拜少保,浩曰:"浚名重当世,久为秦桧所抑,既大用之,恩礼宜加厚。"乃进少傅,升魏国公。于是上有经略中原之意,浩草浚制云:"诵宣王任贤使能之诗,朕喜得将伯之助;鉴光武略地屠城之戒,公宜以安集为先。"意欲令先固边疆,无浪战也。上语浩:"中外臣僚,朕不能遍识,卿疏其所长,以待选用。"浩疏三十四人。后上每有除授,皆于是乎取,多至宰相、执政、侍从。岳飞忤秦桧,死于棘寺,藁葬墙角,浩请追复元官,以礼改葬,录用其后。又奏赵鼎、李光,前朝望臣,以无罪窜贬而卒,请尽复职名,且官厥后。上悉从之。浩参知政事,上皇使内侍召至,赐食,谕曰:"卿在皇帝潜藩,备殚忠力,皇帝孝爱,卿辅导之功也。今得卿为辅弼,吾亦安心。"又曰:"卿,皇帝亲臣,凡事宜直前规正,不可回忌。"尚书户部员外郎冯方见浩,曰:"上命修玉津园。"浩即坐作奏,恐损恭俭之德。上即批赐,已令临安府不得修造。方犹在坐,共叹上从谏之美。方曰:"以方所见,此等小事,且放过无害,恐久必厌倦。"浩曰:"人君一嚬一笑,系天下休戚,子必待天下进花石如宣、政间乎?浩则不然。若信吾说,无小无大,不贰此心。苟不见信,一日逐去,予心无憾矣。"江淮沿边诸郡,竞招诱山东人,皆高其官爵,厚其钱粟以来之。朝廷竟日为之换授官资,拨给禄赐无已时。浩上奏,大略谓:"汤、文得天下之心,非谓天下之民先归汤、文之国也。使民先归其国,则七十里之亳,百里之丰,何以容四方之人?而亳与丰之地方,且疲于赡养,日益穷蹙,又何暇修文德以格远人哉?今北虏日为奸谋以挠我,日纵流民以困我,沿边守臣由之不知,日以招来为事。自去冬用兵以来,归正之官已满五百,皆高官大爵,动欲添差见阙。归正之民不知其数,皆竭民膏血,惟恐廪之不至,骎骎不已,布满东南,蚕食既多,国用益乏。已来者不获优恤,必有悔心;方来者待之苟薄,必有怨心,终亦何所济?今说者必曰,不如是不足以系中原人心。夫内修政事,教化既明,风俗既厚,百姓家给人足,则使彼之士民愿立于朝,愿为之氓而不可得,然后一旦兴师,恢复土宇,皆为王臣,则其心乃大悦,如汤之后来其苏,武王之一怒而安也。苟吾之政化未施,财力先屈,国尚未可保,安能系中原之心乎?臣闻弃实而务名,舍近而图远,见利而忘害,此三者,天下之大弊,古今之至戒也。夫自淮、泗之北,燕、赵以南,幅员万里,皆我故疆,乘中原爱戴之心,一举而取之,天下孰敢以为非?今既未能,乃区区招集逋逃之人,以为系中原人心,此臣所谓弃实而务名,一弊也。自去岁贼亮入寇之后,两淮荡然,驱虏杀戮,不可胜计,恸哭之声,至今未已,此皆当如饥渴,如焚溺,日夜图之者。今未见大有措置,而庙堂之上,率常以大半日力整会归正人,宣抚使沿边诸军帅司州郡,又可知矣。此臣所谓舍近而图远,二弊也。北人初来,扶老携幼,莫不皆言去虎狼归父母,呜咽流涕,以手加额,不知者观之真若可喜。然廪给禄赏,少不厌其无涯之心,则怨詈并作,未必不刺取国事,归报敌境。况其间往往有本为间谍而来者,此臣所谓见利而忘害,三弊也。愿陛下密饬沿边守臣,其有至者,谕以久远之计,曰国家议战与和,皆为汝辈久此陷没,欲图拯济。若为战计,则他日得我故地,汝皆吾民,又何必舍坟墓弃亲戚而来?若为和计,则干戈既戢,汝等无战争、徭役之苦,四海一家,往来无碍,朝廷亦岂遽忘汝等,宜各安本土,以俟议定,则彼将无所怨,而虏闻之,亦知我国有人矣。自是茸藩篱,保形势,宽民力以固邦本,募勇士以益军籍,政修而教兴,国富而兵强,机会之来,岂有穷已?一举而得中原,大开明堂,受朝贺,此成汤、文王已试之明效也。"浩之在翰林也,议于瓜洲、宣化、采石为城坞保塞,以防虏骑冲突。置军人妻女于坞中,屯战舰其下,使事急有势援,贼不得遽窥大江。既参政事,复伸前说,且为转般仓。上以冯方为提举修筑之。浩又议开运渠,自瓜洲通扬州,自采石通和州,皆以其土积北,旁植榆柳,以障虏骑,他日可以运粮。又议于沿江、淮及上游荆、襄久任守臣,以山水寨总首为兵官,各扞御一郡。凡有要害,并力设险以守之,各举所亲之有才勇者,以为异日用。且徙其家城中,以仆御为防守,不假有司资粮,惟每岁春、秋大阅,厚加赏赐。仍许以他日有警,止守一州,不必出境临战,庶几固守藩篱。藩篱既固,乃遣王师攻讨,四出为掎角之势,首尾相应,则我诸军出战,如蛟龙乘虚空而下。苟不如欲,则退居所筑城堡,如九重之渊。上深然之,命方就治其事。既而张浚辟方为督府参议官,事遂寝。浚奏请进兵取山东,浩兼知枢密院,力陈不可,事少止。隆兴元年正月,拜尚书右仆射、同中书门下平章事、兼枢密使。浚以枢密使都督江淮军马,复有山东之请。

浩以兵力未盛,民力未苏,财力未足,遽舍内以事外,未见其利,宜疾召张浚来议,上从之。四月,浚至。乙亥,与陈康伯及浩俱在上前。浚请上即日降诏,幸建康。上顾康伯,康伯无语。乃顾浩,浩曰:"万乘一动,有名则可。以臣视之,其动有三,一曰亲征,二曰劳军,三曰移跸,臣谓今日皆未可也。明曰亲征,则虏必以大军应我。无故而招致数十万人寇边,何以应之。谓之劳军,则用度当如上皇时。上皇曩岁之行,帑藏耗费,郡县供亿,诸军诸司往来馈遗,盖费缗钱数百千万。估计内藏一库,所出已千四百万缗,他可知已。今复为是,六军闻之必喜,苟所赐不能尽如前日之数,必皆怨望,是可已而不已者。若曰移跸,其于进取,固为顺便,第在今日,则又有未安者,更须熟议。"上不悦曰:"移跸只是移跸,又复何议?"浩曰:"未审陛下自与六宫往,亦奉上皇以俱? 若奉上皇,则建康未有德寿行宫,又未知上皇行止之意若何,臣料上皇未必肯行也。上皇不行,陛下安得与六宫往? 倘陛下自行,乃是亲征,非移跸也。若今亲征,俟有功乃回乎? 不待有功而即归乎? 必俟有功,功不可必,则卒未有回銮之期。苟无功而还,则与上皇视师之行无以异,亦复何益? 以是思之,三者皆未可也。抑臣闻之,古人不以贼遗君父,今必俟上临陈,乃能成功,安用都督哉? 况留上皇于此,而陛下远适千里之外,不得朝夕侍左右。虏以一骑犯淮,则此间骚然,少有奔窜,上皇能不动心乎? 陛下父子慈孝如此,今日岂可跬步相离?"上始悟,谓浚曰:"都督姑先临边,俟有功绪,朕何敢惮行,今未须下诏。"浚曰:"陛下当以马上成功,岂可怀安以失事机。"浩曰:"今日陛下事体,与汉祖以匹夫创业之时不同。"既退,浚问:"何谓不同?"浩曰:"汉高帝崛起草野,以图帝业,得之则为天子,失之则为匹夫,何顾藉之有? 上皇以祖宗二百年天下授主上,当出万全,岂可尝试而图侥幸。欲为汉高轻易之举,一有蹉跌,悔何及哉?"间六日,浚奏,欲取山东。浩问浚曰:"不知江上之兵,今有几何?"曰:"二十万。"浩曰:"以几人守江、淮,以几人之山东?"浚曰:"留其半,以其半行。"浩曰:"陆行乎,舟行乎?"浚曰:"用舟。"浩曰:"若舍舟遵陆,必弃其舟。苟不弃舟,须兵守之,当几人乎?"浚曰:"一二万。"浩曰:"因粮于敌乎,使人运粮乎?"浚曰:"运粮。"浩曰:"舟既不可弃,运粮之人复当几何?"浚曰:"一二万。"浩曰:"如是,则攻伐之师止六万人,虏必不以为恐。且淄、青、齐、郓等州虽尽取之,未伤于虏。虏若犯两淮、荆、襄为牵制,则江上之危如累卵矣。都督是时在江上乎? 警急应援,所用何人? 若无其人,则虽留十万之众,亦无益也。"明日,复奏对,未决。又明日,浚奏督府乏用,浩问:"顷日何以取办?"浚曰:"第取之民间,如燕山钱、免夫钱之类,皆旧例也。可令长史谕之,尔曹不捐财助边,虏至皆为所有,不如以与国家,还以保庇尔民。民见利害,岂得不从。"康伯与浩同奏曰:"必欲取于民,臣等皆当丐退。"上知不可,乃给空名告身五百,俾之鬻爵。自是连日奏对。一日,浩与浚对坐待漏院幕次,康伯以病告不至。浩谓浚曰:"今日锐意欲用兵,岂非以祖宗大仇未复,必欲一举空朔庭,以洗中外积年之愤。然而医人之国,当观其时,审其势。方今上新即位,内政未立,而遽动干戈于边鄙,则财用必竭,人心易摇,是徒慕复仇之名,初无其实也。莫若先为不可胜以待敌之可胜。"浚曰:"此言良是,但浚老矣。"浩曰:"晋灭吴,杜预之功。而当时归功于羊太傅,以叔子立规模而元凯成其功也。相公若为后人立规模,使后人借是以有成,则亦相公之功,何必身自为之?"及奏对,浚不复言边事。寻内引,朝辞,乃力请于上曰:"臣早间再与史浩议,其意已不可回。恐失机会,惟陛下善断。"上由是不由三省、枢密院,径以金书牌自命诸将出兵,外廷莫之知也。浚乃还建康。上一日谓浩曰:"兵当以义为先,今朕为二圣不共戴天之仇而举,义莫大于此者,当无不克。"浩曰:"为此举兵,谁不曰义?然以臣愚见,当更兼德与力言之。譬有人焉,邻家侵夺其先人之田庐,为子若孙,义固当复。然彼得之者益富,我失之益弱,而吾之德既未盛,力又不强,苟欲取之,不惟无成,恐复有损尔。《泰誓》有云:同力度德,同德度义。盖力同始可度德,德同始可度义。《左传》谓犯五不韪而伐人,为丧师之宜,实以不度德、不量力为首。然则又焉能克哉?故虽文王,犹曰大邦畏力,小邦怀德,况其余乎?今虏于德义固不足,力则有余,故败盟犯顺如此。我若以不共戴天之故,不暇益厥德,不待壮其力,而冒昧以往,誓不俱生,此匹夫之报仇也。"五月戊戌,浩得邵宏渊状,言准御前金字牌,奉圣旨择日进兵,谨具知禀事,大惊,始知是月甲午,师已渡淮矣。以示康伯曰:"国之大事,在祀与戎。今出兵已数日,吾二人俱以宰相兼枢密事,而不得与闻,将焉用相?"乃见上求罢政,力请再三,不从。先是,龙大渊、曾觌积怒于浩,金安节、周必大又缴其知阁门事词头,二人皆浩所荐,大渊、觌愈憾浩,以情告,上始有允意,问曰:"丞相每言不可用兵,兵固不可用乎?"对曰:"非不可也,乃未可耳。自绍兴和戎,天下咸谓假和以为战计耳。然曰观朝廷之人,凡所施为,有制礼作乐,文饰太平之事,无枕戈尝胆,图报大仇之心。二十年间,苟且度日,内外宴安,上下逸乐,遂成徒和矣,将何以上回天意,下感人心乎?今陛下新立,奈何亦无所施设,遽欲成大功于一旦哉!臣料今日之师,必不克也。"上默然,浩乃拜辞而退。又三上表,乃除观文殿大学士、知绍兴府。又辞,得提举洞霄宫。浩罢十有四日,符离失利,大军十三万人一夕奔溃,死者不可胜数,资粮器械委弃殆尽。六月,浚上表自劾,上哀痛之,降诏罪己。浩上奏:"张浚忠义有余,今此小挫,出于不度彼己,然其心惓惓忠于为国,古人不以一眚掩大德。陛下若抆拭用之,责其后效,自此必详谛熟审,不敢妄发也。"乾道四年,除浩知绍兴府。六年,丐祠,丁太夫人忧。八年,判福州。淳熙元年,丐祠。四年,召为侍读。上在位浸久,多阅士大夫论奏,往往熟烂疏漏,少当上心者。近习窥旨,益毁儒生,因劝上以右武。浩独深言其不可,于是进读三朝宝训。一日,读至太祖皇帝开宝五年,命侯陟、董淳、周渭、刘商英往京东、京西四路相度田稼,检察公事。四人者小臣,皆儒士,故太祖特举而用之。浩因奏曰:"五代惟专用武,朝无儒者,故相尚为威虐,暴乱接踵。及太祖皇帝英武开国,独降意屈于儒士。夫二帝、三王之道,固不寄于长枪大剑之人,必讲于圆冠方屦之士。自战国、秦、汉,圣人之道不传,而治道益卑,千有余年,然后道术复明,文治熙洽,实我太祖崇儒重道之力。"上自是不复有厌薄儒者之意矣。开府仪同三司曾觌辈,颇为缙绅所指目,遂渐兴朋党之说。浩极论奸邪欲陷正人,不为朋党之说,则无以尽逐之。人主于听纳之际,不可不察。上大悟,党论遂沮。浩尝言:"吾无以报国,独知荐贤耳。"在经筵,援故枢密直学士陈襄为讲官荐士故事,举石墪、陈仲谔、汪义端、石斗文、沈铢等皆疏远下士,上皆召用之。五年三月,拜右丞相。故事,大臣每进拟,得旨退,即批付诸曹施行。自龚茂良罢政,曾觌言其进拟多挟私以诡取上旨,上乃令以所得旨审奏,事多留滞。浩曰:"此非祖宗旧规,是明示天下以不信大臣尔。大臣不足用,何不退斥,而直为此形迹也。"上然之,免审奏。于是四方士大夫待除授求见者八百人,浩曰见百客,八日而毕,不两月,八百人皆去。十月,枢密院以殿前司军籍缺,请使自招人三千以充之。由是诸军竞掠人于市,人皆奔窜,行都骚然,被掠者往往断指以示不可用。会百官以会庆节诣明庆寺祝寿,市人遮道言者数千。浩奏已掠者请悉纵遣,众乃散。而北关之郊,掠人犹未已,军人秦忠、杨忠因聚众擅入民家,劫取财物,民既争获,又有夺军人旗杆者。得之,送大理寺。明日,上命军中勿复招人,棘寺迎合枢密院意,以为市人陆庆童者非被掠,而助百姓谢三六殴军人。十一月,上欲以秦忠、杨忠、陆庆童皆从军法取斩。浩曰:"诸军掠人而夺其财,故至于哄,则起此衅者,军人也,固当以军法施行。若陆庆童者,特抵拒之人耳,可同罚乎?况百姓自有常刑,岂可一旦律之以军法。必欲重其罪,流之其犹庶几也。"上大怒,不可。浩曰:"陛下惟恐诸军有怨言,故必欲两平其罪,以安其心,不思百姓不得其平,其出怨言亦可畏也。陈胜、吴广言等死,死国可乎?此岂军人语?"上变色震怒,厉声曰:"如是则以朕比秦二世也。"浩曰:"自古百姓怨其君者非一,如时日曷丧,予及汝皆亡,岂特秦二世为然?"上拂袖起入。径降旨密院施行。浩力求去位,复以醴泉观使兼侍读。其后有言陆庆童之冤者,上亦悟,曰:"史浩当时力争,朕不用其言,甚悔之。"八年八月,罢侍读,辞归,上宴之内殿,浩因言时务八事,又露章荐鄞县主簿薛叔似等十五人。十年八月,以太保、魏国公致仕。浩又罢相,在经帏,尝书车攻诗序,陈述孟轲乘势待时之说,以赞恢复之图。又书唐太宗语,治安中国而四夷自服,岂非上策。复陈其说,愿以治安中国为本,则复中原如运诸掌。既归,有示以张浚行状者,浩曰:"此心天实知之,主上实知之,不恤后世之无闻也。"光宗即位,进位太师。绍兴五年,薨,谥文惠。宁宗即位,追封会稽郡王。以其子弥远实赞更化,又两追封越王,更谥忠定,配享孝宗庙庭。长子弥大,字方叔,登乾道五年进士第,贤肖其父,终礼部侍郎。次弥正,字端叔,终浙东提刑。今丞相弥远,字同叔;宝文阁学士弥坚,字固叔,其第三、第四子也。木字继道,与荐书,贡辟雍。建炎三年,金寇至,木载其姑姊妹,凡五族,百余口,逃于海,倾资给之,悉免于难。平阳县主簿王敏著《阴骘记》,浩为立石。其后取科第登仕版,骎骎方盛云。

魏杞 字南夫,自焦山徙居于鄞。以祖铢致仕恩补官,中绍兴十二年第,知常州晋陵、宣州泾县,皆有能声。历官至宗正少卿。隆兴初,金房声言南牧,而意在寻盟,丞相汤思退荐杞有专对才,假礼部尚书充使。杞母向氏既老,勉以尽节。行次盱眙,房遣赵彦恭等于境上往复商榷,杞于言辞称谓,凡关国体者,必致毫厘之辨。未几,房兵数十万骤至,杞竟护礼物、行船抵高邮。房复索信使而议,杞复奉命北行。房兵胁之于道,不为动。比至朔庭,房绝供具以困之,杞慷慨陈义,卒定如议,正敌国之礼,岁帑损五之一。乾道二年,使还,除起居舍人,累迁给事中。幸臣曾觌、龙大渊怙宠,同知枢密院事,进参知政事、右仆射、兼枢密使。时方借职田助边,降人萧鹧巴赐淮南田,意不惬,以职田请。杞言圭租食功养廉,借之尚可,夺之不可。帝是其言。杞以使金不辱命,由庶官一岁至相位。帝锐意恢复,杞左右其论。会郊祀,冬雷,用汉制灾异策免。六年,授观文殿学士、知平江府。谏官王希吕论杞贪墨,夺职。后以端明殿学士奉祠,告老,复资政殿大学士。淳熙十一年,薨。嘉泰中,谥文节。

〔按曰〕:原本无"幸臣"至"怙宠"九字。洪、林本有之,下俱脱佚。校诸他书,则此本"同知"以下,乃后人取《宋史》补入者。史不载纠劾曾、龙事,补者便自删削,殊为孟浪。今依二本,增其所删。而所补史文,改书旁行,以别异之焉。

陈居仁 字安行,其先兴化人。父太府少卿膏,赘鄞汪氏,因家焉。居仁登绍兴二十一年进士,秦桧与膏有故,或请一见,可得美官,居仁不从。魏杞使金,辟居仁幕下。及杞秉国柄,未尝求进。丞相虞允文欲与论兵,谢不能,退而贻书,谓有定力乃可立事,若徒为大言,终必无成,幸成亦旋败。允文为色动。历迁秘书丞,入对,论陛下奖进武臣,深得持平之道。然未必皆智谋勇略士,而或为矜躁者启幸途,其弊复将偏,恐复致偏胜。帝嘉纳。孝宗曰:"只为文臣太胜,要当扶而正之。"又奏:"圣虑甚至,但又不可过,恐复致偏胜。"摄礼部郎中,尝奏论台阁宜多用明习典故之士。上曰:"知名之士,试举一二。"居仁奏:"如周必大、洪迈,久在禁林,不在臣言。李焘、莫济,岂应弃之侯国。"上欣纳。丐外,得徽州。还朝,入对,上褒谕曰:"新安之政甚好,从臣台谏屡为朕言。"除户部右曹,迁枢密检详诸房公事,历左右司、中书门下省检正诸房公事。淳熙十一年,借吏部尚书,贺金国生辰还,除起居郎。明年,兼权中书舍人。察官奏旅榇之殡寺院及十年无子孙祭省者,许自与焚爇。居仁缴纳,请增为二十年,必经涉郡邑为之勘验得实,方许埋葬,仍标识以待其家寻访。上大悦,从之曰:"台谏给舍多成一律,如此方见和而不同。"前郊祀四日,为直奏,论上有恩惠,而小民不与,名为宽逋负,足以惠顽民耳。名为赦有罪,足以惠奸民耳。愿尽放天下五等户身丁,四等户一半。从之。一日,面对,谓:"陛下亲细故而忽远犹,事末节而紊大体,愿深思汉明帝、黄、老养性之言,俯从唐刘洎多记多言之谏,举纲要以御臣下,省智虑以颐精神。"上嘉之。次日,语辅臣:"居仁之言甚忠,卿等相与持守簿书细故,可省即省,不必繁琐。自今亦当少降指挥,中书务清,方是朝廷之体,卿等熟复其言可也。"尝兼直学士院。上临朝曰:"官欲择人,信非虚语。向来中书或用三人,今内外制独居仁当之,略不见其难。"十五年,丁内艰,去国。服阕,历知鄂州、建宁府、镇江府、福州,凡典五郡,皆有惠政。庆元三年,召赴行在,疾作,以华文阁直学士奉祠而归,卒。今中书舍人卓,其子也。〔按曰〕:原本无"孝宗"至"偏胜"三十一字,洪、林本有。而其上皆脱。盖此本删补并出后人手,今订正之,语详前传。

赵粹中 字叔达,世家密州诸城。父左朝散大夫潩,始居会稽,卒葬于鄞,遂为鄞人。粹中与弟大猷同登绍兴二十四年进士第,历官至太常寺主簿,进《恢复机密十论》、《制狄权鉴》四十卷、《富强要策》十卷。给舍看详,云学问渊源,议论详确。迁太府丞,累迁吏部侍郎,出知池州、湖州。奉祠,年六十四卒。先是,孝宗皇帝在位之十三年,粹中谓庙议未定,考三代《六经》之制,旁引汉、魏、晋、唐之规,参订本朝名臣奏议,萃而成编,上之。谓太祖当居第一之室,永为不祧之祖。太宗当居第二之室,永为不祧之宗。遇祫享,当奉太祖居中,东向昭穆旁列。未果行。遗表犹曰:维艺祖肇造之功,早正东向之位;念中原沉沦之久,无忘北伐之功。后八年,定庙议,如其制,始发之者,粹中也。有文集十卷、奏议二卷、《梅堂杂记》五卷、《史评》五卷。见宣献公楼钥所撰行状、墓碑。子薄,字立之。六岁而孤,事所生母孝。以父遗泽,补官,授永丰主簿,改南康户曹。每恨禄不及亲,期至,皆不赴。该庆宝登极恩,不愿循转。安恬养素,笃志好古,诸子百家之书,无不淹贯,文章自成一家。家俭约,而恤孤赈贫无吝色。郡守胡榘雅敬之,合郡人之辞闻于朝,乞旌擢以厉风俗。宝庆三年十一月有旨,特循一资,竟不受。年四十七终。

赵彦逾 字德老。登绍兴三十年进士第,仕至工部尚书。晚以资政殿大学士典乡郡,召除提举万寿观,兼侍读,进观文殿学士,以年乞身。开禧三年,薨,年七十八,累赠太师、吉国公。本家未发到行状,今用圹志修入。

郑锷 字刚中,自福州徙鄞。躬孝友之行,该贯群经,旁通子史百家,文备众体,尤以词赋得名。开门授徒,来者云委。登绍兴三十年进士第,仕至屯田郎官。宁宗在英邸,兼小学教授,尝进《劝戒元龟》。后特加赠,且官其子沆。

杨王休 字子美,象山人。肄业蓬莱山僧庵中,至雪积其背而不自觉。登乾道二年进士第,为黄岩尉,锄治奸豪,人称铁面少府。历知洋州、金州,除利路转运判官,成都路宪漕二使,以户部郎为湖广总领。入朝,累迁至礼部侍郎,以华文阁待制致仕。在金州,创西津浮梁,平鬼愁滩,罢茶场鬻茶引,分西城、汉阴、平利三邑纲马,损均敷之数。在利路,举行荒政,修栈阁,由益昌至大安军二千余间。在成都,伐石为眉山堰,筑汉嘉西门石梁,所至民德之。今工部尚书晔,其子也。

李子列 奉化人。官修职郎。才智卓绝,慷慨好义。建炎三年冬,金寇至。明年正月己未,破明州,诸县悉遭焚毁。子列率义勇、援兵、社夫凡一千一百八十四人拒贼。庚申、乙丑、丁亥三战于泉口、招贤等路,贼不敢进,奉化独全。寇去,兵罢,犒给之费余万缗,皆子列身任之。事定,虚张功伐冒赏者甚众,子列独不言,士大夫常诵其事。蔡文懿公幼学云:"渡江之初,帅守弃城者相踵也,而子列独以身捍一邑。然则安危之势,岂不以其人哉?推是而言,士之抱负愈伟,则功名之所及愈大,观子列之事,亦可以兴起矣。"寇方盛时,有王从侍二亲避地南来,闻义勇所聚,投之,众见其北音,以为奸细,将杀焉。子列察其士族,曰无害善良,问知其为三槐家,益善遇之。从后知信州,每语人,微子列,吾家无噍类矣。子列事亲孝,父尝庆寿,百客皆集,婿刘氏独不至。问之,则以逋租三数百万系有司。子列即如数载钱输官,取婿以归。其宏略类此。今其家资产不逮前,而显达骎骎。元白其孙,以称、以制其曾孙也。

沈焕 字叔晦,世家定海,后徙鄞。年二十四,举于乡,补国子监,为选首。居太学,不苟同,每语人曰:"天下学校当隆师亲友,循规蹈矩,以倡郡国。"慕临川陆九龄之贤,从而学焉。乾道五年,省试第二,调官,历余姚尉、扬州教授。八年,召为太学录,以昔所躬行者淑诸人,蚤莫延见学者,孜孜诲诱。长贰同僚忌其立异。会充殿试考官,唱名日序立庭下,孝宗伟其仪观,遣内侍问姓名,众滋忌之。或劝其姑营职,道未可行也。焕曰:"道与职二乎?"适私试发策,引《孟子》立乎人之本朝而道不行,耻也。言路以为讪己,请黜之,在职才八旬,得高邮军教授而去。后充浙东帅属。高宗山陵,充修奉官,移书御史,请明示丧纪本意,使贵近哀戚之心生,则苄舍菲食自安,不烦弹劾而需索绝矣。于是治并缘为奸者,追偿率敛者,支费顿减。岁旱,常平使者分择官属赈恤,焕得上虞、余姚二县,无复流殍,诸司交荐。十五年,用常格改宣教郎、知徽州婺源县。三省类荐书以闻,上犹简记,特许升擢,遂通判舒州。归俟官期,益笃为己之学,奉亲孝。自疑性刚,大书《戴记》深爱和气,愉色婉容于寝室,其存心养性率类此。史忠定王浩创义田于会稽,凡仕族有亲丧之不能举、孤女之不能嫁者,饮助有差。焕白王,率好义者行之乡里,得田数百亩,月增岁益,遂为无穷之利。虽病,犹不废书,拳拳以人才国事为念。年五十三,卒。周文忠公必大闻之,曰:"追思立朝不能推贤扬善,予愧叔晦。益者三友,叔晦不予愧也。昔曾子论宏毅之士,仁为己任,死而后已。孟子谓明善以诚身,诚身以悦亲,以信于友,乃获于上。若吾叔晦,所谓任重道远,诚其身以获乎上者非邪?"序而铭之。忠定王悼之尤切。一时名贤,亲炙其言行者,多志之以传世,称之曰沈先生。有文集五卷。嘉定十六年,宁宗官其子省曾。今天子即位,追赠朝奉大夫、直华文阁,谥曰端宪。焕之祖子霖,字泽夫,贡辟雍,调惠州博罗县主簿。无仕进意,号逍遥翁。父铢,任承务郎、签书镇东军节度判官厅公事,俱以明经为乡里师表。铢尝问道于焦先生,义方之训尤严,故诸子皆修饬有闻。少子炳,字季文,年未四十,弃去场屋,师象山陆九渊,务穷性理。赵忠定公汝愚以遗逸举之,史忠定王浩使子弟师之,固穷终其身。

杨简 字敬仲,慈溪人。登乾道五年进士第,慕象山陆九渊。九渊长二岁,简师事之,自为一家之学。施之政事,人笑其迂,而自信益笃。赵忠定公汝愚去国,狡者造无端语,文致其罪,国子祭酒李祥抗章辨之。简时为博士,请列札,不许,遂上书言:"昨者危急变骇,不可具道,军民将溃,社稷将倾,陛下所亲见。汝愚冒万死,易危为安,人情妥定。汝愚之忠,陛下所深知,不必深辨。臣为祭酒,属日以义训诸生,若见利忘义,畏害忘义,臣耻之。"亦斥去。嘉定元年,召除秘书郎,累迁将作少监,出知温州,以驾部外郎召,历将作监,丐祠,累加宝谟阁学士。宝庆二年,薨。简居德润湖,濒以湖在慈邑,易名慈湖。宗其学者不称其官,皆称曰慈湖先生。淳祐壬寅秋,郡守陈垲出公帑钱六十万,米二十斛,命邑令曹郶建祠于学,得隙地成德堂右,为堂三间,泊水过廊各三间,像设有严为慈湖之学者,有乡校肄业士论趸之。〔按曰:淳祐以下,后守续增。

高元之 字端叔,韩国武烈王裔,其父始著籍于鄞。元之少贫,借书以读,凡天文、地理、稗官小说、阴阳方技之书,靡不究极。佛氏大藏经五千卷,读再过。尤邃于《春秋》,采诸儒所长,凡三百余家,删会为一书,间出己意,号《义宗》,专务明经,自三传而下,不尽以为可。工文苦吟,尝谓《离骚》之学几亡,为九篇,曰《愍畸志》,曰《臣薄才》,曰《惜来日》,曰《感回波》,曰《力陈》,曰《危衷》,曰《悲婵娟》,曰《古诵》,曰《绎思》,读者叹其精深,悲其志。事亲孝,浣濯炊爨必躬。教授乡里,置田不半顷,割十亩遗亲党,轻财如此。父葬奉化之察廉,结庐墓侧,在万竹间。著《万竹先生传》。五上春官,特恩不就。年五十六,庆元三年,卒,宣献公楼钥铭之。有《义宗》一百五十卷,《易论》《诗说》《论语传》《后汉历志解》各一卷,《扬子发挥》三卷,诗三千,杂著五百,号《荼甘甲乙稿》,藏于家。

舒璘 字元质,旧字元宾,六世祖居明之奉化。父黻,登绍兴庚辰进士第,终通直郎。璘弱冠,捧乡书入太学。时张宣公官中都,璘每请益,有所开警。继与兄琥、弟琪从象山陆文安公游,琥、琪顿有省悟,璘则曰:"吾非能一蹴而入其域也。吾惟朝于斯,夕于斯,刻苦摩厉,改过迁善,日有新功,亦可以弗畔云尔。"朱文公及吕成公兄弟相与讲切,旨意合同,尝徒步至金华,谒文安公,中途寓书于家曰:"敝床疏席,总是佳趣。栉风沐雨,反为美境。"其所养可知。乾道八年,以上舍赐第,两授郡学官,不赴。为江西漕属,或忌璘所学,望风心议。及与璘处,了无疑间。分教新安,士习顿革。是邦大比,诗礼久不预宾送,而学几无传。璘作《诗礼讲解》,家传人习,自是其学浸盛。丞相留公正谓璘为当今第一教官。尚书汪公逵为司业,首欲荐璘,或谓逵举员已足,逵曰:"吾职当举教官,舍新安将谁先?"卒刻荐之。璘虽受知于人,未尝徇俗称门生。暨宰平阳,邑大事殷,酬应丛丛,尝曰蒙杂而著。时郡政颇苛,及璘,以民病告,辞严义正,守为改容。秩满,授宜州倅,致仕,卒,年六十有四。璘姿禀粹和,学术正大,尝自言渊源所自,曰南轩开端,象山洗涤,老杨先生谓文元公父廷显。琢磨,璘融会诸公之学。且乐于教人,尝曰:"师道尊严,璘不如叔晦;谓端宪沈公焕。若启迪后进,则璘不敢多逊。"嘉定初,朝廷革文弊,选前辈程文以范后学,璘文实冠编首。正献袁公燮谓璘笃实不欺,无毫发矫伪。文元杨公简谓璘不失圣门忠信之主本,宣献楼公钥谓璘之于人,如熙然之阳春。其为诸公钦服如此。详见杨简、袁燮所撰墓志、祠堂记。徽学有祠,而祠于乡者唯奉川。淳祐五年冬,制帅、集撰龙溪颜公颐仲访璘遗像,乃合端宪、文元、正献三公祠于泮水,是为四先生祠。〔按曰:"徽学"以下,后守续增。

列 女

冀国夫人叶氏 父家慈溪,归鄞邑史简。年二十五而寡,四壁萧然,有弱子、幼女。未几,子又丧,夫人日夜抱幼女哭曰:"天乎,天乎!夫何使我至此极耶?尚冀幸遗腹,生男子,庶几有托。"果如所欲,于是毅然有不可夺之志。或谓夫人曰:"生事甚窘,一襁褓之子,遽可保乎?"夫人曰:"固也,非不知可以再嫁,而再嫁者非女所宜,宁死耳,非所愿也。况吾熟视儿眉目清爽,异日当起家。万一不育,而终无所依,吾岂不安于命哉!"恶食菲衣,杜门自守,俾女组织,教子读书,人不堪其忧,夫人盖自若也。逮其子长,勉从乡先生游,夫人每戒之曰:"纵观圣贤之书,而操笔作语,为士者孰不能,要当慕古人行己为贵尔。"其子愈自刻励,遂以学问德业为士大夫称道。夫人年弥高,资产浸饶衍,而益务俭约。待姒娣和而有礼，御仆妾严而有恩。赒人之急无吝惜，鞠养遗女凡数人，使各得所归。年八十六，政和八年卒。子名诏，字升之，以孝友睦姻，任恤中和之行举于朝，不就。孙才，曾孙浩，五世孙弥大、弥远、弥忠、弥念、弥逊、弥谨、弥忞、弥应、弥巩，六世孙岩之、嵩之、俊之，皆登进士第。才终签书枢密院，浩终右丞相，弥远今为右丞相，其余位侍从卿监，任监司郡守者，方盛而未艾，人谓皆夫人守义积善之报。以孙曾赠典，凡十八封，至冀国。

安人邵氏 字道冲，字用之，武经郎林延龄之室，家定海。母朱氏方娠，梦丹云金篆在霄汉间。生而敏慧，未龀知书，少长观《汉书》《资治通鉴》至成诵。归于林。姑嫠居，亡爱子，斥奁具营丧葬而无靳色。姑疾经年，医禬备至，人称其孝。延龄仕不进，一闲十三年，邵安之，觞咏琴弈以相娱。从官四方，览西湖、荆溪、秦淮之胜，及亲宾往还，随事赋长短句，脱略脂粉气习，殊无滞思。又喜翻内典，手书《法华》《圆觉》《金刚》等经，阅《传灯录》有所省，辄赞以偈颂。子谦，会萃所作成编，藏于家。

孝 行

韩退之作《鄠人对》，以毁伤肢体为害义。而待制仇公念守四明，录杨庆之事，其说曰：匹夫单人，身隔草莽，轨训之理未宏，汲引之徒多阙，而乃行成于内，情发自天，使稍知诗书礼义之说，推其所存，出身事主，临难仗节死义，岂减介之推、安金藏哉！盖退之所责，谓不可以训世；而仇公则嘉其心耳。今得如杨庆者又五人，童女之孝出天性，故附见焉。

杨庆 鄞人。父病，贫不能召医，乃剔股啖之，良已。其后父母每病，辄以为常。自绍圣至宣和，刲肝割乳以馈亲者凡五。最后母病不能食，庆取右乳焚之，以灰和药进焉，入口遂差。久之，乳复生如故。每胜日，辄以笋舆载其母，行数十里，祷于阿育王佛祠。年六十余，视听聪明，负担行远如四十许人。宣和三年，守楼异尝以其事闻于朝，不报，姑名其坊曰崇孝。绍兴七年，守仇念申前请。十二年，有旨旌表门闾，蠲免赋税，绍熙初，守林栉为一新其台门。

孙之翰 字文举，慈溪金川乡之鸡鸣山人。少志乎学。母疾革，刲体取肝为粥以进。越夕，母如醉自醒，乃底于宁。守赵伯圭将闻于朝，文举曰："本心救亲，他无所觊。"守不夺其志。年六十六，卒于嘉泰二年，葬五磊山。

张超 昌国县状元桥东人，家鬻素食为业。超自幼孝，年十九，父荣患气疾浸笃，医药祷禬俱无效。超乃对佛炷香，刲胁取肝，煮粥以进。不逾日，父病愈，实乾道二年十一月二十六日也。守赵伯圭举杨庆例，命县厚加优恤。赵师夔、岳甫皆尝申赏赉焉。其后父母以寿终，葬富都乡第六都之虞家岙。嘉泰四年，令葛洪援赦令,与免一切科赋徭役,仍封植其父母墓,禁樵采者。

吴瑸 定海人。父璋,以边功补副尉。璋妻宋氏病,瑸刲股疗之而愈,年九十三乃终。瑸与妻杨氏更病,男安礼、安时皆刲股以进,安礼疗其母,且至再焉。瑸七十九乃终。杨氏尚在,年八十九矣。前守李沐以闻于朝,嘉泰三年,有旨长吏常切存恤。府命县令王百揆建崇孝门以旌之,后令商逸卿、赵汝瞌重修。

童八娘 鄞之通远乡建呇人,居小溪朱氏崇孝庵之侧。一日,虎衔其祖母,女手曳虎尾,祈以身代,虎为释祖母,衔女以去。时侍郎林栗侍亲官于此,目击兹事。既而来守,以闻于朝,未报,而奉祠去。土人曰八娜。

仙　释 非郡人而事迹著于郡者附

朱棣 字彦诚,鄞人。初本江南士子,靖康初,携家逃难,伏林莽,冒溪谷,行抵明、越之界,万山嵯峨,望一石室,壁立千仞,规舍其中。忽有老父曰:"此圣公岩也,神人居之,上每有金鼓声。且毒蛇猛兽守其窟,乌可往?"棣不顾曰:"吾止平地而遇寇,必无幸者,匿此中未必犯。"于是弃担持糗,沿崖鱼贯而进。居旬有五日,绝无可怖者,而冈岭秀出,泉石清洗,真仙者所居,殆忘其归。望岩窦,数有异光,心颇疑之,因梯竹以上,得一黑匣,缄镭甚固,一剑横其外。启之,中有书与印,言役鬼治病之术。寇退,奉之以去,设坛以事之。自是役鬼物如反掌。最异者,能追魂诊脉。人有病,妻则诊其夫,父则诊其子,有祟则以法治之,无祟吞符亦安。合沙郑瓒常伺其作法,往观焉。见其据案而坐,运指于袖,喷水于口,以桃茢麾使,而鬼物自至,讯鞫论报若官府然。问曰:"此何法也?"棣曰:"非法也,周天大数也,大衍所谓成变化而行鬼神也。夫天地五行,日月五星列宿,与夫山川草木,飞潜动植之属,不逃乎是,况于人乎?况于鬼神乎?儒者知成变化之数,而行鬼神之数未之知也。成变化者,数之方也。行鬼神者,数之圆也。"棣妻戴氏妊幼子,神降于奉化张氏家,言上帝使续棣法,某日则生。戴亦梦一道士,颔有珠,曰:"上帝使为而子,代天行法。"俄入于怀,如期不血而生,皮发指甲犹三易,其名曰定。郑瓒摭其实记之,盖乾道七年也。

僧本如 明州人,姓林,住台州白莲院,号神照大师。卒梦所居梁木尽坏,体闻异香,人见云端有一衲子。比葬,发函如生,爪发俱长矣。塔近地一日生莲花。赵清献公抃为作《行业记》。

僧奉真 鄞人,善医。熙宁中,名闻于东都。沈存中《笔谈》载其一事,云:天章阁待制许元为江淮发运使,奏课于京师。时欲入对,而其子疾亟,瞑而不食,恹恹欲死逾宿矣。使奉真视之,曰:"脾已绝,不可治,死在明日。"元曰:"观其疾势,固知不可救。今方有事,须陛对,能延数日之期否?"奉真曰:"若此似可。诸脏皆已衰,惟肝脏独过,脾为肝所胜,其气先绝,一脏绝则死。若急泻肝气,令肝气衰,则脾少缓,可延三日,过此无术也。"乃投之药。至晚,遂能张目,稍稍复啜粥。明日,渐苏,而能食。元极喜,奉真笑曰:"此不足喜,肝气暂舒耳,无能为也。"越三日,果卒。奉真之为医也,其诊视之妙,不差铢分。沈公不妄许可,其所录如此,则奉真殆和、缓之流亚欤?奉真号善济,其法传之元觉,元觉传之法琼及了初,皆能续其焰,驰声一时。相传盖三世,活人无虑千百数。侍郎高阅尝跋沈公《笔谈》,亦叙其传受之大略云。

颠僧 明州人,不得其名。佯狂,颇言人灾福。王君仪年弱冠,寓陆佃门下,力学工夫,至忘寝食。一日,颠僧来托宿,佃曰:"王秀才虽设榻,不曾睡,可就歇息。"明日,僧夙兴,见君仪犹挟策窗下,一灯荧然,睥而言曰:"若要官,须四十九岁。"君仪闻之,颇不怪。其后累应书不偶,直至年四十八,又梦颠僧笑而谓曰:"明年做官矣。"时颠僧迁化已久,而来年又非唱第之年,君仪叵测。明年,佃入与大政,首荐君仪,遂除湖州教授。君仪尝谓予,念欲游四明,求僧遗事,为作传以报之,而未能。

僧普交 鄞县之万龄乡毕氏子也。幼颖悟,未冠从释初往钱塘南屏山听天台教观,因修忏悔佛事。遇道人于途,忽问曰:"师之忏罪,为自忏耶?为忏它耶?若自忏罪,罪性何来?若忏它罪,它罪非汝,乌能忏之?"交不能对,归语南屏,亦不能决,遂愤然辞去。乃造泐潭,泐潭知其为法器,见入门即诃之,拟问则杖之,交不能复进。一日,忽呼曰:"我有古人公案,要与商量,何不自室中来!"交拟进,泐潭喝之,交豁然有省,即以偈呈曰:"有人问我解何宗,一喝须教两耳聋。满杓黄虀饱吃了,生涯只在钵盂中。"自是机辩迅发,学徒争归之。归隐天童山八年,偶寺阙主僧,群僚邀之甚力,交不得遁,居之。宣和六年三月二日,沐浴留偈辞众而逝。后七日,开龛如生,阇维获五色舍利。交修持清苦,履行孤洁,嗣法者三十余人,皆能传交之道而阐扬于时。忠肃陈公瓘尝赞之曰:"拶破黄龙第四关,世人犹问生缘法。"其为士大夫推重如此。有塔铭,中书舍人黄公龟年撰。

僧法忠 鄞县之万龄乡姚氏子也。母初梦神僧托宿于家,觉而有孕。既生,两足有文,若篆书之木字,父母奇之。生不茹荤。年七岁,依州之崇教院道英和尚出家,博识强记,出乎天性,诸部经论默究其义。或笑其憨,而试之以隐奥,辩驳澜翻,旨趣超卓,咸以忠虎子名之。将历访诸方,有挽而止者,师曰:"达磨之门,真吾所行之地,子休矣。"乃参天童交和尚,交见而喜曰:"子,吾宗之法器也。"俾往谒雪峰需和尚,机缘有契。后抵舒州龙门佛眼和尚,佛眼称之曰:"将知它日盖天盖地,老朽之所不及为。吾向后宜藏深山穷谷之中,久而弥芳也。"师掩耳而去。自是耆德改观,而语句大播丛林。游南岳,有终焉之志,乃卜筑于妙高峰下。

庵之左有石如卧牛，师榜其居曰牧庵焉。述《宗教正心论》十卷、补寒山诗三百篇、《玄谈渔父》并行于世，盖已自利而利它也。藩帅节相争邀致之。复住南木、云盖、公安、二圣、大沩、黄龙，凡六处，禅学辐凑，奔走如市，随其根器，方便接诱。最后在黄龙遗嘱徒众，并书颂曰："六十年游梦幻中，浩歌归去，撒手长空，咄！"跏趺而逝，缁俗同声惨恸，龛而葬之寺东之香源洞。平日持一木斧，以垂接人，于是同瘗焉。号曰联光之塔。

僧正觉　姓李氏，隰州人。年十一得度，十四受戒具，十八游方，至汝州，香山成枯木一见器重之。复造丹霞淳禅师，忽有悟入。向公子谞请住泗州普照寺。向时漕淮南，尝梦僧导至一古寺，金其榜，曰隰州。及觉，至，问其里，曰隰州也。悟所梦，大敬之。自此七坐道场，名振丛林。建炎三年，应请住天童。未几，虏人犯明，境内诸寺皆散遣云游，觉独曰："明日寇至，寺将一空，幸其尚为我有，可不与众共之乎？"已而寇至，登塔岭以望，若有所见，遂敛兵而退，秋毫无所犯，人皆叹以为神助。天童众旧不满二百，觉之来，其徒争凑，如飞走之宗麟凤，乃逾千二百。主事者以粮不继告，觉曰："人各有口，非汝忧。"言未既，阍人报嘉禾钱氏船粟千斛及门矣。绍兴八年，被旨住灵隐，寻复还旧山。二十七年十月六日示寂，葬东谷塔，诏谥宏智禅师，塔曰妙光，参政周公葵铭之。觉善为文，初若不经意，下笔即成。中书舍人潘公良贵请铭大用庵，亲书之石，曰："与三祖信心铭相先后矣。"有语录、真赞诸集传其徒。

僧智连　字文秀，姓杜氏，鄞之龙山人，赐号觉云法师。年十八受戒具，时目为僧中凤雏。从圆照受天台教义，后从智涌，顿悟圆宗。年三十，为延庆第一座，始开讲席，辨才宏放，落落风生，四众耸服。更主五刹，类皆碎于兵烬之余，卒化瓦砾为宝所。在延庆十年，施利山积，一毫不以自奉。其所创立云栋雪脊，杰然成隅，望之如帝释天宫，然每曰："此有为功德耳，要当洪宣祖道，张大法门。"故虽事兴建而讲贯不休。一时名胜多乐与游，丞相史越忠定王尝与剧谈，见其贯穿禅律，缊缊不倦，惊曰："师禅律并通。"连曰："冰泮雪消，同一水耳。"又问："《华严》《般若》似过于繁。"答曰："支离所以为简易也。"于是肃然敬异之，相与往来尤厚。丞相沈公该来镇，谓可表正一方，纪纲诸刹，遂处以僧职。革易宿弊，徐而不暴，沙弥受戒，费省什九，至今德之。隆兴癸未十二月十八日示寂，葬城南祖塔之侧。参政楼公钥时为永嘉学官，评之曰："师之所存，心大而行密，体卑而道尊，恭而不劳，博而不杂，寂用之涯，不可测也。"

僧宗杲　赐号佛日大师，自称妙喜庵主。绍兴辛酉，忤秦桧，勒返初服，窜南中。丙子，桧死，被旨北归，还其僧褫。乃受请住育王，参学之人数常千百，丛林之盛，无与为比。尝募缘及捐衣盂，合缗数十万，筑海塘，创涂田，以养其徒，号般若庄,至今赖之。其住世行业,接物机缘,有语录、塔碑,此不备载。

僧德光　姓彭氏,临江军新喻县人。生而骨相奇庞,伏犀贯脑。袁州木平山妙应大师伯华者,善相,谓此子它时空门栋梁也。绍兴辛酉,大慧南迁,光年二十一,望见曰:"此古佛也,吾安得事之?"后二年出家,遍参诸禅,研究宗旨。一日,见饶州天宁应庵昙花送化主,颂曰:"此真临济种也。"亟往依之。虽箭锋相直,然碍膺未决。丙子岁,闻大慧住阿育王山,喜曰:"缘法在兹矣。"已而果大彻。慧示以赞曰:"有德必有光,其光无间隔。名实要相称,非青黄赤白。"慧归径山,光奉事益虔。遇其说法,座下争执笔抄录,光一历耳根,终身不忘,有问辄举,其慧解盖天资也。自号拙庵,曰:"吾生平多得拙力。"慧入寂光,分座仰山,后住台州鸿福、光孝二寺。孝宗皇帝雅闻其名,淳熙三年春,诏开堂灵隐,遣中使赐香。是冬,诏入观堂,留五昼夜,数问佛法大意,光敷奏直截,上大悦,赐号佛照禅师,赠以御颂。明年,再对,进《宗门直指》。以都下劳应接,丐闲山林。七年夏,上用仁宗待怀琏故事,亦以育王处之。逮移御重华,趣令入觐,漏下十刻乃退。绍熙四年,改莅径山,光力辞。孝宗曰:"欲时相见耳。"庆元元年,许还育王,归老东庵。嘉定三年三月十三日示寂,赐谥普慧宗觉大禅师,塔名圆鉴,丞相周益公必大为之铭。余事参见阿育山广利寺条中。嗣法者遍满四方,而师瑞最著。

僧法平　字元衡,姓□氏,嘉禾人。初受度,即参妙喜师为书记,后居天童,时号平书记。工文能诗,孙尚书觌、朱郎中希真皆许可之,受请住象山延寿院。复自芦山移杖锡,又号怡云野人。尝以偈呈史越忠定王,王酬其偈,有云:"团团璧月印寒潭,时有清风扫碧岚。照见山人方隐几,洒然无物自沉酣。"又云:"白鹭栖烟一点明,皎然压倒语全清。莫言后代无人继,仗锡行将擅此名。"编修陆游尤重之,寄诗云:放翁久矣无此客,闯户儿童皆动色。寒泉不食人喝死,素绠银瓶我心恻。千金易得一士难,晚途淹泊眼愈寒。岂知一旦乃见子,杰语豪笔无僧酸。门前清溪天作底,细细风吹縠纹起。倚栏一笑谁得知,爱子数诗如此水。江湖安得常相从,浩歌相踏卧短篷。功名渠自有人了,留我镜中双颊红。又寄怡云诗云:东华软尘飞扑帽,黄金络马人看好。渠侬胸中谁得知,畏祸忧谗鬓先老。举世输与平元衡,青山白云过一生。出门曳杖便千里,白云不约常同行。长安归来雪没屦,剧谈未竟还东去。到山分我一片云,并遣春风吹好句。有语录集稿二卷,留山中。

僧宝昙　字少云,姓许氏,蜀嘉定龙游人。幼从乡先生授"五经",习章句业。已而弃家,舍须发,从一时经论老师游。挈包来南,从大慧于育王、径山,又从东林卍庵、蒋山应庵,遂出世,住四明仗锡山。归蜀葬亲,又住无为寺。复来明。太师史越忠定王深敬之,筑橘洲使居焉。工文辞,有《橘洲集》十卷行丛林。始为蜀士时,师慕东坡,后游东南,敬山谷,故文章简古高妙,有前辈风。又仿太史法,著《大光明藏》,以西方七佛为纪,达摩以降诸祖师则传之,未绝笔,故不传。然每自谓于第一义谛心有得,人谓我以文词鸣,是未知我者。庆元三年四月二十日辞世,临行颂曰:"平生洒洒落落,末后哆哆啊啊。殷勤觅一把火,莫教辜负澄波。"

僧师瑞 姓谢氏,九江人。周岁试晬,独拈《金刚经》,族亲异之。十岁,胆气逸群,不受世羁勒,遂出家。十五,默诵《法华经》,不脱一字。一日,语耆年云:"谤斯经者,获罪如是,未审经在何处?"耆年惊叹。二十一,剃发受具,遍参诸宿,遂入拙庵德光之室。受请住舒州兴化寺,光送以偈曰:"直截全提向上机,从教佛祖浪头低。如今已是难藏掩,三脚驴儿解弄蹄。"迁浮山投子,学徒云集。光自育王应径山请,难其继,被旨以瑞补其处。在育王九年,捶拂之下,常六千指,法席之盛,不减拙庵。嘉泰六年,蜕院居西塔,时拙庵居东塔,四方访道者,交武于其父子间。拙庵顺寂,瑞复住投子者七年,又住华藏,未几,还西塔。法腊既高,务谢绝学者,掩扉静坐,而衲子蚁慕,户外之屦常满。嘉定十六年八月二十二日,忽书偈曰:"大地无寸土,秀岩大事毕。大事毕,摩诃般若波罗蜜。"谢众而逝。秀岩,其自号也。葬乌石山妙智塔之左,添差镇江通判楼昉铭之,且叙曰:惟临济之道宏矣。六传至杨岐而始分,杨岐四传至佛日而始大,至拙庵而愈盛,而瑞继之。三百年间,杨岐正脉流通布濩,拙庵与瑞之功为多云。

〔刊误〕

　〔先贤事迹〕

　〔高闶〕 始居明"明"卢作"鄞"。　 屡中魁选四字卢无。　 又先群彦四字卢无。　 以校定至至言五十五字卢无。　 试上舍中优等卢本作"中上舍优等"。　 继丁内外艰卢无"继"字。　 可以居经筵卢无"以"字。　 之地"地"下卢有"也"字。　 春有旨至差遣八字卢无。　 进札至规戒二十四字卢无。　 新恩进士卢无"恩"字。　 而儒行篇卢无"而"字。　 可以召和气卢无"气"字。惟此当系误脱。　 至言至奉祠十八字卢皆无。

　复参东帅谋卢本作"后自浙东帅参谋"。　 陛下兴太学"兴"上卢有"复"字,乾道《图经》亦有。　 出为筠州"出"字下卢本有"外"字。　 享年卢无"享"字。○按:以上并当以卢本为是,语详前卷刊误。又按:传中天下事之"事"《图经》原本误在"用"字之下。浙东帅之"浙"《图经》原本误脱。今此本纤悉并同,其为沿抄《图经》无疑,特终不能解其何故也。

　〔史浩〕 都督是时在江上乎卢本"是时"下有"在山东乎"四字。　 遽欲成大功"成"字下卢有"不世之"三字。　 开府仪同三司曾觌辈"觌"下卢有"郑藻"二字。

　〔孝行〕

　〔杨庆〕 乃剔股"股"下卢有"肉"字。

〔仙释〕

〔僧宗杲〕　有语录塔碑_{藏本及洪、林本碑下并有"立"字,前以为衍文,删之,今卢本}
作"在",是也。

《宝庆四明志》卷第十 〔宋元四明六志第二十二〕

郡志卷第十

叙 人下

进 士旧志以特奏名杂载,题名碑亦然,今悉按《登科记》厘正之。

端拱二年陈尧叟榜圣人不尚贤赋 五色一何鲜诗 禹拜昌言论

杨说

淳化三年孙何榜厄言日出赋 射不主皮诗 儒行论

李泳

咸平五年王曾榜有物混成赋 高明柔克诗 君子黄中通理论

许铉

景德二年李迪榜天道犹张弓赋 德辅如毛诗 以八则治都鄙论

郎简

卢慎微

张合

大中祥符五年徐奭榜铸鼎象物赋 天险不可升诗 以人占天论

王周

葛源

大中祥符八年蔡齐榜置天下如置器赋 君子以恐惧修省诗 顺时慎微其用何先论

沈偕

许恽同三传出身。

天圣五年王尧臣榜圣有谟训赋 南风之薰诗 执政如金石论

李弈《登科记》作"亦"。

虞协

     天圣八年王拱辰榜藏珠于渊赋 薄爱无私诗 儒者可与守成论

朱公绰

施渥

     景祐元年张唐卿榜房心为明堂赋 和气致祥诗 积善成德论

许敏

沈言

     宝元元年吕溱榜富民之要在节俭赋 鲲化为鹏诗 廉吏民之表论

王异继文子,贯齐州。系考中魁选,以文有摩改,奉旨特降第五名。

     庆历二年杨寘榜应天以实不以文赋 吹律听鸣凤诗 顺德者昌论

沈起

申屠会

周造

     庆历六年贾黯榜戎祀国之大事赋 形盐象武诗 两汉循吏孰优论

陈诜

冯淮

王该

周处厚

李抚辰

俞翱

     皇祐元年冯京榜盖轸象天地赋 日昃不暇食诗 天德君人之言论

杜咨

郭暨

     皇祐五年郑獬榜圜丘象天赋 律听军声诗 乐本人心论

卢隐

陈詥诜堂弟。

楼郁贯开封。

陈諒诜兄,贯开封。

贡晞贯开封。

葛良嗣贯开封。

周师厚处厚弟。

     嘉祐二年章衡榜民监赋 鸢刀诗 重巽申命论

刘仲渊

于锐贯开封。

陈辅

嘉祐四年刘煇榜尧舜性仁赋　求遗书于天下诗　易简得天下之理论

俞充

朱长文贯开封。

丰稷

嘉祐六年王俊民榜王者通天地人赋　天德清明诗　水几于道论

童于

项瞻晞堂弟。

袁毅

嘉祐八年许将榜寅畏以飨福赋　乐通神明诗　成败之幾在察言论

葛蕴贯开封。

冯硕准佺。

陈谥

柳韶

治平二年彭汝砺榜大舜善与人同赋　春和议赈贷诗　君子以成德为行论

楼常郁子。

舒亶

熙宁三年叶祖洽榜是年始有御试策。

王吉

王夬周子,贯和州。

冯景贯开封。

熙宁六年余中榜

俞伟充叔。

韦著明经。

熙宁九年徐铎榜

陈伯疆贯开封。

姚孳

杜屺贯开封。

楼光郁子。

元丰二年时彦榜

吴矜

周锷师厚子。

元丰五年黄裳榜

江炳

翁升

俞夒

丰安常稷子。

陈扬谅族,贯开封。

王瓘该子。

元丰八年焦蹈榜

楼异常子。

元祐三年李常宁榜

吴正平

姚希

陈摅扬弟。

张宏举经明行修。

王光祖异之孙,贯齐州。

元祐六年马涓榜

童铧

袁灼毂子,贯开封。

刘渭

元祐九年毕渐榜

俞衮伟子。

胡斡化

绍圣四年何昌言榜

蒋璿

冯泾贯开封。

童韫铧堂兄。

茹开贯开封。

元符三年李釜榜

陈禾谊子。

陈扔扬弟。

郭慎实暨子。

冯轸景任孙。

楼弁常子。

汪洙

崇宁二年霍端友榜

周铢 师厚子,贯湖州。

王次翁 异孙,贯齐州。

崇宁五年蔡薿榜

冯滋 泾弟。

蒋珫 璠弟。

冯子济 泾堂弟。

夏承

汪思齐 洙子。

曹贯

顾文 上舍魁。

大观三年贾安宅榜

王珩 该任。

胡旦

吴升 矜从弟。

蒋安义

政和二年莫俦榜

汪思温 洙子。

王庭秀 发子。

张邦彦 宏任。

林保

林霍 保堂弟。

政和五年何栗榜

楼航

政和八年嘉王榜

林孝雍

陈时举

陈秉 谧子,举八行。

姚持 阜任,贯开封。

桂舟

陈宗翰 诜孙。

吴秉义 升子。

汪廷彦

史才

薛朋龟

王勋_{珩任}。

宣和元年上舍释褐

楼玮_{航子}。

宣和三年何涣榜

王琥

何泾

杨正权

吴秉信_{升子}。

宣和六年沈晦榜

王璧_{庭秀子}。又于绍兴五年魁博学宏词科。

曹粹中_{贯任}。

林孝友_{孝雍弟}。

建炎二年李易榜

张嗣良

于阅

绍兴元年上舍释褐

高阅

绍兴二年张九成榜

王玮_{琥弟}。

于庭式_{锐孙}。

王伯庠_{次翁子,贯济南}。

薛靖_{朋龟族}。

史纯臣_{贯湖州}。

周广誉

绍兴五年汪应辰榜

王伯序_{次翁子,贯济南}。

石师能_{贯绍兴}。

史师雄_{纯臣从叔}。

郑若谷

赵敦临

高安世_{阅兄。}

刘涛

绍兴八年黄公度榜_{省试}　天子以德为车赋　谈笑却秦军诗　六艺折中夫子论

吴邦杰_{贯绍兴。}

蒋楔璠_{从侄。}

陈曦_{禾子。}

余遇

蔡毅

绍兴十二年陈诚之榜

魏杞_{贯开封。}

丰至稷_{从孙。}

姚孚希_{从侄。}

俞观能_{爕子。}

姜涛_{贯开封。}

楮棣

绍兴十五年刘章榜

汪大猷_{思温子。}

史浩_{才侄。}

张济_{嗣良从兄。}

周维

莫冠卿

王瀹_{夬孙,贯和州。}

林大节_{孝雍侄。}

高闾_{安世弟。}

绍兴十八年王佐榜

沈中立

童大定

绍兴二十一年赵逵榜

方天保

陈居仁_{贯兴化。}

裴定

吴化鹏

张逊

任三杰

绍兴二十七年王十朋榜

方南强_{天保弟}。

方南强天保弟。

赵彦弼

赵公迁

绍兴三十年梁克家榜

楼锷_{异孙}。

卞圜_{贯泰州}。

高文虎_{安世侄}。

叶时

王明发

赵彦逾

赵师岘

赵师章_{师岘兄}。

郑锷_{贯福州}。

刘俣

沈元宪

莫堂_{冠卿子}。

隆兴元年木待问榜_{圣人作而万物睹赋　人鉴诗　一正君而国定论}

李唐卿_{贯绍兴}。

李霖

郑若容_{若谷弟}。

赵善待

楼钥_{异孙}。

张良臣_{贯拱州}。

林圭

冯伟文_{泾孙}。

汪大辩_{思温侄}。

林颐

张孝伯_{贯和州}。

乾道二年萧国梁榜

赵师正_{改名师津}。

施纯仁

杨王休

俞茂<small>系观能子。</small>

乾道五年郑侨榜

杨简

王时会

沈焕

袁章<small>灼孙。</small>

史弥大<small>浩子。</small>

赵善缲

王时叙<small>时会兄。</small>

戴樟

乾道八年黄定榜

范榘

卢子才

王辉

陈纪

韩永德<small>贯开封。</small>

舒璘

赵伯省

舒烈<small>亶曾任孙。</small>

淳熙二年詹骙榜

赵彦通<small>彦逾从兄。</small>

赵渭夫

赵师信<small>改名师浔,师正之弟。</small>

赵彦远<small>彦逾弟。</small>

淳熙五年姚颖榜

姚颖<small>孚孙。</small>

黄豹

王镐<small>璧侄。</small>

苏养直<small>贯泉州。</small>

郑瓒<small>锷弟。</small>

淳熙八年黄由榜

袁爕灼曾孙。

赵汝胜

赵师晨

淳熙十一年卫泾榜

高文善安世侄。

高似孙文虎子。

赵汝逵善待子。

赵汝述善待子。

赵善赞善缋弟。

淳熙十四年王容榜

史弥远浩子。

赵师晃师晨弟。

姚师皋

袁韶

史弥忠浩侄。

罗仲舒

赵希言

赵汝遇善待子。

赵师俌师晃从兄。

赵希瑾

李震唐卿侄孙。

吴振

史弥悆弥忠弟。

绍熙元年余复榜

边恢友闻侄。

叶澄

赵瑞夫

丰有俊稷四世孙。

诸葛安节贯绍兴。

赵崇衡崇复从兄。

林维孝嵩孙。

刘致一

陈卓居仁子,贯兴化。

林珪

周焯锷曾孙。

赵崇复

绍熙四年陈亮榜

杨琛

楼昉

楼镛异孙。

赵师旻

赵崇德

应傃

姜光涛侄孙,贯开封。

赵筠夫彦逾子,改名籈夫。

厉思明

陈从贯福州。

姜柄涛侄,贯开封。

臧植

蒋经贯镇江。

刘垕

童居善大定孙。

葛容

王洙勋孙。

庆元二年邹应龙榜 天子大采朝日赋 玉烛阳明诗 高祖宽明而仁恕论

张虙嗣良侄孙。

史弥逊才孙。

赵汝笈

赵汝适

赵善湘

姚师虎师皋弟。

张珩

叶子高

赵时穆

楼汶异曾孙。

董仁泽

郑褒之若谷侄。

章禹圭

孙逢吉

赵师优师备弟。

赵师宜希言叔。

赵汝法

赵师适师备弟。

赵彦枢

桂万荣

袁洽毅四世孙。

冯理

屠明发

王休

蒋岘琬曾孙。

冯自强

武　举周虎榜○〔按曰〕：此及下嘉定四年榜首,原本皆脱,今据咸淳《临安志》补。

钟元达
潘伯恭
卢元吉

庆元五年曾从龙榜

袁肃燮子。

史弥谨浩侄。

刘叔向

臧格植弟。

皇甫晔

王暨辉侄,贯开封。

汪文中大猷侄。

姜燧光弟,贯开封。

赵善潼善湘弟。

王大醇上舍琥侄孙。

赵崇衍

赵汝稠

赵崇侣

王珽伯庠孙。

陈概禾曾孙。

嘉泰二年傅行简榜圣人成天下之大顺赋　春旗簇仗齐诗　汉御外理内之术论

傅行简

缪师皋次年试中教官。

林维忠上舍维孝兄。

施琼

杨琼琛从兄。

胡鉴

嘉泰二年武学释褐

范良辅

嘉泰三年两优释褐

宣缯

开禧元年毛自知榜

汪之疆大猷侄孙。

赵彦彬

郭九思

李以制

袁汝宽

徐愿

赵与龙

赵希扬

林宗一维忠子,贯湖州。

嘉定元年郑自诚榜

王宗道时会侄。

郭德畅九思从叔。

王野明发孙。

赵汝惮

范楷槩弟。

薛师点朋龟曾孙。

张起岩

胡刚中

刘厚南 叔向任。

董仁声 仁泽从弟。

陈公益

李诜伯 以制伯。

吴晞甫 化鹏任。

武举周师锐榜

童蒙正

林嶤榜 〔按曰〕：据《中兴右科进士表》，林嶤榜在淳熙十一年，陈良彪榜在庆元五年，今并附嘉定元年之后，何耶？延祐《志》所载全与此同，莫明其旨，不敢更正。

胡光

陈良彪榜

胡应时 光子，为第二名，以绝伦特与第一名恩例。

嘉定四年赵建大榜

任龠 谦子。

俞畴 充曾任孙，贯湖州。

赵时惚

赵希舍 师备子。

楼淮 异曾孙。

冯宋兴 轸任孙。

陈谊

黄定 上舍。

赵希璘

赵希璪

汪了翁

程士龙

武举林汝浹榜

王国定

杜霆

林拱

嘉定七年袁甫榜

袁甫 燮子。

赵师篯 伯省任。

余元廙

戴杰上舍,贯福州。

丰翔至曾任孙。

史弥应弥忠弟。

史弥忞弥忠弟。

范光楷子,贯太平。

叶英

赵时恪时憷兄。

赵唯夫公迁孙。

赵渼夫渭夫弟。

赵汶夫

汪立中大猷子。

赵时择渭夫子。

孙枝

赵时益玮夫任。

李森上舍。

叶奭上舍。

赵希璈希瑀兄。

赵与懽希言子。

赵与昭

孙起予枝子。

嘉定十年吴潜榜

方季仁

李元白以制父。

李以称元白子。

刘著

郑清之

赵汝杅汝柄弟。

陈埙省元。

高奎

林挺拱弟。

赵汝橆善湘子。

史弥巩弥忠弟。

庄镇

任灼然

楼采汶侄。

郑次中

赵苣夫

赵师籀

赵瑾夫公迁孙。

赵师篦

赵汝柄善赞侄。

赵汝梓善湘子。

赵希詹师俑子。

史岩之弥忠子。

赵希敞与昭叔。

赵璛夫公迁孙。

赵时溁瑞夫侄。

汪之秀之强弟。

陈伯鼎

翁逢龙

葛逢

武举朱嗣宗榜

陈寅

嘉定十三年刘渭榜

诸葛十朋安节侄。

赵希镒师晨子,忠翊郎。

赵时墂省魁。

庄同孙

赵侵夫

赵希洽希言弟。

赵与仕师岘孙。

赵希逾

沈中文焕侄。

史嵩之弥忠子。

罗叔韶

蒋兴孝_{经任}。

陈自

赵希羊

宋炳

徐敏功

董子焱_{仁声从弟}。

王之经

陈协

嘉定十四年两优释褐

何大圭

嘉定十五年国学以庆宝恩上舍释褐

汪之道_{思温玄孙}。

嘉定十六年蒋重珍榜

丰芑_{稷五世孙}。

臧元圭_{植格从任}。

李海伯_{元白任}。

应籲_{傃任}。

臧元增_{植子}。

贝自成

袁商_{燮子}。

王扐

余天锡

潘景华_{伯恭子}。

舒泳之

杨梦龙_{正权任}。

楼矿_{郁五世孙}。

史佺之_{弥忠任}。

赵师简_{师钱弟}。

赵逢龙

楼晒_{昉从兄}。

武举杜幼节榜

臧元庆_{植格从任}。

王甲_{镐任}。

嘉定十七年上舍释褐

邵明仲

庄端孙同孙兄。

任褒然灼然弟。

陈簵纪子。

宝庆二年王会龙榜

孙因梦观堂兄。

孙梦观因从弟。

赵希洺师篔任。

赵希瀷

赵师篔

赵汝桂汝柄弟,汝杆兄。

赵时范

王希声内舍,明发之孙,野之兄。

刘栋垕任。

赵希逸希逾弟。

郑士颖清之任。

赵汝舁

赵崇俯

臧元坚植从子。

楼澉淮弟。

舒瀛黻曾孙。

王文贯

袁衡燮孙。

刘炳遵孙,俣子。

陈篚纪任。

赵汝楳善湘子,汝榡、汝榟弟。

赵崇俏

赵希埵

赵汝期汝与、汝炭堂弟。

赵希绚

赵减夫彦通任。

赵希驭希璟堂弟。

赵希瑓希琛兄。

赵希伺

赵减夫

赵希琛希璨兄。

赵希懹希伺兄。

赵汝楳

赵遵夫

赵与焰与龙弟。

萧垚

冯基

刘希辰著子。

夏元吉

蒋规琬曾孙。

赵若揩

王梦次

黄桂豹之子。

王兴叔

沈晟

武举杨必高榜

何武伯冲之侄。

绍定二年黄朴榜〔按曰〕:自此至开庆元年,皆后人续增。

张霆振

赵希会师备子。

丰茚艻弟,元名芸。

史望之弥忞子。

王龙荣时会孙。

杨埴

林溥大节孙。

赵汝淐上舍。

姚元哲

冯履道基兄。

赵希鏻师晨子,希镒兄。

赵崇侨崇傎弟。

赵崇显内舍。

史及之

臧元士植子,上舍。

赵崇俣崇侩从弟。

李词伯

杨珏

何宗玖

徐灼

周时举

陈簧纪侄,筐兄。

董亨复

王棠

陈筍纪侄,筐兄。

董淮

刘圭友德子。

沈叔简

王与直时叙孙。

边之裕友闻孙,恢侄。

汪煇廷衡曾孙。

陈宗仁

武举焦焕炎榜

张时举逊之侄孙。

何潧内舍。

绍定四年庆寿上舍释褐

严畏仲熊孙。

叶成子澄侄。

沈煇

绍定五年徐元杰榜

何德新冲从侄,武伯从弟。

陆塈

高指开曾孙。

曹巽

赵汝楷善湘子,汝樗、汝榨、汝楪弟,今为善潼子。

陈野南任孙。

任严

桂去疾

桂锡孙万荣任。

王得一

孙愿质枝子,起子弟。

赵希羔希羊从弟。

赵时晤

边之基友闻任孙,恢之任。

董仁森子焱从弟。

吴颙

王似道

宋自强

赵汝峃汝惮从弟。

戴埙机孙。

陈大方曦曾孙,概从任。

汪之野立中任。

宋拱之

韩应祥

林一之嵩曾孙。

张琦珩从弟。

楼样异玄孙。

宋泪炳弟。

潘景孟

刘燧遵孙。

林慮

王与义

叶龙友爽兄。

冯容轸任孙。

楼浒镇子。

徐应和

楼濂钥从子。

臧梦祥植格从任,元圭兄。

楼瀚异曾孙。

顾铨

黄锷

楼澤镰子。

边之问友闻从孙，恢侄。

薛师傅

顾樆

武举林梦新榜

臧元龟植格从侄，元庆弟。

鲁英

楼茉采弟。

端平二年吴叔告榜

汪之林之野兄，上舍。

史越翁师雄从侄孙。

赵崇曒汝炳侄。

夏矗

张自明虑从子，上舍。

高衡孙文善子。

周福孙

汪汲镇五世孙，辉从侄。

高深文举孙。

赵希囿希羊弟。

袁铉

陈梦举

楼昭昉弟。

汪龙友了翁叔。

楼潍汶弟。

余楠

张槃虑从子。

王奎明发从孙。

王子槐

沈一举

方肃季仁侄孙。

陈籥纪子。

刘煇

臧棐格从弟。

楼棁昪玄孙。

吴惟助

邬文伯

楼樟常六世孙。

武举朱熠榜

王大用

徐用之

何自明濬弟。

嘉熙二年周坦榜

戴埴上舍。

章士元上舍。

应文炳

魏峻通直郎。

陈大震大方弟。

赵崇滁

赵崇儋

黄演镗侄,千之弟。

史本之

刘焰遵孙,俣侄,炳弟。

林爽邦维孝从弟。

张玘内舍。

汪之邵立中侄。

林宗称嵩曾孙,间礼子。

刘埏

刘熺遵孙,俣侄,炳弟。

林公玉

赵希釜师晨子,希鏻、希镒弟。

赵若灜

贝良金

楼条昪五世孙。

黄应春

李淦

贝斗南

楼滓钥从子。

陈策

黄千之铠侄，演兄。

陈了翁

陆㸌佃玄孙，游侄孙。

林震

陆点佃玄孙。

陆熊佃玄孙。

陆采佃孙之瑞弟。

陆晰甫佃玄孙，坚从叔。

楼侃异五世孙。

陆埏之瑞孙。

楼柎

武举刘必成榜

蒋崛

淳祐元年徐俨夫榜

王汉英

王应麟扔子。

陆合佃七世孙。

潘泉

史能之弥巩子，出继。

王真锡上舍，明发从孙。

蒋兴永内舍，绅子。

赵汝檀

史胄之弥巩子。

方震龙

孙洙

戴进之集子，埙、埴从叔。

赵珺夫

王轰勋曾孙。

王履正上舍。
赵汝㯲汝檀弟。
赵若璁时益侄,时融子。
汪元春
蒋觐璿曾孙,绅子。
罗明复
周梦李常曾孙。
杨宗卿琛侄。
邱达可之才孙,复侄。
罗叔晟
方端季仁侄。
贝斗山自成侄孙,良金侄,斗南之弟。
张自强虑从子,自明弟。
张庆祖珩侄。
何日新冲侄,武伯弟,德新兄。
任节
张自东济侄孙。
刘拭涛侄孙,致一侄。

淳祐四年留梦炎榜

余东元廙侄孙。
戴鑫
孙梦发洙侄。
卢垚
黄应春戊戌特科,甲辰正奏。
安刘
赵希愃
赵汝栋
李以益元白子,以称、以制弟。
袁燚
陈肖孙
萧文会垚弟。
孙豹
俞舜申

张正国

张钦

淳祐七年张渊微榜

王霆瑞

赵崇㪉原名崇辛。

王珪

何垓冲侄孙，日新侄。

张自期虑侄，自明从弟。

楼洌肖五世孙，矿之从子。

赵孟墅师岘曾孙，与仕续训，与桸亲侄。

赵崇骦

袁采

黄知崇千之子，演侄。

蒋晓琓玄孙，岘犹子。

吴龙朋正平玄孙。

楼楳异玄孙。

张檽之珩侄。

郑士胄敕授将仕郎，清之从子。

朱祐之

邬秀实文伯□。

楼澐钥从子，滓□。

蒋觊琓曾孙，规亲兄。

贝良臣

周岳

王应龙

应逢子

袁符章孙。

楼樟

舒济世琮孙。

缪应符

张堂

胡时中

徐曰宣

姜煇鐩从弟。

楼枝

翁归仁

赵希塼希埵弟。

吴尚深

武举章梦飞榜

汤大全

戴元质

淳祐十年方逢辰榜

沈发

史俊卿

林潜上舍,问礼孙,宗称子。

周坦上舍,锷四世孙,烨、焯之嫡侄。

陈若水协弟。

朱端方定国曾侄孙。

林禹玉公玉兄。

胡发鉴子。

赵与臻希镒子。

赵与𡐤希驭子,元名与恩,省魁。

杨景山

赵若愚渭夫孙,时择子。

高桂

袁垚

虞逢午

戴杰

王耒

林煝惟孝侄,宗一弟。

沈士龙铠孙,中文弟。

洪翌

洪翚

杨垕简从孙。

蒋梦符

杨兴伯

桂本

宝祐元年姚勉榜

陆逸佃五世孙。

舒梦庚

孙獬孙

胡咸中刚中、时中弟。

黄翔龙

马元演

李应龙

史有之上舍，弥巩子。

赵时沇

戴得之权子，上舍。

臧元孙

单德旗

贾万金

孙震孙

钱保

舒渚

王安道文贯弟。

王自然

林霆

陈焘

杨壁

林峻

陈谏

王良休子。

汪奎

汪翔龙

袁士复

蒋峒

施泰孙琮侄。

舒漳琥孙。

虞逢西敏求侄，逢午兄。

林灼

宝祐四年文天祥榜

王应凤_{扬子,应麟弟。}

赵若棋

罗雷发

黄震

刘应老

赵崇回

赵必聪

陈著

章霆瑞

卓云

舒杭

杜梦冠

杨应霆_{琛侄,宗卿兄。}

夏已震_{矗之子。}

史即之

李国宝

余梅叟

郑士洪

张虞

应野

楼世仁

陈鼎_{蕃弟,了翁兄。}

李以秉

李璹_{己未再对,二等。}

林一枝

徐汝周

刘南强

史常之

冯懋

杨垌_{玖兄,简侄孙。}

开庆元年周震炎榜

王复子槐子。

蒋世杰

张兴祖

胡从义

张源霆振侄，霆龙子。

孙真孙

赵与昳

赵必衢崇俣子。

张应龙

张霆龙霆振弟。

章介甫

俞道明

萧楠

卢天祐

史介之

李以兴

楼极

胡机

楼森圭

张虞

罗季禹

李以圭

于巽阆曾孙。

王宝之

蒋缤

王桂发

郑大津

桂壮孙

博学宏词

王璧

经明行修

张宏

八　行

陈秉　　史诏

教　官

楼钥　　缪师皋　　范光

童　子

桂锡孙　　　王人英　　　应翔孙偬孙,襹侄,嘉熙元年试中。○〔按曰〕:此系后人续增。

遗　逸

陈之翰　于定并大观二年举。

特　旨

沈省曾

衣冠盛事〔按曰〕:此门多后人屬续,即如四世宰执条,当绍定元年,嵩之未相,原本盖作三世,又是时弥远亦未封卫王也。

四世宰执

史才,枢密。侄浩丞相、越王。子弥远,丞相、卫王。从侄嵩之。丞相、永国公。

父子宰相

史浩,子弥远。

父子御史

王次翁,御史中丞。子伯庠。侍御史。

父子侍从

杨王休,子烨。
袁燮,子甫。
魏豹文,子峻。

父子西掖

陈居仁,子卓。

父子殿帅

冯湛,子树。

父子同榜

孙枝,袁甫榜。子起予。
李元白,吴潜榜。子以称。

祖孙侍从

林保,孙祖洽。

祖孙甲科

王异,吕溱榜第一甲第五人。孙伯序。汪应辰榜第一甲第五人。

兄弟侍从

史弥大,弟弥坚。

史宅之,弟宇之。

兄子同榜

王时会,郑侨榜。弟时叙。

赵汝述,卫泾榜。弟汝逑。

史弥忠,王容榜。弟弥忿。

赵师适,邹应龙榜。弟师优。

史弥应,袁甫榜。弟弥忞。

赵汝檩,吴潜榜。弟汝榫。

赵瑾夫,吴潜榜。弟璹夫。

赵崇俣,黄朴榜。弟崇侪。

舅甥三学士

汪大猷,甥陈居仁、楼钥。

典乡郡

黄晟鄞人,唐末守郡二十年。

孙沔远祖鄮,奉化人,净惠院即其故宅,从徙会稽,而别业犹在鄮。皇祐三年守郡,晚年又有"新治涌上居"之句。

王周鄞人,庆历中,以司封郎中守郡。

楼异其先奉化人,后徙城中。政和中,守郡五年。所居号昼锦坊,南门内有锦照桥,与正堂相直。宅之后有锦照堂。宅之左有堂曰继绣,以继王之后也。

赵彦逾鄞人,嘉泰四年四月,以资政殿大学士、太中大夫知庆元府,兼沿海制置使,所居号锦里。

赵善湘鄞人,嘉熙二年三月十三日,准入内内侍省递到御前金字牌,奉御笔,依旧资政殿大学士、银青光禄大夫,除沿海制置使,兼知庆元府。有旨名其所居之坊曰锦勋。

余天锡鄞人,嘉熙四年六月,内奉御笔,除资政殿大学士知庆元府,兼沿海制置使。有旨名其所居之坊曰锦乐。

建乡节

郑清之鄞人,淳祐五年,以少师、越国公、醴泉观使兼侍读,领奉国军节度使。

省　元

傅行简

陈埙

状　元

姚颖

傅行简

袁甫

释褐状元

宣缯

何大圭

武举状元

胡应时以绝伦升第一名。

《宝庆四明志》卷第十一 〔宋元四明六志第二十三〕

郡志卷第十一

叙 祠

圣人之制祭祀也，法施于民则祀之，以死勤事则祀之，以劳定国则祀之，能御大灾则祀之，能捍大患则祀之。后世俗或因其所畏，慕释、老氏，各奉其所祖，祠宇繁矣。推建置之义，而反其忠信诚悫之心，其可乎？

神 庙

灵应庙 即鲍郎祠也，旧曰永泰王庙，北距子城二里半。按：《舆地志》云，鲍郎名盖，后汉鄮邑人，为县吏。县尝俾捧牒入京，留家酺饮，逾月不行。县方诘责，已而得报，章果上达。既死，葬三十年，忽梦谓妻曰："吾当更生，盍开吾冢。"妻疑不信，再梦如初，乃发棺，其尸俨然如生，第无气息耳。冥器完洁，若日用者。棺之四旁，灯然不灭，膏亦不销。郡人聚观，咸怪神之，为立祠宇。梁大通间，奴贼名益诞，倡诱群盗，有众三千，号奴抄兵，寇会稽、永嘉、临海、海盐，并海郡邑咸被其害。官军累邀击，不胜，贼势益张。定襄侯萧祗为刺史，神忽见形，因巫语祗，愿助讨贼。祗乃设帷帐迎神，置于谯门，形虽隐而言与人接。越三日去，去语祗曰："当以八月十三日破贼。"奴抄果以是日至余姚，舟胶于江，众陷于淖，愦愦如醉，官军悉絷缚之，若拾遗者。祗奏其异，武帝遣增大祠宇，日以益盛。唐圣历二年，县令柳惠古徙祠于县。会昌中，刺史张次宗记其事。皇朝崇宁二年，尚书丰稷奏，明州鲍君永泰王庙额犯哲宗皇帝陵名，乞改为灵应，敕如请。政和八年，守楼异以雨旸时若，有祷辄应，奏请王爵，加惠济王。宣和四年，守李友闻因睦寇窃发，惊扰邻邑，境内安全，繄王之功，奏请加封，于是加"威烈"二字。六年，侍郎路允迪使高丽,蹈海无虞,奏请再加"忠嘉"二字。建炎四年,车驾巡幸,敕加"广灵"二字,今称忠嘉威烈惠济广灵王。

纯德庙 东汉孝子董君祠也,西北距子城五十五步。唐大历十二年立,刺史崔殷记,徐浩书。君名黯,其孝行已见《叙人》。今祠宇即其故宅。先是,其母塑像在南郭外草堂中,康宪钱公亿因访问而知之,乃迎归孝子庙,且具其事请于朝,敕赐纯德征君之庙。徐浩所书碑石不存,今碑签判韩矗所重刻也。

五龙堂 唐刺史李伉以天寿院天井岁旱祷雨必应,有金线蜥蜴出而赴感,乃即开元宫建五龙堂,俾郡人咸便香火,且为记以著灵异,其略曰:在天莫如龙,龙之德佐天地,养万物,百谷赖以生,四海所共尊者也。社祭土稷祈谷,国之重典也。既立坛以享其神矣,则龙之灵翔风洒雨,泽枯槁,滋稼穑,可不严奠酹之所哉?余受命牧明人,四月庚止,六月大旱,俾吏具香酒,敬祈于五龙之神。有蜥蜴状者,跃入杯中饮酒,复出缘器上,顾吏久之,跳踯而去。吏未返,雨已大注,由是生植茂遂,阖邑丰衍。思所以崇祀事,答神休者,乃建宇爽垲,依方塑像,以时荐享,谓之五龙祠堂云。时咸通六年季秋之末也。皇朝乾道四年,守张津以旧宇库隘,乃移创于报恩光孝观之申地,即开元宫也。

伙飞庙 子城北一里二百步盐仓之西。昔有碑,今亡,故神之姓氏、邑里无传焉。《淮南子》云:荆有伙非,得宝剑于干遂,还,反渡江中流,暴风扬波,雨蛟夹绕其舟。伙非谓枻船者曰:"尝有如此者而得活乎?"曰:"未尝见也。"于是伙非瞋目勃然,攘臂拔剑曰:"武士可以仁义说也,不可劫而夺之。此江中之腐肉朽骨,弃剑而已,余又奚爱焉。"赴江刺蛟,遂断其头,舟中人尽活,荆爵为执圭。孔子闻之曰:"夫善战腐肉朽骨弃剑者,伙非之谓乎?"按:皇朝建隆中,鄞令金翙《纂异记》谓唐武德时,以此郡为鄞州,至开元中,改鄞为明,郡名奉化,城号甬东,地名句章,军号伙飞。考此,则伙飞庙者,盖出于当时之军号,而军必有以将之者,往往有功于人,故人为之祠云。大观之初,本州所编《九域志》,乃引《淮南子》所谓荆有伙飞,不知《淮南子》之"非"实"非是"之"非",非"飞走"之"飞",今庙新榜遂称荆伙飞侯,岂非好事者附会其说而增以荆字欤?

旧志所辨伙非之说如此,今存之。然军号伙飞,未必不取义于荆伙非之勇,古字转用甚多,何必于"非""飞"二字疑之。或云旁有蛟池,蛟自江来,窟于此,人患之,故镇以庙。池今为民居所侵,埋塞无几。又或云,唐末刺史黄晟,初以伙飞都副兵马使防遏寇盗,保护乡井,没而人祠之。不曰刺史,而曰伙飞,盖自领兵时人倚为重,故习称其旧号云。

大人堂 子城内府治北射圃中。俗呼神曰阚相公,事之甚谨。大读如驮。大人者,尊称之词也,然莫知本始。吴越王时,有近臣曰阚燔,谪守于此。初甚快快,既至则悦,谓居内不如守郡之乐。未几,诛死。未知所祀即其神否?又有阚泽,三国时为吴太子太傅,今慈溪普济寺乃其故宅。鄞与慈溪接土,人祀之亦未可知。高闶撰记,直指为节度使钱亿,特意之尔。至循旧经之说,谓郡治鄮县,宝应后乃移治鄞,尤为无据。

东岳行宫 在报恩光孝观东。皇朝绍兴十年,仇念建,知观事宗元大师袁志贤募缘所成也。有圣母池。人或窃同居之物,讳而不承,则相与诣圣母前焚香已,各投楮锭于池,浮者心负,以此人敬畏之。

张帝庙 旧附灵济院佛殿之右,隘陋卑泾。淳祐六年夏,制帅、集撰颜公颐仲卜院之南偏鼎新建创。〔按曰〕:此条后守续增。

白龙庙 延庆寺之东。嘉定十三年火,十五年,见象于其地,人异之,庙复立。

宫 观

天庆观 子城东南一里。唐天宝二年,诏天下皆置紫极宫,以祠老子。梁开平二年,易为真圣观。皇朝大中祥符二年,诏赐今名,且命立圣祖殿,匾以金字牌。天禧二年,守臣刘绰奏,自今请令郡官到任、得替,泊朔望,并齐洁朝拜,奏辞从之。当时有旨,住观满三年,无旷失,听度系帐道童一人。大观元年二月十八日,御宝批,改岁度道士一名。政和四年正月二十一日,仍被旨,每年特赐紫袍一道。绍定元年正月,居民失火,延燎及观,守臣胡榘重建圣祖殿,改匾金字牌,又翼以双庑,护以屏墙,朝拜如初。棂星门亦复其旧。

报恩光孝观 子城东南八十步。本唐开元二十六年所置开元宫也。后尝改为崇寿宫。皇朝崇宁二年,有旨改崇宁万寿。政和元年,改天宁万寿。绍兴十三年二月,改今额。

寺 院

禅 院三

万寿院 子城东南一里。在唐为慧灯院。咸通十三年,史君周景遇舍廨宇以建,仍舍田以充常住,闻诸朝而赐额。皇朝开宝八年重建。太平兴国七年,改崇寿。政和八年四月,改广慧,专充启建祝圣道场。建炎四年,火于兵,重建。嘉定十三年,再火,又重建。或谓"慧"字从"彗",从"心",于星皆火,谶也,为寺额不利。郡为闻于朝。绍定元年正月十三日,有旨赐今额。是日东北厢火,环寺皆延燎,而寺独存,人咸异之。本寺常住田一千四百五亩,山一百一十亩。

报恩光孝寺 子城西百步。在唐为国宁寺,大中五年置。皇朝崇宁二年,诏改崇宁万寿禅寺,遇天宁节,赐紫衣、度牒各一道。政和元年八月七日,敕改天宁万寿。绍兴七年,改报恩广孝禅寺,是年又改今额,专一充追崇徽宗皇帝道场。有铁塔,建隆间康宪钱公亿所建。又有深沙神,初自奉化之岳林寺,编舟载至太平兴国寺,继徙本寺之西廊,盖工人黄百艺极雕刻之巧而为之者。常见光明,雀鼠俱莫敢近。建炎间,寺毁于兵,而深沙神之屋岿然独存,瞻奉者愈加敬也。常住田二千一百五十九亩,山二百六十亩。

吉祥院 鄞县东南一百步。晋天福五年建。六年,以释天院为名。皇朝太平兴国八年,改赐今额。嘉定十三年火,重建。常住见置。

教 院 四

延庆寺 子城南三里。周广顺三年建,曰报恩院。皇朝至道中,僧知礼行学俱高,真宗皇帝遣使加礼。大中祥符三年,改院名延庆。天禧元年,赐礼紫衣,寻又赐法智大师,内翰杨亿及都尉李遵勖称论之力也。太守李夷庚尤推重之。礼尝结十僧为忏悔佛事,约三年共焚身,以诸公言止,住持四十余年乃逝。曾会守郡,时礼夜梦神谕之曰:"翌日丞相来。"已而会之子公亮至,礼以告。洎公亮大拜,请于朝,置田辟舍,大启法席,僧图其像祠焉。元丰中,礼曾孙中立世其教,比丘介然来依道场,修净土之法,募缘结屋六十余间,中建宝阁,立丈六弥陀之身,夹以观音、势至。环为十有六室,室各两间,外列三圣之像,内为禅观之所。初,然手二指,誓以必成。元符三年落成。寻又然三指,以增净誓。忠肃陈公瓘记之。绍兴十四年,有旨赐教额。寺之大悲阁有辟支佛舌舍利,并普贤菩萨像,皆礼所立。嘉定十三年,僧以像小,欲修之,剖其脏,书云:动此者水火为灾。未几,寺火,像灭,今丞相鲁国公重建。常住田二千二百一十亩,山无。

宝云院 子城西南二里。旧号传教院,皇朝开宝元年建。太平兴国七年,改赐今额。先是,有僧义通,自三韩来,振誉中国,漕使顾承徽舍宅为义通传道所,乞额宝云,昭其祥也。继为史越王府功德寺。嘉定十三年火,重建。常住田五百三十一亩,山无。

白衣广仁寺 子城西。旧号净居报仁院,唐长兴元年七月建。清泰二年十月,为净居院。续因祈祷灵应,复加"报仁"二字。皇朝治平元年十一月十二日,赐今额。初,节度使钱公亿廨宇之梁见白光,纹脉有观音相,乃代以它木,而以梁木刻观音,置于寺,故俗号白衣观音院。有青莲阁,守周邦彦捐金,命住持僧子元建也。建炎四年,毁于兵火,寺重建而阁亡,周守记刻亦不存矣。常住田五十亩,山无。

兴圣院 子城西四里。旧号墙西院,唐咸通十年建。皇朝大中祥符八年,赐今额。本尼院也,经建炎兵火,未能复其旧,今为僧房。屋十余间,常住无。

十方律院六

广福水陆院 子城西南三里半。旧号水陆冥道院,俗谓之湖心寺,皇朝治平中建。熙宁改寿圣院。绍兴三十二年,以犯太上皇帝尊号,改赐今额。系十方传律讲法处,被旨充祝圣寿,为放生池道场。乾道初,守赵伯圭建广生堂,待制朱翌记之。常住田三百五十二亩,山无。

开元寺 鄞县南二里。唐开元二十八年建,以纪年名。会昌五年,毁佛祠,此寺例废。大中初,刺史李敬方有请于朝,复开元寺,乃即国宁寺旧址建焉。寺西南高原有棠阴亭,郡守殷僧辩废亭,以其材增建千佛殿。寺之三门,亮阇黎建。亮号月山,能文,善谈论,道行高洁,邦人敬之。日阅藏经,积施利以成此殿,有维摩问疾相。东庑有梵王、帝释四天门,王行道变相,天神、天男、天女歌乐形相,皆协音律。以画艺极精妙,吴越画中宝也。其乐盖《霓裳羽衣曲》调。云尝有广利大师晋光者住此寺,工草书及画,词辩过人,昭宗闻其名,召至阙讲论,俾之画龙,面赐紫衣。尝画墨龙于寺之壁,亦奇观也。寺旧有二碑,其一李蘱文,其一陶祥校书文,韩择木书。又有不肯去观音。先是,大中十三年,日本国僧惠谔诣五台山敬礼,至中台精舍,见观音貌像端雅,喜生颜色,乃就恳求,愿迎归其国,寺众从之。谔即肩昇至此,以之登舟,而像重不可举,率同行贾客尽力昇之,乃克胜。乃过昌国之梅岑山,涛怒风飞,舟人惧甚。谔夜梦一胡僧谓之曰:"汝但安吾此山,必令便风相送。"谔泣而告众以梦,咸惊异,相与诛茆缚室,敬置其像而去,因呼为不肯去观音。其后开元僧道载复梦观音欲归此寺,乃创建殿宇,迎而奉之。邦人祈祷辄应,亦号瑞应观音。唐长史韦绚尝记其事。皇朝太平兴国中,重饰旧殿,目曰五台观音院,以其来自五台故也。骆登、吴矜皆有记。寺之天王堂前有乔桧,尤奇怪,康宪钱公亿为之赋诗。寺又有子院六,曰经院,曰白莲院,曰法华院,曰戒坛院,曰三学院,曰摩诃院。嘉定十三年火,废为民居,惟五台、戒坛重建。常住田二百五十亩,山无。

太平兴国寺 鄞县西南一里半。在唐为太平兴庆寺,开元二十八年建。皇朝太平兴国八年,改赐今额。寺有子院三,曰浴院,曰经藏院,曰教院。惟浴院为十方山主,余皆甲乙住持。先是,福明桥侧水中有泗洲像,时见光景,好事者没水求之,长尺许,因加严饰,崇奉于寺。嘉定十三年火,民多占居。教院重建,今为十方住持。常住田五十亩,山无。

经藏院 即太平兴国子院。嘉定十三年火,徙建于旧寺之东偏。本甲乙住持,今为十方常住。田一百八十亩,山无。

景福寺 子城南二里半。旧号水陆莲花院,皇朝建隆二年建。大中祥符三年,改赐今额。常住田五十亩,山无。

能仁罗汉院　鄞县西半里。在唐为乾符寺,寻废,咸通八年复建,名药师院,后又为承天寺。皇朝政和七年六月五日,御笔赐今额。寺有子院二,曰法华教院,曰罗汉律院。今能仁、法华废为民居,惟罗汉院在。常住田五十亩,山无。

甲乙律院六

圣功院　子城西南四里半。本崇教院也,周显德元年建。真宗皇帝诏内侍裴愈,访名山圣迹,寺院恭藏太宗皇帝石刻御书,于是本院奉赐五十卷轴。明年,因愈奏,改赐今额。常住田二十五亩,山无。

广福院　子城西南一里半。旧号罗汉院,汉乾祐二年建。皇朝太平兴国九年,赐今额。嘉定十三年火,重建。常住田二百八十亩,山无。

东寿昌院　子城东南一里。唐清泰二年,僧子麟禅师往高丽、日本、百济诸国传持天台教法,高丽国王遣使李仁旭辈送还明州,钱氏因赎徐蕴卿园地建院,以安其众。晋天福七年,吴越国王命以为保安院。皇朝治平元年,赐永安院。大观二年八月,以犯宣祖陵名,赐今额。嘉定十三年火,重建。绍定元年再火。常住田一十六亩,山无。

崇教院　子城西南二里半。唐乾符元年建。皇朝大中祥符元年,赐今额。常住田二十二亩,山无。

兴法院　子城东南二里。旧号境清院,唐咸通二年建。皇朝大中祥符元年,赐今额。嘉定十三年火,半为民居。常住田二百六十亩,山无。

保安院　绍兴间,有僧师韵卓庵修道于此,继或讦其私置,庵毁,地夺于有力者。淳熙中,史忠定王请东湖上水废寺额界之。韵之弟侄曰师灿、清俊,募缘赎地重建。常住无。

废　院六

景德寺　子城东南二里。号鄞江院,唐清泰二年建。皇朝大中祥符元年,赐今额。寺有教院,在西偏。嘉定十三年火,废为民居。

西寿昌院　子城南一里半。东寿昌之下院也。嘉定十三年火,废为民居。

天封院　鄞县南一里半。旧号天封塔院,汉乾祐五年建。皇朝大中祥符三年,改赐今额。寺有僧伽塔,建炎间毁于兵。绍兴十四年,太守莫将重建,盖僧德华募缘而成之也。嘉定十三年火,废为民居。

大中祥符寺　子城南一里半。旧号崇福寺,周广顺元年建。皇朝端拱中,僧从信以精琴闻,既至京师,太宗皇帝召见,赐食,赍金帛,赐号三惠大师。信奉藏所得御书、御批于寺。大中祥符元年,赐今额。寺有教院轮藏。嘉定十三年火,废为民居。

能仁观音院 县西南二里半。旧号报慈院。院濒西湖,本节度使钱公亿舍宅为之,成于皇朝太平兴国年中。院记谓面枕平湖,门临绿野,为四明望蓝也。观音圣像,以诸香众宝庄严,瑞应甚众。初赐承天院额。宣和时,改能仁院。建炎兵火之变,观音先期托梦僧人,亟移郊外净严院,仅免回禄,后复迎归。凡有恳求,无不感格。嘉定中,有旨以其地赐今丞相史鲁公,移其额于大慈山。

药师院 在太平兴国寺之右。嘉定十三年火,废为民居。

尼　院五

戒香十方寺 子城西南二里半。旧号白檀寺,唐大中元年建。皇朝大中祥符元年,赐今额。嘉定十三年火,重建。

普照院 子城西南二里半。旧号福明院,唐咸通三年建。皇朝大中祥符元年,赐今额。嘉定十三年火,重建。

兴教院 子城东南二里。旧号新居禅院,梁正明二年建。皇朝大中祥符元年,赐今额。嘉定十三年火,重建。

奉圣院 子城东南二里。旧号净居禅院,唐天祐二年建。皇朝大中祥符元年,赐今额。嘉定十三年火,重建。

普宁院 旧为庵舍。嘉定十三年赐额。

叙　遗

一郡之事,胪列区分,欲举其凡,知其目也。目所不该,纪载所不及,其可遗乎?掇拾而次第之,故曰叙遗。

车驾巡幸

建炎三年十一月己巳朔,二十五日己巳,车驾发越州,次钱清堰,吕颐浩奏:"虏人以骑兵取胜,今若车驾乘海舟以避狄,虏骑必不能袭。江浙地热,虏亦不能久留。俟其退去,复还二浙。彼入我出,彼出我入,此兵家之奇也。"上沉吟久之,曰:"此事可行,卿等熟议。来日召侍从台谏至都堂参议可否。"庚午,颐浩晚朝奏事,上曰:"航海之事,朕昨日熟思之,断在必行,卿等速寻船。"遂决策,趋四明。十二月己卯,车驾幸明州,驻跸州治。提领海船张公裕奏,已得千舟,上甚喜。壬午,定议航海,执政请每舟载六十卫士,人不得过两口。卫士皆曰:"我有父母,有妻子,不知两者如何去留?"诉于主管禁卫入内内侍省都知陈宥,宥不能决。宰相吕颐浩入朝,卫士张宝等百余人遮道,问以欲乘海舟何往?因出言不逊,颐浩诘之曰:"班直平日教阅,何尝有两箭上贴。今日之事,谁为国家死战者?"众欲杀颐浩,参知政事范宗尹曰:"此岂可以口舌争。"引其裾入殿门。门闭,众不得入,上以御笔抚谕,人情稍定,遂山呼于殿门外。上密谕宰执曰:"此辈欲沮大事,朕今夕伏中军甲士五百人于后苑,卿等翌日率中军人捕为首者诛之。"颐浩退,密谕中军统制辛企宗及亲军将姚端,令阴为之备。癸未,执政早朝,命御营使司参议官刘洪道部兵在宫门防变,而中军及姚端已整揃于行军门外。二府引中军人,遇直宿兵卫,皆擒之。其徒惊溃,或升屋,或逾墙遁走。上自便殿御介胄,引伏兵出,弯弓手发二矢,中二人,坠于屋下。其众骇惧,悉就擒。上命吕颐浩至都堂,诘为首者以奏,其余皆囚之。甲申,诛张宝等十七人于明州市,陈宥谪汝州团练副使,潭州安置。除行门外,其众降隶诸军。戊子,以朝奉郎、知明州张汝舟为中书门下省检正诸房公事,宜州观察使张思正为浙东马步军副总管,屯明州,徽猷阁待制、御营使司参议官刘洪道知明州。己丑夜,谍报虏逼临安,知越州李邺奏至。且大雨,群臣入朝,至殿门,有旨放朝,惟执政入对,上于袍袖中出邺奏示之。既退,上自明州治乘马出东渡门,登楼船,宰执皆从,诏止亲兵三千人自随,百官有司随便寓浙东诸郡。时上既废诸班直,独神武中军辛永宗有众数千,而御营使吕颐浩之亲兵将姚端众最盛,上皆优遇之。晚朝,二府登舟奏事,参知政事范宗尹曰:"虏骑虽百万,必不能追袭,可以免祸矣。"上曰:"惟断乃成,此事是也。"庚寅,从官以次行,吏部侍郎郑望之以疾辞不至,给事中兼权直学士院汪藻以不便海舶,请陆行以从,许之。于是扈从泛海者,宰执外,惟御史中丞赵鼎,右谏议大夫富直柔,权户部侍郎叶份,中书舍人李正民、綦崇礼,太常少卿陈戬六人,而昕夕密卫于舟中者,御营都统辛企宗兄弟而已。留者有兵火之虞,去者有风涛之患,皆面无人色。辛卯,御舟次定海县,有传虏使至者,上不欲令朝行在,即遣参知政事范宗尹还明州俟之,留御史中丞赵鼎、给事中兼直学士汪藻参议军事,且令范宗尹尽护诸将。壬辰,宗尹等至明州,乃卢伸等自和州来,所携国书,语极不逊,宗尹遂不奏。癸巳,御舟次昌国县。范宗尹闻临安陷,复还,见上于舟中。丙申,浙东制置使张俊自越州引兵至明州,已无舟可载,奏乞海舟,上赐俊手书,许以捍贼成功,当封王爵。俊纳侠士刘相如之策,遂留,揭榜通衢,劝谕迎敌,士皆思奋。俊军士颇事虏掠,城中居民少,遂出城,以清野为名,环城三十里皆遭焚劫。戊戌,金人陷越州。己亥,奏至行在,乃议移舟之温、台以避之。庚子,御舟发昌国县。先是,虏分兵犯余姚,知县事李颖士募乡兵数千,列旗帜以捍贼,把隘官陈彦助之。虏既不知地势,又不测兵之多寡,为旁皇不敢进者一昼夜,由是上得以登舟航海。辛丑,御舟舣白峰寺。癸卯,张俊与金人战,败之。先是,虏遣兵追袭乘舆,至城下,俊遣统制官刘宝与战,兵少却,其将党用邱横死之。统制官杨沂中、田师中,统领官赵密,皆殊死战。主管殿前司公事李质,率所部以舟师来助。知州事刘洪道率州兵射其旁,大破之,杀四千人。四年正月甲辰朔,大风,御舟碇海中。乙巳,御舟次台州港口。是日午,西风忽起,虏乘之,犯明州,张俊与刘洪道坐城楼上,遣兵掩击,杀伤大当,虏奔走坠田间或坠水。俊急令收兵。夜,虏拔寨去,屯余姚,且请济师于完颜宗弼。丙午,御舟次章安镇。张俊令明州西城外民居尽爇之,其意欲赴行在也。庚戌,虏酋兀尤引众再犯明州,张俊御之于高桥,战数合,虑其济师,遂托以上旨扈从。辛亥,尽将其众入台州城中,居民去者十七八,有士人率众扣刘洪道马首,愿留以御贼。洪道曰:"予数克敌,若等毋虑。"丙辰夜,洪道悉府,实微服而遁,与副总管张思正,引所部奔天童山,所过尽撤其桥,民不得济,死者数千人,哀号震天。城中惟崇节马军与恶少仅千人,以酒官李木将之。已未,金人破明州。先是,虏益兵而来,驻广德湖旧寨前,遣老弱妇女运瓦砾填堑。次夕,植炮架十余,对西门。是日,以数炮碎城楼,守者奔散而出,城遂陷,虏引兵入。显谟阁直学士、提举建隆观郑亿年避寇山间,为所执。甲子,御舟次温州港口。丙寅,移次馆头。先是,金人自明州引兵攻定海县,破之,遂以舟师绝洋,犯昌国县,欲袭御舟。至碇头,风雨大作,和州防御使、枢密院提领海舟张公裕引大舶击散之,虏乃去。上引舟而南,与虏人才隔一日。辛未,汪藻言:"金人为患,今已五年,陛下以万乘之尊,而伈然未知税驾之所者,由将帅无人,而御之未得其术也。如刘光世、韩世忠、张俊、王瓆之徒,身为大将,论其官则兼两镇之重,视执政之班,有韩琦、文彦博所不敢当者。论其家,则金帛充盈,锦衣肉食,舆台厮养皆得以功赏补官。平时飞扬跋扈,不循朝廷法度,所至驱虏,甚于夷狄。陛下不得而问,正以防秋之时,责其死力尔。张俊明州仅能小抗,奈何敌未退而数里间引兵先遁,是杀明州一城生灵,而陛下再有馆头之行者,张俊使之也。"云云。二月乙亥,车驾幸温州江心寺驻跸。丙子,虏自明州引兵还临安。初,虏既破明州,遣人听命于完颜宗弼,且云搜山检海已毕。宗弼曰:"如扬州例。"虏遂焚其城,惟东南角数佛寺与僻巷居民偶有存者。城之始破也,守者奔凑东南,缒城而出,或浮木渡江,生死相半。而逃村落者,与贼遇,由是遍州之境,深山穷谷,平时人迹不到处,皆为虏人搜剔杀掠,不可胜数。既去,以修职郎蒋安义知明州,进武校尉张大任同知明州事。安义本越州剡县人,大观三年,冒明州贯登第,以赃败。虏酋至,辄投拜,尽籍土著、寄居姓名以告,故虏酋喜之,且授以两浙转运司印一纽。甲申,慈溪县令林叔豹引乡兵入明州,执蒋安义,夺其印。虏人十余在开元寺,皆病不能前者,叔豹并诛之。丙戌,刘洪道自台州还屯奉化县,其麾下精卒暴横市肆,邑人蒋璇夜集数千人之岳林寺,围洪道,将杀之。县丞白彦奎劝洪道流其殴人之卒,众乃定。洪道复入城,剽民家窖藏之物,得四万缗以献,州人怨之。是日,金人自临安退兵。庚寅,车驾幸温州,驻跸州治。三月辛酉,车驾发温州。辛未,御舟次定海县。县为金虏所焚,上恻然曰:"朕为民父母,不能保民,使至如此!"四月,知明州刘洪道罢,贬秩二等,依旧充御营使司参赞军事。以降授宣教郎、直秘阁向子忞知明州。甲戌,御舟至明州之城外。乙亥,发明州。癸未,车驾驻跸越州。戊戌,出米七千斛,赐明州民居为虏所焚者。五月癸卯,中书门下省检正诸房公事张汝舟特迁一官。初,上过明州,汝舟应奉简俭,粗能给足。至台州,而守臣晁汝为储峙丰备,论者以为扰民。上曰:"第以简俭褒汝舟,则好恶自明。"故有是命。

乡人义田

太师史忠定王镇会稽日,捐公帑之金,市田数百亩,名曰义田,凡仕族有亲丧之不能举与孤女之不能嫁者,以其租入差给之。既闲居里闬,端宪沈公焕请曰:"吾乡义风素著,相賙相恤,不待甚富者能之,而求者日众,后难继也。举会稽近比行于此,其可乎?"王韪其言,乃与沈及少师汪公暨其子尚书大猷合辞以倡,好义者于是或捐己产,或输财以广费,积田渐多。郡太守相继,辍在官之田若钱,今丞相史鲁公又捐楮券附益之,岁得谷斛六百,米半之,买地作屋十五楹于郡之望京门里,扁曰义田庄,俾乡之贤有力者掌焉。仕族亲丧之不能举者,给三十缗。孤女之不能嫁者,给五十缗。其亲属若邻里以闻于郡,郡核实,俾主者行之,非二者弗与,先后缓急,间从权宜,而郡守与主者皆不得私焉。提刑程覃摄守日,许人径投状于主者。始自绍兴初元,于今四十载,义田之增置未已也。忠定王之言曰:"是田之设,非止济人之急,抑以崇廉耻之风,将使从官者清白自持,为士者专意学业,人人知身后有所恃,不汩丧素节,斯其惠大矣。"参政楼公钥记之,乡人且绘王及少师汪公、端宪沈公之像于庄所祠焉。其田亩之数,分给之规,有文籍在。

纪 异

金庭客,咸通中,自剡溪金庭路由林岭间,将抵明州,行二三十里,忽迷失旧路,匆匆而行,日已将暮,莫知栖息之所。因遇一道士荷锄,问津焉。道士曰:"此去人家稍远,无寓宿之所。不嫌弊陋,宿于吾庐可也。"引及其家,则林径幽邃,山谷冲寂。既憩庑下,久之,烹野蔬苗食之顷,有叩其门者,童子报云:"隐云观请来日斋。"洎晓,道士去,约童子曰:"善祗奉客。"客因问隐云观置来几年,去此观远近。答曰:"自古有此观置来,去此五百里,常隐云中,世人不见,故以为名。"客惊曰:"五百里甚远,尊师何时当还?"答曰:"尊师往来亦顷刻耳。"俄而道士复归,欲留客久住。客方有乡关之念,恳辞而出,乃遣童子示其旧路。行三二里,失向来所在。及问岁月,已三四年矣。寻即复往,再访其踪,无能知其处所。出《云笈七签》。

孔祐，隐四明山，尝见山谷中有数百斛钱，视如瓦石。采樵者竞取，入手即成砂砾。出《南史·杜京产传》。

泮水池、清澜池，春蛙皆不鸣，俗云守李夷庚以术禁之。泮水蛙鸣，境内必出抡魁。

四明四绝，景绝而诗亦绝也。

它山堰诗　　　　　　　　　唐亮阇黎作

截断寒流叠石基，海潮从此作回期。行人自老青山路，涧急水声无绝时。

定海正觉寺清风轩诗　　　　　　王亘作，或云王旦

海风拍枕灯初暗，山雨打窗人正寒。料得此轩秋更好，怒涛推月上阑干。

慈溪龙虎轩诗　　　　　　　　盛次仲作

一松偃蹇苍龙蟠，一石巉岩怒虎踞。漫来题作龙虎轩，便恐风云卷将去。

奉化宝化院石岩花凤诗　　　　　　樊主簿作

山僧取巧结真丛，九苞占尽千葩红。倚阑精采欲飞动，百鸟不敢啼春风。

存　古

文宣王庙记，文宣王册，请立文宣王册、牒，皆唐碑，在府学。

移城记，唐推官韩杼材撰，在签厅。

李斯小篆二，一在设厅，一在郧山堂。

裴刺史德政碑，李阳冰篆，在设厅。

王刺史德政碑，李舟撰，颜真卿书，李阳冰篆额。董孝子碑，徐浩书。今皆亡矣。

〔刊误〕

〔神庙〕

〔五龙堂〕　即开元宫也“即”上卢本有“观”字。

〔东岳行宫〕　圣母前“前”上卢有“座”字。

〔白龙庙〕　“龙”下脱“王”字。

〔寺院〕

〔吉祥院〕　东南一百步卢本“东南”下有“一里”二字。按图，天庆观离县近，尚云东南一里。此院较远，宜不止百步也。

〔开元寺〕　以其来自五台“台”下卢本有“山”字，延祐《志》亦有。

〔叙遗〕

目所不该"目"上卢有"凡"字。

〔纪异〕 视如瓦石"石"下卢有"不异"二字。

《四明鄞县志》目录

《宝庆四明志》卷第十二 〔宋元四明六志第二十四〕

《鄞县志》卷第一

叙　县

沿革论

　　鄞县,古越地之东境。《国语》曰:吴更封越,东至于鄞。《吴越春秋》谓越有赤堇山,故加"邑"为鄞。秦置会稽郡,鄞与句章、鄮均为属县。汉成帝阳朔元年,徙东部都尉治鄞。初,武帝平东粤,以其地立东部都尉治,后徙章安,今台州临海县是也。成帝徙治,此事见《三国志·虞翻传》。或有寇害,复徙句章。新莽改鄞曰谨,后汉复旧名。今奉化县东五十里有广福院,旧名鄞城院,初鄞县治也。慈溪县南十五里句余山之东,有城山,初句章县治也。鄞县东三十里,阿育王山之西,鄮山之东,有古鄮城,初鄮县治也。隋开皇九年,并鄞、鄮入句章县。唐武德四年,废句章县,析置鄞州。八年,废鄞州为鄮县,隶越州。小江湖在南二里,今城南日湖即是,又曰细湖头,其地为小江里。广德湖在西十二里,仲夏堰在西南四十里。当时县治乃今州治,非古鄮治矣。县南有鲍郎庙,记云:唐圣历二年,县令柳惠古徙祠于县。是知初置鄞州,已治此,继废州为鄮县,不复在鄮山之东也。开元二十六年,即鄮县置明州,鄮为附郭县。长庆元年,刺史韩察请于朝,以县治为州治,而于旧州城近南高处置县。详见郡沿革论。元和中,定为上县。五代时,更县名鄞。皇朝为望县,凡十八乡。淳化元年,分万龄为二乡,曰老界,曰手界。熙宁中,割灵岩、太邱、海晏、富都、安期、蓬莱六乡,隶定海、昌国,今十三乡,其封域乃古鄮及句章之东南区,而古鄞境则为奉化、象山县地矣。

境 土

东西六十五里,南北五十七里。

东至县界三十五里,以阳堂乡育王寺山陇东河头铺为界,自界首至定海县三十五里。

西至县界三十里,以桃源乡潘峇岭为界,自界首至慈溪县三十里。

南至县界五十一里,以鄞塘乡傅霸河为界,自界首至奉化县三十五里。

北至县界一十五里,以老界乡陈渡铺桥为界,自界首至定海县五十里。

东南到县界九十里,以丰乐乡金峨山岭为界,自界首至奉化县六十里。

西南到县界一百七十四里,以通远乡海山岭为界,自界首至绍兴府余姚县一百二十里。

东北到县界四十一里,以老界乡褚浦堰为界,自界首至定海县三十五里。

西北到县界三十五里,以清道乡西渡江心为界,自界首至慈溪县一十五里。

县 令

题名毁于金寇,续刻自建炎四年始,先是莫得而详,举所可考者书之。

王修后汉顺帝汉安二年,鄞县。见《会稽典录》。

王君照唐贞观十年,鄞令,修小江湖。见旧志。

柳惠古唐圣历二年,鄞令,徙鲍郎祠于县。见本庙旧载。

王叔通唐开元二十六年,鄞令。见《会要》。

陆南金唐天宝二年,鄞令,开广西湖,即今之东钱湖也。见《唐书·地理志》。今立祠湖旁。

储仙舟唐大历八年,鄞令。见曾巩《广德湖记》。

王元晖唐太和七年,朝议郎、行鄞县令、上柱国,筑它山堰,浚小江湖,灌溉甚博,民德之,立祠堰旁,爵曰侯,谥曰善政。皇朝咸平四年,苏为记之,不言何代所封。乾道四年七月八日,有旨赐遗德庙额。宝庆三年,诏封善政侯。府学有请立文宣王册文牒碑,具载岁月、姓名。《唐书·地理志》云开元中令,误也。

金翊皇朝建隆中,鄞令。有《纂异记》。

王□咸平四年,修善政侯庙,苏为记,不著其名。

王安石庆历七年在任,好读书,为文章,二日一治县事,起堤堰,决陂塘,为水陆之利。贷谷于民,立息以偿,俾新陈相易。兴学校,严保伍,邑人便之。熙宁初,为执政,所行之法率本于此,而不知非其人不能行,易其地执其法亦不可行也。今县之经纶阁及广利寺、崇法寺皆有祠堂。

张峋熙宁元年,浚广德湖。见曾巩记。

黄颂熙宁四年。见《隐学山复放生池碑》。

虞大宁熙宁八年。即北渡之西,曰凤栅,积石为碶,以却暴流,纳淡潮。又自州之西隅,距北津,疏淀淤之旧,增卑培薄,以实故堤,而作闸于其南,拒所谓咸水,以便往来之舟。而东西管数乡之堰、碶,随以缮葺者,凡六所。用工一万一千有奇,溉田五千五百余顷。郡人舒亶记之。

李延世通直郎、兼监市舶司、武骑尉、赐绯鱼袋,元祐二年在任。见袁毂《多福院记》。

段藻元祐中。修广德湖堤。见舒亶记。

曹鹭绍圣中。修荻埭堰。

龚行修崇宁元年。修它山堰。见杨蒙记。

王勋左朝奉郎,建炎四年正月到任。

徐注左宣教郎,建炎四年十一月到任。绍兴三年十一月二十九日满替。

张汝说右文林郎,绍兴三年十一月二十九日到任。六年十二月十八日满。

顾汝美左承议郎,绍兴六年十二月十八日到任。九年六月十七日满。

梅执仁右宣教郎,绍兴九年六月十八日到任。十二年七月二十日满。

张庭右奉议郎,绍兴十二年七月二十一日到任。

高尧明右朝散大夫,绍兴十四年五月初五日到任。十七年七月初十日满。

张颖左奉议郎,绍兴十七年七月十三日到任。

程纬右通直郎,绍兴二十一年八月初七日到任。

王烨右奉议郎,绍兴二十四年八月二十四日到任。二十五年十二月,除监行在诸司审计院。

周升亨右朝奉郎,绍兴二十五年十一月二十日到任。二十九年三月二十六日满。

宋应右奉议郎,绍兴二十九年三月二十七日到任。三十一年十一月,内用酬赏转朝奉郎。三十二年四月十四日满。

周额左奉议郎,绍兴三十二年四月十四日到任,在任用磨勘及酬赏,转右朝散郎。乾道元年五月二十九日满。

李柄右通直郎,乾道元年六月初一日到任,磨勘转右承事郎。三年七月初一日满。

杨布右通直郎,乾道三年七月初一日到任,磨勘转右奉议郎。六年九月二十三日满。

吴子康右奉议郎,乾道六年九月二十三日到任,磨勘转右承议郎。九年九月二十八日满。

赵彦弼承议郎,乾道九年九月二十八日到任。淳熙二年六月初九日,丁母忧。

姚柏宣教郎,淳熙二年九月初九日到任,磨勘转通直郎,因浚东钱湖减二年磨勘,以职事修举,特转奉议郎。四年十二月十三日满。

周价宣教郎,淳熙四年十二月十三日到任,用磨勘转通直郎。六年十二月二十八日满。

汪柔承议郎,淳熙六年十二月二十八日到任。

孙介宗宣教郎，淳熙七年十月初五日到任，用磨勘转通直郎。十年十二月满。

石昼问宣教郎，淳熙十一年二月二十五日到任，用磨勘恩，赏转奉议郎。十四年五月二十四日，被旨召赴都堂审察。六月初五日交替。

姚愈承议郎，淳熙十四年六月初五日到任，用恩赏磨勘及覃恩，转至朝请郎。绍熙元年八月二十六日交替。

赵善忼宣教郎，绍熙元年八月二十六日到任。十二月八日，被旨与祠。

吴泰初承务郎，绍熙二年八月初三日到任，磨勘及覃恩转承事郎。五年闰十月二日交替。

王子瀰通直郎，绍熙五年闰十月初二日到任。庆元三年十一月□日，过满交替。

傅公弼通直郎，庆元三年十一月二十五日到任，磨勘转奉议郎。至六年十二月初八日交替。

钟元鼎奉议郎，庆元六年十二月初八日到任，磨勘转承议郎。嘉泰四年正月二十八日交替。

徐抚辰宣教郎，嘉泰四年正月二十八日到任，磨勘转通直郎。开禧二年二月初八日丁母忧。

周之瑞宣教郎，开禧二年四月十七日到任，磨勘转奉议郎。

蒋谊奉议郎，嘉定二年四月十九日到任。五月初五日，丁母忧。

赵师雍承议郎，嘉定二年七月二十八日到任，磨勘转朝奉郎。五年十月二十一日满。

钱显祖通直郎，嘉定五年十月二十二日到任。八年十二月二十七日满。

李寿朋通直郎，嘉定八年十二月二十七日到任。十年十二月，磨勘转奉议郎。

李约寄理宣教郎，嘉定十一年六月二十一日到任。十二年六月二十五日，磨勘转奉议郎。十四年六月二十一日满。

颜耆仲宣教郎，嘉定十四年八月初一日到任。十一月二十日，丁母忧。

张公弼宣教郎，嘉定十四年闰十二月初七日到任。至十五年，庆宝恩转通直郎。

赵崇嵒奉议郎，嘉定十七年九月□日到任，覃恩转承议郎。宝庆三年十月十九日过满。

薛师武通直郎，宝庆三年十月十九日到任，在任转授奉议郎。绍定三年十一月二十七日过满。

赵与忞宣教郎，绍定三年十一月二十七日到任。绍定四年，该庆寿恩转通直郎。五年七月，磨勘转奉议郎。六年十二月□日过满。○〔按曰〕：自此以下十人，皆系续增。

钱木之奉议郎，绍定六年十二月二十六日到任。端平三年三月二十六日，避王大卿亲离任。

赵时诂通直郎，端平三年七月十三日到任。嘉熙三年四月二十七日，改差提辖杂买场。

谢琳宣教郎，嘉熙三年十二月十七日到任。淳祐三年正月二十日满替。

徐献子宣教郎，淳祐三年正月二十日到任。

赵与谏通直郎,淳祐三年六月二十一日到任。

陈元桂通直郎,淳祐四年九月二十七日到任。

赵希苴通直郎,淳祐六年三月二十五日到任。九年四月十五日,过满得替,磨勘拟转奉议郎。

朱浦承事郎,淳祐九年四月十五日到任。十年八月二十一日,磨勘转宣教郎。十一年九月三十日致仕。

薛嶙通直郎,淳祐十一年十一月二十八日到任。宝祐二年闰六月,磨勘转奉议郎。当年十二月初二日过满得替。

社　稷

坛、壝,县南二里。

城　隍

邑附府,故行礼亦附于府城隍。

学　校

唐元和九年,学建于县之东。皇朝崇宁二年,移县西南,成于大观三年。建炎四年,毁于兵。嘉定十三年,邑簿吕康年有请,今丞相史鲁公念县学久废非宜,命守俞建相地择所,以旧址隘且不利,闻于上,以宝云寺西不隶将威果指挥废营更之。地凡一十五亩二角四十五步。郡及常平使者喻珪,各给楮券千缗,里之士大夫助四千一百缗,俾郡人如皋簿王机董役,于是先圣始有殿。越数年,未竣事。宝庆二年,尚书胡榘守郡,捐缗钱七百八十六有奇,楮券一千八百,贰车蔡范辍市舶之赢千缗,里士之助又五百缗,乃克有成。直殿后为讲堂,从祀分列于殿之前,斋舍、门庑、庖湢各有攸处。明年仲秋,释奠礼行,匾其堂曰养正。四斋,在东序曰观善,曰辨志;在西序曰习说,曰敬业。学租素寡,学废,以隶郡庠。既建学,复归于县。士率喜充郡弟子员,入县学必求列职。尚书谓无生员而有职掌,非朝廷养士意也。且郡既有学,则县宜为小学,故以此意名斋堂。选里之未成童,父兄贫而不能教者,十三岁以上为一等,十二岁以下为一等,岁养二十员。命郡学职二员,各以所业训之,增给月俸。废学基建官舍三,司法、监仓、制置司准备差遣。余悉为民居,厘正其疆界,月收钱十缗有奇。绍定元年,尚书复拨所籍慈溪县沈时举水田八十一亩二十七步,地九亩一十步半以益其租。

御　书

宝庆训敕士风诏书二轴。一轴漕司颁降,一轴本府颁降。

钱　粮

田六百三十四亩二角三十五步。沈时举田在内。

租原米二百五十四石三斗七升一合九勺,增米三十二石三斗五升,又钱六百二十七文。

城　郭

旧经云:县在府子城之东二百八十步,城周回四百四十步。其实非有城郭,特县治之基周回若此尔。

坊　巷

见郡志。

仓、库、务、场等

仓库附郭,故不特置。

小溪酒务句章乡去县四十里。唐谓之光溪镇,本人户买扑。皇朝元丰元年,复置监官,趁酒税课额。

下庄酒务阳堂乡,去县三十里。

林村酒务桃源乡,去县三十里。

黄姑林酒务亦在桃源乡。今总谓之林村。

小溪税场与酒务同置。

石碛税场阳堂乡,去县三十里。

宝幢税场阳堂乡,去县三十里。

大嵩盐场阳堂乡。

公　宇

敕书楼其下为门,揭县名其上,入门列东西两廊。建炎四年,毁于兵,绍兴二十五年,令王烨重建。朝奉郎、新差通判福州军州事何泾记,县名,南昌周渤书。绍熙五年,令吴泰初重修敷文阁,直学士、奉政大夫致仕汪大猷记。绍定元年火,令薛师武重建两廊。

宣诏亭楼门外之左。绍定元年火。

颁春亭楼门外之右。绍定元年火。

厅堂端拱元年建。建炎四年,毁于兵。绍兴八年,令顾汝美重建,江都李璜记。嘉定十年,令李寿朋重修,且记之。

狱听事西南偏,令顾汝美建。绍定元年火,令薛师武重建。牢户六,以简、孚、阅、实、审、克编之。

昼帘堂听事之东,面南。绍兴三十一年,令宋应建,鲒埼赵省记。

宽赋堂宅堂之左,面东。绍兴二十六年,令周升亨重建,取梅宛陵"愿言宽赋刑,越俗久罢愁"之句,摘字名之,桐乡朱翌记。

清心堂宅堂东北园中。西南瞰莲池,旁面丞厅二松。绍兴二十五年,令王烨建。久而圮,绍熙五年,令吴泰初重建,王子澜成之。

经纶阁旧在听事之西偏。元祐中,宰邑者以前宰王安石登相位而建,立祠于阁之下。建炎四年,毁于兵。绍兴二十五年,令王烨重建,左朝散郎、主管台州崇道观维扬徐度记。乾道四年,令扬布移王荆公祠于阁之上,后与阁俱废。淳熙四年,令姚枅徙建于宅堂之北。绍熙五年,令吴泰初重建。嘉定十七年,令张公弼又重建荆公祠,移于阁北之西偏。阁之旧圖不存,宝庆三年,令薛师武立。

读书堂久废。绍定元年,令薛师武圖于经纶阁下,存旧名也。

退轩宅堂之后。令李寿朋建,今废。

琴堂宽赋堂之北。令王烨建,今废。

鱼熙亭宽赋堂之前。今废。

仰高亭令王烨建。今废。

西亭令吴泰初有诗,云王荆公旧读书处也,今废。

官　僚

丞听事县门内之东。皇朝政和元年建,绍兴八年重建。有不俗堂,乾道元年,丞张康建。涉笔斋、不负丞轩、俨翠亭,丞向士伟建,绍定元年火。

主簿听事县门内之西。皇朝太平兴国四年建。绍兴八年重建,绍定元年火。

尉听事州城外二里甬东厢,皇朝雍熙三年建,绍兴八年重建。

大嵩寨巡检一员

大嵩盐场监官一员

下庄酒务监官一员以上并阳堂乡。

林村黄姑林酒务监官二员桃源乡。

石碶、宝幢二税务监官共一员

小溪酒税监官共一员句章乡。

驿　铺

驿附郭,故不专置。

城西铺望京门外至景安铺,一十里。

景安铺清道乡至慈溪西渡铺,连江一十五里。

右西路

栎社铺甬水门外光同乡至奉化北渡铺,连江一十二里。

　　右南路

桃花铺东渡门外江之东老界乡,地名桃花渡,北至定海清水铺,三十五里。

　　右北路

叙　山

山

　　四明山　县西南六十里。并跨慈溪、奉化之境,已载郡志。大雷山之西曰孔岙,属县境,有所谓三十六河。虽名河而无水,俯而听之,则水声潺潺,人谓四明山之伏流也。

　　金峨山　县南八十里。州之案山也。

　　太白山　县东六十里。视诸山为最高。其巅有龙池,云气蓊勃,生于水面不绝。若丽日晴霄,澄澈如镜。或风振林木,落叶纷纷过之,无坠池中者。每风雨时,雷电多从山顶出。天童山有支径,可登此峰顶。邦人旱暵,必祷焉,每有灵物变见,雨随以至。或曰,山以太白星得名,又曰近有小白岭,故此为大白,非太白也。

　　天童山　县东六十里。晋永康中,僧义兴结庐山间,有童子来给薪水,久乃辞去,曰:“吾太白一辰,上帝遣侍左右。”言讫不见。太白、天童之名,昉于此。山前有玲珑岩,石多嵌虚。支径透其绝顶,景象尤胜。

　　贸山　县东三十里。高二百八十丈。按:《十道四蕃志》云:以海人持货贸易于此,故名。县居贸山之阴,乃加“邑”为鄮。

　　阿育王山　在贸山之东。高数百仞。阿育王见灵,建寺其下,因以名山。详见本寺文。寺有径路可上,山腰有佛左足迹,入石二寸余。峰顶有极目亭,望海中山如丘垤然。

　　玉几山　阿育王山之前。自寺视之,横陈如几。

　　大梅山　县东南七十里。盖梅子真旧隐也。按:福本传:王莽专政,福一朝弃妻子去。其后,人有见于会稽者。汉时鄮属会稽,而子真所隐亦不止此一山。山中有石洞、仙井、药炉、丹灶,遗迹犹存。山顶有大梅木,其上则伐为会稽禹祠之梁,其下则为它山堰之梁。张僧繇图龙于其上,夜或风雨,飞入镜湖,与龙斗。后人见梁上水淋漓,而萍藻满焉,始骇异之,乃用铁索锁于柱。它山堰之梁,长三丈许,去岸数丈,岁久不朽,大水不漂。或有刀坠而误伤者,血出不已。

　　灌顶山　县西南七十里通远乡。其山直上二十里,方至绝顶。有普净禅院,岁纳学租。近年有欲采铁于此者，朝旨禁之。札子附于下方。宝庆二年二月十八日省札，从政郎、充庆元府府学教授方万里札子：窃惟鄞、鄮诸山，天造地设，峻秀拱揖，如伏万犀。而四明一山，峰峦峭拔，延袤最广，仙池、石窗尤为胜绝，故孙绰、陆龟蒙诸公，叠见赋咏，至今郡以为称，则是一郡之望山，又非其他诸山比也。国朝自天禧二年，拨隶府学养士，其来久矣，系灌顶山普净寺租佃，岁入钱三百贯。灌顶，即四明之子山也。嘉定十七年冬，忽有豪民唐执中者，以四明山有铁矿发见，密于主管司冒佃鼓铸，焚毁林木，掘凿坑堑。不惟一方骚动，而破坏风水，关系非轻。亟具公文申主管司，以为此山自隶本学，已二百余年，其间岂无铁矿发见之时。然前此未尝掘凿，以求鼓铸之利者，必有谓也。昔胡文恭公宿，在庆历间，以登、莱诸山在京师东隅，民多取金其中，以致地震，请禁民凿山，以宁地道。况今行都去四明无五百里，而会稽山陵无三百里，千岩万壑，气脉相接，岂容以邻郡望山，纵令豪民焚毁林木，掘凿鼓铸。臣子之义，窃有未安。至于孕灵毓秀，钟为一郡人物，则当今名公、巨卿、大儒、硕望，布满中外，不应规此小利，毁坏风水。况在常平法，诸坑冶兴发而在寺观、祠庙、公宇、民居、坟地及近坟园林者，不许人告，官司亦不得受理。今山既隶府学，普净寺又已管佃，而一郡士大夫坟墓之在其上者，不知其几，岂不违背法意。继蒙主管司即时禁止，方幸平息，书判见在。今岁正月间，复有丁思忠者，隐下唐执中元断事节，径就坑冶司陈状，行下告示，本学划佃普净寺所管四明山，即欲掘凿鼓铸。盖此山在本学，初无利害，不过岁得钱三百缗。纵为鼓铸，亦不失此。万里蕞尔冷官，窃廪乡校，亦不过三载，何敢固执不可，以拒泉司之命。实以丁思忠冒佃此山，岁认铁矿五千，其直不满二百，然在泉司十路坑冶之权，初不欠此。而一郡望山，轻于毁凿，委有关系。却恐今日黾勉徇从，异时合郡归咎，必曰使豪民凿四明山自万里始，职守所系，不敢自默。除已力陈利害，具申泉司外，窃恐豪民规图未已。倘蒙轸念袤乡望山所在，乞赐札下庆元府主管司，以凭遵守，不许人冒佃鼓铸，仍将唐执中、丁思忠略加惩治，以为后来豪民违法规利者之戒。伏候指挥。右已札下坑冶铸钱司、庆元府主管司，各从所申事理施行外，今札付庆元府证应，准此。

它山 即善政侯为堰之地。水南沿流皆山，至是始有一山在水北。因两山相对，堰得以成。以其无山相接，故谓之它山。

天井山 在通远乡。神龙所居，有三井焉。一岩突然而出者，下瞰百仞之渊，地仅容侧足，缘萝可行。如此者数十步，至下井。井之旁，石皆光洁，如龙物常行，久而熟之之状。又行三里，至中井，益险。又三里，至上井，则难矣。旱暵祈请，得蜥蜴或蛇、蟹之类。自山下望之，弈弈有光，雨辄应。每欲雨，则云雾先兴于此山。山有龙王堂，张良臣记。

响岩 县西南五十五里句章乡。岩石壁立，下浸江水。水北作声，则岩中答之，故曰响岩。有影如佛像，故又名佛影岩。天寒，有鸬鹚数百为群，集于岩上，故又名鸬鹚岩。

北岩 县南五十里句章乡。岩中可容百人，暑月清凉。有频伽鸟巢其中。

凤山 县西南七十里通远乡。

石臼山 县西南五十里光同乡。山坡有石,圆而扁,阔可二丈,中有穴似臼,世传葛仙翁炼丹之所。旁有二足迹,世谓之仙迹。山下溪潭深回,杳不知其底。有鱼如舟,或见,则必作阴雨。或有见龙首,枕于山麓潭上者。仙隐山与此山相连,魏文节公杞作碧溪庵于其上。

芝山 县南五十里光同乡。

西石山 县南六十里通远乡。出石。

东石山 一名稽山。县东三十里。出石。

姜山 县南三十里。平原中崛起。有石洞三,其一最大,曰后岩,中可坐数十人。洞后又有一小洞,上有小穴,形圆如月,仰可窥天。里人像神祠于岩中,后分其祀于山前岩下,号前岩庙。

茅山 县南五十里。与姜山对峙。

厉山 县东三十五里。

阳堂山 俗曰青山。县东四十九里。《舆地志》云:此山四面悬绝,下有鲍郎庙,即鲍君生所居也。

银山 县西南四十五里。地名小溪。尝产银,故名。

锡山 县西南五十里。尝产锡,故名。

大含山 县东南三十里。

白鹤山、望春山 皆在广德湖。

陶公山 在东钱湖。山下多朱姓居之。世传陶朱公尝隐于此,有钓鱼矶在焉。宝庆三年,守胡榘建烟波馆、天镜亭于其上。详见《叙水》东钱湖内。

隐学山 在东钱湖。其下有栖真寺、放生池。

二灵山 在东钱湖。有张王行祠。

梨花山、月波山、百步尖 皆在东钱湖。

大慈山 在东钱湖下水岙。今丞相史鲁公葬母夫人之地,以此著名。

圣女山、管公山 皆在县西。

珠山、跸跨山、有瀑布。**佛陇山、阮山、朱长山** 皆在县东。

东山、黄山、金文山、五峰山 皆在县东南。

建岙山 在县西南四十五里。

旧志载,亶洲山在县东四十五里。按:《十道四蕃志》云:亶洲有虞喜冢,晋屡召不至,死葬于此。东方朔《十洲记》云:山有不死之草,赤茎绿叶,人死三日,以草覆之即活。按:《吴志》:黄龙二年春正月,吴遣将军卫温、诸葛直将甲士万人,浮海求夷洲及亶洲。亶洲在海中。《汉武洞穴记》言:秦始皇帝遣方士徐福,将童男童女数千人,入海求蓬莱神山及仙药,至洲不还,世相承,有数万家。其上人民时有至会稽货布。会稽东县人海行,亦有遭风飘至洲者。所在绝远,卒不可得至,故卫温等但得夷洲数千人还。今谓亶洲山去县四十五里,实无此山。世传今日本国即此洲,然未知是否也。又载鸡鸣山云:山有石井,上有铜瓶著石,有大石鸡,云从浮梁上飞来,今犹鸣,应扶桑晓。《太平寰宇记》载动石山云:有坚石,高五六丈,下有小石支之。暴风雨则其石自动,山行者闻隆隆之声。又载灵山云:山有石鼓临涧,若鸣,则野雉翔鸣,故曰灵山。今境内皆无之。

叙　水 渠、堰、碶、闸、桥梁、津渡附

水

奉化江南来亘其东,慈溪江西来亘其北,会而入海,率随潮上下。详见郡志。

广德湖　县西十二里。旧名莺脰湖。唐大历八年,县令储仙舟加修治之功,而更以今名。贞元元年,刺史任侗浚而广之,灌溉甚博,皇朝屡濒于废,不果。政和七年,卒废为田。检正工庭秀著《水利说》,大卿王正己著《废湖辨》,利害颠末甚详,附见于下。〔《水利说》曰〕:鄞县东西凡十三乡,东乡之田取足于东湖,今俗所谓钱湖是也。西南诸乡之田所恃者,广德一湖。湖环百里,周以堤塘,植榆、柳以为固。四面为斗门、碶、闸。方春山之水泛涨时,皆聚于此。溢则泄之江,夏、秋之交,民或以旱告,则令佐躬亲相视,开斗门而注之。湖高田下,势如建瓴,闳日可决。虽甚旱亢,决不过一二,而稻已成熟矣。唐贞元中,民有请湖为田者,诣阙投匦以闻。朝廷重其事,为出御史按利否。御史李后素衔命,咨询本末利害之实,钼献利者,置之法,湖得不废。后素与刺史及其僚一二公,唱和长篇记其事,而刻之石。诗语记湖之始兴,于时已三百年,当在魏、晋也。国初,民或因浅淀盗耕,有司正其经界,禁其侵占。太平兴国中,桀黠之民窥其利,而欲私之,复进状请废湖。朝下其事于州,州遣从事郎张大有验视,力言其不可废,且摘唐御史之诗,叙致详致,记于石刻。熙宁二年,知县事张峋令民浚湖筑堤,工役甚备。曾子固为作记,历道湖之为民利,本末曲折,以戒后人不轻于改废也。元祐中,议者复倡废湖之说,直龙图阁舒亶信道闲居乡里,痛诘折之,记其事于林村资寿院绿云亭壁间。谓其利有四,不可废,今舒公集中载焉。于是妄者无敢鼓动。久之,有俞襄复陈废湖之议,守叶棣深罪襄,襄不得骋,遂走都省,献其策。蔡京见而恶之,拘送本贯。襄惧,道逸。政、宣间,淫侈之用日广,茶盐之课不能给,宦官用事,务兴利以中主欲。一时佻躁趋竞者,争献议,括天下遗利以资经费,率皆以无为有。县官刮民膏血,以应租数,大概每一事必有一大奄领之。时楼异试可丁忧,服除到阙,蔡京不喜楼,而郑居中喜之。始至,除知兴仁府,已奏可,而蔡为改知辽州。月余,改随州,不满意也。异时高丽入贡,绝洋泊四明,易舟至京师,将迎馆劳之费不赀。崇宁加礼,与辽使等,置来远局于明,中人邓忠仁领之。忠仁实在京师,事皆关决。楼欲舍随而得明,会辞行,上殿,于是献言:明之广德湖可为田,以其岁入,储以待丽人往来之用有余,且欲造画舫百柁,专备丽使。作涉海二巨航,如元丰所造,

以须朝廷遣使。皆忠仁之谋也。既对,上说,即改知明州。下车,兴工造舟,而经理湖为田八百顷,慕民佃租,岁入米近二万石,佃户所得数倍。于是西七乡之田,无岁不旱。异时膏腴,今为下地,废湖之害也。靖康初,颇有意于复民利,予时为御史属,尝以唐诸公诗与曾子固、张大有记文示同列,欲上章,未果,而虏骑围城。自是国家多故,日寻干戈,用度不给,岂暇捐二万石米以利一州之民,则湖之复兴,殆未可期。建炎甲戌,虏陷明州,尽焚州治,自唐至今石刻,皆毁折剥落无遗迹。予恐后人有欲兴复是湖,无所考据,故详录之以俟求计。○〖《废湖辨》曰〗:广德湖兴废利害,南丰之记备矣。东南粳稻以水为命,陂泽所以浸灌,无陂泽是无粳稻,而曰废之,非愚则陋,此古今之所甚重,是宜南丰之所特书。虽然,未可以一概论也。《易》曰:变而通之以尽利。夫变而易,通则难。知变而不能通,何利之有?今谓湖无所利,则兴筑之功岂为徒劳?历代以来,七乡所仰,不可诬也。谓湖为有所利,则废罢之后,未尝病旱,数十年内,万目所视,不可诬也。盖鄞之西南,其镇四明,重山复岭,旁连会稽,深阻数百里,万壑之流,来为大溪,而中贯之,下连鄞江,倾入巨海,沛然莫之能御。故民田不蒙其利,而并海斥卤,五日不雨则病,此湖之所以与七乡粳稻以为命者也。自唐大和中,县令王元暐为它山石堰,横截大江,抑朝宗奔猛之势,溪江遂分上下之流,悬绝数丈,水始回环汇于七乡,以及于城郭江沱海浦。昔时潮汐之所,往来皆澄泓清甘。分支别派,触冈阜则止,然后民田厌于水矣。故自大中以后,始有废湖之议,知其有以易之也。不然,一方之人岂其轻举如是?历代建请不可悉数,至政和卒成,迨今逾五十年,亢阳大旱不为少矣,公私无粒米之耗,常与东乡承湖之田同为丰凶,相等贵贱,非若他所,岁以旱诉,蠲租减赋,与夫民田所耗得不偿失者等也。其故何耶?是则石堤之利,有以易之,此变而通之之利,其理明甚,人第弗察耳。不然,虽时月不可支,安能及数十年无所害耶?夫利害至于数十年不变,天理人事既已大定,议者犹欲追咎,过矣。湖之为田七百顷有奇,岁益谷无虑数十万斛,输于官者什二三,斗大之州,所利如此,讵可轻议哉?士大夫不揣其本而齐其末,且未尝身历亲见,徒习饭豆羹芋之谣,与夫南丰之文,煜耀辨论,震荡心目,其亦不思甚矣。故余作废湖辨。○濬谨按:二者各有说,惟是今岁夏初,秧插未毕,愆阳再旬,东乡惟恃钱湖以不恐,西乡渠流已竭,舟胶不行,人情皇皇,不可一朝居。幸而祷雨随应,钱湖之闸未开而泽已决。设更数日不雨,钱湖犹可资灌溉,而它山堰水决无可救旱之理。惟湖已变为田,田必不可复为湖,已事不必论。若它山、仲夏堰之水,岁浚渠而深蓄之,其庶几乎?

东钱湖　县东三十五里。一名万金湖,以其为利重也。在唐曰西湖,盖鄞县未徙时,湖在县治之西也。天宝三年,县令陆南金开广之。皇朝屡浚治。周回八十里,受七十二溪之流。四岸凡七堰,曰钱堰,曰大堰,曰莫枝堰,曰高湫堰,曰栗木堰,曰平湖堰,曰梅湖堰。水入则蓄,雨不时则启闸而放之,鄞、定海七乡之田资其灌溉,菱、菂、莼、蒲、荷、茭滋蔓不除,湖辄湮。淳熙四年,皇子魏王镇州,请于朝,大浚之。二月七日,敕中书门下省:尚书省送到皇子、雄武保宁军节度使、开府仪同三司、判明州军州事、提举学事、兼沿海制置使、魏王状奏:臣淳熙三年十二月十七日准尚书省札子,为臣奏,照对明州被山带海,山高于田,田高于海,水有所泄,每岁不苦水而苦旱。前古因山形有不合处,筑为长短塘,受涧谷之水七十有二,号东钱湖,亦号万金湖。唐天宝中,鄞县宰陆南金益浚而广之,其长八十里,灌田一百万余顷。至本朝天禧中,守臣李夷庚因旧废址,增筑坚固。自此七乡之民,虽甚旱而无凶年忧。庆历八年,县令王安石重浚湖界。嘉祐中,始置碶、闸。至治平元年,复修六堤,立陆南金、李夷庚之祠于堤旁,岁久废坏。至绍兴十六年,邑民怀思旧德,复修祠宇,塑神像,皆有遗迹及碑刻可考。惟自治平元年至今,百有余年,湖浸湮废,茭、葑生之,至二万余亩,潴水不多。旧年于湖内取水,灌注田亩,一岁凡三次,今止放得一次,不能遍及,郡人病之。乾道五年,守臣张津具奏,乞开茭、葑,得旨依奏。赵伯圭踵其后,遣知县事杨布量步亩,计徒庸,当用钱一十六万五千八百八十八贯,米二万七千六百七十八石,工役至大,费用不赀,以故中辍,皆有案牍可考。自臣到任,恭承前后所降诏书指挥,兴修水利。今年四月,据知鄞县事姚枢乞开东湖,委长史莫济、司马陈延年相视基址,询访湖边父老以及士大夫,皆以为当开,遂委官量步亩实数,具奏以闻。在法,农田水利并以食利众户共力修治,合是民间出财。陛下圣慈,爱念黎庶,为之出内帑会子五万贯,义仓米一万石。臣仰体圣意,凡用竹木,支犒赏,搬运茭、葑,并用本州钱以佐其费。缘是地界阔远,分作四隅,差官董役,复选择土人有心力者相与办集,令莫济、陈延年往来监视。计开葑二万一千二百一十三亩三角一十六步。至十月三十日,已遂毕事。但搬运已开茭、葑,增广塘岸,或积在山坳,更须月余,方得净尽。民间见百余年积弊一日扫除,无不引手加额,称颂圣德。臣亦欣快忭蹈,良自庆幸。臣本州官吏除长史莫济、司马陈延年已蒙圣恩除职外,其余提督官以下,委有劳效,欲乞睿旨,许臣开具保奏推赏,庶几为民兴利之官,有所激劝。奏闻事。十二月十三日,三省同奉圣旨依奏。臣今开具下项保明是实,伏候敕旨。二月七日,三省同奉圣旨,姚枢减三年磨勘,陈公亮、潘渭卿、钱蔷、林泌、司公望、顾仁升、顾仁俊,并减一年磨勘,许常和、顾仁智、顾仁兴、陈观礼,令明州于今年各人户下合纳官物内,量与减免,张允迪、周徽、许贤,于本州钱内犒设一次。然当时所除茭、葑,未出湖堤,既复填淤。嘉定七年,提刑程覃摄守,捐缗钱置田收租,欲岁给浚治之费。朝廷许其尽复旧址。札子。窃见庆元为郡,濒海近江,并无陂塘,全仗东钱湖及广德湖它山水灌溉田亩。广德湖久已成田,饷水军,不敢复议。它山之水涨则逾堰入江,余悉分入支港,通舟荫田,每岁四季须当淘沙开浚,始能无碍。所用和雇人夫,一岁当一百贯文。本府见行用钱一千二百余贯,置田四十亩,委乡官收掌,县丞、提督递年充雇夫之用,更不扰民。惟有东钱湖为民利甚博,湖面阔约十万亩,灌田一百万余顷,尔后茭、葑湮塞。向者郡守控告朝廷,陈乞钱一十六万有余贯,米一万七千有余石,雇役民夫,开浚茭、葑,未蒙允可。魏王判庆元日,复行申奏,蒙圣旨出内帑五万缗,义仓米一万石,本府均官民户有田之家,出人夫器具,又差拨水军,同共搬葑积于湖中,候有水方行搬载。暨有水之时,欺罔官司,将葑复行平摊在湖,徒费钱米,无补纤毫。其时茭、葑尚少,今乃不然,民间因茭、葑之涨塞,并皆托嘱请佃,或恃强侵占为己业,种荷裹田。今则湖中之水,通舟如线,夏初缺雨,尽开湖闸,灌田无多。幸而朝廷祈祷即应,遂得一熟。士庶陈述利害,覃同通判亲往相视,委实湮塞。若欲科率民户,有田之家亩头出钱,则骚扰尤甚,复差水军,非徒无补水利,且妨教阅。覃区区管见,不可求速效,当磨以岁月。合置田一千亩,每亩常熟价直三十二贯官会,计钱三万二千贯。每岁得谷二千四百余石,如义仓例,轮委近乡等户,物力最高者掌管,分在近湖寺院安顿。每岁农隙之时,许民间割取淤葑,计船之小大,论取葑遥近里数,葑之多寡,立为定则,酬以谷子。一年会计,可以运二万余船。若能去二万余船葑,则可潴二万余船水。年年开浚,水利日广。十数年之后,必可复见旧湖基址。诸乡之田,虽旱无忧。若或坐视,不早为之计,它时庆元之田,既无水利可恃,则与仰天山田等耳。利害晓然,不敢繁述。覃备员摄郡,撙节浮用,径备上项三万二千缗,责付等户,一面置田,条画规式,置立板榜。但其间除月波寺、隐学寺、嘉泽庙、钱堰四处,旧有荷池,许留栽种,见委县丞、县尉置桩钉立界至存留外,余外盗种强占,或有已裹成田,并合开掘。如仍前盗种强占,不以官民户,定行追治监责。覃窃虑所立规模,今年置田,来年收谷,农隙兴工,后年田家方得其利。如是则来年缺雨,农家岂不利害。覃今再备钱三千余缗,籴谷二千余石,一面收买淤葑,庶几向后可以仿此施行。事大体重,若非朝廷力赐主盟,它日必有复萌侵占者,妄行陈乞更改。伏望特赐敷奏行下,本府常切遵守,不许妄将上件谷子别有移用。如违,许民赴诉,照常平条法施行,伏候指挥。九月十九日,奉圣旨,依所申事理施行。其月波寺、隐学寺、嘉泽庙、钱堰四处荷池,亦仰一体尽行开掘,仍出榜禁戢,今后不许复有侵占。如或违戾,仰本府追人根勘,其情犯申尚书省内命官取旨镌责。其官民户定重作施行。**而后来有司奉行不虔,田租浸移用,湖益湮。宝庆二年,时尚书胡榘守郡,请于朝,得度牒百道,米一万五千石,又浚之。札子。**窃见本府负郭膏腴,连亘阡陌,劝农之政,莫急水利。鄞县七乡,岁不告旱,所资以为灌溉之利者,惟东钱湖。湖面阔十万亩,周回八十里,受七十二溪之水。所归水盛,可潴旱,干则放,凡湖下之田,受灌溉者百万余顷。年来荛、葑障塞,官司失于开淘,以致水面日狭,积水浸少。今年春、夏之交,偶缺雨泽,委鄞县丞常从事前去开闸,放水下田。据称,止放一二版,而湖水所存已无几。若因循度日,不行经理,深虑浸致湮淤,坐失水利,委涉未便。契勘昨来提刑程覃来摄府事,尝创立开湖一局,拨府钱三万二千缗,欲买田一千亩,岁收租谷二千四百余石,募民岁取荛、葑二万船,可添潴水二万船,迟以十数年,东湖之葑可以尽去。然自置局之后,有司坐视,不曾举行。已买之田,岁收租谷,未免将作应副修路之用。未买之钱,见桩留于库,不曾买田。今湖面荛、葑日生月长,无有穷已,根株滋蔓,日吞水利。昨因士民有请,榘即躬亲前往相视,继委通判蔡奉议重行检踏。据蔡奉议申,五月二十六日,躬亲前去。是日自钱堰挐舟,先登二灵山,一览尽见积葑,充塞殆十之八九,惟上水下水与梅湖三节,粗存水面。既已得其大略,乃亟易舟前迈,令舟人以竿刺水,步步考验,根株之下,虚实相半,最深渺处,不过数尺。惟是葑积岁久,势虽浮上,根实附下,其间又杂荛革,彼此丽属,重以荷茭菰蒲之类,生生无穷,异类同党,其近山岸处,积湮更甚。亦有因而为滕,渐成畎亩者。及询问父老,审订事宜,皆云东湖自魏王临镇之时,申请浚治一次,今逾四十年,有司未尝过而问焉。失今不治,加以数年,荛、葑根盘,水不可入,虽重施人力,亦终无补,会稽之鉴湖,盖可监也。倘蒙有司申请开浚,则湖下两县田业可以岁享灌溉之泽,湖上四望渔户可以日获锱铢之利,号令一出,其谁不然?且魏王开湖之始,役兼资于兵民,功具举于表里,故事立就。其后有司非不念此,而或废于卤莽,或牵于事力,或坐视不治,或粗举无益,因循积累,至于今极矣。至于所用日时,必须于农事之隙,八九月之交,水势稍退,兴工入手,则民有余力,官无峻期,或伸或缩,惟吾所命,实为至便。今条具到用功次第下项:一、今开浚东湖以兴水利,势须先去荛、葑,并其根株,然后放干湖水,以去淤泥,庶几开浚既深,可潴水泽。但功役颇大,未易轻举。今当以序而为之。然役水军,则用生券;或募民夫,则用雇值。契勘昨来魏王开浚,因钱米不给,颇有扰民。今要当斟酌,使公私俱便,乃为至计。拟于八九月之间,先用水军人船,以去芰、葑,然后于十月内,募湖下有田之室,出工夫人力,以助有司,庶事可以办集。　一、契勘昨来魏王开湖规画,未遂尽善,颇有遗恨。所开芰、葑,积于湖旁,候有水用船运去。泊至水生,用人船搬运,乃多为欺罔,将芰、葑平摊湖中,复至湮塞水面,徒费钱米,无补纤毫。今者用工不可又蹈前辙。然湖际四山少有可积葑去处,若即用船搬运,尤为重费。众议今当聚芰、葑、淤泥筑为一堤,可以尽除芰、葑之根株,可以便民旅之往来。但昨者众议,欲自月波寺筑至二灵山,横绝渡河,延袤八百余丈,工役尤大,不可轻为。今者之议,欲自邵家山头筑至杨家山头,才三四百丈,工役减半,可以举行。　一、东湖植荷,民微微利,所在皆是,未免妨水。或者乃持荷可养水之说,而不受淤泥。曾不知水浅则荷盛,水深则荷衰,理之必然,所易晓者。昨程提刑尝申请不许民户种荷,已蒙朝廷行下,尽令屏除。今未十年,荷荡已占三之一,芰、葑因占三之二。今若浚湖,势须尽行屏去,自后不许种植荷莲。仍乞朝廷检会已降指挥施行,如或违犯,许人陈首,追人根勘,具情犯申尚书省内命官,取旨重作施行。　一、今浚湖必当放水,先须修整诸处碶闸,放运河之水以入于江,然后放东湖之水以入于河,河水潴蓄稍多,庶几湖田之民来春不失灌溉之利。右件开湖事,条列在前,本府除已置开湖局,委通判蔡奉议范充提督官外,望朝廷给降度牒一百道,支拨常平义仓米二万石,下本府添贴开浚东湖支费。东湖画图内,已贴说筑堤之路,与前此不同,并于风水无妨。谨具申尚书省,伏候指挥。九月二十一日,奉圣旨,并依所申,令浙东提举司于常平义仓米内支拨一万五千石,及令封桩库支拨度牒一百道付本府。每道作八百贯文变卖,并充开湖使用。务要如法开浚,经久流通,无致积泥再有湮塞。仍仰本府常切觉察,严立赏榜。今后如有官民户、寺观复行侵占,并种植荷莲,违庚之人,许人陈首,即仰将犯人送狱根勘,具情节申尚书省命官取指挥,重行镌黜,余人定行决配。仍具已开掘次第及用工役钱米帐状申,并下提领封桩库所、浙东提举司、各证应施行。十月,命水军番上迭休,且募七乡之食水利者助役,各给券食,祈寒辍工。明年春夏之交,役再举,农不使妨耕,兵不使妨阅,募渔户徐毕之。十月七日告成,诏劳功有差。提督官、通判蔡范特与升擢差遣一次,总管韩宗元特令再任路分,吕纯仁特减三年磨勘,鄞县丞常揆特循两资,水军正将王选、倪珍各特减二年磨勘,准备将孙茂、王戬各特转一资,白身王茂特与补守阙进勇副尉。绍定元年正月十八日省札。尚书犹惧其无以继也,奏以赢钱二万八千三百四十七缗有奇,增置田亩,合旧谷食,俾赢三千,令翔凤乡长顾泳之主之。分渔户五百人为四隅,人岁给谷六石,随芰、葑之生,则绝其种。立管隅一人、管队二十人,以辖之。府县丞以时督察。有旨悉如请,仍命提举常平司董其事,即陶公山立烟波馆、天镜亭。郡人宝文阁学士史弥坚记。

　　自此不薙葑者十六年,几无湖矣。淳祐壬寅冬,制守陈垲因岁稔农隙,命制干林元晋、金判石孝广行买葑之策,不差兵,不调夫,随舟大小、葑多寡,听其求售,交葑给钱,各有司存。初至数百人,已而棹舟裹粮至者日千余,可见远近乐趋向也。淘湖所收,率以佐郡家支遣,至此方全为淘湖之用。〔按曰:“自此不薙葑者”

以下,皆后守续增。

渠、堰、碶、闸

它山堰 县西南五十里。先是,四明山水注于江,与海潮接,咸不可食,不可溉田。唐大和中,鄮令王公元晬始叠石为堰于两山间,阔四十二丈,级三十有六,冶铁灌之,渠与江截为二。唐亮阇黎有诗云:截断寒流叠石基,海潮从此作回期。行人自老青山路,洞急水声无绝时。渠流入城市,缭乡村,以漕以灌,其利甚溥。故堤防浚导,岁以为常。提刑程覃摄守,买田收租,以给经费。详载郡志。

仲夏堰 县西南四十里。唐大和元年,刺史于季友于四明山下开凿河渠,引山水流入诸港,置堰蓄之,溉田数千顷。

西渡堰 县西二十里。

北渡堰 县南二十五里。

北清堰 县西北二里。

长塘堰 县南二十五里。江河夹岸为塘,延袤百余丈,俗呼为百丈堰。当风潮之冲,御河流之洞,以故累筑累败,役户坐是荡产者什七八。里士黄堂相地势,谓河洞本为溉塘下之田,然不可与水争地,乃以田易邓桥广福院田,凿为渠环之,以接旧河之洞,使仍可溉塘下之田。于河洞邻江之地,各捐半里许,于其外为堰二,以杀水势,旧塘遂坚壮,民病始苏,至今赖之。

上河堰、下河堰 县南三十里,乃鄮塘乡姜山之前上、下河之堤也。上河则白杜横溪山源注之,与东钱湖水通。下河则铜盆浦有堰,常浦进林有碶,碶通奉化江,潮雨涝则江潮接之,二河涨水相迎,故堰善败。行者、居者皆谓二堰各迁入十余丈,则依山之麓,易于堤防,且得白杜横溪之源,回环旧河中,旧河今为下河,徙堰则为上河矣。可溉田五六百亩,而得常稔,亦无妨他乡水利。居人欲徙,未能也。

炉头堰 县南二十五里。

铜盆浦堰 县南一十五里。

郑家堰 县南城外半里。

道士堰 县东城外半里。

林家堰 县东五里。

倪家堰 县东半里。

邵家堰 县西北十五里。

兰浦堰 县南五十里。

浑水闸 县西二十里西门外花园侧。甬东林家道头、钱家道头皆有闸,今多湮塞。

行春碶　光同乡四十三甲。俗名南石碶。

积渎碶　光同乡四十一甲。又名下水碶。

乌金碶　句章乡镇甲，又名上水碶。嘉定辛巳，泉使魏岘申朝省，降度牒再修。

回江东、西两碶　县阳堂乡六甲。

萧皋碶　手界乡二十甲。

贝则碶　手界乡二十二甲。

钦碶　丰乐乡二十三甲。

东周碶　丰乐乡二十五甲。

古塘碶　丰乐乡二十五甲。

樟木碶　鄞塘乡二十八甲。

练木碶　鄞塘乡三十甲。

史家碶　鄞塘乡三十三甲。

鹊巢碶　手界乡镇甲。今废为田。

茅针碶　鄞塘乡。

荻裘碶　手界乡二十一甲。邑簿黄宁创于熙宁。

右堰、碶，举其潴水之大者，其余不及尽记。沿江皆堰，一坏则渠水泄而海潮入，皆所当谨也。

江东碶闸　县东城外半里。淳祐二年，秘阁、修撰陈垲守郡日，据士民白札子，本府江东米行河旧有碶闸，随时启闭，内通东湖水脉，外障大江潮汛，沿河两岸，各有古来石礩。四五十年以来，两岸居民节次跨河造棚，污秽窒塞，如沟渠然，水无所泄，气息蒸熏，过者掩鼻。数内余家桥、夹家桥低塌河面，舟不可通。不惟有妨民旅运载，兼父老流传，谓此河通塞，于四明风水最有关系。乞行开浚，复还古迹，仍乞增高两桥，以通舟楫。本府遂具申沿海制置使司，差委路分权帐前水军统领傅端俏修武，本府司法冯喜、孙迪功，同共相视，告示侵占古河起造浮棚之家，日下自行除拆，斟酌多寡，关支官钱俵散。寻据所委官申，并已拆除浮棚，取见元来石礩讫。本司遂差拨水军开浚河道，搬去瓦砾，彻障蔽以见天日之清明，荡污秽以通江湖之脉络，邦人无不称快。于是重修浦口、疏水二闸，改造浦东桥、原名余家桥。澄波桥，原名夹家桥。各增高二尺。于浦口桥北创置淘河闸官舍三小间，差不厘务使臣一员，专一监临启闭，每月添给官会一十贯文。江东寨拨水军二名役使，每月各添支官会三贯文。又置钩锄锹镬之属，具载板榜。再差官打量，自浦口桥河道南北两岸阔狭丈尺，从制置使司置立石碑闸官舍内，久远参照。开具下项：

浦口桥下_{阔一丈一尺}。

浦口闸外_{阔一丈一尺}。

浦东桥下_{西阔一丈二尺五寸,东阔一丈三尺六寸}。

澄波桥下_{西阔二丈三寸,东阔一丈六尺}。

米行桥下_{西阔一丈三尺八寸,东阔一丈四尺。○〔按曰〕:原本脱"米行桥下"条,而以米行桥下丈尺误作澄波桥下丈尺,今据嘉靖志及《敬止录》所引补正}。

疏水闸里_{阔一丈四尺}。

胡家桥下_{阔一丈五尺五寸}。

真君庙桥下_{阔二丈六尺七寸}。

真君庙桥东至栖心寺桥一带,并系大河。

以上自浦口桥打量至真君庙桥河道,东西通长二百丈三尺七寸,并系浙尺。

保丰碶 县北城外半里。西管支港受它山、林村两路之水,满则泄之江,若行春、积渎、乌金、石塘诸碶,皆所以泄西管水也。行春、积渎、乌金相距不过数里,惟石塘碶回环而北,三十里间无一碶可以泄水,每过霖潦,往往汇于城下,反藉城中三喉传送。三喉穴城为水道,仅通一线,所泄能几?此保丰碶之不可不复也。先是,淳祐辛丑,余参政天锡典乡郡,已有意经营,不便者怵以风水之说。明年,郡守陈垲讲究水利,邦人具言保丰兴废,关乡里丰歉,即拉西倅尤熽、南倅赵体要、路分傅端俏、金判石孝广、知县谢琳,亲至地所相攸,乃知故基为碶旁居民李、沈二家冒占为屋,为蔬畦。下其事于都厅,索两家契据,原无所凭,但云祖父以来,相承有此,具伏侵冒。于是亲督壕寨,引绳度地,碶所不用者,捐以予之,且厚所犒。然此地本楼店务所有,原非二家之物。询之父老,俗讹为宝峰。意当时藉此碶之利,则丰年可保,第图志不载,不知废在何时,今始正名。已申朝省照会,为闸两间,立石柱三造板桥于浦口,以便行往。是役也,物听匠石承揽,先给本钱,工以水军,别廪生券,民不知而事已集。标识岁月,见于双柱石扁。

大石桥碶 县东城外一里。童、育两山之水,本自此入江,岁久湮塞,亦图志之所不载。淳祐二年,郡守陈垲亲访古迹,得断石沙碛中,此地良是。遂即桥下作平水石堰,而于浦口置闸立桥,内可以泄水,外可以捍潮。碶闸之设,必启闭得宜,则涝有所泄,旱有所潴,水常为吾之利。其或当启而闭,当闭而启,则害亦如之。四明前此水患,甚至民居沉灶,禾稼生耳者,无他,惜水太过,诸碶不尽放故也。淳祐二年夏,淫雨不止两月余,人人皆忧,无可求疗一饱,坏于垂成矣。郡守陈垲谓旱涝丰歉在天者,固不可必;若人事所当修,岂容不尽其力?遂置平水尺,朝夕度水增减,以为启闭。地形高下不等,而水之浅深亦然。大概郡城河滨之水,常以三尺为平,余可类推。过平以上,则当泄。中间数夕暴雨,水骤长至四尺有奇，守夜听雨声，日视水则。时当启闸，率分遣官吏四出，斟酌尺寸，为放水分数，亦或尽板一决，城中三喉，昼夜使之通流。是年虽积潦，谷粟蔬果一无所伤，岁以稔告。所以然者，常年放水，田氓告之都保，都保告之县，县告之郡，往复行移，动是旬日，水之溢者已壑，稻之浸者已芽。今州郡一闻雨骤水泛，不待都保县道申到，放闸之人已遣行矣，防患未然，所宜书以示后。丞相郑申公手书附见于此。○清之投闲忧国，惟切年丰之愿，况乡邦乎？日者未秋而潦，每见贤邦伯开水利于先，疏水患于后，皇皇汲汲，如救头然。人始疑其迂，而终服其制，独拙者之见，以为人力足以夺天造，然不期应响之速如此。昨出郊，见获稻之田，龟坼无涂足之累；晚稻之田，鱼游无涸辙之虞。村春亩馌，手额叹咏，为之寝饭俱适。兹蒙宠示鄞志纪载，风檐快读，喜见须眉。剙碶闸之名，虽生长是邦者，犹不能悉，今名称处所及蓄泄启闭，一览可周，既收目前之效，复垂后日之规，词简事备，利害并列，可谓深切著明矣。近世官治所尚，凡有施置，必为丰碑美语、采图华编，以诳耀耳目。今以事实系之郡谱，使来者有考焉，非心诚求之不及此，尤用钦服。云云。

回沙闸 初创于淳祐二年秋，其地则它山堰之吴家桥也。庆元三面皆江，潮汐上下，一郡七乡以饮以溉者，它山之水而已。其源自越之姚、虞、剡，历分水岭石坛龚村大小皎至它山，号大溪。自堰而下为江，堰之上旁为小溪，分注七乡，入于城，今日月湖、运河，闸治池沼渟涵如璧，萦纡如带者，皆是水也。大、小溪而上，夹岸皆沙，雨则与水俱下。江以堰限，沙不能越，故并聚于小溪，水为不流，井泉斥卤，农田失溉，民甚苦之。岁至三四淘，费缗钱数万，已复壅塞如初。脱遇暴涨，沙自西岸入，其壅尤甚。堰上下级皆三十六，其上沙没尽，下不没者五六。知府、制置、秘撰、少卿陈公垲来访民瘼，知沙为害。一日，率僚属亲往，以求其策，顾谓制幕林君元晋曰："西岸广袤，虽未易图，由小溪而入者，尚可施人力。与其淘于既积，不若遏于未至。水轻清居上，沙重浊居下，将建闸于小溪之冲，水溢则闭，平则启，沙溢于外。去之差易。"未几，溪上寓公新庐陵魏守岘书来，述乡氓意，与公合。稽于众，卜于善政侯，又合议乃决。因属魏侯总其事，新进士安君刘佐之，文移书拟属之林君，秋毫无扰。庀役六十日，无日不晴，迄役始雨，溪谷之民观者如堵。闸三间，版皆七，中间常留一版，俾上可通舟，水涸则去。东西闸常留两版，余分置看守人许亚一等家，水泛则不拘早夜，集众力，急下版相水高下，版随以增减。常令水自上入溪，沙隔于外。水平去版，通舟如故。闸外沙积稍多，即仰措置水利刘湜等申府，切待支钱米，差官吏前去，雇人监淘。旧有淘沙田，岁收六十余石，寄桩常平仓董工使臣刘湜家。小溪素管它山水利，今责以措置，除制司月支十七界官会十五千外，更月给米一斗。许亚一等兄弟子侄八人，居闸旁，应募司启闭，月共给米一斛。如有更替，则改界承替人。已约束守闸人，不许启闭时邀求舟人钱物。除水溢下版外，平时不许多留闸版，故妨船筏往来。安顿闸版之家，不许作践移用损失。再照，它山堰昔为乡民势家船筏自堰下江，致损堰石,最为利害。自秘阁陈公下车,立赏五百千禁戢,无敢犯者。已再申严,有违此令,许诸色人陈告,即先支上项赏钱,仍许执留船筏,就行给付。凡前项各约束之事,并载石碑,植于闸所。闸记林君所撰云。〔按曰〕:自"江东碶闸"条至此,悉皆后守续增。

桥　梁

东津浮桥灵桥门外。唐长庆三年,刺史应彪置,凡十六舟,亘板其上,长五十五丈,阔一丈四尺。初置于东渡门外,江阔水驶,不克成,乃徙今地。方经始时,云中有形如虹,映其上,众咸异之。初名桥曰灵现,又曰灵建,以此也。太和三年,刺史李公文矱,僖、昭间刺史黄公晟,皇朝开宝中,守钱公亿,乾道中,守张公津,庆元中,守林公大中,嘉泰元年,守陈公杞,嘉定四年,守程公准,六年,提刑程公覃摄守,十六年,守赵公师嵒,皆乘其圮而新之。宝庆二年,守胡公榘谓民已病涉,凡负桥之舟,亘舟之板,维舟之缆,系缆之柱,皆一新之。凡修置皆有记,今逸其碑,惟曾公从龙、史公弥坚二记在焉。

淳祐二年壬寅,秋七月,圮于飓风,制守陈公垲又新之。盖自长庆迄于今,凡几建,鸠工辑材,取办属邑。桥成,贯以巨缆,矴于深渊,风涛乘之脱落,无策,听其自坏,新造则经年不可办。公喟然顾僚属曰:"以经营之不易,听蜝虿之肆暴可乎? 吾昔游淮汉间,有并五六十舟而可收于指顾之顷者,盍思其计。往往一岁飓作有时,由六月既望,迄九月既望,间一见之。间暇则联络通往来,此时则卷而藏之,取水军脚船四,济行者,庶乎可久。"众欢然曰:"令简而易行,桥可寿矣。"命干幕林元晋、路分傅端倬董其概,无事文移,听民就役,厥材孔良。阅四月事就,揭其约于灵济庵,俾后来有考焉。○〔按曰〕:淳祐二年以下,后守续增。

庆丰桥旧名望云,在望京门外。绍圣四年建,乾道四年,守张津重建。

新石桥南门外。宝庆三年,守胡榘建。

澄波桥灵桥门外。

浦东桥灵桥门外。

张斌桥县东五里。元丰五年建。

白鹤桥县东七里。绍圣二年建。

七里店桥县东七里。绍圣元年建。

盛店桥县东十里。元符元年建。

回纤桥县东二十五里。绍圣三年建。

回江碶石桥县东二十五里。熙宁元年建。

张村石桥县东三十里。元祐元年建。

颜桥县东南三十里。绍圣元年建。

翻石桥县东南三十里。熙宁元年建。

邓桥县东南五里。天禧二年建。

马湖桥县西南五十里。元祐三年建。

高桥县西南五十里。元符元年建。

小溪江桥县南五十里。元丰元年建,长二十有八丈,阔二丈四尺,而为屋于其上。绍兴十五年,邑人朱世弥、世则重建,唐昌言为之记。

仲夏桥古有大桥,径趋小溪,宣和中,断之以防寇,一方病涉,商旅以绝。绍兴八年,通判舒国佐率乡豪重建,定其址而未遂。镇官游彦忠成之,庄汉英、张允明、庄椿输财鸠工,柱板皆以石,纵一百六十尺,衡十有二尺,费缗钱二千有奇。经始于十四年之八月,落成于次年之仲夏。吴秉彝记。

北渡桥县南三十里,熙宁元年建。

赵家桥县南二里。元符元年建。

林村市盘桥县西五十里。熙宁初建。乾道六年,监务范淮率乡人易木以石。

流花桥旧桥圮于水,乾道六年,监务范淮率乡人叠石为之。开封姜模记,名以抑洪。

洞桥二桥在林村。

沈店桥县南七里。元符三年建。

望春桥县西十里。元符元年建,绍兴中重建,今改庆宝桥。

高桥县西二十里。绍兴中重建。

夏家桥县南五里。元符三年建。

周卖鱼桥

卖席桥

大河桥

拗水桥四桥皆在县东。

宋招桥县东十里。

朱家桥县东十二里。隶手界乡。

横石桥县东十二里,隶手界乡。

郯山桥县东二十五里。

河　渡

桃花渡即东渡。

西江渡即西渡。

铜盆番石渡

周苏渡

俞公李家渡以上各以人户买扑。

叙　产已见郡志

〔新校〕

　〔山〕

　〔大梅山〕　张僧繇图龙"张"上脱"禹祠之梁"四字。

　〔水〕

　〔东钱湖〕　田租浸移用"移"下脱"他"字。

　〔碶闸〕

　〔浑水闸〕　县西二十里"十"字衍。

《宝庆四明志》卷第十三 〔宋元四明六志第二十五〕

《鄞县志》卷第二

叙 赋

乡 村

武康乡 在府城下。管小江里。

东安乡 在府城下。管白坛里。

清道乡 在县西。管里一、村二：横山里,高桥村、沈店村。

万龄老界乡 在县东。管里一、村二：赤城里,盛店村、尚书村。

万龄手界乡 在县东南。管里一、村二：赤城里,张村、邓桥村。

光同乡 在县南。管里一、村二：清林里,北渡村、栎社村。

桃源乡 在县西。管里一、村二：石马里,黄姑林村、林村。

鄞塘乡 在县南。管里一、村二：姜山里,姜山村、铜盆浦村。

阳堂乡 在县东。管里一、村二：太白里,宝幢村、东吴村。

翔凤乡 在县东南。管里一、村一：沧门里,隐学村。

丰乐乡 在县东南。管里一、村二：石柱里,乾坑村、故干村。

通远乡 在县西南。管里一、村一：李洪里,环村。村名旧犯钦宗庙讳,故改。

句章乡 在县南。管里一、村二：夕阳里,高桥村、市中村。

镇 市

小溪镇 句章乡,唐曰光溪镇。

横溪市 丰乐乡。

林村市 桃源乡。

甬东市 万龄乡。

下庄市

东吴市

小白市 并阳堂乡。

韩岭市

下水市 并翔凤乡。

田 亩

田七十四万六千二十九亩二角二十九步。

地一十四万九千五亩五十七步。

山九十万二千六十四亩三角四十七步。

户 口

户四万一千六百一十七,口六万五千六百九十四。

坊郭两乡户五千三百二十一,口九千二百八十三。

外一十一乡,户三万六千二百九十六,口五万六千四百一十一。

夏 税

绢 二万四百四十二匹一丈九尺一寸七分:

正税一万六百二十五匹一丈九尺一寸七分。

和买九千八百一十七匹。

绸 六千二百八十六匹一丈三尺七寸一分:

正税二千七百六十三匹一丈三尺七寸一分。

和买三千五百二十三匹。

绵 四万九千八百一十两一钱二分七厘。

折变

折帛钱

绢:四千一百七十七匹,计钱二万七千七百六十六贯五百文:

正税一千二百三十二匹,计钱八千六百二十四贯文。

和买二千九百四十五匹,计钱一万九千一百四十二贯五百文。

绸:三千九百六十匹,计钱二万六千三百一十贯五百文:

正税一千一百四十一匹,计钱七千九百八十七贯文。

和买二千八百一十九匹,计钱一万八千三百二十三贯五百文。

绵：二万五百五十五两，计钱八千二百二十二贯文。

折麦

绢：二百六十匹一丈三尺。

绸：七十六匹二丈四尺五寸。

绵：一千三百八十四两一钱九分。

通科麦一千四百八十六石七斗七升八合八勺一抄：

正一千三百五十一石六斗一升七合一勺。

义仓一百三十五石一斗六升一合七勺一抄。

亭户折盐

绢：二十二匹。

绸：二尺八寸八分。

实催本色

绢：一万五千九百九十二匹二丈三尺五寸七分。比元额增九匹一丈七尺四寸，系人户增产及填所亏绸数。

绸：二千二百四十九匹二丈四尺五寸。亏六丈一尺八寸三分，入绢内填纳。

绵：二万七千九百一十两四分四厘。比元额增三十九两一钱七厘，系人户增产添纳。

秋　税

苗米　四万三千一百二十一石八升二合八勺。

折变

糯米四千六百四十一石九斗七升，折苗米四千七百二十一石九斗五升四合。

亭户折盐：五十八石九斗四升一合。

实催本色　三万八千三百四十石一斗八升七合八勺。

酒 以宝庆三年为准。

小溪务　系省场。

本柄钱　三千六百一十一贯六百八十文：

糯米五百五十石，每石三贯九百九十文，计二千一百九十四贯五百文。

曲麦一百三十石三斗九升六合五勺，每石三贯六百文，计四百六十九贯四百二十七文。

夫食物料钱九百四十七贯七百五十三文：

造曲三十七贯六百六文。

造生煮酒四百七贯七百九十文。

袋绸七匹九丈七尺九寸,每匹四贯文,计三十一贯九百一十五文。

箍缸、打灶一百五十一贯二百二十六文。

官吏巡脚夫食、糜费、轻空渗漏三百一十九贯二百一十六文。

收息钱　四千二百四十七贯一百七十文。

诸司:四千一百八贯三百三十八文:

经总制司二千六百四十三贯一百八十八文。

籴本司九百三十五贯四百七十四文。

移用司五百二十九贯六百七十六文。

本府:一百三十八贯八百三十二文。

糟钱　一百一十一贯八百八十八文。

诸司:三十六贯七百九十六文:

经总制司二十四贯八百九十八文。

移用司一十一贯八百九十八文。

本府:七十五贯九十二文。〔按曰〕:诸本俱脱,据《敬止录》补。

林村务　系籴买场。〔按曰〕:诸本俱脱林村务本柄钱,据《敬止录》补。而录中但开本柄总数,其糯米、曲麦、夫食物料三项,未经开列,今以郡志总数,除下庄、象山二务外,余剩皆系林村务应得之数,分项核计,旁行补入,惟糯米升斗、袋绸匹数,郡志本来错误,不能核补耳。

本柄钱　八千一百三十四贯八十五文:

糯米钱五千九十九贯二百二十文。

曲麦二百九十八石一斗五升六合六勺,每石三贯六百文,计一千七十三贯三百六十四文。

夫食物料钱一千九百六十一贯五百一文:

造曲七十九贯七百六十九文。

造生煮酒八百七十二贯七百二十一文。

袋绸六十六贯四百九十九文。

箍缸、打灶一百五十五贯六百八十九文。

官吏巡脚夫食、糜费、轻空渗漏七百八十六贯八百二十二文。

收息钱　五千三百九十三贯五百文。

诸司:三千四百四十二贯二百九十一文:

经总制七百二十贯。

移用九十贯四百六十六文。

正名宽剩一千五百一十一贯八百七十七文。

五分净利七百七十贯四百六十文。

籴本三百四十九贯四百八十八文。

本府：一千九百五十一贯二百九文。

糟钱　二百八十三贯九百四十文纳本府。

下庄务　系籴买场。

本柄钱　五千一百八十五贯七百六十三文：

糯米七百七十一石五斗八升一合八勺，每石三贯九百九十文，计三千七十八贯六百一十二文。

曲麦一百八十一石八斗六升四合二勺，每石三贯六百文，计六百五十四贯七百一十一文。

夫食物料钱一千四百五十二贯四百四十一文：

造曲四十八贯六百五十三文。

造生煮酒五百三十八贯八百七十五文。

袋绸九匹五丈六尺二寸四分，每匹四贯文，计三十八贯二百四十九文。

箍缸、打灶一百五十一贯六百四十文。

官吏巡脚夫食、糜费、轻空渗漏六百七十五贯二十四文。

收息钱　三千二十三贯九百九十一文。

诸司：一千七百一十三贯三十八文：

经总制四百五十五贯七百文。

移用三十三贯四百六十二文。

正名宽剩七百二十九贯三百五十四文。

五分净利三百三十九贯二百四十文。

籴本一百五十五贯二百八十二文。

本府：一千三百一十贯九百五十三文。

糟钱　一百六十四贯六百二十文纳本府。

人户买扑坊场　二十九处：

韩乔坊

天童坊

东吴坊

下水坊

屯隶坊

大嵩坊

富浦坊_{以上并阳堂乡。}

盐场坊

管江坊

上水坊

韩岭坊

隐学坊

单步坊

平水坊_{以上并翔凤乡。}

青山坊

张村坊

邓桥坊

郑湾坊_{以上并手界乡。}

道陈坊

横溪坊

张濠坊

板弄坊_{以上并丰乐乡。}

甲村坊

鄞塘坊

石支坊

善训坊

新塘坊

大狄坊

茆山坊_{以上并鄞塘乡。}

岁额净息钱　四千七百一十七贯四百九十七文。

常平司三千六百二十一贯三百八十一文。

本府一千九十六贯一百一十六文。外有北渡店,元系小溪子店,岁纳本府钱一百三十六贯文,不在此数。

商　　税_{以宝庆元年为准。}

小溪场旧有管建盉子铺,庆元元年,别解发本府钱三百六十贯文,不理本场课额。后因民讼,
　　漕台行下罢去。

岁额钱　一千三百贯文:

诸司:六百六十九贯九百九十五文:

经总制三百九贯九百九十七文。

籴本三百五十九贯九百九十八文。

本府：六百三十贯五文。内除诸司合得头子钱三十三贯四百九文，实收五百九十六贯五百九十六文。

石碶场

岁额钱　三千八百贯文：

诸司：一千九百五十八贯四百四十四文：

经总制九百六贯一百四十六文。

籴本一千五十二贯二百九十八文。

本府：一千八百四十一贯五百五十六文。内除诸司合得头子钱九十六贯九百五十文，实收一千七百四十四贯六百六文。

宝幢场

岁额钱　一千八百贯文：

诸司：九百二十七贯六百八十五文：

经总制四百二十九贯二百三十文。

籴本四百九十八贯四百五十五文。

本府：八百七十二贯三百一十五文。内除诸司合得头子钱四十六贯二百四十文，实收八百二十六贯七十五文。

横溪、大嵩二税场　庆元四年，守郑兴裔奏罢。详见郡志。

杂　赋

免役钱　两料共二万四千八百二十五贯八百三十文，县吏支六千四百五十贯九百三十八文。

本府四千八百八十四贯文。解发减省人吏钱、在京官员雇钱及支府吏钱并在内。

经总制司一万二千四百九十贯七百六十四文。

官户不减半一千贯一百二十八文。

茶租钱　二百三十九贯八十五文。

水脚钱　一千五百五十七贯四百七十五文。

河涂钱　一千一百一十四贯八百四十八文。

租堰钱　六百八十七贯一百八十文。

房廊钱　二十一贯四十八文。

河渡钱　四百六十七贯一十三文。常平司。

盐

大嵩场额二千六百八十袋五石六斗四合。

叙　兵

弓　手

尉司　八十五人。

土　军

大嵩寨　二百人。

叙　人见郡志。

叙　祠

神　庙

东岳行宫　县东三十二里,阿育王山相近。

忠嘉威烈惠济广灵王行庙　城外甬东厢,即鲍郎庙也。又有显迹庙,在县东南三十里青山下,乃鲍王冢墓之所。

鬼谷先生祠　在县之东六十里太白山南沧吞水帘洞。幽深阒寂,人迹罕到。夏侯曾先《地志》云:鬼谷子庙,三面连山,前有清溪之水,泉源不竭。山崖重叠,云雾蔽亏。晋郭璞曾到,有游山诗曰:清溪千余仞,中有一道士。云生梁栋间,风吹窗牖里。借问此阿谁?云是鬼谷子。即此祠也。或云,此峡州清溪鬼谷祠诗。又有一祠,在县东三十里。

渊灵庙　阿育王山广利寺。环庙有圣井七,自东晋时已著灵异。中井有二鳗,其一金线自脑达于尾,其一每见光耀,折花引之,则双红蟹或二虾,前导而后出焉。钱武肃王以岁旱,命九华长老、十善大德与国中所谓五叔太尉者,同迎置钱塘之南塔寺山间,凿石为井,立亭其上,以效圣井。而鄮山井中二鳗,游泳自若。井前有亭,榜曰应现。康宪钱公尝为旱,用紫罗帕布井中,蟹先入,灵鳗后随,以银缸贮沙泉养之,置道场中,复有天花散漫之瑞,僧统赞宁尝著《护塔灵鳗菩萨传》,邦人祷雨必即之。皇朝元祐元年赐额。乾道二年,守赵伯圭祷雨有应,知鄞县事李柄记于石。或云，又有二井，在山绝项，险峻不可至。

灵波庙　县西广德湖望春山。即白龙祠也。

白龙王庙　县西二十里。灵波之别庙也。

石岙庙　县西四十里。岙有灵鳗，能兴云雨。

力施庙　县西南四十里。

秋浦庙　县西南四十里。

殷浦庙　县西南三十五里。

遗德庙　县西南四十里它山堰旁。唐大和中，鄮令王元暐筑堰，捍水入小江湖，灌溉甚溥。详见郡志《叙水》。民德而祠之，封善政侯。皇朝咸平四年，庙重修，苏为记之。乾道四年七月八日赐额，县宰杨布书，守张津所立也。

嘉泽庙　东钱湖青山下。唐天宝中，令陆南金，皇朝天禧中，守李夷庚，皆浚湖兴利，民德之，故合祠焉。水潦旱蝗，有祷必应。嘉定二年，有旨赐庙额。李侯又有祠堂，在天童山景德禅寺千佛阁之东。

丰惠庙　广德湖之望春山。政和七年，楼异守乡郡，垦湖为田，人为立祠。其孙钥参知政事，追封太师。嘉定二年，府以士民之请，上于朝。十一月二十一日，有旨赐庙额，札送参政府。

宫　观

蓬莱观　县西广德湖之望春山。先是，白龙祠之侧有道堂，立郡守楼异生祠，有道士奉香火。绍兴十三年，请象山废观为额。

寿圣观　阿育王山前。大观间，道士梁守清始建东岳行宫。嘉泰元年，道士胡抱一请绍兴府余姚县广福废观改今额。

云涛观　它山堰旁。嘉定十二年赐额。

显忠旌德观、清修悟真观、太清悟真成道宫　并在大慈山。今丞相史鲁公母齐越国夫人葬于山中，有旨赐额，创建为功德所。

寺　院

禅院二十二

阿育王山广利寺　县东三十里，晋义熙元年建。梁武帝赐阿育王额。皇朝大中祥符元年，赐名广利，大觉禅师怀琏居之，法席鼎盛，名闻天下。皇祐二年，怀琏入居东京净因禅院，仁宗皇帝召对化成殿，因赐食禁中，授以御制《释典颂》十四篇，并《提纲语句》。治平三年，英宗皇帝内降札子，许归本寺。熙宁三年，乃建宸奎阁，奉藏所赐御书轴五十有五、扇三。且被旨岁度僧一人。知杭州苏轼撰阁记,谓古之人君号知佛者,必曰汉明、梁武,其徒常以借口。然汉明以察为明,梁武以弱为仁,皆缘名失实,去佛甚远。仁宗皇帝未尝广度僧尼,崇侈寺院,干戈斧质未尝有所私贷,而天下归仁焉,此所谓得佛心法者,古今一人而已。高宗皇帝访求祖宗宸翰,僧净昙以所藏来上。上赏其卷轴之丰,护持有道,深嘉苏轼之记,念宸奎之阁且虚,复以赐之,命置田一千二百五十亩食其徒,时绍兴三年也。僧德光旧居灵隐,孝宗皇帝尝召对。洎来尸院事,以所赐金成高宗皇帝圣意,岁收新谷五千石。淳熙七年十一月三日,复被旨召对便殿,问佛法大意,御书圣语及御制颂及"妙圣之殿"四大字以赐之,赐号佛照禅师,放还山。九年,复召对。绍熙庚戌、癸丑两召对重华宫。宁宗皇帝又御书"孤云"及"六殊胜地"与"佛照庵"字赐僧道权,于是宸奎所藏益富矣。寺有释迦如来真身舍利塔,内有一角金钟,舍利在焉。高宗皇帝御书,赐号曰佛顶光明之塔。淳熙二年,尝宣取至禁庭。至今岁为礼塔会,遐迩毕集。寺东北半山间有佛左足迹,入石内二寸余,距寺一二里,传者谓迦叶佛之迹。循佛迹而上,有东塔院,即刘萨诃所礼舍利塔涌出之处。西塔院去寺五十步,其塔唐明皇时建也。道宣《感通传》云:晋太康二年,并州离石人刘萨诃,生业弋猎,因病死而复苏,云在冥中见一梵僧,语之曰:"汝罪深重,应堕恶道。今洛下、齐城、丹阳、会稽并有古塔及浮江石像,悉阿育王所造,可勤求礼忏,当免斯苦。"萨诃更生,乃祝发为僧,更名惠达,东诣鄮县,入乌石岙,结茅以寓,遍访海涘名山。忽一夜,闻土下钟声,即标识其处。越三日,见梵僧七人,行道空中,地形如涌,为方坛状,神光照映。因斫土求之,得一石函,中有舍利宝塔。六僧腾空而去,一僧化为乌石,因以名岙焉。又按:《会稽记》云:晋相王导初渡江,有道人神采不凡,自言来从海上,告导曰:"昔与阿育王同游鄮县,安真身舍利塔。阿育王与真人捧塔飞行虚空,入海,诸弟子攀引不及,一时俱堕,化为乌石,如人形。《名僧传》云:昔有神人,捧塔飞行海上,弟子中有未得道者,堕地化为乌石,犹作人形,上有袈裟文。至今村名塔岙,岙名乌石。今乌石在寺前数里,属鄞县,塔岙村相去又十五六里,属定海。谓东塔院为舍利涌出之处,其说不同,皆厄言也,姑两存之。寺东二里有无相庵,本大慧禅师宗杲退归之地。隆兴二年,僧宗靖舍貂珰而披田相衣,奏请得庵额,皇子恭王为之书。本寺常住田三千八百九十五亩,山一万二千五十亩。

天童山景德寺 县东六十里。晋永康中,僧义兴诛茅缚屋山间,有童子来给薪水。后既有众,遂辞去,曰:"吾太白一辰,上帝以师笃道行,遣侍左右。"语讫不见,故称义兴者曰太白禅师。寺经兵火。唐开元二十年,僧法璿按图记,披榛莽,得故迹,建精舍于山麓之东。秘书省正字万齐融造多宝塔于西南隅,峭拔数仞。旧志云:法璿居此,日诵《莲经》,感天童,躡云升降,捧天食来供。师夜绕塔行道,人遥见师身与塔之相轮等。白衣范的备述其事,所谓太白禅师者也。今考此寺碑,无此说。至德中,僧宗弼徙寺于太白峰下。乾元初,相国第五琦奏,以天童玲珑岩为寺名。继而僧清闲创建食堂。咸通十年,更寺名曰天寿。皇朝景德四年,赐今额。绍兴初,宏智禅师正觉撤寺而新之,层楼杰阁,倍莅于前。淳熙五年,孝宗皇帝亲洒宸翰,书"太白名山"赐僧了朴。十六年,僧怀敞来主寺,欲建千佛阁,摹画甚广。先是,日本国僧荣西从敞游,辄辞归,致百围之木,泛鲸波以至。经始于绍熙四年之季秋,历三载始就。梵宇宏丽,遂甲东南。寺之侧有虎跑泉,相传谓旧苦无水,虎蹴地而泉乃涌出。寺之前,古松夹道二十里,大中祥符间,僧子凝所植也。旧志云:唐僧昙德清闲所植。考寺之《植松记》,殊不然,而松亦非唐松。本寺常住田三千二百八十四亩,山一万八千九百五十亩。

大梅山护圣院 县东南七十里。唐贞元中,法常禅师始诛茅结庵。开成元年建寺,名曰上禅定。会昌间废。大中间复建,名观音禅院,柳公权书其额。至皇朝大中祥符元年,赐今额。乾兴元年,僧道宁重建院大梅山,汉梅子真旧隐也。法常禅师者,襄阳人,姓郑氏,幼从师于荆州玉泉寺。初参大寂禅师,问:"如何是佛?"大寂云:"即心是佛。"法常即大悟,去而结庵此山。适盐官会下有一僧人,入山采拄杖,迷路至庵所,问曰:"和尚在此山多少时?"法常曰:"只见四山青又黄。"又问:"出山路向什么处去?"法常曰:"随流去。"僧归告盐官,盐官令僧邀之。法常作偈曰:"摧残枯木倚寒林,几度逢春不变心。樵客遇之犹不顾,郢人那得苦追寻。"大寂闻法常住山,乃令一僧到,问云:"和尚见马师得个什么,便住此山。"法常云:"马师向我道即心是佛,我便向这里住。"僧云:"马师近日佛法又别。"法常云:"作么生别?"僧云:"近日又道非心非佛。"法常云:"这老汉惑乱人,未有了日。任汝非心非佛,我只管即心即佛。"其僧回,举似马祖,祖云:"大众梅子熟也。"法常又有诗云:一池荷叶衣无尽,几树松花食有余。刚被世人知住处,更移茅舍入深居。今寺中有梅熟堂,有荷衣沼,见存。《传灯录》所载如此,旧志云:法常禅师初领千众住持,每云一日不作,一日不食。惟啗白墡饼子,不同众僧之餐。山间患无水,乃感象眠为池,虎跑为泉。今象齿犹存。据此说,则寺乃法常所建也,与《传灯录》所谓"入山惟恐不深"者不同。且旧志云开成元年建寺。上距诛茅结庵之时,已三十余载矣,岂法常初虽避人,而来者日众,乃建寺以容之,遂至满千乎? 姑两存之,以俟知者。常住田一百七十二亩,山二万五千四十亩。

大梅山保福院 县东南七十里。唐贞元十二年建,号北兰院。大中元年,改报国仙居院。皇朝大中祥符元年,赐今额,与护圣禅院同踞一山也。淳熙十六年,僧行源重建,适斋汪大猷记。常住田七百二十五亩,山二万五千四十二亩。

仗锡山延圣院 县西南一百二十里。唐龙纪元年建。皇朝宝元二年赐额。常住田五百五十六亩,山二万二千亩。

金峨山真相院 县东南八十里。旧号罗汉院,唐大历元年建。皇朝治平元年,赐今额。常住田三百三十二亩,山四千二百二十亩。

金文山惠照院　县东南七十里。旧号金文忏院，唐乾宁二年建。皇朝治平元年，赐今额。常住田二百七十亩，山二千三百三十亩。

五峰山崇福院　县东南五十里。旧号五峰院，晋天福六年建。皇朝大中祥符三年赐额。常住田二百七十亩，山六百八十亩。

东山福昌院　县东南四十里。旧号东山安域院，唐大顺二年建。皇朝政和元年，赐今额。常住田四百三十五亩，山一千一百二十亩。

跱跨山跱音辨，跨音科。崇果院　县东五十五里，晋开运二年建。皇朝大中祥符三年，赐今额。常住田一百八十六亩，山一千一百二十亩。

普净院　县西南七十里。旧号顶峰庵。皇朝建隆二年建。大中祥符三年，赐今额。常住田二百九亩，山二千四百一十亩。

四明院　县南二十五里。旧号鄞水院，唐天复元年建。皇朝大中祥符元年，赐今额。常住田二百八十九亩，山无。

白云延祥院　县东南八十里。皇朝乾德五年建。大中祥符三年赐额。常住田六十亩，山四千四百四亩。

法忍院　县西南六十里。旧号定光院，唐咸通元年建。皇朝治平二年，赐今额。常住田二百亩，山二千一百亩。

西延庆院　县南四十里。旧号永福院，唐中和六年建。常住田一百一十亩，山无。

接待彰圣院　常住无。

翠岩山移忠资福寺　县西南七十里。旧号翠岩境明院，唐乾宁元年建。皇朝大中祥符元年，赐名宝积禅院。嘉泰四年，张参政府请院为功德寺，赐今额。常住田一千一百二十九亩，山二千二百九十六亩。

报忠福善院　县西南七十里。旧号峒山院，唐光启二年建。皇朝大中祥符元年，赐名彰圣。本甲乙徒弟院，乾道四年，改充十方禅院。踞峒山东南支，众峰环合，状若芙蓉。嘉定二年，楼参政府请为功德院，赐今额。常住田三百四十二亩，山九千八百亩。

佛陇山积庆显亲院　县东六十里。唐咸通十三年建。皇朝治平元年，赐名保安。庆元六年，充恭淑皇后宅齐王府功德院。常住田二百八十亩，山一千二十七亩。

报国院　常住田二十亩，山无。

教忠报国寺　大慈山。史丞相府功德寺。

妙智院　大慈山。史丞相府功德院。

教院二十四

资教院 县西四十里。旧号广德院,周显德元年建。皇朝治平元年,赐今额。常住田三百五十五亩,山九百十六亩。

悟真院 县东南五十里。汉乾祐二年建。皇朝治平元年赐额。常住田二百二十二亩,山四百四亩。

栖真寺 县南六十里隐学山。唐建中二年建,号隐学寺。皇朝大中祥符元年,赐今额。寺有放生池,见碑记。田二百一亩,山六百八十一亩。

惠光院 县西南四十里。唐咸通八年建,名小江。皇朝大中祥符三年,赐今额。院尝有妖僧,塑神像,纳老乌于其腹,以术咒之,使为祸福于人而邀利。民之有灾患,不祷其神则不宁。乾道中,守张津知之,追妖僧至庭下,具得奸状。遣吏剖其像,果有死乌。杖其僧而逐之,民以安息。常住田一百三十亩,山无。

治平院 县南三十里。后唐清泰二年建,名保丰。皇朝治平元年,赐今额。常住田二百九十亩,山无。

广寿寺 县东五里。周广顺元年建,号崇庆院。皇朝庆历七年,赐今额。常住田八十七亩,山无。

广严院 县东四里。旧号华严院,晋开运元年建。皇朝治平二年,赐今额。常住田一百二十亩,山无。

布金院 县西南三十里。皇朝宝元二年建。治平二年,赐今额。常住田一百七十三亩,山无。

海惠院 县南三十里。旧号广利,以院之祖师广利大师得名。皇朝治平二年,赐今额。常住田一百五十六亩,山无。

兴教院 县南五十里。旧号小溪兴福院,唐咸通八年建。皇朝治平元年,赐今额。常住田六十六亩,山无。

普和院 县西南五十五里。汉乾祐二年建,名灵影。皇朝庆历七年,赐今额。常住田九十九亩,山无。

圆通院 县南三十五里。唐天祐十年建,名东林。皇朝治平二年,赐今额。田一百八十三亩,山无。

邓桥广福院 县东南二十里。皇朝天圣四年建,赐名寿圣。绍兴三十二年,改赐今额。田一百一亩,山无。

普安院 县南五十里。梁乾化二年建,名茆山。皇朝治平元年,赐今额。田一百九亩,山无。

明心院 县南三十五里。晋天福五年建,名厉山。皇朝治平二年,赐今额。常住田一百一十亩,山无。

慧灯院　县东南二十五里。旧号朱村，皇朝建隆二年建。治平二年，改赐今额。常住田一百一十三亩，山无。

福圣院　县东南四十里。旧号东山塔院，皇朝乾德四年建。治平元年，改赐今额。常住田七十九亩，山二百三十四亩。

清修院　县西南八十里。旧号清凉院，皇朝乾德二年建。大中祥符元年，赐今额。常住田八十三亩，山二千亩。

普照院　县南七里。旧号明福院，皇朝乾德二年建。治平二年，改赐今额。常住田八十七亩，山无。

辩利寺　皇朝端拱中建。今为史丞相府功德寺。常住田八十亩，山三百五亩。

慈悲普济寺　东钱湖月波山下。淳熙五年，史越王请额建置。常住田一百亩，山二十亩。

普光院　常住田二十亩，山一百五亩。

教忠报国院　常住田五十亩，山一百亩。

宝华寺　大慈山。史丞相府功德寺。

十方律院八

宝严院　县西南五十五里。旧号孝义院，唐元和十二年建。皇朝大中祥符六年，赐今额。常住田二百二十亩，山八百亩。

广修院　县东六十五里。晋天福五年建。皇朝大中祥符元年赐额。常住田一百三十亩，山一千二百亩。

菩提广福院　县东南八十五里。唐乾符六年建。皇朝大中祥符三年赐额。常住田四十六亩，山三千亩。

禅岩院　县西南八十里。唐贞元元年建。常住田五十四亩，山无。

慈云院　县南三十里。汉乾祐二年建，名李浦。皇朝治平二年，赐今额。常住田六十六亩，山无。

法云院　县东七里。皇朝乾德六年建，号甬东浴院。治平二年，赐今额。常住田一百八十亩，山无。

多福院　县东五里。皇朝乾德三年建。治平元年，赐今额。常住田三十二亩，山无。

悟空院　大慈山。史丞相府功德院。

甲乙律院三十六

崇寿寺　县东五里。旧号东津禅院，唐大中十二年，分宁令任景求舍宅建，请心镜大师居之。师姓朱。既居于此,会剡寇裘甫转掠四明,有众数万,纵兵入寺,师燕坐禅定,神色不动。贼众愕眙悔过,作礼倒戈而退。咸通二年,寇平,郡奏其事,请以栖心名寺,旌师之德。宰相裴休卷帛书匾。七年,师化,谓其弟子曰:"后三年当焚我。"窆于天童山。忽一日,异香发闻,弟子相谓曰:"师有遗言,今三载矣,异香其启我乎?"乃发龛茶毗之,俨然如生,获舍利数千颗,丹翠交辉。敕谥心镜,塔名寿相。天童亦有舍利塔焉。刺史崔琪状其行于碑。皇朝大中祥符元年,赐今寺额。政和八年四月七日御笔,以有常住庄产寺院,改建神霄玉清万寿宫,州以寺充焉。久之,复旧。田一百七十亩,山无。

延福院 县东南二十里。唐大中十三年建,名天王。皇朝治平元年,赐今额。院有天王像。堂之前有灵鳗井,遇岁旱,祈雨辄应。常住田三百八十三亩,山无。

资圣院 县东北一里半。旧号渔浦门外院,皇朝太平兴国二年建。天禧四年,赐今额。常住田五十亩,山无。

宝林院 县南三十五里。旧号报国西林院,晋开运三年建。皇朝治平元年,赐今额。常住田八十八亩,山无。

延寿王广福院 县东南六十里,旧号延寿王院,晋天福二年建。皇朝熙宁元年,增"寿圣"二字。绍兴三十二年,改今额。常住田二百六十二亩,山三千一百二十一亩。

禅寂院 县东南三十五里。皇朝雍熙二年建。治平元年赐额。常住田一百九十九亩,山三百二十亩。

尊教院 县东南四十里。晋天福三年建,名慧日。皇朝治平元年,赐今额。常住田八十八亩,山三百八亩。

能仁院 县西南十里。皇朝乾德中建,号东安院。咸平六年,改承天院。政和七年五月御笔,改今额。俗呼为南承天。常住田二百六十七亩,山无。

圣寿寺 县西南六十里。唐咸通五年建。皇朝太平兴国三年,赐今额。常住田三百六十七亩,山无。

法慈院 县西南七十里。旧号凤山院,唐咸通七年建。皇朝治平三年,赐今额。常住田八十亩,山无。

崇法院 县南五里。旧号焚化院,皇朝乾德五年建。大中祥符三年,赐今额。常住田一百二十九亩,山无。

大悲院 县东十五里。旧为金莲庵,上桥林氏所建存留院也。院有千手眼大悲观音像。常住田六十七亩,山无。

天寿院 县西南六十里。旧号天井院,皇朝建隆元年建。治平元年,改赐今额。按:周铄《天寿院记》云:四明山西南诸峰,惟灌顶、定光为最高。旁有瀑布,泻于两山万叠之间。其下有三井,泓然澄深,清澈见底,是为天井。岁旱,祷于井,随求而应。有金线蜥蜴之状,出而赴感,兴云雷,需甘泽,为一方千里之惠,而年谷用登。初,僧有道凝者,来自福唐,建屋百楹于井上,乡人遂以天井院名之,乞于朝而得赐额也。常住田二百三十亩,山一千亩。

惠安院 县东四十里。晋天福三年建。皇朝大中祥符三年赐额。常住田三百九十八亩,山一千七百亩。

普宁院 县西南五十里。旧号天王院,唐咸通十三年建。皇朝大中祥符三年,赐今额。常住田一百亩,山无。

空相院 县西南七十里。旧号四明保安院,晋开运二年建。皇朝治平二年,赐今额。常住田七十亩,山无。

方广院 县西南五十里。旧号泗州院,唐咸通十一年建。皇朝治平二年,赐今额。常住田一百七亩,山无。

国宁寺 县西十五里。皇朝大观二年建,赐额。常住田四十亩,山无。

妙智院 县西南七十里。旧号观音庵,汉乾祐二年建。皇朝治平元年,赐今额。常住田一百亩,山无。

慈福院 县东三十里。旧号盛店保安院,周显德二年建。皇朝治平元年,赐今额。常住田一百一十亩,山无。院旧有全师者,年六十余,日诵《妙法莲华经》,三十余年如一日,以部计之,万五千矣。世目之为全法华净照禅师。臻公既诗之,士大夫从而和者甚众。最后黄山谷一诗有云:“摄意持经尽劫灰,人间处处妙莲开。他时诵满三万部,却觅曹溪一句来。”其徒梵容以告大理寺簿徐耘,将尽刻诸石。耘因言:朝廷名卿,馆阁英俊,下至布衣之士,有以好学称天下,号为博极群书,未有精专如全者也。今之名进士,业经而登科者,视经犹祭后刍狗,往往堆积架上,拨弃案边,泯然不复经目矣。或曰,吾经已明不必读,或实不明不能读,或酣声利不暇读。此三读者,岂不愧全哉?

慈恩院 县西南九十里。旧号小溪松岩院,晋天福九年建。皇朝治平二年十月,赐今额。常住田一十四亩,山七十亩。

翠岩山宝积院 县西南七十里。皇朝乾道三年重建,赐额。常住田九十九亩,山无。

明觉院 县东六十里。旧号明堂院,唐宝历二年建。皇朝治平元年,赐今额。寺有住在堂,直龙图阁舒亶记。常住田九十四亩,山九百八十亩。

普光院 县东四十五里。旧号光化院,晋开运二年建。皇朝治平元年,赐今额。常住田二百二十亩,山二百九十六亩。

净众院 县东二十里。旧号斋堂院,皇朝开宝二年建。治平二年,改赐今额。常住田六十二亩,山无。

珠山净土院 县东六十五里。晋天福元年建,号珠山院。皇朝治平元年,赐今额。常住田一百二十亩,山二千八百亩。

阮山广福院 县东九十里。汉乾祐二年建,号阮庵。皇朝熙宁二年正月,赐寿圣院额。绍兴三十二年,改今额。常住田七十亩,山二千亩。

多宝院 县东南八十里。旧号管江院,皇朝开宝元年建。治平二年,改赐今额。僧则交,慈溪方氏子也。始生,遇相者曰:"此儿出家则成道。"长入多宝院,师若頔大智照公。照公讲于钱塘祥符东院,师与其徒六人,服勤左右,学益通,号六罗汉。凡有咨承,大智可之,遂传其要。归住多宝,训讲如大智,告学者,戒以不犯为本,律以持守为功,念念常存,净土立至。忠肃陈公瓘与相好,超然心契。晚,辟谷不食,趺坐而逝。天大暑,数日不掩龛,色不变也。建塔院于西山,敷文阁待制龙舒朱翌为铭。常住田八十五亩,山六十八亩。

法庆院 县东南八十里。旧号宝庆院,唐乾宁元年建。皇朝大中祥符元年,赐今额。常住田三百五十亩,山三千八亩。

云龙院 常住田一十亩,山无。

保安院 常住无。

教慈资福院 县西南六十里。唐光化四年建,名广学。皇朝大中祥符元年,改名资寿,后为宣参政府功德寺,赐今额。常住田三百一十亩,山无。

雷峰院 宣参政府功德院。常住田一百五十亩,山一千亩。

胜像院 史越王府功德院。

大中祥符寺 县东五十里。晋天福三年建,名西溪。皇朝治平三年,赐名法宝。嘉定中,史尚书请为功德寺。十七年,改今额。常住田一百七十亩,山三百亩。

天福院 县西南八十里。皇朝治平中建。

叙 遗

存 古

古鄮县,在县东三十里鄮山之东。《太平寰宇记》云:汉光武为贼所败,有耕奴于田而藏之,获免。后议赏,光武问奴欲何官?奴云:"欲得鄮县令。"故俗号鄮县为官奴县。又《十道四蕃志》云:宋武微时,避吏于此,与人奴善。奴名桂。藏匿既久,为吏所逼逐。适值桂在田,以土覆之,获免,后立官奴城以报之。掘土筑城之地,名官奴池。《太平寰宇记》以为光武,于史无所据。今按《宋书》,孙恩破上虞时,刘裕尝戍句章,疑其为宋武也。

峣亭,自剡至此溪,滩碛高险,行客往来,皆此装束。齐仆射张稷曾生子于此,乃名峣。出《太平寰宇记》。

东海海上有野人,名庚定子。旧说云:昔从徐福入海,亡匿姓名,自号庚定子。土人谓之白水郎。脂泽悉用鱼膏,衣服兼资绢布。音讹亦谓之卢定子也。见《太平寰宇记》。

管公明先生墓,在县西四十里圣女山。盖父老相传云,然无碑碣可考。

唐刺史黄晟墓,与其母高阳郡太君齐氏、其妻颍川县君钟氏墓,俱在隐学山。

梁山伯、祝英台墓,县西十里接待院之后。有庙存焉。二人少尝同学,比及三年,而山伯初不知英台之为女也。以同学而同葬。见《十道四蕃志》所载。旧志称曰义妇冢,然英台女而非妇也。

陈国冢,《郡国志》:鄮山有陈国冢,一名雁栖墓者。国为日南太守,死有双雁随枢而归,栖墓上三年,然后去。出《太平寰宇记》。

鄞女墓,城南崇法院之西北。王荆公安石宰鄞时,生女,周晬而没,葬于此。将行,别以诗云:年登三十已衰翁,满眼离伤只自攻。今夜扁舟来诀汝,此生踪迹各西东。

《四明奉化县志》目录

《宝庆四明志》卷第十四 〔宋元四明六志第二十六〕

《奉化县志》卷第一

叙　县

沿革论

奉化县，本秦会稽郡鄞县地。《汉志》谓鄞有镇亭、鲒埼亭，皆在焉。今县东五十里有鄞城山，下有广福院，旧曰鄞城院，即古鄞县治所也。隋废鄞、鄮二县入句章。唐初析句章置鄞州，寻废为鄮县，隶越州，古鄞地乃并属于鄮。开元二十六年，析鄮县置奉化，隶明州，是时州曰明，郡曰奉化。详见郡志。又以郡名名县。贞元间，为上县，凡十九乡。皇朝景德三年，始并为八乡。《九域志》为望县。

境　土

东西一百七十里，南北一百五里。

东至鄞县界七十里，以藤岭并道陈岭为界。自界首至鄞县五十里。

西至绍兴府嵊县界一百里，以陆照岭为界。自界首至嵊县一百四十里。

南至台州府宁海县界六十里，以栅墟岭为界。自界首至宁海县六十里。

北至鄞县界四十五里，以北渡大江为界。自界首至鄞县三十五里。

东南到象山县界，以鄞港中流白石山南港为界，陆路并折海，计五百七十里。自界首至象山县二百四十五里。

西南到台州府宁海县界五十里，以杉木岭为界。自界首至宁海县七十里。

东北到鄞县界六十里，以金峨岭为界。自界首至鄞县八十四里。

西北到绍兴府嵊县界一百二十里，以箬坑岭为界。自界首至嵊县一百三十里。

风　俗

右山左海,土狭人稠,日以开辟为事。凡山巅水湄,有可耕者,累石堙土,高寻丈,而延袤数百尺,不以为劳。仰事俯畜,仅仅无余,人窘于财,亦惮于为非。富家大族,皆训子弟以诗书,故其俗以儒素相先,不务骄奢。士之贫者,虽储无担石,而衣冠楚楚,亦不至于垢弊。大抵受性刚直,任气尚义。吏胥则转为顽悍,甚于他邑。濒海小民,业网罟舟楫之利,出没波涛间,变化如神,习使然也。

县　令

赵察唐元和十二年,凿县北河,邑人德之,因名赵河。十四年,开白杜河,凡溉民田一千二百余顷。

李宗申唐咸通六年,建城隍庙。

于房皇朝景祐中,废石夫人之庙以增学宫。

王泌皇祐四年,建北渡桥。

裴士尧治平三年,徙学。

盛穆仲元丰五年,尝纪石夫人之灵于碑阴。

秦辨之元祐六年,徙社。

周池绍圣三年,作劝学文,刻于石。

周因宣和元年,徙学。

荣彝左承议郎。绍兴九年□月到任。十一年□月满。

张汝楫左奉议郎。绍兴十二年□月到任。十四年满。

刘清臣右承议郎。绍兴十五年□月到任。十七年满。

陈泰初右朝散大夫、赐紫金鱼袋,绍兴十七年□月到任。十八年十二月宫观。

汤穆左朝请郎。绍兴十九年三月到任。二十一年五月十八日故。

黄韶中左承议郎。绍兴二十二年八月到任。二十五年八月满。

向士俊右宣教郎。绍兴二十五年八月二十五日到任。二十八年八月满。

刘士宠右奉议郎。绍兴二十八年八月到任。三十一年八月满。

朱寨右奉议郎。绍兴三十一年十月到任。隆兴元年满。

李邦宪右奉议郎。隆兴元年八月二十八日到任。乾道二年二月故。

向士迈右通直郎。乾道二年十一月二十五日到任。三年十二月故。

郭忠顺右通直郎。乾道四年七月初九日到任。七年十二月十五日满。

谢峻右承议郎。乾道七年十二月十五日到任。八年十一月宫祠。

魏庭琪右奉议郎。乾道八年十二月三十日到任。九年宫祠。

蔡揆右通直郎。淳熙元年四月十八日到任。十一月二十一日宫祠。

赵希仁宣教郎。淳熙二年四月二十三日到任。四年四月,召赴都堂审察。

叶仲翱奉议郎。淳熙四年七月二十八日到任。七年九月十一日满。

苏祁通直郎。淳熙七年九月十一日到任。九年四月十二日,避亲罢。

郭德邻通直郎。淳熙九年六月二十九日到任。十二年八月七日满。九月,召赴都堂审察。

张燧宣教郎。淳熙十二年八月七日到任。十三年四月内转通直郎。十五年七月内转奉议郎。十月十二日满。

傅伯益宣教郎。淳熙十五年十月十二日到任。

胡恭

宋晋之

蔡几庆元三年十二月十一日到任。五年三月二十二日,通理前任,三考得替。

赵汝杰通直郎。庆元五年四月初四日到任。嘉泰元年五月宫祠。

钱光祖奉议郎。嘉泰元年九月初四日到任。

赵彦绾奉议郎。嘉泰四年十月初六日到任。开禧三年十一月二十五日满。

陈梅叟宣教郎。开禧三年十一月二十五日到任。

冯多福奉议郎。嘉定四年三月十二日到任。五年十二月,转承议郎。七年六月十五日满。

孙显懿宣教郎。嘉定七年六月十五日到任。十年三月,转奉议郎。七月十六日满。

黄庞宣教郎。嘉定十年七月十六日到任。十二年三月,转通直郎。十三年七月二十五日满。

赵希观通直郎。嘉定十三年七月二十四日到任。十五年二月二十三日,磨勘转奉议郎。七月十八日,该遇庆宝恩转承议郎。十六年六月十三日满。

赵约奉议郎,嘉定十六年十月十三日到任。

陈元晋宣教郎。宝庆二年二月二十二日到任。

娄绍聘宣义郎。宝庆二年十一月初一日到任。五月间,磨勘转宣教郎。

社　稷

坛旧在县南。皇朝元祐六年,令秦辨之徙置县西南二百余步。

城　隍

庙在县西五十步。唐咸通六年,令李宗申建。

学　校

　　唐建夫子庙于县东北三百步。皇朝景祐中,令于房废石夫人庙以增学宫。治平三年,令裴士尧迁于县东五十步,久而圮,令周因重建,相阴阳之宜,去旧址二十步而少西,王礼记之,乃宣和初元也。未几,舍法罢,学浸弛。建炎间,毁于兵。绍兴九年,令荣彝重建,久复圮。庆元二年,永嘉宋晋之为令,欲改创,力未给,邑士汪伋与其弟份,奉令意,撤大成殿及门庑而新之,益宏且坚,更立先圣先师,十哲之像从祀,分列两庑,于是乡之好义者相继效力。直殿之后作堂,曰彝训。东西四斋,曰养正,曰达材,曰成德,曰升秀。东斋之侧有堂,主文衡者居之。西斋之侧有舍,司学职者居之。又西为射圃。三门之左为咏归亭,右则廪庋在焉。墨池,直门之外,汪氏兄弟浚而广之,方正清深。黉宇辉映,始壮旧观。嘉定七年,令冯多福又筑尚友亭于射圃之后,每辍俸以养士,且劝率乡之贤有力者,出产为永业。今此产遂供偕计续食之费,而士之德冯令不忘也。邑之先进楼公郁、王公说士皆师之,故并冯令祠焉。学之更新,攻媿楼钥记之。尚友堂成,丞周勉记之。

祭　器

　　二百三十六件。

祭　服

　　三副。

御　书

　　宝庆训敕士风御笔二轴。一轴漕司颁下,一轴本府颁下。

钱　粮

　　米二十七石二斗七升三合。

　　谷二百六十石三斗七升四合。

　　租钱七十六贯八百二十四文。

义　廪供偕计续食之赀。

　　谷六百八石九斗八升五合。

　　麦五石三斗七升。

　　租钱七十六贯七百四十文。

城　郭

　　县城,周环六百四十八丈。

坊　巷

双桂坊乾道五年，为王时会与弟时叙联名登第立。

状元坊嘉定十四年，为何大圭两优释褐立。

仓、库、务、场等

仓城内县厅之西南。

库县廊。

酒税务县东北四里。大中祥符六年建。

教场县尉厅前。

居养院县东北。元符二年六月建。

安济坊县东北五里。崇宁二年九月建。

漏泽园县西北十里。崇宁四年六月建。

公　宇

县楼门令娄绍聘重建。

县厅建炎四年毁于乱兵，绍兴十三年，令荣薿重建。

仁平斋听事之东。令荣薿建。

龙溪道院仁平斋之南。令荣薿建。旧曰道爱堂，后更名。

恕堂听事之西，狱之侧。令荣薿建，听政、折狱之便坐也。嘉泰间，赵彦绾为令，邑人吴懋为县家葺理狱室，又以其余材重建此堂。

镇东楼县东北四里，市之心。先是，惠政桥成，壮丽为一邑冠。阴阳家云，无以厌之，恐有郁攸之变。未几，果验。嘉定中，令冯多福乃建此楼。

官　僚

丞听事县治之东南十步。

主簿听事县治之西，有堂曰栖鸢。西北有山亭，今废。

尉听事县治南。

监酒及税共一员听事镇东楼之北。

公塘巡检听事县西北三十里公塘市中，旧地名高公塘。唐文德元年，置镇民户买扑名课，管纳官钱。皇朝熙宁二年，添置巡检驻扎，巡捕私茶、盐、矾、盗贼等事。庆元四年，罢镇税，止存巡检。

鲒埼镇监官镇在县南六十里。即汉鲒埼镇也。监官听事在袁村市中，创置本末见下。

鲒埼寨巡检寨在镇北五里,听事在漂溪。嘉定七年,尚书省札节文,白札子,奉化县管下地名战埼、袁村,皆濒大海,商舶往来,聚而成市,十余年来,日益繁盛,邑人比之临安,谓小江下。去县五六十里,南隔山岭。海滨习俗素悍,富者开围出船,藏纳亡赖,强招客贩。贫者夺攘斗殴,雄霸一方,动致杀伤。县道前来,择有事力者委充盎长,未能借之钤束,反以资其武断。前任赵知县曾具申诸司,乞置巡检一员,在彼弹压。愚意诸若差武官,反与豪徒为市,欲乞效东阳例,增置县尉一员。本处有败闸坊场,令本府给本,就委所置官措置兴复趁办,课额之外,其余以赡吏兵。既可以防海道,亦可以镇犷俗。右札付沿海制置司,从长相度,申尚书省。时提刑程覃摄事申,契勘庆元府在城都酒务有监官六员,内文资四员,武职二员。若据向来置比较务赡军,系省三务各立二员,分管酒额,固不为冗。后来既将三务并而为一,总纳名课,所谓六监官,因循到今,不曾减省,委为赘滥。及照得本府西门外有都巡检一寨,额管军兵一百二十人。本地分既不边海,止是城外巡警乡村盗窃,及承受追会事件而已。此来欲乞从朝廷札下本府,于城下都巡检寨分拨土军五十名,移屯战埼,只就开禧年间踏逐到漂溪职租地起。盖军房以庆元府战埼巡检寨为名,仍于都务监酒内选拔有才能文武官各一员,并存监酒旧衔,内文官带兼管战埼烟火公事,武官带兼充战埼巡检。十二月二十八日,奉圣旨,令庆元府奉化县置战埼镇寨,从事郎吴邦献改差监战埼镇兼烟火公事,成忠郎程弈世改差战埼镇巡检。其庆元府酒官六员内,省罢两员,已差人并令赴吏部别行注授。今后战埼监镇、巡检,令吏部依条格使缺,余依是年于漂溪置军房,天王堂、门楼、射亭共五十五间,巡检廨宇一十四间。战埼本鲒埼,因白札子误为战埼,续申请正旧名。《汉书》颜师古注云:鲒音结,蚌也,长一寸,广二分,有一小蟹在其腹中。埼,曲岸也,其中多鲒,故以名亭。埼,巨依反。

驿　铺

剡源驿县东北五里。驿前即航船埠也。温、台步来者,即此而登舟。明、越舟来者,至此而出陆。

龙津馆县东北四里西市之东,惠政桥之西,临大溪侧。嘉定中,令冯多福建。

登陆馆县东三里市南门之侧。令冯多福建。孙兴公赋:登陆则四明、天台。故取以名。

县铺北至南渡铺二十五里。南至双溪铺二十五里。

南渡铺北至北渡铺二十五里。内五里折江。

北渡铺北至鄞县栎社铺二十五里。

双溪铺北至县铺二十五里。南至固海铺二十五里。

固海铺南至台州宁海县界海口铺二十五里。

叙　山

山

四明山　连会稽,接天台,跨慈溪、鄞及县境,详载郡志。

丹小山 县西五十里四明山之南。属剡源乡之三石村。上有二洞,洞如广厦,中可容五六十人。有深穴,可容人身。昔有人者,行几半日,闻水声如雷而返。水涓涓岩墟间,其流迹皆赤色。下有龙湫,民筑亭于其上,为旱暵雩祷之所。有岩窦,风从其窦出,飘飘有声,夏绝无暑,冬则凛凛不可近,俗号风洞。按《云笈七签》所志,盖以洞天旧所属,故云。

桃花坑山 县西五十里。四明山之上二十里,云之南也。山岩壁立数仞,延袤数百尺,岩色红白相间,隐映出没,状如桃花之初发,故以名之。四山环绕,宛如盘谷,中有平田数百亩。昔太白禅师纳交孤竹君之裔,飞锡于此,择其地而居之,留偈云:昔是神仙窟,今为长者居。定须攀月桂,宜教子孙书。嗣赵伯圭来守此邦,因太白偈访其后,乃得竺君汝舟者,览山川之胜,叹先贤之裔,嘉奖形诸尺牍。端宪沈公焕志其事,藏竺氏家。

毛巅岭 县西六十里。四明山之南,接大小晦崎岖涧谷,行者艰阻。绍兴初,有毛居士者,凿崖以便民旅之往来,竺君大本题其崖曰:凿破岩崖砥样平,要令民旅得通行。为君题作毛巅岭,留取毛巅千古名。

镇亭山 县西南一白里。《汉·地理志》云:鄞有镇亭。其原来自四明山,由西北而南,逾剡诸山而至镇亭,西界于于越,南入于天台,故其乡为连山。其颠盘结,数峰高入苍穹,旁有龙潭,即显济龙王庙也。详见《叙祠》。

东坑岭 县西南六十里。北为蓬岛,南为石楼,西为察廉冈,界于松林、连山二乡之间。其道西通婺女,北通会稽,南入天台,东归四明。奉化为邑,西北多山,而此岭又为众山之最高者,萦纡鸟道,盘曲羊肠,足且不足驻,况负戴者乎?里有义士屠师禹,尽甃以石,西九百五十丈,东八百九十丈,人甚德之。

蓬岛山 县西南四十里。其原来自四明山,重冈复岭,缭绕绵亘,自剡之西南至于镇亭,由镇亭之东北,是为蓬岛。肥厚雄壮,不露峰角,兀然独冠诸山。北为安岩之翠峰,南为石楼之赤岩,过松柏岭入于天台,即《四明记》云"南嗣天台北通越"是也。临其巅,俯视数百里之外,沧海微茫,烟林萦带,城邑聚落,了然在目。崇宁间,有尼结庐于其间,号曰师姑坪,今其故阶、遗井、瓦砾、砖石犹存。山之侧为后莱山,谷间有龙湫,为乡里雩祷之所。阆风刘次高有诗云:轧轧肩舆过翠微,路经蓬岛锁烟霏。雨从半岭岩窝出,云在行人脚下飞。

徐凫岩 在雪窦之西,相距十五里。重崖峭壁数百仞,瀑布飞下,冬夏不绝。岩之下有神龙所宅,俗传为如浮岩,以岩浮涧谷上故名。上为鞠侯岩,有三大字刊于上。王时会有诗云:绝壑揽空云与平,横飞寒瀑万年声。杖藜平过人间险,独向千山顶上行。

安岩 县西南三十里。来自四明山。有寺,旧名四明院。有二岩,虚悬绝涧中。有大龟,圆广三尺许,出入则风雨随作,其背镌云安岩山灵龟,或到浙西诸州,故镌以志之。后因洪流湍激,陷死岩下,今留其壳,为寺中交割。

翠峰 县西南三十里。为安岩山华严禅院之案山。此峰高入苍穹,冠绝诸峰,古木翁荟,下临大池。寺之东偏有亭,曰览秀,晚对之如画屏环列。

童公岭 县西南六十里。西为杉木岭,东为栅墟岭,道通宁海,为台州之界首。建炎间,聚乡民立寨,以策应栅墟。

栅墟岭 县南六十里。为台、明之界。建炎间,立寨于此,聚乡民守戍,官差将领以监之,号南来第一寨。今其遗迹皆在。西通童公岭,东控鲒埼海道,是亦一要衢也。

新岭 乃忠义一乡往来邑治之路。旧无此路,新开五六十年。岭峻而长,绝顶为中道,有天然石磴、盘石,上有天然石污尊,泉出甚冽,抔饮止满一人之欲。行者以次饮而未尝少竭,率谓无此则人皆道暍云。

天门山 县南六十里,鲒埼亭之东,岸大海。海外列嶂排空,有两山对峙,高入苍穹。南亚于海,俗号引头门,北连栖凤、栖真诸山,而入于大洋。按:《地理志》云:会稽鄞县东南有天门水,入于海。有越天门山。陶弘景《真诰》云:天门在鄞县之南,宁海之北,半亚于海。鄞县旧治奉化,故云然。据本县所载如此,而象山亦载天门山。奉化、象山皆古鄞地,望海中之山,皆可为天门也。

梅山 县南二十五里。东为登山,有僧庐曰禅寂,为寿禅师道场。南为鸣雁管,管之上峰峦奇秀,乡之显仕丘垄多藏焉。山之西号丁令威,俗传令威尝化鹤止此。有丹井在其旁,一勺之泉,尝随海潮上下,父老传以为海眼。攻媿楼公钥有诗云:峰头丹井随潮信,松下禅床旧祖关。盖纪此也。北则环以大溪,其山四断,兀立众山之中。或谓汉之梅福尝游此,因得名。今其山之下,每遇大雷雨,则出小石,圆如梅子,剖之亦有核,其名又或因此也。上有龙湫,为乡邑雩祷之所。

回峰洞 县东南一十里。

吴郎山 县东南一十里。

鄞城山 县东五十里。古鄞城在其下,故名。旧志载赤堇山在鄞县东四十里,云山有草,曰赤堇,鄞县以此为名,而加"邑"焉。《会稽记》云:昔欧冶造剑于此山,云涸若邪而采铜,破赤堇而取锡。今考鄞境内无此山,本以山名县,则鄞城山即赤堇山也。旧志以今鄞为古鄞,故载之于鄞县。

谢家洞 县东二十五里。其洞虚圆,虽炎歊之月,凛然犹寒。其下如广厦,可容百余人。俗传有大白蛇藏其间,隐见不常。左有一峰,曰福堆山,右即笔架峰也。

笔架峰 县之下郝村。其峰崒兀,宛如笔架之状,云雾兴则必雨。有一龙祠,名祭山。

燕岩　在江口塔山之上。社后燕子穴于其间,因以得名。

南山　县东五里。东为栲栳山,西为龙潭山,其山四断。邑之举子,尝以此山之鸣,验科甲之高下。初一鸣而王国定为武举之鼎魁,再一鸣而何大圭以两优解褐,里语所传,不可谓之无验。其上为南山寺,临其巅,有轩曰广莫,登临眺望,山川城邑,千里之外,了然在目,故攻媿楼钥有诗云:广莫乘风隘九州,乱山无数点平畴。一千里外在吾目,二十年来无此游。地下天高俱历历,鸢飞鱼跃两悠悠。昌黎费尽南山句,旷望还应似此不?

汉城山　县东北十五里。其山顶平广,可容数千人,无荆榛丛林。其保垒之状,历历可睹,剧土者或得古兵器,世传汉王避难之处,又云刘鬲屯兵之处。然汉高祖、光武及五代刘鬲,皆未尝至此。旧志以西汉建元三年,严助发会稽兵围东瓯,元鼎六年,韩说出句章击东瓯,领汉兵驻此,故得名。然严助、韩说击东瓯,皆浮海,此山去海几百里,何由于此驻兵?按:此山与霸王山相对,上有擂鼓岩,盖五代间乡聚民兵屯驻,自相雄长,而为是称耳,不必强求以合其名也。

新妇岩　县西北五里。累石而成,肖像稍类人。夏侯曾先《地志》云:西北临溪水,其石五色,望之颇似花钿新妇首饰,故曰新妇岩。今西北实无溪,石亦无五色,即所封昭德夫人者也。

铜山　在县西北十五里。按:《唐志》云:奉化析鄮置,有铜。此山盖以所产名也。俗传昔有樵夫入山,满目皆金宝,意欲拾取之,倏有神人仗剑而出,皇骇奔走,顷之旋顾,悉不见矣。

旧志载,赤堇山在县东北二十里。夏侯曾先《地志》云:亭头有赤堇山,上有磐石,可坐千人。秦始皇遣徐福求访神仙,尝至此。或云,昔有赤堇仙人,尝居此山,因以名焉。今考县境无此山。

叙　水 渠、堰、碶、闸、桥梁、津渡附

水

镇亭水　县东南三里。其泉源来自越之诸山,绝顶汇为镇亭潭,径三丈,上圆下广,不以旸旱而枯,莫测其深,去县九十里,世传与海相通。其流过柏溪,经牢岩,出西溪,由绿荷滩入惠政桥下,绕连山、松林、奉化、长寿四乡,凡七十二堰,溉田甚博。接大江之流,北至鄞,入于海。

赵河　县北二十五里。唐元和十二年,县令赵察开,溉长寿民田凡八百余顷,邑人德之,因以名河。

莼湖　县北一十五里。

寺后湖　县东北五里。

隐潭　县西北五十里。潭居两岩之下,两岩相抗,壁立数百仞,仰以窥天,仅如数尺。瀑泉如练,循崖而落,水寒石洁,耸人毛骨。每遇亢旱,祷其潭,有小蛇出没,旋应如响。皇朝尝遣中使投金龙玉简于潭,以祈灵贶,皇祐中,杜说记之。

白鱼潭　县西北二十五里。

灵泉　县西二十里日岭下宝林院。泉源一穴,不以大旱而枯,不以大浸而溢,下荫万家,其深无底,俗传谓之海眼。

灵济泉　旧名包家泉。县西南一里。俗传昔有牧童,浣衣于泉,得巨鳗,持归,脔为九段,烹之釜中,良久不见。急往泉所视之,而鳗成九节,复游泉中,邑人皆灵之。皇朝元丰七年,令向宗谔开浚其泉,疏于石窦,深不盈尺,不为水旱而盈涸。岁旱,祷之,所谓九节鳗者立现,则甘泽立应。宣和中,令周因植亭其上,榜曰灵济,有碑记其异。

鲅鱼潭　县西南四十里蓬岛后莱山谷间。南与石楼山乌潭相望,东为东山玉沙井,北直安岩山、白岩窝,皆旱暵雩祷之所。潭径二丈余,深广如之。其流萦绕于松林、金溪二乡,溉田甚博。出于富坝港,与镇亭水合,而入于江。国朝祥符间,有渔者沿流掷钓,至潭所,俄有鱼随钩而上,五色斓斑,而有二翼。渔者骇然,急弃于潭,归语乡人,人未之信。翌日,有红光烛天,人犹疑之。会岁大旱,乡人合道、释、巫觋鸣铙捶鼓以迎之。俄有小鳗如线,跃立于岩壁间,随取而归,未出山而雨大至,岁则大熟。于是乡之父老相率为建祠宇,立龙王像。自是台、明之祷者,不远数百里骈集。淳熙间,岁甚旱,乡人三沐三熏,一步一拜以礼之,周日夜而后至潭所。黎明,未得所请,忽有大蛇,红质黑斑,两目如金,其光烁烁,周回以视人,人益惊惧,蜿蜒历于岩壑间,截水上流。食顷,投于渊,而莫知所在。是岁虽赤地千里,而此乡独蒙其利,岁得下熟。鲅音役,今俗呼为翼。

蛴潭　县南三十里。

幽栏潭　县东南一十五里。

马岭泉　县东三十里。

白杜河　县东三十里。唐元和十四年,县令赵察开,溉金溪民田几四百余顷。

新妇湖　县东五里。

耀碑潭　县东一里。俗传有贤宰政清,则其流澄清。

透瓶泉　耀碑潭之东。其水蓄之以瓷器,而水透器外,故以为名。有痼疾者,饮之即愈。

清甘泉　县城内。虽遇久旱不涸,色清甘,因以得名。令冯多福尝记之。

渠、堰、碶、闸

莼湖塘小闸　县北七里。

砂堰碶　县北一十五里。

进林小闸　县北二十里。

大马碶　县北二十里。

刘大河碶　县北二十五里。皇朝熙宁间,邑人王元章之祖出力创建,其后浸废。建炎二年,元章有请于县,重修焉。

朴木碶　县北二十五里。

下塘碶　县北三十里。

吴山碶　县北三十里。

吴家碶　县北三十里。

崑山碶　县北三十里。

大瓯碶　县北五十五里。

常浦碶　在北渡之南,距县三十五里,界于鄞县,两县三乡所仰之水利也。

进林碶　县东北。长寿、金溪两乡,通溉鄞之鄞塘民田数千顷。皇朝绍兴十三年重修。

资国碶　县南五里。

普平港口闸　县南一十五里。

王庄碶　县南二十里。

新溪碶　县东十五里。

考到碶　县东二十里。

湖芝碶　县东二十里。

钱堰碶　县东二十五里。

桥　梁

县桥　县东南一十步。皇朝太平兴国八年建。宣和初,令周因重修,立亭其上,榜曰嘉会。建炎兵毁,亭废桥存。

庆登桥　县东二里。旧名谢凤桥,一曰东桥。皇朝淳化二年建。政和八年,令周因立亭其上,榜曰丰乐。绍兴十九年重建,改今名。旧志载,世传布袋和尚澡身桥下,一钵随流而漂,招之即回,至今逆流。按:此水之源,来自县西黄牛村,自西流,东过石阔,至西河,其流自北而南,仅百余步,合于方碶而入于碶溪,此盖水势所趋,非逆流也。

新桥　县东三里。先是,溪流溢涸无常,桥以石为步,步疏,其流若古之七星桥。然上流涨则石转移,下潮长则步渐湿,民常病之。嘉定中,令冯多福叠石为柱,前锐后平,以破水势,亘板其上,上流涨则逾桥而过,桥不为动,下潮长则不及桥之版者,常一二尺,往来始便。

东市石桥县东四里。皇朝端拱元年建。政和中,置亭其上,改曰通济。建炎兵毁,亭废桥存。

新妇湖桥县东五里。湖头有新妇祠,故名。皇朝绍兴二十一年建。上覆以屋,久而圮,邑人修职郎汪伋重建。

惠政桥县东北三里。旧名善胜,又名通剡。皇朝乾德二年建,后为洪水所坏。大观中重建,改今名,校官顾文记之。架木为梁,覆以厦屋,率十稔一易。开禧初,令赵彦绾因民之弗堪,告之曰:"与其累修而累坏,孰若一劳而永逸。"民劝趋之,随资高下,协力鸠工,易之以石。下为双洞,又有小洞以泄怒水,高广十倍于前,车马往来如履平地。两旁护以石栏。东西接两市,南路入天台,北路通明、越。嘉定四年,令冯多福犹以两堤未坚缜,复甃之。赋咏者甚多,有题洞底者曰:凿开苍璧玉棱层,叠作溪桥两洞成。影落波心双月合,光含石眼一星明。鳌头近接东西市,鲸背平分南北程。须信巨川从此济,区区溱洧浪传名。

下霍桥县东一十五里。

光德桥县北二十里。俗名江口桥。四明之水来自越,经大小晦山,过公塘,出泉口而合于大江,故曰江口。上接奉化港,下迎北渡潮,道为明、越要冲,而水湍激澎湃,舟渡多沉溺。秉义郎李珂家其侧,捐廪建桥,长二百三十尺,广二十尺。虑他日朽腐,豫储仓粟,其子孙以时修治,张嗣良记之。后为洪潦所坏,不治者八年,李氏复修之,而力不逮,修职郎汪伋嗣成之。通水凡九道,覆以厦屋二十有六楹,乃绍熙三年也,宣教郎王时会记。

广济桥县北二十五里。俗名南渡桥,在市中。皇朝建隆二年,僧师悟始建土桥,其后邑士徐畺易之以木。皇祐中,令王泌重建,长三百尺,阔三丈,高视阔倍之,中圮。绍圣四年,主簿李肃重建,久复圮。绍熙改元,邑人修职郎汪伋捐己资,又新之,鳌两岸,俱立石柱,布板其上,覆以厦屋,高广坚丽,履之如平地,望之若晴虹,乃潮生潮落,舟人率叙缆于此。

常浦桥县北三十五里。

津 渡

东宿渡县东六十里。自此发船,折海二百里,两潮而至象山陈山渡。

袁村渡县东南五十里。自此发船,两潮至陈山渡。

北渡县北五十里,界于鄞。旧系民间买扑负担而渡者,率困于篙师之多取。庆元中,邑人修职郎汪伋白于郡,以私帑先与之,抱纳官钱,复自造巨舟,廪给渡头一家以主之。往来负担者,人取钱三文,以充官输之用,士夫、僧道则免。迄今四十余年,人甚便之。仓使齐硕摄郡时,有闻官换扑者,守胡榘至,谓本自汪氏为利民计,俾仍旧。

南渡县北二十五里。旧以舟渡,后易以桥,见《桥梁》门。

宦江渡

施家渡

叙　产

土产已见郡志,布帛之品,惟此邑之绌,轻细而密,非他邑所能及。若星屿之江瑶,鲒埼之蟶蚌,双屿之班虾,袁村之鱼鲊,里港之鲈鱼,霍鼠之香螺,横山之吹沙鱼,雪窦之榧子,城西之杨梅,泉溪之燕笋,公棠之柿、栗,杖锡之山芥,沙堰之薯药,皆其特异者也。

〔新校〕

〔叙山〕

〔新岭〕　行者以次饮"次"下脱"取"字。

《宝庆四明志》卷第十五 〔宋元四明六志第二十七〕

《奉化县志》卷第二

叙　赋

乡　村

奉化乡　县北。管里二、村四：广平里、镇亭里，明化村、长汀村、茗山村、龙潭村。

长寿乡　县东北。管里二、村三：招贤里、奉国里，长苞村、进林村、新屯村。

金溪乡　县东北。管里二、村三：履信里、白杜里，石桥村、溪东村、白杜村。

松林乡　县东南。管里二、村三：鸣雁里、石门里，落闸村、双溪村、固海村。

连山乡　县南。管里一、村二：黄甘里，县南村、晦溪村。

剡源乡　县西。管里一、村四：嵩溪里，三石村、小晦村、陆照村、公塘村。

禽孝乡　县西北。管里二、村四：灵泉里、白石里，日岭下村、广杳村、新建村、雪窦村。

忠义乡　县东南。管里二、村二：栖凤里、太青里，东西山村、曹村。

镇　市

公塘镇县西北三十里。

鲒埼镇县南六十里。

泉口市县西北二十五里。

白杜市县东南二十五里。

南渡市县东二十五里。

袁村市县南二十五里。

户　口

主二万九千九百九十七户,计五万三千八百二十一口。

客二千六百九十五户,计六千七百口。

夏　税

绢　一万一千八百八十九匹三丈五尺六寸三分。

正税四千七百二十七匹三丈五尺六寸三分。

和买七千一百六十二匹。

绸　四千二百三十三匹四尺七寸。

正税一千一百六十三匹四尺七寸。

和买三千七十匹。

绵　三万二千四百八十五两一钱六分。

折变

折帛钱

绢:二千七百七匹,计钱一万七千八百七十四贯五百文:

正税五百五十八匹,每匹七贯文,计钱三千九百六匹。

和买二千一百四十九匹,每匹六贯五百文,计钱一万三千九百六十八贯五百文。

绸:二千九百六十四匹,计钱一万九千五百二十贯文:

正税五百八匹,每匹七贯文,计钱三千五百五十六贯文。

和买二千四百五十六匹,每匹六贯五百文,计钱一万五千九百六十四贯文。

绵:一万二千一百二两,每两四百文,计钱四千八百四十贯八百文。

折麦

绢:四十四匹一丈四尺二寸五分。

绸:二十九匹一尺三寸五分。

绵:一千一百七十四两八分七厘五毫。

三项通科麦五百一十六石六斗一升一合一勺二抄:

正四百六十九石六斗四升六合五勺。

义仓四十六石九斗六升四合六勺二抄。

实催本色

绢:九千一百三十八匹二丈一尺三寸八分。

绸:一千二百四十匹三尺三寸五分。

绵:一万九千二百九两七分二厘五毫。

秋　税

苗米　一万六千二百五石四斗二升四合。

折变

糯米一千七百四十四石三斗七升五合,折苗米一千七百七十四石四斗五升。

实催本色　一万四千四百六十一石四升九合。

酒以宝庆三年为准。

省场

本柄钱　四千七百八十九贯一十九文:

糯米七百五十一石四升,每石价钱三贯九百九十文,计二千九百九十六贯六百五十文。

曲麦一百七十七石一斗,每石价钱三贯六百文,计六百三十七贯五百六十文。

夫食物料钱一千一百五十四贯八十九文:

造曲五十一贯七十五文。

造生煮酒五百五十一贯三百五十一文。

袋绸九匹六丈二尺四寸七分五厘,每匹四贯文,计三十八贯四百九十九文。

箍缸、打灶一百三十二贯三百一文。

官吏巡脚夫食、糜费、轻空渗漏三百八十一贯五百八十三文。

收息钱　六千三十七贯一百五十三文。

诸司:七千七百二十五贯九百四十五文:

经总制司三千六百五贯七百七十八文。

籴本司三千三百五十九贯九百三十五文。

移用司七百六十贯二百三十二文。

本府:亏本柄钱一千六百八十八贯七百九十二文,填纳诸司。

糟钱　一百六十五贯八百四十六文。

诸司:六十九贯八十四文:

经总制司四十九贯八百三十四文。

移用司一十九贯二百五十文。

本府:九十六贯七百六十二文。

人户买扑酒坊　二十五所:

公塘坊

唐岙坊

溪口坊

泉口坊

崎山坊

浦口坊

钱堰坊

碛礚坊

东宿坊

江口坊

桐照坊

南渡坊

鲒埼坊

连山坊

降阳坊

七山坊

传霸坊

白杜坊

下霍坊

北渡坊

吴山坊

松林坊

唐头坊

择村坊

宦江坊

净息钱　二千三百二十七贯六百四十七文：

常平司一千五百九十八贯一百六十七文。

本府七百二十九贯四百八十文。

商　税 以宝庆元年为准。

岁额钱　一千八百贯文：旧有杨梅税，岁收钱七十四贯二百八文。嘉定十七年，守赵师峃以场务并缘为村民之害，特与除免。

诸司：九百二十七贯六百八十四文：

经总制司四百二十九贯二百二十六文。

籴本司四百九十八贯四百五十八文。

本府：八百七十二贯三百一十六文，于内除豁诸司头子钱四十六贯一百九十一文，实收八百二十六贯一百二十五文。

公塘、白杜二税场 庆元四年，守郑兴裔奏罢，详见郡志。

杂　赋

免役钱 两料共一万五千五百九十六贯六百九十二文：实催到一万三千九百七十六贯四百七十八文，补支发一千六百二十贯二百一十四文。

县吏支六千七百一十八贯四十四文。

本府一千六百五十九贯六百八文。解发减省人吏钱、在京官员雇钱及支府吏钱在内。

经总制司六千四百六十四贯四百二十四文。

官户不减半六百二贯六百一十六文。常平司。

提举司头子钱一百五十二贯文。

茶租钱 四百四十九贯七百二十九文：元额管催七百四十九贯五百五十一文，除豁逃亡、户绝四分钱外，有今额。

水脚钱 一千五十五贯八百八十二文。

醋息钱 七百八十贯文。

河渡钱 二百三十贯八十七文。转隶常平司。

叙　兵
弓　手

县尉司 八十四人。

土　军

公塘寨 额九十人。今六十八人。
鲛埼寨 五十人。原系东都巡检寨拨隶。

叙　人 见郡志。

叙　祠

神　庙

天齐仁圣帝殿　县东北四里虚白观后。

诚惠庙　县东北三百步。庙之上有山,曰日岭。岭有怪石,高七八丈,宛如妇人之状,《十道四蕃志》所谓"奉化新妇岩者"是已。自唐来始植庙宇,曰贞固夫人之庙。按:古庙碑云:庙虽不在祀典,盖故老相承之久,民率服众矣。凡有祷请,如影响焉。皇朝景祐中,县令于房废以增学区。学徒,邑人复请建立祠宇。元丰五年,县令盛穆仲尝记其祷请之验于碑阴。宣和四年,赐今额。绍兴三十一年,诏赐号昭德夫人,诰词云:朕阅舆图之籍,知日岭之山,有石肖人,而能赐人之福,水旱盗贼之祷,应如响答,心甚异焉。岂烈妇正女,一念坚固,先天地而常存,形寓于石,使人观感而化者,可百世祀乎?维神闻于有唐,赐庙号于我国家。朕今焕明恩,宠以徽称,从民欲也。其侈神休答斯民,所以告朕之意。日岭山脊上有古庙,县西一里有昭德夫人庙,东五里新妇湖之西有湖头新妇庙,金溪乡圣山之南有圣姑庙,又有所谓桥头圣姑庙,皆别庙也。俗谓昭德夫人与圣姑、新妇姊妹三人,血食一方,盖俚语云。

显佑庙　县南鲒埼镇。神仇氏,创始于唐,祷之辄应。绍兴末,阴相校尉王刚乘舰败房于采石。嘉定初,民虑艰食,神招商人,米舟踵至,人甚异之。始,谢散骑捐地立祠,死,配食焉。久而圮。裔孙彦琼、廷俊裒众力复新之。三年,计台列其灵,乃赐庙额,参政楼公钥记其事。十七年十二月,诰封灵惠侯,词云:鲒埼有亭,志自汉世。民业生聚,独盛于今。尔神庙食此方,众所依怙。曩缘捍患,已赐嘉名。兹复览于奏封,俾肇开于侯爵。尚歆茂典,益著灵休。

伙飞庙　县北市门下一里。即府伙飞之别庙也。详见郡志。

宫　观

虚白观　县东北四里。唐昭宗时赐额。观有三清像,制度精巧。老君像,袖中有蛇,长数尺,洁白如雪,隐现不常。

寺　院

禅　院二十三

雪窦山资圣寺　县西北五十里。旧名瀑布寺,唐光启中置。大中末,为贼裘甫所毁。咸通八年重建,改为瀑布观音禅院。皇朝咸平三年,赐今额。常住田一千七百八十七亩,山七千三百亩。雪窦山属祀典,南有隐潭,东有石苍潭,前有含珠林、千丈岩瀑布,上下有亭三,曰飞雪,曰妙峰,曰漱玉。丹碧照烂,飞檐鳞鳞,蔚在青嶂间,晨霞暮霭,遮露万状,尤为胜概。至道年中,有僧守能云游寺中,出淳化四年太宗皇帝所赐石刻御书二部,四十有一卷,在本寺藏院奉藏,具数列于左:

真书《秘藏诠》二十卷。

《逍遥咏》十一卷。

《怀感诗》四卷。

《幽隐诗》四卷。

《回向文诗》一首。

《佛赋》一首。

大中岳林寺 县东北五里。旧名崇福院,梁大同二年置,在大溪西,唐相李绅为书院额,废于会昌中。大中三年,闲旷禅师复建于溪东。皇朝大中祥符八年,赐今额。常住田一千三百八十二亩,山九十一亩。寺乃布袋和尚化现之处。唐末,有僧形裁腲脮,蹙额皤腹,常以杖荷布囊,随处偃卧,时号长汀子布袋师。每卧雪中,体不沾濡。或示人以祸福,随语即应。天将雨,则著湿草履,涂中骤行。或亢阳,则曳高齿木履,植膝而卧于桥中。梁贞明二年,于寺之东廊,端坐磐石,说偈曰:弥勒真弥勒,分身千百亿。时时示时人,时人自不识。偈毕,即示寂,葬寺之西南二里,其塔亭曰弥勒庵。后有人于他州见和尚,提只履而行者。及发棺视之,惟只履存焉。水旱祈祷,灵应如响。元符元年,赐号定应大师。三年,有见祥光于弥勒庵侧者,掘土得所遗锡杖、净瓶,邑人建阁藏之,并所书偈坐石,至今犹存。崇宁三年,赐阁名崇宁,遇天宁节度僧一人。先是,皇祐中,仁宗皇帝召寺僧文岳禅师入禁中,累赐御制诗偈并御札,今藏崇宁阁,具数列于左:

飞白书"佛法"二字,赐文岳禅师。

飞白书"佛"字,赐文岳禅师。

御注文岳禅师墨书环像一首。

御注文岳禅师所进颂一首。

御注文岳禅师《回旧居院颂》一首。

胎藏教念诵仪三策印本。

安岩山华严院 县南五十里。旧名四明院。汉乾祐三年置。皇朝天圣中,居照禅师迁入山数里。庆历三年,改今额。胜概颇多,人号小雪窦。常住田三百二十九亩,山一千一百二十亩。

清凉院 县东九十里。朱梁开平二年,茅将军舍宅为之。吴越王钱氏给额,曰归顺。皇朝治平中,赐今额。常住田一百六十亩,山九百六十二亩。距院五里有茅岭,以茅君所居,故名,其下民犹有以茅佾为一户籍者。院之殿宇所覆,皆古瓦,上有"己巳茅号"四字。茅君祠在院东庑,水旱疾疫,祷无不验。绍兴己巳,敕葬王参政于其山,人谓己巳之应。

灵应院 县西七十里。唐天祐二年置。皇朝治平二年,改今额。常住田一百六十一亩,山三千一百四十六亩。

解空院 县东八十里。唐长兴元年置,名泰靖。皇朝治平二年,改今额。常住田二百二十八亩,山三百九十亩。

妙峰护国院 县西十五里。唐中和元年,有神人现,遂置寺,以天王名之。皇朝治平二年,改今额。常住田一百四十三亩,山九十五亩。

圆觉院 县西南八十里。唐咸通九年置,名西峰。皇朝治平二年,改今额。常住田一百七十一亩,山七百五十三亩。

九峰山灵鹫院 县东六十里。旧名明霸院。皇朝开宝八年置,在山外。庆历中,僧象先迁入山五里,对九峰,建立而增广之。治平二年,改今额。常住田二百三十亩,山六千七百六十七亩。

栖真院 县东七十里。晋天福八年置,名栖凤。皇朝治平二年,改今额。常住田二百七十亩,山三百四十九亩。

兴化院 县东七十里。唐长兴元年置,名墅市。皇朝治平二年,改今额。常住田一百二亩,山一百三十亩。

清福院 县东七十里。晋天福八年置,名太清。皇朝治平二年,改今额。常住田一百一十亩,山二百三十亩。

离相院 县东九十里。唐乾符元年置,名福庆。皇朝治平二年,改今额。常住田一百一十亩,山二百五十亩。

资福院 县西三十里。唐咸通八年置,名法会。皇朝大中祥符八年,改今额。常住田九十三亩,山四百一十九亩。

上雪窦山奉慈院 县西六十里。唐咸通八年置,名奉国。皇朝治平二年,改今额。常住田三百四十亩,山五百三十二亩。

资国院 县西南五里。旧名护国院。唐元和十四年置。皇朝治平二年,改今额。有人迹印石上,指文皆具,世传为佛迹。常住田一百一十七亩,山九百三十亩。

安隐院 县西一百里。唐咸通十一年置,名圣寿。皇朝治平二年,改今额。常住田二百二十一亩,山八千九百亩。

净慈院 县西六十里。唐乾符六年置,名仁王。皇朝治平二年,改今额。常住田二百九亩,山一百七十八亩。

法喜院　县西五十里。唐咸通九年置,名永泰。皇朝治平二年,改今额。常住田七十五亩,山二百八十九亩。

证道院　县西七十里。唐光启二年置,名灵桥。皇朝治平二年,赐今额。常住田七十亩,山四千二百八十亩。寺西登山半里,有龙湫,为乡民雩祷之所。南百步有岩穴,深不可测,习习风生,寒气袭人,曰风谷。谷下泉流,寒甚于冰,曰冰鉴。路转萦回,巉岩虎踞,前有方丈之地,足以憩息,曰振衣岩。又数步,列嶂前横,晚霞舒锦,如对画屏,曰宜晚。摄裳而升,渐入平夷,多景所聚,有堂曰蕴秀,端宪沈公焕摭少陵"剡溪蕴秀异"之句名之。又筑清心亭于冰鉴之左,临渊叠矶垂钓,榜曰桐庐古意,渭水遗风云。

无为院　县东一百里。唐天祐三年置,名松岙。皇朝治平二年,改今额。常住田一百六亩,山一百三十六亩。

显亲崇福院　县西三十里。唐光启三年置,名上山。皇朝治平二年,改名常乐。其后魏丞相请为香火院,改今名。常住田一百亩,山一百三十亩。

移孝报忠院　县西北三十五里。王参政功德院。皇朝绍兴十八年,赐今额。常住田三十六亩,山无。

教　院二十三

慈氏院　县南三里。唐天祐二年置,名宝化。皇朝治平二年,改今额。常住田一百五十四亩,山五亩。寺有杜鹃花,蟠如凤形,樊主簿诗云:山僧取巧结真丛,九苞占尽千葩红。倚栏精彩欲飞动,百鸟不敢啼春风。

瑞相院　县东南二十里。唐大中四年置,名云峰。皇朝治平二年,改今额。常住田一百二十亩,山四百十五亩。

演教院　县西十里。后唐清泰二年置,名鹿苑。皇朝治平二年,改今额。常住田九十五亩,山二百七十五亩。

禅悦院　县北二十里。旧名保安,皇朝开宝二年置。治平二年,改今额。常住田九十五亩,山无。

宝林院　县西三十里。唐乾宁二年置,名栖林。皇朝治平二年,改今额。常住田一百一十七亩,山无。

永固院　县西南五十里。唐光启二年置,名三石。皇朝天圣十年,改今额。常住田一百二十亩,山一千二百亩。

金地院　县西南三十里。唐大中元年置,名福庆。皇朝治平二年,改今额。常住田六十亩,山无。

福圣院　县东二十里。唐大中四年置,名龙光。皇朝治平二年,改今额。常住田五十七亩,山无。

登岱院　县西三十里。唐咸通五年置。皇朝治平二年,改今额。常住田二百亩,山七百亩。

普明院　县南十五里。唐大中元年置,名观音。皇朝治平二年,改今额。常住田四十六亩,山无。

明化院　县东十里。旧名建城,唐宝历二年置。光化中,改名建宁。梁开平中,改名善因。皇朝大中祥符元年,改今额。常住田六十三亩,山无。

清莲院　县西南五十里。后唐清泰二年建,号灵峰。皇朝治平二年,赐今额。本甲乙住持,久而圮,皇子魏王申请为十方祝圣道场,以传天台宗教,由是内外栋宇,革故一新,惟留旧殿、古佛。右偏有轮藏及诸天像,极精巧。常住田四十六亩,山一百九十六亩。

福海院　县东五十里。唐咸通元年置,名兴福。皇朝治平二年,改今额。常住田二十六亩,山无。

上乘院　县西南五十里。唐咸通五年置,名乾符。皇朝治平二年,改今额。常住田六十六亩,山无。

法昌院　县北二十五里。旧名石芝,皇朝开宝元年置。治平二年,改今额。常住田一百一亩,山无。

净明院　县北二十里。唐龙纪元年置,名唐湾。皇朝大中祥符元年,改今额。常住田三十三亩,山无。

宣密院　县东九十里。晋开运二年置,名桐照。皇朝治平二年,改今额。常住田四十五亩,山无。

鄞城山广福院　县东五十里。唐景福元年置。后唐清泰初,吴越钱氏给额,曰鄞城。皇朝治平二年,改寿圣。绍兴三十二年,改今额。常住田九十三亩,山五十亩。

惠日院　县西二十里。晋天福五年置,名慈林。皇朝治平二年,改今额。常住田二十六亩,山二百五十亩。

法海院　县东南十里。晋天福元年置,名龙潭。皇朝治平二年,改今额。常住田二十六亩,山二百五十亩。院下有潭,广数亩,父老相传,有白龙宅其渊,遇旱暵,祈祷多应。

常浦院　县常住田一十五亩,山无。

普慧院　县常住田五十亩,山无。

安住院　县常住田五十八亩,山四百亩。

十方律院四

大云院　县东三十里。唐咸通二年置,名石佛。皇朝治平二年,改今额。常住田三十六亩,山一百六十亩。

垂鸿院　县北二十里。梁大同元年置,名宴坐。皇朝大中祥符元年,改今额。常住田一百二十三亩,山无。

瑞峰院　县东南十里。唐咸通五年置,名吴峰。皇朝治平二年,改今额。常住田九十五亩,山三百五十亩。

仁济院　县常住田一百三十亩,山无。

甲乙律院二十三

广福院　县南五十里。晋开运三年置,名云盖庵。皇朝熙宁中,赐额寿圣。绍兴三十二年,改今额。常住田一百四十亩,山一千三百五十亩。

悟空院　县南四十里。唐大中七年置,名安海。皇朝治平二年,改今额。常住田一百四十二亩,山无。

广化院　县西北三里。唐大中二年置,名正化。皇朝治平二年,改今额。常住田三十三亩,山四百三十三亩。

慈光院　县西北二十里。旧名龙池,唐文德元年置。皇朝治平二年,改今额。常住田六十四亩,山二百六十亩。

兴圣院　县东二十五里。唐咸通十年置。常住田八十六亩,山七十九亩。

崇胜院　县南五十里。唐天成三年置,名固海。皇朝治平二年,改今额。常住田二十六亩,山二百亩。

尊胜院　县南四十里。唐光启元年置,名延恩。皇朝治平二年,改今额。常住田一百亩,山五百三十六亩。

禅寂院　县南四十里。周广顺二年置,名登山。皇朝治平二年,改今额。常住田一百十亩,山五百三十二亩。

广法院　县西南七十里。旧名灵龟,皇朝太平兴国七年置。治平二年,改今额。常住田九十七亩,山三百四十六亩。

大智院　县东七十里。唐咸通十一年置。皇朝大中祥符二年,赐今额。常住田一百七十五亩,山四百四十三亩。

定明院　县西南六十里。唐大中二年置,名镇国。皇朝治平二年,改今额。常住田七十九亩,山六百亩。

龙华院　县西八十里。唐咸通六年置,名凝光。皇朝治平二年,改今额。常住田二百二十二亩,山六百七十亩。

慈觉院　县北二十里。晋天福五年置,名兴福。皇朝治平二年,改今额。常住田一百五十一亩,山一百四十亩。

净业院　县北二十五里。梁贞明二年置,名塔岩。皇朝治平二年,改今额。

常住田八十亩,山一百二亩。

净隐院 县东北二十里。晋天福五年置,名名山。皇朝治平二年,改今额。常住田二十七亩,山七十九亩。

惠照院 县西北二十里。唐咸通十年置,名铜山。皇朝治平二年,改今额。常住田三十五亩,山无。

护教院 县西北二十里。唐乾符二年置,名湖山。皇朝治平二年,改今额。常住田二百一十二亩,山一百九十九亩。

广教院 县东二十里。唐咸通十年置,名灵迹。皇朝治平二年,改今额。常住田一百一亩,山四百六十三亩。

告成院 县东半里。旧名光教院,皇朝开宝七年置。大中祥符三年,改今额。常住田一百七十亩,山无。

净名院 县东北十里。梁乾化二年置,名安宁。皇朝治平三年,改今额。常住田一百亩,山无。

广济院 县北二十五里。皇朝建隆二年,僧师悟造广济桥于大江之侧,而院与桥同置。大中祥符元年,赐今额。常住田六十三亩,山无。

净惠院 县东北四里。周显德四年置。皇朝天圣三年,赐今额。世传孙拾遗部之故宅也。常住田一百五十三亩,山无。

报国院 县南二十里。晋天福二年置。皇朝治平二年,赐今额。

尼　院一

普济院 县东北四里半。旧名永平,唐咸通十年置,十三年赐今额。

叙　遗

纪　异

梨洲,县西一百里,即四明山之西峰。按:《四明山记》云:晋时,溪边沙上忽生梨实,孙兴公及兄孙承公同游至涧侧,得梨数枚,左右环视,莫见其迹,意以为仙物也,故号梨洲。其上山麓有胡桃、天蓼。按《十道四蕃志》,即刘纲与夫人升仙处。

金钟墩,县东一十里大溪之间。其墩绝小,树木颇茂,虽山泉奔突,而墩无所损。或传昔钱氏载大金钟过此,沉焉,涨沙成墩。金钟今在墩之下,历数百年不为水所荡。

降渚,降下之降。昔有星贾于海滨,化为石,其形圆而光洁,转徙不常,故名其地曰降渚。今俗呼降平声呼之。阻,非也。

天篆,县西南六十里。其山来自镇亭,峭壁四合,溪流贯其中。中有磐石,石上隐起字画,如篆刻,为溪流所淹,旱涸时熟视之,若成四句,而不可辨识为何等语,俗传以为天篆。

俗志云:昔董氏有女,未笄,刺绣南窗下,二燕巢其上。其女日与之饭,编竹以护其巢。女无机心,燕无猜意,朝往暮返,至于哺育其子,成羽翼而去。明年复来,其女爱字之如初。凡历三岁,而燕去女死。又明年,二燕复来,飞绕户牖间,悲鸣上下,经二日不已。女之父母告之曰:"汝非寻女子邪? 女已死,冢在屋之侧。"俄而二燕去,越三日不归。翁媪往视女墓,则二燕伏死于冢上。邑人异之,故名其乡曰禽孝。

存 古

奉国军节度使钱亿墓,在县西北三里。

《四明慈溪县志》目录

《宝庆四明志》卷第十六 〔宋元四明六志第二十八〕

《慈溪县志》卷第一

叙 县

沿革论

慈溪县，秦、汉以来地属句章。古句章城在今县南十五里，地名城山。隋开皇九年，并余姚、鄞、鄮三县入句章。唐武德四年，析句章置姚州。八年，废鄞州为鄮县，则慈溪实鄮封内地也。开元二十六年，析鄮县置慈溪。溪因邑人董黯孝养其母而得名，详见《叙水》门。故因以名县。按：唐崔殷撰《董孝子庙记》云：黯，后汉人，孝行著于乡邑。和帝召拜郎中，不赴。厥后世为名族，故以董孝名乡，慈溪名县。贞元中，为上县，二十一乡，皇朝并为五乡。《九域志》亦为上县。

境 土

东西一百里，南北九十里。

东至定海县界六十里，以梅林泾及双桥鸱鹚为界。

西至绍兴府余姚县界八十里，以桐下湖从浦至大江为界。

南至鄞县界三十里，以钟乳山及潘屿岭孤儿冈为界。

北至秀州海盐县界六十里，以大海岸中桑屿并黄牛山为界。

东南到鄞县界一十五里，以西渡江心为界。自界首至本府三十五里。

东北到定海县界六十里，以雁门岭为界。

西南到绍兴府余姚县界一百里，以杨溪村及高岩并石门山为界。

西北到绍兴府余姚县界八十里，以上林乡为界。

风　俗

邑有董孝子之遗风,人知孝,爱乐循理,旧矣。皇朝以来,杨公适、杜公醇又以行义为之师表,自是文物益盛。王荆公安石有云:慈溪小邑,无珍产淫货以来四方游贩之民,田桑之美,有以自足,无水旱之忧也。无游贩之民,故其俗一而不杂;有以自足,故其人畏刑而易治。所见之士,亦多美茂易成也。

县　令

题名始于太平兴国,在唐得七人,以冠其首。

房琯唐开元中监察御史,贬睦州司户参军,慈溪始置县,迁以为令。上德化,兴长利,流民来归,狡吏引去,以治最显,事见《唐书》本传及《会要》并旧志所载。民立庙祀之。至今县桥名骢马,以公故也。

周颂

阎信美

张涛

周曜

宋革

柳宽以上皆唐时令。见香山智度寺《常寂大师行状》碑。

张齐皇朝太平兴国八年。

李昭文〔按曰〕:原本、林本皆脱张齐,而系"皇朝太平兴国八年"八字于李昭文之下,必系传写者所脱误,今据嘉靖《宁波志》、天启《慈溪志》补正。而李令明志亦系于太平兴国年,近志系于雍熙年,题名已亡,无能知其孰是,姑阙疑焉。

张颖端拱元年,为令廉洁自持,邑人号为张清清。太宗皇帝赐诏奖谕,云:令长之任,得以施异政而亲吾民者也。尔膺兹选择,绰著强明,勤以奉公,廉而守道,达于听览,深所叹嘉。愈宜励精,当俟明陟。民立庙祀之。县有清清阁,以公之德名者也。

聂惟宁淳化二年。

刘昭裔至道元年。

张若讷咸平元年。

段志忠咸平四年。

张守璿景德元年。

庞遵古景德三年。

宁直大中祥符二年。

张汝珪大中祥符四年。

耿防大中祥符七年。

姜成范天禧元年。

胡孝恭天禧四年。

王淑天圣元年。

林济天圣四年。

牟经天圣六年。

孙知古天圣九年。

虞肃景祐二年。

王利用景祐四年。

李永康定元年。

王永昌庆历三年。

林肇庆历五年。

韩鉴皇祐三年。

张直言至和元年。

游烈嘉祐二年。

陈章嘉祐五年。

林汴嘉祐八年。

于存熙宁元年。

汪伋熙宁四年。

李世卿熙宁六年。

李友闻熙宁七年。

盛次仲元丰初,为令雅有文名,究心民瘼,持身公介,不畏强御,戢吏爱民,政多惠利,后为内相。

沈谭元丰四年。

崔熙元丰八年。

余廙元祐二年。

张伋元祐五年。

吴最绍圣元年。

陈衡绍圣四年。

石沔元符三年。

王师中建中靖国元年。

黄杞从事郎,崇宁元年。

唐昌期通仕郎,大观元年。

方巨川文林郎,政和二年。

孙置文林郎,政和八年。

许之才儒林郎,政和八年。

黄涛从事郎,宣和二年。

陈云朝奉郎,宣和四年。

沈时升雪川人。宣和末为令,诚心抚字,爱民如子,俗咸化之,无敢梗政。既去,父老请于官,建立祠宇于县治,号沈公堂,即丞相该之父也。

林叔豹字懿文,永嘉人。少入太学,有声。建炎初,以宣教郎为令,律身廉勤,莅事明敏。高宗大驾南巡,过邑,禁卫甚众,小县未易供亿,宰执素稔其名,戒卫士以下,无得苛扰。邑人寻闻虏寇之至,惊惶逃避。有武断贪悍之夫一二人,为民所讼,公捕而斩之,由是远近知畏,绝剽掠之患。虏酋破明州,伪立蒋安义为守。虏退,叔豹以乡兵入城,杖死安义,一郡遂宁。高宗驻跸临安,召以为监察御史。

周方祗从事郎,建炎四年。

向季仲右文林郎,绍兴三年。

林定右从政郎,绍兴六年。

赵不匮右承直郎,绍兴九年。

毕瑛右从政郎,绍兴十二年。

张光右承直郎,绍兴十四年。

陈良翰字邦彦,赤城人。绍兴十七年,以左从事郎为令,经术饰吏事,天资高明,操尚介特,恢崇风化,作成人才,吏畏民爱。诸司交荐,召除监察御史。后为谏议大夫,给事中,太子詹事。

李彭年左从政郎,绍兴二十一年。

张敦实左从事郎,绍兴二十七年。

姚应辰右文林郎,绍兴二十七年。

钟确右文林郎,绍兴三十年。

钱万中左文林郎,绍兴三十二年。

蒋蒇右文林郎,乾道元年。

吴翼夫右文林郎,乾道六年。

陈寿彭右承直郎,乾道六年。

求承祖文林郎,乾道九年四月十七日到任。淳熙三年二月二十一日成资磨勘。

郑昌言从政郎,淳熙三年七月初八日到任。六年八月二十五日满。

莫洸通直郎、赐绯鱼袋,淳熙六年八月二十五日到任。八年正月八日,以知台州仙居县唐仲温避亲,两易,离任。

唐仲温奉议郎,淳熙八年正月八日,避亲两易。九年八月二十二日满替。

徐衮从事郎，淳熙九年八月二十二日到任。十一年四月二十六日，本州奏荐，两易。

蒋鹗从事郎，淳熙十一年四月二十六日，以奏荐两易。十二年四月十七日满替。

葛郓奉议郎、赐绯鱼袋，淳熙十二年四月十七日到任。十六年二月二十九日满替。

唐仲展从政郎，淳熙十六年到任。金华人，政得宽猛之宜，遇事详明，穷究其隐，催科不扰，财赋自办。虽有狱，未尝妄禁一人。黠吏畏之，不敢舞法。绍熙三年四月初五日满替。

柳恂从事郎，绍熙三年四月初五日到任。庆元元年四月十三日满替。

朱堂文林郎，庆元元年十一月到任。三年二月□日，丁母忧。

柳说从事郎，庆元三年五月初一日到任。六年六月初九日满替。

石次翁承直郎，庆元六年六月九日到任。嘉泰三年十月十七日满替。

赵希观儒林郎，嘉泰三年十月十七日到任。开禧二年十二月初八日满替。

张义和文林郎，开禧二年十二月初八日到任。嘉定二年十二月二十七日满替。

温肤公文林郎，嘉定二年十二月二十七日到任。六年二月二十四日满替。

俞昌言迪功郎，嘉定六年二月二十四日到任。九年三月初二日离任。

边烈文林郎，嘉定九年四月初四日到任。十一年四月二十七日离任。

赵崇遂从政郎，嘉定十二年五月二十日到任。十五年正月二十八日离任。

虞诜儒林郎，嘉定十五年六月十六日到任。宝庆元年七月二十七日满替。

周符儒林郎，宝庆元年七月二十八日到任。绍定元年十月二十七日满替。

毕谏儒林郎，绍定元年十月二十八日到任，有旨改令为京官阙。二年六月十八日离任。

留晞祖宣教郎，以制帅胡尚书具申朝廷，改令为京官阙，绍定二年十一月十三日到任。五年十二月满替。○〔按曰〕：自此以下十人，皆系续增。

叶汝明奉议郎，绍定五年十二月初四日到任。至端平二年五月初三日不禄。

张约之承议郎，端平二年九月初十日到任。嘉熙二年九月初九日满，十月内除监榷货务。

王致远奉议郎，嘉熙三年十月二十八日到任。至四年十二月二十九日离任。

吴溥宣教郎，淳祐元年正月二十八日到任。至二年二月初二日离任。

曹邰宣教郎，淳祐二年四月二十五日到任。至五年五月初一日满替。

季镛通直郎，淳祐五年五月初一日到任。至七年十一月十七日，丁内艰。

卫枅承议郎，淳祐八年四月初八日到任。至十年二月初三日离任。

陈灼宣教郎，淳祐十年二月二十六日到任。至十一年四月初五日离任。

陈桂朝奉郎，淳祐十二年二月初三日到任。在任以恩赏磨勘，转朝请郎。宝祐三年三月三日满替。

社　稷

坛在县西南一百步。皇朝建炎二年，令林叔豹始建斋宫，久而圮。绍兴二十一年,令陈良翰重建。嘉定八年,令俞昌言重建。

城　隍

庙在县西四十步。

学　校

学旧在县西四十步。皇朝雍熙元年,县令李昭文建先圣殿,居其中。端拱元年,令张颖记。庆历八年,令林肇徙建于县治之东南一里,鄞县宰王公安石记之,贻书招邑人宿学杜醇为诸生师。建炎四年,金寇至,学毁。绍兴十二年,令毕瑛草创殿宇、斋居,久而弗支。淳熙四年,节度推官宋南强摄邑,以劝里士,陈公达首倡义,大成殿轮奂一新。斋居、门庑、庖湢次第成于后政之手,而率先之者,宋也。八年,令唐仲温始落其成。讲堂旧名尊道,至是改曰成德。堂之后有直舍,曰横经。四斋,曰本仁,曰明义,曰约礼,曰崇智。庆元元年,令朱堂于泮池外建墙门六扉,左曰月,右曰月。开禧二年,漕□檄尉施子升重建,尚书楼公钥记。

淳祐二年,郡守、秘撰陈公垲发钱米下县,委令曹郆为慈湖杨先生简创祠堂于成德堂之右。祠成,令以告于郡。于是,朝奉郎、主管建康府崇熙观天台郑霖作记,先生之侄愉书丹,邑人朝奉大夫、直宝章阁桂万荣书盖。〔按曰〕:淳祐二年以下,后守续增。

祭　器

一百九十六件。

祭　服

三副。

钱　粮

田三百九十二亩一角二十二步。

地二十八亩二角四步。

山六亩二角六步。

岁收:

米一百八十二石九斗二升五合。

谷一百一十三石九斗。

租钱四十七贯三十文。

赁钱日收一百一十二文。

城　郭

县城，周回五百六十丈。

坊　巷

兴贤坊旧名崇儒，在县学西。令赵希观更立。

状元坊为武举魁胡应时立。

烝贤坊

崇孝坊县令虞说立。

仓、库、务、场等

县仓县西南三十步。旧屋十间，今存其二，一贮官兵俸料米，一贮义仓米。

诸色官钱库县治东廊。绍定元年，令周符重建。

酒税务县城东南二里。淳化七年置。

鸣鹤盐场县西北六十里。熙宁六年十月置。

教场县城东北。中有阅武亭，靖康元年，尉刘崇建，令于庭式记，后废。庆元三年，令朱堂、尉朱应祥重建，更名众整，里士严蒙记。

居养院县东南二里。元符元年建。

安济坊县东南二里，崇宁二年建。

漏泽园县西南三里。崇宁三年建。

公　宇

县门上为敕书楼，宣和初，令黄涛建。宝庆二年，圮于风，令周符新之。楼凡五间，守胡榘为匾县名于外门内，涉级而上。

中门雍熙元年，令李昭文重建。宝庆三年，令周符新之。门旁有两翼，门内列两庑。

县厅李昭文重建。绍定元年，周符于厅后创小楼。

县堂正厅之东。元祐初，令崔熙建。

明恕堂东庑之东。李昭文建。绍兴六年，令林定重修匾制锦。庆元初，令朱堂重建。

县狱西庑之西。旧苦隘陋，绍定元年，令周符辟而新之。

清清阁直正厅后小楼之后。淳化中建，以县令张颖清德得名，里士徐璋记。嘉定十年，奉化丞沈璞摄邑，重修，湖州校官王休记之。绍定元年，令周符重修。

环碧亭清清阁之后，出县城之北，临池。乾道间，令陈寿彭建，后废。庆元五年，令柳说重建，绍兴府理椽王休记之，又废。绍定元年，令周符重建。

拥青轩县堂之后。隆兴元年,令钱万中名之。

揽秀亭拥青轩之后。绍定元年,令周符重建。凡县治内所修建,张虑记之。

丽泽亭县治之前,创自县初。桥上筑亭,上有楼。阴阳家以为县无案山,此楼即前案也。

蒙亭大宝山之麓,创自熙宁以前。泉清甘宜茶,名宝泉,亭后圮。绍兴十七年,令陈良翰重建,改今名,罗昭叔记,今废。

濯缨亭县治东南。今废。

迎麾亭县治西南。今废。

承流亭县治东南二里。迎麾、承流,皆创自县初,监司、郡守经历送迎之所也。

官　僚

丞邑旧有丞,崇宁五年省罢,绍定二年正月置。尚书省札子焕章阁学士、通议大夫、知庆元军府事、兼沿海制置使司胡榘状,窃见本府慈溪县,由唐贞元以来,标为上县。皇朝太平兴国中,置令,距今三百余年。自南渡以来,衣冠日盛,户口日繁,今主客二万余户,计一十五万六千三百余口,为田四十六万九千一百余亩,夏秋二税,官物繁多,实为壮县。然本县今只部注令一员,又无丞佐可以裨赞,连年簿尉非才,邑政未免多阙,财赋多有失陷,本府不容坐视。伏睹嘉定吏部条法,诸县及万户注丞一员。今慈溪县户口繁多,逾二万户,所宜置县丞一员,以共理民事。证得定海县主客才一万九千余户,计五万五千余口,为田三十五万余亩,夏秋二税,视慈溪县反少,而令、丞并置,一邑之事,得佐官以协理。今慈溪置丞,不为冗员。惟是创置一官,则有一官之费,若令一邑遽尔增费,则恐事力不支。本府契勘三酒务监官,各系双官,昨来权府程提刑罩申请,省罢都酒务、比较务官各一员,就奉化县鲒埼镇置镇官、巡检二员,而赡军务尚存双员。今三务既各为一,若各官一员,自可轮流管干。欲乞朝廷特恩敷奏,许从所乞省罢赡军务监官一员,于慈溪县置县丞一员。特许本府选辟一次,日后作吏部使阙。但慈溪县既置丞,则县合行政作京官员阙,庶几事权增重,百里有赖,并乞降指挥吏部施行。其慈溪县令,并赡军酒务见任人,且令终满差下人,令赴部别行注授。伏乞明降指挥,下本府施行。申闻事。正月九日,奉圣旨,令吏部将庆元府慈溪县添置县丞一员,就令本府选辟一次,仍令赡军务监官一员省罢,其见任人,许令终满已差下人,赴部别行注授。余依。

主簿听事县城东南,本丞厅。崇宁五年省丞,遂为簿厅,久而圮。淳熙八年,张博文重建。劝农堂,王中行建。临香亭,绍兴二十四年,李炳建。后政改匾不一。嘉定十年,天台刘焕奉其兄阆风、逸民俊偕至,改曰听雨,慈川逸民刘叔温记。簿厅有水利记四,县尉成立、尚书汪大猷、著作郎倪思、湖州校官王休所撰也。

尉听事县城东南,雍熙元年建。东为亭堂,尉毕仲荀记。园有三友亭,后改雨香,今名华绿。又有无我亭,永嘉翁沈建,有记,今改劲节。

监酒税听事县东南一里。皇朝庆历八年建,今废。

监鸣鹤盐场县西六十里,边海之处也,皇朝熙宁六年十月建,兼巡检主管烟火公事、巡捉私盐茶矾香等。宝庆二年,有旨选辟文资。

鸣鹤寨巡检皇朝政和七年置,于金仙院驻扎。

驿 铺

凫矶驿县南一里。唐开元中令房琯建。以川多凫雁,故名。皇朝元丰中,令崔熙重建,左太中大夫周锷记。建炎兵毁。绍兴十七年,令陈良翰重建。

丈亭馆县西四十五里。夏侯曾先《地志》云:是老尉廨宇,筑方丈室,旧曰丈亭。老尉乃古之军令尉。今馆北有老尉浦,是其迹矣。吴越钱氏改为上亭,后废。庆元五年,尉关嵘重建,斥而大之。嘉定间,令边烈又辟地,筑小馆于亭北,亭前建小轩三间,古有留题,词曰:潮生浦口云,潮落沙头树。潮本无心落又生,人自来还去。今古短长亭,送往迎来处。老尽东西南北人,亭下潮如故。又慈川逸民词云:南山明,北山明,中有长亭号丈亭,沙边供送迎。东江清,西江清,海上潮来两岸平,行人分棹行。又僧义铦诗云:青青历历映江流,半是明州半越州。亭下寒潮亭上客,不知来往几时休。

西门铺县治西。西至甲山铺二十五里,东至西渡铺一十五里。

西渡铺界首。东至鄞县景安铺一十五里,又至本府二十里。

甲山铺金川乡。西至渔溪二十五里。

渔溪铺渔溪坊前。西至绍兴府桐下铺二十五里。

叙 山

山

四明山　自越地跨县境以至鄞县,详见郡志。

塔山　县西南三里。阴阳家谓县之青龙山。

大宝山　县西南二里。阴阳家谓县之白虎山。山南有泉,极清甘,名大宝泉。

句余山　县西南二十五里。句章、余姚在此山之东西,盖因山以名县也。《山海经》云:此山多金锡,少草木。

戍溪山　县西南三十五里。晋孙恩、卢循据岭表作乱,由海道入寇,刘牢之御之,屯兵于此,故其山以戍为名也。

东澄山　县西南二十五里。

五马山　县西南六十里。

三女山　县西南六十里。耆老相传云:昔有三女,浴于江次,忽为霆击,化为三峰,亭亭相望,因以名之。

大隐山　县南三十里。夏侯曾先《地志》云:大隐山口,南入天台,北峰为四明东足,乃谢康乐炼药之所也。晋虞喜三召不就,遁迹此山,因以为名。

三过山 县南十五里。山势孤峻,下临江滨,潮水萦洄,舟人理棹,常倦于经过,虽一过犹三过焉,故以名也。

鳖子山 县南五里。山形似鳖。

抱子山 县东南十里。山势宛转,如龙蛇抱子之状。

横山 县东南十里。

骠骑山 县东三十里。《会稽典录》云:汉世祖时,张意为骠骑将军,其子齐芳历中书郎,尝隐于此,故以为名。俗呼为马鞍山,乃州之后坐山也。

阚峰 县东北二里。吴太子太傅阚泽居其下,取其姓以名之。

香山 旧名大蓬山,又名达蓬山。县东北三十五里。山峰有岩,高四五丈,状如削成。有石穴,深三丈。其岩有三佛迹。或云上多香草,故以为名。又云:秦始皇至此,欲自此入蓬山,故号达蓬。山下有智度寺,石湖范居士尝有诗云:抖擞轩裳一哄尘,任教空翠滴乌巾。老身已到篮舆上,处处青山是故人。

桑屿山 县北六十五里。

东向山 县北六十里。

黄牛山 县北六十里。

算屿山 县北六十里。

茗岙山 县北六十里。

浪港山 县北六十里。

石塘山 县北四十五里。

向头山 县西北八十里海滨,亦名西龙尾。东望伏龙山,与龙头迹。龙头以东属定海,龙尾以西属余姚,各有海塘。塘每为潮所损,二山扞潮,其中涨涂与山相接。古有海塘,闸柱屹然中存。今尽为渔盐之地,已成畎亩者,禾黍菽麦弥望。昔以海邑之冲,欲于此置寨屯兵,寻以舟楫难于出入,故寝。

鸣鹤山 县西北六十里。耆老相传云:昔有鹤栖于此山,一旦,飞鸣冲天而去。

渔溪山 县西北五十里。

五磊山 县西北三十五里。上有五峰,磊磊相比,如聚米所成。人谓五磊云兴则雨,常以为候。

朱墓山 县西六十里。宋台州刺史朱夔葬于此。

埋马山 县西六十里。夏侯曾先《地志》云:秦始皇游海至此,马毙,埋之,故以为名。

雨微山 县西五十五里,旧名龙山。上有云气,即降雨泽,邑人常以此为候。

或云:本是雨徵山,避庙讳,故改"徵"为"微"。

夜飞山 县西四十五里。其山生甘草、仙药。耆老相传云:此山自蜀夜飞而来,蜀客见而识之,因以为名。

凤凰山 县西四十五里丈亭之东。其形如凤,与龙山对峙。

龟子山 县西四十里。山形似龟。

城门山 县西三十里。宋城门校尉、会稽从事陈咏葬此山田,以为名。

虎胛山 县西三十里。山形耸踞如虎胛。隋大业中,尝令凿山西南,断迹犹存。

凤岩山 县西三十里。山形似凤。

仙鸡山 县西二十五里。夏侯曾先《地志》云:上有石井、石床,又有铜瓶,非人力所能举。旁有石鸡,俗云是扶桑鸡飞下,因以为名。

赭山 县西八里。土色正赤,故曰赭山。

叙　水

水

慈溪 县南三十里。与大隐接,本曰大隐溪。里有董黯,生后汉时,性笃孝。母寝疾,好饮此溪之水,每思之,恐不常得。黯遂筑室溪滨,板舆就养,厥疾乃瘁,因名溪曰慈溪,后乃以名县。

江 源于绍兴余姚之太平山,东来至丈亭,乃分为二。大江由咸池历西渡,经府治之北入海。小江贯县中,出东郭,至西渡,又与大江会,率随潮进退。大江乘潮多风险,故舟行每由小江。

文溪 县东北十五里。受众山之水,色清如文,故以为名。溪上有小市,舟行通定海。

渔溪 县西四十五里。旧说有清潭虚阔,竹木连绕,清澄彻底,鳞介不能潜其形,渔者利之,故名。

蓝溪 县西南六十里。自发源流出江际,夹岸藤萝,色深可染,因以名之。

普济湖 县东北一里。唐开元令房琯开凿之,以溉民田。吴太子太傅阚泽德润居之,谓之德润湖。近岁宝谟阁学士杨简敬仲居之,谓之慈湖。

花墅湖 县东南一十里。古有小塘潴水,唐贞元十年,刺史任侗劝民修筑,灌溉田畴。中有小墅,春花明媚,多于众山,故名。湖多鱼及莼、菱,并湖之人资以为利。

姜湖 县东南十里。本姜氏舍田一顷以为湖,民资灌溉。

孙湖　县东南一十五里西屿乡。溉田颇多。或谓湖多香荪,故名荪湖,讹而为孙。

杜湖　县西北六十里。古有湖趾,唐刺史任侗重加浚筑,鸣鹤一乡之田仰灌溉,俗号第二重天。皇朝庆元初,主簿周常募众开筑湖岸,修治碶闸,为利尤博,著作郎倪思记之。

白洋湖　在鸣鹤乡。唐景龙中,余姚令张辟疆修筑。

鸡鸣湖　在金川乡。昔又谓之仙鸡湖。任侗修筑,今废为田。

云湖　在金川乡。任侗修筑,今废为田。

凤皇湖　在金川乡。今废。

永明湖　县西二里。今废。

大宝泉　县西二里永明寺西山下。水性轻清,味甘色白,宜烹茶,大旱不涸。新昌石麟之尝铭其异,代郡毕仲荀篆书,字画奇古,为时所重。

永昌潭　旧名广茂潭。县西南四十里至道宫之上。唐天宝二年,明皇遣使投金龙,密以朱笔记其左肋。继而雨降,明皇目睹行雨龙左肋下有朱画,及有"大宝永昌"四字,谓臣寮曰:"此四明山所投之龙。"暨使回,奏投潭之始,即泛出黑漆木板尺余,有金书"大宝永昌"四字,遂赐宫名大宝,潭名永昌。余见至道观。潭之北五里有狮子潭,祷雨必应。上有石室一所,有狮子足迹,并仙人药臼。潭下有石台三层,高数丈,乡名石台以此。

湍水岩潭　在石台乡溪上,近白岩院。曩时因旱祷雨,未获。有老父坐水滨石上,语行人曰:"盍不于此祈请。"令张义和亟祷之,得小蛇以归,雨随至。其后县家祷祈多应,遂建龙王祠,有记。

北雪潭　县之德门乡。去县三十里。

乌石潭　县之西屿乡。去县十里。

白龙潭　县东南七里花墅湖上,水出山石间。

天井潭　县西北二十里。

以上诸潭,皆祷雨灵应之所。

渠、堰、碶、闸

金墩堰

沈忠堰

前庄堰

茆风堰

风林堰

方盈堰

新堰

丁堰

齐拱堰

唐支堰

王沙堰

李溪堰

倪家堰

梅林堰

李家浦堰

猪栏堰

清林堰

鳎浦堰

大杜湖堰

虞庄堰

詹家堰

胡卿堰

小杜湖堰

祝家堰

塘头堰

李溪闸，潴文溪、香山之水以溉民田，隳废岁久。绍熙四年，通判陈耆寿、邑簿胡大猷募民重建，为利甚博，尚书汪大猷记之。

右德门乡。

彭山闸、彭山堰，县之西北。有水出群山间，迤而东来，未至县五里所，抵彭山而入于江。濒江有闸，潴水以备水旱，霖潦则泄之。岁久闸废，水无所蓄，潮入河淤。淳熙十三年，主簿赵汝积劝率乡人，凡田于西者，亩出钱三百，撤故闸址，悉以石为之，长十有一寻，广四寻，中阔丈有二尺，扃以层板，使便启闭。西乡之田，受利既博，复修斗门，比旧基有加焉。通下流，贯邑中，因旧河而浚之，广一丈五尺，深七丈，中广二丈六尺，深如之。舟楫通行，邑下之田亦资灌溉。

横山堰

梨木堰

抱子闸

胡家港闸

上下南洋闸

虞氏白洋堰

沈家堰

门家堰

孔家堰

岑径堰

徐家堰

戴家堰

枝浦堰

徐洋闸

砖窑堰

马安堰

洪家堰

坛林堰

陈童堰

梁家桥堰

茅砧碶

　　右西屿乡。

沈婆闸

沈婆堰

麻车闸

石罂闸

谢家堰

薛家堰

新河堰

朱童堰

椿浦堰

邵径堰

应堰

葛塔堰

金家堰

蚬浦堰

东堰

则水新堰

余家堰

廊墅堰

鸟山堰

张押直堰

洪家堰

周家堰

杨家堰

牛栏堰十五都。

沈家堰

施虎庙堰

沈家渡堰

牛栏堰十六都。

茶浦堰

蔡家堰

朴木堰

茭茎堰

洪庄堰

下洋西堰

戴家堰

　　右石台乡。

西湫闸

新界堰

　　右金川乡。

古窑闸

双河塘,鸣鹤乡与余姚之上林乡同一河,上林之水泛溢,则流入鸣鹤,每年苦涝。乾道元年,里人曹阅捐钱二千缗,倡率乡豪,益以二千缗,创建双河界塘六百余丈。自是截断西流,鸣鹤之田遂为膏腴。

大理渠,县南五里。通积水,灌高乡之田。

戴邻堰,元在花墅湖。

海塘石碶闸,滨海为塘,以御风雨。水之泛溢,则决之于海,既决复塞,民费且劳。皇朝嘉祐二年,县令游烈、尉成立率民为闸,潴泄以时,民得耕稼,自是一乡无复水旱之患。

　　右鸣鹤乡。

桥　梁

聪马桥有屋三间。在县南一里。唐开元二十六年,令房琯建。先是,琯为监察御史,故邑人以是名之。皇朝治平三年,令于存修。建炎毁于兵。绍兴十四年,令张光重建,后复摧圮。近岁,邑人募众修饰如旧观。

德星桥县西南二里半。有屋二间,南北有亭。唐贞元九年建。以密迩大宝山,名大宝桥,后改今名。皇朝熙宁元年,令于存修。建炎毁于兵。绍兴十四年,令张光再建,复圮。绍熙元年,沈氏尼重修如初。

无择桥县之金川乡招义村。唐孝子张无择庐父墓日建,后人因以名之。今呼为吴石桥,声之讹也。

开禧桥旧名夹田。在县东南三里,接驿路往来之冲。皇朝皇祐二年建。绍兴八年,令林定重建,邑士李瑞民记,久复圮。开禧元年,令赵希观易而大之,遂即改元之号以为名。

鲍约桥县之德门乡。五代末,有鲍侍中约居此,建桥,后人因以为名。

王子桥县西十里金川乡云山里。以故老相传,后汉王修之子建,遂以为名。

津　渡

黄墓渡县西南石台乡。去县三十里。

李溪渡县东南德门乡。去县四十里。

青林渡县东南德门乡。去县三十五里。

任家渡县东南西屿乡。去县二十五里。

鹳浦渡县南西屿乡。去县一十五里。

赭山渡县南西屿乡。去县一十五里。

沈家渡县西南石台乡。去县三十五里。

丈亭渡县西南金川乡。去县五十里。

吴翁渡县西南金川乡。去县五十五里。

蜀山渡县西南金川乡。去县六十里。

东南渡鄞县西渡续江,相距十五里。

城山渡县西南十五里。

车厩渡县西南四十里。

叙　产已见郡志

〔刊误〕

〔沿革论〕

析句章置姚州"州"下脱"鄞州"二字。

〔境土〕

鸬鹚卢本下有"浦"字。

〔县令〕

〔朱堂〕 十一月到任卢作四月十一日到任,核之前任,是也。

〔官僚〕

〔丞〕 各系双官"各"上卢有"旧"字。

〔驿铺〕

〔丈亭馆〕 是老尉廨宇"是"上卢有"丈亭"二字。

〔山〕

〔抱子山〕 山势宛转"转"下卢有"盘泊"二字。

〔补遗〕

〔公宇〕

〔丽泽亭〕 建炎兵毁绍兴三十一年令钟确重建宝庆三年圮于风令周符重建二十七字卢在"即前案也"之下。

《宝庆四明志》卷第十七 〔宋元四明六志第二十九〕

《慈溪县志》卷第二

叙 赋

乡 村

西屿乡 县东南。管里三、村二：上牛里、石剌里、安仁里，飞凫村、德星村。

金川乡 县西。管里四、村三：云山里、太平里、大川里、求贤里，太平村、招义村、千金村。

石台乡 县南。管里二、村二：望江里、孝顺里，句余村、光德村。

德门乡 县东。管里二、村二：清水里、黄山里，鄞水村、雁门村。

鸣鹤乡 县西北。管里一、村一：小山里，西村。

镇 市

丈亭镇 今废。

门溪市 德门乡。"门溪"一作"文溪。"

大隐市 石台乡。

黄墓市 石台乡。

蓝溪市 石台乡。

车厩市 石台乡。《会稽地志》云：昔句践于此置厩，停车秣马，迹趾犹存。

渔溪市 金川乡。

田 亩

旧额四十六万九千一百五十八亩二十九步。

户　口

主客户通计大小口一十五万六千三百八十。

夏　税

绢　一万七百一十六匹一丈五尺六寸五分六厘：

正税五千一百七十二匹一丈五尺六寸五分六厘。

和买五千五百四十四匹。

绸　二千六百八十三匹二丈八尺六寸八分：

正税一千二百九十七匹二丈八尺六寸八分。

和买一千三百八十六匹。

绵　二万六百七十二两三钱七分四厘。

折变

折帛钱

绢：二千三百一十匹,计钱一万五千三百三十八贯五百文：

正税六百四十七匹,每匹七贯文,计四千五百二十九贯文。

和买一千六百六十三匹,每匹六贯五百文,计一万八百九贯五百文。

绸：一千六百八十二匹,计钱一万一千二百一十九贯五百文：

正税五百七十三匹,每匹七贯文,计四千一十一贯文。

和买一千一百九匹,每匹六贯五百文,计七千二百八贯五百文。

绵：八千四百三十两,每两四百文,计钱三千三百七十二贯文。

折麦

绢：一百一十六匹二丈三尺三寸。

绸：三十三匹二丈二尺五寸。

绵：五百二十三两八钱七厘五毫。

以上三项,共折麦六百四十二石三升三合四勺：

正五百八十三石六斗六升六合七勺。

义仓五十八石三斗六升六合七勺。

亭户折盐

绢：一百一十四匹三丈二尺二寸五分九厘。

绸：七十二匹八尺八寸二分五厘。

绵：一千八十八两九厘。

实催本色

绢:八千七十五匹一丈四尺八寸八分。比元额增一丈四尺七寸八分三厘,补所亏绸数。

绸:八百九十五匹二丈二尺五寸。亏一丈四尺七寸八分三厘,入绢数。

绵:一万六百三十两五钱五分七厘五毫。

秋　税

苗米　二万四千五百六十八石九斗五升七合三勺。

折变

糯米二千六百三十六石九斗五升三合,折苗米二千六百八十二石四斗一升七合。

亭户折盐九百七十六石七斗四升三合。

实催本色　二万八百八十九石七斗九升七合三勺。

酒 以宝庆三年为准。

省场

本柄钱　四千七百七十二贯六十八文:

糯米七百三十四石一斗九升,每石价钱三贯九百九十文,计二千九百二十九贯四百一十八文。

曲麦一百七十七石九斗五升,每石价钱三贯六百文,计六百四十贯六百二十文。

夫食物料钱一千二百二贯三十文:

造曲五十一贯三百二十文。

造生煮酒五百六十六贯八百四十六文。

袋绸九匹二丈五尺,每匹四贯文,计三十七贯文。

箍缸、打灶一百二十贯文。

官吏巡脚夫食、糜费、轻空渗漏四百二十六贯八百六十四文。

收息钱　六千一百八十五贯九百七十六文:

诸司:六千八百二十一贯二百七十七文:

经总制司三千五百五十二贯四百九十二文。

籴本司二千六百二十四贯九百七十五文。

移用司六百四十三贯八百一十文。

本府:亏本柄钱六百三十五贯三百一文。填纳诸司。

糟钱　一百六十三贯三百九十文:

诸司:四十八贯八百九十四文。

经总制司二十六贯五百二十六文。

移用司二十二贯三百六十八文。

本府:一百一十四贯四百九十六文。

人户买扑酒坊 三十一所:

大隐坊

车厩坊

招义坊

渔溪坊

蓝溪坊

鸣鹤坊

雁门坊

黄墓坊

芦山坊

卢慈坊

贵胜坊

黄杨坊

施岙坊

栅浦坊

相岙坊

芦江坊

石步坊

蜀山坊

圣井坊

杜湖坊

杜郭坊

下洋坊

徐都桥坊

浦口坊

石桥店

镬头店

郭宅店

屿山店

狄呑店

江边店

庄径店

净息钱　四千八百五十九贯二百二十七文:

常平司三千七百九十五贯四百九十九文。

本府一千六十三贯七百二十八文。

商　税以宝庆元年为准。

岁额钱　二千七百贯文:

诸司:一千三百九十一贯五百二十七文。

经总制司六百四十三贯八百三十九文。

籴本司七百四十七贯六百八十八文。

本府:一千三百八贯四百七十三文,于内除豁诸司头子钱六十四贯四百四十八文,实收一千二百四十四贯二十五文。

杂　赋

免役钱　两料共一万二千一百三十贯九百三十二文。实催到一万二千四十六贯六百二十六文,外补支发八十四贯三百六文。

县吏支五千七百二十六贯一百九十六文。

本府八百七十二贯四文。解发减省人吏钱、在京官员雇钱及支府吏钱并在内。

经总制司四千八百贯文。

官户不减半七百三十二贯七百三十二文。

茶租钱　四百一十九贯五百一十九文。

水脚钱　七百四十八贯二百五十文。

租堰钱　三十贯文。

房廊钱　五十贯六十四文。

河渡钱　六百五十六贯七百九十九文。专隶常平司。

职　田

米一千四百三十五石。元额一千四百六十九石四升三合一勺,于内豁除逃荒、砂塞复还民业米,有今额。

叙 兵

弓 手

县尉司 额八十人,今七十六人。

土 军

鸣鹤巡检司 额九十人,今七十三人。

叙 人 见郡志

叙 祠

神 庙

灵应庙 县东一里,即鲍郎庙也。事迹见郡志。民既神之,故所在皆立祠焉。

董孝子纯德君庙 县东北一里。慈溪因孝子得名,而旧无祠宇,附祀于城隍。皇朝建炎间,县令林叔豹即灵应庙之西建祠堂,迁其像而祀之,有题跋,刊于孝子碑阴。祠宇尚卑陋,绍兴三十二年,郡户曹董邻摄邑,遂于普济寺之西建庙,久而圮。庆元二年,令朱堂增修,帅同僚与邑之士夫,上巳、重阳行三献之礼,里士毕集。祀罢,饮福于普济寺,至今不替。尚书楼钥记之。

张孝子祠 孝子讳无择,唐人,事父至孝。父死,葬县之金川乡虎胛山,庐于墓侧,朝夕哀慕,七日绝浆,三年不栉,感芝草、醴泉之瑞。其后仕至中散大夫,终和州刺史,白乐天志其墓。皇朝嘉定十四年,邑人请于县,立祠宇于纯德董君庙侧,春秋配享,著作郎张虑记。

灵感庙 在县西北七十里,地名向头山。皇朝建炎四年,敕封灵应侯。

东西五圣庙 一在县东南一里,一在县西南一里。

东岳行宫 在清道观之西。去县三里。

骠骑将军庙 在县东南二十五里。《会稽典录》云:汉世祖时,张意为骠骑将军,后隐于山,遂立庙以祀之。

祠山张王行祠 在永明寺。开禧初,县尉施子升始建祠宇。宝庆二年,令周符、尉庄镐募众增广从屋,水旱疾疫,邑人必祷焉。

宫　观

清道观　县东南三里。唐天宝八年建，后废。皇朝绍兴三十年，道士叶景虚重建，又于其右建东岳行宫。尚书楼钥匾其入观之路，曰列仙游观。

大隐山至道宫　县西南四十里。下有龙潭。唐天宝二年，遣使投金龙祷雨，泛出黑漆木板，有金书"大宝永昌"四字，雨随应，乃赐潭名曰永昌，建观潭上，名大宝。详见《叙水》。地卑湿。皇朝大中祥符间，一夕，疾风大雨，拔木发屋，观屋忽运于溪南高爽处，人号为神运殿。治平二年，赐今额。世传为葛仙翁、谢康乐等修炼之所。宫侧有药臼、石台，皆仙迹也。宝庆元年，道士董成真具其事，闻于朝，有旨命祠官典领，且给降楮券，三清殿、圣宝阁、钟楼、方丈、厨库、廊庑皆一新之，仍创亭三间，少卿汪立中匾以环碧。其大隐山，则楼宣献公旧匾也。府仍给据，与免和役非泛科敷。

崇寿宫　县西北五十里，属鸣鹤乡。定海县东海王庙守香火道士，尝请崇寿为其观额，此宫遂改天宁观，又改天宁万寿观。后有旨，东海王庙改为渊德观。绍兴元年，道士王太素陈乞于朝，复旧额。

寺　院

禅　院六

香山智度寺　县东三十五里。山旧名达蓬，以其自此可达蓬莱，真应大师惟宝道场也。惟宝姓汤，生于唐开元十二年，从善慧禅师出家学道，复从宗本禅师受微旨。天宝十四年，振锡至县之若屿山，夜梦神人告曰："达蓬名山，可居。"翌日，得其处，石壁间隐然有佛迹，遂结庵焉。宝应元年，海寇袁晁散掠浙东，数百人突庵暴侮，宝据石瞑坐，贼舁巨石塞其洞口，宝暗鸣作声，以一掌举之，贼惊顾辟易。宝谕以善信，各礼谢而去。广德二年，宝乃即山麓开基建寺。大历八年，刺史裴儆奏，圣迹在石，岩谷流香，乞以香山为寺额，诏从之。贞元二年十二月，宝跌坐而逝，葬寺之巽隅。咸通十四年，有途人负漆器五百入寺，曰："汤和尚于浙西丐缘，先遣至此。和尚濯足溪边，随至矣。"众趋出迎，惟见草径濡迹，直抵坟塔，遗履在旁。发塔视之，髭发秀长，神色如生，奉以归寺。乾宁三年，有睦州陈氏至，曰："幼子久婴沉疾，值汤僧，得更生，约十六年还解于此。"升堂见僧像，愕然。自是水旱、疾疫、无嗣续者，争来祷。晋天福七年，吴越王赐号常寂大师。钱亿为州牧，迎致府庭，以针刺其肤，飞血如线，亿大悔谢，欲致城中之兴国寺，举者莫前，遂遣还山。后有尼为削髭发，未释刀，似有坏相，始加漆饰彩绘。皇朝天圣元年，赐寺额。元丰三年，守王诲以祷雨有验，闻于朝，更常寂之号曰真隐。常住田一千二百三十二亩,山二千一百亩。

芦山普光院 县西南二十五里。唐乾元二年置。皇朝治平二年赐额。大观间,中书侍郎刘逵记本院轮藏云:清泰开基,元丰革律。绵历绍圣,三世禅居。其山堆青拥翠,秀拔鹤洲凫渚之上。物情万状,皆出其中,此亦一方佳景也。谓之"清泰开基",则在唐必废而复兴矣。《石湖范居士集》有《送举老归芦山》偈云:二千里往回似梦,四十年今昔如浮,去矣莫久留。桑下归欤来,共煨芋头。常住田五百一十亩,山六百三十九亩。

定水寺 县西北五十里,近鸣鹤山。唐乾元二年建,名清泉,世以为虞世南故宅。皇朝改今额。绍兴七年,更为禅刹。寺有泉,甘寒宜煎煮,暑月汲之,久停不腐。有大藏经殿,唐京兆韩杼材记。常住田九百七十亩,山六百三十九亩。庐陵僧德璘尝住寺,以蒸木犀香送诚斋杨文节公。公遗之五诗,一云:春得鄞江信,香从定水来。今年有奇事,正月木犀开。二云:万杵黄金屑,九蒸碧梧骨。诗老坐雪窗,天香来月窟。三云:山童不解事,著火太酷烈。要输不尽香,急换薄银叶。四云:传语双峰老,汝师是如来。如何一瓣香,却为杨诚斋。五云:谁言定水禅,入定似枯木。飞入广寒宫,收得香万斛。

五磊普济院 县西北三十里。旧名灵山禅院,唐文德中,令颛禅师建。皇朝大中祥符初,改赐今额,知吉州太和县林肇记。常住田二百六十四亩,山七百四十亩。

石门山饶益院 县西南六十里。唐景福二年置,曰石门,旧以石门山得名。皇朝治平元年,改赐今额。常住田八十七亩,山二千六百亩。

凤岩寺 县西四十里金川乡。唐开成元年建。皇朝隆兴初,主僧宗晓刺血书《大般若经》六百卷,翰林学士冯楫题跋。常住田三十亩,山五亩。

教　院十一

定香院 县西六十里。晋天福八年置,名太平。皇朝治平二年八月,改赐今额。常住田八十七亩,山一百三十四亩。

宝岩院 永明寺之北。皇朝景祐中置,号天台教院,鄞宰虞大宁记。嘉定十年,主僧如理陈于朝,赐今额。常住田一百三十五亩,山无。

赭山清果院 县西南十里。周显德六年置,名赭山。皇朝治平二年,改赐今额。常住田二百二十五亩,山四十二亩。

云湖庆安院 县西北一十五里。周显德四年置,名保安。皇朝治平元年,改赐今额。常住田三百亩,山二百二十七亩。院本以湖得名,今湖废矣。院之前有古松夹道,绵亘数里,望之如云。其一最巨而奇,蜿蜒如龙,飞偃如盖。临池上院之后,有流泉,潺潺出于深山穷谷中。僧用巨竹连筒,引行数里,入香积厨以供用。其流汇于松下石池,溢而出于溪,龙图阁学士舒亶有诗曰:门前屏嶂绕潺湲,付与林僧夜定还。松盖作云连十里,竹龙行雨出千山。白公香火莲开后,谢氏池塘草碧间。我亦凤皇台上客,图闲却笑未能闲。邑长沈时升有造舟之役,睥睨兹松,将斤斧焉。里士文学冯锐作诗曰:寒松一干老苍苍,古寺门前岁月长。匠伯偶图舟楫利,禅翁方患斧斤伤。得全此日同齐栎,勿翦他年比召棠。可但与公期久远,相将俱列大夫行。且述舒亶诗以遗,松赖以不伐,僧遂并二诗刊于石。

五峰山广福院 县西北三十里。旧名五峰院,唐元和元年置。皇朝大中祥符元年,改赐今额。常住田七十亩,山七百四十一亩。

禅于山吉祥院 县西南四十里。晋天福八年置,曰禅于院。皇朝治平二年八月,改赐今额。常住田二十三亩,山一百四十亩。

云溪广福院 县西南三十里。唐光化元年置,名寿圣,隐士杨适尝记之。绍兴三十二年,改赐今额。常住田六十亩,山三十三亩。

补陀院 县东北十里。唐大中六年置,名大中观音院。皇朝治平二年,改赐今额。常住田四十四亩,山二百六亩。

普济院 县东北一里。本普济律院之子院也。皇朝嘉祐中建,僧正宗记。今为十方教院。常住田五十亩,山无。

白岩院 县西南六十里。皇朝乾德四年置。天圣中,赐今额。常住田一十四亩,山无。

妙应院 县东德门乡。皇朝治平四年置,为观音殿。建炎兵乱,独免于火。绍兴四年,僧悟谭增屋三十楹,右宣教郎、主管台州崇道观朱习记。本甲乙住持,嘉定中改为十方教院,久浸圮。宝庆三年,僧文会重修,宣教郎、新特改差知婺州浦江县李知退记。常住田一百六十七亩,山无。

十方律院六

三峰山广福院 县西南七十里。唐会昌元年置,曰三峰院。皇朝熙宁元年,改为寿圣。绍兴三十二年,改赐今额。常住田二百二十六亩,山五千二百七十亩。院有智交律师塔,黄州教授曹粹中铭。

华严院 普济寺之西南隅。皇朝端拱二年建,吏部郎中陈时举记。宣和初,改为十方禅院。绍兴二十年,本府保奏,赐今额,复为律院。常住田一百二十亩,山无。

佛迹宝岩院 县东北四十里。唐天宝元年置,曰佛迹院,以山下有佛迹而得名。皇朝治平元年十一月,改赐今额。常住田一百一十亩,山八百四十亩。

资国广福院 县西南六十里。唐咸通五年建,名资国院。皇朝熙宁元年十二月,改名寿圣。绍兴三十二年,改赐今额。常住田四十亩,山二十五亩。院有藏殿,颐庵居士刘应时记。后寺僧元实兴建佛殿、三门、僧堂,慈川逸民刘叔温记。

吉祥广福院 县东一十里。唐文德二年置,名吉祥。皇朝治平二年八月,改赐今额。常住田一十亩,山二百八十一亩。

灵龟山福源院 县西六十里。名永安,唐广明元年建。皇朝宝元二年,改赐今额。景祐二年,县尉宋缤记。院之东南有基法师骨舍利石塔,内翰杨亿尝为真赞。中丞舒亶游此寺,有诗云:一桥云借路,双沼月分秋。后更禅刹,今改为律院。常住田二百一十七亩,山一百五十亩。

甲乙律院十六

永明寺 县西二里。唐仪凤二年,邑大夫吕珂舍宅为之,原号禅林院,高宗赐名大宝院。天宝中,改为大宝寺。会昌中废毁。皇朝大中祥符元年,改赐今额。常住田二百四十亩,山无。唐李华撰《左溪碑铭》云:明州大宝寺僧道源,纯得醍醐,饱左溪之道味。道源,乃此寺名僧也。寺有亭曰四香,县令盛次仲为赋四绝。一云:扰扰红尘为底忙,僧家白日自舒长。朱帘著地寂无事,百刻青春一炷香。二云:四国老槐夏阴凉,一枕南风睡思长。梦里不知身似蝶,等闲飞入白莲香。三云:霜晴却见湖山好,境静方知日月长。陶令醉多难入社,时来采菊饮秋香。四云:趁雪看山坐小床,白云影里玉虹长。不知砌下梅花发,只怪开帘有暗香。

普济寺 县东北一里。本吴太子太傅、都乡侯阚泽书堂,后舍为寺,历代毁废。唐大中二年,县令李楚臣复立为德润院,以泽字德润,故取名之。乾符中,敕赐应天德润寺,僧文义大师清宴铭于石。皇朝大中祥符元年,改赐今额。常住田二百五十一亩,山无。寺有僧遂端,诵《法华经》,昼夜不辍。唐咸通十二年,跌坐而逝,口出青莲华七茎。既窆二十余年,冢间屡有光发,众开视之,形质如生,即迎真身归院,加以漆饰装严而奉之,左街僧录赞宁为之传。寺之东冈有松如龙,石如虎。皇朝元丰中,令盛次仲有诗云:一松偃蹇苍龙盘,一石巉岩怒虎踞。漫来题作龙虎轩,只恐风云卷将去。因以龙虎名轩。松奇怪秀特,晚忽枯悴。先是,邑士登第者不绝,后二十举寂无人。此松既枯,登第复相踵,丙辰尤盛。或以秀气为松所夺,今复还焉。轩之北有亭,曰邻月,元丰八年,令崔熙重建,今废。寺之前,德润湖之心有亭,旧名清音,天圣九年,余姚令孙籍记。大观二年,县令唐昌期改名涵碧。

觉林院 县西六十里。唐景福二年置,名保德。皇朝治平二年,改赐今额,镇东军节度推官项晞记。常住田三十四亩,山一百二十三亩。

金绳院 县西四十里。唐天祐中,慧孜、法通二僧,以古华严寺址创之。后唐清泰二年,钱氏名以护国。皇朝大中祥符间,改赐今额,观察推官关杞记。院有韶国师所得隋文帝感应舍利一颗,主僧德昇建砖浮图于院前以奉之。常住田一百五十二亩,山一千七亩。

金仙院 县西北七十里。唐乾元二年置,名福林。皇朝治平二年八月,改赐今额。有藏殿,蜀僧宝崟记。常住田一十六亩,山一百六十四亩。

度门院 县西六十里。唐广明元年置,曰西峰,以西峰山得名。皇朝治平二年八月,改赐今额。常住田无,山一百八十亩。

证心院 县西五十里。晋天福七年置,名新庆。皇朝治平二年,改赐今额,辽西项传记。常住田一百六十四亩,山三百八十八亩。

甘露院 县西南六十里。唐开元二十八年置,曰上福龙山,以山名名之。皇朝治平二年八月,改赐今额。常住田一百三十四亩,山一百九十四亩。沙门遵式铭于石。

定慧院 县西南六十里。晋开运二年置,名支山。皇朝治平元年,改赐今额。常住田二十五亩,山一百八十亩。

法莲院 县东南一十五里。吴越宝正二年置,名莲花。皇朝治平二年,改赐今额。常住田六十亩,山五十亩。

白龙慈化院 县东南十里。五代汉乾祐中,僧师晉结宇于此,日诵《华严经》,尝有白龙矫首室外。皇朝建隆二年置院,因号白龙。治平元年,改赐今额。常住田四十亩,山无。

精进院 县东三十里。旧名灵山保国,唐广明元年置。皇朝治平二年,改赐今额。

定林院 县东二十五里。旧名峰山院,晋天福二年惟宝禅师开基。皇朝天圣五年,改赐今额,贡士邵宾旸记。常住田八十二亩,山一百亩。

妙峰院 县之石台乡。皇朝建中靖国中置。常住田五十亩,山二百四十亩。

广济院 常住无。

宝庆院 县之青林渡。旧曰青林庵。嘉定十五年,赐今额。越二年改元,适与寺额合。

废 院 一

太平院 县西太平村。唐天复二年置,僧居遂记。

尼 院 一

永寿尼院 县北二十里。嘉定初,移赐今额。

叙 遗

存 古

古句章县,在今县南十五里。面江为邑,城基尚存。故老相传曰:城山旁有城山渡,西去二十五里有句余山,又有句余村。郭璞谓句余山在余姚北,句章南,二县因以为名。其实山在余姚东,句章西。旧经:古句章城在鄞县南六十里。今鄞县之西南有句章乡。然按《汉书·地理志》,句章渠水东入海。则所谓城山渡,即其渠也。晋刘裕东讨孙恩,实成句章,每战陷阵,贼乃退还浃口。今定海县大、小浃口是也。是时孙恩泛海出没,御之当据要冲,而今句章乡乃在山间,必非戍守之地。乡名句章,特以其地素隶句章县故尔。句章旧读为句,今读为章句之句。

太平村,在县西六十里,届绍兴府余姚县一百里。按:唐欧阳询《艺文类聚》山部载太平山云,孔皋《会稽记》曰:余姚县南百里有太平山,山形似伞,四角各生一种木,木不杂。姚江源出太平山,东至浃江入海。齐孔稚珪《游太平山》诗曰:石险天貌分,林交日容阙。阴涧落春荣,寒岩留夏雪。晋孙绰《太平山铭》曰:嵬峨太平,峻逾华霍。秀岭樊缊,奇峰挺崿。上干翠霞,下笼丹壑。有士冥游,默往寄托。肃形枯林,映心幽漠。亦既见止,涣焉融滞。悬栋翠微,飞宇云际。重峦蹇产,回溪萦带。被以青松,洒以素濑。流风仁芳,翔云停霭。因其地有太平山,故以名村焉。

千人坛,在县西南十五里,高数仞,其上可容千人。耆老相传云:昔秦始皇东游会稽,登山望秩以求神仙。至此,见群峰连延,东入于海,乃命方士徐福立坛祈祷,因以为名。

后汉鄞县令王修墓,在县西十里,事迹见郡志《叙人》。

晋虞瑶墓,在五马山,县西南六十里。《虞氏谱》云:瑶博学强识,当时所称,累迁至伏波将军。

晋虞胄墓,在横山,县东南十里。《虞氏谱》云:胄好学不怠,仕至散骑常侍。尝居此山,死因葬焉,至今呼为常侍墓。

宋朱夔墓,在朱墓山,县西六十里。《宋书》云:朱夔字秀整,吴人也。州举秀才,历中书郎,转台州刺史,有林壑之志,卜居此山,死因葬焉。

梁虞荔墓,在鸣鹤山,县西北六十里。《梁书》云:荔,会稽上虞人也。以博识闻,举宏词,累迁中庶子。卒于官,归葬此山。

梁虞孝墓,在东澄山,县西南三十五里。孝举秀才,累迁至散骑常侍,著《内典要》三十卷。

梁建威将军虞鹜墓,在渔溪山,县西北五十里。

梁东海太守虞野人墓,在戍溪山,县西南三十五里。

隋金紫光禄大夫陈咏墓,在城门山,县西南十三里。《隋书》云:咏字休宁,仕为怀安令,迁城门校尉,会稽从事。属隋初多故,因留葬此,遂以名山。

唐张孝子父司马墓,在虎胛山,县西三十里。事迹见郡志《叙山》。

旧志载晋虞喜墓在亶洲山,县东北四十五里。今县无此山,详见郡志《叙山》。

《四明定海县志》目录

《宝庆四明志》卷第十八 〔宋元四明六志第三十〕

《定海县志》卷第一

叙 县

沿革论

定海县东南北三方距海,中央微隆,形如伏龟,秦会稽郡句章县地也。越句践欲置吴王甬东。杜预云:句章县东海中洲也。海中洲,今昌国是已。在定海之东,则定海为句章地可知。晋安帝时,孙恩寇上虞,刘裕戍句章,出战,贼退还浹口,即今县之大、小浹是已。隋开皇九年,并余姚、鄞、鄮入句章。唐武德四年,析句章置鄞州。八年,废鄞州为鄮县。则今定海地乃为鄮县之望海镇。元和十四年,浙东观察使薛戎奏,弃望海镇不属明州,从之。详见郡志。钱镠奄有吴越,复以隶明州,更名静海镇。寻置望海县,梁开平三年也。未几,改曰定海。鄮亦改为鄞。皇朝熙宁十年,割鄞县之海晏、灵岩、太邱三乡隶本县。元丰元年,割本县之金塘乡隶昌国,定为上县,凡七乡。

境 土

东西二百九十里,南北二百五十七里。

东至昌国县界,以本县崇邱乡青山屿接海面,号鲛门山为界。县东至海岸三里,自海岸至鲛门山约半潮,折三十七里,计四十里。自界首至昌国县约一潮,计二百里。

西至鄞县界五十里,以本县清泉乡西陈渡浦桥北为界。自界首至鄞县一十五里。

南至鄞县界三十五里,以本县灵岩乡河头铺育王山陇为界。自界首至鄞县三十五里。

北至本县岸二里，即是海面，直连至平江府海洋为界。但以潮下行舟，约一潮，折二百二十里，其分界处系大海。

东南到本县海晏乡乌崎山海洋为界，计一百一十里。本县至海洋一百五里，自海岸至乌崎山五里，其分界处系大海。

西南到鄞县界三十五里，以本县崇邱乡褚浦堰东为界。自界首至鄞县三十五里。

西北到慈溪县界一百二十里，以本县灵绪乡东墟步为界。自界首至慈溪县三十里。

东北到本县岸二里，即是大海，直接至昌国县界。以潮下行舟，约半潮至昌国县金塘乡，折一百五十里。自金塘至昌国县二百里。

风　俗

带江濒海之地，蛮舶之贾于明，明舟之贩于他郡，率由此出入。鲛门、虎蹲可以舣缆，谓之泊潮。县御前水军云屯数千灶，人物阜繁，鱼盐富衍。十习相承，皆诗书礼义之训，而山谷之民，耕桑乐业，有老死不识县邑者，俗多醇厚云。

县　令

吴文质以主簿兼令尉，太平兴国四年四月到任。五年十月得替赴铨。

姚中和以主簿兼令尉，太平兴国五年十月到任。八年十一月得替赴铨。

李齐以主簿兼令尉，太平兴国八年十一月到任。雍熙三年四月省罢赴铨。

梁雄守县令，端拱元年四月到任，五月冲替。

张又玄以太子左赞善大夫知，端拱元年十月到任。淳化元年七月，冲替赴阙。自是始差京朝官知，盖本县置市舶司故也。

尹文化以将作监丞知，淳化元年七月到任，转著作佐郎。四年五月冲替。

张巽以太府丞知，淳化四年五月到任。五年，改太子洗马、都大钤辖、本州市舶司。

冯琔以将作监丞知，至道元年正月到任。咸平元年，迁著作佐郎。二年正月，冲替赴阙。

王穆以大理寺丞知，咸平二年正月到任。四年十月满。

王曙以著作佐郎知，咸平四年十一月到任。景德元年四月满。

刘谨以大理评事知，景德元年四月到任。四年四月满。

杨峄以光禄寺丞知，景德四年四月到任。大中祥符元年，转著作佐郎。二年四月满。

王皋以殿中丞知，大中祥符二年到任。三年四月，就移知封州。

阮昌龄以殿中丞知，大中祥符三年八月到任。四年七月，迁太常博士。十月在任致仕。

吕仲奇以大理寺丞知,大中祥符五年四月到任。六年三月,就移知宾州。

李杭以著作佐郎知,大中祥符六年七月到任。七年十二月,就移知宾州。

李宋卿以太常寺太祝知,大中祥符八年七月到任。九年五月,就移知循州。

桑衍以著作佐郎知,大中祥符九年十月到任。天禧元年八月,就移通判桂州。

杨文友以大理评事知,天禧元年十二月到任。三年十二月满。

张士宗以卫尉寺丞知,天禧三年十二月到任。乾兴元年四月,转太子洗马,是月满。

栾沂以大理寺丞知,乾兴元年四月到任。天圣二年八月满。

张革以著作佐郎知,天圣二年八月到任。四年七月,转秘书丞。十一月满。

吴昭允以大理寺丞知,天圣四年十二月到任。六年正月,转太子中舍。七年四月满。

王淳以大理寺丞知,天圣七年四月到任。九年六月满。

乔文睿以太子洗马知,天圣九年六月到任。九月,转殿中丞。明道二年,转国子博士。当年十一月满。

王正民以卫尉寺丞知,明道二年十一月到任。景祐元年十二月,转大理寺丞。二年十一月满。

成元吉以国子博士知,景祐二年十一月到任。四年十一月,转虞部员外郎。五年二月,冲替赴阙。

刘伸以卫尉寺丞知,景祐五年二月到任。宝元二年八月,转大理寺丞。康定元年正月满。

赵拯以殿中丞知,康定元年正月到任。庆历元年十一月,转太常博士。三年三月,就移知封州。

徐沆以大理寺丞知,庆历三年四月到任。四年九月,丁忧。

马元康以秘书丞知,庆历五年四月到任。七年四月满。

袁穆以太常博士知,庆历七年四月到任。八年十二月致仕。

马用以太常博士知,皇祐元年三月到任。二年九月,转屯田员外郎。三年十一月满。

姚程以大理寺丞知,皇祐三年十一月到任。四年二月,就移监泗州,转般仓。

章隐之以太常寺太祝知,皇祐四年四月到任。至和元年正月,转大理评事。二年四月满。

郑洙以殿中丞知,至和二年四月到任。嘉祐二年正月,迁国子博士。三年四月满。

李孝杰以大理寺丞知,嘉祐三年四月到任。四年八月,移知信州贵溪县。

谭昉以大理寺丞知,嘉祐四年十一月到任。六年五月,迁太子中舍。十二月满。

郑谔以殿中丞知,嘉祐六年十二月到任。八年三月,迁国子博士。六月,覃恩迁虞部员外郎。治平元年十二月满。

富随以光禄寺丞知,治平元年十二月到任。二年九月,改大理寺丞。四年三月,覃恩转太子右赞善大夫。当年十二月满。

李茂立以尚书虞部员外郎知,治平四年十二月二十七日到任。熙宁四年二月三日满。

李公绰以大理寺丞知,熙宁四年二月初三日到任。六年十月,转太子中舍。七年四月二十八日满。

陈湜以秘书丞知,熙宁七年四月二十八日到任。当年七月十九日,丁忧。

崔积以太子中舍知,熙宁八年四月十八日到任。元丰元年四月满。

裴士谔以尚书比部员外郎知,元丰元年四月二十七日到任。至二年六月,内转尚书驾部员外郎。三年□月,改朝请郎。四年四月满。

朱敏功宣德郎,元丰四年四月二十八日到任。七年五月十三日满。

练定宣德郎,元丰七年五月十三日到任。八年四月二十五日,丁忧。

周城奉议郎,元祐元年四月二十八日到任。三年三月寻医。

钱润直右宣义郎,元祐三年八月十一日到任。七年三月十二日,转右宣德郎。

盖士宣右宣德郎,元祐七年七月二十六日到任。八月二十四日致仕。

赵士香左朝请郎,元祐八年四月十二日到任。绍圣二年十月初二日满。

张辅之通直郎,绍圣二年十月初二日到任。三年三月二十日,转奉议郎。

王嵋承议郎,绍圣三年十二月初一日到任。元符三年八月十七日满。

徐裡宣德郎,崇宁元年八月初五日到任。四年五月二十六日,转通直郎。

尤绚通直郎,崇宁四年十二月三十日到任。大观二年十月十六日,转承议郎。

张逸朝奉郎,大观三年四月初一日到任。政和元年七月十二日,转朝散郎。

陈抃承议郎,政和二年六月二十九日到任。十二月十四日,丁忧。

叶安节朝请郎,政和三年四月二十五日到任。七年八月二十八日满。

王大亮宣教郎,政和七年八月二十八日到任。宣和四年七月初二日满。

林正奉议郎,宣和四年七月初一日到任。十二月初五日,丁忧。

江少虞宣教郎,宣和五年八月十九日到任。七年八月二十三日,改授耀州教授。

张瀣承议郎,建炎二年正月二十四日到任。三年八月,内转朝奉郎。四年五月初七日满。

盖大渊右承议郎,建炎四年五月初七日到任。绍兴二年五月十三日满。

诸葛行敏右奉议郎,绍兴二年五月十三日到任。三年十二月初八日,丁忧。

郑僖右朝奉郎,绍兴四年二月十四日到任。五年十月初九日满。

章汝翼右宣教郎,绍兴五年十二月十四日到任。八年六月十四日,转右通直郎。十二月十四日满。

苏德秀右宣教郎,绍兴八年十二月十四日到任。九年四月初二日,转右通直郎。十一年十二月二十七日满。

叶珏右宣教郎,绍兴十一年十二月二十七日到任。十二年正月二十五日。转左奉议郎。

毛亶右宣教郎,绍兴十三年十一月二十五日到任。十四年二月二十九日。转右通直郎、十七年二月初二日满。

吕晋夫右奉议郎,绍兴十七年二月初二日到任。二十年正月十一日,转右承议郎、二月初六日满。

赵沔右通直郎,绍兴二十年二月初七日到任。二十三年二月二十七日任满。

郭镇左承议郎,绍兴二十三年二月二十六日到任。十一月十四日,转右朝奉郎。二十六年四月二十日满。

林椿右承事郎,绍兴二十六年五月初十日到任。二十八年十一月十五日,转右宣义郎。二十九年二月十一日丁忧。

吕柔中右通直郎,绍兴二十九年正月二十四日到任。三十一年九月,改差监潭州南岳庙。

葛世显右通直郎,绍兴三十一年十二月二十九日到任,覃恩转奉议郎,磨勘转承议郎。乾道元年正月十八日满。

潘旦左从政郎,以令兼丞,乾道元年正月十八日到任。四年四月二十四日满。

胡杰右通直郎,乾道四年四月二十四日到任,磨勘转奉议郎。

沈畴右宣教郎,乾道六年八月初四日到任,磨勘转通直郎。

唐铨右通直郎,乾道九年正月十一日到任,两经磨勘转承议郎。淳熙二年三月十二日满。

刘嗣忠宣教郎,淳熙二年三月十二日到任。十一月二十五日离任。

陈公亮宣教郎,淳熙三年四月初五日到任。次年磨勘转奉议郎。五年四月初八日满。

杨克忠宣教郎,淳熙五年四月初八日到任。六年十一月,磨勘转奉议郎。八年七月初五日满。

苏光庭宣教郎,淳熙八年七月初六日到任。九年七月二十七日,差监潭州南岳庙。

钱孜通直郎,淳熙九年十月二十七日到任,磨勘转奉议郎。十三年二月十四日,丁忧。

曾梁通直郎,淳熙十三年四月二十三日到任,磨勘转奉议郎。十四年七月十六日,避亲离任。

唐叔翰通直郎,淳熙十四年十二月十五日到任,不及考,差监潭州南岳庙。

赵钦夫宣教郎,淳熙十六年六月二十三日到任,磨勘转奉议郎。绍熙二年七月初二日满。

陈造宣德郎,绍熙二年七月初二日到任,磨勘转奉议郎。五年七月初十日满。

韩永德宣教郎,绍熙五年七月初十日到任,覃恩、磨勘转承议郎。

秦泽宣教郎,庆元三年七月三十日到任,不及考,致仕。

徐杲奉议郎,庆元四年八月二十五日到任。五年九月十五日,避嫌离任。

王百揆乾奉郎，庆元六年正月初九日到任，磨勘转朝散郎。嘉泰三年三月初三日满。

商逸卿宣教郎，嘉泰三年三月初三日到任，磨勘转奉议郎。开禧二年四月十四日满。

赵奇夫通直郎，开禧二年四月十四日到任。嘉定元年八月初八日因事离任。

崔端学通直郎，嘉定元年十一月初三日到任。五年二月初一日满。

蒋纶通直郎，嘉定五年二月初一日到任，次年磨勘转奉议郎，赐绯。七年十月初四日满。

钱宪邦宣教郎，嘉定八年六月二十九日到任。十一年八月初四日满。

赵玼夫宣教郎，嘉定十一年八月初四日到任。

施廷臣宣教郎，嘉定十四年九月初六日到任，宝典磨勘、覃恩转承议郎。十七年十一月二十五日满。

赵汝瞷通直郎，嘉定十七年十一月二十五日到任，覃恩、磨勘转承议郎。宝庆三年十二月十九日满。

陈缵通直郎，宝庆三年十二月十九日到任。

社 稷

坛在县西一里。开禧元年，令商逸卿修。

城 隍

庙在县东南七十步。梁贞明二年建。

学 校

皇朝雍熙二年，主簿李齐始建先圣殿于县东二十步。至道元年，令冯琔增修。崇宁中，诏天下行三舍法，因增广为学宫。建炎四年，毁于兵。绍兴八年，令章汝翼改建于县东北半里。庆元元年，令韩永德重建大成殿，历三令始备，讲堂曰明伦，久亦圮。嘉泰四年，令商逸卿撤新之，邑人胡大任、黄君中益地以拓学区。嘉定四年，令崔端学乃创立四斋，曰育英，曰养贤，曰升俊，曰达材。米有廪，祭有库。叠石为泮水桥，设重门于桥之外。戟门内新立两庑。八年，摄守程罩捐缗钱四百，委主簿摄县事戴栩，于明伦堂之前护以仪门，后立直舍三间，辟小学斋，曰求益。环泮水之岸，皆甃之。十二年，赵玼夫宰邑，相继拨官产以坤学租，旧租之湮没者，核实而附于石，养士始仅足矣。商与崔之所建，皆商实记之。

祭器，商逸卿修。

祭服，阙。

御 书

绍兴御书。淳熙十六年颁降。

宝庆训敕士风御笔二轴。一轴漕司颁降，一轴本府颁降。

官　书

《史记》二十四册。　　　　　两《汉书》四十八册。

《唐书》四十册。

右开禧元年，令商逸卿置。

《通鉴要览》

右嘉定四年，令崔端学置。

钱　粮旧收米谷几八百石，职掌不明，遂多湮没。嘉定十二年，令赵珌夫增置学租，且驱磨旧租之数，刻于石。而湮没之久者，追寻未竟，今以见管数纪之。

米五百九石九斗九升八合。

谷五十四石五斗。

租钱六十贯文。

城　郭

县城，周环四百五十丈，壕三百余丈，世传钱氏开邑时置。

坊　巷嘉定八年，主簿戴栩摄邑，始立门牌，各以坊市旧事建立。

通利坊

乘安坊

景福坊

荣桂坊

淑孝坊

富德坊

亨济坊

柔远坊

栖凤坊

孝行坊

和丰坊

保定坊

善庆坊

上安坊

清晏坊

洪化坊

仙桂坊

神秀坊

宝山坊

仓、库、务、场等

仓县城内。

库县廊。

酒税务县东南一百五十步。天禧五年置。

瀣浦税场县西北六十里。

清泉盐场县南十三里崇邱乡觉海院东。

龙头盐场灵绪三都,去县一百里。开禧元年置。

穿山盐场海晏二都,去县九十里。乾道中立,为清泉子场。开禧二年,改为正场。

长山盐场灵岩二都石湫碶下,去县四十里。旧隶清泉。嘉定四年,改为正场。

居养院县东一百三十五步。元符二年置。

安济坊与居养院相邻。崇宁元年建,久而皆圮。嘉定十四年,令赵珌夫重建安济院。

漏泽园县西一里一百八十步。崇宁三年建。

公　宇

县厅梁贞明二年立。皇朝雍熙元年,主簿李齐修。建炎四年,毁于兵。绍兴元年,令盖大渊重建。淳熙四年三月,令陈公亮再建县门,其上为敕书楼。绍熙五年,楼圮于风。六年,令韩永德重建。

静安门县前。

迎恩门嘉定八年,主簿戴栩权县立。

海光阁旧名多稼亭,在县厅西北。嘉定四年二月,令崔端学重建。

清辉轩海光阁前。嘉定十三年,令赵珌夫立。

永赖亭淳熙十年,新叠石湫海塘六百余丈。十六年,通判林桷作亭临之,在水军第一将营之后。

海晏亭嘉定十五年,增砌石塘五百二十丈,又建亭于统制衙后,名以镇海。宝庆二年,守胡榘改匾今名。

航济亭县东南四十步。元丰元年建,为丽使往还赐宴之地。建炎兵毁,遂废。

柔远亭县南五十步。旧名巨川。崇宁二年,令徐裡重建,更名。建炎四年,毁于兵。

迎麾亭县西三里。靖康二年,权县徐遹成建,今废。

官　僚

丞听事县东一百二十步。崇宁五年建。

主簿听事县东南一百步,旧本水陆管界巡检寨。嘉祐八年,令郑谔奏请移寨于澥浦,以其地盖簿厅。厅侧有淮海楼,为秦少游作也。建炎四年,毁于兵。庆元五年,主簿陈广孙重建,攻媿楼钥记之。怪《淮海集》题咏不及定海,其实少游尝在浙东帅程辟馆中,程辟之为定海簿,而竟不至。记文谓调是官而未始至,后人遂借公为重,而名斯楼,斯言得之。

尉听事县东八十步。淳熙元年建。

监酒听事县东南一百步,自水军抱认酒息钱,省罢监官,听事遂为水军酒务。

监税听事县东南一百步,柔远亭之侧。

海内东寨巡检梁贞明二年置,驻扎迎宾院。皇朝天圣中,置土军一百人,建听事于县东九十步。建炎四年,毁于兵,有旨土军并就西寨,官省。

海内西寨巡检听事旧在县西南三十步。嘉定七年,摄守程覃奏请移军屯乌崎头。八年五月十七日,并听事移建。

白峰巡检建炎四年置,就诸寨拨土军隶于海晏乡真修院、慈湾院驻扎,防捍海道。后缘海寇剽劫苔浦,绍兴二十六年,守王俣奏降为海内巡检下指使,立寨午栖跳,至今就海内寨拨隶土军。

水陆管界巡检听事本今簿厅之址,嘉祐八年,移建澥浦,在县西北六十里。

青泉监盐

龙头监盐

穿山监盐

长山监盐四盐官听事,各在本场,去县远近,已见本场注。龙头、长山二场,自宝庆二年提盐余铸奏,选辟文资。

驿　铺

济川馆县南三十步。旧名利涉。崇宁三年火。绍兴八年,令章汝翼重建,改名济川。淳熙初,令唐铨重修,久而圮。嘉定元年三月,令赵奇夫重建,易亭曰馆。崔端学继之,始落其成。

西门铺县郭南至清水铺二十五里。北至县五里。

清水铺清水坊前。南至鄞县桃花铺三十五里。

河头铺育王河头。西至鄞县桃花渡五十五里,东至芦浦铺五十里。

芦浦铺穿山碶。东渡海洋,至昌国县。

叙　山

山

候涛山　县东北八里。一名招宝山。耆旧相传,山下有蚌,生明珠,往来波涛之间。渔人或得之,即光耀逼人,骇浪继作,舟不可行,投之乃止。

巾子山　县东北八里。与候涛山形势相控,为潮水出入之障蔽,邑无水患者,两山之力。非二山障蔽,不可为邑矣。

金鸡山　候涛山外海口。世传山内有金鸡,正镇海门。

鲛门山　县东四十里。一名嘉门。其山环锁海口,出鲛门则大洋也。

虎蹲山　县东二里。屹立海口,象形而名之。

游山　县东二里海中。

印山　县东一里。

梓荫山　县东一里。统制冯柄夷而筑之,上建屏山堂。

竹屿山　县东南一十二里。

青岙山　县东南一十五里。

乐家屿山　县东南二十五里。

芦山　县东南石湫浦。

鬼屿山　县东南石莲湾。好事者易名宝屿山。

小三山　县东南四十五里。

启霞山　县东南七十里。

柏香岩　启霞山下。

紫石头山　县东南八十里,以石色得名。

云雩山　县东南八十里。

瑞岩山　县东南九十里。山有十二峰。皇朝大中祥符五年,有芝草生于青松峰之下,守臣康孝基奏,奉敕奖谕,云:和气所蒸,灵苗载育。时惟珍物,著厥祥经。省览贡陈,良增嘉悦,想宜知悉。诏牌具存。

大蓬山　县西北一百里。

乌崎山　县东南一百一十里。

大榭山、小榭山　县东南一百二十里。

盘岙山　县南七十里。水绕太白山阴而出,凡三十六盘。

灵岩山　县南四十里。

陈山　县南一十五里。

饭鳖山 县南三十里。

剡舌山 去县十五里。下有泗洲堂。

长山 县南十五里。

南山 县南十里。

东山 县南十里,与南山对峙。

龙山 县西南三十五里。形势如龙。

慈舌山 县西南九十。耆老相传,左慈尝隐此山,故以为名。

算屿山 县西七十里。

新妇山 县西北六十里。

石坛山 县西北七十五里。其山有石如坛。

伏龙山 县西北八十里。一名箬山。其山跨东海、西海之门,宛若龙头、龙尾之形,又若龙赴海之状,因名伏龙山。内有刺史门、石坛、乳井。产槵子木。水产紫菜,独胜他所。著名伏龙菜饼。

叙　水渠、堰、碶、闸、桥梁、津渡附

水

海 环县之东南北。山势盘旋,潮泥积淤,善经理之,皆可为田。稍失堤防,风潮冲击,则平田高岸悉为水乡。淳熙十□年,令唐叔翰与水军统制王彦举、统领董珍申府,闻于朝,支降钱米,效钱塘江例,叠石甃塘岸六百二丈五尺。嘉定十五年,接连增甃五百二十丈。盖府荐有请,朝廷续赐费也。其工役,县尹施廷臣、水军统制陈文分董之。塘有峻板,捍御甚固。本县又准行下,于石塘尽处,再筑土塘三百六十丈以续之。有永赖、海晏二亭,临石塘之上。经始之难,后来者不可忽。

大浃江 县南一里,与鄞江通。

小浃江 县南一十五里。

富都湖 县南五十五里。又曰万金湖。周环三十里,溉民田二百余顷。

彭城湖 县南四十五里。溉民田一百余顷。夏侯曾先《地志》云:墙下湖,周环一十里。即此湖也。

杨溪 县南三十五里。

章家溪 县南三十里。

新妇潭 县南三十五里。有娘娘祠。

石湫 县东南三十里。水源出太白,王荆公《经行记》所谓"下灵岩,浮石湫

之壑"是也。郑瓒黄中有诗云：一水玻璃似苔雪，群山俎豆胜方壶。

华家汇　县东南二十五里。

石莲湾　县东南三十五里。

朱家浦　县东南四十里。

槎浦　县东三十里。

东泉池　在县东。泉有二脉，其东之脉咸，其西之脉甘。甘泉常盈，虽遇旱暵不耗竭。咸者多涸，有时而出，味未尝杂。皇朝嘉祐三年，令郑洙以石甃四旁，其广二十余丈，其长居广之半，其深得长四之一，邑人至今蒙其利。

凤浦湖　县北七十里。

沈窖湖　县北一百里。溉民田数百顷。

清水浦　县西三十里。

渠、堰、碶、闸

通山碶　县东南海晏乡一百里。庆历七年，荆国王公安石宰鄞县时，凿山为之。

张监碶　县西五里。

石湫碶　县南三十五里。

黄满堰　县南十五里。

大博堰　县南三十里。

坉埭堰　县南三十里。

杨木堰

桥　梁

善庆桥县侧半里。

嘉定桥县东一里。

曹家桥县东一里。

市西桥县西二里。唐开元中建。

通利桥县西二里。

双桥县西二里。

小浹江桥县南一十五里。熙宁六年建。

和尚桥县南十八里。

大明洋桥县南二十里。嘉定中重建。

卫家桥县南二十五里。

双纤桥县南二十五里。

童家桥县南二十五里。

蒋博桥县南二十七里。

石湫市桥县南三十里。宝庆二年重建。

四柱桥县南三十里。

师姑桥县南三十五里。

呈圣桥县东南五十里。

撞山桥县西二十里。

三石桥县西三十五里。唐贞元八年建。

孔浦桥县西五十里。汉乾祐元年建。

骆驼桥县西五十里。建隆元年建。

瀣浦桥县西北六十里。唐大和二年建。

石桥县西南三十里。皇祐年中建。

津　渡

大浃渡县南一里。

小浃渡县南一十五里。

东江渡

朱家渡

胡江渡

芦浦渡县东一百里。乘半潮可抵昌国县。

叙　产见郡志

《宝庆四明志》卷第十九 〔宋元四明六志第三十一〕

《定海县志》卷第二

叙　赋

乡　村

清泉东乡　县西。管里一、村三：上湖里，山下村、黄泥堰村、金川村。

清泉西乡　县西。管里一、村三：光政里，梢木村、鸬鹚村、孔浦村。

灵绪乡　县西北。管里一、村五：达礼里，庄北村、桥北村、伏龙村、筋竹村、东墟步村。

崇邱乡　县南。管里一、村四：长陈里，泥湾村、小淏村、樟桐村、韩屿村。

灵岩乡　县南。管里一、村三：金泉里，樱豆村、河头村、嘉溪村。

太邱乡　县东南。管里一、村四：富都里，古曰慈吞里。富都村、栗湖村、亭子堰村、小榭村。

海晏乡　县东南。管里一、村九：太宁里，小门村、紫石村、太平村、大明村、马婆村、芦江村、大涂村、小涂村、大榭村。

镇　市

澥浦镇　县西北六十里。澥浦，即古所谓渤澥。西有昆仑之山，东有渤澥之岛。俗讹为蟹浦。

城西市　县西五里。

江南市　县东七里。

石湫市　县东南三十里。

田　亩

田三十五万六千七百五十亩三角,河涂不与。

户　口

主一万七千四百七十一户,计四万九千九百五十一口。

客一千六百四十八户,计六千五百四十一口。

夏　税

绢　九千五百三十一匹九尺八寸三分:

正税四千七百八十二匹九尺八寸三分。

和买四千七百四十九匹。

绸　二千三百二十九匹二丈七尺九寸八分:

正税一千一百三十一匹二丈七尺九寸八分。

和买一千一百九十八匹。

绵　一万八千六百六十一两四钱六分。

折变

折帛钱

绢:二千二十二匹,计钱一万三千四百四十一贯五百文:

正税五百九十七匹,每匹折钱七贯文,计四千一百七十九贯文。

和买一千四百二十五匹,每匹折钱六贯五百文,计九千二百六十二贯五百文。

绸:一千四百五十五匹,计钱九千七百六贯文:

正税四百九十七匹,每匹折钱七贯文,计三千四百七十九贯文。

和买九百五十八匹,每匹折钱六贯五百文,计六千二百二十七贯文。

绵:七千三百九十两,每两折钱四百文,计二千九百五十六贯文。

亭户折盐

绢:一百七十二匹二丈一尺三寸一分。

绸:六十一匹二丈五尺六寸一分。

绵:五百九十二两九钱一分。

蠲免　清泉乡下户绢一百六匹。淳熙十年指挥,详见郡志。

实催本色

绢:七千二百三十四匹三丈八寸九分。比元额增二尺三寸七分,补所亏绸数。

绸：八百一十三匹。比元额亏二尺三寸七分，入绢数。

绵：一万六百七十八两五钱五分。

秋　税

苗米　二万一千六百一十五石五斗五升。

折变

糯米五百二十五石，折苗米五百三十三石九斗三升二合。

亭户折盐米九百六十七石三斗四合。

实催本色　二万一百一十四石三斗一升四合。

酒

水军库　抱认省务净息岁额一万九千三百一十贯文：省务元差官监当，支降本柄造卖。继因本县屯驻水军置立犒赏酒库，搀夺课利，乾道中，守赵伯圭闻于朝，罢官监，并令水军承抱。开禧元年，军兴，复为省务。二年，水军承抱如旧。初净息额二万四千四百一十七贯五百八十文，其后赶办不敷。绍熙二年，水军乞减价卖酒，裁定今额，均月解府。

诸司一万四千六百八十三贯四百七十六文。

本府四千六百三十一贯九百八十八文。

醋息钱　一百八十贯文。

人户买扑酒坊　一十六所：

凤浦坊

沈窖湖坊

青屿坊

长山坊

灵绪坊

贾岙坊

芦江坊

小榭坊

慈岙坊

清水浦坊

石湫坊

澥浦坊

骆驼坊

栗湖坊

莆陈坊

梢村坊

岁额净息钱 八千一百九十七贯五十五文：

常平司六千七百一十八贯一百五十一文。

本府一千四百七十八贯九百四文。

商　税以宝庆元年为准。

岁额钱 二万七千六百贯文：

诸司：一万四千二百二十四贯四百八十八文。

经总制司六千五百八十一贯四百九十六文。

籴本司七千六百四十二贯九百九十二文。

本府：一万三千三百七十五贯五百一十二文。内豁除诸司头子钱七百一十贯一百二十七文，实收一万二千六百六十五贯三百八十五文。

〔按曰〕：右所载即郡志所称定海税场者，而郡志复载定海县有澥浦税场，前卷亦云澥浦税场在县西北六十里，此独不书岁额，必为传写者所脱。今按郡志合载七场，除六场外，澥浦场岁额钱应得一千五百三十贯文，内诸司应得一千七十一贯文，本府应得四百五十九贯文。诸司中例分经总制、籴本二司，郡志未晰，无从查核。又按：郡志云：自嘉定六年以来，澥浦场添认本府钱三百五十贯，则本府当共实收八百九贯文。

杂　赋

免役钱 两料一万八百五十二贯四百四十八文：

县吏支四千九百九十五贯四百一十二文。

本府四百七十二贯文。解发减省人吏钱、在京官员雇钱及支府吏钱，并在内。

经总制司五千五十二贯四百八文。

官户不减半二百二十七贯六百四文。

提举司头子钱一百五贯二十四文。

茶租钱 五百八十九贯九百二十三文。

水脚钱 六百五十二贯五百八十七文。

租堰钱 四十四贯五百八文。

租渡钱 五百四十一贯三百六十八文。

房廊钱 一十九贯八十文。

城基钱 一百四十一贯四十八文。

河渡钱 二百二十三贯七百四十文。专隶常平司。

职 田

米额六百一十七石九斗八升一合二勺。除坍江事故出豁外,实催四百六十八石五斗三升七合七勺。

盐

清泉场 岁额四千九百八袋。

龙头场 岁额一千八百七十七袋二石。

穿山场 岁额三千袋。

长山场 岁额三千袋。

叙 兵

水 军

御前军 驻扎定海凡四千人,营在县后五里。

统制衙 在县东一里。本末已见郡志,兹不复详。

弓 手

县尉司 额六十五名。

土 军

水陆管界寨 额一百二十人,今一百七十人。澥浦镇。

海内寨额 二百四十人,今一百五十人。本海内、白峰二寨,各管领一百二十人,后白峰止作海内巡检下指使,至今系海内寨拨隶土军。海内寨在乌崎头,白峰寨在午栖跳。

叙 人 已见郡志

叙 祠

神 庙

东海助顺孚圣广德威济王庙 在县东北五里。皇朝元丰元年,左谏议大夫安焘、起居舍人陈睦奉使高丽还,十一月,请建庙,敕封渊圣广德王。按:《续通鉴》

安焘言:东海之神,已有王爵,独无庙貌,乞于明州定海、昌国两县之间建祠宇,往来商旅听助营葺。从之,乃令为屋百区。今考本庙累封诰敕,自乾道前,并无"东海"字。盖焘之言如此。然是时实有东海广德王庙在莱州,不可谓无故,封诰不尽如焘言也。崇宁二年,赐额崇圣宫。大观四年,加封"助顺"二字,仍建风雨二神殿于左右。宣和三年,又加"显灵"二字,封风神曰宁顺侯,雨神曰宁济侯,且拨赐官田五顷,皆因高丽使回奏请也。庙碑,知制诰邓润甫撰,知明州王涣书。建炎四年,车驾幸海道,二月十日,有旨改封助顺祐圣渊德显灵王。庙毁于兵,绍兴二年重建。乾道五年九月二十四日,敕赐今封。四海神于祀典甚尊。国朝淳化二年,因秘书监李至言,祀东海广德王于莱州。南渡以来,莱州道绝,乾道诰书加"东海"二字于封爵之上,正祀典也。每岁春秋及郊祀告报,必降祝文,书"嗣皇帝某谨遣臣某官某昭告于某神",非常祀比矣。初赐宫额,本以奉神,岁度道士,俾主香火。宣和五年,道士乃请渊德观额。绍兴重建,遂祀神于廊庑,以观为主,而神附之,甚失朝廷崇奉之意。会道士告观庑将圮,郡为闻于朝。宝庆三年,守胡榘以飓风猛雨交作,又举唐孔戣荐馨南海故事,申请专置庙宇。得祠牒一十有五,郡增给缗钱,且劝率士夫民旅助之,统制司辍濒海房廊十五间之址,拓筑海涂,面东迎洋,立殿三间,翼以夹室,风雨神列殿前之东西,拜谒有庭,献官有位,门闱高宏,拱护严翼,时绍定元年也。

东岳行宫 县东北五里,直招宝山下。皇朝绍兴八年建。助海显灵侯庙,县西五里。侯姓孔,象山县童翁浦人,行第七。志操刚烈,为乡里所惮,咸不敢斥其名。侯死,有富都监巡吏刘赞梦侯告曰:"上帝录吾生平之善,命为此境神,姓名已籍于水府。而吾尸泛滥沙浦,君能收而穸之,且创数楹,俾有栖托,必为民利。"赞访其尸,果如所梦,乃即所居地葬而祠之。钱氏有吴越,静海镇将以排筏航海,惊涛危甚,梦侯许以冥祐,顺风而济。既归,乃立庙于镇,兵部侍郎皮光业记之。皇朝建炎中,车驾幸海道,赐号显灵。

洋山庙 县东北五里。山在昌国县之东北海中。唐大中间,黄治记其庙,以为隋炀帝。建炎四年,车驾幸海道,加封其二妃,曰惠,曰顺,夫人曰明德。此别庙也。是年毁于兵。绍兴五年重建。

忠嘉威烈惠济广灵王庙 县西北三百步。皇朝宣和五年,方腊之乱,郡邑岌岌,赖神助得免,邑人于是请立庙。后毁于兵,绍兴六年重建。

昭利庙 县东北五里。宣和五年,侍郎路允迪、给事傅墨卿出使高丽,涉海有祷,由是建庙。毁于兵,绍兴五年重建。

觉海威显侯庙 县南一十里。旧号山仙庙。建炎中,车驾幸海道,赐今额。开禧二年,令商逸卿修建新阁,且记之。

陈山忠应侯庙 县南一十五里。旧号陈相公庙。建炎中,车驾幸海道,赐封。

云霄三公庙 县东南八十里,与鄞境接。庙不知所自始,其神冕而九旒,垂黈纩被,山龙黼黻,为旱祷辄应。主簿永嘉戴栩记之,谓谷梁氏所谓"应乎上公而通乎阴阳"者也。

宫　观

渊德观 县东北五里。皇朝元丰元年,始建渊圣广德王庙,委道士奉香火。崇宁二年,户部侍郎刘逵、给事中吴栻使高丽回,奏岁度道士一名。三年,诏天下建天宁万寿观,以本州崇寿宫改置。四年,知县事徐禋因请其额置本庙。宣和五年,改今额。

寺　院

禅　院七

开善院 县东南九十里。唐景福二年置,名瑞岩。皇朝治平二年,改今额。常住田一千九百六十亩,山八千二百七十八亩。

云岩山旌教院 县南四十里。唐广明年中置。皇朝大中祥符元年,赐今额。常住田九百二十一亩,山二千八百九十六亩。宣献公楼钥有《题云岩》诗云:但见云生谷,初无石似岩。得名非旧观,买地作精蓝。境胜环修竹,门深拥翠杉。禅林自佳趣,莫问后三三。

崇梵院 县东南七十里。唐天复元年置,名启霞。皇朝宝元元年,改今额。常住田三百二十六亩,山四千八百七十亩。

明慧院 县东南七十里。唐乾宁三年置,名保安。皇朝治平元年,改今额。常住田二百二十八亩,山三百四十亩。

资圣院 县东南六十里。唐大顺二年置,名资福。皇朝治平元年,改今额。常住田二百三十亩,山九十亩。

本觉院 县东南一百二十里。旧名弥勒,周显德六年置。皇朝治平二年,改今额。常住田一百八十五亩,山三百六十亩。

妙胜院 县西三十里。后唐清泰年中置,名永安。皇朝治平二年,改今额。常住田五百亩,山无。

教　院六

正觉院 县西北六十四里。周广顺元年置,名回峰。皇朝治平二年,改今额。常住田二百四十四亩,山九十亩。院有清风轩,王旦诗云:海风拍枕灯初暗,山雨打窗人正寒。料得此轩秋更好,怒涛推月上阑干。

  永宁院 县西十五里。旧名宁波,晋天福中置。皇朝治平元年,改今额。常住田六百六十亩,山无。

  观音院 县东北一里。皇朝皇祐中建。常住田二百一十二亩,山无。

  妙音院 县西二里。皇朝元丰年中置。建炎元年,徙本州妙音院额以为额。常住田二百七亩,山无。

  觉海院 县南一十三里。唐会昌二年置,名清海。皇朝大中祥符元年,改今额。常住田三百七十二亩,山二百二十五亩。

  幽栖院 常住田六十二亩,山无。

十方律院五

  净居院 县南二十里。唐乾宁元年置,名龙明。皇朝治平元年,改今额。常住田三百五十八亩,山七百亩。寺之青林山,旧有鳗井,久而湮。嘉泰中,旱,令商逸卿访故迹而祷之,即获甘霖。商信之笃,政成,抔土以往。后守南剑因旱,取土置水,祈而得鳗,遂雨。岂至诚所感,固如是耶?

  惠寂院 县南七十五里。晋开运年中置,名芦浦庵。皇朝治平元年,改今额。常住田一百一十九亩,山二百八十亩。

  息云院 常住田二十亩,山无。

  广福院 县西北八十里伏龙山间。旧名咸通伏龙禅院,唐咸通三年置。皇朝熙宁中,改寿圣。绍兴三十二年,改今额。寺有一井,冬夏常温,应潮增减,名海眼泉。常住田二百六十亩,山一千六百四十八亩。

  泗洲院 县南三十里。后唐清泰四年,有石佛因水自山流下,僧青立因立精舍。常住田三十一亩,山无。

甲乙律院十三

  寂照院 县南九十里。梁正明中置,名保安。皇朝治平二年,改今额。常住田一百六十二亩,山七百三十四亩。

  真修院 县南一百里。唐大顺三年置,名门浦报恩。皇朝治平元年,改今额。常住田五十三亩,山七百一十四亩。

  总持院 县东北一里。唐乾宁三年置,名护境。皇朝大中祥符元年,改今额。常住田六百二亩,山无。

  崇法院 县西一十五里。旧名回向院,皇朝建隆三年置。治平元年,改今额。常住田三百三十二亩,山无。

  慈济院 常住田四十三亩,山一百亩。

灵峰院　县南四十里。周广顺元年置,名保安。皇朝治平元年,改今额。常住田二百三十亩,山七百八十亩。

兴善院　县南五十里。唐天成二年置,名保安。皇朝治平二年,改今额。常住田六十亩,山无。

净岩院　县南三十里。汉乾祐二年置,名练盆。皇朝治平元年,改今额。常住田一百三十亩,山一百五十一亩。

慈化院　常住无。

显教院　常住无。

能仁院　常住无。

崇光院　常住无。

永福院　常住无。

叙　遗

车驾巡幸。已见郡志。

纪　异

棋子泙,在候涛山半山之间,有小沙滩,其下通海,出石棋子。人欲取之,先以白米或黑豆撒其中,翼日得棋子,各随其色。

县南四十里有壶山,土常赤,世传葛仙翁炼丹之处。

淳祐二年夏六月,县产粟一茎双穗者,三四穗者,一时所未见。时添倅赵体要沿檄至县,得之以遗郡守陈垲。邦人皆以为丰年之瑞。守图其状,揭之郡斋,以验邦人之言。〔按曰〕:此条后守续增。

存　古

虞世南墓,在瀣浦镇灵绪乡山北。

《四明昌国县志》目录

《宝庆四明志》卷第二十 〔宋元四明六志第三十二〕

《昌国县志》全

叙 县

沿革论

　　昌国县,在唐为翁山县,秦、汉时地属会稽郡句章县。初,越句践灭吴,获夫差,王欲使居甬东,君百家。杜预云"句章县东海中洲",即此是也。《国语》以为甬句东。注云:句章海口外洲。今鄞县有甬东厢,遂概呼明州曰甬东,非古所谓甬东也。县有甬东村,乃古名。隋开皇九年,并余姚、鄞、鄮入句章。唐武德四年,析句章置鄞州。八年,废鄞州为鄮县。则昌国地属鄮。开元二十六年,置明州,析鄮县置翁山。大历六年,废于袁晁之乱。五代时,改鄮为鄞,则地又属鄞。皇朝端拱二年,置为盐场,有巡检、同监。熙宁六年,用部使者言,蓬莱、安期、富都三乡,与县隔海,乃诏置尉以主斗讼、盗贼之事。已而创县,赐今名。盖丞相王安石尝宰鄞,悯其剧,故分之。元丰元年,益以定海县之金塘乡,为下县。绍兴十三年,户部员外郎沈麟编类民籍,户计万余,而丁口再倍,诏升望县。县居海心,北控登、莱、海、密,东捍三韩、日本。始创时,轺车有按部者,骇于风潮,遂罢巡历。

境 土

　　东西五百里,南北三百里,西南至州驿三百五里,旧志云然。然海面际天,本不可以里计也。

　　东五潮至西庄石马山,与高丽国分界。

　　南五潮至隆屿,与象山县分界。

　　西一潮至交门山,与定海县分界。

北五潮至大碛山,与平江府分界。

东南三潮至韭山,与象山县分界。

西南二潮至三山,与定海县分界。

东北五潮至神前壁下,与海州分界。

西北三潮至滩山,与秀州分界。

风　俗

海岛之地,俗多醇厚,鱼盐虽富,而亦轻财,岩谷之民,有老死不识城郭者。自熙宁创邑至绍熙癸丑,百有二十载,而应傃登进士第,诗书文物浸盛矣。

县　令

熙宁置令,以涉海为难,诏得替合该磨勘,更与转一官;不该磨勘,与循一资,仍与堂除。其俸免折支,圭田过六顷,用万户令格也。元丰吏部令循资而已,犹许堂除。元祐元年闰二月八日,易以占射,后并除之。嘉定初,复许占射,自郑伯谦始也。

张懿文熙宁八年,建学。

张节元丰八年。

张如晦政和六年,重建学。

陈远从事郎,绍兴元年到任。

韩晦从政郎,绍兴三年到任。

孙遹从政郎,绍兴六年到任。

徐嘉言从政郎,绍兴八年到任。十一年满。

张前从事郎,绍兴十一年到任。十五年满。

胡喆从政郎,绍兴十五年到任。十八年满。

王稽中从政郎,绍兴十八年到任。二十一年满。

韩昼从政郎,绍兴二十二年到任。二十四年满。

叶邦翰从事郎,绍兴二十四年到任。二十七年致仕。

朱思从政郎,绍兴二十七年到任。三十年满。

王存之文林郎,绍兴三十年到任。隆兴元年正月初十日,覃恩循儒林郎。三月二十八日,奉圣旨就任。磨勘改官,再任。十月十七日,循资转承直郎,磨勘改奉议郎。

白仲睭从政郎,乾道二年到任。

霍辀文林郎,乾道六年到任。

李瑞从事郎,乾道八年到任。

张钧从事郎,淳熙二年到任。

詹嗣庆文林郎,淳熙五年到任。

韦能问从政郎,淳熙七年到任。

赵善训宣教郎,淳熙九年到任。十年,磨勘转通直郎。十三年满。

卢胜非从政郎,淳熙十三年到任,遇庆典转文林郎。

王阮承议郎,淳熙十五年到任,覃恩转朝奉郎、赐绯鱼袋,磨勘转朝散郎。绍熙元年,通理筠州新昌县。

钱棣文林郎,绍熙元年到任,四年满。

宋清卿文林郎,绍熙四年到任,五年覃恩循儒林郎。庆元元年,赈济,循承直郎,二年致仕。

汤涓承直郎,庆元二年到任。六年满。

应振儒林郎,庆元六年五月二十二日到任。八月二十八日致仕。

富㻋承直郎,庆元六年到任。嘉泰二年,丁母忧。

葛洪从政郎,嘉泰二年到任。开禧二年满。

芮德言从政郎,开禧二年到任。嘉定二年满。

王正卿儒林郎,嘉定二年到任。四年致仕。

钱闻远儒林郎,嘉定五年到任。七年离任。

江辉承奉郎,嘉定七年到任。九年离任。

郑伯谦宣教郎,嘉定九年到任。十一年满。

闻韶宣教郎,嘉定十二年到任。十四年,磨勘转奉议郎。十五年,遇宝玺恩,转承议郎。

赵大忠承议郎,嘉定十五年到任,在任转朝散郎。宝庆元年十二月二十八日满。

沈刚孙奉议郎,宝庆元年十二月二十九日到任。二年十二月七日致仕。

詹仁泽承议郎,宝庆三年四月十六日到任。绍定元年六月十六日致仕。

社　稷

坛在县西南一百步,嘉定末年令赵大忠修。

城　隍

惠应庙　县南城内。世传庙神茹侯,本邑人,今茹侯村其所居也。英烈忠毅,生有殊绩,没而人祠之。建炎四年,车驾巡幸,赐今额。绍兴三十年,县令朱恩重修,且记之。淳熙九年,赵善训更新焉,乡贡进士薛置记。

学　校

熙宁八年,令张懿文初建学于县东一百步,中为大成殿。元丰八年,令张节记于石。元祐七年,簿尉顾复经又徙而东四十步。崇宁中废,士附籍于邻邑。政和六年,令张如晦重建,主簿詹之纲记。淳熙十六年,令王阮徙于县南之芙蓉洲。嘉泰、开禧间,令葛洪建讲堂,曰申义,攻媿楼公钥书其匾而记之,置田养士。自绍兴五年令韩晦始,嘉定令郑伯谦、闻韶、赵大忠相继增益之,学校始具体矣。

祭　器

一百六十七件。

祭　服

三副。

御　书

宝庆训敕士风御笔二轴。一系漕司颁降,一系本府颁降。

官　书

经、史、子、集一十八部,计一百六十九册。

钱　粮

水田五百六十亩二角二十五步。

山地、屋基、竹梯九百一十三亩一角四十三步。

岁收:

　　米一百九十七石二斗。

　　租钱三百二十七贯七百八十四文。

城　郭

县城,周广五里。

坊　巷

惠应坊城隍庙巷。

旌孝坊状元桥东,为张超孝行立。

联桂坊上荣,为赵氏兄弟联名登第立。

仓、库、场、务等

济民仓嘉定末年,令赵大忠建,慈湖杨简记。

库

正监盐场县东南一百八十步。唐曰富都,十监之一也,以丧乱废。皇朝端拱三年八月十五日复建。又有子场曰甬东。

东江盐场县东八里。又有子场曰晓峰，在县西十二里。晓字本避英宗皇帝庙讳，更名。屯田郎官柳永耆卿尝为监场，有长短句题壁，因兵火失之。

岱山盐场县北海中一百五十里。熙宁六年置。

高南亭盐场高亭、南亭二甲元隶岱山场，相阻一岭，舟行则经大海，嘉定元年立为正场。

芦花盐场县东十三里。本曰东监，为西监子场。其敖寓于谢浦，岁久勿治。淳熙十五年，监官鲍渭新之。嘉定五年，置为正场。

居养院旧在县东北一百八十步。皇朝崇宁元年十一月置。政和二年七月，移置县北二百九十步。

安济院县东北一百八十步。皇朝崇宁二年八月建。政和二年七月，移建县北二百九十步。

漏泽园县北一里。皇朝崇宁三年四月建。

公　宇

县厅镇鳌山下。山自北来，为龙峰，蜿蜒南走，屹为一小峰，县治据其麓，熙宁六年八月十九日创。

宣诏亭县治前。

鳌峙亭

净香亭

剧云亭

廉泉亭以上皆在县治之后。

冰壶亭城南芙蓉洲，环以芰荷。旧名清远，乾道六年，主簿赵善誉易之。

待潮亭舟山。

恩波亭

大生堂主簿王子亨建，令赵大忠记，与恩波亭相迩，乃祝圣寿放生之所也。

官　僚

主簿初置县，以簿兼尉。隆兴元年，守臣韩仲通请置武尉，乃诏卫阁中专主簿事。听事在县东，乃尉厅为之。

尉熙宁六年，先令而置，凡三乡斗讼、盗贼之事得专焉。惟情状隐伏，始以属邑。已而置令，诏正兼簿。隆兴元年五月一日，易以西班，簿与之并置，而廨舍、圭租皆与簿分之。

三姑都巡检治在三姑山，县西北八十里。

指使两员一治洌港，一治岑江。三姑山系北洋冲要之地，凡海舟自山东放洋而南，欲趋浙之东西，必自此分道。绍兴间，置都巡检寨，又于岑、江洌港置两指使子寨，以为犄角。其后三姑寨移驻洌港,殊失初意。嘉定七年,提刑程覃摄守,请于朝,以三寨土军听定海水军统制节制,每岁拨二百五十人,同水军五十人,各三百人,出戍三姑。以十月朔往,三月朔还。授以舟船,器甲,给以添支钱米,就军中择将佐拨发训练官以部之。即山上建寨屋,并厅屋二十间,射亭二间,俾之更番休息阅习于其内,夜则归船,宿泊防守,北洋要冲自是控扼始严。其详又见郡志《叙兵》。

岱山巡检治岱山县北海中二百五十里。熙宁以前,昌国监有巡检兼监盐,既置县,则移巡检于岱山驻扎,仍兼监岱山盐场,主管烟火公事,巡捉私茶盐香等。后别置监盐巡检,止守本职。

西监监盐二员一文一武。初谓芦花为东监,正监场为西监,凡五场皆西监统之。其后四场相继为正场,各置监官,则与本场并列为五矣。

东江监盐武一员

岱山监盐押袋武二员

高南亭监盐武一员

芦花监盐文一员宝庆二年,提盐余铸奏,选辟文资。

驿　铺

依憩馆道隆观东,定海县丞赵崇贺权县创建。

舟山馆令赵大忠创建。

问潮亭城南,背负舟山,前瞰门鹿,下临大海,淳熙十六年建。

铺以乘潮往来府县,故不置。

叙　山

山

翁山　一名翁洲。县东三十里,徐偃王所居也,今城址犹存。《抱朴子》论古仙者之药,以登名山为上,而以海中大岛屿若会稽之东翁洲之类者次之。乾道间,耕者于其下得铜鼎一,无足而有耳,耳亦不穿,中可容斗余,而底之埃墨犹在,以归进士陈节,谓炼丹之遗器。

补陀洛迦山　在东海中,佛书所谓海岸孤绝处也。一名梅岑山。或谓梅福炼丹于此山,因以名。有善财岩、潮音洞,洞乃观音大士化现之地。唐大中年,西域僧来,即洞中燔尽十指,亲睹观音与说妙法,授以七色宝石,灵迹始著。海舶候风于山下,谓之放洋,瞻礼惟谨,名公亦多游之。绍兴初,给事中黄龟年为之赞。十八年,史越王以余姚尉摄昌国盐监,三月望,偕鄱阳程休甫由沈家门泛舟,风帆俄顷而至。诘旦诣洞,一无所睹,炷香烹茗,但碗面浮花而已。晴时再往,一僧指岩顶有窦,可以下瞰。公扳缘而上,忽见金色身,照曜洞府,眉目瞭然。程所睹亦同,惟公更见双齿如玉雪。天将暮,有一长僧来访,云将自某官历清要,至为太师。又云:"公是一好结果底文潞公,它时作宰相,官家要用兵,切须力谏。后二十年,当与公相会于越。"遂告去。送之出门,不知所在。乾道戊子,以故相镇越,一夕,典客报有道人称养素先生,言旧与丞相熟,不肯通刺,疾呼欲入谒。亟命延之,貌粹神清,谈论锋起,索纸数幅,大书云:"黑头潞相,重添万里之风光;碧眼胡僧,曾共一宵之清话。"遽掷笔不揖而行。公大骇,遍遣兵吏寻觅,不复见。追忆补陀之故,始悟长身僧及此道人皆大士现身也。淳熙己酉,公正位太师,自道本末云尔。洞前崔崒嵌嵚,措足无地,僧德韶凿石甃桥,六年始成,祷谒者便之。嘉定七年,宁宗皇帝亲洒宸翰,为匾曰大士桥。史越王事,见补陀寺壁记及《会稽志》。

东霍山　在东北,环以大海。世传徐福至此。山有石棋盘,修竹环之,风枝扫拂,常无纤尘,若有使之者。又相传以为仙,而旧志所谓虎豹龙蛇人所不到者,妄也。

桃花山　在东南。世传安期生炼丹之所,尝以醉墨洒石,成桃花纹,山因以名。

马迹山　在东北。安期生洞在焉。

石弄山　在东北。山石玲珑,故以名。

西兰山

大箬山

桎岸山

浡涂山 旧名浮涂。

礁石山

滕呑山

岞崿山 已上并在南。

小竿山

大竿山

兰山

昆斗山

麻呑山

蛟山

登部山

黄公山

马秦山

黄砂山

徐公山

双屿山

石珠山已上并在东南。

东句曲山

石马山

石牛山

盉山已上并在东。

兰山

浪港山

深水山

莆盉山

蛇山

竹山

洋山

东兰山

元霍山

西枯山

东晓山

东枯山

桑子山旧名桑石。

石蜀山

东胸山

川石山

北壁山

西须山

须皓山

落华山

青圊山已上并在东北。

大碛山

东乳山

东岱山

西胸山

大洋山

吊屿山已上并在北。

回峰山

西良山

长涂山

三姑山

滩山

长白山

西岱山

正策山

吴农山

如岸山

横子山

册子山

西桑山已上并在西北。

嘉门山

晓峰山已上并在西。

小茆山

三山

大茆山

砂罗山已上并在西南。

外有藿山、黄石、鸡鸣、东豸、西豸、碓砧、大板洋、横秀山、马乳、宜山、汐屿、烈表、五屿、虎头、方横、白踏、大桑、云屿、青屯、黄屯、龟鳖、丁兴、黄隆、杨岸、昼栲门、小碛、黄罗门、大小板、绿狮、大小镯、庙址等山,皆海中有名者,人迹所罕到,姑附于后。

叙　水桥梁、津渡附

水

海　环四方,县若洲岛然。

放生池　在南芙蓉洲也。

东龙潭　在东,当延福万寿之中。有龙祠焉,凡祷先此。

泄潭　在东北三十六里。潭据山腰,深浅不可测。宣和中,旱,簿尉刘佖投以诗曰:未跃天衢卧寂寥,碧潭流溢海山腰。埋藏头角虽多日,鼓动风雷在一朝。既若有心成变化,岂能无意泽枯焦? 神踪许为苍生起,愿击香车上九霄。诗沉而雨时,人异焉。

岑江潭 在西小岑江上。遇祷而应,蜥蜴出焉。

惠泉井 在北一里。深二丈,端拱二年所凿也。大旱不枯,间有白蛇出现,井之灵也。

富都湖 在东北八十里。旧名万金,周广三十里。今皆为田,潴水之所狭甚,而泉涌其间,旱车辐凑,未尝少减。

桥　梁

监桥城南,熙宁元年建。日中之市,哄集其上,久而欹毁。绍熙元年,令王阮新之。

晓峰桥城西。淳熙十五年,西监监盐鲍谓侈大之。

状元桥市心。绍熙元年,令王阮创立,于两边石栏刻二句云:人从石上行,状元此时生。后遂以状元名之。宝庆元年,令沈刚孙建亭五间于上。二年,圮于风。

津　渡 潮渡已见《境土》上

舟山去县五里,趋城由此涂出。令赵大忠新创堤岸,临江校官应镰记。自县至府,涉海洋,有风波、盗贼之虞。本府原有大渡船二只,委江东寨兵分番撑驾,各支小券钱米。应过渡人,每名止收钱五十文足。县属之尉,府属之都税院,批历点放,不许过有乞□,亦不许装发私货。然水军不受昌国统辖,往来卒不如期,每遇解发官钱,专挟私商,殊失当来济渡民旅之意。且船久已敝,宝庆三年,守胡榘捐楮券五百缗有奇,新造二船,视旧加广,行下昌国,委三姑寨兵主之。人给券食,属都税院,与县尉点放如故,仍照浙江官渡例,过渡人各给一牌,收钱批历为照。有容私者,许定海务检核,过渡人陈告。其两处所收渡钱,遇月终解赴军资库,以备修船之用。

竿缆

金塘

叙　产

郡志已详,所未载者,岞崿山之艾叶,肥大如《本草》所述。兰山之兰,绿叶紫茎,如《楚》《骚》所云。二种各盈山,特地险远难致。黄山谷云:海岸孤绝处,补陀洛迦山,译者所谓小白花山。子疑此即山矾,不然,何以观音老人坚坐而不去也? 今洛迦山无山矾,乃有一种花,如瑞香而色白,香之清冽似之,皆其异者也。海族则岱山之鲨酱独珍,他所虽有之,味皆不及此。

叙　赋

乡　村

富都乡　距县半里。总九都,管里二、村二:德行里、鼓吹里,甬东村、茹侯村。

安期乡　县东南海中一百里。总三都,管里一、村三:三山里,桃花村、马秦村、扶桑村。

金塘乡　在县西南海中一百里。总四都,管里一、村二:湖上里,大奥村、冽港村。

蓬莱乡　在县东北海中二百五十里。总五都,管里一、村三:岱岸里,岱山村、胸山村、北界村。

镇　市

岱山镇县北海中。

户　口

主七千六百六十五户,计二万三千一十四口。

客五千八百七十六户,计一万八千四百八十八口。

夏　税

绢　二千五百五十八匹三丈一寸二分:

正税九百六十四匹三丈一寸二分。

和买一千五百九十四匹。

绸　六百二十五匹三丈九尺六寸七分:

正税二百四十五匹三丈九尺六寸七分。

和买三百八十匹。

绵　一万七百二十二两六钱二分。

折变

折帛钱

绢:五百八十六匹,计钱三千八百六十三贯文:

正税一百八匹,每匹七贯文,计七百五十六贯文。

和买四百七十八匹,每匹六贯五百文,计三千一百七贯文。

绸：三百九十七匹，计二千六百二十七贯文：

正税九十三匹，每匹七贯文，计六百五十一贯文。

和买三百四匹，每匹六贯五百文，计一千九百七十六贯文。

绵：四千二百二十一两，每两四百文，计一千六百八十八贯四百文。

亭户折盐

绢：一百一十五匹二丈九尺二寸。

绸：三十四匹一丈四尺九寸。

绵：一千二百三十二两二钱。

实催本色

绢：一千八百七十三匹三尺四寸。比元额增一十六匹二尺四寸八分，系人户续增围田及补所亏绸数。

绸：一百九十四匹。比元额亏二丈四尺七寸七分，入绢数。

绵：五千二百六十九两四钱二分。

秋　税

苗米　三千六百八十九石一斗三升三勺。元额二千六百三十三石一斗三升三勺，续添新收人户围田米五十六石。

折变

亭户折盐四百四十四石五斗二合。

实催本色三千二百四十四石六斗二升八合三勺。

酒

人户买扑酒坊　一十五所：

翁山坊

白泉坊

大芦坊大舟店附。

翁浦坊

马秦坊

昆斗坊

中界坊

岑江坊

岱山坊

北界坊

防海坊

小砂坊

厉奥坊

册子坊

金塘坊 沥港店附

岁额净息钱 一万九百二十七贯一百八十八文：

常平司九千七百九十四贯四百文。

本府一千一百三十二贯七百八十八文。

商 税 无

砂岸税钱 四千贯文。

杂 赋

免役钱 两料共六千八百贯三百八文：实催到六千六百三十七贯四百七十八文，本县补支发一百六十二贯八百三十文。

县吏支五千七百三十四贯六百九十二文。

本府一百九十一贯四百六十四文。解发减省人吏钱、在京官员雇钱及支府吏钱并在内。

经总制司七百七十二贯八百二十四文。

官户不减半二十九贯三百二十八文。常平司。

头子钱七十二贯文。

免茶租钱 一十三贯五百文。

免水脚钱 二百四贯四百六十文。

职 田

米五百一十四石一斗三升二合七勺。每年申府支豁。

盐

正监 额一万二十六袋一石一斗九升二合五抄。

岱山场 额一万四千六十袋一石一斗。

东江场 额一万二十六袋一石九斗九升六合二勺五抄。

高南亭场 额三千六百袋。

芦花场额 三千六百袋。

叙　兵

弓　手

尉司　额七十三名。

土　军

三姑寨　额六百三十八人，今五百四十人。岑江、冽港二寨就本寨内拨隶。
岱山寨　额一百二十人，今一百三人。

叙　人见郡志

叙　祠

神　庙

黄公祠　在东海中。晋天福三年建。旧图经虽有之，其实未详。按：晋贾充问会稽于夏统，统曰："其人循循，有大禹之遗风，太伯之义逊，严光之抗志，黄公之高节。"而《会稽典录》亦称，人才则有黄公，洁己暴秦之世。然则四皓之一也。至《西京杂记》乃曰：东海人黄公，少能幻制蛇虎。尝佩赤金刀及老饮酒过度，有白虎见于东海，黄公以赤刀厌之，术不行，为虎所食。故张平子《西京赋》曰：东海黄公，赤刀奥祝。冀厌白虎，卒不能救。挟邪作蛊，于是不售。按：据不同，今两存之。

岱山庙　在北海中。其神名稜，姓陈氏，字长威，庐江襄安人。隋大业中，航海击流求国，俘斩颇众，事见《隋史》。庙以端拱二年建，号陈将军庙。绍兴十七年重修，进士施知微记。胸山亦有祠。

烈港庙　东北海中。广德军广惠庙也。绍兴二十年，都巡检使李全建，教授高间记。

徐偃王庙　在县东。地名翁浦，俗呼为城隍头。《十道四蕃志》云：徐偃王城翁洲以居，其址今存。按：史载偃王之败，北走彭城武原东山下以死，疑非此海中。而韩文公为衢州庙碑，乃记或者之言，曰：偃王之逃战，不之彭城，之越城之隅，弃玉几研于会稽之水。则《十道四蕃志》或可信矣。

洋山庙　东北海中。唐大中四年建。黄洽记云：海贾有见羽卫森列空中者，自称隋炀帝神游此山,俾立祠宇。建炎四年,车驾幸海道,以炀帝不可加封,特封其二妃为惠妃、顺妃,夫人为明德夫人,敕藏于庙,近方刻石,知衢州袁甫记。绍熙元年,令王阮修县志,谓神游之说不经。然寇之欲掠也,必卜焉,弗吉即散。并海之民赖之,故久而不废。或又云,炀帝迹不至此,陈稜伐流求国,庙于朐山、岱山,或因其臣祀其君,如长沙祀定王而并祀高、文二帝也。

宫　观

道隆观　县南。本东岳庙。宣和二年,赐观额,守臣楼异所请也。

寺　院

禅　院十

九峰山吉祥院　县北六十里。唐开元中,高僧惠超居是山香柏岩,草衣木食,遂开此山。其岩高峻不可到,时闻钟磬声而已。汉乾祐二年,号曰崇福。皇朝治平元年,赐今名。熙宁中,始建轮藏。其神灵甚,邑人有祷必归焉。建炎初,给事中黄龟年施辟支佛牙,长四寸,阔一寸,舍利盈缀,时见五色。绍兴十八年,主僧法宁建大阁藏之,刻石以记。常住田一千五百六十六亩,山三千七百七十九亩。

普慈院　县北五里。旧名观音,唐大中十四年建。皇朝治平元年,赐今额。世传东晋韶高僧隐于此。常住田九百一十八亩,山三千一百二十亩。

万寿院　县东北三十里。旧名永福,皇朝建隆元年建。治平元年,赐今额。常住田九百六十亩,山八千六百六十亩。

保宁院　县东南海中。旧名保安,晋天福元年建。皇朝治平二年,赐今额。常住田一百四十九亩,山一千二百二十九亩。

祖印院　县东北海中。旧名蓬莱,晋天福五年建。皇朝治平二年,赐今额。常住田二百八十亩,山一千二百九亩。

延福院　县东四十里。旧名罗汉,唐光化二年,僧法融建。皇朝大中祥符元年,赐今额。淳熙十四年,更律为禅,从守臣岳甫请也。常住田六百三十五亩,山三千三百八十亩。

梅岑山观音宝陀寺　在县东海中。梁贞明二年建,因山为名。寺以观音著灵,使高丽者必祷焉。皇朝元丰三年,有旨令改建,赐名宝陀,且许岁度僧一人,从内殿承旨王舜封请也。绍兴元年,郡请于朝,革律为禅。嘉定七年,宁宗皇帝御书"圆通宝殿"四大字赐之,且给降缗钱一万,俾新祠宇。常住田五百六十七亩,山一千六百七亩。

回峰院　县西。皇朝建隆元年建。常住田九百四亩,山一千一百二十一亩。

兴善院　县西三十里。后唐天成二年建,名小善。皇朝治平元年,赐今额。常住田四百四亩,山一千二百六十三亩。

广福院　常住田四百二十四亩,山九百九十八亩。

教　　院六

超果院　县东海中。旧名资福,晋天福二年建。皇朝治平二年,赐今额。常住田三百七十二亩,山二百二十五亩。

化城院　县西海中。旧名罗汉,汉乾祐元年建。皇朝治平二年,赐今额。常住田五十亩,山一百八十亩。

资福院　县东北海中。晋天福八年建。常住田三十三亩,山无。

华云寺　县东北海中。旧名香兰,周显德七年建。皇朝治平元年,改赐空王。建炎三年,再赐今额。常住田一百三十亩,山四百四十亩。

封崇院　县东海中。旧名资福,又名资国,周广顺元年建。皇朝大中祥符三年,赐今额。常住田一百六十七亩,山五百一十二亩。

接待观音院　常住田五亩,山无。

十方律院一

潭石广福院　县东南海中。旧名崇寿,皇朝端拱二年建。熙宁元年,赐名寿圣。绍兴三十二年,改赐今名。常住田五十八亩,山一百八十七亩。

甲乙律院六

翠萝院　常住田一百八十一亩,山三百九十亩。

隆教院　县东北四十里。汉乾祐二年建,名降钱。皇朝大中祥符元年,赐今额。常住田三百六十六亩,山一百六十一亩。

保安院　县东北海中。汉乾祐二年建。常住田九十八亩,山一百七十亩。

梵慧院　县西海中。唐咸通中建。汉乾祐二年,立名寿圣。皇朝开宝二年,改赐超果。治平二年,再赐今额。有佛殿记,临川晏敦复撰。常住田三百亩,山一百三十亩。

普济院　县西海中。旧名山门,汉乾祐元年建。皇朝治平二年,赐今额。常住田八十五亩,山一百一十亩。

普明院　县西北海中,古泗洲堂也。窣堵波二,以铁为之,世传阿育王所铸,钱氏忠懿王置之于此。皇朝大中祥符中,赐院额。绍兴十八年,僧昙解侈大之。高丽入贡,候风于此。

叙　遗

车驾巡幸。已见郡志。

纪　变

乌石塘三：一在马秦岙，一在下塘头千步砂，一在桃花岙。昔皆大洋也。百年之间，或卷砂以为堤，或堆石以为塘，中成膏腴，不以人力，然则沧海变桑田，非虚言也。

存　古

安期先生洞，在马秦山，世传安期生隐于此，因以名乡焉。

查浦，在东。夏侯曾先《地志》云：吴伐越，次查浦。深入至此，宜句践不能忘也。

鼓吹峰，在翁浦中。其山之阴曰战洋，曰马岙，其对即偃王祠也。世传孙恩之窜亦在此。按：恩自其叔泰以罪诛，即窜海岛。史虽不指岛名，以地考之：隆安四年夏四月寇浃口，入余姚；五年二月丙子，又自浃口攻句章及沪渎，海盐之败，自浃口复窜于海。浃口盖今定海、昌国之间，虎蹲、交门之侧也。迹其出没，皆由于是，则其巢穴容有在此者矣。今之遗址，为偃王，为恩，未可知也。

颍河古城，去县七八里。世传始于此筑城建邑，以土轻，移就镇鳌，今城基尚存。

〔新校〕

〔山〕

〔补陀洛迦山〕　旧与丞相熟“熟”上脱“接”字。

〔神庙〕

〔洋山庙〕　封其二妃据二老阁郑本“妃”下为“惠顺夫人、明德夫人”。

《四明象山县志》目录

《宝庆四明志》卷第二十一 〔宋元四明六志第三十三〕

《象山县志》全

叙 县

沿革论

象山县,在秦、汉时为会稽郡鄞县地。晋析临海县之北与鄞县之安化乡置宁海县,属临海郡。临海县本会稽郡回浦县地,后汉改回浦曰章安,吴太平二年,析章安置临海县。《赤城志》云:晋武帝太康元年,析临海之北置宁海县。《宁海土风志》云:县本汉回浦、鄞二县地。太元三年,裂鄞之八百户、安化乡二百步置宁海县。隋开皇九年,废鄞入句章,属会稽郡;废宁海入临海,属永嘉郡。唐武德四年,析句章置鄞州,析临海置宁海。七年,省宁海县入章安县,属台州。八年,废鄞州为鄮县,属越州。永昌元年,复置宁海。神龙二年,析宁海及鄮置象山县,属台州。开元二十六年,置明州于鄮县。广德二年,以象山属明州。海曲有山,形如象,故曰象山。县始置时,监察御史崔皎奏,于山之东麓彭姥村立县治,以山名名之。三垂皆海,惟西南有路通宁海县。贞元中,为中县,有五乡。皇朝景德三年,并为三乡。《九域志》为下县。

境 土

东西二百里,南北二百五里。县治西北距府城驿三百七十一里。

东至鄞县界八十里,以东殊山为界。

西至台州宁海县一百里,以磕苍山脊为界。

南至台州宁海县界一百九十里,以秋卢门海港为界。

北至鄞县界一十五里,以屿山为界。

东南到海六十里。

西南到台州宁海县界一百十五里,以渔溪海港磕苍山脊为界。

东北到鄞县界四十里,以鄞港中流翁山为界。

西北到奉化县界二百四十五里,以鄞港中流白石山为界。

风　俗

土狭而人尚俭,讼稀而赋易办,宦游者谓之海东道院。士夫安于恬退,庸庶勤于耕垦,少蚕织,多渔盐,无巨室,无巨商,淳厚有古之遗风焉。

县　令

杨宏正唐大中元年,修栖霞观。

陈偓皇朝太平兴国三年。

李士龙

谯居实端拱元年,令兼簿尉。

阎道化淳化二年。

宋去华淳化四年,令兼簿尉。

杨逢奖淳化五年。

李显至道二年,定海县主簿兼令尉。

朱照咸平元年。

何萧咸平三年。

胡昼咸平六年。

司空禧景德二年。

张陶景德三年。

董京大中祥符元年。

朱文郁大中祥符四年。

赵可及大中祥符六年。

李士宁大中祥符九年。

邢撰天禧三年。

郭昭华乾兴元年。

杜宏天圣三年。

杨圭质天圣七年。

宁轲明道元年。

陈良景祐二年。

慎晏宝元元年。

东方觐康定元年。

李符康定二年。

任永德庆历四年，治石碶以捍海。见刘敞《西谷记》。

张积庆历八年。

郎洞皇祐二年，浚河蓄水以备旱。见刘敞《西谷记》。

魏师中皇祐五年。

张仲义至和二年。

顾方嘉祐三年，有治绩，逾年而死，民哀而祠之。见刘敞《西谷记》。

陈玠嘉祐六年。

林旦治平元年。刘敞《西谷记》曰：以文学为政，邑人宜之。尝大病，民有刲股肉以疗者。吾闻其通海西港以利涉，板筑县城而正社稷，夫子之位，堂宇墙堵，皆应古典，既知所务矣。修治西谷，益植花卉，因其老木修竹，作为亭榭，以眺望沧海而想蓬莱，非其有余力而暇及此哉！

江朴治平四年。

黄颜熙宁二年。

杜调熙宁六年。

滕宝臣熙宁九年。

程渐元丰二年。

苏瀚元丰五年。

叶绶元祐元年。

彭育元祐四年。

章允文元祐七年。

丁执文绍圣三年。

裴公冕元符元年。

祝粹元符三年。

王劭崇宁元年。

徐敏求崇宁元年。

朱戡崇宁四年。

李崿大观二年。

李承大观三年。

江翊政和二年。

翁范政和七年。

钱塘_{宣和元年,丞摄邑。}

彭润_{宣和七年。}

王治_{建炎三年。}

周秘_{建炎三年。}

赵举之_{建炎四年。}

毛桎_{绍兴三年。}

宋砥_{绍兴七年。}

王萃_{绍兴十年。}

马希哲_{绍兴十三年。}

左邵_{绍兴十六年。}

谢徽_{绍兴十九年。}

慎知柔_{绍兴二十二年。}

沈元寿_{绍兴二十五年。}

俞光凝_{绍兴二十八年。}

范嗣蠡_{绍兴二十九年,以司户摄邑。}

晏解_{绍兴三十年。}

胡琦_{隆兴元年。}

叶榆_{乾道二年。}

褚伯起_{乾道五年。}

张安中_{乾道八年。}

高子莫_{淳熙三年。}

苏森_{淳熙五年,以定海尉摄邑。}

许知新_{淳熙五年。}

蒋鹗_{淳熙九年。}

徐裕_{淳熙十一年。}

王椿_{淳熙十一年。}

胡榘_{淳熙十四年,以监比较务摄邑。}

李孟传_{淳熙十五年。}

朱光朝_{绍熙二年。}

唐士列_{绍熙五年,以监昌国盐场摄邑。}

赵善与_{庆元元年。}

沈球_{庆元三年,以监比较务摄邑。}

韩元礼_{庆元四年。}

赵潭夫嘉泰元年。

张拭嘉泰四年。

周褒然开禧三年。

施季豹嘉定三年。

袁一之嘉定五年。

王怿嘉定七年，以定海丞摄邑。

汪贤举嘉定八年。

赵崇贺嘉定十年，以定海丞摄邑。

赵善晋嘉定十一年。

王度嘉定十五年。

赵希鲁嘉定十六年，以昌国簿摄邑。

季齐愈嘉定十七年。

李仁明宝庆三年。

曹泳绍定元年，以司法摄邑。

毛遇顺修职郎，绍定元年八月初七日到任。

社　稷

坛在县西二百步，治平中令林旦修。

城　隍

庙在县西南二百四十步，唐神龙二年建。

学　校

至圣文宣王庙，与学同建于唐会昌六年，在县东南一百步，前乡贡三传王关记。皇朝嘉祐中，令顾方修缮，讲肆尤盛，刻前记于石。治平中，令林旦重修。建炎兵毁。隆兴元年，令胡琦重建，且记之，久而圮。讲堂、四斋以及门庑，庆元六年，令韩元礼所更新也。大成殿，嘉定十一年，令赵善晋所更新也。殿成，校书郎张虙记之。昌国簿赵希鲁以十六年来摄邑事，创亭曰攀桂。

祭　器主簿方东置。

祭　服阙。

御　书

宝庆训敕士风御笔二轴。一轴漕司颁降，一轴本府颁降。

钱　粮

谷二百八十二石四斗。

租钱二十七贯四百文。

海涂税钱一百五十贯三百五十文。元纳本府,嘉定四年,守王介截拨下县学养士。

城　郭

县城周回一百五丈,治平中令林旦筑。河水环之,东门曰登瀛,西门曰登台。

坊　巷

蓬莱坊

明伦坊

袭庆坊

三瑞坊

遗爱坊

兴孝坊

绿野坊

裕民坊

联桂坊

晏清坊

凤跃坊

太平坊

闻弦坊

应真坊

丛桂坊

望仙坊

崇仁坊

拱星坊

兴文坊

仓、库、务、场等

仓县西十步。

义廪嘉定六年,主簿赵善干置。分屯三乡寺院,以便赈籴。

库县廊。

酒务县西南一百八十步。

教场近县尉厅。

玉泉盐场绍兴初置,县东北三十里。又有子场曰瑞龙,曰东村。

玉女盐场县南九十里。本玉泉子场,以监官往来迁远,嘉定四年立为正场。

居养院皇朝建中靖国元年四月,以百姓缪贲户绝屋为之。崇宁四年十月,以地里遥远,移县东一百五十步。

安济坊县东一百五十步。皇朝崇宁三年六月建。

漏泽园县东北三里。皇朝崇宁三年六月置。

公 宇

县楼门庆元四年,令韩元礼重建。

宣诏亭县楼外东。宝庆元年,县令季齐愈建。

颁春亭县楼外西。宝庆元年,县令季齐愈建。

敕书楼嘉定十四年,令赵善晋重建。

厅淳熙四年,令高子莫重建。

堂淳熙十五年,权县胡椠重建。

厅轩庆元四年,令韩元礼重建。

西厅三瑞堂嘉定十三年,令赵善晋重建。

东厅宝庆三年,令季齐愈建。

待贤亭县东门里。

迎麾亭县西门里。

无量寿亭嘉定十三年,县令赵善晋于放生池北建,内有无量寿佛像。

绿野馆县南一百步。直前皆洋田,后临放生池,嘉定十二年,县令赵善晋重建。

观澜亭县北一里,象潭山之趾。治平中,县令林旦置,左丞许将有诗。

应真亭县西一里炼丹山顶。治平中,县令林旦置,绍兴中,县令俞光凝重建。嘉定十三年,县令赵善晋移置于仙掌岩之前。

濯缨亭县西一百步溪侧,西谷桃源径之间。治平中,县令林旦置。

灌木亭县西一百步山间,西谷之南,治平中,县令林旦置。其侧有曲水亭、竹间亭、射圃。

升浮亭仙掌岩之下。庆元初,县令赵善与建。

照香亭就县治西墙为之。俯瞰酴醿,县令赵善与重建。

香风亭、三友堂、更好亭、芥庵、竹篱茅舍、月台、桃岭、望稔楼皆在县治西圃。庆元初,县令赵善与建。

涤尘亭,又名东谷泉亭。县东北四里,有泉泓然,虽旱不枯,往来便于汲饮。嘉定十二年,县令赵善晋置亭于侧。

方壶亭县西北一里,凤跃泉之南。林木荫翳,岩崖欹峭,仅容一亭,下瞰清湍。嘉定十二年,县令赵善晋置。

圆峤亭县东三里,东谷桃花溪之南。四山盘旋,前抱松萝,下俯石涧。嘉定十二年,县令赵善晋建。

官　僚

主簿听事县治之东。宝庆三年,主簿姚时雍重建。　平易堂,嘉定六年,主簿赵善瀚建,主簿徐侨书。　月帔堂,嘉定五年,主簿方东建,宣献公楼钥书。后易为五桂堂,主簿赵汝遇书。　登瀛台,石曼卿书,久废。

尉听事县东一百步。隆兴初置武尉,以蓬莱驿为之。

监酒

玉泉监盐听事县南五里。绍兴初,有监官二员,文武通差,一押袋,一催煎。其瑞龙、东村、玉女溪三场兼领之。嘉定四年,分玉女溪为正场,以押袋为监官,催煎为玉泉监官兼领瑞龙、东村二场。

玉女溪监盐听事本场。

东门寨巡检寨在县南一百里东门山侧。当海道之冲,舟舶多叙于此。嘉定二年,置寨官一员,于定海拔水军六十人更戍之。十四年,臣寮奏寨兵扰民,竟罢。

驿　铺

蓬莱驿县东一百步。今为县尉廨宇。

西溪驿县西南四十里。久废。

应真馆县东一百四十步。久废。

陈山驿县东北一十五里。久废。庆元元年,县令赵善与复置。

后倚驿亭县西四十里海际。嘉定十六年,智门院住持僧师哲建。

西砂岭驿亭县西三十里。嘉定十六年,智门院住持僧师哲建。

铺乘海潮往来府县,故不置。

叙　山

山

象山　县北半里。山形如象,因以名焉。山腰有水,曰象潭。唐乾符二年,凤凰翔于山之巅,故又名凤跃峰。

玉几山　县南十五里。县治对之，为案山。

炼丹山　又名蓬莱山。县西一里。众山隐映圆秀，其巅平夷，有丹灶及炼丹亭址，陶隐居尝炼丹于此。更上有峰巍然，号大炼丹，海上望之，层峦杰嶂如画。邑人逢春登览，号为胜概。其侧有仙掌岩，掌迹隐然。

鼓吹山　县东八里。其峰崒然孤峻，天将雨，云雾先起，有声轰轰如鼓吹焉，故名。

仙迹岩　县东十五里。地名杉木橽。长七尺许，广三尺，指跟瞭然。岩洞阔于屋数间，洞内有石佛像颇多。洞前之石平夷，阔三丈许，成五彩文。有石狮子，如羊犬蹲踞圆岩上。

圣娘山　县南十里。世传昔有一女在山上，隐见如神。

南岩　又曰千头岩。县南五十里。三岩参天如列笋，而中尤峻拔。

道士岩　县南五十里。叠石高数十丈，特立路旁，冠貌俨然，宛类道士。

东门山　《汉书·地理志》所谓天门山也。奉化县亦载天门山。象山、奉化皆古鄞县地也，姑两存之。高二百丈，周回二十五里。两峰对峙，其状如门，阔一百五十余步。下有横石如闉，潮退湍泻，惟风平浪息，乘舟可渡，蕃舶商船必经从之。潮未平，或有风涛，则蚁聚泊舟山下，此海道之冲要也。

瓯瓦山　状如瓯瓦，因以名。岩上有一仙迹，长一尺余。

版场坑山　岩上有仙迹，长尺三寸，深半寸。

师娘奥山　旧有农人垦地，获一古钟。

三萼山　有三峰，春时杂花交发，绮丽可观。

于绾山　古有渔人于绾，卒于此。

东西涛山　四面皆风涛，未尝暂息，人迹少到。

担子山　状如曲担。

阳大屿山

秋卢门山

大门山

石坛山　以上皆县南海中。

佛头岩　县东南二十五里。岩高十余丈，上如佛首。中断如蜂腰，岌然欲摇动，又谓摇岩。环岩远近，皆苍卜花，遇夏花开，弥望如雪，香闻十余里。

锯门山　县东南二十五里。其山中对如门。

面现山　与县相望，无山间隔，因以为名。

大睦山

秋闲山

韭山

大薤山 _{以上皆县东南海中。}

鸡笼山 县西南五里。圆秀,望之如鸡笼。山麓有白鹤庙。

伍师山 县西南四十里。上有白龙潭,旧有五僧修道于上。

台明屿 县西南海中。两山相对,一台山,一明山,此台、明分界之所。

马鞍山 两头起峰,宛如马鞍。

双泉山 上有二穴,出泉,味甘可饮,过舟常汲之。

东殊山 _{以上皆县东海中。}

天印岩 县西七里大岙。其岩如六花印。

化气岩 县西三十里,又号蒙顶山。夏旱,验之,有少云气自岩窦出,必雨。

西殊山 县西海中。

金鸡岭 县东北二十五里。岭上小大之石,皆有鸡爪距迹。

珠岩山 县东北三十里。世传番舶自海中见此山有宝气,因至寻之,不获而去。半岩有古桧,奇怪,人莫能取,或传常出白垩。

郑行山 县西北十里。山尤高耸,上产灵草、佳茗。旧有郑行结庵于上。

新罗岙山 县北七里。耆旧相传,新罗国人尝泊舟于此。

叙　水_{渠、堰、碶、闸、桥梁、津渡附}

水

海 环三垂,东南皆大洋,北则巨港,东曰钱仓,南曰大睦,西南曰东门,皆蕃舶、闽船之所经。自钱仓而北则定海,自东门而南则台、温,此大洋也。其北港则陈山渡,舟之往来,东达于洋,西距鲐埼。由陈山渡一潮至方门,再潮至乌埼,三潮可至府城下。

放生池 县南百步。

白马湖 县东南十里。初,县之东塘山有王气,凿之,有白马飞入湖中,因以为名。

旧河 在县之南,合三十六涧,灌上洋田六万亩。十里流于朝宗碶,又五里西至灵长碶。

瑞龙河 千有余丈,在县之东。

千丈河 在县之西。二河皆淳熙五年令许知新创开,以灌下洋之田。

龙洞 县东南二十五里,锯门山之趾也。世传五龙聚会之所。洞瞰巨海,中如石屋,阔数丈。每岁上巳,邑人俟潮汛退,舣舟入洞观之,岩花石乳,缤纷悬坠,下有白黑棋子石布于沙碛。更入四五丈,岩回洞深,汹涌澎湃,寒阴凛然,不可进矣。天将大雨,水如雷鸣,声闻十余里。岁旱,投以朱书铁简,则雨立应。

东摄潭 县西七十里。层峦峭壁,扪萝而登。有小瀑布流下于潭,为岁旱祷得鹤龟,则雨随车至。鹤龟其甲尺许,嘴如鹦鹉,尾长八九寸,鳞甲炯然。

白龙潭 县南三十里伍师山巅。为旱祷雨多应。

清潭 县西南十里。山水阴翳,上有石罍,注水于潭,石壁多菖蒲。主簿陈震尝为旱祷,甫下山而雨作。

涌泉潭 县西南十五里。潭清浅,人谓龙穴。亢旱则斩鹅祭之,铙鼓方鸣,泉即涌出。或有得云母石于潭侧者。

瀑布泉 县西南四十里。泉泻于灵岩之上,飞流溅沫,迨百余丈。有猿藏岩中,时出没于瀑布之间。邓仁宪、廉布、吴说诸公尝有题咏。相传岩端生奇花,枯桧仍有舟船矴石之迹。

双窦 又名巨穴潭。县东南二十里。有二穴,深不可测。其水随潮升降,下通龙洞。

玉泉 县东北三十里广福院前。泉深三尺,味甘色白,烹茶为胜。立夏后则泉溢,立秋后则泉涸。有怪松偃蹇覆于上。

海眼 县西南五里白鹤庙前。虽旱不枯。

金蛤潭 县东北三十五里珠岩之巅。其潭晴雨皆涸,特沙碛耳。上有石壁,遇旱祷之,则有水如珠,从石壁中迸出,须臾盈潭,游鳞蜿蜒。中有金蛤,呼之有声,应则雨。山东南之潭为大金蛤。

平石潭 县西南二十五里。

白蟹潭 县西南三十五里。

金松潭 县南二十五里。

大门潭 县南八十里。

青峰潭 县西南二十五里。绍兴间,主簿袁逵祷雨随应。

碶、闸

朝宗碶 县南十里。绍兴七年,县令宋砥修,处州录事参军廉布记。隆兴元年,主簿赵彦逾重修,置寨屋于其侧。每岁官差僧行居之,视水旱以为启闭。轮人户兼管,且修其碶板。

灵长碶 县西南十五里。其地势稍高,常筑而不泄,非暴涨则不起。

理川碶 县南十五里。

会源碶 县东南十七里。久废。邑人以水暴涨,朝宗、灵长二碶泄之不及,且于阴阳家风水有妨,诉县乞开此碶。嘉定十二年,县令赵善晋为造石碶,以代朝宗启闭。朝宗既筑,水大至则听其从碶闸上泄之。

桥　梁

县东桥东半里,皇朝景德三年置。

县西桥西一百七十步。

县市桥县南七十步。

中路桥县西南一百三十步。

保德桥县东北一十里。

惠政桥县南一里。绍兴间,编木为之,久废。嘉定十三年,令赵善晋重建,易之以石。

支桥县西南四十里。

大桥县南四里。绍兴间置。

汤家后门桥县东南五里。

东溪桥县西南六十里。

下林溪桥县东北八里。

陈雅洋桥县西三十里。

大溪桥县西八里。

津　渡

陈山渡县东北一十五里。自陈山发船,折二百里,经两潮,至奉化县东宿登岸,旧皆民船私载,时遭风涛、海寇之患。隆兴元年,主簿赵彦逾创造船二只,皆面阔一丈六尺,朝夕互往。两船篙手共二十人,每名月支常平钱一贯二百五十文。自此民旅无虞。损则官修或重建。

袁村渡同在陈山海岸。发船两潮至奉化县袁村登岸,旧皆私船,时遭劫溺。后县自造官船,抱纳常平司钱,以其余为修陈山二船之用,及月拨十千助学。

姜屿渡旧名吴七娘渡。在县西北五十里津头,乃本邑吴七娘之地,因以为名。至奉化东宿登岸。

湖头渡县东北三十五里。旧为陈山子渡。自本邑田下潮长登舟,平潮至鄞县东湖头登岸。

白查渡县南四十里。

叙　产

土产已载郡志。畜之品有白羊,府所以供御者,于邑取之。花之品有红木犀,最奇。邑士史本初得此种,因接本献阙下。高宗皇帝雅爱之,曾画为扇面,御制诗题其上,以赐从臣。荣薿诗曰:月宫移就日宫栽,引得轻红入面来。好向烟霄承雨露,丹心一一为君开。复古殿又题曰:秋入幽岩桂影圆,香深粟粟照林丹。
应随王母瑶池晓,染得朝霞下广寒。自是四方争求之,岁接数百本,史氏以此昌
其家。今惟邑境所植,色深而香烈,移之四方,则色香少损,此地气然也。今制使
胡公榘,旧尝以监比较务摄象山,赋诗云:碎琼揉香作肌骨,霁日吹红染肤色。人间何处有此
葩,一种风流初未识。东隅月户编三千,夜修玉阙瀛洲前。拂摇桂子偶坠此,雨露培植开韶
妍。史翁移根出葱蒨,雕斛持归翠微殿。一朝丽质冠百昌,御墨分题落团扇。何年流转江南
乡,一本奚翅千金偿。分枝接叶色已浅,纵有此花无此香。绝爱西山佳丽地,蔼蔼修林倚清
吹。宁论斜日杏花酣,未许熙春海棠睡。是时金气初高明,宇宙轩豁澄埃氛。青霞绛雪互点
缀,浓芬剩馥飘氤氲。鹫峰繁黄今不数,破械山僧练裙女。试看香御拥红云,肃奉虚皇游碧
宇。携持宝镜吹波金,寒光万顷空人心。烦君控取红鸾住,便恐香魂夜飞去。　忠定史越王
见而次韵,云:粟蕊攒金叶凝碧,独在秋林逞颜色。岂知东溟史氏居,别有奇标人不识。姮娥
侍女盈万千,一一姿貌皆无前。为嫌此花忒淡薄,渥丹乞与春争妍。露滴胭脂霜染蒨,植根只
向广寒殿。凡尘俗韵不可干,清凉惟许秋风扇。何幸移到蓬莱乡,巨万索直谁敢偿。盘纡栏
槛久不曜,一日名飞并国香。豪贵争看期缩地,载酒迟来烦鼓吹。园丁闻之竞采撷,夜深不使
花神睡。接枝换骨离四明,飘飘爽气排妖氛。遂令禁御成真赏,余馨剩馥常氤氲。芙蓉寒菊
不足数,包羞正似无盐女。从渠摇落动秋声,独步惟兹遍寰宇。我尝对此倾葵金,却思四海状
元心。殷勤劝花宜且住,寒士人人折得去。　胡公再次韵云:雾隐森森小山碧,不嫁春风矜国
色。流芳端自蕊珠仙,曾是先皇亲拔识。一身便足当三千,气韵乃在黄香前。聊同蕙菊领秋
色,不与桃李争春妍。日幄云幢护青蒨,丹霞为台月为殿。露滋韶艳染猩袍,风引清芬吹雉
扇。结根只合帝子乡,价重未可琼瑶偿。济川小试舟楫利,作醴更助椒兰香。仙籍英声在丹
地,紫殿名高非滥吹。影斜遥汉玉蟾寒,香渡锁窗金鸭睡。运际千龄遭圣明,气使万里开尘
氛。一枝昔已擅风采,五方今正传氤氲。后尘江梅谁比数,独抱孤根对青女。幸分余馥沾后
来,一吐寒花照霜宇。伫看一诺轻千金,嫣然顾笑舒丹心。愿公千秋长在广寒宫里住,容我骖
鸾其来去。　忠定史越王再次韵云:鄮峰老子双瞳碧,已悟人间空是色。群花四季作芳菲,一
笑观之如不识。有时斗酒沽十千,狂歌烂醉群花前。红红白白自妖艳,谁曾著口论娇妍。唯
闻丹桂藏青蒨,清芬正满姮娥殿。却思一见无缘由,但写奇标在团扇。忽闻移本下吾乡,此愿
端知合得偿。园工玉斧与换骨,坐使凡种皆天香。先皇得之植禁地,饫赏钧天动仙吹。高烧
凤蜡类星繁,正恐夜深花欲睡。于今哀戚遍幽明,鼎湖仙驾超尘氛。遗甍注想文王圃,玉阑佳
气徒氤氲。胡君真才一二数,他日补天慕娲女。正欲攀枝效郤诜,会看声名飞海宇。雄篇掷
地如锵金,俊逸清新洗我心。怪底斯人掉头不肯住,明年射策君门去。

叙　赋

乡　村

政实乡　负郭,管里一、保十二:

美政里。

乌石保县西北二十里。　　　白石保县南五里。

弦歌保县西五里。　　　　　保德保县东北十里。

考坑保县东北五里。　　　　延德保县北五里。

陈山保县北十五里。　　　　下史保县南五里。

黄溪保县西北十里。　　　　西沙保县西二十里。

淡港保县西三十五里。　　　姜屿保县西五十里。

归仁乡　县南十五里,管里一、保十:

崇仁里。

九顷保县南十五里。　　　　马江保县南二十里。

东溪保县西南四十五里。　　青部保县西南八十里。

后门保县南一百里。　　　　周乔保县南七十里。

松乔保县南三十五里。　　　管溪保县西南二十五里。

西溪保县西南四十五里。　　马乔保县西南七十里。

游仙乡　县东七里,管里一、保十:

和顺里旧名三山里。

竺山保县东北二十五里。　　柘溪保县东七里。

钱仓保县东三十五里。　　　夹屿保县北二十五里。

东村保县东北三十五里。　　朱溪保县东北四十里。

涂雌保县东北三十里。　　　雀溪保县东十二里。

赤坎保县东南二十里。　　　大徐保县东北十五里。

镇　市

象山镇旧在县西南一里,久废。

弦歌市在政实乡美政里市心,县南七十步。

田　亩

民田一十三万一千九百二十亩二角。

户　口

主户九千七百五十六,口二万八千九百二十八。

客户三千六百二十四,口一万四千八百九十二。

夏　税

绢　二千七百二十七匹三丈九尺三厘。

正税一千八十七匹三丈九尺三厘。

和买一千六百四十匹。

绸　七百一十八匹二丈六尺。

正税三百七十五匹二丈六尺。

和买三百四十三匹。

绵　五千五百九十二两。

折变

折帛钱

绢:六百二十三匹,计钱四千一百一十五贯文:

正税一百三十一匹,每匹七贯文,计九百一十七贯文。

和买四百九十二匹,每匹六贯五百文,计三千一百九十八贯文。

绸:四百四十匹,计钱二千九百四十三贯文:

正税一百六十六匹,每匹七贯文,计一千一百六十二贯文。

和买二百七十四匹,每匹六贯五百文,计一千七百八十一贯文。

绵:二千三百二两,每两四百文,计九百二十贯八百文。

亭户折盐

绢:三十六匹二寸三分六厘。

绸:一十一匹二丈一尺九寸一分五厘。

绵:二百五十四两一钱七分三厘。

实催本色

绢:二千六十九匹二尺八寸五分二厘。比元额增四尺八分五厘,补所亏绸数。

绸:二百六十七匹。亏四尺八分五厘,入绢数。

绵:三千三十五两八钱二分七厘。

秋　税

苗米　三千四百九十七石一斗五升九合三勺。

折　变

亭户折盐一百三十石七斗二合。

实催本色　三千三百六十六石四斗五升七合三勺。

酒以宝庆三年为准。

象山务　系籴买场。

本柄钱　二千九百二贯六百五十八文：

糯米九百六十二石六斗四升一合四勺，从例递年每石豁除价钱二贯六百五十文，计一千六百九十七贯六百九十九文。

曲麦一百一十七石四斗四合，每石价钱三贯六百文，计四百二十二贯六百五十四文。

夫食物料钱七百八十二贯三百五文：

造曲三十一贯三百六十五文。

造生煮酒二百七十六贯二百二十二文。

袋绸八匹，每匹四贯文，计三十二贯文。

箍缸、打灶六十贯文。

官吏巡脚夫食、糜费、轻空渗漏、赁坊基等三百八十二贯七百一十八文。

收息钱　七千八百九十贯四百一十三文：

诸司：四千六十八贯四百七十七文：

经总制司五百八十五贯四百八十六文。

移用司三十六贯五百七十八文。

正名宽剩一千八百九十七贯五百五十文。

五分净利九百一十四贯七百九十三文。

籴本司六百三十四贯七十文。

本府：三千八百二十一贯九百三十六文。

糟钱　一百九十一贯一百七十二文，纳本府。

醋息钱　六十贯文，纳本府。

人户买扑酒坊　五所：

东溪坊

西溪坊

西砂坊

东村坊

青部坊

岁额净息钱　五百四十三贯三百五十一文：

常平司三百八十八贯五百五十一文。

本府一百五十四贯八百文。

商　税无。

淳熙四年有旨,续置砂岸并除罢。庆元二年,陈景愈于爵溪、赤坎、后陈、东门等处创置税貌。县令赵善与以扰民,白府罢之。提刑李大性摄府,与除免所抱之钱。嘉定二年,杨圭冒置,分布樊益、樊昌等为海次爪牙。郑宥等诉之主簿赵善瀚,历陈其害。五年,守王介申朝廷除罢,毁其五都团屋,版榜示民。宝庆元年,胡逊、柳椿假府第买鱼鲜之名,私置鱼团。郑宥等又有词,仓使齐硕摄府,杖其人而罢之。

杂　赋

免役钱　两料共七千七百一十五贯二百七十四文。

县吏支五千一百六十八贯四百三十四文。

本府八十四贯文。解发减省人吏钱、任京官员雇钱、支府吏钱并在内。

经总制二千一百七十一贯三百二十八文。

官户不减半二百九十一贯五百一十二文。

茶租钱　一百九十七贯·七百八十四义。

水脚钱　一百九十九贯四百七十一文。

河渡钱　二百八十贯八百文。常平司。

职　田

米一百七十七石一斗二合:

知县一百八石五斗一升四合。

主簿三十一石六合。

县尉二十九石二升。

司户七斗。

奉化县丞七石八斗六升二合。

盐

玉泉场　额五千二百二十袋。

玉女场　额一千六十袋。

叙　兵

弓　手

尉司额　八十名。

叙　人_{见郡志}

叙　祠

神　庙

东岳行宫　县西南二百五十步栖霞观之侧。大观中建。

主山昭应庙　县西北一百四十步。旧名圆峰祠。唐会昌中,王关撰《文宣王庙记》有云:自圆峰祠历城隍庙。则此祠其来尚矣。或以为县主山形圆,故名之。一日亭午,自其旧祠飞片瓦止于今庙之基,邑人姜皋因迁焉。境内尝岁饥,濒海窘籴,忽有乘大舟抵岸者,出告邑人曰:"昨日中流有扁舟载酒果招吾,来者自云居县西山下。"既往访之,乃庙也。睹神像,惊愕且拜,即平价尽橐,众赖以济。建炎四年,金寇至,海盗乘之猖獗,由昌国至白峰,将抵邑境。邑方戒严,海民忽报阴雾陡变,中有舟楫,旗帜甲兵冲突出港,风霆大作,贼舟沉溺遁去。刘帅大兵至邑,先往西溪屯驻,后军使臣冉进未发,欲于簿厅阁下纵火为乱。帅恍惚见一急足告变,验之果然,乃斩冉等于庙侧。是岁有旨,赐昭应庙额。水旱疾疫,有祷必应,远迩争奉香火,每岁以六月七日为生辰会。累封灵泽孚佑昭贶显济侯。

冲应真人祠　县西南二百五十步蓬莱山之下,透瓶泉之北。与栖霞观同建。真人姓陶,讳弘景,旧封贞白。王钦若《灵验记》云:梁朝真人修药于蓬莱观,自写真于东壁。有居观侧者,晨起必望观瞻礼。常贩于天台,一旦,随舟渡海,将及县步,飓风大作,舟欲倾没。同舟六七十人,见一道士,乘云隐约,黄色光芒中以羽扇约风曰:"陶真人相救,毋怖畏。"言讫风息。既济,其人引同党至观,见真人像,如舟中所睹,遂相率修饰其观宇以答焉。后治平中,袁观渊又记云:祥符元年,京师营昭应宫,自永嘉抢巨材,浮海至邑之南,风涛几溺,舟人于空中见道士谓曰:"吾象山蓬莱观陶真人也,且救汝。"须臾安济。庆历中,道士郑日微更造殿宇,而壁间所写真遂泯。其徒尝以缣素摹留副本,有诚祷者,则幅巾黄服,隐然现壁间。淳熙末,令王椿为旱祷,像现而雨。上其事于朝,赐今封。

普济庙 县东南三十五里。旧名锯门庙。

祚圣庙 本东门庙。在县南一百里。世称其神曰天门都督。按：天门山在南海中，而接宁海之东境，故号东门。下有石阃，潮汐冲撞，最为湍险。详见东门山注。舟舶往来，必致祷焉。唐贞观间，有会稽贩客曰金林，数经从，荐牲醴唯谨，舟行每得所欲。一日祭毕，误持胙肉去，解缆行十余里，欻然逆风，复漂至庙下，不得前。舟人恐甚，乃悟所误，亟还置，加祈谢，即反风安流而济。永徽间，会稽又有工人曰蔡藏，自泉州造佛像回，获缗钱数百，祀祷少懈，舟发数里而覆，惟篙师仅免。是知庙之建置久矣。谓之天门都督者，尊之如方伯也。皇朝建炎四年，赐今额。

白鹤庙 县城内。神姓赵，名炳，字公阿，东阳人，能为越方，事见《东汉书·方术·徐登传》。没于章安，台州人祠之甚谨。象山旧为台属，邑故亦祠焉，祈祷辄应。嘉祐六年，令陈玠铭于石。

顾长官祠 在县城内。长官名方，字正夫，丹阳人。皇朝皇祐末，登进士第，再调明之象山令。视事日，召邑人父老，询民间利害，及境内士民善者，召而劝之，恶者谕而戒之。又建学舍，率子弟之秀者教之，亲为讲解诱掖，使进于善。逾年，民大化服。俄而方病，邑民率钱诣塔庙祈祷者千人，方竟不起。百里之内，号泣思恋如失父母，相与立祠，以时祀之。丹阳钱君倚、毗陵胡完夫皆记其事，刻石祠中，士大夫以诗颂追美者，不可胜纪事，见《皇朝类苑》。今祠有碑见存，上饶何籀撰。

宫　观

栖霞观 县西南二百五十步蓬莱山之下。旧名蓬莱观。秦徐福、梁陶弘景皆隐迹于此。隋大业元年废。唐天宝十三年，台州刺史袁仲宣复置。大中元年，令杨宏正告于明州刺史李敬方重修，孙谏卿记。皇朝治平二年，改赐今额。淳熙末，道士迁其观于山之西。嘉定十三年，道士张大原于旧址重建。

寺　院

禅　院九

凤跃山等慈院 县西北一里。旧名凤跃院，宋元嘉二年置。皇朝治平二年，改赐今额。方预撰《释迦殿记》，县令季齐愈撰《僧堂记》。常住田三百十八亩，山二百七十亩。

瑞云峰延寿院 县北七里。旧名龙寿院，汉乾祐二年置，王说记。皇朝治平二年，改赐今额。常住田九百一十四亩，山二百七十亩。

智门院　县西二十五里。旧名保安院,周显德四年置。皇朝治平二年,改赐今额。常住田六百六十四亩,山二千二百四十四亩。

常乐院　县东北三十里。唐乾宁中,刺史黄晟建。皇朝乾德二年,赐号宝庆院,久而圮。嘉祐八年,易为十方僧道,相文应重修。治平二年,改赐今额,庐江县主簿楼郁撰《十方记》。常住田五百三十一亩,山九百四十亩。

太平广福寺　县西南五十里。皇朝建隆三年置。熙宁元年赐额,俞观能撰《佛殿记》。常住田四百五十三亩,山一千五百七十亩。

蓬莱山广福院　县西南三十里。旧名蓬莱院,汉乾祐元年置。皇朝熙宁元年,改名寿圣,权婺州永康县刘渭记。绍兴三十二年,改赐今额。常住田四百八亩,山一千八百九亩。

护境广福院　县东北二十里。皇朝建隆二年置。熙宁元年,加赐"寿圣"二字。绍兴三十二年,改赐今额。常住田二百亩,山三百九十六亩。

灵岩广福院　县西南四十里。皇朝太平兴国二年,僧智瑶建,进士俞让记。熙宁元年,加赐"寿圣"二字。绍兴三十二年,改赐今额。常住田八十五亩,山六百十亩。

仙岩院　常住田九十九亩,山一百一十二亩。

教　院三

宝梵院　县东北一百三十步。旧名东禅院,皇朝建隆二年置。治平二年,改赐今额。常住田一百五十六亩,山一百九十九亩。

保宁广福院　县西南二十里。旧名保宁院,周显德五年置。皇朝熙宁元年,加赐"寿圣"二字。绍兴三十二年,改赐今额。常住田一百七十七亩,山无。

玉泉广福院　县东二十里。皇朝乾德二年置。熙宁元年,加赐"寿圣"二字。绍兴三十二年,改赐今额。常住田三百一亩,山一千四十三亩。

甲乙律院四

普明院　县南十五里。梁天监元年置,名涌泉院。皇朝治平二年,改赐今额,御史台检法官王庭秀撰《方丈记》。常住田四百四十五亩,山一百十五亩。

瑞龙广福院　县东十五里。皇朝乾德四年置。熙宁元年,加赐"寿圣"二字。绍兴三十二年,改赐今额。常住田六百四亩,山三千亩。

新安院　县南八十里。周广顺三年置,常住田五百三十三亩,山一千八百亩。

伍师院　县西南三十里。周广顺三年置,常住田三十五亩,山二百亩。

叙　遗

纪　异

　　淳熙三年,县之西南陇中,有麦一茎两歧,令高子莫献于郡。皇子魏王图上于朝,孝宗皇帝御札褒美。魏王有诗刻于石。

　　嘉定十四年中元日,云现于县西山之上,五彩间错,光华灿然,父老惊叹目所未睹。邑令赵善晋绘以为图,好事者形之歌咏。自是五谷屡丰。

存　古

　　孔侯墓,县之童翁浦。侯姓孔,行第七,失其名,即此浦人也。性刚志烈,义不苟合,乡里敬而惮之。唐咸通中,有富都巡吏刘赞梦侯告曰:"予平生以忠义处世,今死矣。上帝录吾之善,姓名已籍水府真录。然吾尸犹泛滥于沙浦间,子能收而夺之,且创数楹,俾吾有栖托,必为民利。"赞访得尸,果如所梦,乃敛葬于此,立祠以祀之。今定海县有助海侯庙,兵部侍郎皮光业记,即侯也。

四明它山水利备览

〔宋〕魏　岘　撰
金儒宗　点校

《四明它山水利备览》目录①

《四明它山水利备览》卷上

---

① 本目录为《南宋文献集成》编者编。

《四明它山水利备览》卷下

《四明它山水利备览》附录

《四明它山水利备览》整理说明

　　《四明它山水利备览》，南宋魏岘撰。魏岘，庆元府鄞县(今浙江宁波市鄞州区)人，生卒年不详，曾官知广德军。嘉定十四年(1221)前后以朝奉郎提举福建路市舶司。绍定初，为都大提举坑冶司，驻饶州(今江西波阳)。绍定五年(1232)罢官闲居，至淳祐二年(1242)复起为直秘阁，以中大夫知吉州(今江西吉安)军事，后数年始赴任。

　　四明指当时的庆元府，治今浙江宁波市。鄞江源自四明山，出山峡后，诸溪之水与甬江通流，稍遇亢旱，咸潮上溯，对农耕和居民饮水极为不利。唐大和七年(833)，鄞县县令王元暐开始于大溪(樟溪)上的它山修筑堰，以捍江潮。于是溪流灌注城邑，鄞西七乡之田皆蒙其利，取得了较大的灌溉和供水效益。但它山堰岁久废坏，南宋嘉定年间(1208—1224)，魏岘向官府建议重新改进、维修它山堰，且表示愿意负责这一工程，因作是书详细记录。

　　《四明它山水利备览》成书于淳祐三年(1243)，共二卷，上卷记录源流规制及修造始末，下卷则皆碑记与题咏诗，可以说是南宋关于东南沿海御咸蓄淡水利工程的代表作。此书在地方志中颇为近古，元、明四明地方志多采录其说。但传本颇稀，几于泯没而无可考。明末崇祯时，鄞人杨德周得成化时(1465—1487)旧抄本。同邑陈朝辅于崇祯十四年(1641)作序、刊印。稍后同邑高宇泰指出陈本有脱佚，非足本；清代著名学者全祖望手抄陈本，亦指出其内容有散佚。流行的《四库全书》本，为浙江吴玉墀家藏本，从陈本录出。现流行的《丛书集成初编》所收本，系根据清道光时钱熙祚所刻《守山阁丛书》本。前列四库提要、陈序及魏氏自序，系根据陈刻本稍有删节。

　　《四明它山水利备览》篇幅虽小，但内容丰实，文字简练准确，史实可靠，是一部南宋名志佳作。

《四明它山水利备览》序

民以食为天。然以滋以灌生是百谷，而粒我蒸民者，非水之功乎？此六府养民所以首水而终谷也。田而不水，虽后稷无所施其功。

鄞邑之西乡所仰者，惟它山一源。厥初，大溪与江通，泾以渭浊，耕凿病矣。唐太和七年，邑令琅邪王公元暐度地之宜，垒石为堰，冶铁而锢之，截断江潮。而溪之清甘始得以贯城市、浇田畴。于是潴为二湖，筑为三碶，疏为百港，化七乡之泻卤而为膏腴。虽凶年公私不病，人饱粒食，官收租赋，岁岁所获，为利无穷。可谓功施国、德施民矣。然时有旱潦，则当蓄泄；水有通塞，则当启闭。碶堘当修，沙土当捍，不无待于后之人。

岘幼尝奉教于先生长者，以为学道爱人之方，不必拘其事，苟可以致其道，人之心无非道也。家距堰不数里，自问铸来归，闲居十余年，日与田夫野老话井里闲事。且州家尝属以任修碶、淘沙、造闸之责，益得以讲源委、究利病。又考图志所载及前哲记文，粗知兴造增修之由，参以己见，编为一帙。目曰《四明它山水利备览》。庶几讲明水政者，观此或易为力云。

大宋淳祐二年上元节，里人魏岘序。

《四明它山水利备览》卷上

它山水源

它山之水,源自越山,委蛇绵历,几二百里。由上虞县分水岭一名斤岭,自趾至巅凡十六里,故名。百余里,然后历大小皎、密岩、樟村、桓村、平水,此其大派也。又一派出杖锡山,并合众山之流会于大溪,至于它山。溪通大江,潮汐上下,清甘之流酾泄出海,泻卤之水冲接入溪。来则沟浍皆盈,去则河港俱涸。田不可稼,人渴于饮。唐太和七年,邑令王侯元㫲相地之宜,以此为水道所历喉襟之处,规而作堰,截断咸汐。导大溪之流,自堰之上,北入于溪百余丈,折而东之,经新安,历洞桥,此前港也。自镇都入惠明桥,至仲夏,此后港也。仲夏之水,至新堰面合流,经北渡、栎社、新桥,入南城甬水门,潴为二湖:曰日、曰月。畅为支渠,脉络城市,以饮以灌。出西城望京门,由望春桥接大雷、林村之水,直抵西渡。其间支分派别,流贯诸港,灌溉七乡田数千公顷。天之旱潦有不可必,此水岁可恃以为常,田事仰之,实为霖雨。自唐逮今,四百十有六年,民食之所资,官赋之所出,家饮清泉,舟通物货,公私所赖,为利无穷。先贤堰是,而以此水赐吾邦人,所以为生民立命也。

置　堰

侯之经营是堰也,历览山川,相地高下。见大溪之南,沿流皆山;其北则皆平地,至是始有小山虎踞岸旁。以其无山相接,故谓它山。详见《鄞志》。南岸之山势,亦俯瞰如饮江之虹。二山夹流,钤锁两岸。其南有小屿二,屹然中流,有捍防之势,人目为强堰。其北小山之西,支港入溪,则七乡水道襟喉之地,因遂堰焉。由是溪江中分,咸卤不至,清甘之流,输贯诸港,入城市,绕村落,七乡之田,皆赖灌溉。七乡,曰通远、光同、桃源、句章、清道、武康、东安。

堰规制作

它山乃众流胥会之地。每岁至秋,万山之间,洪水暴涨,湍激迅疾,极目如海。侯之为堰也,规其高下之宜,涝则七分水入于江,三分入溪,以泄暴流;旱则七分入溪,三分入江,以供灌溉。堰脊横阔四十有二丈,覆以石板,为片八十有半。左右石级,各三十有六;岁久沙淤,其东仅见八九,西则皆隐于沙。堰身中空,擎以巨木,形如屋宇。每遇溪涨湍急,则有沙随实其中,俗谓护堤沙。水平沙去,其空如初。土人以杖试之,信然。堰低昂适宜,广狭中度,精致牢密,功侔鬼神。其与他堰埭杂用土石、竹木、砖篾稍久辄坏者不同。常时,大溪之水,从堰入江,下历石级,状如喷雪,声若震雷。耆老相传:立堰之时,深山绝壑极大之木人所不能致者,皆因水涨乘流忽至,其神矣乎!

梅 梁

梅梁在堰江沙中,《鄞志》谓:梅子真旧隐大梅山,山有大梅木,其上为会稽禹祠之梁,其下在它山堰,亦谓之梅梁。禹祠之梁,张僧繇图龙于其上,风雨夜或飞入鉴湖与龙斗,入见梁上水淋漓而蘋藻满焉,始骇异之,乃以铁索锁之于柱。它山堰之梁,其大逾抱,半没沙中,不知其长短,横枕堰址。潮过则见其脊,偃然如龙卧江沙中,数百年不朽。暴流湍激,俨然不动。有草一丛,生于其上,四时常青。刃或误伤,梁辄流水如血。耆老相传,以为龙物亦圣物,镇堰者邪。

三 碶

侯既作堰,虑暴流之无所泄,遂为三碶,以启闭蓄泄。涝则酾暴流以出江,旱则取淡潮以入河,平时则为河江之积。耆老谓侯自堰口浮三瓢,听其所至而立焉。由堰之东十有五里为乌金碶俗谓上水碶,又东三里为积渎碶俗谓下水碶,又东二十七里为行春碶俗谓石碶,此小溪镇入南城甬水门河渠也,皆随地之宜而为之节耳。乌金碶久废,嘉定辛巳,岘请于朝重建。详见郡志及《乌金碶志》。

日、月二湖

《鄞志》称城中日、月二湖皆源于四明山,自它山入于南门,潴为二湖,在城西南隅。月湖中有十洲三岛之胜。湖之支渠,缭绕城市,往往家映修渠,人酌清泚。又云四明山之旁,众山萃焉。雨盛则涧壑交会,出为漫流,无以潴之。其涸可立而待。非特民渴于饮,而河内海潮以之灌溉,田皆斥卤,耕稼废矣。唐太和中,侯乃视地高下,伐木斫石,横巨流而约之,浚二湖以受其入,溉田八百余顷。《唐·

地理志》载"鄮县"下注云：南二里有小江湖，太和中令王元暐置。小江湖即日湖也。以此考之，人知侯置堰而已，而不知疏南城一带之河。立三碶，浚二湖，皆侯之功也。崇宁间，杨蒙为《重修它山堰记》曰：唐人王元暐令鄞，导它山之水，作堰江浰，约水势，贯城以入。潴为平湖，疏为长河，掬为幽沼。后人德之，爰立庙貌。舒公信道《西湖引水记》：西湖，即月湖也。时有旱而引它山之水入月湖，以济一城之所用。邦人喜，而公为之记也。今城中十万户日用饮食，可不知其所自乎？

广德湖、仲夏堰，已废，并仰它山水源

《唐·地理志》载"鄮县"其下注云：西十二里有广德湖，溉田四百顷，贞元九年，刺史任侗因故迹增修。西南四十里有仲夏堰，溉田数千顷，太和六年，刺史于季友筑。今湖堰并废。宝庆二年，郡守尚书胡榘再修。《鄞志》既载广德湖兴废之由，复附言于后曰：今岁夏初，炎阳再旬。东乡惟恃钱湖以不恐。西乡渠流已竭，舟胶不行。幸而祷雨随应，钱湖之闸未开，而泽已浃。设更数日不雨，钱湖犹可资灌溉，而它山堰水，决无可救旱之理。此盖未知它山之水源深流长也。榘因亢阳，惜水之泄从，权以土石增障堰上，约鄞江之水以入溪。又浚水口淤沙，引水以入田。故水势流贯诸港，滔滔不已。使有人焉，力行障堰排沙之说，则何旱之足虑？谓其无救于旱，则误矣。或曰，广德废湖之田，中间川渠及仲夏之港，纵横流贯，岂无大雷、林村、建岙之流，何独它山？夫言水利者，不必言其流衍之时，而当言其旱涸之际。如流衍之时，何往无水？惟亢旱不竭，方足恃也。大雷、林村、建岙之水，山近源浅，常时与它山合流，绝无以别；稍遇旱涸，则流必先竭。至它山之水，独供输灌。以此言之，虽谓悉仰它山之水可也。

淘　沙

四明登陆之胜，万山深秀。昔时巨木高森，沿溪平地，竹木亦甚茂密。虽遇暴水湍急，沙土为木根盘固，流下不多，所淤亦少，开淘良易。近年以来，木植价穹，斧斤相寻，靡山不童。而平地竹木，亦为之一空。大水之时，既无林木少抑奔湍之势，又无根缆以固沙土之留，致使浮沙随流而下，淤塞溪流，至高四五丈，绵亘二三里。两岸积沙侵占，溪港皆成陆地，其上种木有高二三丈者。由是舟楫不通，田畴失溉。人谓古来四季一浚，今既积年不浚，宜其淤塞。嘉定乙亥，旱势如焚，田苗将槁，榘随宜为浚流障水之策。一线之脉，滔滔其来，流贯百港，随水所及，俱获沾溉。夫浚之一寸，则田获寸水之利；浚之一尺，则田获尺水之利。浚之愈深，所灌愈远，为利愈博矣。虽然，淘沙当于未旱之先，又当弃之空闲无用之地，何则？旱岁淘沙，此则救一时之急耳。是时农夫皆自欲车注，以救就槁之苗，

其势不可久役,稍或违时,苗已槁矣。宜于未旱之前,农隙之余,多其工役,假以日月,务令深广,庶几可久。天下之事,不一劳者不永逸,不暂费者不久安。若惮费畏劳,用工不深,其效亦浅。或略开沙中之港,而不去港中之沙,只可为旱岁急救旱苗之计,经一小雨则沙淤随塞。或去港沙而堆两岸,经一大水则仍前洗入港中。如能运沙远去,江近则弃之于江水之中,江远则堆之于空闲之地,庶几可久。然地皆民地,种植所资,安得空闲。宜临时相视,遇窠坎空闲处,不惮稍远则可矣。但戒董役之人,务在公平,不得容私,独堆一处,则人心自服。如能浚深一尺或二尺,其利尤博。开浚之时,先宜壅住上流,然后从下流为始,庶得沙干,不先为水所浸,役夫易以用力。

淳祐元年辛丑岁,沙淤尤甚,高出水面至四五尺。自堰港口至新安庙前,凡五百余丈,舟楫不通。岘闻于乡帅余大参天锡,见委提督浚治。役夫人给米二升省,钱四十文足和。雇通远、光同、句章三乡人户及轮差柴、船户,各备锄担,先期约日,标识界分,令各甲管认丈尺。晨集暮放,至则记名印臂,以检人数;放则点名辨印,以给钱米。钱米才给,臂印随拭。岘亲自监临,务令均平著实。雇值既优,给散以时,视其勤惰,量加赏罚。人心欢趋,且不敢慢。自十月十日甲子鸠工,至十一月二十六日迄事。是役也,助以佺澪,且令儿辈监视。及放水口,奔湍而入,势如江潮。始焉,堰上之水,其逾尺高;移时之间,堰水低平,尽引入港。壬寅七月,以连雨水涨,港复填淤。乡帅陈大卿垲,复委岘开浚回沙闸。成,更欲去沙令深,亦委岘淘沙。

程、赵二公给田收租,岁充淘沙雇夫之用

按曰:原写本及《敬止录》、康熙《鄞县志》、乾隆《鄞县志》诸书所引,皆以此十六字杂入正文,上接"委岘淘沙",下接"嘉定七年",盖并沿明季雕本之误。今细核文义,"嘉定七年"以下,实当另为一条。而此十六字,乃其标目耳。今以意改正。

嘉定七年,权府提刑程公覃捐缗钱千有二百贯。置田四十亩三角二十九步,收租谷一百一十四石一斗五升,系西郭斗斛,岁充它山淘沙之用。嘉熙三年,岘尝以淘沙利便乞增置田亩。前政都承赵公以夫给到刘泳没官田二十九亩三角二十五步,每年收租米二十一石二斗。二公虑民之意可谓远而惠民之德可谓厚矣。

程公所置谷田,始委乡之上户,掌其租入,督以邑丞。上户不欲与闻官事,委之云涛观,观又不欲,遂归丞厅。岁旱之时,民救将槁之苗如救气绝之命。谷既在官,临时申请,缓不及事。近者连岁旱涸,岘多自出力,雇募开淘。然私家之力终不如官。使谷在丞厅,遇旱即发,济用不浅。缘上下申请,其势未免转折。仓卒粜谷,价钱减而雇值轻。淘沙不过半日,仅如人家开掘沟渎,分开中间一线水

路而已。所办仓卒,何暇深广?赵公所给米田,书契发下丞厅,租米付与云涛观,观又辞不受。然岘思之,不若府仓自行收桩。遇有旱暵,遣吏开淘。然恐细民畏惧官府,不敢申请,稽留日久,无及救旱。莫若委小溪监镇,就近兼措置淘沙事,遇旱则行支请,庶免缓不及事之患。夫旱暵之时,官府祈祷遍于名山大川,靡神不举,靡爱斯牲,犹有勿应。如能于勿雨之际,用工深浚沙港,并浚南门沿河高仰之处,自然水应,可供车注。关集乡社,各开近地河港,家出一老人,各两日轮雇,处处开掘,以接它山之水,则处处有水矣。祷且未必即应,浚沙其效可必所贵,官民各勿惮烦。当旱干时,人心欲水,恨无可浚,纵无雇值,人亦乐趋。如谷米宽余,给之固善,所虑诸乡各浚近地,役徒之众,不可遍给耳。程公所给谷田,尝申朝廷照会,永充它山淘沙之用。赵公所给米田,亦宜如程公谷田,申朝省照会。

防　沙

它山一境,其地皆沙,内水之咽既窄,引水之港复狭,以致流沙易于壅塞。沙之入港凡有三焉。七八月之间,山水暴涨,极目如海,平地之上,水深丈余,湍急迅疾,西岸之沙径从平地横戛入港,须臾淤满,一也。或遇积潦,虽不没岸,而溪亦湍急,沙随急流迤逦入港,日引月长,不觉淤塞,二也。自港口至马家营一带,两岸之沙或因霖雨冲洗,或因两岸坍损,或因木植冲击,积久不已,亦能填淤,三也。

欲障平地之沙,宜于西岸去港一二里量买地段,南自港口,北自山下,以属于溪。北去港远,南去港近带,斜筑垒堤,以粗石阔为基址,高七八尺。外植榉柳之属,令其根盘错据。岁久沙积,林木茂盛,其堤愈固,必成高岸,可以永久。

欲障积潦湍流入港之沙,宜就吴家桥内港狭去处,立为石闸,中顿闸板五六片,略与岸平。水轻在上,沙重在下,水从板上不妨自流,沙遇闸板碍住不行。沙之所淤,不过闸外三四十丈,淘去良易。板之为限,以水为则,水涨则下,水平则去,启闭之时,不病舟楫。

欲障两岸之沙,宜于两岸钉松桩,用粗石砌垒博岸,覆以石板,如城南塘路,庶免水洗岸沙木植、冲击坍损之患。然置闸砌岸,可以防平常积雨,港内之沙或遇大水,径自西岸拥沙而来,非二者所能御。石堤之议,此策之上者也。姑存三说,以俟来者。

前后修堰

耆老相传谓:堰先贤灵迹,功与神侔,不可妄加增损。后人有增损者,辄有祸罚。南渡之后,里之富民周四者者,谓堰稍低,惜水之泄,遂于堰上加石板,厚七八寸,比侯原石长减二尺。前叙《规模制作》言为片八十有半者,即周耆石也。堰之原脊,在周耆石下,不可复数。周耆未几家废人亡,遂谓增堰得祸。故视堰如神物,不敢措议修筑。为是说者,果先贤意耶?先贤之意,惟民利是视而已。堰非天造,亦人为耳,宁无成坏?苟有能嗣而葺之,以寿此堰于无穷,宁非先贤所望于来者哉!周耆之前,修筑者亦不一。郡志称国朝建隆间,康宪钱公亿跪请于神,增筑全固。崇宁间,杨蒙重修堰。志云:岁久川淤,堤垫堰隳,人各自私,岐分派引,旱涸如初。先是监船场宣德郎唐意窒其岐派,培其堰堤。郡志亦言,以土次第增筑。签幕承议郎张君必强,复增卑以高,易土为石,冶铁而固之。肩舆而往,操舟而还,人叹神速。又魏行己《增修它山堰记》云:绍兴丙寅,农事举趾。而它山之堰缘风飔忽起,潮汐冲突,川淤堤垫,堰隶隳圮。太守秦公委督官吏补土石之罅漏,塞梁坍之溃穴,易土冶铁而固之。旬日之间,厥功告成。以此考之,周耆之前,堰盖尝屡修矣。谓堰不可修筑者,果神意耶?然唐意以其土第第而筑之,或者从权救旱之策,未必可以经久。盖它山之流,湍激迅疾,非垒石冶铁以障以固,则日久冲洗,安能久而不坏哉!意之策用于救旱之时明矣。后人之欲议修筑者,幸无泥增土之说。夫山岳岩崖,元气所结,犹有崩裂。物久则坏,此其常理。坏而复修,乃得全固耳。神宁恶之耶?然非果损,则断不可轻动。今但在夫保护之,俾勿坏,则神人之所共愿也。

护 堤

浚沙若无与于堰,其实关系于堰者利害不细。沙港淤塞之时,舟楫不通。竹木薪炭,其价信贵。贩鬻者装载过堰,竹木排筏越堰而下,猛势冲击,声震溪谷。堰身中空,不胜负重。城门马力,追蠡历年,初虽不觉,久必大损。辛丑岁,因此堰石颇有损动,前后府榜非不禁约。人取其便,不顾利害,虽禁莫止。此堰若损,溪水醨泄,咸卤冲入,田不可稼,民失粒食,官失租赋。况此堰灵迹圣异,殆有鬼力神功,万一损坏,宁后人所能遽行营设。即使可办,不知当用几工几金,经涉几日,然后可成?公私同一利害,愿共宝护之。

开水口

堰上水口狭甚,溪流入港者少,而入江者多。水口有石幢为界,外为官港,内为蒋宅之地,约一二亩,若买此以展水口,庶几内水稍洪。

古小溪港

许家桥东有地名童家庢,北有古沟,势与港接,今为沙所塞,而污沥尚在。耆老相传:此正小溪也。溪溉建岙田数百顷。每因洪水所经,最易淤塞。岘尝提督开浚,以通它山之水。今后不可令其淤塞。按曰:自"溪溉建岙田"以下三十八字,至正《志》引及《敬止录》引,并作"溪通建岙,旧尝开浚,以通它山之水,今沙淤塞,或谓可以再浚。"康熙《志》引亦同,惟"今沙淤塞"二句,作"今可以浚其淤塞,以复古迹"。《鲒埼亭外编》引亦与至正《志》同,惟"溪通"作"直逼","以通"作"以引",而无"今沙淤塞"四字。以上诸书,皆与今本大异,竟不解其何故。今本文义顺适,并无误字,不敢因他书征引,遽便删改。而诸书殊途合轨,又必非无据,故特附注本条,俟博雅君子审定之。又按:今本"溪溉建岙田"至"最易淤塞"十八字,盖著老口中语,言古时小溪如此。不然,焉有仅存淤沥之港,一经开浚,即可溉田数百顷者?

洪水湾

去堰半里余,沙港之南地名"古城"。有小港,南属于江,今为沙所壅。著老相传,谓旧尝于此置碶。近缘屡经洪水,江流冲入,渐与港通。恐日后为江水冲开,溪流顿泄,宜筑堤岸。

北山下古港

它山堰上大溪之北,绵延皆山,山下有古港,西自钟家潭大溪分派而来,延袤二三百丈。未至沙港百余丈,其流中断。水稍涨则越过平地,径入沙港近下石道头。水平则止。水之所道,迤逦低洼,港沥分明。著老相传云:侯之造堰,先作坝,截溪水令干,然后用工。故自钟家潭引大溪之水循山而东,属于沙港。堰成去坝,遂为二派:一派径从堰上入大江;一派则钟家潭之港也。今虽断流,港沥俨然。若能开浚,此港经取大溪之水东入沙港,一则水势径顺,入溪必多,二则洪水泛涨之时,水与湍沙顺流俱东,不被横戛入港。姑存所闻,以俟来者。

水喉　食喉　气喉

岘考郡志所载,引水于州北凿两池以停之。淫潦泛溢,则城之东北隅有二碶以泄于江,目之曰食喉、气喉。注云:"水自离入,不有二碶以泄之,岁旱则有火灾。绍定元年,守胡榘闻诸朝廷,禁民立屋以塞二碶。且欲浚导必时,堤防必谨。"然不明言碶之所在。岘询诸著老,仅知来历。气喉碶视食喉稍大,经都税务前,在东渡门墙下,以板为闸,潮涨则与板平。市河之水充溢,则启闸以泄于江。食喉碶视气喉稍小,在市舶务之南墙下,止用泄水,却不通潮。又有水喉一碶,亦以泄水。若夫二池,人谓蛟池、蜃池是也。郡志止说清澜池及府池,而亦不言蛟、蜃二池在何地。或谓蜃池湮废已久,今为民居。碶与池虽无与于堰,而水源皆出于它山,实关一郡之气脉,故并及之。

积年沙淤处

马家营西至孙家桥五十二丈六尺。孙家桥至许家桥七十丈。许家桥西至潘知府宫前一百丈。潘知府宫前西至万家道头九十丈。万家道头南至吴家桥一百五十四丈八尺。吴家桥南至它山堰口四十七丈。

王侯名爵　侯封庙额

侯姓王，讳元玮，琅邪人也见苏为《记》。唐太和七年，以朝议郎行鄞县令，上柱国。筑它山堰，浚小江湖，民德之，立祠堰旁，爵曰侯，谥善政见《鄞志》，而不言何代所封。乾道四年，邑人朱世弥等请赐庙额，增封爵。省牒云："奏内称在唐已封善政侯，历年既久，原封文字不存，难以于侯爵上加封。兼本朝以来，未曾封赐庙额，敕宜赐遗德庙。"宝庆三年，邑人复有请。时里人王公塈在朝，实主盟其事，亦以原封文字不存，仍封善政侯。庙额遗德。《鄞志》县令题名云：府学有请，立文宣王，册文牒碑具载年月姓名。《唐书·地理志》云：开元中，令又以"玮"为"纬"，俱不同。岂唐史有永承之误耶！

造堰协谋之人

堰之造也，采公阇黎实佐经营，今有祠像在侯之左。今俗称悬慈法师。

宪帅程公初置淘沙谷田设厅石刻节文

它山水灌溉鄞县管下七乡民田。每年沙涨，四季合用淘沙、开淤和雇人夫，一岁当一百千，本府措置。今支一千二百贯文官会，委鄞县丞同乡官朱中颖将仕等置到田四十亩三角二十九步半，上白粳谷一百一十四石一斗五升，每季系乡官收支掌管。开淤仍委鄞县提督，已申奏朝廷，从申札下。

嘉定八年六月□日，朝散大夫、直宝谟阁、两浙东路提点刑狱公事兼知庆元府、沿海制置司公事程覃记。

赵都承淘沙米田牒魏都大

照应据白札子条具，它山水利便宜事件数内一项，乞浚河淘沙。奉台判呈刘泳没官田，欲就内拨一项，充淘沙使用。据原承勘司理院推级刘楠共到山、田、地坐落、价钞、数目，内水田二十九亩三角二十五步，原契面钱计六百三十一贯七百文九十八陌，每年上租米共二十一石一斗。奉台判水田一项，契书发下县丞厅，租米每年责付云涛观认租。仍牒魏都大知府，照应府司，除已将契书发下鄞县丞厅,仰责付云涛观交收,并给据付云涛观及关常平。按照应施行外,须至公文牒请照应。

嘉熙三年十月□日牒,朝请大夫、集英殿修撰、知庆元军府兼沿海制置副使赵以夫押。

淳祐元年十月余参政委淘沙

本月初十日兴工,至二十六日毕。自马家营至堰上水口共五百十三丈,为工四千。每工支官会五百文,米二升半省,官会计二千五百贯文十七界内二百贯文代乡民醵愿,米一百石监董等人日食在内。本月十三日兴工,至二十日毕,为工一千,每工支官会一贯五百文,不支米钱,计一百二十贯文足。十月,回沙闸成。陈大卿再委淘沙一。本月二十四日兴工,至十二月初八日毕。为工一千九百三十二工。每工支官会一贯五百文,不支米。官会计四千九百五十一贯二百文十七界。

建回沙闸

淳祐二年八月内,陈大卿委提督建造。始九月初八日,至十一月七日毕。同提督制干林元晋正奏名"安刘"。闸三眼,长三丈九尺,高一丈零五寸。中一眼阔一丈二尺八寸。两旁各阔一丈一尺,柱位四尺。东臂石岸八丈,石锤十五层。西臂石岸一十八丈,石锤十五层。石匠工钱每工支官会二贯八百文,米二升二合,计工钱二千九百三贯二百文十七界。杂夫每工支官会一贯五百文,计工钱四千四十九贯五百文十七界。砌粗石每工支官会二贯三百文,计工钱一百二十九贯一百文十七界。买石及松桩、石工、杂夫官会共计二万六百二十贯七十一文十七界。

看守回沙闸人

中一间闸板七片,许廿四、许亚六。
东一间闸板七片,许十二、许十五、许三十七。
西一间闸板七片,许阿二、许阿三、许阿四。
看管闸人每月共支米一石,府历赴仓清领均分。

回沙闸外淘沙

淳祐三年七月初十日、八月二十日,两次大风水湍沙,遇闸即止。但闸外淤沙约五十余丈,并里河王家水沥岸傍之沙坍,洗入港者三十余丈。帅黄大卿壮猷委岘开淘,始于九月初二日,至初八日毕。为工九百八十,钱共计一百三十四贯四百文,杂支在内。

洪水湾筑堤

淳祐三年秋,连经大风水,冲坏江堤,溪流走泄。岘闻于府黄大卿,并委筑治。始于八月二十八日,至九月初七日毕。堤高二丈,阔一丈二尺,长一十二丈。为工三百七十二,为钱共计八十七贯二百九十文足。

请加封善政侯申府列衔状

右岘等居处海滨,涵濡圣泽,属当涝岁,转为丰年。神有显功,理难自嘿。窃见本府鄞县事,以一郡饮食,七乡灌溉,皆仰它山之水,外此别无水源。而咸潮混杂,大为民病。兼水大则涌入于河,水少则多泄于江。建置一堰,民到于今享其利。血食滋久,灵著如初,曰雨曰旸,有祷必应,一郡七乡之民恃为司命。今岁秋初,淫雨不止,稼穑几坏于垂成,乡人老稚群祷祠下片云阁,雨霁日开明,屡祷屡孚,其答如应。今岁一饱,厥有由来。缘神在于唐朝已封善政侯,本朝乾道四年,邦人有请,准省札,仍封善政侯,赐遗德庙额。兹者恭睹明堂赦文,应诸路保奏,神祠祷祈应验者,并与加封。今来善政侯有此莫大之功,灵著之迹,所合敷陈。况使府近创回沙一闸,为民兴利,迓续神休。谨录白封告、庙额、敕牒在前,具状申,伏望台判备申朝省,乞与峻加美号,经答神贶。岘等下情不胜真切之祷,谨状。

设 醮

绍熙五年,因旱,府帖小溪镇祈雨,乡民因许师巫乐龙大三牲神愿,小溪监镇蒋修职子泳立疏。宝庆二年夏旱,师巫尝敛乡民钱物,欲偿前愿。又以人情牵制,竟成迤逦。近年沙淤日甚,或谓神愿未偿所致。辛丑冬淘沙,因禀乡帅余参政,给楮券五百千,代民偿愿。缘三牲用费不资,兼不欲扰民,又云涛观有三清阁之严净,又有东岳行宫之威灵,亦不敢用牲牢。然未关于神,不敢轻改众议,殊未有处。岘恐成因循,遂作三阄:其一命道士改作三界清醮一百二十分,以答龙神,并施斛以享堰神;其二命师巫作三界清醮;其三用小牲牢三界。卜于龙王及善政侯,得第一阄。岘即以其事白之陈帅,再得官券三百千,助成醮事。时雨雪连绵,奏词之日,阴云解驳,日光穿漏,自是晴霁。邦民感悦,皆以为精诚所格。

〔刊误〕

〔淘沙〕

人谓古来四季一浚　康熙《志》引此作"古来四季一浚,有官钱、官米、役夫之制",乾隆《志》引作"旧时有官钱、官米、役夫疏浚之制"。按:乾隆《志》不引"古来四季一浚"句,故增加"旧时"、"疏浚"四字,然则此本浚字下当脱"有官钱、官米、役夫之制"九字。

〔前后修堰〕

易土冶铁而固之　按:下卷魏行己《记》,土字下有"以石"二字是也。此脱。

〔余参政委淘沙〕

十月回沙闸成　原本"十一月","一"字误刻在"再委淘沙"之下。三十二工:守山阁本无"工"字。

《四明它山水利备览》卷下

重修善政侯祠堂志　　　　　　　　　苏　为

　　祭法：德施于人则祭之，能御大灾、能捍大患则祭之。是知声光垂于简编，德馨飨其庙食者，岂徒然哉！善政侯琅邪王公，讳元晔。册封之典，图志载之备矣。按有唐太和中，出佩铜章，字人海徼，时属承宽之后，躬行阜俗之化，以勤优诚游堕，以诚悫崇孝慈。贪夫敛手于袖间，暴客屏迹于境外，能使婚嫁有序，茕独有依。他民愁叹，我则民谐乎礼乐；他民凋敝，我则民丰乎衣食。《诗》所谓"恺悌君子，民之父母"者欤！先是厥土连江，厥田宜稻；每风涛作沴，或水旱成灾。不若采石于山，为堤为防；回流于川，以灌以溉。通乎润下之泽，建乎不拔之基。能于岁时大获民利。故自它山堰溉良田者凡数千顷。得非谓德施于人乎？能御大灾乎？则侯之为政也，易俗移风，惠其生民；沐义浸仁，绎及来裔。使永永之世，犹受其赐者不可胜数。则子由治蒲之政，西门投巫之酷，谅多惭德。矧今海内晏清，哲后求治一司之任，非贤弗居。太博王君，辍玉笋之班，假墨绶之秩，去民之害，必杜其渐；兴民之利，必臻其源，他日响侯之德声。谒其祠庭，则门榱砌芜，暴露尤甚。乃叹曰："将何劝民乎？吾将新之。"吏忻民欢，风动草偃，征材揆日，经之营之。于是迁祠之基，止堰之上。使泛舟者赖其德，力农者怀其恩。观其庙貌，翚飞轩塸蔽亏。及其庭也，则若聆乎片言；升其堂也，则如闻乎七丝。我乃洁诚端简，享神于祠，是使遗爱之道载彰，严祭之礼斯备，在江之浒，佑我蒸民。呜呼！侯之生也，以子男之位，能以善政被乎俗；其殁也，以正直之道，能以不朽留其神。向若为唐巨僚，列爵重位，必能霖雨四海，舟航巨川，则贞观之风不为辽哉！知县太博，誉播乎清化，德施乎疲俗，景慕前哲，树之休声，庶使响斯之庙者，知仁政之可尚也。为通理侯藩，备熟徽烈，俾旌如在，无愧直书其祠堂之栋宇。官吏之名氏，请附之碑阴。

　　时大宋咸平四年，岁次辛丑，六月初伏前一日记。宣德郎、守殿中丞、通判明州军兼市舶骑都尉借绯苏为撰。朝奉郎、尚书、虞部员外郎、知明州军州兼市舶上骑都尉、赐绯鱼袋借紫丁顾言书。

西湖引水记 舒　亶

　　按州《图经》，鄞县南二[十]里有小江湖，唐贞观中，令王君照修也。盖今俗里所谓"细湖头"者，乃其故处焉。湖废久矣，独其西隅尚存，今所谓西湖是也。明之为州，濒海枕江，水难蓄而善泄。岁小旱则池井皆竭，而是湖所以南引它山之水，为旱岁备。熙宁乙卯岁大旱，湖涸。建中靖国改元之夏秋，不雨，湖又涸。民渴甚，至穴洼下，滤秽滓以饮。而国家将有事，于郊丘上供之舟，复厄不得进。公私交病，上下狼顾，漫不知所为策者。州于是以其事属监船场宣德郎唐君。君即由南门道河上凡八十有五里，抵所谓它山堰者，踌躇相视，遂尽得其利病。盖所谓它山者，四明之众山萃焉。一山作雨，则涧壑交会，出为漫流。方岁小旱，众山未必皆不雨，而溪流未必遂绝也。特河势中洼，循两堤率支渠酾泄以去，以故不得行。盖非特天时之罪也。君既得其所以为利病，审不疑矣。乃属民尽堙诸渠口，而稍浚上源。因以其土室补堰隙，复累石于上，以遏入江之羡流，于是水稍引以北顾。独距城十数里，河赤地裂深尺余。凡邦之人，莫不皆谓水无可行之理，要非淹旬积雨莫能济也。君谓："审如是，岂人力所能及哉？颇闻善政王侯，实始作堰，以兹水赐其邦人。庙貌固在也，其能漠然乎？"即为民致祷焉。一昔，而水辄薄城下，不数日，湖流漫然至，清冽可食。而行舟于河，不复留碍。耄稚欢叫，里巷相属，一方遂以无虞。噫！侯一何异哉！虽然，前此湖盖尝涸矣，无有能发其利者，发其利自宣德君始。君诚善其始矣。顾非侯以相之，则莫能善其终。盖宣德君身管库之责，而能用意劝民之事；侯生既施劳于人，而殁犹炯炯如此，盖皆可谓有志于民。而与夫世之任人责而不思忧、视民灾而莫知救者，顾可同日而语哉？侯讳元晎，史不传，不知何许人也。唐太和中实令是邑，得之父老，它山以北，故时皆江也。溪流猥斥，并与潮汐上下，水不蓄泄，旱潦易灾。侯为视地高下，伐木斫石，横巨流而约之，率三入江，七衰于河，溉田凡八百余顷，其功利博矣。故民至今祠之。宣德君名意，字居正，江陵人也。乃祖若父，以风节文章闻天下，而君清直强学，不苟于其职，克似其家世者也。既德侯之赐，不敢忘斥金以致饰其像设矣。又属余以纪其事。余以谓天时之不常久矣，安知岁不旱而湖无涸乎！故具论如此，且以著二君之志，而固以告夫后来者，使有考焉。冬十月令日志。

　　舒公亶《引水记》云：按《图经》，鄞县南二里有小江湖，唐贞观中，令王君照所修也。盖今俗俚所谓细湖头，乃其故处也。《唐·地理志》载"鄮县"注云：南二里有小江湖。开元中，令王元晔置小江湖,即日湖也。杨蒙《引水记》云:唐人王元晔令鄞,始导它山之水,作堰江溪,约水势贯城以入,潴为平湖。魏行己《增修堰记》云:它山一堰,七乡膏腴,无虑千数百顷,潴为平湖,疏为长河,以待旱干水溢之患。《唐志》言小江湖王侯所置,二《记》亦言侯置堰潴湖。君晔在贞观而王侯在太和,不应贞观尝修而太和复言始置。岂王君既修之后,湖废而侯复开浚之,故言置邪?盖湖之为湖久矣。它山未堰之前,四明诸山之水,多泄于江。水不及湖,虽修易涸,其余可知。它山既堰之后,王侯疏河引水入城,复开是湖,以为潴蓄之地。若是,则虽谓侯置湖,可也。然旧实有湖,不言修而言置,何邪?夫略有沮洳余沥之可因,谓之修可也。明之为州,东北皆江而西南皆山,皆一二百里。湖在平阳之地,水无其源。何时不废为平地,明矣!非置而何?魏岘记。

重修它山堰引水记　　　　　　　　　　杨　蒙

四明,泽国也。大湖漫其西南,大江带其东北。然七八月之交,十日不雨则舟胶于河,民病暍矣。盖湖独用以溉旁湖之田,江又潮汐,上下卤恶,而不适用。唐人王元晔令鄞,始导它山之水,作堰江溪,约水势贯城以入,潴为平湖,疏为长河,掬为幽沼。后人德之,爰立庙貌,丐请封爵,侯曰善政,世世祀之。岁久川淤,堤垫堰堕,人各自私,岐分派引,旱涸如初。先是监船场宣德郎唐意,往窒其岐派,培其堰堤,水虽暂至,二年复涸。议者谓不可修矣。签幕承议郎张君,适莅其事,白于州,率邑大夫宣议郎龚君,询其父老,相其利害,增卑以高,易土以石,冶铁而固之。俾潦不至淫,旱不至涸。肩舆而往,操舟而还。邦人聚观,叹瞻神速。承议君讳必强,明人也,盖古所谓不敢欺者;宣议君讳行修,循政勤民,盖古所谓不忍欺者。二君相济,公私不扰,而厥功告成实。崇宁二年七月二十七日,承议郎钱塘杨蒙为之记。其词曰:有唐太和,王侯始基。越岁数百,民食其利。二君嗣功,既固既崇,又将永永而无穷。汤汤其流,泛泛其舟。以溉以濯,以酌以游,于以著二君之休。

重修增它山堰记　　　　　　　　　　　魏行己

汉宣帝尝曰:"庶民所以安其田里而无愁恨者,政平讼理也。与我共此者,其惟良二千石乎!"噫,若汉宣帝者可谓知治之本,所以能中兴汉室,功光祖宗也。今天子挺上圣之资,造中兴之业,凡以得为邦之本,加惠于元元者,至优至渥。方且辍近班之法,从殿方面之。侯藩躬行阜俗之化,专意牧字之仁。千里之民,何其幸也。绍兴丙寅,农事举趾。而它山之堰,缘风飓忽起,潮汐冲突,川淤堤垫,堰埭隳圮。七乡民田,将就枯涸,海波江卤,骎骎弥漫,太守待制秦公,忧见颜色,乃默祷神祠,使息风涛。委督官吏经营强堰。然后增葺它山,补土石之罅漏,塞梁坍之隙穴,易土以石,冶铁而固之。旬日之间,厥功告成。非独使今秋丰稔,千里足食，且俾斯民，永赖其利于无穷。古之良二千石，虽龚黄不能过也。诚可以仰宽东顾之忧，上副明天子委任之意。猗欤休哉！堰成之日，泛舟者歌咏其德，力农者怀感其恩。咸谓异时入秉钧衡，登庸华要，必能霖雨四海，舟航巨川，盖权舆见于此也。夫四明泽国，负三江，捍两湖，潮汐上下，冲接山下，其来则沟浍皆盈，其去则田畴并涸。所恃以分甘泉、咸卤者，堤防坚固而已，方其坚全，则均被其利，毁决则悉罹其厄，惟它山一堰所系尤重。七乡之间，膏腴无虑千数百顷，潴为平湖，疏为长河，以待旱干水溢之患，皆它山一堰之利。是以今春偶经垫决，环境之民，惶怖忧恐。所谓九工积累，公帑私财，不扰不费，若有神助，成以不日，皆太守待制秦公至诚之所感也。邦人德之，形于歌颂。行己偶奉府檄，实董其事，不敢嘿而不书。大宋绍兴十六年余月望日，知明州鄞县丞魏行己谨志。

四明重建乌金碶记　　　　　　　　　魏岘

出城南五十五里，有堰曰它山，唐鄞令王侯讳元暐所建。水自越之上虞，历四明山，万壑争流，演迤砰湃，南注于江。自堰之立，约水入河，乘除有数。鄞西七乡，为田数千顷，借以灌溉。其流贯于城之日、月湖，阖郡之人饮焉食焉，泳焉游焉，堰之利博矣。然视水之大小提阏者，碶之助为多。野老谓：侯由堰口浮三瓢，听所止而立。殆神其事。今自堰之东十有五里，为乌金；又东三里，为积渎；又东二十七里，为行春，皆相地之宜而为之节。惟乌金首忧上流，岁久摧圮。人情往往拘阂，因仍苟简，日就湮塞，莫能兴其废者。沙淤愈甚，河流易涸，公私交困。嘉定辛巳，耆老合辞以请。少保、大丞相鲁公素知本末，慨然下其事于郡，且俾岘效规划之。愚乃计工赋材选，州县官主之。委里士为人信服有计知者督其役，出给调度。一不以属吏，民以不扰而咸劝趋。于是从旁南低旧趾三尺许，身东西五丈二尺有奇，南趾七尺，臂东二十七丈，西十三尺，桥五丈五尺，而长高九尺，阔称之。合石为之柜，植石为之桄，规模宏壮，工力缜密。时少卿余公建，监簿章公良朋相继来牧，皆捐金佐费，始终其成。初，郡并请修行春，筑朱濑堰，浚江东道士堰河。至是，悉以次就绪。盖给于朝者钱十万，助于郡者四百万。总为工万有九千，越三月而毕。邦人举手加额曰“愿有纪”。岘世居光溪之滨，与田夫野叟念此至熟，兹幸赞是役，则叙次事实不当发固陋辞。切惟是碶，昉建于有唐太和中，距今数百载，补罅苴漏，宁无其人？而莫有记岁时之详者。独元祐六年二月十六日重修，有石刻在，实吕公大防当轴时也，君明臣良，百废具举。相望余两甲子，今相国复推广公德，志切为民，推此邦无穷之利，视元祐成绩有光矣。或曰，相国霖雨四海，泽及万世，一水利之兴，顾何足以颂勋德之盛？岘曰，不然。谢文靖晋室贤辅，淝水之功伟矣。绝口不言，而拳拳于召伯之一埭，爱人利物，大臣之用心固如此,是不可不书。余皆载之碑阴。十二月旦,朝奉郎、提举福建路市舶魏岘记并书。

回沙闸记　　　　　　　　　　　　　　　　　林元晋

庆元表东海地,枕江抱湖,水政举则多丰年,不则为沴。淳祐改元,冬,可斋陈公由少司农以秘阁修撰出镇兼制置沿海。二年春,开藩,诹连岁失稔之故。父老曰:"是邦储水,而启闭以时者曰碶,泄而不防则干,积而不酾则溢。岁久多圮,民甚患之。"夏涝,公创碶一,曰保丰。复碶二,曰斗门,曰大河桥。修碶号为喉者三,曰食,曰水,曰气。是岁东西浙俱歉于涝,明独有秋。公曰:"今所导者流尔,盍治其源?"城内外为湖为港,鄞西七乡以饮以溉,皆源于它山。而邦人知其利未知其害者居半也。它山而上,则又大溪为之源。越水所注,夹岸沙弥望,雨则与水俱下。长官堰下上级皆三十六,其上沙没殆尽,下不没者五六,梅梁夭矫之状不可复见。其荡入于溪者数里,溪流几断。于是井皆汲卤,田皆竭泽。岁浚至三四,役工数万计,民亦劳止。间有暴涨,自西岸而下,堙塞尤甚。一日公顾其属林元晋曰:"岸之防固未易图,而浚治之繁,其可无简要之策?与其浚于既积,不若遏于未至。水轻清居上,沙重浊居下,宜闸以止之。水平则启,通道如故;沙聚于外,则去之易为力。"会新吉州魏侯岘以书来,述乡氓意与公合;卜于长官祠,又合。乃度地吴家桥,去大溪五十寻而近,经始营之。侯家溪上,疏它山之泽夙备。肯总其事,佐以新进士安君刘,合志坚久。起八月戊寅,迄今十月丁丑,无一日不晴,已,乃雨。是殆天所助,人心大怿。公命元晋记之。夫水利若害,判于反覆手。禹川汉渠,疏浚酾导不遑暇,何古人拳拳加意,而近世率视为故常也?公家古灵先生,受业胡安定之门,渊源所渐远矣。体用之学,公得其传,大抵推所学以达诸政,鲜不自其心始。多事者为民不能专;多欲者及民不能详。公淡然,政尚清简,见明行果,于利民一无所靳。蠲近租六十万,积平籴本百万,惠犹以为小。要未可以施诸是邦者,限量也。唐僧元亮赋堰诗有曰:"海潮从此作回期。"人谓绝唱。长官距今四百十有六年,始有继其志者。堰之于潮,闸之于沙,古今一辙尔。邦人又将世世为美谈。公名垲,长乐人。余月庚戌,从事郎、特差沿海制置使司干办公事林元晋记。奉议郎、新除大理寺簿赵隆书。奉议郎、主管建康府崇禧观应由篆盖。

它山歌诗　　　　　　　　　　　　　　　　　唐　僧元亮

它山堰,堰在四明之鄞县。

一条水出四明山,昼夜长流如白练。连接大江通海水,咸潮直到深潭里。淡水虽多无计停,半邑人民田种费。太和中有王侯令,清优为官立民政。昨因祈祷入山行,识得水源知利病。棹舟直到溪岩畔,极目江山波涛漫。略呼父老问来由,便设机谋造其堰。叠石横铺两山嘴,截断咸潮积溪水。灌溉民田万顷余,此谓齐天功不毁。民间日用自不知,年年丰稔因阿谁? 山边却立他神庙,不为长官兴一祠。本是长官治此水,却将饮食祭闲鬼。时人若解感此恩,年年祭拜王元昞。

又 诗　　　　　　　　　　前 人

截断寒流叠石基,海潮从此作回期。行人自老青山路,涧急水声无绝时。

题它山兼简鄞令　　　　宋　懒堂舒亶

呜呼王封君,心事鬼出没。驱山截长江,化作云水窟。旱火六月天,万栋挂龙骨。萧条一祠宇,像设何仿佛! 破屋夜见星,漏雨湿衫笏。杯酒谢车篝,兹事恐亦忽。我闻古先王,报施亦称物。矧今崇佛宫,民力殆言屈。岂无制作手,一为起荒芜。李侯仁贤资,抚字良矻矻。可但清似水,方看健如鹘。沉迹千载后,行且见披拂。阴功世易忘,远虑俗多咈。勉哉君勿迟,斯民久已郁。

粹老使君前被召约往它山,既不果,以书见抵,谓可叹惜,并示《广德湖新记》,因成诗一首　　　　舒 亶

长江滚滚西南流,秋水时至狂不收。大浪似屋山欲浮,王侯神智禹所啾。万鬼琢石它山幽,梅梁赑屃卧龙虬。咄嗟湍骇就敛擎,巨灵缩手愚公羞。障成十里沙中洲,支分脉引听所求。赤旱稽浸民不忧,那得虫蝗随督邮。污邪瓯窭满车篝,斯民饱暖何所酬。庙貌突兀寒滩头,岁岁鸡黍祠春秋。老农击鼓稚子讴,当时人物纷雁鸥。岂无鼎食腰金侔,朽骨往往空蒿丘。姓名几复人间留? 惟侯惠施膏如油。江声浩浩风飕飕,千古不见使人愁。拔俗万丈山标崷,使君不减裴商州。下车百蠹随锄耰,一笑四境无疮疣。天闲老步须骅骝,已闻归作金华游。钦贤访古意未休,画船载酒岸鸣驺。络绎与我置脯腩,冠盖纷纷暇莫偷。搔首怅望情绸缪,我问使君亦何尤。西湖万顷蛟龙湫,几年荒芜今则修。鼛鼓勿胜财不掊,长堤岌嶪高岑楼。污有浍兮荡有沟,余波北注引漕舟。桑麻被野禾连畴,鹤鹤白鸟杂游鯈。菰蒲菱芡厌采搜,杨柳成幄荫道周。耕渔呼歌羸病瘳,使君之赐侯可俦。天边旌旆看悠悠,父老云梯争攀辀。地僻借恂恨无由,高文摘秀春华抽。丰碑崒崔镌银钩,千年空此留海陬。君知他日思君不? 还如今日人思侯。

它山堰　　　　　　　　　　攻媿楼钥

按曰:原本此下七诗无题,今据《攻媿集》补此题目。

它山堰头足奇观,百万雷霆声不断。谁把并州快剪刀,平剪波澜成两段?四明山深水源远,众壑会溪长漫汗。滔天狂潦不可留,泻入长江势奔窜。贤哉唐家王长官,欲图永利输长算。想得惨澹经营时,一一山川应饱看。西偏千岭相属联,惟有兹山拥东岸。遂于此地筑横埭,截取众流心自断。斟酌利害不全取,高下参差仅强半。水大七分入于江,徐把三分供溉灌。支流弥漫穿郡城,脉络贯通平且缓。旱时及此水亦足,坐使千年忘旱暵。无穷庙祀报元功,像设森严人敢玩。梅梁夭矫有冥助,大患于今尚能捍。前辈所作多神灵,日月真成赤心贯。后人小知或更易,费尽工夫随破散。河堙盍浚谋不集,堤断河倾流甚悍。富民缩手人受殃,仰望古人重兴叹。老木号风波湛碧,画屏俯仰丹青焕。更须积雨看惊湍,濡足褰裳何足惮。去家不远时一游,短艇垂纶流可乱。八月倘有仙槎来,便欲乘之溯天汉。

题它山善政侯庙　　嘉定丙子　　　友林　史弥宁

按曰:此目据《友林乙稿》补。

粲晓轻舠掠水飞,乘闲来访长官祠。云峦著色四时画,石濑有声千古诗。华黍几沾膏泽润,甘棠长起后人思。伊渠不尽为霖意,除却梅龙谁得知?

失　题　　　　　　　　　无名氏

按曰:《它山图经》以此诗为史春坊作,今《乙稿》无之。又目作题《它山》,亦不知其何据也。

谁将倚天剑,劚出天河水?倾泻落人间,合流奔至此。六丁战海若,横筑万石垒。波涛敛潮汐,辟易走千里。蓄泄有碣埭,深长富源委。支派缭村落,湖渠贯城市。千畦借灌溉,万井酌清泚。伟哉霖雨功,千载流不已。

它山堰　　　　　　　　　永嘉　薛叔振

按曰:此目据《四明诗存》选《魏吉州次韵诗》拟补。

官为唐令尹,心切禹蒸民。垒石流川水,分波及稼云。万涛惊不夜,千古见如新。更有朝宗脉,声容匪独鄞。

它山堰次永嘉薛叔振韵　　　　　　　魏　岘

按曰:此目据《四明诗存》补。又按:例下魏岘诗原目当作"和韵"二字。

一朝堰此水,千载粒吾民。只仰溪为雨,何劳旱望云。四时人饮碧,六月稻尝新。流出心源泽,年年惠我鄞。

失 题 可斋 陈垲

按曰:据《四明诗存》选《魏吉州次韵诗》,此题当作"回沙闸成"四字。然至正《志》载郑安晚同韵诗二首,详其题目,首倡者实系安晚。因合四诗互勘,盖可斋方有意水利,安晚以诗勉之。既而可斋按视它堰,拜长官祠,而思防沙之策,乃用安晚原韵,赋此以答其意。是时回沙闸固未成也。及闸既成,安冕再用韵颂美其功,而吉州和之耳。然则此诗原题必非回沙闸,诸家选本不见此诗,姑仍阙文,以俟博雅。又按:《它山图经》载此诗题作《它山行》,是书晚出难信,未敢据补。

数月两出郊,劝农复观稼。始言麦垄时,今已稻畦夏。女红彩纴余,丁黄耘籽暇。暄凉故不齐,晴雨倏忽乍。百丰未为多,一歉诚所怕。蠲通广上恩,平籴裁米价。毫发可及民,岂不念夙夜?昔有王长官,筑堰它山下。惠利久益博,神灵此其舍。泓深或龙蛰,坚屹无蚁罅。定为三七分,酾为数十汊。石梁贯云涛,谁敢著足跨!流沙从何来,疑有物驱驾。人力几淘浚,壅淤仍障坝。神功终此惠,去沙而变化。视古谁比方,郑白其流亚。

回沙闸成次乡帅陈大卿韵 魏岘

按曰:此目据《四明诗存》补。

一堰限溪江,七乡利耕稼。卤汐回东溟,多水流仲夏。仁哉王长官,一劳贻永暇。长输不尽泽,绝胜晴雨乍。旱魃从肆威,恃此不足怕。滴水一滴金,欲买真无价。年来沙作祟,耄倪忧日夜。役夫锸方举,贤帅车已下。丰资发公储,严祀辟神舍。临流肃旌旗,问瘼穷隙罅。买地开一坑,内水通百汊。山判不可移,石级谁敢跨?董正有赞府,相视皆别驾。仍忧竭尾闾,置栅抵立坝。即此是商霖,何必骄阳化。它山不可磨,钱秦特其亚。

它山堰 应熠

十里犹闻地震雷,海神惊惧勒潮回。游人只爱山川好,一饱因谁惠得来。

和 韵 魏冾

几何水作四时雷,试去寻源棹懒回。欲看泽民千古样,我来不是等闲来。

谒善政祠 魏澪

携家再谒长官祠,桂子风吹游子衣。惠泽至今犹瀚漫,宫楹虽古自光辉。梅梁偃寨苍龙伏,石级参差白雪飞。此地本非共玩赏,骚人到此自忘归。

游它山 应 枢

登陆由来说四明,它山胜地久驰名。龙眠巨堰两崖下,鲸吼奔流一水清。宝阁钟鸣群动息,金轮鼓奏百神惊。后来水政谁研究,肯与云涛更主盟。

它山堰 陈 垌

堰雷推动阿香车,惠泽均沾十万家。谁任长官身后责,回潮今又见回沙。

它山歌诗跋 魏 岘

人知它山之诗而不知它山之歌。歌以言其诗之未尽,诗以言其歌之所不欲文。不观其诗,无以见亮公之绝唱;不观其歌,无以见王侯之始谋。予方幼时,盖尝耳其歌之大略矣。每以石刻不存为恨,咨询耆老有年。于兹近划得墨刻读之,甚喜。或疑《图志》止载绝句,为唐僧元亮所作,此刻不载岁月名称,恐非亮公之笔。然即其歌以溯其意,如因祈祷入山与夫棹舟深入之语,非亮公距王侯未远,其孰能知此邪?予因连岁浚沙之艰,而思创堰之不易,虽大书特书,亦未足以答侯赐。是歌也,讵容不传,敬摹以寿诸石,使歌与诗并行,益以扬侯千万祀无穷之泽云。

〔刊误〕

〔西湖引水记〕

王君照修也 "照"下脱"所"字。

《四明它山水利备览》附录

《四库全书总目》卷六十九

《四明它山水利备览》二卷　浙江吴玉墀家藏本

　　宋魏岘撰。岘,鄞县人。官朝奉郎、提举福建路市舶。鄞故有它山一水,其始大溪与江通流,咸潮冲接,耕者弗利。唐太和七年,邑令王元㬒始筑堰以捍江湖。于是溪流灌注城邑,而鄞西七乡之田皆蒙其利。岁久废坏。宋嘉定间,岘言于府,请重修,且董兴作之役,因为是书记之。上卷杂志源流、规制及修造始末,下卷则皆碑记与题咏诗也。按:《新唐书·地理志》载,明州鄮县按:鄞县在唐为鄮县。南二里有小江湖,溉田八百顷。开元中,令王元纬置。东二十五里有西湖,溉田五百顷。天宝二年,令陆南金开广之。今此编称它山水入于南门,潴为日、月二湖。其日湖即小江湖,月湖即西湖。谓二湖皆王元㬒所浚,而不言有天宝之陆南金,似有缺略。至于以元㬒为元纬、以太和七年为开元中,则此编所载诸碑记及唐僧元亮诗,证佐显然,足以纠正唐志之谬,不得以一史异文为疑矣。此书在地志之中,颇为近古。宋《四明郡志》尝采其说。然传本颇稀,几于泯没,明崇祯辛巳,郡人陈朝辅始得旧帙梓行,板亦散佚。首有岘及朝辅二序,而末以四明志序附焉,盖即从陈本录出者也。

《四明它山水利备览》标点本后记[①]

它山堰是我国著名的古水利工程,它始建于唐朝,至今已历 1100 余年,仍完好无损,并继续发挥着其水利上的蓄泄功能。该堰位于鄞县鄞江镇西侧樟溪与鄞江的交界处。未建堰时,鄞江诸溪尽注入于江,江潮上涨时,海水咸潮可上溯至鄞江镇以上 3 公里,"溪通大江,潮汐上下,清甘之流酾泄出海,泻卤之水冲接入溪,来则沟浍皆盈,去则河港俱涸,田不可稼,人渴于饮",鄞西人民饱受旱涝咸卤灾害。唐太和七年(833),鄮县(即今鄞县)令、山东琅邪人王元暐为减轻鄞江水系旱涝灾害,在鄞江镇上游 1 里之地的它山截溪筑堰,此堰即为它山堰。"堰脊横阔四十有二丈,覆以石板,为片八十有半,左右石级各三十有六。"今实测堰身长 134.4 米,堰面宽 4.8 米,砌筑堰体所用条石每块长 2—3 米,阔 0.5—1.4 米,厚 0.4 米左右。"左右石级各三十有六",今已不见原貌,均被沙石淤塞,仅见东向堰下游石阶三四级。王元暐在修筑它山堰后,又在它山堰下游建造了乌金、积渎、行春三座碶闸,作为它山堰的配套工程。它山堰与三碶,构成了一套完整的阻咸、蓄淡、泄洪水利设施。

它山堰建成后,江、溪始得分流。樟溪之水"涝则七分入江,三分入溪,以泄暴流;旱则七分入溪,三分入江,以供灌溉"。鄞西七乡数百顷田均赖它山堰得以灌溉,宁波(明州)城内数万民户饮用、洗涤之水亦得到充分供应。

王元暐筑它山堰有功,为民造福,后人为纪念他,在堰侧高耸的它山上立祠祭祀。唐时朝廷封王元暐为侯,谥善政,后人称其为王侯、善政侯,祠亦名为善政祠。宋时改祠为庙,乾道中钦赐庙号为遗德。1988 年 1 月,它山堰被国务院公布为全国重点文物保护单位,这是鄞县唯一的全国重点文物保护单位。遗德庙(俗称它山庙)也改建成鄞县水利博物馆。

自它山堰建成至南宋淳祐年间,400 余年中,明州、鄞县的地方官对堰体及堰口上下游曾作了不少的修葺及溪流疏浚。淳祐时,鄞县鄞江镇人魏岘根据前人诗文、碑记、故老口碑传说,结合自己修堰疏浚的实际经验,编撰了这本《四明它山水利备览》。本书是记述唐宋 400 年间以它山堰为主的农田水利专著。全书分上、下两卷,约 2 万字。上卷记述它山堰兴建和历次维修的规划、施工等情况,下卷收录有关它山堰的碑记和诗歌。书中详细记载它山堰水文地理情况、堰

---

① 2000 年,鄞县地方志办公室金儒宗先生应《宋元浙江方志集成》编者之约,承担了《四明它山水利备览》的标点任务。2001 年春,金儒宗先生完成该书标点时,写了《〈四明它山水利备览〉标点本前言》。根据《南宋文献集成》编辑体例,此改为后记收入。

体结构、分洪引水设施的布置,以及整个工程在阻咸蓄淡、灌溉航运和城市供水等方面的效益,并对流域内泥沙来源作了考察且提出了防治措施。故该书实是浙东水利方面的稀有古籍。

作者魏岘,南宋时人,世居鄞县光溪村(今鄞江镇光溪村)。生卒年不详,大约生于乾道(1165—1173)初年,卒于淳祐九年(1249)前后,活了80余岁。其在淳熙十四年(1187)以承事郎知滁州青流县。嘉定时,以通直郎通判抚州军事,嘉定十四年(1221)授朝奉郎,提举福建路市舶司。魏岘以乡郡为念,请于朝,得祠牒,命里人王、宋二氏修复废湮渠堰碶闸,重建乌金碶。绍定初为都大提举坑冶司。五年(1232),罢职归居乡里,见流沙淤塞它山堰,其以私力募人疏浚,终因私家财力不如官,遂请于郡守赵以夫增置淘沙田29亩,以其岁入作为疏浚费用,并亲自督责修建回沙闸和洪水湾堤岸。淳祐二年(1242)复起为直秘阁,知吉州军兼管内劝农使。晚年致仕后,又主持它山堰口改造大修工程,编著《四明它山水利备览》一书,以供后人易明四明它山水政。

《四明它山水利备览》一书,宋刊本早已佚没不存。《四库全书》据浙江吴玉墀家藏本收录。现知的最早刊本为明崇祯十四年(1641)陈朝辅刊本。清后期刊本有道光时(1821—1850)的《宋山阁丛书》本,咸丰四年(1854)的徐时栋烟屿楼重刊本。民国时刊本有民国十一年(1922)上海博古斋影印的《宋山阁丛书》本;民国二十四年(1935)张寿镛编的《四明丛书》第三集本;民国二十五年(1936)商务印书馆印的《四明丛书集成》本。通行本系明末陈朝辅据传抄本重刊。因明末版本错讹脱落甚多,故清咸丰时徐时栋根据《宋元四明六志》进行校勘,用力甚深,因此烟屿楼刊本属于较为准确的刊本。徐时栋也是对保存、整理《四明它山水利备览》一书有大功之人。

徐时栋(1814—1873),字定宇,号柳泉,鄞县城厢(今宁波市海曙区)人,学者称其为柳泉先生,是晚清甬上著名的学者、藏书家、乡邦文献大家兼公益事业家。他于道光二十六年(1846)中举,曾两次考进士不第,即不复应试,后以输饷授内阁中书。其性喜读书购书,故居烟屿楼原有藏书6万卷,在其经营的20余年后,又购入近10万卷,尽发而读之,广采博览。其于地方文献用力尤深,校刻宋元四明六志,并把《四明它山水利备览》附于四明六志之后,考异订讹,著成《四明六志校勘记》,鄞县另一位方志学家董沛为是书作序,称其"宏雅好古,留意桑梓"。徐时栋与董沛又于同治七年(1868)年开局修县志,该志后来于光绪三年(1877)刊行,后人称光绪《鄞县志》。徐时栋一生著有《烟屿楼诗集》18卷、《烟屿楼文集》40卷,其他撰著凡30余种。其主盟四明文坛长达30余年,甬上后起之秀,多出其门,斯文一脉,循其而传。

　　本书标点的底本，即是根据徐时栋的咸丰甲寅刻本，又称烟屿楼刊本。该本是徐时栋根据明末崇祯版本经过校勘、订正而刊印的，原书错讹均由徐时栋加以考核改正。书中凡"按曰""刊误"均为徐时栋所写，文中的夹注如"见苏为《记》""见《鄞志》"亦为其所注。

　　又《四明它山水利备览》历史上刻本较多，但到清咸丰时，书市中仅见明末刻本。且魏岘原书的古字、假借字、异体字很多，这些字连当时一般文人士子也不认识。因此，徐时栋在雕印该书前，对全书作了仔细的校对勘误，并把书中的古体字、通假字、异体字作了注释。如注明"弍"即通用的"一"字，"芑"即"此"字，"沭"即"流"字，"埊"即"地"字，"歬"即"前"字，"旾"即"春"字，"惪"即"德"字，"觕"即"粗"字，"囻"即"国"字，等等。因此徐时栋烟屿楼版的《四明它山水利备览》虽保留明末版本中的古体异体字，但读者只要先读《释文》即可认识这些难懂的字。本次标点时，标点者已将这批难认字改为一般通用字。故《〈四明它山水利备览〉释文》一文在本书内删去。

　　旧志标点、整理是一门专门的学问，笔者才疏学浅，区区 2 万余字竟花了近两个月时间才得以完成标点及誊清。虽然自谓用力勤、用功深，但错谬之处肯定难免，尚祈方志界、古籍界专家赐正。

金儒宗

2001 年春

存　目

存目目录

《乾道四明图经》

　　张津等撰《乾道四明图经》12 卷,以《大观明州图经》为蓝本重修,乾道五年(1169)成书。四明即当时的明州,治所在今浙江宁波市。原书久佚,今清烟屿楼刻本是清咸丰四年(1854)徐时栋自李孝谦《四明文献录》中辑出,已非足本,图亦亡佚。现传的宁波方志,当以此书为最古。

　　考虑到浙江省地方志编纂委员会编纂的《宋元浙江方志集成》(杭州出版社2009 年版)以及宁波地方文献丛书中多有收录,为避免重复出版、资源浪费以及节约经费等,本丛书不再收录,敬请读者理解。

《开庆四明续志》

　　梅应发、刘锡撰《开庆四明续志》，共 12 卷。四明即当时的庆元府，治今浙江宁波市。书成于开庆元年（1259），乃续《宝庆四明志》而作。今通行清咸丰四年（1854）徐氏烟屿楼校本。

　　考虑到浙江省地方志编纂委员会编纂的《宋元浙江方志集成》（杭州出版社 2009 年版）以及宁波地方文献丛书中多有收录，为避免重复出版、资源浪费以及节约经费等，本丛书不再收录，敬请读者理解。

图书在版编目（CIP）数据

南宋文献集成. 第 2 册 / 王国平总主编；徐吉军本
册主编. -- 杭州：杭州出版社，2023.5
ISBN 978-7-5565-1609-4

Ⅰ. ①南… Ⅱ. ①王… ②徐… Ⅲ. ①地方文献－汇
编－杭州－南宋 Ⅳ. ①K295.51

中国版本图书馆 CIP 数据核字(2021)第 217623 号

NANSONG WENXIAN JICHENG（DI 2 CE）

南宋文献集成(第 2 册)

总主编　王国平

本册主编　徐吉军

责任编辑	李竹月	
封面设计	祁睿一	
出版发行	杭州出版社(杭州西湖文化广场 32 号 6 楼)	
	电话：0571 - 87997719　邮编：310014	
	网址：http://www.hzcbs.com/	
排　　版	杭州朝曦图文设计有限公司	
印　　刷	浙江全能工艺美术印刷有限公司	
开　　本	710 毫米×1000 毫米　1/16	
印　　张	46.75	
字　　数	840 千	
版 印 次	2023 年 5 月第 1 版　2023 年 5 月第 1 次印刷	
书　　号	ISBN 978-7-5565-1609-4	
定　　价	180.00 元	

HIURC 杭州城研中心